독자의 1초를 아껴주는 정성!

세상이 아무리 바쁘게 돌아가더라도
책까지 아무렇게나 빨리 만들 수는 없습니다.
인스턴트 식품 같은 책보다는
오래 익힌 술이나 장맛이 밴 책을 만들고 싶습니다.

길벗이지톡은 독자 여러분이
우리를 믿는다고 할 때 가장 행복합니다.
나를 아껴주는 어학도서,
길벗이지톡의 책을 만나보십시오.

독자의 1초를 아껴주는
정성을 만나보십시오.

미리 책을 읽고 따라해본 2만 베타테스터 여러분과
무따기 체험단, 길벗스쿨 엄마 2% 기획단,
시나공 평가단, 토익 배틀, 대학생 기자단까지!
믿을 수 있는 책을 함께 만들어주신 독자 여러분께 감사드립니다.

(주)도서출판 길벗 www.gilbut.co.kr
길벗이지톡 www.gilbut.co.kr
길벗스쿨 www.gilbutschool.co.kr

mp3 파일 구성과 활용법

1 〈본문〉 폴더

▶ 시험에 이렇게 나온다!, 시나공법 따라잡기 전체 예문, 시나공 기출문제의 재구성, 미리 보는 실전 예상문제가 수록되어 있습니다. (본 책에 수록된 QR코드로도 간편하게 들으실 수 있습니다.)

2 〈실전 모의고사〉 폴더

▶ 실전용 : 1회분씩 한 파일로 제공됩니다. 실전과 똑같이 멈추지 말고 문제를 풀어보세요.
　　　　　(본 책에 수록된 QR코드로도 간편하게 들으실 수 있습니다.)
▶ 복습용 : part별로 나눈 파일입니다.

3 〈부록〉 폴더

▶ 청해 핵심 문장을 담은 휴대용 소책자 mp3 파일입니다.

mp3 파일 무료 다운로드

길벗 홈페이지(www.gilbut.co.kr)로 오시면 오디오 파일 및 관련 자료를 다양하게 이용할 수 있습니다.

1단계	도서명 ▼　　　　　　　　　　　검색	에 찾고자 하는 책 이름을 입력하세요.
2단계	검색한 도서로 이동하여 〈자료실〉 탭을 클릭하세요.	
3단계	mp3 파일 및 다양한 자료를 받으세요.	

시험에 나오는 것만 공부한다!

시나공 JPT
청해 핵심 문장

상위 1% JPT 전문가들의 모임
JPT초고수위원회 지음

존경·겸양 표현

> **이것만은 알아 두세요!**

일본어는 상대 경어 체계이므로, 가족이나 회사와 같이 자신이 속해 있는 집단의 사람에 대해서는 존경 표현을 쓰지 않습니다.

존경 표현	겸양 표현
(1) 존경의 특별동사 동사 자체에 존경의 의미가 담겨 있습니다. 〈04~05쪽 표 참조〉	(1) 겸양의 특별동사 동사 자체에 겸양의 의미가 담겨 있습니다. 〈04~05쪽 표 참조〉
(2) れる・られる 1그룹 동사는 어미를 あ단으로 고치고 +れる, 2그룹 동사는 어미를 없애고 +られる, 3그룹 동사 する와 来る는 각각 される, 来られる의 형태로 만듭니다. 例 田中さんはもう帰られましたか。 　　部長は9時に来られるそうです。 단, 이 형식은 자발형, 수동형과 접속형태가 같고 2그룹 동사와 来る의 경우 가능의 의미도 지니므로, 그 문장이 존경, 수동, 가능, 자발 중 어떤 뜻을 가지는지는 문맥으로 파악해야 합니다. 例 1) あの方は友達を大事にされます。(존경) 　　2) 友達に誘われてはじめて参加した合コンは楽しかったです。(수동) 　　3) 辛いのは食べられません。(가능) 　　4) この料理を食べると故郷が思い出されます。(자발)	
(3) お・ご＋ 동사 ます형 / 명사 ＋になる 例 あまりお飲みにならない方がいいです。 　　この席は、どなたでもご利用になれます。 하지만, 모든 동사를 이러한 형태로 바꿀 수 있는 게 아니므로 주의가 필요합니다. 특히 来る와 같이 동사 ます형이 1음절인 동사는 존경의 특별동사나 れる・られる로 표현해야 합니다.	(2) お・ご＋ 동사 ます형 / 명사 ＋する 例 よろしくお願いします。 　　当店からお客様にお送りします。 이 역시, 来る와 같이 동사 ます형이 1음절인 동사는 이러한 형식을 취할 수 없습니다.

(4) お·ご+ 동사 ます형 / 명사 + です
- いかがお過ごしですか。
  お客様がそちらでお待ちです。
  こちらでお召し上がりですか、それともお持ち帰りですか。

이 표현 역시 사용할 수 있는 어휘가 제한적이고, 동사 ます형이 1음절인 동사는 이 형식을 취할 수 없습니다.

(5) お·ご+ 동사 ます형 / 명사 + ください / くださる
- どうぞごゆっくりお召し上がりください。
  予めご了承ください。

~てくださる와 뜻은 같지만, 좀 더 격식을 차린 표현입니다. 보통 상대방에게 정중히 의뢰를 하거나 권유할 때 쓰입니다.

(3) お·ご+ 동사 ます형 / 명사 + いたす / 申し上げる
- 新しい担当者をご紹介いたします。
  館内の皆様にご案内申し上げます。

お·ご~する보다 겸양의 정도가 높은 표현입니다. する의 특별동사 いたす와 申し上げる를 이용한 형태라고 할 수 있습니다.

(4) お·ご+ 동사 ます형 / 명사 + いただく / 願う
- 本日もお集まりいただきまして、誠にありがとうございます。
  美術館内での飲食は、ご遠慮願います。

자칫 존경 표현인 것처럼 보이지만 이 표현은 상대방으로부터 자신에게 이득이 되는 행위를 화자가 받는다는 뜻의 격식 있는 겸양 표현입니다.

존경과 겸양의 お·ご

존경을 뜻하는 お·ご는 상대방에게 소속된 단어 앞에 붙이고, 겸양을 뜻할 때는 상대에게 영향을 주는 자신의 동작에 붙입니다. 일반적으로 和語(わご)라고 하는 고유의 일본어에는 お가 붙고, 漢語(かんご) 즉 한자어에는 ご가 붙습니다. 특히, 명사에만 국한되지 않고 형용사, 형용동사, 수사, 부사에 이르기까지 사용 범위가 넓다는 것도 알아 두세요.

	존경의 お·ご	겸양의 お·ご
명사	•お話　•お帰り　•お仕事　•お住まい •ご家族　•ご意見　•ご利用	•お願い　•お礼　•ご報告
형용사	•お忙しい　•お若い	•お恥ずかしい
형용동사	•ご多忙　•ご自由	•お粗末
수사	•お一人	
부사	•ごゆっくり	

하지만, 법칙에도 예외가 있는 법이죠. 일상생활에서 자주 쓰이는 말은 한자어라도 お를 붙이는 경우가 많습니다.
- お電話 / お食事 / お時間 / お勉強 / お約束 / お返事(ご返事도 가능)

미화의 お・ご

미화어는 특별히 누구에게 존경과 겸양의 뜻을 내보이기 위한 말이라기보다 단지 화자 자신을 품위 있게 보이기 위한 것입니다. 존경・겸양을 뜻하는 お・ご는 상대방과 직접적으로 연관이 있는 단어에 붙는다는 것과 큰 차이를 보이며, 일부 단어는 미화어 없이 단독으로는 쓰이지 않는 것도 있습니다.

예) お茶 / お手洗い / お天気 / お米 / ご飯 / おやつ / お寺

하지만 존경・겸양 문장에 미화어가 빠지면 부자연스럽습니다. ご飯(はん)をお持ちします와 飯(めし)をお持ちします만 보아도 전자가 훨씬 깔끔하고 정중하게 느껴지죠?

> **읽고 넘어갑시다!**
> 모든 단어에 미화의 お・ご를 붙일 수 있는 것은 아닙니다. おトイレ와 같이 예외적인 경우도 있지만 원칙적으로 외래어에는 붙이지 않고, じゃがいも와 같이 음절수가 많은 단어에도 사용하지 않습니다. 또한 雪와 같은 자연현상, 骨折(こっせつ)와 같은 병명, 駅와 같은 공공건물, 犯行(はんこう)와 같은 부정적 의미가 있는 단어에도 붙이지 않는다는 암묵적인 규칙이 있죠.

존경과 겸양의 특별동사

	존경	겸양
する	なさる	いたす
いる	いらっしゃる	おる
行く / 来る	いらっしゃる おいでになる お越(こ)しになる	参(まい)る 伺(うかが)う 참고 訪ねる의 겸양 표현이기도 함
来る	お見(み)えになる	
知る	ご存(ぞん)じだ	存(ぞん)じる 存(ぞん)じあげる 承知(しょうち)する
分かる	―	かしこまる 承(うけたまわ)る 承知(しょうち)する
あげる 与える / やる	賜(たまわ)る	さしあげる 進呈(しんてい)する
くれる		―

もらう	—	頂(いただ)く 賜(たまわ)る 承(うけたまわ)る 頂戴(ちょうだい)する
言う / 話す	おっしゃる	申(もう)す 申(もう)し上(あ)げる
聞く / 尋ねる	ご清聴(せいちょう)	伺(うかが)う 拝聴(はいちょう)する
会う	—	お目(め)にかかる
見せる	—	お目(め)にかける
見る	ご覧(らん)になる	拝見(はいけん)する
借りる	—	拝借(はいしゃく)する
食べる / 飲む	召(め)し上(あ)がる	頂(いただ)く
着る	お召(め)しになる	—
思う	思(おぼ)し召(め)す	存(ぞん)じる 存(ぞん)じあげる
年をとる	お年(とし)を召(め)す	—
寝る	お休(やす)みになる	—
死ぬ	お亡(な)くなりになる	—
～です	～でいらっしゃいます	～でございます

기타

ます의 명령형인 ませ는 인사말이나 어떤 동작을 정중히 요구할 때 쓰이는 표현으로, 백화점이나 서비스를 제공하는 상점 등에서 자주 사용됩니다.

예) いらっしゃいませ。(인사)
　　少々お待ちくださいませ。(동작의 요구)

시나공법 따라잡기 핵심 예문

Part 1

복장, 착용에 관한 표현 🎧 부록1-01

01	スーツ姿です。		양복 차림입니다.
02	正装をしています。		정장 차림을 하고 있습니다.
03	和服を着ています。		일본 전통의상을 입고 있습니다.
04	ズボンを穿いています。		바지를 입고 있습니다.
05	ドレスを身にまとっています。		드레스를 몸에 걸치고 있습니다.
06	帽子をかぶっています。		모자를 쓰고 있습니다.
07	髪飾りをしています。		머리 장식을 하고 있습니다.
08	眼鏡をかけています。		안경을 쓰고 있습니다.
09	マフラーを巻いています。		머플러를 두르고 있습니다.
10	ネクタイを締めています。		넥타이를 매고 있습니다.
11	勲章を胸につけています。		훈장을 가슴에 달고 있습니다.
12	腕時計をしています。		손목시계를 하고 있습니다.
13	軍手をはめています。		목장갑을 끼고 있습니다.
14	人差し指に指輪をはめています。		검지에 반지를 끼고 있습니다.
15	着替えをしています。		옷을 갈아입고 있습니다.
16	上着を脱いでいます。		윗도리를 벗고 있습니다.
17	指輪を外しています。		반지를 빼고 있습니다.
18	裸足の子供たちです。		맨발의 아이들입니다.
19	裸になっています。		다 벗고 있습니다.
20	傘を差しています。		우산을 쓰고 있습니다.
21	閉じた傘を手にしています。		접은 우산을 손에 들고 있습니다.
22	カバンを肩から提げています。		가방을 어깨에 메고 있습니다.

23	脇にハンドバッグを抱えています。	겨드랑이에 핸드백을 끼고 있습니다.
24	袋をぶら下げています。	봉지를 들고 있습니다.

사람의 자세, 상태에 관한 표현

손, 팔　🎧 부록1-02

01	手を当てています。	손을 대고 있습니다.
02	手を合わせています。	손을 맞대고 있습니다.
03	手を組んでいます。	손을 잡고 있습니다.
04	手をつないでいます。	손을 잡고 있습니다.
05	手を離しています。	손을 놓고 있습니다.
06	手を振っています。	손을 흔들고 있습니다.
07	手を拭いています。	손을 닦고 있습니다.
08	手を引っ張っています。	손을 당기고 있습니다.
09	手を挙げて質問しています。	손을 들어 질문하고 있습니다.
10	片手で顎を押さえています。	한쪽 손으로 턱을 누르고 있습니다.
11	両手を広げています。	양팔을 벌리고 있습니다.
12	指差しています。	손가락으로 가리키고 있습니다.
13	握手しています。	악수하고 있습니다.
14	合掌しています。	합장하고 있습니다.
15	頭を撫でています。	머리를 쓰다듬고 있습니다.
16	頭を掻いています。	머리를 긁고 있습니다.
17	頭をいじっています。	머리를 만지고 있습니다.
18	猫を触っています。	고양이를 만지고 있습니다.
19	画面に触れています。	화면에 손대고 있습니다.
20	ペンを握っています。	펜을 쥐고 있습니다.

21	蛇口をひねっています。	수도꼭지를 틀고(잠그고) 있습니다.
22	ピーナツを摘んでいます。	땅콩을 집고 있습니다.
23	手すりに掴まっています。	손잡이를 꼭 붙잡고 있습니다.
24	肘をついています。	팔꿈치를 괴고 있습니다.
25	頬杖をついています。	턱을 괴고 있습니다.
26	腕を組んでいます。	팔짱을 끼고 있습니다.
27	背伸びをしています。	기지개를 켜고 있습니다.
28	抱き合っています。	서로 껴안고 있습니다.

발, 다리　🎧 부록1-03

29	足を伸ばしています。	다리를 뻗고 있습니다.
30	足を広げています。	다리를 벌리고 있습니다.
31	足を揃えています。	다리를 가지런히 모으고 있습니다.
32	足を組んでいます。	다리를 꼬고 있습니다.
33	胡坐をかいています。	양반다리를 하고 있습니다.
34	正座をしています。	정좌하고 있습니다.
35	膝をついています。	무릎을 꿇고 있습니다.
36	跪いています。	꿇어앉아 있습니다.
37	足を崩しています。	편히 앉아 있습니다.
38	片膝を立てています。	한쪽 무릎을 세우고 있습니다.
39	馬の背にまたがっています。	말 등에 올라타 있습니다.
40	腰を下ろしています。	앉아 있습니다.
41	腰掛けています。	걸터앉아 있습니다.
42	座り込んでいます。	주저앉아 있습니다.
43	しゃがんでいます。	쪼그리고 앉아 있습니다.
44	うずくまっています。	웅크리고 앉아 있습니다.

| 45 | 腰を屈めています。 | 허리를 구부리고 있습니다. |

기타 🎧 부록1-04

46	横たわっています。	누워 있습니다.
47	仰向けで休んでいます。	바로 누워 쉬고 있습니다.
48	寝転んでいます。	드러누워 있습니다.
49	寝そべっています。	배를 깔고 누워 있습니다.
50	うつぶせになっています。	엎드려 있습니다.
51	腹ばいになっています。	배를 깔고 엎드려 있습니다.
52	昼寝をしています。	낮잠을 자고 있습니다.
53	居眠りをしています。	졸고 있습니다.
54	あくびをしています。	하품을 하고 있습니다.
55	赤ちゃんを抱っこしています。	아기를 안고 있습니다.
56	赤ちゃんをおんぶしています。	아기를 업고 있습니다.
57	挨拶をしています。	인사를 하고 있습니다.
58	お辞儀をしています。	고개 숙여 인사를 하고 있습니다.
59	うつむいています。	고개 숙이고 있습니다.
60	空を見上げています。	하늘을 올려다보고 있습니다.
61	天を仰いでいます。	하늘을 우러러보고 있습니다.
62	向かい合って立っています。	서로 마주 보고 서 있습니다.
63	背中合わせになっています。	등을 맞대고 있습니다.
64	背比べをしています。	키재기를 하고 있습니다.
65	山を背にしています。	산을 등지고 있습니다.
66	寄り掛かっています。	기대어 있습니다.
67	壁にもたれています。	벽에 기대어 있습니다.
68	逆立ちをしています。	물구나무 서 있습니다.

69	ウィンクをしています。	윙크를 하고 있습니다.
70	顔をしかめています。	얼굴을 찡그리고 있습니다.
71	眉間にしわを寄せています。	미간을 찌푸리고 있습니다.
72	振り返っています。	뒤돌아보고 있습니다.
73	中を覗いています。	안을 들여다보고 있습니다.
74	レンズ越しに見ています。	렌즈 너머로 보고 있습니다.

상황별 동작에 관한 표현

일상생활　🎧 부록1-05

01	洗顔しています。	세수하고 있습니다.
02	歯磨きをしています。	양치질을 하고 있습니다.
03	うがいをしています。	가글을 하고 있습니다.
04	シャワーを浴びています。	샤워를 하고 있습니다.
05	お風呂に入っています。	목욕을 하고 있습니다.
06	化粧をしています。	화장을 하고 있습니다.
07	化粧を落としています。	화장을 지우고 있습니다.
08	おしゃべりをしています。	수다를 떨고 있습니다.
09	幼児に何かを食べさせています。	아이에게 무언가를 먹이고 있습니다.
10	傷の治療をしています。	상처 치료를 하고 있습니다.
11	ロッカーに荷物を預けています。	사물함에 짐을 맡기고 있습니다.

집안일, 가사　🎧 부록1-06

12	果物の皮をむいています。	과일 껍질을 벗기고 있습니다.
13	野菜を切り刻んでいます。	채소를 다지고 있습니다.
14	ご飯を炊いています。	밥을 하고 있습니다.

15	料理を盛り付けています。	요리를 담고 있습니다.
16	パン生地を練っています。	빵 반죽을 치대고 있습니다.
17	掃除機をかけています。	청소기를 돌리고 있습니다.
18	床を拭いています。	바닥을 닦고 있습니다.
19	モップをかけています。	대걸레질을 하고 있습니다.
20	ほうきで庭を掃いています。	빗자루로 정원을 쓸고 있습니다.
21	洗濯した服を干しています。	세탁한 옷을 널고 있습니다.
22	洗濯物を取り込んでいます。	빨래를 걷고 있습니다.
23	靴下を裏返しています。	양말을 뒤집고 있습니다.
24	アイロンをかけています。	다림질을 하고 있습니다.
25	布団を敷いています。	이불을 깔고 있습니다.
26	布団を畳んでいます。	이불을 개고 있습니다.

일, 작업 부록1-07

27	書類を片付けています。	서류를 정리하고 있습니다.
28	スライドを映してプレゼンをしています。	슬라이드를 비추며 프레젠테이션을 하고 있습니다.
29	テーブルを取り囲んで会議をしています。	테이블을 둘러싸고 회의를 하고 있습니다.
30	荷造りをしています。	짐을 싸고 있습니다.
31	荷物を運んでいます。	짐을 옮기고 있습니다.
32	車から荷物を運び出しています。	차에서 짐을 날라 내고 있습니다.
33	貨物をトラックに積み込んでいます。	화물을 트럭에 싣고 있습니다.
34	ビニール袋に詰め込んでいます。	비닐봉투에 담고 있습니다.
35	機械の修理をしています。	기계 수리를 하고 있습니다.
36	壁にペンキを塗っています。	벽에 페인트를 칠하고 있습니다.
37	セメントを流し込んでいます。	시멘트를 부어 넣고 있습니다.
38	タイヤ交換をしています。	타이어 교환을 하고 있습니다.

39	ロープにぶら下がって作業しています。	로프에 매달려 작업하고 있습니다.
40	救急隊員が負傷者を救助しています。	구급대원이 부상자를 구조하고 있습니다.
41	水をやっています。	물을 주고 있습니다.
42	水をまいています。	물을 뿌리고 있습니다.
43	芝刈りをしています。	잔디를 깎고 있습니다.
44	植木の手入れをしています。	정원수 손질을 하고 있습니다.
45	畑を耕しています。	밭을 일구고 있습니다.
46	田植えをしています。	모내기를 하고 있습니다.
47	稲刈りをしています。	벼 베기를 하고 있습니다.
48	農作物を栽培しています。	농작물을 재배하고 있습니다.

취미, 여가　🎧 부록1-08

49	ピアノを演奏しています。	피아노를 연주하고 있습니다.
50	ギターを弾いています。	기타를 치고 있습니다.
51	笛を吹いています。	피리를 불고 있습니다.
52	太鼓を叩いています。	북을 치고 있습니다.
53	曲に合わせて踊っています。	곡에 맞춰 춤추고 있습니다.
54	指揮をとっています。	지휘를 하고 있습니다.
55	合唱しています。	합창하고 있습니다.
56	舞台で芝居をしています。	무대에서 연극을 하고 있습니다.
57	壇上で原稿を読み上げています。	단상에서 원고를 읽고 있습니다.
58	マイクを握って演説しています。	마이크를 잡고 연설하고 있습니다.
59	生け花をしています。	꽃꽂이를 하고 있습니다.
60	釣りをしています。	낚시를 하고 있습니다.
61	プラモデルを組み立てています。	프라모델을 조립하고 있습니다.
62	習字の練習をしています。	서예 연습을 하고 있습니다.

63	弓を引いています。	활을 당기고 있습니다.
64	碁を打っています。	바둑을 두고 있습니다.
65	将棋を指しています。	장기를 두고 있습니다.
66	山の頂上を目指して登山しています。	산 정상을 목표로 등산하고 있습니다.
67	手品を披露しています。	마술을 선보이고 있습니다.
68	小舟を漕いでいます。	작은 배를 젓고 있습니다.

기타 🎧 부록1-09

69	本を開いています。	책을 펼치고 있습니다.
70	匂いを嗅いでいます。	냄새를 맡고 있습니다.
71	重さを量っています。	무게를 재고 있습니다.
72	カメラを構えています。	카메라를 들고 있습니다.
73	記念撮影をしています。	기념 촬영을 하고 있습니다.
74	風船を膨らましています。	풍선을 부풀리고 있습니다.
75	門をくぐっています。	문을 지나고 있습니다.
76	乾杯をしています。	건배를 하고 있습니다.
77	ハトを追い払っています。	비둘기를 쫓아내고 있습니다.

동물과 관련된 어휘·표현 🎧 부록1-10

01	尻尾を振っています。	꼬리를 흔들고 있습니다.
02	犬と散歩をしています。	개와 산책을 하고 있습니다.
03	猫が毛づくろいをしています。	고양이가 그루밍을 하고 있습니다.
04	羽を広げています。	날개를 펼치고 있습니다.
05	鳥が水中に潜っています。	새가 물속으로 잠수하고 있습니다.
06	鳥は水面に浮かんでいます。	새는 수면에 떠 있습니다.

07	小鳥たちが群れを成しています。	작은 새들이 무리를 짓고 있습니다.
08	魚の大群が泳いでいます。	물고기 떼가 헤엄치고 있습니다.
09	金魚に餌付けをしています。	금붕어에게 먹이 주기를 하고 있습니다.
10	牛が草を食べています。	소가 풀을 먹고 있습니다.

사람의 적고 많음 🎧 부록1-11

01	人の出入りが少ないお店です。	손님이 적은 가게입니다.
02	喫煙コーナーは空いています。	흡연 코너는 비어 있습니다.
03	バスの中はがらがらです。	버스 안은 텅텅 비어 있습니다.
04	通行人はかなり少ないです。	통행인이 무척 적습니다.
05	ロビーは閑散としています。	로비는 한산합니다.
06	買い物客で賑わっています。	쇼핑객으로 북적입니다.
07	子供たちが群がって遊んでいます。	아이들이 무리 지어 놀고 있습니다.
08	広場の一角に人だかりができています。	광장 한쪽에 군중이 모여 있습니다.
09	数人がかりで作業しています。	몇 명이 붙어 작업하고 있습니다.
10	長い行列ができています。	긴 줄이 만들어져 있습니다.
11	店の中は人でごった返しています。	가게 안은 사람으로 몹시 붐비고 있습니다.
12	列車内は混み合っています。	열차 안은 붐비고 있습니다.
13	車内は身動きが取れない状態です。	차 안은 옴짝달싹 못 하는 상태입니다.
14	見物客が大勢います。	구경꾼이 많이 있습니다.
15	事故現場は野次馬でいっぱいです。	사고 현장은 구경꾼으로 가득합니다.
16	階段の上はぎゅうぎゅう詰めの状態です。	계단 위는 콩나물 시루 같은 상태입니다.

동작의 시점을 파악할 수 있는 표현

동작이 막 이루어지려고 하는 상태(시작) 🎧 부록1-12

01 この人はバスに乗ろうとしています。　　　이 사람은 버스에 타려고 합니다.
02 動物に餌を与えようとしています。　　　　동물에게 먹이를 주려고 합니다.
03 ボールを蹴るところです。　　　　　　　　공을 막 차려는 참입니다.

동작이 한창 이루어지고 있는 상태(진행 상태) 🎧 부록1-13

04 雑誌のページをめくっています。　　　　　잡지의 페이지를 넘기고 있습니다.
05 スプーンできのこをすくっています。　　　스푼으로 버섯을 뜨고 있습니다.
06 コピーをしているところです。　　　　　　복사를 하고 있는 중입니다.
07 冷蔵庫から水を取り出しているところです。　냉장고에서 물을 꺼내는 중입니다.
08 駐車違反の取締り中です。　　　　　　　　주차위반 단속 중입니다.

동작이 끝난 상태(결과 상태) 🎧 부록1-14

09 水がこぼれています。　　　　　　　　　　물이 쏟아져 있습니다.
10 コーヒーカップが割れています。　　　　　커피잔이 깨져 있습니다.
11 箱にふたが被せてあります。　　　　　　　상자에 뚜껑이 덮여 있습니다.
12 正面に万国旗が吊るしてあります。　　　　정면에 만국기가 매달려 있습니다.
13 商品が並べられています。　　　　　　　　상품이 진열되어 있습니다.
14 中は区切られています。　　　　　　　　　안은 (구획이) 나누어져 있습니다.

～を～ています와 ～が～てあります의 비교　🎧 부록1-15

15	洗濯した服を干しています。	세탁한 옷을 널고 있습니다.
16	洗濯した服が干してあります。	세탁한 옷이 널려 있습니다.
17	洗濯した服が干されています。	세탁한 옷이 널려 있습니다.
18	看板を立てています。	간판을 세우고 있습니다.
19	看板が立ててあります。	간판이 세워져 있습니다.
20	看板が立てられています。	간판이 세워져 있습니다.

복합동사로 나타내는 상태 표현　🎧 부록1-16

21	食べかけの弁当です。	먹다 만 도시락입니다.
22	弁当を食べ終わったところです。	도시락을 다 먹은 참입니다.
23	弁当を食べ切ったところです。	도시락을 다 먹은 참입니다.
24	テレビがつけっ放しになっています。	TV가 켜진 상태입니다.
25	引き出しが開いたままです。	서랍이 열린 상태입니다.
26	燃え尽きたろうそくです。	다 타 버린 양초입니다.
27	ドアは半開きになっています。	문은 반쯤 열려 있습니다.

사물의 명칭과 용도에 관한 표현

욕실　🎧 부록1-17

01	これで髪をとかします。	이것으로 머리를 빗습니다.
02	歯磨きをするときに使います。	양치할 때 씁니다.
03	髭剃りがコップに入っています。	면도기가 컵 속에 들어 있습니다.
04	洗面台の横にせっけんが置いてあります。	세면대 옆에 비누가 놓여 있습니다.

주방　🎧 부록1-18

05	お皿の一部は欠けています。	접시의 일부는 이가 빠졌습니다.
06	お茶を飲むときに使います。	차를 마실 때 씁니다.
07	これで水を沸かします。	이것으로 물을 끓입니다.
08	流し台の横に包丁とまな板があります。	싱크대 옆에 칼과 도마가 있습니다.
09	箱の中身は割り箸です。	상자의 내용물은 나무젓가락입니다.
10	これで味付けをします。	이것으로 간을 합니다.
11	グラスの中にストローが挿してあります。	유리컵 안에 빨대가 꽂혀 있습니다.
12	ご飯が盛られています。	밥이 담겨 있습니다.

가사, 가전　🎧 부록1-19

13	これで掃除をします。	이것으로 청소를 합니다.
14	針に糸が通されています。	바늘에 실이 꿰어 있습니다.
15	汚れを拭き取るときに使います。	더러워진 것을 닦을 때 씁니다.
16	部屋を冷房する機械です。	방을 냉방하는 기계입니다.
17	刺繍が施された衣類です。	자수가 수놓인 의류입니다.
18	天井に換気扇が取り付けられています。	천장에 환풍기가 설치되어 있습니다.

사무, 문구용품　🎧 부록1-20

19	箱は包装紙で包まれています。	상자는 포장지로 싸여 있습니다.
20	書道用の道具です。	서예용 도구입니다.
21	貯金するための箱です。	저금하기 위한 상자입니다.
22	引き出しに便箋が入っています。	서랍에 편지지가 들어 있습니다.

생활　🎧 부록1-21

23	チャックで開閉する小銭入れです。	지퍼로 여닫는 동전 지갑입니다.
24	一輪の花が花瓶に飾られています。	한 송이 꽃이 꽃병에 장식되어 있습니다.
25	おもちゃの電池が取り外されています。	장난감의 건전지가 분리되어 있습니다.
26	破れたビニール袋があります。	찢어진 비닐봉지가 있습니다.
27	これで紫外線を防げます。	이것으로 자외선을 막을 수 있습니다.
28	容器は上下逆さになっています。	용기는 위아래가 거꾸로 되어 있습니다.
29	痛いところに塗る薬です。	아픈 곳에 바르는 약입니다.
30	航空券を買ったという領収書です。	항공권을 샀다는 영수증입니다.
31	出入国の際に必要です。	출입국 시에 필요합니다.

기타　🎧 부록1-22

32	上りのエスカレーターです。	올라가는 에스컬레이터입니다.
33	顕微鏡で微生物を観察しています。	현미경으로 미생물을 관찰하고 있습니다.
34	これで遠いところを見ることができます。	이것으로 먼 곳을 볼 수 있습니다.
35	花火が打ち上げられています。	불꽃이 쏘아 올려지고 있습니다.
36	手すりの前に望遠鏡があります。	난간 앞에 망원경이 있습니다.
37	模型が展示されています。	모형이 전시되어 있습니다.

복수의 사물별 위치, 방향, 상태에 관한 표현

의자　🎧 부록1-23

01	椅子は全部外を向いています。	의자는 전부 밖을 향하고 있습니다.
02	椅子のサイズは統一されていません。	의자의 사이즈는 통일되어 있지 않습니다.
03	椅子がずらりと並んでいます。	의자가 죽 늘어서 있습니다.

04	食卓を挟んで一対の椅子が置かれています。	식탁을 사이에 두고 한 쌍의 의자가 놓여 있습니다.
05	シートはすべて同じ向きです。	좌석은 모두 같은 방향입니다.
06	通路を挟んでシートが並んでいます。	통로를 끼고 좌석이 늘어서 있습니다.
07	乗客は向かい合わせに座ります。	승객은 마주 보고 앉습니다.

박스, 상자 🎧 부록 1-24

08	ダンボールが一列に並べられています。	박스가 일렬로 정렬되어 있습니다.
09	ダンボールの大きさはまちまちです。	박스의 크기는 제각각입니다.
10	道端にダンボールが積み重ねられています。	길가에 박스가 쌓여 있습니다.
11	箱はすっきり整理されています。	상자는 말끔하게 정리되어 있습니다.

책, 서적 🎧 부록 1-25

12	雑誌は紐で縛ってあります。	잡지는 끈으로 묶여 있습니다.
13	教科書が山積みになっています。	교과서가 산처럼 쌓여 있습니다.
14	本があちこちに散らばっています。	책이 이곳저곳에 어질러져 있습니다.

사물함 🎧 부록 1-26

15	すべてのロッカーにキーが挿してあります。	모든 사물함에 키가 꽂혀 있습니다.
16	開いている扉が一箇所あります。	열려 있는 문이 한 군데 있습니다.
17	すべて番号が振られています。	모두 번호가 매겨져 있습니다.

식기 🎧 부록 1-27

18	棚には茶碗だけ置かれています。	선반에는 밥그릇만 놓여 있습니다.
19	テーブルの上にお皿が積み重ねられています。	테이블 위에 접시가 포개져 있습니다.
20	様々な形の食器が陳列されています。	여러 가지 형태의 식기가 진열되어 있습니다.

자동판매기　🎧 부록1-28

21	飲み物のサイズはそれぞれ異なります。	음료의 사이즈는 각각 다릅니다.
22	ここには缶コーヒーしかありません。	여기에는 캔 커피밖에 없습니다.
23	上段と下段の値段に違いがあります。	상단과 하단의 가격에 차이가 있습니다.
24	自動販売機の幅はすべて同じです。	자동판매기의 폭은 모두 같습니다.
25	空き缶がまとめて置いてあります。	빈 캔이 한데 놓여 있습니다.

지시·안내에 관한 표현

안내 및 간판　🎧 부록1-29

01	正しい道順が案内されています。	바른 길 순서가 안내되어 있습니다.
02	たくさんのお知らせが貼ってあります。	많은 안내가 붙어 있습니다.
03	アルバイト募集の張り紙です。	아르바이트 모집 벽보입니다.
04	ポスターが印刷されています。	포스터가 인쇄되어 있습니다.
05	喫煙コーナーです。	흡연 코너입니다.
06	この辺は立入禁止です。	이 주변은 출입금지입니다.
07	カメラでの撮影は認められています。	카메라로 촬영하는 것은 허용되어 있습니다.
08	この店は24時間営業です。	이 가게는 24시간 영업입니다.
09	店内での飲食は禁止されています。	매장 안에서의 음식물 섭취는 금지되어 있습니다.
10	ガソリンの給油は制限されています。	가솔린 급유는 제한되어 있습니다.
11	15分で100円払うという意味です。	15분에 100엔 지불한다는 의미입니다.

도로 표지판　🎧 부록1-30

12	この道路にバイクは入れません。	이 도로에 오토바이는 못 들어옵니다.
13	工事中で、ここから先は入れません。	공사 중이라서, 이 앞으로는 진입할 수 없습니다.
14	ここで一旦停止します。	여기에서 일단 정지합니다.

15	この道路は一方通行です。	이 도로는 일방통행입니다.
16	ここでは徐行しなければなりません。	여기서는 서행해야 합니다.
17	この付近は事故多発地点です。	이 부근은 사고 다발 지점입니다.

역내 　🎧 부록1-31

18	優先席の案内です。	우선석의 안내입니다.
19	駆け込み乗車は禁じられています。	뛰어들기 승차는 금지되어 있습니다.
20	乗り換えの方法が表示されています。	환승 방법이 표시되어 있습니다.
21	各駅までの料金表が貼り出されています。	각 역까지의 요금표가 붙어 있습니다.

메모 사진과 관련된 표현　🎧 부록1-32

01	表は円で囲まれています。	표는 원으로 둘러싸여 있습니다.
02	答えは書いてありません。	답은 적혀 있지 않습니다.
03	ルビが振られています。	발음이 달려 있습니다.
04	ノートの文字はなぞられています。	노트의 글자는 덧쓰여 있습니다.
05	日付が訂正されています。	날짜가 정정되어 있습니다.
06	破れたページがあります。	찢어진 페이지가 있습니다.

도로 상태, 시설 관련 표현

도로 상태 관련　🎧 부록1-33

01	トンネル付近は渋滞しています。	터널 부근은 정체되고 있습니다.
02	至る所に乗用車が停車しています。	도처에 승용차가 정차해 있습니다.
03	所々に自転車が放置されています。	여기저기 자전거가 방치되어 있습니다.
04	怪我人の搬送のときに使います。	부상자 이송 시 사용합니다.

05	除雪車が積もった雪をどかしています。	제설차가 쌓인 눈을 치우고 있습니다.
06	地下道に向かって走行中です。	지하도를 향해 주행 중입니다.
07	歩道と車道の区別はありません。	인도와 차도의 구별은 없습니다.
08	歩行者用の信号機です。	보행자용 신호등입니다.
09	駐車場は満車です。	주차장은 만차입니다.
10	ガレージに乗用車が納まっています。	차고에 승용차가 주차되어 있습니다.
11	列車が踏み切りを通過しているところです。	열차가 건널목을 통과하는 중입니다.

도로 관련 🎧 부록1-34

12	凸凹の道を車が走っています。	울퉁불퉁한 길을 차가 달리고 있습니다.
13	路上に障害物があります。	길 위에 장애물이 있습니다.
14	道は幅が狭く、緩やかに曲がっています。	길은 폭이 좁고, 부드럽게 꺾여 있습니다.
15	線路に沿って道路が伸びています。	선로를 따라 도로가 뻗어 있습니다.
16	道路は立体交差しています。	도로는 입체 교차되어 있습니다.
17	有料道路の料金所です。	유료 도로의 요금소입니다.
18	道は放射状に広がっています。	길은 방사상으로 뻗어나 있습니다.

장소나 배경을 나타내는 표현

가게 🎧 부록1-35

01	ここで麺類が食べられます。	여기서 면 종류를 먹을 수 있습니다.
02	デパートの婦人服売り場です。	백화점의 부인복 매장입니다.
03	CDやDVDのレンタルショップです。	CD와 DVD 대여점입니다.
04	老舗が並ぶ商店街です。	오래된 가게가 늘어선 상점가입니다.
05	屋台が軒を連ねています。	노점이 처마를 맞대고 늘어서 있습니다.

공공장소 및 시설물 🎧 부록1-36

06	体調の悪い人を寝かせる部屋です。	몸이 안 좋은 사람을 눕히는 방입니다.
07	本の閲覧や貸し出しをするところです。	책을 열람하거나 대출하는 곳입니다.
08	ここで処方箋がもらえます。	이곳에서 처방전을 받을 수 있습니다.
09	窓口で円をドルに換えられます。	창구에서 엔을 달러로 바꿀 수 있습니다.
10	オーケストラの演奏会です。	오케스트라의 연주회입니다.
11	野外に温泉が設けられています。	야외에 온천이 설치되어 있습니다.
12	広々とした公園の中に誰か倒れています。	널찍한 공원 안에 누군가 쓰러져 있습니다.
13	展望台から夜景を眺めています。	전망대에서 야경을 바라보고 있습니다.
14	3人の俳優がステージに立っています。	세 명의 배우가 무대에 서 있습니다.
15	この人たちは搭乗手続きをしています。	이 사람들은 탑승 수속을 밟고 있습니다.
16	原子力発電所の施設が見えます。	원자력 발전소 시설이 보입니다.
17	水の力で発電する設備です。	물의 힘으로 발전하는 설비입니다.
18	階段を上がったところに神社があります。	계단을 올라간 곳에 신사가 있습니다.
19	境内は初詣の人でごった返しています。	경내는 새해 참배객으로 붐비고 있습니다.

자연, 경관 🎧 부록1-37

20	くねくねとした山道です。	구불구불한 산길입니다.
21	ホームの向こうに山がくっきりと見えます。	플랫폼 너머로 산이 뚜렷하게 보입니다.
22	うっそうとした森の中を人が歩いています。	울창한 숲속을 사람이 걷고 있습니다.
23	山火事の消火活動をしています。	산불의 소화 활동을 하고 있습니다.
24	土砂降りの中の雑木林です。	장대비 속의 잡목림입니다.
25	湖面に山影が映っています。	호수 수면에 산 그림자가 비치고 있습니다.
26	みんなで海水浴をしています。	다 함께 해수욕을 하고 있습니다.
27	農業をする場所です。	농업을 하는 장소입니다.
28	畑のある田舎町の景色です。	밭이 있는 시골 마을의 경치입니다.

29	お花畑に花が咲き乱れています。	꽃밭에 꽃이 흐드러지게 피어 있습니다.
30	一点の雲もない晴れ渡った空です。	구름 한 점 없는 청명한 하늘입니다.
31	見渡す限りの雪景色です。	눈에 보이는 전부가 설경입니다.
32	砂場で子供たちが遊んでいます。	모래밭에서 아이들이 놀고 있습니다.

기타 🎧 부록 1-38

33	男性用のトイレは右側です。	남자 화장실은 오른쪽입니다.
34	家族でお墓参りをしています。	가족이 함께 성묘를 하고 있습니다.
35	ここで自動車の免許を取ることができます。	이곳에서 자동차 면허를 딸 수 있습니다.
36	事故現場にロープが張られています。	사고 현장에 로프가 쳐져 있습니다.

풍경 속 사물의 움직임과 상태에 관한 표현

자연 사물 🎧 부록 1-39

01	実がたくさんついています。	열매가 많이 달려 있습니다.
02	花はすっかり枯れています。	꽃은 완전히 시들어 있습니다.
03	夜空に三日月が浮かんでいます。	밤하늘에 초승달이 떠 있습니다.
04	水平線に朝日が昇るところです。	수평선에 아침 해가 막 뜨려 합니다.
05	沖に浮かぶ火山島が噴火しています。	앞바다에 떠 있는 화산섬이 폭발하고 있습니다.
06	水面に海藻が漂っています。	수면에 해초가 떠다니고 있습니다.
07	芝に水滴がついています。	잔디에 물방울이 맺혀 있습니다.
08	洞窟の中は氷の柱で埋め尽くされています。	동굴 안은 얼음 기둥으로 가득 메워져 있습니다.

물의 움직임　🎧 부록1-40

09　ふわふわとシャボン玉が飛んでいます。　　　둥실둥실 비눗방울이 떠다닙니다.

10　噴水が勢いよく吹き上がっています。　　　분수가 기세 좋게 솟아오르고 있습니다.

11　細かい泡が放出されています。　　　자잘한 거품이 방출되고 있습니다.

12　滝の下に水しぶきが立っています。　　　폭포 아래에 물보라가 일고 있습니다.

13　水際に波が打ち寄せています。　　　물가로 파도가 밀려오고 있습니다.

14　葉っぱから雫が落ちています。　　　잎에서 물방울이 떨어지고 있습니다.

기타　🎧 부록1-41

15　小型の釣り船が漁をしています。　　　소형 낚싯배가 고기잡이를 하고 있습니다.

16　船が桟橋で碇を上げています。　　　배가 부두에서 닻을 올리고 있습니다.

17　無数の大型船が行き来しています。　　　무수한 대형 선박이 오가고 있습니다.

18　旗が風になびいています。　　　깃발이 바람에 펄럭이고 있습니다.

19　スカートの裾が少し翻っています。　　　치맛자락이 조금 나부끼고 있습니다.

20　煙突から煙が立ち上っています。　　　굴뚝에서 연기가 피어오르고 있습니다.

Part 2

의문사가 있는 의문문

사람을 묻는 의문사 誰 🎧 부록2-01

01	A	このカバンは誰のですか。	이 가방은 누구 것입니까?
	B1	そのカバンは田中さんのです。	그 가방은 다나카 씨 것입니다.
	B2	それは部長の物ですよ。	그것은 부장님 것이에요.
	B3	たぶん木村さんのだと思いますが。	아마 기무라 씨 것 같은데요.
	B4	私にもわかりません。	저도 모르겠습니다.

02	A	明日の出張は誰と一緒に行くんですか。	내일 출장은 누구와 함께 가요?
	B1	営業部長とです。	영업부장님과 갑니다.
	B2	一人で行きます。	혼자서 갑니다.
	B3	今回は中止になりました。	이번엔 중지되었습니다.

03	A	荷物は誰に預けましたか。	짐은 누구에게 맡겼습니까?
	B1	フロントです。	프런트입니다.
	B2	私が持っています。	제가 가지고 있습니다.
	B3	どの荷物のことですか。	어느 짐 말입니까?

| 04 | A | 今度のアメリカ出張は誰が行くのかしら。 | 이번 미국 출장은 누가 갈까? |
| | B | さあ、見当もつかないね。 | 글쎄, 짐작도 안 돼. |

| 05 | A | この鍵は誰のですか。 | 이 열쇠는 누구 것입니까? |
| | B | 落ちていたのを拾ったんです。 | 떨어져 있던 것을 주운 겁니다. |

06	A	部屋に誰かいますか。	방에 누군가 있습니까?
	B1	はい、妹がいます。	네, 여동생이 있습니다.
	B2	妹がいるはずです。	여동생이 있을 거예요.
	B3	いいえ、誰もいません。	아니요, 아무도 없습니다.
	B4	さっきまでは確かに誰も。	아까까지는 분명 아무도 (없었는데요).

때를 묻는 의문사 いつ 🎧 부록2-02

07	A	海の日って、いつだったっけ(?)。	바다의 날은 언제였지?
	B1	7月の第3月曜日だよ。	7월 셋째 주 월요일이야.
	B2	何か予定でもあるの(?)。	무슨 예정이라도 있어?
08	A	このドラマの再放送はいつ(?)。	이 드라마 재방송은 언제지?
	B1	日曜日の午後2時だって。	일요일 오후 2시래.
	B2	さっき放送してたけど。	아까 방송했었는데.
09	A	会議はいつ終わりますか。	회의는 언제 끝납니까?
	B1	3時じゃない(?)。	3시 아냐?
	B2	もう終わりましたよ。	벌써 끝났어요.
	B3	会議なら、来週に延ばしたんです。	회의라면 다음 주로 연기했습니다.

장소를 묻는 의문사 どこ 🎧 부록2-03

10	A	鈴木さんの席はどこですか。	스즈키 씨의 자리는 어디입니까?
	B1	部長の隣です。	부장님 옆입니다.
	B2	入って右側にあります。	들어가서 오른쪽에 있습니다.
	B3	窓から一番近い席です。	창문에서 가장 가까운 자리입니다.

11	A	大学病院はどこですか。	대학병원은 어디입니까?
	B1	すぐそこです。	바로 근처입니다.
	B2	公園の斜め向かいにあります。	공원 대각선 건너편에 있습니다.
	B3	この近くにはありません。	이 근처에는 없습니다.
12	A	お茶はどこ(？)。	녹차는 어디에 있어?
	B1	調味料が入っている引き出しの中だよ。	조미료가 들어 있는 서랍 안에 있어.
	B2	ちょうど今、切らしてるんだけど。	마침 지금 떨어졌는데.
	B3	私が入れるから、ちょっと待って。	내가 끓일 테니까 조금만 기다려.

사물이나 사실을 묻는 의문사 何   🎧 부록2-04

13	A	先週はなにで東京へ行きましたか。	지난주는 무엇으로 도쿄에 갔습니까?
	B	飛行機でした。	비행기로 갔습니다.
14	A	先週はなんで東京へ行きましたか。	지난주는 왜 도쿄에 갔습니까?
	B	ちょっと出張で。	잠깐 출장으로요.
15	A	結婚祝いって何がいいかな。	결혼 선물은 무엇이 좋을까?
	B1	コーヒーカップセットなんかどうですか。	커피잔 세트는 어떨까요?
	B2	新郎新婦に直接聞いてみたら(？)。	신랑 신부에게 직접 물어보는 게 어때?
	B3	ペアのパジャマも評判みたいだね。	커플 파자마도 평판이 좋은 것 같아.
16	A	最近、何か心配事でもあるんですか。	요즘 무슨 걱정거리라도 있으세요?
	B1	子育てのことでちょっと。	육아문제로 좀 (고민이에요).
	B2	特に何もないですが。	딱히 별다른 일 없는데요.

17	A	大晦日は何をして過ごしましたか。	섣달그믐에는 무엇을 하며 보냈어요?
	B1	連休を利用して海外に行ってきました。	연휴를 이용해서 해외에 다녀왔어요.
	B2	毎年、お正月前には帰省することにしているんだ。	매년 설 전에는 귀성하기로 해서.
	B3	それが、新年にかけて入院しちゃって。	그게, 신년에 걸쳐서까지 입원해서요.

범위가 한정된 どれ, どちら　🎧 부록2-05

18	A	お支払い方法はどれになさいますか。	지불 방법은 무엇으로 하시겠습니까?
	B1	この商品券って使えますか。	이 상품권 사용할 수 있나요?
	B2	これで。一括払いにしてください。	이걸로요. 일시불로 해 주세요.
19	A	コーヒーと紅茶、どちらがいいですか。	커피와 홍차 중 어느 쪽이 좋으신가요?
	B1	私はどちらでもいいですよ。	전 어느 쪽이든 괜찮아요.
	B2	コーヒーでお願いします。	커피로 부탁합니다.

이유를 묻는 의문사 なぜ, どうして　🎧 부록2-06

20	A	先週はなぜ来なかったんですか。	지난주에는 왜 안 왔어요?
	B1	風邪で一歩も動けなくて。	감기 때문에 한 발짝도 움직일 수 없어서요.
	B2	実は、会いたくないやつがいてね。	실은 만나고 싶지 않은 녀석이 있어서.
21	A	ブランドのバッグが高いのはなぜだと思う(？)。	명품 가방이 비싼 건 어째서라고 생각해?
	B1	一つ一つ手作りしてるからじゃないの(？)。	하나하나 손으로 만들기 때문 아냐?
	B2	手作業だから、作れる数にも限りがあるでしょう。	수작업이라서, 만들 수 있는 수량에도 한계가 있기 때문이겠지.
	B3	いい素材を存分に使ってるからだと思うけど。	좋은 재료를 충분히 사용해서라고 생각하는데.

22	A	顔色が優れませんね。どうされましたか。	안색이 안 좋네요. 왜 그러세요?
	B1	台風のせいで、一睡もできなくて。	태풍 탓에 한숨도 못 자서요.
	B2	ああ、少し疲れたかもね。	어, 좀 피곤한 것 같아.
23	A	どうして結婚しないの(？)。	왜 결혼 안 해?
	B1	まだ、いい相手がいなくて。	아직 좋은 상대가 없어서.
	B2	仕事が忙しいもので、とても。	일이 바빠서 도저히….
24	A	どうして来たんですか。	왜 왔어요?
	B	先生に呼ばれたからです。	선생님이 불러서요.
25	A	どうやって来たんですか。	어떻게 왔어요?
	B	歩いてきました。	걸어왔습니다.
26	A	彼、今朝の会議にはどうして遅れたのかな。	그 사람, 아침 회의에 왜 늦었을까?
	B1	珍しいことに、寝坊したんだって。	웬일로 늦잠 잤대.
	B2	出勤早々、部長に呼び出されたらしいよ。	출근하자마자 부장님께서 호출하셨대.
	B3	さぁ、聞いてないね。	글쎄, 못 들었어.

방법과 정도를 묻는 의문사 どう, どのくらい, いくら 🎧 부록2-07

27	A	これはいくらですか。	이것은 얼마입니까?
	B1	3000円です。	3000엔입니다.
	B2	お調べしますので、少々お待ちください。	알아보겠으니 잠시 기다려 주십시오.
	B3	申し訳ございません。それは売り物ではありません。	죄송합니다. 그건 파는 물건이 아닙니다.

28	A	家から会社までどのくらいかかりますか。		집에서 회사까지 어느 정도 걸립니까?
	B1	バスで30分くらいです。		버스로 30분 정도입니다.
	B2	車だと10分で行けます。		자동차라면 10분 만에 갈 수 있습니다.
	B3	昨日引っ越したばかりで、まだよくわかりません。		어제 막 이사해서 아직 잘 모르겠습니다.
29	A	この帽子、どう(?)。		이 모자, 어때?
	B1	よく似合うよ。買ったら(?)。		잘 어울려. 사지 그래?
	B2	う～ん、ちょっと派手すぎじゃないかな。		음, 좀 너무 화려하지 않을까?

의문사가 없는 의문문 🎧 부록2-08

01	A	最近の課長、ちょっと変じゃありませんか。		요즘 과장님, 좀 이상하지 않나요?
	B1	奥さんから離婚話を持ち出されたそうですよ。		사모님이 이혼 이야기를 꺼냈대요.
	B2	さあ、いつもあんな感じだけど。		글쎄. 항상 저런데?
02	A	えっ、ここもう閉まってるの(?)。		어? 여기 벌써 문 닫았어?
	B1	このレストラン、安くておいしいのに。		이 식당, 싸고 맛있는데.
	B2	仕方ないから、他の店を当たってみよう。		어쩔 수 없으니까 다른 가게를 찾아보자.
03	A	ガスの元栓はちゃんと閉めた(?)。		가스 밸브는 제대로 잠갔어?
	B1	しまった、うっかり忘れたよ。		어쩌지? 깜빡했어.
	B2	どうしよう、思い出せない。		어떡하지, 기억이 안 나.
	B3	おかしいな、全く記憶にないよ。		이상하네, 전혀 기억이 안 나.
04	A	これは、あなたのですか。		이것은 당신 것입니까?
	B	いいえ、私のものじゃないです。		아니요, 제 것이 아닙니다.

05	A	これは、あなたのですね。	이것은 당신 거죠?
	B	うっかりするところだった。ありがとう。	깜빡 두고 갈 뻔했네. 고마워.
06	A	彼も来ますか。	그도 옵니까?
	B	さぁ、出席するとは言ってましたが。	글쎄요. 참석한다고는 했었습니다만.
07	A	もうすぐ彼も来るでしょう。	이제 곧 그도 오겠죠?
	B	ええ、もうすぐで着くと思います。	네, 곧 도착할 겁니다.
08	A	あの人、もしかして森君じゃない(？)。	저 사람, 혹시 모리 군 아냐?
	B	似てるけど、違うね。	닮았기는 했는데 아니야.
09	A	森君じゃない、こんにちは。	모리 군이네? 반가워.
	B	お久しぶりです。	오랜만입니다.

권유, 부탁, 허락, 금지

권유와 제안   🎧 부록2-09

01	A	どこか飲みにでも行きませんか。	어디 한잔하러 안 갈래요?
	B1	ええ、いいですよ。	네, 좋아요.
	B2	いいね、付き合うよ。	그거 좋지. 같이 갈게.
	B3	ええ、喜んで。	네, 기꺼이.
	B4	残念ながら、先約があるんです。	유감스럽게도 선약이 있어요.
	B5	出来ればそうしたいけど、都合が悪くて。	가능하면 그러고 싶지만, 사정이 여의치 않아서요.
	B6	すみません、当分「お酒は控えるように」と言われたんです。	죄송해요. 당분간 술은 자제하라고 들었거든요.

02	A	お茶をお入れしましょうか。	차를 내올까요?
	B1	じゃ、お願いします。	그럼 부탁해요.
	B2	悪いね。手伝おうか。	미안한걸. 도와줄까?
	B3	ありがとう。でも、もうお腹いっぱいだよ。	고마워. 근데 이제 배가 불러.
03	A	この間はおごってもらったから、今日は私におごらせて。	전에는 얻어먹었으니까 오늘은 내가 쏠게.
	B1	いいの(?)。じゃ、遠慮なく。	그래도 돼? 그럼 사양하지 않을게.
	B2	では、お言葉に甘えて。	그럼, 염치 불고하고 그렇게 하죠.

의뢰와 허가 🎧 부록2-10

04	A	この書類、訳してくれない(?)。	이 서류, 번역해 줄래?
	B1	少し時間かかるけど、急いでる(?)。	시간이 좀 걸릴 텐데, 급한 거야?
	B2	ごめん。今、手が離せないんだ。	미안해. 지금 바빠서.
	B3	ごめん。英語は苦手で。	미안. 영어는 잘 못해서.
	B4	それなら、さっき済ませておきました。	그거라면 아까 끝내 놓았어요.
	B5	はい、承知しました。出来次第、連絡します。	네, 알겠습니다. 끝나는 대로 연락 드릴게요.
	B6	かしこまりました。終わったら、部長の机の上に置いておきます。	알겠습니다. 끝나면 부장님 책상 위에 올려놓겠습니다.
05	A	明日、お邪魔してもいいですか。	내일 찾아뵈도 될까요?
	B1	ええ、いつでもどうぞ。	네, 언제든지 오세요.
	B2	かまいませんよ。	괜찮아요.
	B3	すみませんが、今日から出張なんです。	죄송하지만, 오늘부터 출장이에요.
	B4	ごめん、明日はちょっと。	미안해. 내일은 좀.

06	A	こちらに印鑑をお願いします。	여기에 인감 부탁합니다.
	B1	少し待っててください。	잠시 기다려 주세요.
	B2	サインでもかまいませんか。	사인이라도 상관없나요?
	B3	認印しか持ってないんですが。	막도장밖에 없는데요.
07	A	あの、頼んだ料理と違うんですけど。	저기, 주문한 요리랑 다른데요.
	B	申し訳ありません。すぐ作り直します。	죄송합니다. 바로 다시 만들겠습니다.
08	A	先生、レポートがまだ書き終わらないのですが。	선생님, 리포트를 아직 다 못 썼는데요.
	B	期限を延ばすわけにはいかないよ。	기한을 늘릴 순 없어.

금지와 의무 🎧 부록2-11

09	A	結論は今日中に出さなければなりませんか。	결론은 오늘 중으로 내야 하나요?
	B1	そうですね、取り急ぎお願いします。	네, 서둘러 부탁합니다.
	B2	ええ、先方は返事を急いでるみたいです。	네, 상대방은 대답을 서두르고 있는 것 같습니다.
	B3	遅くても明日の午前中までにはお願いしたいんですが。	늦어도 내일 오전 중까지는 부탁드리고 싶습니다만.
10	A	そろそろ身を固めたらどうですか。	슬슬 결혼하시는 게 어때요?
	B1	そうしたいのは山々ですが、相手がいなくて。	그러고 싶은 마음은 굴뚝 같지만 상대가 없어서요.
	B2	まだ一人の方がいいです。	아직 혼자인 것이 더 좋아요.

알아 두어야 할 호응 표현

인사 표현 🎧 부록2-12

01	A	初めてお目にかかります。山田と申します。	처음 뵙겠습니다. 야마다라고 합니다.
	B1	お会いするのを楽しみにしていました。	만나 뵙기를 기대하고 있었습니다.
	B2	娘がいつもお世話になっております。	딸이 늘 신세지고 있습니다.
02	A	お会いできて嬉しいです。	만나 뵙게 되어 기쁩니다.
	B	こちらこそ、お目にかかれて光栄です。	저야말로 만나 뵙게 되어 영광입니다.
03	A	お久しぶりです。いかがお過ごしでしたか。	오랜만입니다. 어떻게 지내셨어요?
	B	おかげさまで、元気にしていました。	덕분에 잘 지내고 있었어요.
04	A	最近いかがですか。	요즘 어떠세요?
	B	まずまずってとこかな。	그냥 그렇지 뭐.
05	A	ご無沙汰しております。	그간 격조했습니다.
	B	10年ぶりだね。	10년 만이지.
06	A	ご家族のみなさんもお変わりありませんか。	가족분들은 변함없으시죠?
	B	ええ、相変わらず元気にしております。	네, 변함없이 잘 있습니다.
07	A	怪我をされたと聞いたんですが、お加減いかがですか。	다치셨다고 들었습니다만, 상태는 좀 어떠신지요?
	B	おかげさまで、だいぶよくなりました。	덕분에 꽤 좋아졌습니다.
08	A	よく眠れましたか。	잘 주무셨어요?
	B1	うん、ぐっすりと。	응, 푹 잤어.
	B2	一睡もできませんでした。	한숨도 못 잤어요.

09	A	最近、体がだるいし、食欲もないんです。	요즘 몸이 나른하고 식욕도 없어요.
	B	夏バテのようですね。お大事に。	여름을 타는 것 같네요. 건강 조심하세요.
10	A	先月、父が亡くなりました。	지난달에 아버지께서 돌아가셨어요.
	B	ご愁傷さまです。	명복을 빕니다.
11	A	明けましておめでとうございます。	새해 복 많이 받으세요.
	B	今年もよろしくお願いします。	올해도 잘 부탁합니다.

대접 표현　🎧 부록2-13

12	A	お口に合えば嬉しいのですが。	입맛에 맞으시면 좋겠네요.
	B1	おいしそうですね。いただきます。	맛있겠네요. 잘 먹겠습니다.
	B2	わざわざすみません。	(이거) 일부러 죄송합니다.
13	A	何もございませんが、どうぞたくさん召し上がってください。	차린 건 없지만, 부디 많이 드세요.
	B	では、遠慮なくいただきます。	그럼, 사양 않고 잘 먹겠습니다.
14	A	ご馳走さまでした。とてもおいしかったです。	잘 먹었습니다. 정말 맛있었어요.
	B	お粗末さまでした。	변변치 못했습니다.
15	A	今日は、すっかりご馳走になりました。	오늘은 정말 잘 먹었어요.
	B	いいえ、たいしたおもてなしもできませんで。	아뇨, 이렇다 할 대접도 못해 드려서 (죄송하네요).
16	A	何のおかまいもできませんで。	아무런 대접도 못해 드려서 어쩌죠?
	B	とんでもありません。	당치도 않아요.
17	A	今、お茶でもお持ちしますから、中の方へどうぞ。	지금 차라도 내올 테니 안으로 드세요.
	B	どうか、おかまいなく。	부디, (저는) 개의치 마세요.

18	A	つまらないものですが、よろしければどうぞ。	별거 아니지만, 괜찮으시면 받아 주세요.
	B1	どうも、すみません。	정말 감사합니다.
	B2	これは、わざわざご丁寧に、ありがとうございます。	이거 일부러, 정말 감사합니다.

칭찬 표현　🎧 부록2-14

19	A	山田さんってスタイルもいいし、すごくお洒落ですね。	야마다 씨는 체형도 좋고, 무척 멋쟁이세요.
	B	そんなことないですよ。	그렇지 않아요.
20	A	優勝、おめでとうございます。	우승 축하드려요.
	B1	いやあ、まぐれですよ。	아뇨, (어디까지나) 우연이에요.
	B2	大山さんのおかげです。	오오야마 씨 덕분입니다.
21	A	趣味にしてはたいしたものじゃありませんか。	취미치고는 대단하신 거 아닌가요?
	B	いいえ、ただ下手の横好きですから。	아니요, 서투르지만 그냥 좋아서 열심히 하는 거예요.
22	A	さすがに私が見込んだだけのことはあるわ。	역시 내가 기대한 보람이 있어.
	B	ありがとうございます。部長のご期待に添えるよう、がんばります。	감사합니다. 부장님의 기대에 부응하도록 노력하겠습니다.
23	A	林君みたいな優秀な部下を持って幸せだわ。	하야시 군 같은 우수한 부하를 두어 행복해.
	B	いいえ、もったいないお言葉です。	아니요, 과분한 말씀이세요

감사 표현 🎧 부록2-15

24 A 遠くからわざわざ、ありがとうございます。 일부러 먼 곳에서 이렇게 와 주셔서, 감사합니다.
   B1 いえいえ、どういたしまして。 아뇨, 별말씀을.
   B2 お安い御用です。 그리 어렵지 않은 일인걸요.
   B3 こちらこそ、ご丁寧にありがとうございます。 저야말로 정말 감사합니다.
   B4 いえいえ、私の楽しみでもありますから。 아니요, 제 즐거움이기도 하니까요.

25 A 先日はご迷惑をお掛けしました。 요전에는 심려를 끼쳤습니다.
   B1 お体の方はもう大丈夫ですか。 이제 몸은 괜찮으세요?
   B2 そんな、とんでもないです。 그런, 당치도 않은 말씀이세요

그 밖의 다양한 표현 🎧 부록2-16

26 A ごめんください。 계세요?
   B どちら様でしょうか。 누구신가요?

27 A 気兼ねせずに、どうぞお上がりください。 사양 마시고 들어오세요.
   B お邪魔します。 실례하겠습니다.

28 A むさ苦しいところですが、どうぞお寛ぎください。 누추한 곳이지만 부디 편안히 계세요.
   B ありがとうございます。 감사합니다.

29 A これでいいですか。 이걸로 괜찮나요?
   B はい、結構です。 네, 좋아요.

30 A もう少し、いかがですか。 좀 더 드실래요?
   B いいえ、もう結構です。 아니요, 이제 됐습니다.

31	A	すみません。お返事が遅くなってしまいました。	죄송합니다. 답변이 늦어졌네요.
	B	お気になさらずに。	신경 쓰지 마세요.
32	A	寿退職をすることになりました。	결혼으로 회사를 그만두게 되었어요.
	B	おめでとうございます。それで、結婚式はいつですか。	축하해요. 그래서 결혼식은 언제예요?
33	A	山田さん、おめでたですって。	야마다 씨, 임신했대.
	B	本当(?)。予定日はいつ(?)。	정말? 예정일이 언제야?

기타 평서문 대화 🎧 부록2-17

01	A	紐と鋏が要るんだけど。	끈이랑 가위가 필요한데.
	B1	買ってこようか。	사 올까?
	B2	今使ってるから、ちょっと待ってて。	지금 쓰고 있으니까 잠시만 기다려.
	B3	それなら引き出しの中にしまってあるよ。	그거라면 서랍 속에 들어 있어.
02	A	ガイドブックで紹介されるだけあって、店も多いし、大変な人出ね。	가이드북에 소개될 만큼 가게도 많고 엄청난 인파야.
	B1	そうだね。もし逸れたらここで落ち合おう。	그러게. 만약 헤어지게 되면 여기서 만나자.
	B2	これじゃ、時間内に回りきれないね。	이러면 시간 내에 다 못 돌겠네.
	B3	それに、産地直売だからか、どの商品も激安だよ。	게다가 산지 직매라서 그런지 뭐든지 엄청 싸.

03	A	大口を叩いた手前、今さら後には引けないのよ。	큰소리친 체면도 있고, 지금에 와서 물러날 수는 없어.
	B1	あまり意地を張らない方がいいよ。	너무 고집 피우지 않는 게 좋아.
	B2	素直に謝ったら、相手もきっと許してくれるよ。	솔직하게 사과하면, 상대방도 분명 용서해 줄 거야.
04	A	いよいよ師走に入りましたね。	드디어 12월에 접어들었군요.
	B1	早いもので、今年もあと1ヶ月ですね。	벌써 올해도 앞으로 한 달 남았네요.
	B2	年末ですから、なにかと慌ただしくなりますね。	연말이니 여러 모로 바빠지겠군요.
	B3	これから冷え込みも一段と強まりますね。	앞으로 추위도 한층 강해지겠군요.
05	A	うちの部長、社長として子会社に出向するらしいよ。	우리 부장님, 자회사 사장으로 가는 모양이야.
	B1	私も聞いたよ。近いうちに送別会でもやろうね。	나도 들었어. 가까운 시일 안에 송별회라도 하자.
	B2	私の尊敬してやまない方だったのに。	내가 존경해 마지않는 분이셨는데.
	B3	じゃ、向こうで思う存分に腕を振るえるよな。	그럼, 저쪽에서 맘껏 실력을 발휘하실 수 있겠네.

고난이도의 비즈니스 대화

기본적인 비즈니스 표현　🎧 부록2-18

01	A	この企画、私にやらせていただけないでしょうか。	이 기획, 제가 하면 안 될까요?
	B	頼もしいね。君なら安心だよ。	든든하군. 자네라면 안심이야.

| 02 | A | あとで私に電話をしていただけませんか。 | 나중에 제게 전화를 주실 수 있으신가요? |
| | B | わかりました。こちらからお電話致します。 | 알겠습니다. 이쪽에서 전화 드리겠습니다. |

회사 외부 사람과의 대화 🎧 부록2-19

03	A	先日お願いした件ですが、どうなりましたでしょうか。	저번에 부탁드린 것, 어떻게 되었나요?
	B1	今回限りということで、お引き受けしましょう。	이번 한번만 수락하도록 하죠.
	B2	すみません、仕入れ先の見積りが遅れまして。	죄송합니다. 매입처의 견적서가 늦어져서요.
	B3	もう少しだけ考えさせてください。	좀 더 생각할 시간을 주세요.
	B4	申し訳ありませんが、注文が立て込んでいてなかなか。	죄송합니다만, 주문이 밀려서 좀처럼 (어렵습니다).
04	A	申し訳ありませんが、ただいま品切れになっておりまして。	죄송합니다만, 현재 품절이라서요.
	B1	次の入荷はいつ頃になりそうですか。	다음 입고는 언제쯤인가요?
	B2	もう完売しちゃったんですか。	벌써 다 팔렸어요?

회사 내부 사람과의 대화 🎧 부록2-20

05	A	今回の人事異動は納得いかないわ。	이번 인사이동은 납득이 안 가.
	B	上層部に嫌われてしまうと、冷や飯を食わされるってことだね。	상부에 미움을 사면 찬밥 신세가 된다는 거지.
06	A	さすが社長、叩き上げの人だけあって迫力あるわ。	역시 사장님, 자수성가한 사람답게 박력 있어.
	B	だから、彼の意見には異を唱える人はいないんだね。	그래서 그의 의견엔 이의를 제기하는 사람이 없는 거지.

07	A	彼はいつの間にか会社を牛耳る存在にまで、のし上がったんですね。	그는 어느샌가 회사를 좌지우지하는 존재로까지 올라섰네요.
	B	ええ、いまや飛ぶ鳥も落としそうな勢いですから。	네, 이제는 나는 새도 떨어뜨릴 것 같은 기세니까요.
08	A	うちの社長、汚職問題で退陣を余儀なくされるんですって。	우리 사장님, 부정부패 문제로 어쩔 수 없이 사퇴한대요.
	B	事件を収めるために、詰め腹を切らせたんじゃないでしょうか。	사건을 진정시키기 위해 강제로 사직시킨 것 아닐까요?

업무 대화 🎧 부록2-21

09	A	そろそろ在庫が危なくなってきたわ。	슬슬 재고가 떨어지기 시작했어.
	B	じゃ、今から仕入れの準備をした方がいいね。	그럼 당장 구매 준비를 하는 게 좋겠군.
10	A	ようやく資金調達の目処が立ちました。	가까스로 자금 조달의 전망이 섰습니다.
	B	これでやっと一安心だね。	이걸로 겨우 한시름 놓겠군.
11	A	今回の企画は大当たりだったようね。	이번 기획은 대성공이었던 것 같지?
	B	社員一丸となって頑張ったからね。	직원들 전원이 하나가 되어 노력했으니까.

상품과 고객 반응 🎧 부록2-22

| 12 | A | 狙いが外れ、この冬は売れ行きがさっぱりだわ。 | 노림수가 빗나가서 올겨울은 판매가 신통치 않아. |
| | B | 暖冬じゃ、打つ手もありませんね。 | 따뜻한 겨울이라 손쓸 방법도 없네요. |

13	A	昨年販売を始めた新製品は、いまや会社の大黒柱ですね。	작년에 판매를 시작한 신제품은 이제 회사의 대들보군요.
	B1	うん、間違いなく売り上げに最も貢献しているね。	응, 틀림없이 매출에 가장 공헌하고 있지.
	B2	あんなに大化けするとは予想だにしませんでした。	저렇게 대박을 터뜨릴 거라고는 예상조차 못 했어요.
14	A	厳重な品質管理にもかかわらず、消費者から苦情が出ました。	엄중한 품질 관리에도 불구하고 소비자로부터 클레임이 들어왔어요.
	B	欠陥品でも見つかったんですか。	불량품이라도 발견됐나요?

회사 경영 🎧 부록2-23

15	A	去年に引き続き、会社の経営は悪化する一方だわ。	작년에 이어 회사 경영이 계속 악화될 뿐이야.
	B	この状況じゃ、いつ肩叩きされてもおかしくありませんね。	이런 상황이라면 언제 권고사직 당해도 이상하지 않겠군요.
16	A	取引先も不景気らしく、支払いを渋っているんです。	거래처도 불경기인 듯 지불을 꺼리고 있어요.
	B	困りましたね。こっちも資金のやりくりがつかない状態なのに。	난처하네요. 이쪽도 자금 변통이 어려운 상태인데.
17	A	去年の成功も、今年の失敗で全部帳消しになってしまいました。	작년의 성공도 올해의 실패로 전부 상쇄되고 말았습니다.
	B	これからは、うちもコスト削減にかけるしかないね。	이제부터는 우리도 경비 삭감에 걸 수밖에 없군.

18	A	この頃、原料が不足して生産が足踏み状態だわ。	요즘 원료가 부족해서 생산이 답보 상태야.
	B	このまま行くと、生産中止ということにもなりかねないね。	이대로 간다면 생산 중지가 될지도 몰라.
19	A	うちの会社もとうとう、中国市場の確保に本腰を入れることになりました。	우리 회사도 마침내 중국 시장 확보에 본격적으로 나서게 되었습니다.
	B	国内だけじゃ売上高の伸びに期待が持てないからね。	국내(시장)만으로는 매출 신장을 기대할 수 없으니까.

다양한 분야의 시사 문제

정치, 경제 🎧 부록2-24

01	A	最近、日用品が何もかも急に高くなってきたわ。	최근 생활용품이 갑자기 전부 올랐어.
	B	この間の公共料金の値上げが引き金になったようだね。	요전의 공공요금 인상이 계기가 된 듯하군.
02	A	景気回復の兆しがまったく見られないわ。	경기 회복의 조짐이 전혀 보이지 않아.
	B	政府のテコ入れ策もまるで功を奏しなかったからね。	정부의 경기 부양책도 전혀 성공하지 못했으니까.
03	A	外交上の不手際で世論がやかましくなったね。	외교상의 실책으로 여론이 시끄러워졌어.
	B	外相自ら責任を取って辞任すべきだという声も高まっているそうだよ。	외교부 장관 스스로 책임을 지고 사임해야 한다는 목소리도 높아지고 있대.

04	A	あの政治家、今まで賄賂を受け取っていたことが明るみに出たわ。	그 정치가, 지금까지 뇌물을 받고 있었던 게 밝혀졌어.
	B	どんなに隠していても、悪事はいつかばれるもんだね。	아무리 숨기고 있어도 악행은 언젠가 드러나기 마련이지.
05	A	世論調査に反して、選挙は与党の圧勝でした。	여론 조사와 반대로 선거는 여당의 압승이었습니다.
	B	やっぱり、ふたを開けてみないと、わからないこともありますね。	역시 뚜껑을 열어 보지 않으면 모르는 일도 있군요.

사회, 문화　🎧 부록2-25

06	A	あれほど騒がれたインフルエンザもそろそろ下火になってきましたね。	그렇게나 떠들썩했던 인플루엔자도 이제 기세가 시들해졌네요.
	B	もう昔の出来事のように思われますね。	벌써 옛날 일처럼 느껴지죠.
07	A	終身雇用制と言っても、文字通りって訳じゃないんだ。	종신 고용제라고 해도 글자 그대로인 건 아니구나.
	B	最近はリストラや解雇なども多くなったからね。	최근엔 구조조정이나 해고도 많아졌으니까.
08	A	最近、少子化問題がマスコミで大きく取り上げられていますね。	요즘 저출산 문제가 언론 매체에서 크게 다루어지고 있군요.
	B	いろんな理由で、出生率は低下の一途をたどっているからね。	여러 가지 이유로 출산율은 저하되기만 하니까.
09	A	今、地場産業を育成しようという動きが各地で起きているんだって。	지금 지역 산업을 육성하려는 움직임이 각지에서 일고 있대.
	B	豊かな地域づくりのためだね。	풍요로운 지역 사회 만들기를 위해서군.

Part 3

다양한 소재별 회화문

사람, 사물, 건물 🎧 부록3-01

01 女：もうアメリカには戻らないの(？)。 이제 미국엔 돌아가지 않는 거야?
   男：いや、試験が終わって休みに入ってるだけだよ。 아니, 시험이 끝나서 방학에 들어간 것뿐이야.

02 女：支払期限はいつだったっけ。 지불 기한은 언제였지?
   男：商品を受け取った翌月の１日までだって。 상품을 수령한 내달 1일까지래.

03 男：いい指輪してるね。 좋은 반지 꼈네.
   女：あ、これですか。 아, 이거요?
   男：婚約指輪なの(？)。 약혼반지야?
   女：いいえ、これは亡くなった母のものです。 아니요, 이건 돌아가신 엄마 거예요.

04 男：新しい人、入ったんだって(？)。どう(？)。 신입 들어왔다며? 어때?
   女：それが、頑張ってはくれてるけど。 그게, 열심히는 해 주는데 말이지.
   男：君の仕事、少しは減った(？)。 네 일은 좀 줄었어?
   女：減るどころか、ミスが多くていらいらしてばっかり。 줄기는커녕 실수가 많아 짜증만 나.

05 女：店を構えたのはいいけど、予想が外れたかも。 가게를 차린 건 좋지만, 예상이 빗나간 것 같아.
   男：ずいぶん賑わってたじゃない。 손님은 충분히 많던걸?
   女：お客さん、結局安価なものしか買わないのよ。 손님이 결국 싼 물건밖에 안 사.
   男：バブル時代じゃあるまいし、こつこつ稼いでいくしかないよ。 버블 경제 시대도 아니고, 꾸준히 벌어 나갈 수 밖에 없어.

약속, 예정　🎧 부록3-02

06　女：今日はもう遅いから、明日にしたらどうですか。　　　　　오늘은 이미 늦었으니 내일 하면 어떨까요?

　　男：仕方ないですね。じゃ、そうしましょう。　　　　　어쩔 수 없군요. 그럼 그렇게 합시다.

07　男：少し遅くなるかもしれないから、先に行ってていいよ。　　　　　좀 늦을지도 모르니 먼저 가 있어도 돼.

　　女：でも、特にやることもないし、駅前の喫茶店で待ってるわ。　　　　　하지만 특별히 할 일도 없으니 역 앞 커피숍에서 기다릴게.

08　男：今日はよろしくお願いします。　　　　　오늘은 잘 부탁합니다.

　　女：それでは、これでダシを取ってください。　　　　　그럼, 이걸로 육수를 내 주세요.

　　男：はい。　　　　　네.

　　女：それから、鶏肉と野菜を炒めてください。　　　　　그리고 나서 닭고기와 채소를 볶아 주세요.

　　　　あ、その前に塩コショウです。　　　　　아, 그 전에 밑간을 해 주세요.

09　女：森君は今日、学校には来ないの(?)。　　　　　모리 군은 오늘 학교엔 안 와?

　　男：寝坊して今、バスの中だそうです。　　　　　늦잠 자서 지금 버스 안이래요.

　　女：森君に会ったら、4時までに私のところへ来るようにと伝えて。　　　　　모리 군 보면 4시까지 나한테 오라고 전해 줘.

　　男：そういえば、先生は夜の飛行機で大阪でしたね。わかりました。　　　　　그러고 보니, 선생님은 밤 비행기로 오사카에 가시죠. 알겠습니다.

10　女：来週の接待、駅前にできた和食の店はどう(?)。　　　　　다음 주 접대, 역 앞에 생긴 일식집은 어때?

　　男：あそこは値段に見合う料理が出ないって噂だよ。　　　　　거긴 가격 대비 요리가 별로라는 소문이 있어.

　　女：でも、個室があるところって、この辺じゃなかなかないのよ。　　　　　그렇지만 개별실이 있는 곳이 이 근처엔 별로 없어.

　　男：そうだな。じゃ、帰りに下見して判断しよう。　　　　　그러게. 그럼 퇴근할 때 답사한 뒤 판단하자.

건강과 상태, 안부와 근황 🎧 부록3-03

11 男：眠れないって、彼氏と何かあった(？)。　　　못 잔다니, 남자친구랑 무슨 일 있었어?

　　女：それより、コーヒーを飲む回数が問題かな。　그것보다 커피 마시는 횟수가 문제인가?

12 男：あそこのお菓子を全部食べたら、どうも　　저기 있던 과자를 전부 먹었더니 아무래도 상태가 안
　　　　調子が悪くて。　　　　　　　　　　　　　좋아서.

　　女：それ食べたの(？)。古いからゴミ箱行きかな　그거 먹었어? 오래되어서 쓰레기통행이라고 생각했
　　　　って思ってたのに。　　　　　　　　　　　었는데.

13 男：青木、家にいないようだね。　　　　　　　아오키, 집에 없나 보네.

　　女：病気で寝ているはずなのに。　　　　　　　아파서 누워 있어야 맞는데.

　　男：病院にでも行ってるのかな。　　　　　　　병원에라도 간 건가?

　　女：2人で見舞いに行くって言っておいたのに。　둘이서 병문안 간다고 말해 뒀는데.

14 男：この頃、以前にも増してだるいんだ。　　　　요즘, 예전보다 더 노곤해.

　　女：パソコン画面を見続ける仕事って疲れるわね。　컴퓨터 화면을 계속 보는 일은 힘들지.

　　男：しかも毎日携帯まで使っているからな。　　　게다가 매일 휴대전화까지 사용하니까.

　　女：頭痛や肩こりも、目の疲れが原因かもね。　　두통이나 어깨 결림도 눈의 피로가 원인일지도 몰라.

날씨 🎧 부록3-04

15 男：今にも降りそうだな。　　　　　　　　　　　금방이라도 쏟아질 것 같아.

　　女：降るのは夜からって言ってたのに。　　　　　비는 밤부터 온다고 했는데.

　　男：寄り道しないで早く帰った方がいいね。　　　어디 새지 말고 빨리 집에 가는 게 좋겠어.

　　女：あ、降り出してきた。　　　　　　　　　　　앗, 내리기 시작했어.

16　女：強い冬型の気圧配置で、暴風雪になる予報だわ。　　　　　강한 겨울형 기압 배치로 강풍을 동반한 폭설이 내린다는 예보래.
　　男：電車が止まるかもしれませんね。　　　　　　　　　　　　　전철이 다니지 않을지도 모르겠네요.
　　女：そういう人は社内放送で早く帰ってもいいって。　　　　　　그런 사람은 사내방송에서 빨리 귀가해도 좋대.
　　男：じゃ、私は午後から失礼させていただきます。　　　　　　　그럼, 전 오후부터 실례하겠습니다.

17　女：明日、また雨だそうよ。　　　　　　　　　　　　　　　　　내일 또 비가 온대.
　　男：それじゃあ、傘持っていった方がいいね。　　　　　　　　　그럼, 우산 가져가야겠네.
　　女：それより、また洗濯物を外に干せなくなるからいらいらするわ。　그것보다 또 빨래를 밖에 못 널게 돼서 짜증 나.
　　男：うちは、子供が花粉症だから最近はいつも室内だけどな。　　우리 집은 애가 꽃가루 알레르기라 요즘은 항상 실내에 널어.

교통수단　🎧 부록3-05

18　女：タクシーを呼びましょうか。　　　　　　　　　　　　　　　택시를 부를까요?
　　男：いや、車で来たので。　　　　　　　　　　　　　　　　　　아뇨, 차로 와서요.

19　男：えっ、次の駅じゃないの(？)。　　　　　　　　　　　　　　어? 다음 역 아니야?
　　女：ここで降りた方がバス停に近いから。　　　　　　　　　　　여기서 내리는 게 버스 정류장에서 가깝거든.

20　女：遅れてすみません。途中、車の事故があって。　　　　　　　늦어서 죄송합니다. 도중에 차 사고가 있어서요.
　　男：えっ、怪我はないですか。　　　　　　　　　　　　　　　　네? 다치진 않았어요?
　　女：私は大丈夫ですが、ものすごい渋滞に巻き込まれちゃって。　전 괜찮지만, 엄청난 정체에 말려들어서요.
　　男：それは大変でしたね。でも、無事でよかったです。　　　　　그거 큰일이었군요. 그렇지만 무사해서 다행이에요.

다양한 상황별 회화문

기타 일상생활　🎧 부록3-06

01　女：あ、かわいい。犬飼ってるんだね。　　　　　아, 귀여워라. 개 키우네?
　　男：うん。犬は1匹だけど、猫も2匹いるよ。　　응. 개는 한 마리지만, 고양이도 두 마리 있어.
　　女：動物が好きなんだ。　　　　　　　　　　　　동물을 좋아하는구나.
　　男：鳥も飼ってみたいけど、やっぱり猫と一緒　　새도 키워 보고 싶지만, 역시 고양이랑 같이는 좀.
　　　　じゃね。

02　女：ああ、また携帯の調子が悪いわ。　　　　　　아, 또 휴대전화 상태가 안 좋아.
　　男：先週、修理してもらったって言ったよね。　　지난주에 수리 받았다고 했지.
　　女：もうそろそろ買い替え時かな。　　　　　　　이제 슬슬 바꿀 때가 된 건가.
　　男：もう古いし、その方がいいかもね。　　　　　오래됐으니 그러는 게 좋을지도 몰라.

03　男：竹内さんに出した手紙、まだ届いてないそう　다케우치 씨께 보낸 편지, 아직 도착하지 않았대.
　　　　だよ。
　　女：あ、それならさっき戻って来たんです。　　　아, 그거라면 방금 반송되어 왔어요.
　　男：えっ、おかしいな。　　　　　　　　　　　　어? 이상하네.
　　女：それが、部屋番号を書き忘れたみたいで。　　그게, 호실을 안 적어서요.

04　男：努力しても、なかなか成績が上がらなくて。　노력해도 좀처럼 성적이 오르지 않네요.
　　女：でも、だからと言って劣等感を持っちゃダメよ。하지만 그렇다고 해서 열등감을 가지면 안 돼.
　　男：もうすっかり自信喪失です。　　　　　　　　벌써 완전히 자신감을 상실했어요.
　　女：地道な努力がきっと実を結ぶわよ。　　　　　착실한 노력이 분명 결실을 맺을 거야.

종업원과의 대화 🎧 부록3-07

05 女: じゃ、10個ください。 그럼, 10개 주세요.
   男: 毎度ありがとうございます。1個おまけ 언제나 감사합니다. 1개 서비스로 넣어 둘게요.
      しときます。

06 女: どのくらいお切りしましょうか。 얼마나 잘라 드릴까요?
   男: 短くしてください。ちょっと暑くて。 짧게 해 주세요. 좀 더워서요.

07 女: お客様、恐れ入りますが、こちらでの 손님, 죄송합니다만, 이곳에서 흡연은 삼가 주십시오.
      おタバコはご遠慮ください。
   男: ここ禁煙だったの(？)。 여기 금연이었어?
   女: 申し訳ございません。喫煙コーナはあちら 죄송합니다. 흡연 코너는 저쪽입니다.
      ですので。
   男: 紛らわしいな。わかったよ。 헷갈리는군. 알았어.

08 男: すみません。あの赤い皮製のカバンを 저기요, 저 빨간 가죽 가방을 보여 주세요.
      見せてください。
   女: お目が高いですね。彼女へのプレゼントですか。 눈이 높으시네요. 여자친구 선물인가요?
   男: いいえ、実は母の還暦のお祝いに何かあげ 아뇨, 실은 어머니 환갑 선물로 뭔가 드리려고요.
      ようと思って。
   女: そうなんですか。おめでとうございます。 그러세요? 축하드립니다.

의료 기관 및 시설 🎧 부록3-08

09 女: 来週の診察は、いつがよろしいですか。 다음 주 진찰은 언제가 괜찮으십니까?
   男: 今日と同じ曜日同じ時間でお願いします。 오늘과 같은 요일 같은 시간으로 부탁합니다.
   女: わかりました。では、お大事に。 알겠습니다. 그럼 몸조리 잘하세요.
   男: ありがとうございました。 감사합니다.

10 　女：麻酔は1時間半で切れます。　　　　　　　마취는 1시간 반이면 풀립니다.

　　　男：そうですか。歯が痛くなったらどうすれば　　그래요? 이가 아프면 어떻게 하면 되나요?
　　　　　いいですか。

　　　女：薬を出しますので、4時間おきに飲んで　　　약을 처방할 테니 4시간 걸러 복용하세요.
　　　　　ください。

　　　男：はい、わかりました。　　　　　　　　　　네, 알겠습니다.

비즈니스 및 사회적 이슈　🎧 부록3-09

11 　男：取引先との交渉は、うまくいったかね。　　　거래처와의 교섭은 잘됐나?

　　　女：それが、もう少し値下げしてほしいと。　　　그게, 조금 더 값을 내려 달라고 하더군요.

　　　男：思いの外、難航してるね。　　　　　　　　예상과 달리 난항 중이군.

　　　女：決まれば大きいので、そうするより、ほか　　성사되면 크니까 그럴 수 밖에 없을 것 같습니다.
　　　　　ないかと。

12 　男：新しい工場の設計は、弊社でご検討いただけ　새 공장 설계는 저희 회사로 검토해 주실 수 없는지
　　　　　ないでしょうか。　　　　　　　　　　　　　요?

　　　女：どんなに見積もりが安くても、実績がないとね。　아무리 견적 조건이 좋아도 실적이 없어서야.

　　　男：そこをなんとか。　　　　　　　　　　　　그 부분을 어떻게든 부탁드립니다.

　　　女：申し訳ありません。会社の方針なんで。　　죄송합니다. 회사 방침이라서요.

13 　女：部長、ご検討いただけましたでしょうか。　　부장님, 검토해 주셨습니까?

　　　男：ああ、君はどうしても移りたいのか。　　　그래, 자네는 꼭 옮기고 싶은가?

　　　女：入社前からの希望です。今年こそお願い　　　입사 전부터 원했던 거예요. 올해야말로 부탁드립니
　　　　　します。　　　　　　　　　　　　　　　　다.

　　　男：人事と話し中だから、もう少し待ってくれ。　인사부와 이야기 중이니 조금 더 기다려 주게.

14	男：山田部長、なんだか機嫌悪そうですね。		야마다 부장님, 어쩐지 기분이 안 좋은 것 같죠.
	女：まだ知らないの(？)。今回の契約、土壇場でだめになったみたい。		아직 몰라? 이번 계약, 막판에 허사가 된 것 같아.
	男：えっ、ライバル会社に横取りされたんですか。		네? 경쟁사가 가로챘어요?
	女：まあ、うちの詰めが甘かったせいね。		뭐, 우리 마무리가 허술했던 탓이지.
15	女：もしもし。先日お願いした件ですが。		여보세요. 일전에 부탁드렸던 건 말인데요.
	男：申し訳ありません。まだ決裁が下りなくて。		죄송합니다. 아직 결재가 안 떨어져서요.
	女：お手数ですが、大至急でお願いできませんか。		수고스러우시겠지만 서둘러 주실 수 없나요?
	男：では、課長にもう一度話してみます。		그럼, 과장님께 한번 더 말씀드려 볼게요.
16	男：もしもし。秘書課の鈴木ですが、松田さんいらっしゃいますか。		여보세요. 비서과 스즈키인데요. 마쓰다 씨 계신가요?
	女：ちょうど今、席を外しておりますが。		마침 지금 자리를 비웠는데요.
	男：社長との中国出張の件で、折り入って話がありまして。		사장님과의 중국 출장 건으로 긴히 말씀드릴 게 있어서요.
	女：そうですか。松田が戻り次第、折り返しお電話させます。		그러세요? 마쓰다가 돌아오는 대로 전화 드리라고 하겠습니다.
17	男：この町も、空き家が目立ちますね。		이 마을도 빈집이 눈에 띄네요.
	女：ええ、ここも過疎化が進んでまして。		네, 여기도 과소화가 진행되고 있어서요.
	男：移住対策もままならないみたいですね。		이주 대책도 효과가 없나 봐요.
	女：進学や就職で若者は町を離れて行く一方ですし。		진학이나 취직으로 젊은이들은 마을을 떠나기만 할 뿐이고요.

18 男：最近、太陽光発電が話題になっているね。 요즘 태양열 발전이 화제에 오르고 있지.

女：うん。新聞やニュースなどでよく取り上げられているから。 응. 신문이나 뉴스에서 자주 언급되고 있으니까.

男：光熱費の節約のために、うちも取り付けてみるのはどう(？)。 광열비 절약을 위해서 우리도 달아 보는 게 어때?

女：でも、元が取れるまで10年以上かかるらしいよ。 하지만 본전을 찾을 때까지 10년 이상 걸린대.

비즈니스 일본어회화&이메일 핵심패턴 233

부록
· 휴대용 소책자
· mp3 파일 무료 다운로드

인현진 지음 | 312쪽 | 16,800원

일본 비즈니스의 모든 상황은 233개 패턴으로 이뤄진다!

전화 통화, 출장, 프레젠테이션, 이메일 등 비즈니스 현장에서 겪게 되는 모든 상황을 모아, 꼭 필요한 233개 패턴으로 압축했다. 비즈니스 회화뿐만 아니라 이메일까지 한 권으로 OK!

난이도	첫걸음 초급 **중급** 고급	시간	80일
대상	일본을 대상으로 비즈니스를 해야 하는 직장인, 고급 표현을 익히고 싶은 일본어 초중급자	목표	내가 쓰고 싶은 비즈니스 표현 자유자재로 만들기

비즈니스 일본어회화 & 이메일 표현사전

인현진 지음 | 640쪽 | 20,000원

회화는 물론 이메일 표현까지 한 권에!
국내 유일의 비즈니스 표현사전

상황별 비즈니스 표현을 총망라하여 최다 규모로 모았다! 현장에서 바로 써먹을 수 있는 고품격 회화 표현과 이메일, 비즈니스 문서 등 그대로 활용 가능한 작문 표현이 한 권에!

난이도 첫걸음 | 초급 | **중급** | 고급

목표 내가 쓰고 싶은 비즈니스 표현을 쉽게 찾아 바로 바로 써먹기

대상 일본을 대상으로 비즈니스를 해야 하는 직장인, 고급 표현을 익히고 싶은 일본어 중급자

시험에 나오는 것만 공부한다!

시나공 JPT 청해

상위 1% JPT 전문가들의 모임
JPT초고수위원회 지음

시나공 JPT 청해
Crack the Exam! – JPT Listening

초판 발행 · 2018년 1월 30일
초판 2쇄 발행 · 2021년 1월 15일

지은이 · JPT초고수위원회(마쓰하시 사치요, 가네코 마스키, 김은영, 배경복)
발행인 · 이종원
발행처 · (주)도서출판 길벗
브랜드 · 길벗이지톡
출판사 등록일 · 1990년 12월 24일
주소 · 서울시 마포구 월드컵로 10길 56(서교동)
대표 전화 · 02)332-0931 | **팩스** · 02)323-0586
홈페이지 · www.gilbut.co.kr | **이메일** · eztok@gilbut.co.kr

기획 및 책임편집 · 오윤희(tahiti01@gilbut.co.kr), 김대훈 | **디자인** · 최주연 | **제작** · 이준호, 손일순, 이진혁
영업마케팅 · 김학흥, 장봉석 | **웹마케팅** · 이수미, 최소영 | **영업관리** · 김명자, 심선숙 | **독자지원** · 송혜란, 윤정아

편집진행 및 교정 · 강미정 | **전산편집** · 강미정 | **오디오 녹음** · 와이알미디어
CTP 출력 · 인쇄 · 예림인쇄 | **제본** · 예림바인딩

- 잘못 만든 책은 구입한 서점에서 바꿔 드립니다.

- 이 책은 저작권법에 따라 보호받는 저작물이므로 무단전재와 무단복제를 금합니다.
  이 책의 전부 또는 일부를 이용하려면 반드시 사전에 저작권자와 (주)도서출판 길벗의 서면 동의를 받아야 합니다.

- 책 내용에 대한 문의는 길벗 홈페이지(www.gilbut.co.kr) 고객센터에 올려 주세요.

ISBN 979-11-5924-150-5 03730
(길벗 도서번호 300923)

이 도서의 국립중앙도서관 출판예정도서목록(CIP)은 서지정보유통지원시스템 홈페이지(http://seoji.nl.go.kr)와
국가자료공동목록시스템(http://www.nl.go.kr/kolisnet)에서 이용하실 수 있습니다.(CIP제어번호 : CIP2017030925)

©JPT초고수위원회, 2018

정가 17,000원

독자의 1초까지 아껴주는 정성 길벗출판사

길벗 | IT실용, IT/일반 수험서, IT전문서, 경제경영서, 취미실용서, 건강실용서, 자녀교육서
더퀘스트 | 인문교양서, 비즈니스서
길벗이지톡 | 어학단행본, 어학수험서
길벗스쿨 | 국어학습서, 수학학습서, 유아학습서, 어학학습서, 어린이교양서, 교과서

페이스북 · www.facebook.com/gilbuteztok
네이버 포스트 · http://post.naver.com/gilbuteztok
유튜브 · https://www.youtube.com/gilbuteztok

> 이렇게 바뀌었습니다!

1 최신 경향 완벽 분석!

실제 JPT 시험의 최신 경향을 철저히 분석하여, 시나공법과 예상 문제에 반영했습니다.

2 풍부한 어휘, 다양한 예문 추가!

기존 책의 장점을 살려 방대하고 풍부한 어휘를 수록했고, 최신 기출 동향을 반영하여 예문을 추가했습니다.

3 mp3 파일 무료 다운로드, QR 코드 제공

홈페이지에서 mp3 파일을 무료로 다운로드 받을 수 있습니다. 시나공법 따라잡기 전체 예문과 '시나공 기출문제의 재구성', '미리 보는 실전 예상문제', '실전 모의고사'는 QR 코드를 스캔해 손쉽게 들을 수 있습니다.

4 실전 모의고사 2회분 수록!

실전 문제를 더 많이 접할 수 있도록 모의고사 1회분을 추가 편성하였습니다.

5 정답&해설 분권

친절하고 자세한 문제 해설은 기본! 〈정답&해설〉을 책 속의 책으로 넣어 학습자의 편의를 높였습니다.

> **머리말**

JPT의 기본기를 탄탄하게 다질 수 있는 단 한 권의 책!

JPT 청해 고득점을 받으려면 어떻게 해야 하나요?

JPT 시험을 준비하는 수험자들에게 저희가 끊임없이 받는 질문 중 하나입니다. 이 질문에 대한 저희의 답변은 예전이나 지금이나 항상 똑같습니다.

"무조건 듣고 또 들으세요!"

요즘은 인터넷이나 TV를 통해 생생한 일본어를 접할 수 있는 기회가 많아 일본어를 공부하기에는 아주 좋은 환경이죠. 하지만 저희 〈JPT 일본어 완전정복〉 카페에서는 'NHK 스터디'를 진행했을 정도로 예전이나 지금이나 'NHK 라디오 뉴스' 듣기를 강조합니다.

지루하게 웬 '라디오 뉴스'라 생각하시죠? 일본어 뉴스 청해와 JPT 청해는 전혀 다른 것이 아닙니다. 뉴스에 많이 나오는 시사 레벨의 문장까지 JPT에서 다루기 때문입니다. 무엇보다 백 퍼센트 귀에만 의존해야 하는 JPT 청해를 위해서는 NHK 아나운서의 정확한 발음과 악센트, 억양까지 귀에 익혀 두어야 할 필요가 있습니다. NHK 라디오 뉴스도 JPT처럼 정황 증거나 감정 힌트가 없어 JPT 공부에는 더할 나위 없이 좋은 소재인 것은 지금도 변함없습니다.

그럼 JPT 청해 실력을 업그레이드하기 위해서 뉴스만 열심히 들으면 될까요?

JPT 시험 유형에 맞게 공부하세요!

JPT 청해에는 다양한 유형의 듣기 문제들이 있습니다. NHK 뉴스와 같은 시사적인 내용이 나오기도 하지만 비중은 그렇게 크지 않습니다. 사진을 알맞게 묘사한 보기를 찾는 문제도 나오고, 일상적인 대화문도 나옵니다. 또한, 장문의 설명문을 듣고 여러 문제들을 한꺼번에 풀어야 하는 유형도 있습니다.

JPT 청해 고득점을 받고 싶다면 JPT 시험 경향에 맞춰 유형을 정리하고, 제한 시간 내에 문제를 푸는 연습도 꼭 필요합니다. 문제를 풀면서 생각할 수 있는 시간은 오로지 다음 문제로 넘어가기 전까지이기 때문에, 듣자마자 바로 정답을 찾아 체크해야만 다음 문제를 미리 살펴보고 대비할 수 있습니다. JPT는 시험이기 때문에 그 시험에 맞게 연습하고 공부하면 단기간에 충분히 원하는 점수를 얻을 수 있습니다. 그러기 위해서는 JPT의 기본기를 다지고 충분히 연습해 볼 수 있는 기본서가 필요하죠.

최신 경향을 철저히 분석하여 포인트만 모았습니다!

최근 출제 경향을 살펴보면, 정답이 알쏭달쏭한 문제보다는 명확하게 답을 가려낼 수 있는 문제가 늘어났습니다. 체감 난이도는 낮아졌다고 할 수 있죠. Part 1은 클로즈업된 사진으로 정답이 확실히 보이는 문제가 늘어났고, Part 2에서 수험자들이 어려워하는 속담, 관용구 문제의 출제 빈도는 낮아졌으며, Part 3~4는 듣고 바로 답을 찾을 수 있는 간단명료한 유사 표현 문제가 많아졌습니다. 그만큼 듣기 실력만 확실하다면 쉽게 점수를 올릴 수 있게 되었다는 뜻이죠.

하지만, 방심은 금물입니다! 일본어는 50음이라는 적은 음을 기본으로 하는 데다, 우리말보다 풍부한 장단음과 악센트, 그리고 억양이 있습니다. 심지어 일본어 특유의 애매한 말투 때문에 아무리 어휘 공부를 많이 해도 백 퍼센트 정확히 알아듣기란 쉽지 않습니다. 따라서 어휘를 눈과 머리로 외우는 것보다는 문장으로 듣고 흐름, 뉘앙스, 분위기 등을 파악하는 것이 더 중요하죠.

JPT 청해는 문장이 패턴화 되어 있기 때문에 예문은 귀로 듣고 귀로 복습하는 것이 중요합니다. 그런 의미에서 이번 개정판에는 본문에 다양한 예문을 추가하여 더 많은 JPT 문장을 접할 수 있게 했습니다. 또한, 실제 JPT 청해의 최신 경향을 철저히 분석하여, 중급 이상의 수험자들도 짚고 넘어가야 할 JPT 특유의 포인트만으로 시나공법을 구성하였습니다.

시나공법으로 기본기를 다진 후에는 최신 경향의 문제들로 자신의 실력을 테스트할 수 있습니다. JPT 전문가인 마쓰하시 사치요 선생님과 가네코 마스키 선생님이 출제한 '시나공 기출문제의 재구성', '미리 보는 실전 예상문제', 실제 시험처럼 풀 수 있는 '실전 모의고사' 2회분을 수록했습니다. 문제를 풀고 나면 〈정답&해설〉로 정답과 오답 포인트를 확인하고 들리지 않았던 문형이나 어휘를 정리하는 것도 잊지 마세요! 수백 개의 JPT 청해 핵심 문장을 복습할 수 있는 소책자도 놓치지 말고 꼭 반복 청취하세요.

학습하면서 궁금한 점은 길벗 출판사 홈페이지나 〈JPT 일본어 완전정복〉 카페에 남겨 주세요. 저자들이 성실히 답변을 드리도록 하겠습니다. 이 책이 JPT 고득점은 물론 궁극적인 일본어 실력 향상으로 이어지는 지름길이 되기를 바랍니다. 아울러, 사진을 제공해 주신 〈JPT 일본어 완전정복〉 카페 회원분들께 감사드립니다.

JPT를 완전 정복하는 그날까지… ファイト!!

2018년 1월 JPT초고수위원회
(마쓰하시 사치요, 가네코 마스키, 김은영, 배경복)

차례

Part 1

첫째마당 _ 사람에 주목하자!
시나공법 01 사진 속 인물의 복장과 상태를 살펴보자! 19
시나공법 02 이 사람은 무엇을 하는 걸까? 상황별 동작을 정리해 보자! 29
시나공법 03 사람의 주변도 살펴보자! 39
시나공법 04 했다는 거야? 할 거라는 거야? 동작의 시점을 파악하자! 47

둘째마당 _ 사물을 꼼꼼히 보자!
시나공법 05 사물의 명칭, 용도, 상태를 파악하자! 60
시나공법 06 사물의 모양과 복수의 사물도 주의해서 보자! 70
시나공법 07 지시, 안내, 메모 사진은 큰 글씨부터 읽자! 78

셋째마당 _ 이런 것까지 나와? 고득점 문제를 공략하자!
시나공법 08 교통수단, 도로 사진은 따로 정리하자! 91
시나공법 09 사진 속 장소와 상황을 파악하자! 99
시나공법 10 풍경 속 작은 사물의 상태와 움직임까지 공략하자! 108

Part 2

첫째마당 _ 의문사가 들어간 의문문을 살펴보자!
시나공법 11 사람을 묻는 의문사 誰 125
시나공법 12 때를 묻는 의문사 いつ 130
시나공법 13 장소를 묻는 의문사 どこ 133
시나공법 14 사물이나 사실을 묻는 의문사 何 136
시나공법 15 이유를 묻는 의문사 なぜ, どうして 141
시나공법 16 방법과 정도를 묻는 의문사 どう, どのくらい, いくら 145

둘째마당 _ 평서문의 의도를 파악하자!
시나공법 17 의문사가 없는 의문문 150
시나공법 18 권유, 부탁, 허락, 금지 153
시나공법 19 알아 두어야 할 호응 표현 159
시나공법 20 기타 평서문 대화 166

셋째마당 _ 고난이도 표현을 공략하자!
시나공법 21 관용구 및 속담, 사자성어 172
시나공법 22 고난이도의 비즈니스 대화 182
시나공법 23 본격적인 시사 문제 189

Part 3

첫째마당 _ 다양한 소재별 회화문을 살펴보자!

시나공법 24 사람, 사물, 건물을 대상으로 하는 회화문 ········ 197
시나공법 25 약속, 예정에 관한 회화문 ········ 205
시나공법 26 건강과 상태, 안부와 근황에 관한 회화문 ········ 211
시나공법 27 날씨에 관한 회화문 ········ 217
시나공법 28 교통수단에 관한 회화문 ········ 225

둘째마당 _ 다양한 상황별 회화문을 살펴보자!

시나공법 29 기타 일상에서 이루어지는 회화문 ········ 234
시나공법 30 종업원과의 대화로 이루어지는 회화문 ········ 239
시나공법 31 비즈니스와 사회적 이슈에 관한 회화문 ········ 245

Part 4

첫째마당 _ 출제 비중 70퍼센트! 단골 소재를 살펴보자!

시나공법 32 인물이 중심이 되는 이야기 ········ 257
시나공법 33 전달 목적의 안내 및 공지 ········ 261
시나공법 34 다양한 소재를 다루는 소개문 ········ 265

둘째마당 _ 난이도 급상승! 후반부 지문을 살펴보자!

시나공법 35 존경·겸양 표현이 등장하는 안내 방송 ········ 272
시나공법 36 짧은 시간에 많은 정보를 쏟아내는 광고문 ········ 276
시나공법 37 뉴스 보도, 사회 동향 ········ 280

실전 모의고사

실전 모의고사 제1회 ········ 290
실전 모의고사 제2회 ········ 312

별책 1 시나공 JPT 청해 정답&해설

본문 정답&해설 ········ 2
실전 모의고사 정답&해설 ········ 105

별책 2 시나공 JPT 청해 핵심 문장

존경·겸양 표현 ········ 2
시나공법 따라잡기 핵심 예문 ········ 6

이 책의 구성과 학습법

이 책은 JPT 청해를 철저히 분석한 청해 대비 기본서로, 각 파트별로 출제되는 핵심 사항을 37개의 시나공법으로 정리하여, 실전 JPT 맞춤 예문과 함께 공부할 수 있도록 구성했습니다. 시나공법을 학습한 뒤에는 '시나공 기출문제의 재구성'과 '미리 보는 실전 예상문제'를 풀어 보고 반드시 해설을 확인해 보기 바랍니다.

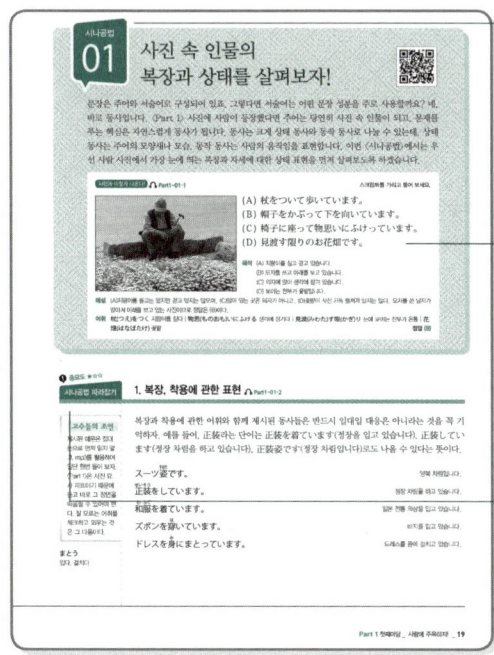

❶ 시나공법
JPT 청해에 출제되는 핵심 사항을 37개의 시나공법으로 구성하여, 어떤 유형이 JPT에 출제되는지를 짚어 줍니다. 또한 시나공법마다 QR 코드를 넣어, 스마트폰으로 간편하게 음원을 들을 수 있습니다.

❷ 시험에 이렇게 나온다!
JPT 출제 유형을 보기로 제시하여, 본격적인 학습에 앞서 JPT 청해가 어떤 식으로 출제되는지에 대한 이해를 높입니다. 시나공법과 '시험에 이렇게 나온다!'를 훑어보는 것만으로도 전체적인 출제 유형을 파악할 수 있습니다.

❸ 시나공법 따라잡기
JPT 고수들이 시험 문제를 분석하여 시험에 나오는 핵심 사항만 골라서 정리했습니다. 본문 속 주요 예문은 mp3 파일을 통하여 충분히 듣기 연습을 한 뒤에 시험에 대비할 수 있도록 했습니다.

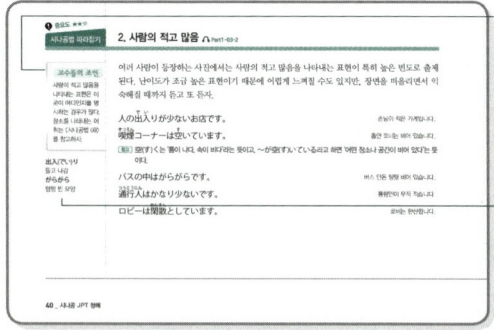

❹ 고수들의 조언
각 항목에 대하여 보충 설명하거나 학습 요령을 알려줍니다. JPT를 다년간 연구해 온 전문가의 조언을 놓치지 마세요!

❺ 어휘 및 문법 설명
예문 속의 어휘나 문법 중 한글 해석과 독음만으로는 설명이 부족한 부분을 정리했습니다. 특히 심화 학습이 필요한 부분은 본문 속 참고 항목에 따로 설명했습니다.

❻ 시나공 기출문제의 재구성

각 시나공법 유형에 맞는 총 37회의 기출문제의 재구성 문제를 수록했습니다. 실제 시험을 바탕으로 재구성된 문제를 푸는 가운데 자연스럽게 문제 유형을 파악할 수 있으며, 〈정답&해설〉을 통해 JPT 전문가의 문제 풀이 요령을 전수 받을 수 있습니다.

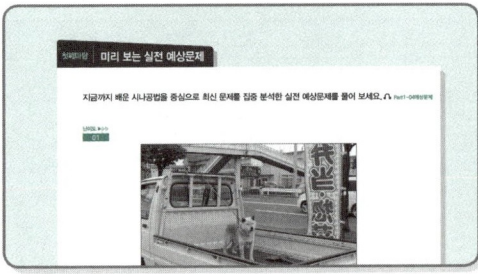

❼ 미리 보는 실전 예상문제

총 10회의 실전 예상문제를 수록했습니다. 기출문제의 재구성이 시나공법당 확인 문제라면 미리 보는 실전 예상문제는 시나공법 여러 개를 모은 마당별 문제입니다. 중간 정리를 통해 확실한 자신감을 얻어 보세요.

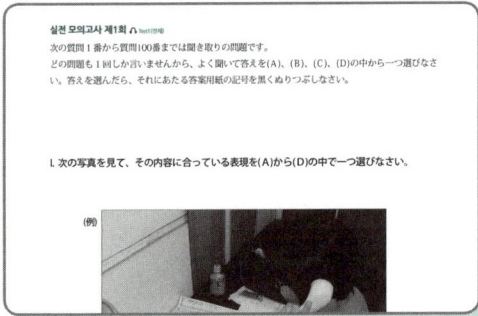

❽ JPT 청해 실전 모의고사

고수들도 잠깐 여유를 부리면 틀리기 쉬운 JPT 특유의 문제로 구성했습니다. 총 2회의 문제를 mp3 파일을 들으면서 실전처럼 풀어 보세요. 실전과 같은 상황에서 모의고사를 풀 수 있는 실전용 mp3와 파트별로 따로 확인할 수 있는 복습용 mp3를 제공합니다. 용도에 따라 활용하세요.

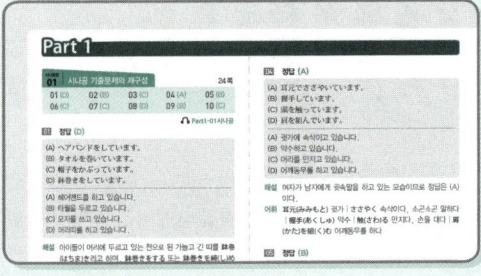

〈별책〉 JPT 청해 정답&해설

본책과 분리 제작하여 학습자들의 학습 편리성을 더욱 높였습니다. '시나공 기출문제의 재구성'과 '미리 보는 실전 예상문제', 모의고사 2회분에 대한 자세한 정답과 해설을 실었습니다. 각 문제마다 왜 답이 되는지 또는 왜 답이 아닌지 등 구체적인 설명을 통해 문제의 요점과 어떤 함정이 있는지 쉽게 이해할 수 있게 풀이했습니다.

JPT 분석하기

JPT란 무엇인가요?

JPT는 Japanese Proficiency Test의 약자로, 일본어가 모국어가 아닌 사람들을 대상으로 한 언어 본래의 기능인 커뮤니케이션 능력을 측정하기 위한 시험입니다. 급수 없이 하나의 테스트에 각 파트별로 난이도를 초급부터 고급까지 일정한 비율로 배분하였기 때문에 모든 수험자가 자신의 정확한 일본어 능력을 측정할 수 있어, 매년 많은 수험자들이 응시하고 있습니다.

JPT는 이렇게 구성되어 있어요!

구성	내용		문항 수	시간	배점
청해	Part 1	사진 묘사	20	45분	495점
	Part 2	질의 응답	30		
	Part 3	회화문	30		
	Part 4	설명문	20		
독해	Part 5	정답 찾기	20	50분	495점
	Part 6	오문 정정	20		
	Part 7	공란 메우기	30		
	Part 8	독해	30		
총	8개 파트		200	95분	990점

JPT 내 점수는 어느 위치일까요?

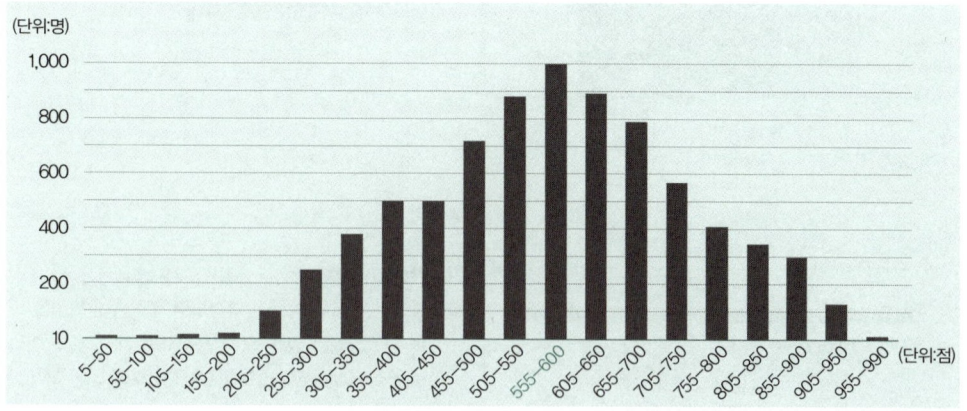

YBM에서 제공하는 토익 뉴스레터에 따르면, JPT 점수대별 응시 인원은 555~600점대가 가장 많습니다. 이 점수대를 기준으로 높을수록 일상 회화 정도의 의사소통에서 고급 커뮤니케이션까지 가능한 실력이 된다고 볼 수 있습니다.

JPT 접수는 어떻게 하나요?
JPT 시험을 치르기 위해서는 YBM 어학 시험 JPT(exam.ybmnet.co.kr/jpt)에서 인터넷 접수를 해야 하며, 전화, 우편, 방문 접수는 불가능합니다.

JPT 당일 시험 일정이 어떻게 되나요?
오전 9시 30분까지 입실을 완료하여야 하며, 9시 50분 이후에는 절대 입실이 불가합니다.

시간	내용	비고
9:30 ~ 9:45 (15분)	답안지 작성에 관한 오리엔테이션	
9:45 ~ 9:50 (5분)	수험자 휴식 시간	
9:50 ~ 10:05 (15분)	신분증 확인(감독교사)	휴대전화는 감독인에게 제출
10:05 ~ 10:10 (5분)	문제지 배부, 파본 확인	시험 중간에 휴식 시간이 없음
10:10 ~ 10:55 (45분)	듣기 평가(L/C)	독해 시간 중 감독인이 2차 신분증 확인
10:55 ~ 11:45 (50분)	독해 평가(R/C)	

* 위 시험 일정은 시험 당일 고사장 사정에 따라 다를 수 있습니다.

JPT 시험 당일 무엇을 챙겨 가야 하나요?
규정 신분증과 컴퓨터용 연필, 지우개는 반드시 가지고 가야 하며, 이 밖에 손목시계와 시험 전까지 공부할 수 있는 수험서를 챙겨 가세요.

JPT 성적은 어디서 언제 확인하나요?

성적 발표일	성적 확인	성적표 수령 방법
시험일로부터 8일 후 오후 3시	JPT 홈페이지(exam.ybmnet.co.kr/jpt) ARS 060-800-0515	우편 또는 온라인(시험 접수 때 선택)

JPT 성적과 JLPT의 급수 비교

JPT	JLPT
660점 이상	N1
525점 이상	N2
430점 이상	N3

* ybm 홈페이지 참조

JPT 분석하기

JPT 점수에 따른 실력을 어떻게 가늠하나요?

수준	점수	평가	
A	880 이상	어떠한 상황에서도 정확한 의사소통이 가능할 만큼 우수한 일본어 능력을 가지고 있다.	
		청해	독해
		• 표현의 미묘한 차이를 간파할 수 있으며 정확한 의사 전달과 이해가 가능하다. • 회의, 교섭, 전화 응대 등 상대방이 말하는 내용을 정확히 이해할 수 있다. • 대인 관계에 맞게 유창하고 적절한 언어 표현 사용이 가능하다. • 어휘와 대화 내용에 정확성이 있다.	• 일본어에 대한 정확한 지식과 운용 능력이 있다. • 어떠한 비즈니스 문서라도 정확한 이해가 가능하다. • 문법, 어휘에 관한 지식이 풍부하다. • 문법상 오류는 거의 없다.
B	740 이상	일본어와 접할 수 있는 여러 상황에서 완벽하지는 않지만 적절히 대응할 수 있는 커뮤니케이션 능력을 가지고 있다.	
		청해	독해
		• 다수의 사람들이 최근의 시사 문제에 대해 토론하는 것을 듣고 이해할 수 있다. • 관심 있는 주제에 관해 미리 준비된 원고를 여러 사람 앞에서 발표할 수 있다. • 회의, 교섭, 전화 응대 등 상대방이 말하는 내용을 거의 이해하고 답할 수 있다.	• 어휘와 문법에 대한 지식은 풍부하지만 약간의 오류는 있다. • 최근에 참석한 회의의 주요 내용을 요약하여 적을 수 있다. • 상반되는 의견이나 견해 차이를 파악하고 이해할 수 있다.
C	610 이상	제한적 범위에서 이루어지는 일상 회화 정도의 의사소통이라면 무리 없이 진행할 수 있다.	
		청해	독해
		• 일상 회화를 대강 이해할 수 있다. • 회의 진행이나 교섭 등 복잡한 문제에 대해 곤란을 겪을 수 있다. • 상황에 어울리지 않는 부적절한 표현을 사용하는 경우가 있을 수 있다.	• 지시문이나 문서를 이해하는 데 있어서 정확한 해석에 곤란을 겪을 수 있다. • 부분적으로 일본어다운 표현과 어휘 선택에 미숙함이 있을 수 있다. • 문법 지식이 다소 부족하다.
D	460 이상	단순한 내용을 소재로 하는 대화를 진행할 수 있지만, 듣고 말하는 데 있어 정확성 등에 오류가 발생한다.	
		청해	독해
		• 일상 회화에 있어서 간단한 내용만 이해 가능하다. • 취미, 가족, 날씨 등 일반적인 화제에 대해서 쉬운 일본어로 표현이 가능하다. • 자신과 관련된 분야에 대해 간략한 소개 정도는 가능하다.	• 쉽고 간단하게 작성된 지시문이나 문서 등을 읽고 이해할 수 있다. • 자신에게 필요한 자료를 찾거나 문서를 작성하기에는 무리가 있다. • 어휘, 문법, 한자 등의 학습을 좀 더 필요로 한다.
E	220 이상	기본적인 인사말과 자기소개가 가능하며 의사소통 능력은 초보 수준이다.	
		청해	독해
		• 취미, 가족 등에 대해서 상대가 배려하여 천천히 말하면 이해할 수 있다. • 만날 때나 헤어질 때 사용하는 기본적인 인사말을 할 수 있다. • 자신의 일상생활을 간단히 이야기할 수 있다.	• 기본적인 단어와 구문에 대해서만 인지하고 있다. • 단편적인 일본어 지식밖에 없다. • 간단한 메모 등의 이해만 가능하다.
F	220 미만	의사소통 및 독해는 불가능한 수준이다.	

점수대별 고득점 전략

350점 이하의 수험생에게 추천하는 청취 훈련법
350점 이상을 넘지 못하는 수험자는 모르는 어휘나 문형이 많이 나와 당황하여 틀렸을 가능성이 높다. 그러므로 350점 이상을 획득하기 위해서는 《시나공 JPT 청해》를 통해 어떤 유형들이 나오는지 학습한 후, 귀를 열고 많은 표현들을 접하고 반복 학습하여 MP3에 있는 문장 하나하나를 내 것으로 만드는 것이 고득점으로 향하는 방법이다. 초·중급자가 무조건 흘려들으면서 공부하는 것은 시간 낭비일 뿐이고 아무런 도움이 되지 않는다. 기초 유형을 학습한 후에는 많은 문제들을 풀고, 풀어 본 문제는 반복해서 듣는 것이 청해 능력 상승에 직접적인 도움이 되는데, 들을 때는 반드시 상황을 떠올리면서 듣자. 평상시 재미있게 공부할 수 있는 방법으로는 일본 드라마나 애니메이션 시청을 추천한다. 다양한 상황 속의 일본어를 화면으로 보면서 귀로 공부할 수 있어서 〈Part 2, 3〉과 같은 대화문 등에 도움이 된다. 여러 드라마나 애니메이션을 보는 것보다는 어느 하나를 정하여 집중적으로 반복 시청하는 것이 좋다. 다만 꾸준히 시청하는 것이 일본어의 실력 향상에 도움은 되겠지만 눈으로 상황을 파악하면서 듣는 것이므로, 귀에만 의존해야 하는 JPT 시험의 점수 향상에 직접적인 도움을 주지는 못한다. 그러므로 점수 향상을 위해서는 문제집 풀이를 기본으로 하고, 보완 방법으로 일본 드라마나 애니메이션 시청을 병행하는 것이 효과적이다.

• 파트별 학습 방법

Part 1 사진 묘사는 사람, 사물, 풍경 등이 주로 나오므로, 이에 알맞은 어휘를 반복해서 외워야 한다. 여느 파트보다 어휘력이 중요하다는 뜻이다. 아무리 눈으로 외워도 귀로 들리지 않는 어휘들은 모르는 것과 마찬가지이다. 귀로 들어도 어떤 의미인지 알 수 있도록 내 것으로 만드는 습관을 가지자.

Part 2 남녀의 질의 응답 부분이다. 육하원칙에 따른 질문이 나오기도 하고 '예, 아니오'를 유도하는 질문이 나오기도 한다. 또한 권유, 부탁, 승낙, 거절 등도 자주 나오고 호응 관계에 해당하는 표현들은 외워 둬야 한다. 문제지에는 번호만 나와 있으므로 답을 전혀 예상할 수 없다. 귀에만 의존하여 풀려고 하면 앞에 나온 보기들을 까먹을 수 있으므로, 반드시 질문의 요지와 보기 내용을 간단히 메모하면서 푸는 습관을 갖도록 하자.

Part 3 대화문으로, 한 스크립트당 한 문제이다. 대체적으로 쉬운 어휘 중심으로 회화가 이루어지기 때문에 잘 집중하면 침착하게 문제를 풀 수 있다. 한번 집중력이 흐트러지면 모르는 어휘가 없는데도 다음 문제까지 계속 놓치게 되므로 예상문제나 모의고사를 풀 때에는 반드시 집중 또 집중해서 문제를 풀도록 하자.

Part 4 긴 설명문으로, 독해 〈Part 8〉과 비슷하다. 한 스크립트당 3~4개의 문제를 풀어야 하기 때문에 항시 질문과 보기 등을 미리 체크해 두어야 하고, 만약 보기 속에 숫자가 나올 때는 들으면서 반드시 메모를 해야 한다. 항상 앞서 나가면서 푼다는 생각으로 신속하게 문제 풀이를 하고, 다음 지문의 질문과 답을 미리 보아 두는 연습을 하자.

350점 이상의 수험생에게 추천하는 청취 훈련법
350점 이상의 수험자는 스크립트 대부분이 다 들린다고 봐야 한다. 즉 모르는 어휘가 많아서 문제를 틀리는 것이 아니라 듣기에 집중을 못해서 틀리는 경우가 많다는 얘기이다. 분명 다 알아들었는데 점수가 낮게 나와 고민하던 수험자들이 많을 것이다. 청해에서 고득점을 올리기 위해서는 어휘와 표현을 귀로 들었을 때 모두 정확히 아는 것이 중요하다. 또한, 문제를 푸는 동안은 몰입할 수 있는 절대적인 집중력을 길러야 한다. 평소에 NHK 뉴스를 청취하는 습관을 가지도록 하자. NHK 뉴스는 NHK 홈페이지에서 코너별로 잘라서 들을 수도 있고, 케이블 방송을 통해 전체를 들을 수도 있다. 또한, 일본 드라마나 애니메이션은 반드시 자막이 없는 것으로 보고, 스크립트를 구하여 들리지 않았던 부분을 체크하면서 공부하자.

학습 계획표

7주 완성 프로그램

본 교재의 가장 이상적인 학습 계획입니다. 시험 7주 전에 시작해서 테마별, 난이도별로 시나공법을 학습하는 것을 기본으로 한 스케줄입니다. 청해 문제 중에서 학습자들이 가장 어려워하는 시나공법 21, 22 부분은 학습 시간을 충분히 가질 수 있도록 이틀씩 배정했습니다. 이 밖에도 개인별 수준에 따라 학습 시간을 좀 더 줄이거나 늘리고 싶은 경우, 각자의 시간과 방법에 따라 학습 계획을 조정해 보세요.

첫째 주	1일차	2일차	3일차	4일차	5일차	6일차	7일차
학습 내용	| Part 1 | 시나공법 01	| Part 1 | 시나공법 02	| Part 1 | 시나공법 03-04	| Part 1 | 중간 정리	| Part 1 | 시나공법 05	| Part 1 | 시나공법 06-07	| Part 1 | 중간 정리
둘째 주	8일차	9일차	10일차	11일차	12일차	13일차	14일차
학습 내용	| Part 1 | 시나공법 08	| Part 1 | 시나공법 09	| Part 1 | 시나공법 10	| Part 1 | 중간 정리	| Part 1 | 총정리	| Part 2 | 시나공법 11-12	| Part 2 | 시나공법 13-14
셋째 주	15일차	16일차	17일차	18일차	19일차	20일차	21일차
학습 내용	| Part 2 | 시나공법 15-16	| Part 2 | 중간 정리	| Part 2 | 시나공법 17	| Part 2 | 시나공법 18	| Part 2 | 시나공법 19	| Part 2 | 시나공법 20	| Part 2 | 중간 정리
넷째 주	22일차	23일차	24일차	25일차	26일차	27일차	28일차
학습 내용	| Part 2 | 시나공법 21	| Part 2 | 시나공법 21	| Part 2 | 시나공법 22	| Part 2 | 시나공법 22	| Part 2 | 시나공법 23	| Part 2 | 중간 정리	| Part 2 | 총정리
다섯째 주	29일차	30일차	31일차	32일차	33일차	34일차	35일차
학습 내용	| Part 3 | 시나공법 24	| Part 3 | 시나공법 25-26	| Part 3 | 시나공법 27	| Part 3 | 시나공법 28	| Part 3 | 중간 정리	| Part 3 | 시나공법 29-30	| Part 3 | 시나공법 31
여섯째 주	36일차	37일차	38일차	39일차	40일차	41일차	42일차
학습 내용	| Part 3 | 중간 정리	| Part 3 | 총정리	| Part 4 | 시나공법 32	| Part 4 | 시나공법 33	| Part 4 | 시나공법 34	| Part 4 | 중간 정리	| Part 4 | 시나공법 35
일곱째 주	43일차	44일차	45일차	46일차	47일차	48일차	49일차
학습 내용	| Part 4 | 시나공법 36	| Part 4 | 시나공법 37	| Part 4 | 총정리	실전 모의고사 제1회	실전 모의고사 제2회	전체 총정리	전체 총정리

* 별책 부록 〈JPT 청해 핵심 문장〉은 출퇴근길이나 통학길 등 이동할 때, mp3로 들으며 익히는 용도로 활용해 주세요.

5주 완성 프로그램

본 교재의 단기 학습 계획입니다. 시험 약 한 달 전에 시작한다는 차원에서 단기 학습 효과는 최고라 할 수 있는데, 한 달 동안 매일 공부하는 건 무리가 있을 것 같아 일주일에 5일 학습하는 방법으로 제시했습니다. 파트별 총정리 날에는 〈미리 보는 실전 예상문제〉를 모아서 풀어 봅시다. 개인별 수준에 따라 기초를 좀 더 탄탄히 하실 분들은 각자 자신만의 학습 계획으로 수정해 보세요.

첫째 주	1일차	2일차	3일차	4일차	5일차
학습 내용	| Part 1 | 시나공법 01-02	| Part 1 | 시나공법 03-05	| Part 1 | 시나공법 06-08	| Part 1 | 시나공법 09-10	| Part 1 | 총정리
둘째 주	6일차	7일차	8일차	9일차	10일차
학습 내용	| Part 2 | 시나공법 11-13	| Part 2 | 시나공법 14-16	| Part 2 | 시나공법 17-18	| Part 2 | 시나공법 19-20	| Part 2 | 시나공법 21
셋째 주	11일차	12일차	13일차	14일차	15일차
학습 내용	| Part 2 | 시나공법 22	| Part 2 | 시나공법 23	| Part 2 | 총정리	| Part 3 | 시나공법 24-25	| Part 3 | 시나공법 26-27
넷째 주	16일차	17일차	18일차	19일차	20일차
학습 내용	| Part 3 | 시나공법 28-29	| Part 3 | 시나공법 30-31	| Part 3 | 총정리	| Part 4 | 시나공법 32-33	| Part 4 | 시나공법 34-35
다섯째 주	21일차	22일차	23일차	24일차	25일차
학습 내용	| Part 4 | 시나공법 36-37	| Part 4 | 총정리	실전 모의고사 제1회	실전 모의고사 제2회	전체 총정리

* 별책 부록 〈JPT 청해 핵심 문장〉은 출퇴근길이나 통학길 등 이동할 때, mp3로 들으며 익히는 용도로 활용해 주세요.

시나공
JPT

첫째마당 _ 사람에 주목하자!

시나공법 01 | 사진 속 인물의 복장과 상태를 살펴보자!
시나공법 02 | 이 사람은 무엇을 하는 걸까? 상황별 동작을 정리해 보자!
시나공법 03 | 사람의 주변도 살펴보자!
시나공법 04 | 했다는 거야? 할 거라는 거야? 동작의 시점을 파악하자!

둘째마당 _ 사물을 꼼꼼히 보자!

시나공법 05 | 사물의 명칭, 용도, 상태를 파악하자!
시나공법 06 | 사물의 모양과 복수의 사물도 주의해서 보자!
시나공법 07 | 지시, 안내, 메모 사진은 큰 글씨부터 읽자!

셋째마당 _ 이런 것까지 나와? 고득점 문제를 공략하자!

시나공법 08 | 교통수단, 도로 사진은 따로 정리하자!
시나공법 09 | 사진 속 장소와 상황을 파악하자!
시나공법 10 | 풍경 속 작은 사물의 상태와 움직임까지 공략하자!

Part 1

한 페이지에 큰 흑백 사진 두 장만 덩그러니 실려 있는 〈Part 1〉은 JPT의 시작 파트이기에 집중도 잘 되고, 여자 성우가 읽어 주는 짧은 문장을 듣고 가장 적절하게 사진을 묘사한 보기 하나만 고르면 되니까 만만하게 생각되죠? 하지만 최근에는 4개의 보기가 모두 같은 주어로 시작되는 문제는 많이 줄었고, 사람이나 동물이 등장하는 사진도 동작보다는 전체 상황을 판단해야 하는 문제가 늘어났기 때문에, 더 이상 쉽게 점수를 딸 수 있는 파트라고 할 수 없게 되었습니다. 또한, 〈Part 1〉은 사진 묘사 파트인 만큼 고유명사에 대한 어휘력도 무시할 수 없죠.

〈Part 1〉은 약 9분 동안 20문제가 출제되며 대체로 사람, 사물, 풍경 사진으로 동작, 상태, 배경에 대해 묘사합니다. 뒤쪽으로 갈수록 난이도가 높은 단어가 등장하고 의외의 보기가 정답이 되기도 하므로, 〈시나공법〉을 통해 〈Part 1〉의 출제 경향과 중요한 요소를 콕 집어낼 수 있는 센스와 순발력을 길러 보세요.

고수들의 한마디

1. 예문이 흘러나오는 동안은 독해 문제를 풀자.

방송에서 가이드라인과 〈Part 1〉의 예문이 흘러나오는 동안 순진하게 수화기를 들고 있는 아저씨 사진만 뚫어지게 쳐다보고 있으면 그야말로 시간 낭비이다. 무려 1분이나 시간을 허비하게 되기 때문이다. 이 자투리 시간에는 반드시 101번부터 시작되는 독해 문제를 풀자. 익숙해지면 적어도 110번까지 풀 수 있다. 단, 주의할 점은 質問 1 라는 말이 들리는 순간, 반드시 반사적으로 청해 문제로 돌아와야 한다는 것이다.

2. 〈Part 1〉만큼은 답안지에 마킹하면서 풀자.

다른 파트들과는 다르게 〈Part 1〉은 시간이 넉넉하다. 보기가 흘러나오는 동시에 답을 찾을 수 있는 문제가 대부분이고, 이미 보기를 다 들은 상태에서도 문제를 푸는 시간이 3초나 주어지기 때문이다. 게다가 페이지를 넘길 때마다 次のページに続く 라는 말과 함께 4~5초의 시간이 보너스로 더 주어지니 널널하다 못해 여유롭다. 독해 시간이 모자라는 수험자는 1분 1초가 아쉬울 것이다. 〈Part 1〉만이라도 바로바로 답안지에 마킹하고 다음 사진을 살피자.

3. 사진 옆 빈 공간에 메모하면서 풀자.

간혹 자신 있게 (A)를 정답으로 생각했는데 듣다 보니 (C)도 정답 같을 때, 그야말로 눈앞이 캄캄해진다. (A)가 정확히 어떤 내용이었는지 기억이 잘 나지 않기 때문이다. 이런 경우는 특히 실력이 어중간하거나 집중력이 떨어지는 수험자들에게 자주 발생하므로 사진 옆 공간을 적극 활용하자. 방법은 네 개의 밑줄을 가로로 나란히 그은 뒤, 보기를 들으면서 밑줄 칸에 각각 O, X, △를 표시하고 그 밑에는 핵심 어휘를 쓰면서 푸는 것이다. 이 방법은 손으로는 아무것도 하지 않고 그냥 방송만 들을 때보다 훨씬 집중도 잘되고 정확하게 정답을 가려낼 수 있다.

시나공법 01 사진 속 인물의 복장과 상태를 살펴보자!

문장은 주어와 서술어로 구성되어 있죠. 그렇다면 서술어는 어떤 문장 성분을 주로 사용할까요? 네, 바로 동사입니다. 〈Part 1〉 사진에 사람이 등장했다면 주어는 당연히 사진 속 인물이 되고, 문제를 푸는 핵심은 자연스럽게 동사가 됩니다. 동사는 크게 상태 동사와 동작 동사로 나눌 수 있는데, 상태 동사는 주어의 모양새나 모습, 동작 동사는 사람의 움직임을 표현합니다. 이번 〈시나공법〉에서는 우선 사람 사진에서 가장 눈에 띄는 복장과 자세에 대한 상태 표현을 먼저 살펴보도록 하겠습니다.

시험에 이렇게 나온다! 🎧 Part1-01-1   스크립트를 가리고 풀어 보세요.

(A) 杖をついて歩いています。
(B) 帽子をかぶって下を向いています。
(C) 椅子に座って物思いにふけっています。
(D) 見渡す限りのお花畑です。

해석 (A) 지팡이를 짚고 걷고 있습니다.
(B) 모자를 쓰고 아래를 보고 있습니다.
(C) 의자에 앉아 생각에 잠겨 있습니다.
(D) 보이는 전부가 꽃밭입니다.

해설 (A)지팡이를 들고는 있지만 걷고 있지는 않으며, (C)앉아 있는 곳은 의자가 아니고, (D)꽃밭이 사진 가득 펼쳐져 있지는 않다. 모자를 쓴 남자가 앉아서 아래를 보고 있는 사진이므로 정답은 (B)이다.

어휘 杖(つえ)をつく 지팡이를 짚다 | 物思(ものおも)いにふける 생각에 잠기다 | 見渡(みわた)す限(かぎ)り 눈에 보이는 전부가 온통 | 花畑(はなばたけ) 꽃밭

정답 (B)

● 중요도 ★☆☆

시나공법 따라잡기

1. 복장, 착용에 관한 표현 🎧 Part1-01-2

고수들의 조언

제시된 예문은 절대 눈으로 먼저 읽지 말고, mp3를 활용하여 일단 한번 들어 보자. 〈Part 1〉은 사진 묘사 파트이기 때문에 듣고 바로 그 장면을 떠올릴 수 있어야 한다. 잘 모르는 어휘를 체크하고 외우는 것은 그 다음이다.

복장과 착용에 관한 어휘와 함께 제시된 동사들은 반드시 일대일 대응은 아니라는 것을 꼭 기억하자. 예를 들어, 正装라는 단어는 正装を着ています(정장을 입고 있습니다), 正装しています(정장 차림을 하고 있습니다), 正装姿です(정장 차림입니다)로도 나올 수 있다는 뜻이다.

スーツ姿(すがた)です。　　　　　　　　　　　　　　　　　양복 차림입니다.
正装(せいそう)をしています。　　　　　　　　　　　　　정장 차림을 하고 있습니다.
和服(わふく)を着ています。　　　　　　　　　　　　　일본 전통 의상을 입고 있습니다.
ズボンを穿(は)いています。　　　　　　　　　　　　　　바지를 입고 있습니다.
ドレスを身(み)にまとっています。　　　　　　　　드레스를 몸에 걸치고 있습니다.

まとう
입다, 걸치다

かぶる 쓰다, 뒤집어쓰다 巻(ま)く 감다, 말다, 두르다 締(し)める 죄다, 졸라매다 はめる 끼다, 끼우다	帽子をかぶっています。 髪飾りをしています。 眼鏡をかけています。 マフラーを巻いています。 ネクタイを締めています。 勲章を胸につけています。 腕時計をしています。 軍手をはめています。 人差し指に指輪をはめています。	모자를 쓰고 있습니다. 머리 장식을 하고 있습니다. 안경을 쓰고 있습니다. 머플러를 두르고 있습니다. 넥타이를 매고 있습니다. 훈장을 가슴에 달고 있습니다. 손목시계를 하고 있습니다. 목장갑을 끼고 있습니다. 검지에 반지를 끼고 있습니다.
着替(きが)え 옷을 갈아입음, 갈아입을 옷 裸(はだか) 알몸, 나체	着替えをしています。 上着を脱いでいます。 指輪を外しています。 裸足の子供たちです。 裸になっています。	옷을 갈아입고 있습니다. 윗도리를 벗고 있습니다. 반지를 빼고 있습니다. 맨발의 아이들입니다. 다 벗고 있습니다.
抱(かか)える 껴안다, 끼다 ぶら下(さ)げる (아래로 늘어뜨린 상태로) 들다, 매달다	傘を差しています。 閉じた傘を手にしています。 カバンを肩から提げています。 脇にハンドバッグを抱えています。 [참고] 脇(わき)는 신체 부위인 '겨드랑이' 이외에도 '옆, 곁'과 같이 위치를 나타내기도 한다. 袋をぶら下げています。	우산을 쓰고 있습니다. 접은 우산을 손에 들고 있습니다. 가방을 어깨에 메고 있습니다. 겨드랑이에 핸드백을 끼고 있습니다. 봉지를 들고 있습니다.

시나공법 따라잡기

중요도 ★★★

2. 사람의 자세, 상태에 관한 표현

핵심 01 손, 팔 Part1-01-3

つなぐ 잇다, 연결하다	手を当てています。 手を合わせています。 手を組んでいます。 手をつないでいます。 手を離しています。	손을 대고 있습니다. 손을 맞대고 있습니다. 손을 잡고 있습니다. 손을 잡고 있습니다. 손을 놓고 있습니다.

振(ふ)る 흔들다	手を振っています。	손을 흔들고 있습니다.
拭(ふ)く 닦다, 훔치다	手を拭いています。	손을 닦고 있습니다.
	手を引っ張っています。	손을 당기고 있습니다.
	手を挙げて質問しています。	손을 들어 질문하고 있습니다.
	片手で顎を押さえています。	한쪽 손으로 턱을 누르고 있습니다.
	両手を広げています。	양팔을 벌리고 있습니다.
撫(な)でる 어루만지다, 쓰다듬다	指差しています。	손가락으로 가리키고 있습니다.
掻(か)く (가려운 곳을) 긁다	握手しています。	악수하고 있습니다.
いじる 만지작거리다	合掌しています。	합장하고 있습니다.
	頭を撫でています。	머리를 쓰다듬고 있습니다.
	頭を掻いています。	머리를 긁고 있습니다.
	頭をいじっています。	머리를 만지고 있습니다.
握(にぎ)る 쥐다, 움켜잡다	猫を触っています。	고양이를 만지고 있습니다.
ひねる 비틀다, 돌리다	画面に触れています。	화면에 손대고 있습니다.
摘(つま)む (손가락으로) 집다, 집어 먹다 ▶おつまみ 술안주	ペンを握っています。	펜을 쥐고 있습니다.
	蛇口をひねっています。	수도꼭지를 틀고(잠그고) 있습니다.
掴(つか)まる 움켜잡다	ピーナツを摘んでいます。	땅콩을 집고 있습니다.
	手すりに掴まっています。	손잡이를 꼭 붙잡고 있습니다.
	肘をついています。	팔꿈치를 괴고 있습니다.

[참고] 肘(ひじ) '팔꿈치'와 膝(ひざ) '무릎'은 헷갈리기 쉬운 단어이므로 꼭 구분해서 기억하자.

	頬杖をついています。	턱을 괴고 있습니다.
	腕を組んでいます。	팔짱을 끼고 있습니다.
	背伸びをしています。	기지개를 켜고 있습니다.
	抱き合っています。	서로 껴안고 있습니다.

핵심 02 발, 다리 🎧 Part1-01-4

揃(そろ)える	足を伸ばしています。	다리를 뻗고 있습니다.
가지런히 하다	足を広げています。	다리를 벌리고 있습니다.
	足を揃えています。	다리를 가지런히 모으고 있습니다.
	足を組んでいます。	다리를 꼬고 있습니다.

跪(ひざまず)く
무릎 꿇다
崩(くず)す
무너뜨리다, (자세를) 편안히 하다

胡坐をかいています。 — 양반다리를 하고 있습니다.
正座をしています。 — 정좌하고 있습니다.
[참고] 일본에서 정좌는 무릎을 꿇는 자세이다.
膝をついています。 — 무릎을 꿇고 있습니다.
跪いています。 — 꿇어앉아 있습니다.
足を崩しています。 — 편히 앉아 있습니다.
片膝を立てています。 — 한쪽 무릎을 세우고 있습니다.

しゃがむ
웅크리다, 쭈그리다
うずくまる
웅크리고 앉다
屈(かが)める
숙이다, 굽히다

馬の背にまたがっています。 — 말 등에 올라타 있습니다.
[참고] またがる는 '두 다리를 벌리고 올라타다'라는 뜻인데, また(股)는 '넓적다리'를 가리키는 말로도 쓴다.
腰を下ろしています。 — 앉아 있습니다.
腰掛けています。 — 걸터앉아 있습니다.
座り込んでいます。 — 주저앉아 있습니다.
しゃがんでいます。 — 쪼그리고 앉아 있습니다.
うずくまっています。 — 웅크리고 앉아 있습니다.
腰を屈めています。 — 허리를 구부리고 있습니다.

핵심 03 기타 🎧 Part1-01-5

横(よこ)たわる
가로눕다
仰向(あおむ)け
(정면을) 위로 향하게 한 상태
寝(ね)そべる
엎드려 눕다
腹(はら)ばい
배를 깔고 엎드려 누움

横たわっています。 — 누워 있습니다.
仰向けで休んでいます。 — 바로 누워 쉬고 있습니다.
寝転んでいます。 — 드러누워 있습니다.
寝そべっています。 — 배를 깔고 누워 있습니다.
うつぶせになっています。 — 엎드려 있습니다.
[참고] うつぶせ는 배를 깔고 엎드린 자세, 앉은 자세로 엎드린 자세 모두에 쓸 수 있다.
腹ばいになっています。 — 배를 깔고 엎드려 있습니다.

	昼寝をしています。	낮잠을 자고 있습니다.
	참고 '낮잠을 자다'는 寝る가 아니라 동사 する를 쓴다.	
	居眠りをしています。	졸고 있습니다.
	あくびをしています。	하품을 하고 있습니다.
	赤ちゃんを抱っこしています。	아기를 안고 있습니다.
	赤ちゃんをおんぶしています。	아기를 업고 있습니다.
うつむく 머리, 고개를 숙이다 **仰(あお)ぐ** 우러러보다, 위를 향해 쳐다보다	挨拶をしています。	인사를 하고 있습니다.
	お辞儀をしています。	고개 숙여 인사를 하고 있습니다.
	うつむいています。	고개 숙이고 있습니다.
	空を見上げています。	하늘을 올려다보고 있습니다.
	天を仰いでいます。	하늘을 우러러보고 있습니다.
背(せ)にする 등지다 **寄(よ)り掛(か)かる** 기대다, 의지하다 동의어 もたれる **逆立(さかだ)ち** 물구나무	向かい合って立っています。	서로 마주 보고 서 있습니다.
	背中合わせになっています。	등을 맞대고 있습니다.
	背比べをしています。	키 재기를 하고 있습니다.
	山を背にしています。	산을 등지고 있습니다.
	寄り掛かっています。	기대어 있습니다.
	壁にもたれています。	벽에 기대어 있습니다.
	逆立ちをしています。	물구나무를 서 있습니다.
しかめる 찡그리다, 찌푸리다 **しわ** 주름 **寄(よ)せる** 한군데로 모으다 **振(ふ)り返(かえ)る** 뒤돌아보다 **覗(のぞ)く** (좁은 틈, 구멍 사이로) 엿보다, 들여다보다 **~越(ご)し** (명사에 붙어) ~너머	ウィンクをしています。	윙크를 하고 있습니다.
	顔をしかめています。	얼굴을 찡그리고 있습니다.
	眉間にしわを寄せています。	미간을 찌푸리고 있습니다.
	振り返っています。	뒤돌아보고 있습니다.
	中を覗いています。	안을 들여다보고 있습니다.
	レンズ越しに見ています。	렌즈 너머로 보고 있습니다.

시나공법 01 | 시나공 기출문제의 재구성

시나공법 01에서 배운 내용이 어떻게 시험에 나오는지 실전 문제를 통해 확인해 보세요. 🎧 Part1-01시나공

난이도 ▶▷▷
01

난이도 ▶▷▷
02

난이도 ▶▶▷
03

난이도 ▶▷▷
04

시나공법 01 | 시나공 기출문제의 재구성

난이도 ▶▷▷
05

난이도 ▶▷▷
06

난이도 ▶▶▷
07

난이도 ▶▶▷
08

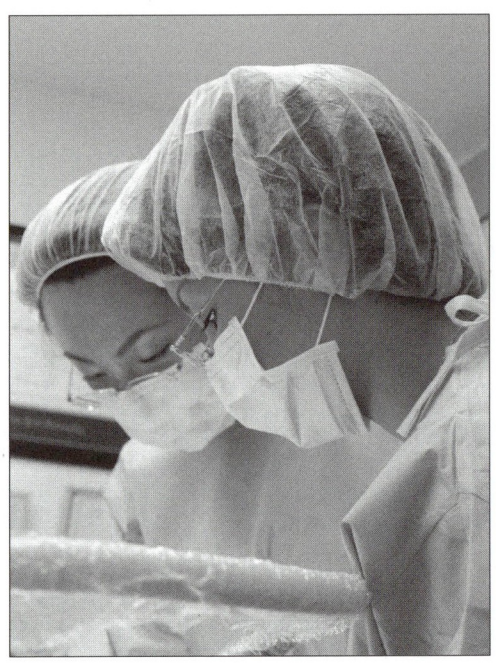

시나공법 01 | 시나공 기출문제의 재구성

난이도 ▶▶▷
09

난이도 ▶▶▶
10

★별책 정답&해설 2쪽

시나공법 02 이 사람은 무엇을 하는 걸까? 상황별 동작을 정리해 보자!

사진 속에 사람이 등장했다면 복장과 상태는 물론, 어떤 행동을 하고 있는지도 확인해 두어야 합니다. 사실 사람이 클로즈업되어 있는 사진에서 출제 비중이 가장 높은 것은 사람의 움직임을 나타내는 표현이니까요. 예를 들어, 사진 속 인물이 공을 차고 있는지, 던지고 있는지, 굴리고 있는지, 받고 있는지에 대한 보기가 나왔는데 기본적인 동작 동사를 알아들을 수 없다면 정확히 정답을 가려내기 힘들겠죠? 이번 시나공법에서는 이러한 동작 동사를 중심으로 〈Part 1〉의 단골 문장을 정리해 보도록 하겠습니다.

시험에 이렇게 나온다! 🎧 Part1-02-1   스크립트를 가리고 풀어 보세요.

(A) フライパンで何かを炒めています。
(B) 大きな鍋で麺をゆでています。
(C) 串に刺さったものを焼いています。
(D) 店先で天ぷらを揚げています。

해석 (A) 프라이팬으로 뭔가를 볶고 있습니다.
(B) 큰 냄비로 면을 삶고 있습니다.
(C) 꼬치에 끼워진 것을 굽고 있습니다.
(D) 가게 앞에서 튀김을 튀기고 있습니다.

해설 각각 (A)炒める, (B)ゆでる, (C)焼く, (D)揚げる가 문제를 푸는 포인트이다. 꼬치를 굽고 있는 사진이므로 정확하게 사진을 묘사한 (C)가 정답이다.

어휘 フライパン 프라이팬 | 炒(いた)める 볶다 | 鍋(なべ) 냄비 | 麺(めん) 면 | ゆでる 데치다, 삶다 | 串(くし) 꼬치 | 刺(さ)さる 꽂히다, 박히다 | 焼(や)く 굽다 | 店先(みせさき) 가게 앞 | 天(てん)ぷら 튀김 | 揚(あ)げる 튀기다

정답 (C)

⚠ 중요도 ★★★
시나공법 따라잡기

1. 상황별 동작에 관한 표현

핵심 01 일상생활 🎧 Part1-02-2

洗顔(せんがん)しています。	세수하고 있습니다.
歯磨(はみが)きをしています。	양치질을 하고 있습니다.
うがいをしています。	가글을 하고 있습니다.
シャワーを浴(あ)びています。	샤워를 하고 있습니다.
お風呂(ふろ)に入っています。	목욕을 하고 있습니다.
化粧(けしょう)をしています。	화장을 하고 있습니다.
化粧を落(お)としています。	화장을 지우고 있습니다.

おしゃべりをしています。 수다를 떨고 있습니다.
幼児に何かを食べさせています。 아이에게 무언가를 먹이고 있습니다.
傷の治療をしています。 상처 치료를 하고 있습니다.
ロッカーに荷物を預けています。 사물함에 짐을 맡기고 있습니다.

핵심 02 집안일, 가사 🎧 Part1-02-3

むく
(껍질을) 까다, 벗기다
切(き)り刻(きざ)む
잘게 썰다, 다지다
炊(た)く
밥을 짓다
盛(も)り付(つ)ける
(음식을 보기 좋게) 담다
練(ね)る
반죽하다, 개다 ▶5단 활용 동사임에 주의하자.

果物の皮をむいています。 과일 껍질을 벗기고 있습니다.
野菜を切り刻んでいます。 채소를 다지고 있습니다.
ご飯を炊いています。 밥을 하고 있습니다.
料理を盛り付けています。 요리를 담고 있습니다.
パン生地を練っています。 빵 반죽을 치대고 있습니다.

掃(は)く
(빗자루로) 쓸다

掃除機をかけています。 청소기를 돌리고 있습니다.
床を拭いています。 바닥을 닦고 있습니다.
モップをかけています。 대걸레질을 하고 있습니다.
ほうきで庭を掃いています。 빗자루로 정원을 쓸고 있습니다.

干(ほ)す
건조하다, 말리다
取(と)り込(こ)む
거두어들이다
裏返(うらがえ)す
뒤집다
敷(し)く
깔다, 펴다
畳(たた)む
개다, 접다

洗濯した服を干しています。 세탁한 옷을 널고 있습니다.
洗濯物を取り込んでいます。 빨래를 걷고 있습니다.
靴下を裏返しています。 양말을 뒤집고 있습니다.
アイロンをかけています。 다림질을 하고 있습니다.
布団を敷いています。 이불을 깔고 있습니다.
布団を畳んでいます。 이불을 개고 있습니다.

핵심 03 일, 작업 🎧 Part1-02-4

片付(かたづ)ける
치우다, 정리하다
取(と)り囲(かこ)む
둘러싸다, 에워싸다

書類を片付けています。 서류를 정리하고 있습니다.
スライドを映してプレゼンをしています。 슬라이드를 비추며 프레젠테이션을 하고 있습니다.
テーブルを取り囲んで会議をしています。 테이블을 둘러싸고 회의를 하고 있습니다.

	荷造りをしています。	짐을 싸고 있습니다.
	荷物を運んでいます。	짐을 옮기고 있습니다.
	車から荷物を運び出しています。	차에서 짐을 날라 내고 있습니다.
	貨物をトラックに積み込んでいます。	화물을 트럭에 싣고 있습니다.
	ビニール袋に詰め込んでいます。	비닐봉투에 담고 있습니다.

塗(ぬ)る
칠하다, 바르다

	機械の修理をしています。	기계 수리를 하고 있습니다.
	壁にペンキを塗っています。	벽에 페인트를 칠하고 있습니다.
	セメントを流し込んでいます。	시멘트를 부어 넣고 있습니다
	タイヤ交換をしています。	타이어 교환을 하고 있습니다.
	ロープにぶら下がって作業しています。	로프에 매달려 작업하고 있습니다.
	救急隊員が負傷者を救助しています。	구급대원이 부상자를 구조하고 있습니다.

まく
뿌리다
手入(てい)れ
손질함, 보살핌
耕(たがや)す
경작하다, 일구다

	水をやっています。	물을 주고 있습니다.
	水をまいています。	물을 뿌리고 있습니다.
	芝刈りをしています。	잔디를 깎고 있습니다.
	植木の手入れをしています。	정원수 손질을 하고 있습니다.
	畑を耕しています。	밭을 일구고 있습니다.
	田植えをしています。	모내기를 하고 있습니다.
	稲刈りをしています。	벼 베기를 하고 있습니다.
	農作物を栽培しています。	농작물을 재배하고 있습니다.

핵심 04 취미, 여가 🎧 Part1-02-5

弾(ひ)く
(건반 악기, 현악기를)
연주하다, 치다, 켜다
吹(ふ)く
불다
叩(たた)く
치다, 두드리다
踊(おど)る
춤추다

	ピアノを演奏しています。	피아노를 연주하고 있습니다.
	ギターを弾いています。	기타를 치고 있습니다.
	笛を吹いています。	피리를 불고 있습니다.
	太鼓を叩いています。	북을 치고 있습니다.
	曲に合わせて踊っています。	곡에 맞춰 춤추고 있습니다.
	指揮をとっています。	지휘를 하고 있습니다.
	合唱しています。	합창하고 있습니다.

舞台で芝居をしています。	무대에서 연극을 하고 있습니다.
壇上で原稿を読み上げています。	단상에서 원고를 읽고 있습니다.
マイクを握って演説しています。	마이크를 잡고 연설하고 있습니다.

[참고] 演説는 えんせつ가 아니라 えんぜつ로 읽는다.

生け花をしています。	꽃꽂이를 하고 있습니다.
釣りをしています。	낚시를 하고 있습니다.
プラモデルを組み立てています。	프라모델을 조립하고 있습니다.
習字の練習をしています。	서예 연습을 하고 있습니다.
弓を引いています。	활을 당기고 있습니다.
碁を打っています。	바둑을 두고 있습니다.
将棋を指しています。	장기를 두고 있습니다.

[참고] 바둑과 장기를 '두다'라는 일본어 동사에 주의하자. 바둑은 아무것도 놓여 있지 않은 바둑판에 돌을 두기 때문에 打つ라고 하고, 장기는 이미 놓여 있는 장기말을 나아가게 하는 것이기 때문에 指す라고 한다.

目指(めざ)す 목표로 하다, 노리다
披露(ひろう)する 피로하다, 널리 알리다
漕(こ)ぐ (배를) 노 젓다, 저어 나가다

山の頂上を目指して登山しています。	산 정상을 목표로 등산하고 있습니다.
手品を披露しています。	마술을 선보이고 있습니다.
小舟を漕いでいます。	작은 배를 젓고 있습니다.

핵심 05 기타 🎧 Part1-02-6

本を開いています。	책을 펼치고 있습니다.
匂いを嗅いでいます。	냄새를 맡고 있습니다.
重さを量っています。	무게를 재고 있습니다.
カメラを構えています。	카메라를 들고 있습니다.

嗅(か)ぐ (냄새를) 맡다
膨(ふく)らます 부풀리다, 부풀게 하다

[참고] 構(かま)える는 어떤 '태세나 자세를 잡고 있다'는 뜻이다. 따라서 カメラを構える는 단순히 카메라를 들고 있는 것이 아니라 사진을 찍으려고 구도를 잡고 있는 모습을 떠올려야 한다.

記念撮影をしています。	기념 촬영을 하고 있습니다.
風船を膨らましています。	풍선을 부풀리고 있습니다.
門をくぐっています。	문을 지나고 있습니다.

[참고] くぐる는 '높이가 어느 정도 있는 것 아래를 통과한다'는 뜻이다.

| 乾杯をしています。 | 건배를 하고 있습니다. |
| ハトを追い払っています。 | 비둘기를 쫓아내고 있습니다. |

[참고] 追(お)い払(はら)う는 '귀찮거나 방해되는 것을 쫓아내다'라는 뜻으로, 발음을 강하게 해서 追(お)っ払(ぱら)う라는 형태로도 자주 쓴다.

2. 동물과 관련된 어휘·표현 🎧 Part1-02-7

중요도 ★☆☆
시나공법 따라잡기

상태와 동작을 나타내는 동사는 사람뿐만 아니라 동물에게도 적용될 수 있다. 고양이도 누워 있거나 하품을 하고, 개는 사람과 함께 산책하거나 훈련을 하기도 한다. 동물의 종류는 매우 다양해서 모두 외울 수는 없지만, 〈Part 1〉에 자주 등장하는 동물의 이름과 표현만이라도 간단히 살펴보자.

犬(いぬ)	개	牛(うし)	소
猫(ねこ)	고양이	豚(ぶた)	돼지
鳥(とり)	새	馬(うま)	말
雀(すずめ)	참새	虫(むし)	벌레
ハト	비둘기	昆虫(こんちゅう)	곤충
カラス	까마귀	蜂(はち)	벌
魚(さかな)	물고기	トンボ	잠자리
金魚(きんぎょ)	금붕어	蛙(かえる)	개구리
熱帯魚(ねったいぎょ)	열대어	貝(かい)	조개
亀(かめ)	거북이	鯨(くじら)	고래

尻尾(しっぽ)を振っています。　　　　　　　　　　　꼬리를 흔들고 있습니다.
犬と散歩(さんぽ)をしています。　　　　　　　　　　개와 산책을 하고 있습니다.
猫が毛(け)づくろいをしています。　　　　　　　　고양이가 그루밍을 하고 있습니다.

참고 毛(け)づくろい는 '동물이 혀, 발톱 등으로 자신의 몸이나 털을 정리하는 것'으로 '그루밍' 정도로 해석할 수 있다.

潜(もぐ)る
잠수하다
群(む)れを成(な)す
무리를 짓다, 떼를 짓다

羽(はね)を広げています。　　　　　　　　　　　　　날개를 펼치고 있습니다.
鳥が水中(すいちゅう)に潜(もぐ)っています。　　　　새가 물속으로 잠수하고 있습니다.
鳥は水面(すいめん)に浮(う)かんでいます。　　　　　새는 수면에 떠 있습니다.
小鳥(ことり)たちが群(む)れを成(な)しています。　　작은 새들이 무리를 짓고 있습니다.

大群(たいぐん)
대군, 큰 떼
餌付(えつ)け
먹이 주기

魚の大群(たいぐん)が泳いでいます。　　　　　　　　물고기 떼가 헤엄치고 있습니다.
金魚に餌付(えつ)けをしています。　　　　　　　　금붕어에게 먹이 주기를 하고 있습니다.
牛が草(くさ)を食べています。　　　　　　　　　　소가 풀을 먹고 있습니다.

시나공법 02 | 시나공 기출문제의 재구성

시나공법 02에서 배운 내용이 어떻게 시험에 나오는지 실전 문제를 통해 확인해 보세요. 🎧 Part1-02시나공

난이도 ▶▷▷
01

난이도 ▶▷▷
02

난이도 ▶▶▷
03

난이도 ▶▶▷
04

시나공법 02 | 시나공 기출문제의 재구성

난이도 ▶▷▷
05

난이도 ▶▷▷
06

난이도 ▶▶▷
07

난이도 ▶▶▶
08

시나공법 02 | 시나공 기출문제의 재구성

난이도 ▶▶▷
09

난이도 ▶▶▷
10

★별책 정답&해설 3쪽

시나공법 03 사람의 주변도 살펴보자!

인물 사진이 나오면 우선 사람이 어떤 복장에 어떤 행동을 취하고 있는지에 주목하게 되죠. 하지만, 항상 사람의 상태나 동작에 초점을 맞춘 문제만 시험에 나오는 것은 아닙니다. 사람의 앞, 뒤, 옆, 주변으로 무엇이 보이나요? 여러 사람이 있지는 않나요? 이렇듯 사람만 뚫어지게 쳐다보고 있다가는 뒤통수를 맞게 되는 문제가 계속 출제되고 있기 때문에 사람의 주변을 살피는 것도 소홀히 하면 안 됩니다.

시험에 이렇게 나온다! 🎧 Part1-03-1   스크립트를 가리고 풀어 보세요.

(A) 道路は混んでいます。
(B) 一列に人が並んでいます。
(C) 通りに人気はありません。
(D) 店の前に人が集まっています。

해석 (A) 도로는 정체되어 있습니다.
　　　(B) 일렬로 사람이 줄 서 있습니다.
　　　(C) 길에 인기척은 없습니다.
　　　(D) 가게 앞에 사람이 모여 있습니다.

해설 인도 한쪽에 사람들이 줄 서 있는 모습이므로 (A)도로나 (D)가게 앞은 아니며, (C)인기척이 없지도 않다. 따라서 정답은 (B)이다.
어휘 混(こ)む 붐비다, 혼잡하다 | 通(とお)り 길 | 人気(ひとけ) 인기척

정답 (B)

❗ 중요도 ★☆☆
시나공법 따라잡기

1. 위치 관계를 나타내는 어휘

사람이 등장하는 사진에서는 주변에 무엇이 있는지도 중요하지만, 위치 관계에도 주의를 기울여야 한다. 사람을 중심으로 앞·뒤·옆에 무엇이 있는지, 정확히 들을 수 있는지를 묻는 문제도 나오기 때문이다.

핵심 01 방향

어휘		관련 어휘
右(みぎ) 오른쪽 ↔ 左(ひだり) 왼쪽		左右(さゆう) 좌우
東(ひがし) 동 ↔ 西(にし) 서		東西(とうざい) 동서
南(みなみ) 남 ↔ 北(きた) 북		南北(なんぼく) 남북

핵심 02 위치

어휘		관련 어휘
上(うえ) 위 ↔ 下(した) 아래		上下(じょうげ) 상하
前(まえ) 앞 [동의어] 手前(てまえ)	↔ 後(うし)ろ 뒤	前後(ぜんご) 전후
中(なか) 안 ↔ 外(そと) 밖		
近(ちか)い 가깝다 ↔ 遠(とお)い 멀다		遠近(えんきん) 원근
横(よこ) 옆 (수평 또는 좌우 방향)		
隣(となり) 옆 (줄지어 늘어선 것 중에 가장 가까이 있는 것)		お隣(となり)さん 이웃집, 이웃집에 사는 사람
傍(そば) 옆 (공간의 간격이 별로 없는 곳)		
向(む)かい 건너편, 정면		お向(む)かいさん 건넛집, 건넛집에 사는 사람 向(む)こう側(がわ) 건너편
斜(なな)め 비스듬함		斜(なな)め向(む)かい 대각선 방향 건너편 斜め後(うし)ろ 대각선 방향 뒤편
真(ま)ん中(なか) 중간, 중앙		中央(ちゅうおう) 중앙
隅(すみ) 모퉁이, 구석		角(かど) 길모퉁이
間(あいだ) 사이		

🔔 중요도 ★★☆
시나공법 따라잡기

2. 사람의 적고 많음 🎧 Part1-03-2

여러 사람이 등장하는 사진에서는 사람의 적고 많음을 나타내는 표현이 특히 높은 빈도로 출제된다. 난이도가 조금 높은 표현이기 때문에 어렵게 느껴질 수도 있지만, 장면을 떠올리면서 익숙해질 때까지 듣고 또 듣자.

> **고수들의 조언**
> 사람이 적고 많음을 나타내는 표현은 이곳이 어디인지를 명시하는 경우가 많다. 장소를 나타내는 어휘는 〈시나공법 09〉를 참고하자.

出入(でい)り
들고 나감
がらがら
텅텅 빈 모양

人の出(で)入りが少ないお店です。　　　　　　　　손님이 적은 가게입니다.

喫煙(きつえん)コーナーは空(す)いています。　　흡연 코너는 비어 있습니다.

[참고] 空(す)くは '틈이 나다, 속이 비다'라는 뜻이고, ~が空(す)いているみ고 하면 '어떤 장소나 공간이 비어 있다'는 뜻이다.

バスの中はがらがらです。　　　　　　　　　　　버스 안은 텅텅 비어 있습니다.

通行人(つうこうにん)はかなり少ないです。　　　통행인이 무척 적습니다.

ロビーは閑散(かんさん)としています。　　　　　로비는 한산합니다.

賑(にぎ)わう 붐비다, 북적이다	買(か)い物客(ものきゃく)で賑(にぎ)わっています。	쇼핑객으로 북적입니다.
群(むら)がる 떼를 지어 모이다	子供(こども)たちが群(むら)がって遊(あそ)んでいます。	아이들이 무리 지어 놀고 있습니다.
一角(いっかく) 한 모서리, 한구석	広場(ひろば)の一角(いっかく)に人(ひと)だかりができています。	광장 한쪽에 군중이 모여 있습니다.
人(ひと)だかり 군중, 인산인해	数人(すうにん)がかりで作業(さぎょう)しています。	몇 명이 붙어 작업하고 있습니다.

[참고] 접미사 がかり는 주로 숫자를 나타내는 말에 붙어 그만한 수나 시간을 나타낸다.

ごった返(がえ)す 몹시 혼잡하다	長(なが)い行列(ぎょうれつ)ができています。	긴 줄이 만들어져 있습니다.
混(こ)み合(あ)う 붐비다, 혼잡하다	店(みせ)の中(なか)は人(ひと)でごった返(がえ)しています。	가게 안은 사람으로 몹시 붐비고 있습니다.
大勢(おおぜい) 사람이 많음	列車内(れっしゃない)は混(こ)み合(あ)っています。	열차 안은 붐비고 있습니다.
	車内(しゃない)は身動(みうご)きが取(と)れない状態(じょうたい)です。	차 안은 옴짝달싹 못 하는 상태입니다.

[참고] 身動(みうご)きが取れない는 몸(身)을 움직일 수 없어 '옴짝달싹 못 하다'는 뜻이다.

見物客(けんぶつきゃく)が大勢(おおぜい)います。 　　　　　구경꾼이 많이 있습니다.
事故現場(じこげんば)は野次馬(やじうま)でいっぱいです。 　사고 현장은 구경꾼으로 가득합니다.

[참고] 野次馬(やじうま)는 구경꾼 중에서도 특히 흥미 본위로 자신과는 관계없는 화재, 사고 현장에 몰려드는 사람들을 말한다.

階段(かいだん)の上(うえ)はぎゅうぎゅう詰(づ)めの状態(じょうたい)です。 　계단 위는 콩나물 시루 같은 상태입니다.

[참고] ぎゅうぎゅう詰(づ)めの状態(じょうたい)는 '빈틈없이 꽉 차 있는 상태'를 나타낸다. 같은 표현인 すし詰め の状態도 함께 기억해 두자.

시나공법 03 | 시나공 기출문제의 재구성

시나공법 03에서 배운 내용이 어떻게 시험에 나오는지 실전 문제를 통해 확인해 보세요. 🎧 Part1-03시나공

난이도 ▶▷▷
01

난이도 ▶▷▷
02

난이도 ▶▶▷
03

난이도 ▶▷▷
04

시나공법 03 | 시나공 기출문제의 재구성

난이도 ▶▶▷
05

난이도 ▶▶▷
06

난이도 ▶▷▷
07

난이도 ▶▶▷
08

시나공법 03 | 시나공 기출문제의 재구성

난이도 ▶▶▷
09

난이도 ▶▶▶
10

★별책 정답&해설 5쪽

시나공법 04

했다는 거야? 할 거라는 거야?
동작의 시점을 파악하자!

혹시 〈Part 1〉은 따로 문법 공부가 필요 없다고 생각하지는 않나요? 왜냐하면 사진으로 표현할 수 있는 동작에는 한계가 있고, 모든 문장들이 고맙게도 ~です, ~ます, ~ません으로만 끝나기 때문이죠. 하지만 실제 사진 묘사 문제에 등장하는 사람은 횡단보도를 건너려고 하는 것일 수도 있고, 횡단보도를 건너가는 도중일 수도 있고, 다 건넌 상태일 수도 있습니다. 이러한 동작의 시점은 사람의 위치나 주변에 놓인 사물의 상태로 충분히 파악할 수 있긴 하지만, 이를 정확히 듣기 위해선 어느 정도 기본이 되는 문법을 숙지하고 있어야 합니다.

시험에 이렇게 나온다! 🎧 Part1-04-1
스크립트를 가리고 풀어 보세요.

(A) 箸でラーメンを食べています。
(B) あつあつのラーメンを食べ比べています。
(C) スープを飲んでいるところです。
(D) ２人とも麺をすすっています。

해석 (A) 젓가락으로 라면을 먹고 있습니다.
(B) 뜨거운 라면을 비교하며 먹고 있습니다.
(C) 국물을 마시는 중입니다.
(D) 두 사람 다 면발을 후루룩거리며 먹고 있습니다.

해설 라면을 먹고 있는 장면이지만, 정확히는 면이 아니라 국물을 들이키고 있는 중이므로 (A)와 (D)는 정답이 될 수 없다. 또한, 각자의 음식을 먹고 있어 비교하며 먹고 있는 상황이라고는 보기 어려우므로 정답은 (C)이다.

어휘 箸(はし) 젓가락 | あつあつ (뜨거운 모양) 따끈따끈 | 食(た)べ比(くら)べる 비교하며 먹다 | すする (국물, 면 등을) 후루룩거리다, 후루룩 먹다

정답 (C)

❗중요도 ★★★
시나공법 따라잡기 ／ 동작의 시점을 파악할 수 있는 표현

핵심 01 동작이 막 이루어지려고 하는 상태(시작) 🎧 Part1-04-2

간단히 ~(よ)うとしています와 ~ところです만 기억하자.

蹴(け)る
(발로) 차다

この人はバスに乗ろうとしています。 이 사람은 버스에 타려고 합니다.
動物に餌を与えようとしています。 동물에게 먹이를 주려고 합니다.
ボールを蹴るところです。 공을 막 차려는 참입니다.

[참고] 시작 상태를 나타내는 [동사 원형+ところです](막 ~하려는 참이다)는 진행 상태를 나타내는 〈핵심 02〉의 ~ているところです 및 완료를 나타내는 〈핵심 05〉의 ~たところです와 꼭 구분해서 기억하자.

핵심 02 　동작이 한창 이루어지고 있는 상태(진행 상태) 🎧 Part1-04-3

〈Part 1〉에 가장 많이 등장하는 표현으로, ~を~ています, ~ているところです, ~中(ちゅう)です 등이 있다.

雑誌のページをめくっています。	잡지의 페이지를 넘기고 있습니다.
スプーンできのこをすくっています。	스푼으로 버섯을 뜨고 있습니다.
コピーをしているところです。	복사를 하고 있는 중입니다.
冷蔵庫から水を取り出しているところです。	냉장고에서 물을 꺼내는 중입니다.
駐車違反の取締り中です。	주차위반 단속 중입니다.

めくる
(종이 등을) 넘기다
すくう
뜨다, 건져 올리다
取(と)り出(だ)す
꺼내다
取締(とりしま)り
단속

핵심 03 　동작이 끝난 상태(결과 상태) 🎧 Part1-04-4

보통 동작의 완료라고 하면 과거형으로 표현하지만, 〈Part 1〉에서는 좀 다르다. 끝나는 동작을 정지된 사진으로 보여 주는 것은 거의 불가능하기 때문이다. 따라서 동작이 끝났다는 증거를 사물의 상태로 보여 준 뒤 ました나 でした가 아닌, ~が~ています나 ~てあります, 또는 수동 표현인 ~れています로 나타낸다.

水がこぼれています。	물이 쏟아져 있습니다.
コーヒーカップが割れています。	커피잔이 깨져 있습니다.
箱にふたが被せてあります。	상자에 뚜껑이 덮여 있습니다.
正面に万国旗が吊るしてあります。	정면에 만국기가 매달려 있습니다.
商品が並べられています。	상품이 진열되어 있습니다.
中は区切られています。	안은 (구획이) 나누어져 있습니다.

こぼれる
쏟아지다
割(わ)れる
깨지다
被(かぶ)せる
덮다
吊(つ)るす
매달다
区切(くぎ)る
나누다

핵심 04 　~を~ています와 ~が~てあります의 비교 🎧 Part1-04-5

헷갈리기 쉬운 상태 표현인 ~ています와 ~てあります를 비교해 보자. 간단히, ~を~ています 앞에는 ~が라는 사람 주어가 생략되어 있는 것이므로 ~を~ています는 사람의 동작, ~が~てあります는 사물의 상태를 표현한다. 처음에는 어렵게 느껴질 수 있지만, 반복해서 익히다 보면 자연스럽게 익숙해지는 표현이므로 다양한 타동사를 대입해서 연습해 보자.

干(ほ)す
말리다, 널다

~を~ています(사람의 진행 상태)	~が~てあります(사물의 결과 상태) ≒ ~が~れています(수동)
洗濯した服を干しています。 　　　　　　　　　세탁한 옷을 널고 있습니다.	洗濯した服が干してあります。 　　　　　　　　　세탁한 옷이 널려 있습니다. 洗濯した服が干されています。 　　　　　　　　　세탁한 옷이 널려 있습니다.
看板を立てています。 　　　　　　　　　간판을 세우고 있습니다.	看板が立ててあります。 　　　　　　　　　간판이 세워져 있습니다. 看板が立てられています。 　　　　　　　　　간판이 세워져 있습니다.

핵심 05 복합동사로 나타내는 상태 표현 🎧 Part1-04-6

이번에는 〈Part 1〉에 자주 나오는 복합동사에 대해 알아보자. 문장 중간에 명사를 수식하는 형태로 나오는 경우, 상태 표현에 비해 놓치기 쉬우니 주의해야 한다.

~かけの(진행 상태)	~終(お)わった(결과 상태, 종료) ≒ ~切(き)った(결과 상태, 소진)
食べかけの弁当です。 　　　　　　　　　먹다 만 도시락입니다.	弁当を食べ終わったところです。 　　　　　　　　　도시락을 다 먹은 참입니다. 弁当を食べきったところです。 　　　　　　　　　도시락을 다 먹은 참입니다.

이 밖에도 ~っ放(ぱな)し, ~たまま 등이 자주 출제된다.

燃(も)え尽(つ)きる
다 타다
半開(はんびら)き
반쯤 열린 상태

　　テレビがつけっ放しになっています。　　　　　　　　TV가 켜진 상태입니다.
　　引き出しが開いたままです。　　　　　　　　　　　　서랍이 열린 상태입니다.
　　燃え尽きたろうそくです。　　　　　　　　　　　　　다 타 버린 양초입니다.
　　ドアは半開きになっています。　　　　　　　　　　　문은 반쯤 열려 있습니다.

시나공법 04 | 시나공 기출문제의 재구성

시나공법 04에서 배운 내용이 어떻게 시험에 나오는지 실전 문제를 통해 확인해 보세요. 🎧 Part1-04시나공

난이도 ▶▷▷
01

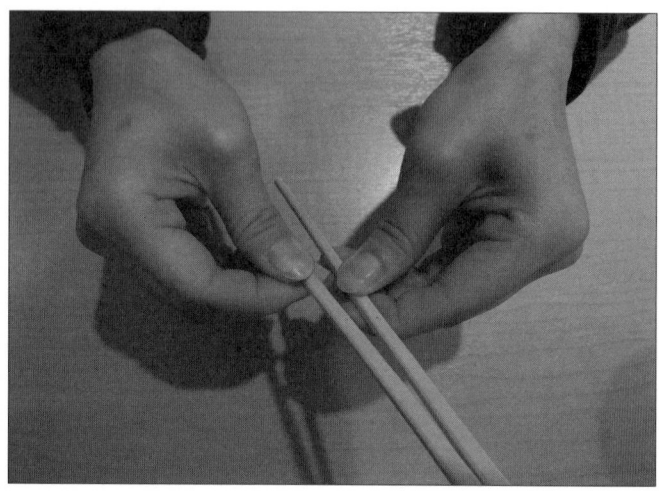

난이도 ▶▶▷
02

난이도 ▶▷▷
03

난이도 ▶▷▷
04

시나공법 04 | 시나공 기출문제의 재구성

난이도 ▶▷▷
05

난이도 ▶▶▷
06

난이도 ▶▷▷
07

난이도 ▶▶▷
08

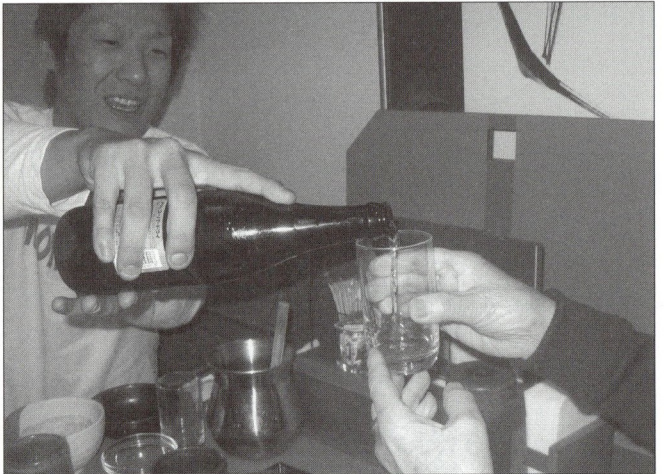

시나공법 04 | 시나공 기출문제의 재구성

난이도 ▶▶▷
09

난이도 ▶▶▶
10

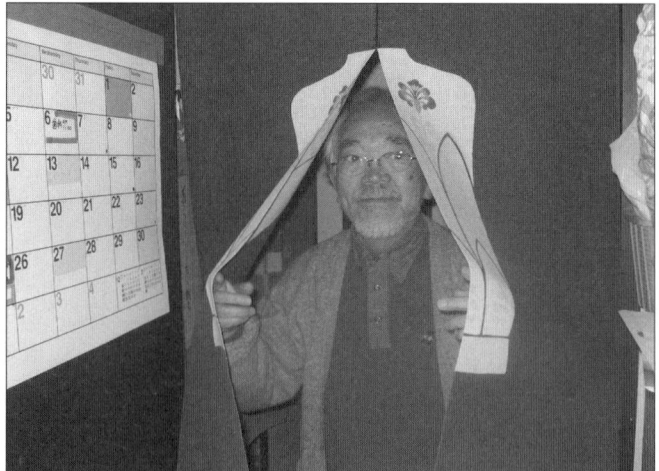

★별책 정답&해설 7쪽

첫째마당 | 미리 보는 실전 예상문제

지금까지 배운 시나공법을 중심으로 최신 문제를 집중 분석한 실전 예상문제를 풀어 보세요. 🎧 Part1-04예상문제

난이도 ▶▷▷
01

난이도 ▶▶▷
02

첫째마당 | 미리 보는 실전 예상문제

난이도 ▶▷▷
03

난이도 ▶▶▷
04

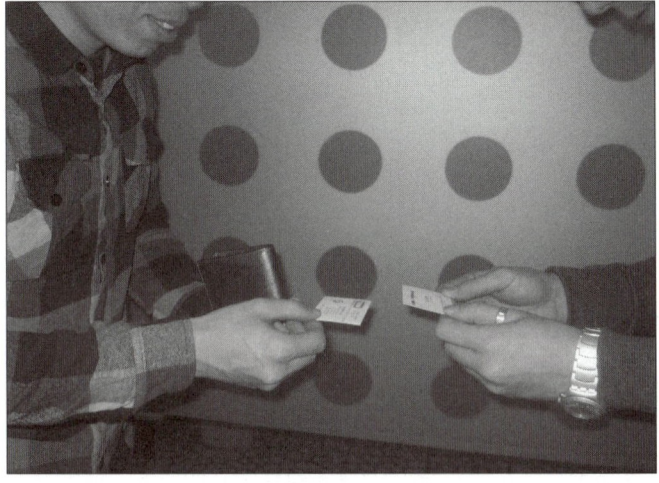

난이도 ▶▶▷
05

난이도 ▶▶▷
06

첫째마당 | 미리 보는 실전 예상문제

난이도 ▶▷▷
07

난이도 ▶▶▷
08

난이도 ▶▶▶
09

난이도 ▶▶▷
10

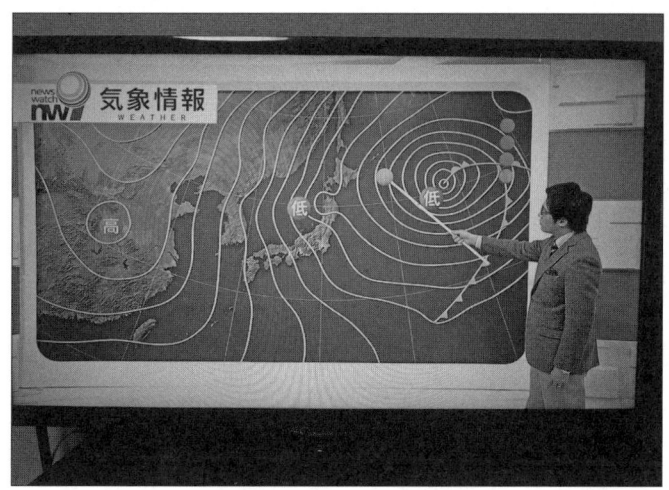

★별책 정답&해설 9쪽

시나공법 05 사물의 명칭, 용도, 상태를 파악하자!

덩그러니 사물만 등장하는 사진이 보이면 물건의 명칭은 물론 어떻게 사용하는지도 떠올려 보아야 합니다. 상식적인 물건의 용도를 묻는 문제도 나오니까요. 예를 들어, 휴지통이 등장하는 사진이라면 "이것은 휴지통이고 이곳에는 쓰레기를 버리지."라고 이름과 용도를 떠올려야 하고, 나아가 휴지통 두 개에 각각 다른 재활용 표시가 있는 사진이라면 "한쪽에는 캔을, 한쪽에는 종이를 버리는구나."라며 쓰임도 잘 파악해야 합니다. 물론, "문 앞에 쓰레기통이 놓여 있습니다."와 같은 위치 관계에 관한 보기도 자주 등장하므로 주변의 상황까지 꼼꼼하게 체크해야 합니다.

시험에 이렇게 나온다! 🎧 Part1-05-1

스크립트를 가리고 풀어 보세요.

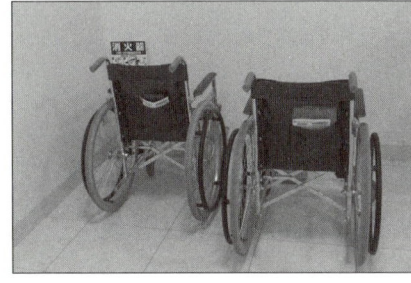

(A) リヤカーが 2 台あります。
(B) 車椅子が 2 台あります。
(C) 乳母車が 2 台あります。
(D) 買い物カートが 2 台あります。

해석 (A) 리어카가 두 대 있습니다.
(B) 휠체어가 두 대 있습니다.
(C) 유모차가 두 대 있습니다.
(D) 쇼핑 카트가 두 대 있습니다.

해설 사물의 이름을 알고 있어야 풀 수 있는 문제이다. 사진 속에는 휠체어가 두 대 놓여 있고, '휠체어'는 일본어로 **車椅子**(くるまいす)라고 한다. 따라서 정답은 (B)이다.

어휘 リヤカー 리어카 | **乳母車**(うばぐるま) 유모차 [동의어] ベビーカー | **買**(か)い**物**(もの)カート 쇼핑 카트

정답 (B)

중요도 ★★★
시나공법 따라잡기 — 사물의 명칭과 용도에 관한 표현

핵심 01 욕실 🎧 Part1-05-2

고수들의 조언
〈시험에 이렇게 나온다〉에서 살펴본 것처럼, 사실 〈Part 1〉은 어휘 싸움이라고 해도 과언이 아니다. 일본어로 사진 속 사물을 뭐라고 표현하는지 모른다면 쉬운 문제인데도 놓칠 수 있기 때문이다. 그런 의미에서 최소한 이번 시나공법에 제시된 기출 어휘는 꼭 학습해 두도록 하자.

洗面台(せんめんだい)	세면대	蛇口(じゃぐち)	수도꼭지
鏡(かがみ)	거울	せっけん	비누
くし	빗	髭剃(ひげそ)り	면도기
歯(は)ブラシ	칫솔	歯磨(はみが)き	치약, 양치질
化粧品(けしょうひん)	화장품	口紅(くちべに)	립스틱

これで髪をとかします。 　　　　　　　　　　이것으로 머리를 빗습니다.

歯磨きをするときに使います。 　　　　　　　양치할 때 씁니다.

髭剃りがコップに入っています。 　　　　　　면도기가 컵 속에 들어 있습니다.

洗面台の横にせっけんが置いてあります。 　　세면대 옆에 비누가 놓여 있습니다.

핵심 02 주방 Part1-05-3

食卓(しょくたく)	식탁	食器(しょっき)	식기
丼(どんぶり)	사발, 큰 밥그릇	茶碗(ちゃわん)	밥그릇
器(うつわ)	그릇	皿(さら)	접시
湯飲(ゆの)み	찻잔	お盆(ぼん)	쟁반
包丁(ほうちょう)	식칼	まな板(いた)	도마
鍋(なべ)	냄비	おたま	국자
やかん	주전자	ざる	소쿠리
箸(はし)	젓가락	割(わ)り箸(ばし)	나무젓가락
布巾(ふきん)	행주	流(なが)し台(だい)	싱크대
果物(くだもの)	과일	野菜(やさい)	채소
調味料(ちょうみりょう)	조미료	缶詰(かんづめ)	통조림
豆(まめ)	콩	きのこ	버섯

欠(か)ける
빠지다
沸(わ)かす
(물 등을) 끓이다
味付(あじつ)け
(소금, 간장 등으로) 맛을 냄
挿(さ)す
꽂다
盛(も)る
담다

お皿の一部は欠けています。 　　　　　접시의 일부는 이가 빠졌습니다.
お茶を飲むときに使います。 　　　　　차를 마실 때 씁니다.
これで水を沸かします。 　　　　　　　이것으로 물을 끓입니다.
流し台の横に包丁とまな板があります。 　싱크대 옆에 칼과 도마가 있습니다.
箱の中身は割り箸です。 　　　　　　　상자의 내용물은 나무젓가락입니다.
これで味付けをします。 　　　　　　　이것으로 간을 합니다.
グラスの中にストローが挿してあります。 유리컵 안에 빨대가 꽂혀 있습니다.
ご飯が盛られています。 　　　　　　　밥이 담겨 있습니다.

핵심 03 가사, 가전 Part1-05-4

ほうき	빗자루	ちりとり	쓰레받기
雑巾(ぞうきん)	걸레	モップ	밀대, 자루걸레
糸(いと)	실	針(はり)	바늘
毛糸(けいと)	털실	掃除機(そうじき)	청소기
扇風機(せんぷうき)	선풍기	冷蔵庫(れいぞうこ)	냉장고
洗濯機(せんたくき)	세탁기	物干(ものほ)し台(だい)	빨래 건조대
布団(ふとん)	이불	枕(まくら)	베개
座布団(ざぶとん)	방석		

通(とお)す	これで掃除をします。	이것으로 청소를 합니다.
통과시키다	針に糸が通されています。	바늘에 실이 꿰어 있습니다.
汚(よご)れ	汚れを拭き取るときに使います。	더러워진 것을 닦을 때 씁니다.
더러움, 오염	部屋を冷房する機械です。	방을 냉방하는 기계입니다.
拭(ふ)き取(と)る	刺繍が施された衣類です。	자수가 수놓인 의류입니다.
닦다	天井に換気扇が取り付けられています。	천장에 환풍기가 설치되어 있습니다.
施(ほどこ)す		
(장식 등을) 달다, 덧붙이다		
取(と)り付(つ)ける		
달다, 장치하다		

핵심 04 사무, 문구용품 🎧 Part1-05-5

文房具(ぶんぼうぐ)	문방구	筆箱(ふでばこ)	필통
鉛筆(えんぴつ)	연필	消(け)しゴム	지우개
定規(じょうぎ)	자	紙(かみ)	종이
のり	풀	はさみ	가위
手帳(てちょう)	수첩	書物(しょもつ)	서적, 책
封筒(ふうとう)	봉투	切手(きって)	우표
手紙(てがみ)	편지	葉書(はがき)	엽서
小包(こづつみ)	소포	書留(かきとめ)	등기
墨(すみ)	먹	筆(ふで)	붓
和紙(わし)	일본 전통 종이	絵(え)の具(ぐ)	물감

包(つつ)む	箱は包装紙で包まれています。	상자는 포장지로 싸여 있습니다.
싸다	書道用の道具です。	서예용 도구입니다.
書道(しょどう)	貯金するための箱です。	저금하기 위한 상자입니다.
서도, 서예	引き出しに便箋が入っています。	서랍에 편지지가 들어 있습니다.

핵심 05 생활 🎧 Part1-05-6

紙幣(しへい)	지폐	硬貨(こうか)	동전
〜円札(えんさつ)	〜엔 지폐	〜円玉(えんだま)	〜엔 동전
おつり	거스름돈	小銭(こぜに)	잔돈
入(い)れ物(もの)	용기	容器(ようき)	용기
かご	바구니	花瓶(かびん)	꽃병
空(あ)き缶(かん)	빈 깡통	瓶(びん)	병

棚(たな)	책꽂이, 선반	本箱(ほんばこ)	책장
押(お)し入(い)れ	벽장	タンス	서랍장, 옷장
門(もん)	문	扉(とびら)	문
障子(しょうじ)	미닫이문, 장지문	ふすま	미닫이문, 장지문
おもちゃ	장난감	揺(ゆ)りかご	요람
ベビーカー	유모차	乳母車(うばぐるま)	유모차
扇子(せんす)	쥘부채	うちわ	(둥근 모양의) 부채
雨具(あまぐ)	우비	日傘(ひがさ)	양산
蛍光灯(けいこうとう)	형광등	ろうそく	초
救急箱(きゅうきゅうばこ)	구급상자	絆創膏(ばんそうこう)	반창고
包帯(ほうたい)	붕대	担架(たんか)	들것
水槽(すいそう)	수조	はしご	사다리
タバコの吸殻(すいがら)	담배꽁초	灰皿(はいざら)	재떨이
パスポート	여권	身分証明書(みぶんしょうめいしょ)	신분증
免許証(めんきょしょう)	면허증	履歴書(りれきしょ)	이력서

飾(かざ)る
장식하다
取(と)り外(はず)す
떼다, 벗기다
破(やぶ)れる
찢어지다
防(ふせ)ぐ
막다
塗(ぬ)る
바르다, 칠하다
際(さい)
(~할) 때

チャックで開閉する小銭入れです。 지퍼로 여닫는 동전 지갑입니다.
一輪の花が花瓶に飾られています。 한 송이 꽃이 꽃병에 장식되어 있습니다.
おもちゃの電池が取り外されています。 장난감의 건전지가 분리되어 있습니다.
破れたビニール袋があります。 찢어진 비닐봉지가 있습니다.
これで紫外線を防げます。 이것으로 자외선을 막을 수 있습니다.
容器は上下逆さになっています。 용기는 위아래가 거꾸로 되어 있습니다.
痛いところに塗る薬です。 아픈 곳에 바르는 약입니다.
航空券を買ったという領収書です。 항공권을 샀다는 영수증입니다.
出入国の際に必要です。 출입국 시에 필요합니다.

핵심 06 기타 Part1-05-7

顕微鏡(けんびきょう)	현미경	望遠鏡(ぼうえんきょう)	망원경
微生物(びせいぶつ)	미생물	手(て)すり	난간, 손잡이
花火(はなび)	불꽃, 불꽃놀이	消火器(しょうかき)	소화기
銅像(どうぞう)	동상	彫刻(ちょうこく)	조각
模型(もけい)	모형		

上(のぼ)り 상행, 올라감 [반의어] **下(くだ)り** 하행, 내려감 **打(う)ち上(あ)げる** 쏘아 올리다	上(のぼ)りのエスカレーターです。	올라가는 에스컬레이터입니다.
	顕微鏡(けんびきょう)で微生物(びせいぶつ)を観察(かんさつ)しています。	현미경으로 미생물을 관찰하고 있습니다.
	これで遠いところを見ることができます。	이것으로 먼 곳을 볼 수 있습니다.
	花火が打(う)ち上(あ)げられています。	불꽃이 쏘아 올려지고 있습니다.
	手すりの前に望遠鏡があります。	난간 앞에 망원경이 있습니다.
	模型が展示(てんじ)されています。	모형이 전시되어 있습니다.

시나공 05 | 시나공 기출문제의 재구성

시나공법 05에서 배운 내용이 어떻게 시험에 나오는지 실전 문제를 통해 확인해 보세요. 🎧 Part1-05시나공

난이도 ▶▷▷
01

난이도 ▶▷▷
02

시나공법 05 | 시나공 기출문제의 재구성

난이도 ▶▷▷
03

난이도 ▶▷▷
04

난이도 ▶▶▷
05

난이도 ▶▷▷
06

시나공법 05 | 시나공 기출문제의 재구성

난이도 ▶▶▷
07

난이도 ▶▶▷
08

난이도 ▶▶▶
09

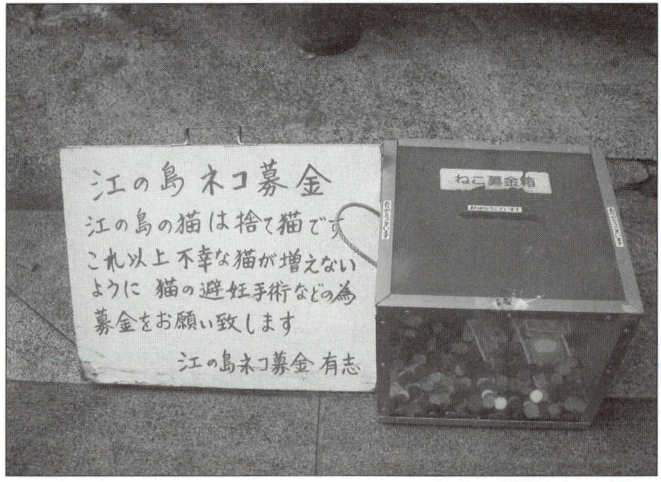

난이도 ▶▶▷
10

★ 별책 정답&해설 10쪽

시나공법 06 사물의 모양과 복수의 사물도 주의해서 보자!

사물이 클로즈업되어 있는 사진에서는 사물의 명칭과 용도를 묻는 문제 이외에도 해당 사물의 특징이나 상태에 관한 문제도 자주 출제됩니다. 예를 들어, 사진에 등장한 컵은 투명한 유리컵일 수도 있고, 손잡이 부분이 깨진 컵일 수도 있으며, 물이 가득 담겨 있거나 빈 컵일 수도 있으니까요. 단순히 그 사물의 명칭과 용도만 알고 있다고 해서 문제를 쉽게 풀 수 있는 건 아니라는 뜻이죠. 또한, 사진 속 사물이 어떤 크기에 어떤 모양을 하고 있는지, 복수의 사물이라면 어떤 상태로 놓여 있는지도 듣고 정확히 판단할 수 있어야 합니다.

시험에 이렇게 나온다! 🎧 Part1-06-1   스크립트를 가리고 풀어 보세요.

(A) フライパンの取手は全部同じ長さです。
(B) シンクの下にフライパンが入っています。
(C) 厨房の壁に大きさの違うフライパンがかけてあります。
(D) 棚の上にフライパンが重ねて置いてあります。

해석 (A) 프라이팬 손잡이는 전부 똑같은 길이입니다.
(B) 싱크대 밑에 프라이팬이 들어 있습니다.
(C) 주방 벽에 크기가 다른 프라이팬이 걸려 있습니다.
(D) 선반 위에 프라이팬이 포개져 놓여 있습니다.

해설 프라이팬의 손잡이는 모두 길이가 다르고, 싱크대 밑과 선반은 보이지 않으므로 (A), (B), (D)는 모두 오답이다. 따라서 정답은 (C)이다.
어휘 取手(とって) 손잡이 | 厨房(ちゅうぼう) 주방 | 棚(たな) 선반 | 重(かさ)ねる 겹치다, 포개다
정답 (C)

중요도 ★☆☆
시나공법 따라잡기 1. 사물의 상태와 모양을 나타내는 어휘

▶巨大(きょだい)な
거대한

▶細長(ほそなが)い
가늘고 긴

▶所狭(ところせま)い
비좁은

▶分厚(ぶあつ)い
두꺼운

大(おお)きい 큰	↔	小(ちい)さい	작은
多(おお)い 많은	↔	少(すく)ない	적은
長(なが)い 긴	↔	短(みじか)い	짧은
高(たか)い 높은	↔	低(ひく)い	낮은
広(ひろ)い 넓은	↔	狭(せま)い	좁은
太(ふと)い 굵은	↔	細(ほそ)い	가는
厚(あつ)い 두꺼운	↔	薄(うす)い	얇은
鋭(するど)い 날카로운	↔	鈍(にぶ)い	무딘
きれいな 깨끗한	↔	汚(きたな)い	더러운
浅(あさ)い 얕은	↔	深(ふか)い	깊은

일본어	한국어	일본어	한국어
真(ま)ん丸(まる)い	아주 둥그런, 똥그란	四角(しかく)い	네모진
円形(えんけい)	원형	円錐形(えんすいけい)	원뿔형
ひし形(がた)	마름모꼴	三角(さんかく)	삼각
正方形(せいほうけい)	정사각형	長方形(ちょうほうけい)	직사각형
らせん	나선		
平(ひら)たい	넓적한, 평평한	でこぼこ	울퉁불퉁
空(から)っぽ	(텅 빈 모양) 텅텅	ぎっしり	(꽉 찬 모양) 가득
逆(さか)さ	거꾸로임	透明(とうめい)な	투명한
つるつる	(표면이 매끈한 모양) 반들반들	ごつごつ	(표면이 거친 모양) 울퉁불퉁
ふわふわ	푹신푹신, 복슬복슬	左右対称(さゆうたいしょう)	좌우 대칭

시나공법 따라잡기

중요도 ★★☆

2. 복수의 사물별 위치, 방향, 상태에 관한 표현

고수들의 조언

복수의 사물이 등장하는 사진의 경우는 주어가 すべて, 全部, どの~も, 両方とも, みんな와 같은 단어로 제시되기도 한다. 이러한 경우는 정말 모든 사물이 그런지 정확히 살펴봐야 오답을 피할 수 있다.

挟(はさ)む
끼우다, 사이에 두다
一対(いっつい)
한 쌍, 한 벌

핵심 01 의자 ♪ Part1-06-2

椅子は全部外を向いています。	의자는 전부 밖을 향하고 있습니다.
椅子のサイズは統一されていません。	의자 사이즈는 통일되어 있지 않습니다.
椅子がずらりと並んでいます。	의자가 죽 늘어서 있습니다.
食卓を挟んで一対の椅子が置かれています。	식탁을 사이에 두고 한 쌍의 의자가 놓여 있습니다.
シートはすべて同じ向きです。	좌석은 모두 같은 방향입니다.
通路を挟んでシートが並んでいます。	통로를 끼고 좌석이 늘어서 있습니다.
乗客は向かい合わせに座ります。	승객은 마주 보고 앉습니다.

まちまち
제각각임, 각자 다름
積(つ)み重(かさ)ねる
겹겹이 쌓다, 포개어 쌓다
すっきり
산뜻한 모양, 상쾌한 모양, 말끔한 모양

핵심 02 박스, 상자 ♪ Part1-06-3

ダンボールが一列に並べられています。	박스가 일렬로 정렬되어 있습니다.
ダンボールの大きさはまちまちです。	박스의 크기는 제각각입니다.
道端にダンボールが積み重ねられています。	길가에 박스가 쌓여 있습니다.
箱はすっきり整理されています。	상자는 말끔하게 정리되어 있습니다.

縛(しば)る
묶다
散(ち)らばる
흩어지다

핵심 03 책, 서적 🎧 Part1-06-4

雑誌は紐で縛ってあります。　　　　　　　　　　잡지는 끈으로 묶여 있습니다.

教科書が山積みになっています。　　　　　　　　교과서가 산처럼 쌓여 있습니다.

本があちこちに散らばっています。　　　　　　　책이 이곳저곳에 어질러져 있습니다.

番号(ばんごう)を振(ふ)る
번호를 매기다

핵심 04 사물함 🎧 Part1-06-5

すべてのロッカーにキーが挿してあります。　　　모든 사물함에 키가 꽂혀 있습니다.

開いている扉が一箇所あります。　　　　　　　　열려 있는 문이 한 군데 있습니다.

すべて番号が振られています。　　　　　　　　　모두 번호가 매겨져 있습니다.

핵심 05 식기 🎧 Part1-06-6

棚には茶碗だけ置かれています。　　　　　　　　선반에는 밥그릇만 놓여 있습니다.

テーブルの上にお皿が積み重ねられています。　　테이블 위에 접시가 포개져 있습니다.

様々な形の食器が陳列されています。　　　　　　여러 가지 형태의 식기가 진열되어 있습니다.

異(こと)なる
다르다, 같지 않다
違(ちが)い
틀림, 차이
まとめる
하나로 모으다, 정리하다

핵심 06 자동판매기 🎧 Part1-06-7

飲み物のサイズはそれぞれ異なります。　　　　　음료의 사이즈는 각각 다릅니다.

ここには缶コーヒーしかありません。　　　　　　여기에는 캔 커피밖에 없습니다.

上段と下段の値段に違いがあります。　　　　　　상단과 하단의 가격에 차이가 있습니다.

自動販売機の幅はすべて同じです。　　　　　　　자동판매기의 폭은 모두 같습니다.

空き缶がまとめて置いてあります。　　　　　　　빈 캔이 한데 놓여 있습니다.

시나공법 06 | 시나공 기출문제의 재구성

시나공법 06에서 배운 내용이 어떻게 시험에 나오는지 실전 문제를 통해 확인해 보세요. 🎧 Part1-06시나공

난이도 ▶▷▷
01

난이도 ▶▷▷
02

시나공법 06 | 시나공 기출문제의 재구성

난이도 ▶▶▷
03

난이도 ▶▷▷
04

난이도 ▶▷▷
05

난이도 ▶▶▷
06

시나공법 06 | 시나공 기출문제의 재구성

난이도 ▶▷▷
07

난이도 ▶▶▷
08

난이도 ▶▶▶
09

난이도 ▶▶▶
10

★별책 정답&해설 12쪽

지시, 안내, 메모 사진은 큰 글씨부터 읽자!

비중은 그다지 높지 않지만, 꾸준히 출제되고 있는 문제가 바로 사진 속에 글자, 기호, 그림이 들어가 있는 문제입니다. 특히, 큰 글씨로 쓰여진 짧은 문구에는 장소나 사물에 대한 주요 정보가 들어 있으므로 꼭 읽어 두어야 하죠. 이런 유형의 문제가 어렵게 느껴지는 이유는 미리 활자를 다 읽어 두어야 하기 때문입니다. 게다가 최근에는 의도적으로 노트에 무언가를 적어 무엇에 대한 메모인지를 묻는 문제가 자주 출제되고 있으므로, 이와 관련된 어휘 또한 잘 알아 두어야 합니다.

시험에 이렇게 나온다! Part1-07-1 스크립트를 가리고 풀어 보세요.

(A) 柱に案内が貼ってあります。
(B) 案内には風景画が使われています。
(C) ここは自由に遊んでもいい場所です。
(D) 漢字や平仮名が書いてあります。

해석 (A) 기둥에 안내가 붙어 있습니다.
(B) 안내에는 풍경화가 사용되어 있습니다.
(C) 여기는 자유롭게 놀아도 되는 장소입니다.
(D) 한자나 히라가나가 적혀 있습니다.

해설 에스컬레이터 부근에서 흔히 볼 수 있는 안내로, '뛰지 마시오!', '걷지 마시오!'라는 안내와 함께 금지 마크가 그려져 있다. (A)기둥이 아니라 바닥이고, (B)풍경화가 아니라 금지 마크이며, (C)지시 사항과 상반된다. 따라서 정답은 (D)이다.

어휘 柱(はしら) 기둥 | 風景画(ふうけいが) 풍경화

정답 (D)

시나공법 따라잡기   1. 지시·안내에 관한 어휘와 표현

중요도 ★★☆

지시·안내와 관련된 사진은 내용이나 사진 속 의미에도 신경을 써야 한다. 특히 이러한 사진에 적혀 있는 문구는 비슷한 뜻의 표현으로 바뀌어 출제되는 경우가 많기 때문에 사진으로 전하려는 내용을 미리 파악해 두는 것이 중요하다.

掲示板(けいじばん)	게시판	看板(かんばん)	간판
案内図(あんないず)	안내도	道(みち)しるべ	이정표
標示板(ひょうじばん)	표지판	交通標識(こうつうひょうしき)	교통 표지
見取(みと)り図(ず)	약식도, 평면도	設計図(せっけいず)	설계도
横断幕(おうだんまく)	(가로) 현수막	垂(た)れ幕(まく)	(세로) 현수막
世界地図(せかいちず)	세계 지도	黒板(こくばん)	칠판
張(は)り紙(がみ)	벽보		

핵심 01 안내 및 간판 Part1-07-2

お知(し)らせ 안내, 알림, 공지	正しい道順が案内されています。 — 바른 길 순서가 안내되어 있습니다. たくさんのお知らせが貼ってあります。 — 많은 안내가 붙어 있습니다. アルバイト募集の張り紙です。 — 아르바이트 모집 벽보입니다. ポスターが印刷されています。 — 포스터가 인쇄되어 있습니다.
認(みと)める 인정하다, 승인하다 払(はら)う 내다, 지불하다	喫煙コーナーです。 — 흡연 코너입니다. この辺は立入禁止です。 — 이 주변은 출입금지입니다. カメラでの撮影は認められています。 — 카메라로 촬영하는 것은 허용되어 있습니다. この店は24時間営業です。 — 이 가게는 24시간 영업입니다. 店内での飲食は禁止されています。 — 매장 안에서의 음식물 섭취는 금지되어 있습니다. ガソリンの給油は制限されています。 — 가솔린 급유는 제한되어 있습니다. 15分で100円払うという意味です。 — 15분에 100엔 지불한다는 의미입니다.

핵심 02 도로 표지판 Part1-07-3

この道路にバイクは入れません。 — 이 도로에 오토바이는 못 들어옵니다.
工事中で、ここから先は入れません。 — 공사 중이라서, 이 앞으로는 진입할 수 없습니다.
ここで一旦停止します。 — 여기에서 일단 정지합니다.
この道路は一方通行です。 — 이 도로는 일방통행입니다.
ここでは徐行しなければなりません。 — 여기서는 서행해야 합니다.
この付近は事故多発地点です。 — 이 부근은 사고 다발 지점입니다.

핵심 03 역내 Part1-07-4

禁(きん)じる 금하다 貼(は)り出(だ)す 게시하다, 내붙이다	優先席の案内です。 — 우선석의 안내입니다. 駆け込み乗車は禁じられています。 — 뛰어들기 승차는 금지되어 있습니다. 乗り換えの方法が表示されています。 — 환승 방법이 표시되어 있습니다. 各駅までの料金表が貼り出されています。 — 각 역까지의 요금표가 붙어 있습니다.

시나공법 따라잡기

중요도 ★★☆

2. 메모 사진과 관련된 어휘와 표현 🎧 Part1-07-5

최근 자주 등장하는 메모 사진에는 노트에 큼직하게 이름이 적혀 있거나, 도형이 그려져 있거나, 글자가 고쳐져 있거나, 심지어 산수 계산이 여러 줄이나 필기되어 있는 사진들이 등장한다. 사진 속 메모에 대한 일본어를 바르게 알고 있는지를 묻는 문제라고 할 수 있는데, 이러한 문제를 풀기 위해선 아래와 같은 특정 어휘를 많이 알고 있는 것이 좋다.

足(た)し算(ざん)	덧셈	引(ひ)き算(ざん)	뺄셈
掛(か)け算(ざん)	곱셈	割(わ)り算(ざん)	나눗셈
直線(ちょくせん)	직선	斜線(しゃせん)	사선
曲線(きょくせん)	곡선	弧線(こせん)	포물선
下線(かせん)	밑줄	点線(てんせん)	점선
二重線(にじゅうせん)	이중선	平行線(へいこうせん)	평행선
レシート	영수증	領収書(りょうしゅうしょ)	영수증
宛名(あてな)	수신인, 수신처	金額(きんがく)	금액
日付(ひづけ)	날짜	西暦(せいれき)	서력, 서기
括弧(かっこ)	괄호	矢印(やじるし)	화살표
横書(よこが)き	가로쓰기	縦書(たてが)き	세로쓰기

囲(かこ)む
둘러싸다, 에워싸다
振(ふ)る
(음을) 달다
なぞる
(위에 그대로) 덧그리다, 덧쓰다
破(やぶ)れる
찢어지다

表は円で囲まれています。	표는 원으로 둘러싸여 있습니다.
答えは書いてありません。	답은 적혀 있지 않습니다.
ルビが振られています。	발음이 달려 있습니다.

[참고] ルビ는 작은 글씨로 '한자에 다는 발음' 또는 '임의의 읽는 법'을 뜻한다.

ノートの文字はなぞられています。	노트의 글자는 덧쓰여 있습니다.
日付が訂正されています。	날짜가 정정되어 있습니다.
破れたページがあります。	찢어진 페이지가 있습니다.

> **レシート와 領収書**
>
> 주로 슈퍼나 편의점 등에서 쉽게 받을 수 있는 감열지로 된 영수증은 レシート라고 하고, 경비 지출 등을 증명하기 위한 영수증은 領収書라고 한다. 領収書에는 날짜, 금액 및 발행처뿐 아니라 발행 대상과 확인 도장까지 있는 것이 특징이고, 최근에는 領収書를 レシート와 같은 감열지로 발행하기도 하지만 최소한 도장은 꼭 찍혀 있어야 한다.

시나공 07 | 시나공 기출문제의 재구성

시나공법 07에서 배운 내용이 어떻게 시험에 나오는지 실전 문제를 통해 확인해 보세요. 🎧 Part1-07시나공

난이도 ▶▶▷
01

난이도 ▶▶▷
02

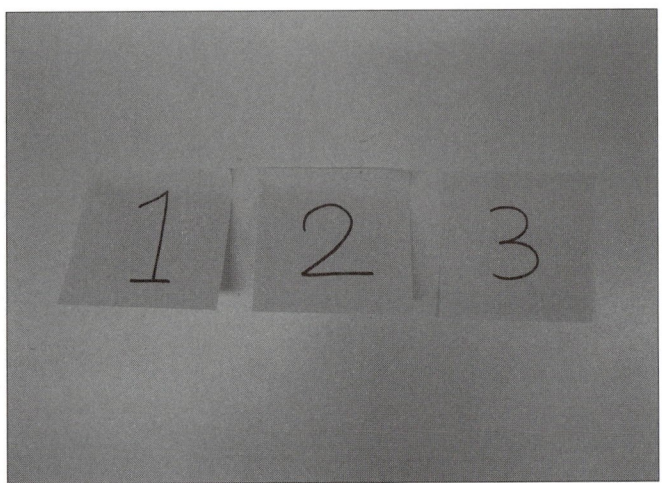

07 시나공 기출문제의 재구성

난이도 ▶▷▷
03

난이도 ▶▷▷
04

난이도 ▶▶▷
05

난이도 ▶▶▶
06

시나공법 07 | 시나공 기출문제의 재구성

난이도 ▶▶▷
07

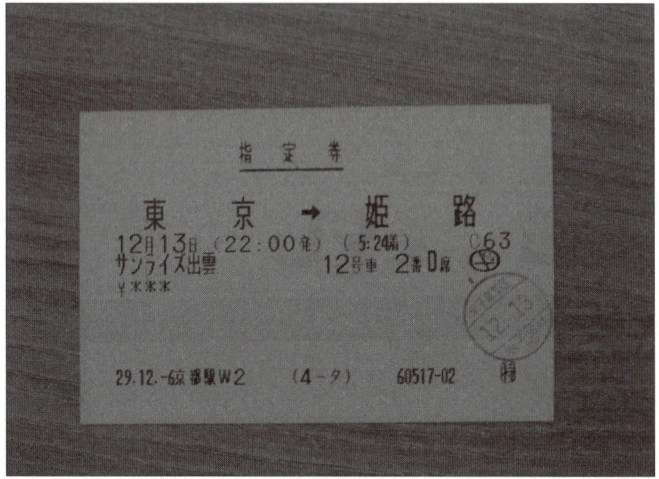

난이도 ▶▶▶
08

난이도 ▶▶▷
09

난이도 ▶▶▷
10

둘째마당 | 미리 보는 실전 예상문제

지금까지 배운 시나공법을 중심으로 최신 문제를 집중 분석한 실전 예상문제를 풀어 보세요. 🎧 Part1-07예상문제

난이도 ▶▷▷
01

난이도 ▶▷▷
02

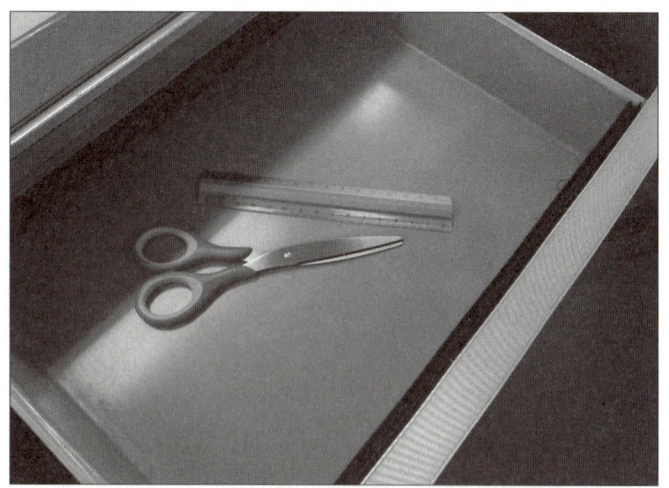

난이도 ▶▷▷
03

난이도 ▶▶▷
04

둘째마당 | 미리 보는 실전 예상문제

난이도 ▶▶▷
05

난이도 ▶▶▷
06

난이도 ▶▶▷
07

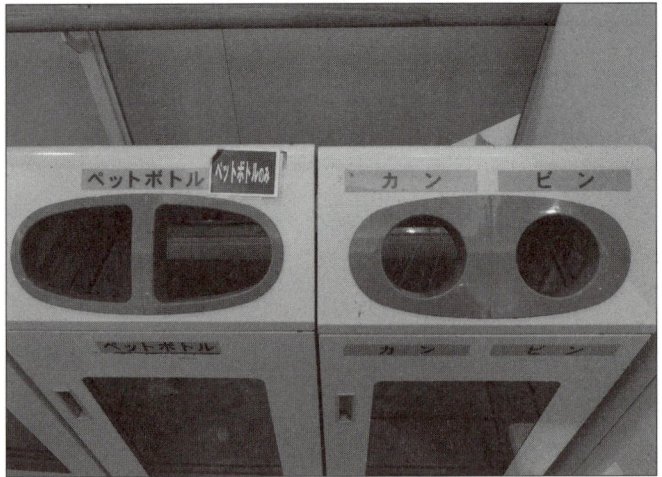

난이도 ▶▶▷
08

둘째마당 | 미리 보는 실전 예상문제

난이도 ▶▶▶
09

난이도 ▶▶▶
10

★별책 정답&해설 15쪽

시나공법 08 교통수단, 도로 사진은 따로 정리하자!

사람과 사물 사진을 살펴봤으니 이제 야외로 나가 봅시다. 출제되는 야외 사진 중 가장 높은 비중을 차지하는 것이 무엇일까요? 바로 길 위의 사진, 즉 도로, 교통 시설 관련입니다. 이런 사진에서는 교통수단의 움직임이나 흐름, 도로가 뻗어 있는 모양은 물론 길 위의 사람들, 교통 시설의 명칭과 같이 이미 〈첫째마당〉과 〈둘째마당〉에서 살펴본 사람과 사물에 대한 요소까지 함께 어우러져 나오는 복합 문제가 많은 것이 특징입니다.

시험에 이렇게 나온다! 🎧 Part1-08-1

스크립트를 가리고 풀어 보세요.

(A) 高速道路は順調に流れています。
(B) 交差点で信号待ちをしています。
(C) 車道の脇には並木があります。
(D) バス専用レーンをトラックが走っています。

해석 (A) 고속도로는 순조로운 흐름입니다.
(B) 교차로에서 신호를 기다리고 있습니다.
(C) 차도 옆에는 가로수가 있습니다.
(D) 버스 전용 차선을 트럭이 달리고 있습니다.

해설 (A)도로 양옆에 인도가 있으므로 고속도로라고 할 수 없고, (B)교차로와 (D)버스 전용 차선은 보이지 않으므로 모두 오답이다. 따라서 정답은 (C)이다.

어휘 高速道路(こうそくどうろ) 고속도로 | 順調(じゅんちょう) 순조로움 | 交差点(こうさてん) 교차로, 사거리 | 信号待(しんごうま)ち 신호를 기다림 | 車道(しゃどう) 차도 | 脇(わき) 옆구리, 옆 | 並木(なみき) 가로수 [동의어] 街路樹(がいろじゅ) | レーン 차선 [동의어] 車線(しゃせん)

정답 (C)

❗ 중요도 ★★☆
시나공법 따라잡기

1. 교통수단, 철도 시설 관련 어휘

핵심 01 탈것, 교통

自転車(じてんしゃ)	자전거	バイク	오토바이
自動車(じどうしゃ)	자동차	乗用車(じょうようしゃ)	승용차
パトカー	경찰차	白(しろ)バイ	경찰용 오토바이
消防車(しょうぼうしゃ)	소방차	救急車(きゅうきゅうしゃ)	구급차
除雪車(じょせつしゃ)	제설차		

핵심 02 길, 도로, 주차 관련

高速道路(こうそくどうろ)	고속도로	一般道路(いっぱんどうろ)	일반 도로
大通(おおどお)り	큰길	表通(おもてどお)り	큰길, 대로
路地(ろじ)	골목길	信号機(しんごうき)	신호등
交差点(こうさてん)	교차로, 사거리	十字路(じゅうじろ)	십자로
横断歩道(おうだんほどう)	횡단보도	歩道橋(ほどうきょう)	육교
バス停(てい)	버스 정류장	停留場(ていりゅうじょう)	정류장
立体駐車場(りったいちゅうしゃじょう)	입체 주차장	駐車場(ちゅうしゃじょう)	주차장
		駐輪場(ちゅうりんじょう)	이륜차 주차장
平面駐車場(へいめんちゅうしゃじょう)	평면 주차장	ガレージ	차고
		車庫(しゃこ)	차고

[참고] 입체 주차장은 주차장 건물, 평면 주차장은 야외 주차장으로 생각하면 된다.

핵심 03 철도 시설 관련

駅(えき)	역	ホーム	플랫폼
改札口(かいさつぐち)	개찰구	電車(でんしゃ)	전철
列車(れっしゃ)	열차	車両(しゃりょう)	(기차 등의) 차량
線路(せんろ)	선로	踏(ふ)み切(き)り	철도 건널목

중요도 ★★★
시나공법 따라잡기

2. 도로 상태, 시설 관련 표현

핵심 01 도로 상태 관련 🎧 Part1-08-2

どかす
(물건을) 치우다

トンネル付近は渋滞しています。	터널 부근은 정체되고 있습니다.
至る所に乗用車が停車しています。	도처에 승용차가 정차해 있습니다.
所々に自転車が放置されています。	여기저기 자전거가 방치되어 있습니다.
怪我人の搬送のときに使います。	부상자 이송 시 사용합니다.
除雪車が積もった雪をどかしています。	제설차가 쌓인 눈을 치우고 있습니다.
地下道に向かって走行中です。	지하도를 향해 주행 중입니다.
歩道と車道の区別はありません。	인도와 차도의 구별은 없습니다.
歩行者用の信号機です。	보행자용 신호등입니다.
駐車場は満車です。	주차장은 만차입니다.

[참고] 주차장에 여유가 있을 경우에는 空車(くうしゃ)라고 표현한다.

納(おさ)まる
수납되다

ガレージに乗用車が納まっています。　　　　　　　　차고에 승용차가 주차되어 있습니다.

列車が踏み切りを通過しているところです。　　　　열차가 건널목을 통과하는 중입니다.

핵심 02 도로 관련 Part1-08-3

凸凹(でこぼこ)
울퉁불퉁 [동의어] 凹凸(おうとつ)

緩(ゆる)やか
완만함, 부드러움

凸凹の道を車が走っています。　　　　　　　　　　울퉁불퉁한 길을 차가 달리고 있습니다.

路上に障害物があります。　　　　　　　　　　　　길 위에 장애물이 있습니다.

道は幅が狭く、緩やかに曲がっています。　　　　　길은 폭이 좁고, 부드럽게 꺾여 있습니다.

線路に沿って道路が伸びています。　　　　　　　　선로를 따라 도로가 뻗어 있습니다.

[참고] ~に沿(そ)っては 길게 뻗은 강, 도로, 철도 등을 나타내는 명사 뒤에 붙어서 '~을 따라, ~에 연하여, ~에 접하여'라는 뜻을 나타낸다.

道路は立体交差しています。　　　　　　　　　　　도로는 입체 교차되어 있습니다.

有料道路の料金所です。　　　　　　　　　　　　　유료 도로의 요금소입니다.

道は放射状に広がっています。　　　　　　　　　　길은 방사상으로 뻗어나 있습니다.

시나공법 08 | 시나공 기출문제의 재구성

시나공법 08에서 배운 내용이 어떻게 시험에 나오는지 실전 문제를 통해 확인해 보세요. 🎧 Part1-08시나공

난이도 ▶▷▷
01

난이도 ▶▷▷
02

난이도 ▶▶▷
03

난이도 ▶▷▷
04

시나공법 08 | 시나공 기출문제의 재구성

난이도 ▶▶▷
05

난이도 ▶▷▷
06

난이도 ▶▶▷
07

난이도 ▶▶▷
08

시나공법 08 | 시나공 기출문제의 재구성

난이도 ▶▶▷
09

난이도 ▶▶▷
10

★별책 정답&해설 17쪽

시나공법 09  사진 속 장소와 상황을 파악하자!

〈Part 1〉은 사진 속에 사람이나 사물이 등장했다고 해서 반드시 이들의 동작이나 상태만을 보기로 제시하지는 않습니다. 사람이나 사물이 위치한 '장소'도 수험자들의 일본어 능력을 판단하는 중요한 요소이기 때문이죠. 예를 들어, "식당에서 밥을 먹고 있습니다."와 "공원 벤치에서 밥을 먹고 있습니다." 그리고 "공원에 의자가 놓여 있습니다."와 "회의실에 의자가 놓여 있습니다."의 차이를 생각해 보면 무슨 이야기인지 알 수 있겠죠? 때문에 〈Part 1〉에서는 사람이나 사물이 위치한 장소나 분위기에 대한 표현도 함께 공부해 두어야 합니다.

시험에 이렇게 나온다! 🎧 Part1-09-1

스크립트를 가리고 풀어 보세요.

(A) 屋外の運動場です。
(B) バスケットができる体育館です。
(C) 畳が敷かれた柔道場です。
(D) 演劇の撮影をするスタジオです。

해석 (A) 옥외 운동장입니다.
(B) 농구를 할 수 있는 체육관입니다.
(C) 다다미가 깔린 유도장입니다.
(D) 연극 촬영을 하는 스튜디오입니다.

해설 사진 속 장소는 (A)運動場(うんどうじょう) '운동장', (C)柔道場(じゅうどうじょう) '유도장', (D)スタジオ '스튜디오'가 아니라 体育館(たいいくかん) '체육관'이므로 정답은 (B)이다.

어휘 屋外(おくがい) 옥외, 야외 | バスケット 농구 | 畳(たたみ) 다다미 | 敷(し)く 깔다, 펼치다 | 演劇(えんげき) 연극 | 撮影(さつえい) 촬영

정답 (B)

시나공법 따라잡기 중요도 ★★★

장소나 배경을 나타내는 어휘와 표현

고수들의 조언

야외 사진부터는 "이런 것까지 알아야 하나?"라고 생각될 정도로 다양한 어휘를 두루두루 섭렵해 둘 필요가 있다. 특히 〈핵심 03〉의 자연, 경관에 대한 어휘는 꼭 숙지해 두자.

핵심 01 가게 🎧 Part1-09-2

商店街(しょうてんがい)	상점가	売店(ばいてん)	매점
売(う)り場(ば)	매장	居酒屋(いざかや)	선술집
出店(でみせ)	노점	屋台(やたい)	노점
八百屋(やおや)	채소 가게	床屋(とこや)	이발소

ここで麺類(めんるい)が食べられます。 여기서 면 종류를 먹을 수 있습니다.
デパートの婦人服(ふじんふく)売り場です。 백화점의 부인복 매장입니다.
CDやDVDのレンタルショップです。 CD와 DVD 대여점입니다.

老舗(しにせ)
(대대로 내려오는 전통 있는) 가게, 점포

老舗が並ぶ商店街です。　　　　　　　　　　　　오래된 가게가 늘어선 상점가입니다.
屋台が軒を連ねています。　　　　　　　　　　　노점이 처마를 맞대고 늘어서 있습니다.

참고 軒(のき)を連(つら)ねる는 건물의 처마가 나란히 늘어서 있는 모습을 나타내는 관용구이다.

고수들의 조언
장소를 나타내는 단어 중 수험자들이 쉽게 생각하는 銀行, 病院, 空港와 같은 어휘는 최근 난이도를 높여, 그 장소에서 무엇을 할 수 있는지, 또는 무엇을 하고 있는지를 묻는 문제로 자주 나오므로 관련 표현까지 익혀야 한다.

핵심 02 공공장소 및 시설물 🎧 Part1-09-3

校庭(こうてい)	교정	運動場(うんどうじょう)	운동장
図書館(としょかん)	도서관	博物館(はくぶつかん)	박물관
美術館(びじゅつかん)	미술관	体育館(たいいくかん)	체육관
郵便局(ゆうびんきょく)	우체국	交番(こうばん)	파출소

温泉(おんせん)	온천	露天風呂(ろてんぶろ)	노천탕
動物園(どうぶつえん)	동물원	遊園地(ゆうえんち)	유원지
公園(こうえん)	공원	広場(ひろば)	광장
展望台(てんぼうだい)	전망대	舞台(ぶたい)	무대

港(みなと)	항구	桟橋(さんばし)	선창, 부두
空港(くうこう)	공항	発電所(はつでんしょ)	발전소
お寺(てら)	절	神社(じんじゃ)	신사
境内(けいだい)	경내	教会(きょうかい)	교회

참고 境内는 けいない가 아니라 けいだい라고 읽는 것에 주의하자.

体調の悪い人を寝かせる部屋です。　　　　　　　몸이 안 좋은 사람을 눕히는 방입니다.
本の閲覧や貸し出しをするところです。　　　　　책을 열람하거나 대출하는 곳입니다.
ここで処方箋がもらえます。　　　　　　　　　　이곳에서 처방전을 받을 수 있습니다.
窓口で円をドルに換えられます。　　　　　　　　창구에서 엔을 달러로 바꿀 수 있습니다.
オーケストラの演奏会です。　　　　　　　　　　오케스트라의 연주회입니다.

設(もう)ける
설치하다
広々(ひろびろ)
널찍한 모양
倒(たお)れる
쓰러지다
眺(なが)める
바라보다

野外に温泉が設けられています。　　　　　　　　야외에 온천이 설치되어 있습니다.
広々とした公園の中に誰か倒れています。　　　　널찍한 공원 안에 누군가 쓰러져 있습니다.
展望台から夜景を眺めています。　　　　　　　　전망대에서 야경을 바라보고 있습니다.
3人の俳優がステージに立っています。　　　　　세 명의 배우가 무대에 서 있습니다.

この人たちは搭乗手続きをしています。　　　　　이 사람들은 탑승 수속을 밟고 있습니다.
原子力発電所の施設が見えます。　　　　　　　　원자력 발전소 시설이 보입니다.

初詣(はつもうで)	새해 첫 참배
ごった返(がえ)す	몹시 혼잡하다, 몹시 붐비다

水の力で発電する設備です。 / 물의 힘으로 발전하는 설비입니다.

階段を上がったところに神社があります。 / 계단을 올라간 곳에 신사가 있습니다.

境内は初詣の人でごった返しています。 / 경내는 새해 참배객으로 붐비고 있습니다.

핵심 03 자연, 경관 Part1-09-4

山のてっぺん	산꼭대기	山頂(さんちょう)	산 정상
山奥(やまおく)	깊은 산속	麓(ふもと)	산기슭
渓谷(けいこく)	계곡	谷間(たにま)	골짜기
森(もり)	숲	林(はやし)	숲
森林地帯(しんりんちたい)	삼림 지대, 삼림대	雑木林(ぞうきばやし)	잡목림
平野(へいや)	평야	野原(のはら)	들판
草原(そうげん)	초원	牧草地(ぼくそうち)	목초지
芝生(しばふ)	잔디밭	丘(おか)	언덕
海辺(うみべ)	해변	浜辺(はまべ)	바닷가
海岸(かいがん)	해안	沖合(おきあい)	앞바다
岬(みさき)	곶	崖(がけ)	절벽
海水浴場(かいすいよくじょう)	해수욕장	砂浜(すなはま)	모래사장
水際(みずぎわ)	물가	川原(かわら)	강가 모래밭, 자갈밭
岸(きし)	물가	対岸(たいがん)	건너편 기슭
田園風景(でんえんふうけい)	전원 풍경	田(た)んぼ	논
畑(はたけ)	밭	水田(すいでん)	논
湖(みずうみ)	호수	池(いけ)	연못
泉(いずみ)	샘	沼(ぬま)	늪
火山(かざん)	화산	砂漠(さばく)	사막

くねくね	구불구불, 꼬불꼬불
くっきり	또렷이, 선명하게
うっそうとする	울창하다 [유의어] 生(お)い茂(し)げる
土砂降(どしゃぶ)り	억수같이 내리는 비, 장대비
湖面(こめん)	호수 수면

くねくねとした山道です。 / 구불구불한 산길입니다.

ホームの向こうに山がくっきりと見えます。 / 플랫폼 너머로 산이 뚜렷하게 보입니다.

うっそうとした森の中を人が歩いています。 / 울창한 숲속을 사람이 걷고 있습니다.

山火事の消火活動をしています。 / 산불의 소화 활동을 하고 있습니다.

土砂降りの中の雑木林です。 / 장대비 속의 잡목림입니다.

湖面に山影が映っています。 / 호수 수면에 산 그림자가 비치고 있습니다.

みんなで海水浴をしています。 / 다 함께 해수욕을 하고 있습니다.

咲(さ)き乱(みだ)れる	흐드러지게 피다
晴(は)れ渡(わた)る	청명하다
見渡(みわた)す	멀리 바라보다, 전망하다
限(かぎ)り	그 범위 내의 모두, 전부

農業(のうぎょう)をする場所です。 — 농업을 하는 장소입니다.
畑のある田舎町(いなかまち)の景色です。 — 밭이 있는 시골 마을의 경치입니다.
お花畑(はなばたけ)に花が咲(さ)き乱(みだ)れています。 — 꽃밭에 꽃이 흐드러지게 피어 있습니다.
一点(いってん)の雲もない晴(は)れ渡(わた)った空です。 — 구름 한 점 없는 청명한 하늘입니다.
見渡(みわた)す限(かぎ)りの雪景色(ゆきげしき)です。 — 눈에 보이는 전부가 설경입니다.
砂場(すなば)で子供たちが遊んでいます。 — 모래밭에서 아이들이 놀고 있습니다.

[참고] 砂場(すなば)는 놀이터의 '모래밭', 砂浜(すなはま)는 해수욕장의 '백사장'을 떠올리자.

핵심 04 기타 Part1-09-5

事務室(じむしつ)	사무실	オフィス	오피스
応接室(おうせつしつ)	응접실	玄関(げんかん)	현관
廊下(ろうか)	복도	通路(つうろ)	통로
屋上(おくじょう)	옥상	倉庫(そうこ)	창고
広場(ひろば)	광장	空(あ)き地(ち)	공터
工事現場(こうじげんば)	공사 현장	運河(うんが)	운하
お墓(はか)	무덤	墓地(ぼち)	묘지

張(は)る	(줄, 천 등을) 치다, 고정하다

男性用(だんせいよう)のトイレは右側です。 — 남자 화장실은 오른쪽입니다.
家族でお墓参(はかまい)りをしています。 — 가족이 함께 성묘를 하고 있습니다.
ここで自動車の免許(めんきょ)を取ることができます。 — 이곳에서 자동차 면허를 딸 수 있습니다.
事故現場にロープが張(は)られています。 — 사고 현장에 로프가 쳐져 있습니다.

시나공법 09 | 시나공 기출문제의 재구성

시나공법 09에서 배운 내용이 어떻게 시험에 나오는지 실전 문제를 통해 확인해 보세요. 🎧 Part1-09시나공

난이도 ▶▷▷
01

난이도 ▶▶▷
02

시나공법 09 | 시나공 기출문제의 재구성

난이도 ▶▷▷
03

난이도 ▶▶▷
04

난이도 ▶▶▷
05

난이도 ▶▶▷
06

시나공법 09 | 시나공 기출문제의 재구성

난이도 ▶▶▶
07

난이도 ▶▶▷
08

난이도 ▶▶▶
09

난이도 ▶▶▶
10

★별책 정답&해설 19쪽

시나공법 10 — 풍경 속 작은 사물의 상태와 움직임까지 공략하자!

장소와 관련된 어휘나 표현을 익혔으니 이번엔 사진 속을 파고들어 봅시다. 사진 속 장소에 관한 힌트는 무엇이 보이나요? 사진 속 사물에는 어떤 움직임이 있나요? 깃발이 바람에 나부끼기도 하고, 비눗방울이 둥둥 떠다니기도 하고, 연기가 피어오르기도 하는 등 각 개체들의 의지가 개입되었다고는 할 수 없지만 사물들도 어떠한 움직임을 갖고 있습니다. 이러한 사물의 동작은 사진으로 나타내기에는 한계가 있어서 〈Part 1〉에서의 비중은 그리 크진 않지만, 고득점을 위해서는 풍경 속 작은 사물의 움직임까지 놓치지 말아야 합니다.

시험에 이렇게 나온다! 🎧 Part1-10-1 　　　　　　　　　스크립트를 가리고 풀어 보세요.

(A) 滑走路から飛行機が離陸しようとしています。
(B) 港にフェリーが停泊しています。
(C) バスターミナルに高速バスが並んでいます。
(D) 工場の煙突から煙が出ています。

해석 (A) 활주로에서 비행기가 이륙하려 하고 있습니다.
　　　(B) 항구에 페리가 정박해 있습니다.
　　　(C) 버스 터미널에 고속버스가 줄지어 서 있습니다.
　　　(D) 공장 굴뚝에서 연기가 나오고 있습니다.

해설 큰 배가 정박되어 있는 항구의 모습이므로 정답은 (B)이다. 비행기나 고속버스, 공장은 보이지 않으므로 (A), (C), (D)는 오답이다.
어휘 滑走路(かっそうろ) 활주로 | 離陸(りりく) 이륙 | 停泊(ていはく) 정박 | 煙突(えんとつ) 굴뚝 | 煙(けむり) 연기　　　　**정답** (B)

중요도 ★★☆
시나공법 따라잡기

1. 야외 사진에서 자주 쓰이는 어휘

사실 풍경 사진 속 키워드는 사물에 있다. 사진 속에 있는 것이 무엇인지 먼저 파악해야 사진이 찍힌 장소가 어디인지도 파악할 수 있기 때문이다. 실내 사물의 명칭은 〈시나공법 05〉에서 충분히 다루었으므로 이번에는 야외에서 볼 수 있는 사물의 명칭에 대해 알아보자.

핵심 01　건물 관련

高層(こうそう)ビル	고층 빌딩	一戸建(いっこだ)て	단독주택
小屋(こや)	오두막	コテージ	산장
工場(こうじょう)	공장	煙突(えんとつ)	굴뚝
屋根(やね)	지붕	塔(とう)	탑
垣根(かきね)	담, 울타리	柵(さく)	울타리
井戸(いど)	우물		

핵심 02 공공장소 및 시설물

橋(はし)	다리	鉄橋(てっきょう)	철교
電柱(でんちゅう)	전봇대	街灯(がいとう)	가로등
灯台(とうだい)	등대	滑走路(かっそうろ)	활주로
船舶(せんぱく)	선박	石碑(せきひ)	비석

참고 보트와 같이 비교적 작은 배를 셀 때는 〜艘(そう), 선박과 같이 비교적 큰 배를 셀 때는 〜隻(せき)라는 조수사를 사용한다.

噴水(ふんすい)	분수	遊具(ゆうぐ)	놀이기구
滑(すべ)り台(だい)	미끄럼틀	ブランコ	그네
鉄棒(てつぼう)	철봉	シーソー	시소

핵심 03 자연 사물

並木(なみき)	가로수	街路樹(がいろじゅ)	가로수
木々(きぎ)	나무들	大木(たいぼく)	큰 나무, 거목
枯(か)れ木(き)	고목, 마른 나무	丸太(まるた)	통나무
針葉樹(しんようじゅ)	침엽수	広葉樹(こうようじゅ)	활엽수
桜並木(さくらなみき)	벚꽃나무 길	銀杏(いちょう)の木(き)	은행나무
松(まつ)	소나무	竹(たけ)	대나무
ヤシ	야자수	柳(やなぎ)	버드나무
切(き)り株(かぶ)	그루터기	添(そ)え木(き)	버팀목

葉(は)っぱ	잎	根(ね)っこ	뿌리
落(お)ち葉(ば)	낙엽	枯(か)れ葉(は)	마른 잎
幹(みき)	나뭇줄기	茎(くき)	줄기, 대
枝(えだ)	가지	梢(こずえ)	가지 끝
芽(め)	싹	実(み)	열매
花弁(はなびら)	꽃잎	つぼみ	꽃봉오리
とげ	가시	蔦(つた)	담쟁이

草花(くさばな)	화초	雑草(ざっそう)	잡초
穀物(こくもつ)	곡물	麦(むぎ)	보리
稲(いね)	벼	苗床(なえどこ)	모판, 못자리
土壌(どじょう)	토양	泥(どろ)	진흙
砂利(じゃり)	자갈	砂(すな)	모래

土砂降(どしゃぶ)り	장대비	稲妻(いなずま)	번개
虹(にじ)	무지개	吹雪(ふぶき)	눈보라
つらら	고드름	樹氷(じゅひょう)	상고대
霧(きり)	안개	露(つゆ)	이슬

특별하게 읽는 木

원래 木는 훈독으로 き라고 읽지만, き를 こ로 읽는 특별한 단어들이 있다. 다음 단어들은 눈으로 봤을 때는 쉽게 그 뜻을 추측할 수 있지만, 귀로 들었을 땐 익숙하지 않아 어려울 수 있으므로 꼭 함께 익혀 두자.

木陰(こかげ) 나무 그늘 木の間(このま) 나무 사이
木立(こだち) 나무 숲 木霊(こだま) 메아리
木の葉(このは) 나뭇잎 木漏れ日(こもれび) 나뭇잎 사이로 새어드는 햇빛
木の実(このみ) 나무 열매

2. 풍경 속 사물의 움직임과 상태에 관한 표현

핵심 01 자연 사물 ∩ Part1-10-2

枯(か)れる
(초목이) 시들다
昇(のぼ)る
(하늘로) 뜨다, 오르다
漂(ただよ)う
떠다니다, 떠돌다
埋(う)め尽(つ)くす
(넓은 장소를) 완전히 채우다, 가득 메우다

実がたくさんついています。 열매가 많이 달려 있습니다.
花はすっかり枯れています。 꽃은 완전히 시들어 있습니다.
夜空に三日月が浮かんでいます。 밤하늘에 초승달이 떠 있습니다.
水平線に朝日が昇るところです。 수평선에 아침 해가 막 뜨려 합니다.
沖に浮かぶ火山島が噴火しています。 앞바다에 떠 있는 화산섬이 폭발하고 있습니다.
水面に海藻が漂っています。 수면에 해초가 떠다니고 있습니다.
芝に水滴がついています。 잔디에 물방울이 맺혀 있습니다.
洞窟の中は氷の柱で埋め尽くされています。 동굴 안은 얼음 기둥으로 가득 메워져 있습니다.

핵심 02 물의 움직임 ∩ Part1-10-3

ふわふわ
가볍게 뜨거나 움직이는 모양
水(みず)しぶき
물보라

ふわふわとシャボン玉が飛んでいます。 둥실둥실 비눗방울이 떠다닙니다.
噴水が勢いよく吹き上がっています。 분수가 기세 좋게 솟아오르고 있습니다.
細かい泡が放出されています。 자잘한 거품이 방출되고 있습니다.
滝の下に水しぶきが立っています。 폭포 아래에 물보라가 일고 있습니다.

打(う)ち寄(よ)せる (파도, 물결) 밀려오다	水際に波が打ち寄せています。 葉っぱから雫が落ちています。	물가로 파도가 밀려오고 있습니다. 잎에서 물방울이 떨어지고 있습니다.

핵심 03 기타 🎧 Part1-10-4

桟橋(さんばし) 선창, 부두	小型の釣り船が漁をしています。 船が桟橋で碇を上げています。 無数の大型船が行き来しています。	소형 낚싯배가 고기잡이를 하고 있습니다. 배가 부두에서 닻을 올리고 있습니다. 무수한 대형 선박이 오가고 있습니다.
なびく (바람에) 나부끼다 [동의어] 翻(ひるがえ)る	旗が風になびいています。 スカートの裾が少し翻っています。 煙突から煙が立ち上っています。	깃발이 바람에 펄럭이고 있습니다. 치맛자락이 조금 나부끼고 있습니다. 굴뚝에서 연기가 피어오르고 있습니다.

[참고] 立(た)ち上(のぼ)る는 '연기 등이 공중으로 오르다, 올라가다'라는 뜻이고, 立(た)ち上(あ)がる는 '사람이나 동물이 일어서다'라는 뜻이다. 쓰임에 명확한 차이가 있으므로 구분해 두자.

시나공 10 | 시나공 기출문제의 재구성

시나공법 10에서 배운 내용이 어떻게 시험에 나오는지 실전 문제를 통해 확인해 보세요. 🎧 Part1-10시나공

난이도 ▶▶▷
01

난이도 ▶▶▷
02

난이도 ▶▶▷
03

난이도 ▶▶▷
04

시나공법 10 | 시나공 기출문제의 재구성

난이도 ▶▶▷
05

난이도 ▶▶▶
06

난이도 ▶▶▷
07

난이도 ▶▶▶
08

시나공 10 | 시나공 기출문제의 재구성

난이도 ▶▶▷
09

난이도 ▶▶▷
10

★별책 정답&해설 21쪽

셋째마당 | 미리 보는 실전 예상문제

지금까지 배운 시나공법을 중심으로 최신 문제를 집중 분석한 실전 예상문제를 풀어 보세요. 🎧 Part1-10 예상문제

난이도 ▶▷▷
01

난이도 ▶▶▷
02

Part 1 셋째마당 _ 풍경이나 분위기로 전체를 파악하자! _ **117**

셋째마당 | 미리 보는 실전 예상문제

난이도 ▶▷▷
03

난이도 ▶▶▷
04

난이도 ▶▷▷
05

난이도 ▶▷▷
06

셋째마당 | 미리 보는 실전 예상문제

난이도 ▶▶▷
07

난이도 ▶▶▷
08

난이도 ▶▶▶
09

난이도 ▶▶▶
10

★별책 정답&해설 22쪽

시나공
JPT

첫째마당 _ 의문사가 들어간 의문문을 살펴보자!

시나공법 11 ㅣ 사람을 묻는 의문사 誰
시나공법 12 ㅣ 때를 묻는 의문사 いつ
시나공법 13 ㅣ 장소를 묻는 의문사 どこ
시나공법 14 ㅣ 사물이나 사실을 묻는 의문사 何
시나공법 15 ㅣ 이유를 묻는 의문사 なぜ, どうして
시나공법 16 ㅣ 방법과 정도를 묻는 의문사 どう, どのくらい, いくら

둘째마당 _ 평서문의 의도를 파악하자!

시나공법 17 ㅣ 의문사가 없는 의문문
시나공법 18 ㅣ 권유, 부탁, 허락, 금지
시나공법 19 ㅣ 알아 두어야 할 호응 표현
시나공법 20 ㅣ 기타 평서문 대화

셋째마당 _ 고난이도 표현을 공략하자!

시나공법 21 ㅣ 관용구 및 속담, 사자성어
시나공법 22 ㅣ 고난이도의 비즈니스 대화
시나공법 23 ㅣ 본격적인 시사 문제

Part 2

〈Part 2〉는 하나의 질문을 듣고 4개의 보기 중 가장 자연스럽게 이어지는 답을 고르는 문제들로 구성되어 있습니다. 〈Part 3〉이나 〈Part 4〉에 비해 비교적 체감 난이도가 낮은 편이고, 들려주는 내용도 짧기 때문에 쉽게 생각하는 수험자들이 많죠. 하지만 〈Part 2〉는 주어지는 힌트가 전혀 없어 온전히 귀에만 의지해야 하는 순도 100퍼센트의 청해 파트이며, 30문제를 쉬지 않고 한꺼번에 들려주므로 중반 이후에는 집중력도 떨어지고 지쳐 버리기 쉽습니다. 더구나 뒤로 갈수록 어려워지는데, 45번 이후의 문제는 정말 같은 파트가 맞나 싶을 정도로 난이도가 급격히 올라갑니다. 초·중급 수준의 회화만으로는 공략하기 어려운 파트라는 뜻이죠. 쉬운 듯하면서도 의외로 높은 오답률로 인해 힘든 파트인만큼 집중력 향상을 위해 평소 많은 문제를 쉬지 않고 한꺼번에 풀어 보는 연습을 하고, 뉴스 청취를 자주 하며, 고득점을 위해서는 고급 문법, 관용구, 속담, 사자성어 등도 두루 섭렵해 놓는 것이 좋습니다.

고수들의 한마디

1. 간단한 노트 테이킹과 소거법을 적극 활용하자!

노트 테이킹(note taking)이란 말을 들어 본 적이 있는가? 통역사들이 화자의 말을 자신만의 암호로 재해석하여 메모하는 것을 말한다. 주로 간단한 기호나 축약 표현을 사용하는데, 예를 들어 物価は上がる一方だ라는 문장을 들었다면 '물가 ↑' 정도로 표현하여 나중에 봤을 때 쉽게 기억할 수 있도록 하는 것이다. 〈Part 2〉를 풀다 보면 다 듣긴 했는데 문제가 기억이 안 나는 경우가 있는데, 초보든 고수든 이런 경우는 무척 당황스럽기 마련이다. 이럴 때를 대비하여 간단한 노트 테이킹을 적극 활용하자. 무조건 기억하는 것보다는 단어 하나라도 적어 두는 편이 기억하기 쉽기 때문이다. 하지만 노트 테이킹을 받아쓰기로 오해해서는 안 된다. 전문 통역사라고 할지라도 100퍼센트 받아쓰기가 가능한 경우는 거의 없으므로, 〈Part 2〉는 자신의 수준에 맞게 중요하다고 생각되는 단어만 2~3개 정도 적어 두고, 그 옆에 O, X, △를 표시해 가면서 풀도록 하자.

2. 질문에 등장했던 단어가 그대로 나왔다면 오답일 가능성이 높다!

〈Part 2〉는 실제 상황과 마찬가지라는 사실을 기억해 두자. 실제 회화에서는 "서류는 보냈습니까?"라는 질문에 대해 "네, 보냈습니다."라는 일대일 대응만 있는 것이 아니라, "아차, 깜빡했어요.", "어찌된 영문인지 되돌아왔어요.", "모르겠는데요."와 같은 다양한 대답을 들을 수 있다. 〈Part 2〉는 상황에 가장 적합한 대답을 찾는 것이지 같은 단어가 또 들렸다고 찍는 파트가 아니다.

3. 고수들이라도 40~50번 문제는 집중해서 푼다.

〈Part 2〉에서 놓치지 말아야 할 것은 집중력이다. 안 그래도 (A)에서 (D)까지 보기를 들려주는 동안 문제를 잊어버리는 경우가 많은데, 다른 짓을 한다면 보기까지 놓쳐 버릴 수 있기 때문이다. 평소 문제를 쉬지 않고 한꺼번에 푸는 연습을 하고, 실제 시험에서는 자신 있는 수험자라도 가능한 한 40번 이후에 〈Part 3〉이나 〈Part 4〉의 문제를 읽는다거나 독해 문제를 푸는 일은 없기 바란다.

시나공법 11 — 사람을 묻는 의문사 誰

먼저, 의문사 誰가 들어간 동작의 주체를 묻는 문장을 살펴보겠습니다. 쉽게 "사물함 열쇠는 누가 가지고 있죠?"라고 물으면 '사람'으로 대답하는 것이 일반적이죠. 예를 들면 "사물함은 오른쪽 모퉁이에 있습니다."와 같이 사물함이라는 단어를 거듭 사용한 보기는 오답으로 자주 등장하는데, '누가'라는 의문사만 잘 들었다면 이와 같은 오답은 쉽게 피할 수 있습니다.

시험에 이렇게 나온다! 🎧 Part2-11-1 스크립트를 가리고 풀어 보세요.

誰と旅行に行きますか。
(A) 海に行きます。
(B) サークルの仲間と行きます。
(C) 明日行きます。
(D) 一人よりみんなで行きたいですね。

해석 누구와 여행을 갑니까?
   (A) 바다에 갑니다.   (B) 동아리 동료와 갑니다.
   (C) 내일 갑니다.   (D) 혼자보다 다 같이 가고 싶네요.
해설 의문사와 동사의 쓰임을 잘 파악해야 하는 문제이다. (A)는 どこ라는 질문에 대한 답이고, (C)는 いつ라는 질문에 대한 답이며, (D)는 ~ますか로 물었는데 ~たい로 대답했으므로 오답이다.
어휘 仲間(なかま) 동료
정답 (B)

시나공법 따라잡기 중요도 ★☆☆

1. 誰에 대한 여러 가지 대답

핵심 01 사람을 언급하는 대답이 올 때 🎧 Part2-11-2

誰(だれ)로 묻는 경우, 사람을 언급하는 대답이 오는 것이 일반적이다.

A   このカバンは誰のですか。   이 가방은 누구 것입니까?
B1 そのカバンは田中さんのです。   그 가방은 다나카 씨 것입니다.

고수들의 조언
〈Part 2〉에 자주 나오는 의문사 문제는 의문사와 동사의 용법에 집중하고, 최소한 의문사라도 메모하는 습관을 갖자. 의문사에 집중하면 정답이 보인다. 하지만 〈Part 2〉는 전체적으로 가장 자연스러운 대화의 흐름을 찾는 파트라는 것도 잊지 말자.

그러나 반드시 이 형태로만 대답하지 않는다. 다음과 같은 대답도 자연스럽다.

B2 それは部長の物ですよ。   그것은 부장님 것이에요.
B3 たぶん木村さんのだと思いますが。   아마 기무라 씨 것 같은데요.
B4 私にもわかりません。   저도 모르겠습니다.

이 밖에 자연스러운 대화를 좀 더 살펴보자.

A　明日の出張は誰と一緒に行くんですか。　　　　　　　　내일 출장은 누구와 함께 가나요?
B1　営業部長とです。　　　　　　　　　　　　　　　　　영업 부장님과 갑니다.
B2　一人で行きます。　　　　　　　　　　　　　　　　　혼자서 갑니다.
B3　今回は中止になりました。　　　　　　　　　　　　　이번엔 중지되었습니다.

預(あず)ける
맡기다

A　荷物は誰に預けましたか。　　　　　　　　　　　　　짐은 누구에게 맡겼습니까?
B1　フロントです。　　　　　　　　　　　　　　　　　　프런트입니다.
B2　私が持っています。　　　　　　　　　　　　　　　　제가 가지고 있습니다.
B3　どの荷物のことですか。　　　　　　　　　　　　　　어느 짐 말입니까?

핵심 02 사람 이외의 대답이 올 때 🎧 Part2-11-3

誰로 질문했다고 해서 반드시 사람으로 대답해야만 하는 것은 아니다. 모를 수도 있고, 되물을 수도 있는 등 다양한 대답이 가능하기 때문이다. 〈핵심 01〉의 점선 부분과 다음 예문을 한번 더 살펴보자.

見当(けんとう)がつく
짐작이 가다

A　今度のアメリカ出張は誰が行くのかしら。　　　　　　이번 미국 출장은 누가 갈까?
B　さあ、見当もつかないね。　　　　　　　　　　　　　글쎄, 짐작도 안 돼.

[참고] 의문 등을 나타내는 ～かしら는 특히 여성들이 많이 쓰는 문말 표현이다. 주로 여성 성우가 읽는 〈Part 2〉의 질문에 자주 등장한다.

落(お)ちる
떨어지다
拾(ひろ)う
줍다

A　この鍵は誰のですか。　　　　　　　　　　　　　　　이 열쇠는 누구 것입니까?
B　落ちていたのを拾ったんです。　　　　　　　　　　　떨어져 있던 것을 주운 겁니다.

핵심 03 はい나 いいえ로 대답할 때 🎧 Part2-11-4

誰か로 물었을 때는 はい나 いいえ로 대답하기도 한다. 그러나, 역시 はい나 いいえ 보다는 대화의 흐름에 중점을 두고 들어야 한다.

確(たし)かに
분명히

A　部屋に誰かいますか。　　　　　　　　　　　　　　　방에 누군가 있습니까?
B1　はい、妹がいます。　　　　　　　　　　　　　　　　네, 여동생이 있습니다.
B2　妹がいるはずです。　　　　　　　　　　　　　　　　여동생이 있을 거예요.
B3　いいえ、誰もいません。　　　　　　　　　　　　　　아니요, 아무도 없습니다.
B4　さっきまでは確かに誰も。　　　　　　　　　　　　　아까까지는 분명 아무도 (없었는데요).

[참고] ～はずだ는 '～일 터이다, ～일 것이다'라는 뜻으로 높은 가능성, 예정 등을 나타낸다.

> **의문사 + か**
>
> 원래 だれか, どこか, なにか 등 [의문사+か]로 질문한 경우 はい나 いいえ로 대답하는 것이 원칙이지만 JPT는 はい나 いいえ를 생략하는 경우가 많아, 자연스러운 흐름을 찾는 것이 더 중요하다. 오답은 질문에 나왔던 단어나 비슷한 발음, 관련 어휘를 들려주는 형태로 자주 출제된다.

중요도 ★☆☆
시나공법 따라잡기

2. 여러 가지 오답 유형

핵심 01

素敵(すてき)
멋짐, 근사함
皮製(かわせい)
가죽제

A　このカバンはどなたのですか。　　　　　　　　　　이 가방은 어느 분 것입니까?

참고　どなた 이외에도 どちら様, どの方도 誰의 높임말이므로 함께 기억하자.

B　(×) そのバッグは昨日買いました。　　　　　　　　그 가방은 어제 샀습니다.

해설　가방이 누구 것이냐고 물었는데 뜬금없이 어제 샀다는 대답은 어색하다. カバン 대신 의미가 비슷한 バッグ라는 단어를 사용한 오답이다.

B　(×) すごく素敵なカバンですね。　　　　　　　　　굉장히 멋진 가방이네요.

해설　가방의 주인을 찾고 있는 상황에서 가방을 칭찬하는 대답은 어색하다. カバン이라는 단어를 한번 더 사용한 오답이다.

B　(×) カバンはやはり皮製が一番でしょう。　　　　　　가방은 역시 가죽 제품이 제일이죠.

해설　가방이 누구 것이냐고 물었는데 가죽 제품이 좋다고 대답하는 것 역시 동문서답이다. 거듭 등장한 カバン이라는 단어에 속지 않도록 하자.

大事(だいじ)にする
소중히 하다

핵심 02

| A | あれは誰からもらいましたか。 | 저것은 누구한테 받았습니까? |

B　(×) もらった物は大事にします。　　　　　받은 물건은 소중히 여깁니다.

[해설] 誰から라고 물었으므로 받는 사람을 밝히는 대답이 가장 자연스럽다. 이 보기는 동사 もらう를 이용한 함정일 뿐이다.

B　(×) あれはあれでいいでしょう。　　　　저것은 저것대로 괜찮죠.

[해설] あれは를 한번 더 사용하여 누구에게 받았는지 곧 대답할 것처럼 시작했지만, 誰から에 대한 대답으로는 부적절하다.

B　(×) いつもいただいてばかりで、すみません。　항상 받기만 해서 죄송합니다.

[해설] もらう의 겸양어인 いただく를 사용한 오답이다. 누구로부터 받았느냐는 질문의 대답으로는 어색하다.

시나공 11 | 시나공 기출문제의 재구성

시나공법 11에서 배운 내용이 어떻게 시험에 나오는지 실전 문제를 통해 확인해 보세요. 🎧 Part2-11시나공

난이도 ▶▷▷
01 答えを答案用紙に書き入れなさい。

난이도 ▶▷▷
02 答えを答案用紙に書き入れなさい。

난이도 ▶▶▷
03 答えを答案用紙に書き入れなさい。

난이도 ▶▷▷
04 答えを答案用紙に書き入れなさい。

난이도 ▶▶▷
05 答えを答案用紙に書き入れなさい。

난이도 ▶▶▷
06 答えを答案用紙に書き入れなさい。

난이도 ▶▶▷
07 答えを答案用紙に書き入れなさい。

난이도 ▶▷▷
08 答えを答案用紙に書き入れなさい。

난이도 ▶▶▷
09 答えを答案用紙に書き入れなさい。

난이도 ▶▶▶
10 答えを答案用紙に書き入れなさい。

★별책 정답&해설 24쪽

시나공법 12 — 때를 묻는 의문사 いつ

'언제'인지 시점이 불분명한 때, 시간, 날짜, 요일 등을 묻는 문제에서는 특히 문장의 시제를 기억해 둬야 합니다. '언제'에 대한 대답이 포함되어 있어도 시제가 일치하지 않으면 어색한 대답이 되기 때문이죠. "오늘 회의는 언제 끝나요?"라는 질문에 "작년에 끝났어요."라는 대답은 '오늘 언제'라는 전체 시점이 맞지 않는 전형적인 JPT의 오답 패턴입니다.

시험에 이렇게 나온다! 🎧 Part2-12-1　　　　　　　　　　스크립트를 가리고 풀어 보세요.

お誕生日はいつですか。

(A) 7月20日です。
(B) 1985年です。
(C) 昭和56年生まれです。
(D) ねずみ年です。

해석　생일은 언제입니까?
　(A) 7월 20일입니다.　　　　　　　　　　(B) 1985년입니다.
　(C) 쇼와 56년생입니다.　　　　　　　　(D) 쥐띠입니다.

해설　お誕生日와 의문사 いつ에 주목해서 풀면 정답이 (A)라는 것은 쉽게 찾을 수 있다. (B)와 (C)는 何年(なんねん)生(う)まれですか라는 질문에 대한 대답이고, (D)는 何年(なにどし)生(う)まれですか에 대한 대답이다. 여기서 何年生(なんねんせい)ですか에 대해 추가로 짚고 넘어가자. 자칫 몇 년생이냐는 질문으로 착각할 수 있지만, 몇 학년이냐는 뜻이므로 何年(なんねん)生(う)まれですか와 구분해서 기억해야 한다.

어휘　昭和(しょうわ) (1926년부터 1989년까지 일본의 연호) 쇼와 | ねずみ年(どし) (십이간지에서) 쥐띠

　　　　　　　　　　　　　　　　　　　　　　　　　　　　　　　　　정답 (A)

❗ 중요도 ★★☆

시나공법 따라잡기

1. いつ에 대한 여러 가지 대답 🎧 Part2-12-2

いつ에 대한 대답으로는 특정 시점이 오는 것이 일반적이지만, 다른 대답들도 올 수 있다. 이 때, 시제 일치에도 꼭 신경 써야 한다.

海(うみ)の日(ひ) 바다의 날(일본의 공휴일)

A　海の日って、いつだったっけ(?)。　　　　　　　　바다의 날은 언제였지?
B1　7月の第3月曜日だよ。　　　　　　　　　　　　7월 셋째 주 월요일이야.
B2　何か予定でもあるの(?)。　　　　　　　　　　　무슨 예정이라도 있어?

A　このドラマの再放送はいつ(?)。　　　　　　　　이 드라마 재방송은 언제지?
B1　日曜日の午後2時だって。　　　　　　　　　　일요일 오후 2시래.
B2　さっき放送してたけど。　　　　　　　　　　　아까 방송했었는데.

延(の)ばす
(시일을) 연기하다

A　会議はいつ終わりますか。　　　　　　　　　　　　　　　　　회의는 언제 끝납니까?

B1　3時じゃない(?)。　　　　　　　　　　　　　　　　　　　　3시 아냐?

B2　もう終わりましたよ。　　　　　　　　　　　　　　　　　　벌써 끝났어요.

B3　会議なら、来週に延ばしたんです。　　　　　　　　　　　　회의라면 다음 주로 연기했습니다.

시나공법 따라잡기 중요도 ★☆☆

2. 여러 가지 오답 유형

薦(すす)める
(물건, 사람 등을) 추천하다

핵심 01

A　この映画の公開はいつですか。　　　　　　　　　　　　　　이 영화의 개봉은 언제입니까?

B　(×) それは公開しないでください。　　　　　　　　　　　그건 공개하지 말아 주세요.

[해설] 公開는 '일반에게 알리다'라는 뜻 외에 '(영화 등의) 개봉'을 뜻하기도 한다. 쓰임이 다른 公開를 이용한 오답이다.

B　(×) 映画なら、ドライブシアターの方を薦めるよ。　　　　영화라면 드라이브 극장을 추천해.

[해설] 영화 개봉이 언제냐고 물었는데, 특정 장소를 추천하는 것은 어색한 대답이다.

燃(も)える
타다

핵심 02

A　燃えるゴミの日はいつですか。　　　　　　　　　　　　　　타는 쓰레기 버리는 날은 언제입니까?

[참고] 일본은 燃えるゴミの日와 燃えないゴミの日가 요일별로 정해져 있다. 이런 부분을 상식으로 알고 있다면 좀 더 쉽게 정답을 가려낼 수 있다.

B　(×) 今日、全部燃やしちゃおう。　　　　　　　　　　　　오늘 전부 태워 버리자.

[해설] 燃える의 타동사 燃やす를 이용한 오답이다.

B　(×) ゴミは種類別にきちんと分別しなきゃ。　　　　　　　쓰레기는 종류별로 제대로 분리 배출해야 해.

[해설] 똑같은 쓰레기에 대한 소재로 접근하고 있지만, いつ에 대한 대답은 될 수 없다. 참고로 ゴミの分別는 '쓰레기 분리 배출'을 뜻한다.

> **ぶんべつ와 ふんべつ**
>
> 分別는 읽는 법에 따라 각각 다른 뜻을 갖는다. ぶんべつ는 '어떤 종류나 성격에 따라 나누어 구분함', ふんべつ는 '옳고 그름, 도리를 판단함'이란 뜻이다. ゴミのぶんべつ(쓰레기 분리 배출)와 思慮(しりょ)ふんべつ(사려 분별)를 묶어서 기억해 두자.

시나공 12 | 시나공 기출문제의 재구성

시나공법 12에서 배운 내용이 어떻게 시험에 나오는지 실전 문제를 통해 확인해 보세요. 🎧 Part2-12시나공

난이도 ▶▷▷
01 答えを答案用紙に書き入れなさい。

난이도 ▶▷▷
02 答えを答案用紙に書き入れなさい。

난이도 ▶▶▷
03 答えを答案用紙に書き入れなさい。

난이도 ▶▶▷
04 答えを答案用紙に書き入れなさい。

난이도 ▶▶▷
05 答えを答案用紙に書き入れなさい。

난이도 ▶▶▷
06 答えを答案用紙に書き入れなさい。

난이도 ▶▶▶
07 答えを答案用紙に書き入れなさい。

난이도 ▶▶▶
08 答えを答案用紙に書き入れなさい。

난이도 ▶▷▷
09 答えを答案用紙に書き入れなさい。

난이도 ▶▶▶
10 答えを答案用紙に書き入れなさい。

★별책 정답&해설 26쪽

시나공법 13 장소를 묻는 의문사 どこ

장소를 묻는 질문에는 위치를 알려 주는 답변이 가장 무난합니다. 가령 "우체국은 어디에 있나요?"라고 물으면 "은행 옆에 있어요."라고 대답하는 것이 가장 일반적이죠. 하지만 꼭 이렇게 대답해야 하는 것은 아닙니다. 상황에 따라 다양한 대답이 올 수 있는데, "저도 잘 모르겠어요." 또는 "걸어가기에는 좀 먼 거리예요."라고 해도 어색하지 않습니다.

시험에 이렇게 나온다! Part2-13-1   스크립트를 가리고 풀어 보세요.

すみません、郵便局はどこですか。
(A) 今日は休みです。
(B) あのコンビニの隣です。
(C) はい、切手も売っています。
(D) どこでもあります。

해석 실례지만 우체국은 어디인가요?
(A) 오늘은 휴일입니다.   (B) 저 편의점 옆입니다.
(C) 네, 우표도 팔고 있습니다.   (D) 어디에나 있습니다.
해설 どこ라는 질문에 대해서는 그 위치를 파악할 수 있는 대답이 오는 것이 일반적이다. 따라서 정답은 (B)이다.
어휘 郵便局(ゆうびんきょく) 우체국 | 隣(となり) 이웃, 옆 | 切手(きって) 우표 ▶ 小切手(こぎって) 수표

정답 (B)

중요도 ★☆☆
시나공법 따라잡기

1. どこ에 대한 여러 가지 대답 Part2-13-2

どこ에 대한 대답을 잘 듣기 위해서는 장소나 위치, 방향을 나타내는 어휘를 알아 두어야 한다. 〈시나공법 03〉의 위치 관계를 나타내는 어휘를 참고하면서 다음 예문들을 살펴보자.

A	鈴木さんの席はどこですか。	스즈키 씨의 자리는 어디입니까?
B1	部長の隣です。	부장님 옆입니다.
B2	入って右側にあります。	들어가서 오른쪽에 있습니다.
B3	窓から一番近い席です。	창문에서 가장 가까운 자리입니다.
A	大学病院はどこですか。	대학병원은 어디입니까?
B1	すぐそこです。	바로 근처입니다.
B2	公園の斜め向かいにあります。	공원 대각선 건너편에 있습니다.
B3	この近くにはありません。	이 근처에는 없습니다.

또, 위치를 나타내는 말과 상관없이 다음과 같은 대화도 가능하다.

切(き)らす
다 쓰다, 바닥 내다

A　お茶はどこ(？)。 녹차는 어디에 있어?
B1　調味料が入っている引き出しの中だよ。 조미료가 들어 있는 서랍 안에 있어.
B2　ちょうど今、切らしてるんだけど。 마침 지금 떨어졌는데.
B3　私が入れるから、ちょっと待って。 내가 끓일 테니까 조금만 기다려.

[참고] 入れる는 '넣다'라는 뜻이지만, お茶を入れる라고 하면 '차를 끓이다, 타다'라는 뜻이 된다.

시나공법 따라잡기 ● 중요도 ★☆☆

2. 여러 가지 오답 유형

핵심 01

A　待ち合わせはどこにする(？)。 약속 장소는 어디로 할래?

[참고] 待(ま)ち合(あ)わせ는 '때와 장소를 미리 정하여 만나기로 약속하다'라는 뜻으로, 待ち合わせはどこ(？)라고 하면 약속 장소를, 待ち合わせはいつ(？)라고 하면 시간을 묻는 것이다.

B　(×) 土曜日の3時くらいはどう(？)。 토요일 3시 정도는 어때?

[해설] どこ로 물었으므로 약속 시간이 아닌 장소에 초점을 맞춰야 한다. 待ち合わせ라는 단어로 연상되는 것이 시간과 장소라는 점을 이용한 함정이다.

B　(×) 課長が会議室で待っています。 과장님이 회의실에서 기다리고 있습니다.

[해설] 待ち合わせ와 待つ의 발음이 비슷하다는 것을 노린 함정이다. 시험 시간에 긴장하여 자칫 잘못 듣고 오답을 고를 수 있으므로 주의하자.

핵심 02

고수들의 조언
どこかも〈시나공법 11〉에서 살펴봤던 だれか처럼 はい나 いいえ 계열의 대답이 가장 자연스럽다.

連(つ)れる
데려오다. 데려가다. 동반하다

A　ホテルの近くにどこか散歩できるところはありますか。 호텔 근처에 어디 산책할 수 있는 곳이 있습니까?

B　(×) 毎日近くの河川敷を歩いています。 매일 근처 하천 부지를 걷습니다.

[해설] 산책 가능한 장소의 유무를 묻는 질문인데 장소가 아닌 자신의 습관에 대해 말하고 있다.

B　(×) 犬を連れて散歩します。 개를 데리고 산책합니다.
B　(×) 散歩は健康にいいとも言いますからね。 산책은 건강에 좋다고도 하니까요.

[해설] 散歩라는 단어를 이용한 함정이다. 질문의 포인트는 どこか이다.

시나공 13 | 시나공 기출문제의 재구성

시나공법 13에서 배운 내용이 어떻게 시험에 나오는지 실전 문제를 통해 확인해 보세요. 🎧 Part2-13시나공

난이도 ▶▷▷
01 答えを答案用紙に書き入れなさい。

난이도 ▶▷▷
02 答えを答案用紙に書き入れなさい。

난이도 ▶▶▷
03 答えを答案用紙に書き入れなさい。

난이도 ▶▶▷
04 答えを答案用紙に書き入れなさい。

난이도 ▶▶▷
05 答えを答案用紙に書き入れなさい。

난이도 ▶▶▷
06 答えを答案用紙に書き入れなさい。

난이도 ▶▶▷
07 答えを答案用紙に書き入れなさい。

난이도 ▶▶▶
08 答えを答案用紙に書き入れなさい。

난이도 ▶▷▷
09 答えを答案用紙に書き入れなさい。

난이도 ▶▶▷
10 答えを答案用紙に書き入れなさい。

★별책 정답&해설 28쪽

시나공법 14 사물이나 사실을 묻는 의문사 何

何를 포함하는 의문사 질문은, 앞서 등장한 '누가→사람', '언제→시점', '어디→장소'와 같이 정형화된 형태의 대답이 존재하는 것이 아니라서 약간 까다롭게 느껴질 수도 있습니다. 옷 가게에 들어갔다가 점원이 "(뭔가) 찾으시는 물건 있으세요?"라고 물었다면 이에 대한 다양한 대답이 있을 수 있겠죠. "스웨터를 찾고 있는데요."처럼 직접적인 대답이 올 수도 있고, "그냥 좀 둘러보는 중이에요."나 "이거, 하늘색은 없나요?"처럼 간접적인 대답도 가능합니다.

시험에 이렇게 나온다! 🎧 Part2-14-1   스크립트를 가리고 풀어 보세요.

いらっしゃいませ。何名様ですか。

(A) 2名様です。
(B) 1人です。
(C) 300円です。
(D) 5時半からです。

해석 어서 오십시오. 몇 분이십니까?
　　　(A) 두 분입니다.　　　　　　　　　　　　　　　(B) 혼자입니다.
　　　(C) 300엔입니다.　　　　　　　　　　　　　　 (D) 5시 반부터입니다.
해설 질문은 음식점과 같은 장소에 들어섰을 때 자주 들을 수 있는 표현이다. (A)의 ～名様는 손님이 아니라 가게 종업원들이 손님을 높여 부르는 말이고, (C)는 엉뚱하게 금액을 말하고 있으며, (D)는 시간으로 대답했으므로 모두 오답이다. 따라서 정답은 (B)이다.
　　　정답 (B)

중요도 ★☆☆

시나공법 따라잡기

1. 何에 대한 여러 가지 표현과 대답

핵심 01 何가 들어 있는 표현

何(なん·なに)는 함께 쓰인 조사나 명사에 주의하지 않으면 엉뚱한 대답을 고를 수 있다. 각 유형별로 먼저 질문의 형태를 살펴보자.

何(なん)	무엇	
	ご職業は何ですか。	직업이 어떻게 되세요?
何(なん)の	무슨	
	何の話ですか。	무슨 이야기입니까?
	あそこは何のお店かしら。	저기는 무슨 가게일까?

贈(おく)る
주다, 선물하다

何(なに)を	무엇을

今、何をなさっていますか。 지금 무슨 일(무엇)을 하고 계십니까?
お誕生日(たんじょうび)プレゼントは何を贈ったらいいのかな。
생일 선물은 무엇을 주면 좋을까?

고수들의 조언
何か 또한 〈시나공법 11〉에서 살펴봤던 だれか처럼 はい나 いいえ 계열의 대답이 가장 자연스럽다.

何(なん・なに)か / 何(なに)が	뭔가 / 무엇이

何か変(へん)な臭(にお)いしない(?)。 무슨 이상한 냄새 안 나?
先輩(せんぱい)、何かアドバイスお願いします。 선배님, 뭔가 조언 좀 해 주세요.
果物(くだもの)の中で何が一番好きですか。 과일 중에서 무엇을 가장 좋아합니까?

何(なに)から	무엇부터

何から始めましょうか。 무엇부터 시작할까요?

何(なに)に	무엇으로

オープニングで流す音楽(おんがく)は何にしますか。
오프닝에서 내보낼 음악은 무엇으로 할까요?
おつまみは何にする(?)。 안주는 뭐로 할래?

何(なに)で / 何(なん)で	무엇으로 / 왜, 어째서

大阪まで何(なに)で行く(?)。 오사카까지 무엇으로 갈래?
昨日は何(なん)で来れなかったの(?)。 어제는 왜 못 왔어?

なにで와 なんで 🎧 Part2-14-2

수단이나 방법을 묻는 なにで와 이유를 묻는 なんで는 정확하게 구분해서 듣자.

[수단, 방법] A 先週はなにで東京へ行きましたか。 지난주는 무엇으로 도쿄에 갔습니까?
B 飛行機でした。 비행기로 갔습니다.

[이유] A 先週はなんで東京へ行きましたか。 지난주는 왜 도쿄에 갔습니까?
B ちょっと出張で。 잠깐 출장으로요.

핵심 02   何 + 수량, 시간, 순서, 정도를 나타내는 명사 : 몇

何回(なんかい) / 何度(なんど)	몇 번(횟수)	何番(なんばん)	몇 번(번호)
何歳(なんさい)	몇 살	何年生(なんねんせい)	몇 학년
何時(なんじ)	몇 시	何階(なんがい)	몇 층
何枚(なんまい)	몇 장	何杯(なんばい・なんはい)	몇 잔
何人(なんにん)	몇 명	何名様(なんめいさま)	몇 분

韓国(かんこく)には何回くらいいらしてますか。 　　　　　　　　　　한국에는 몇 번 정도 오셨습니까?

コーヒーショップは何階ですか。 　　　　　　　　　　　　　　커피숍은 몇 층입니까?

何名様でご予約(よやく)されますか。 　　　　　　　　　　　　몇 분으로 예약하시겠습니까?

핵심 03   何에 대한 여러 가지 대답 🎧 Part2-14-3

評判(ひょうばん)
잘 알려져 화제에 오름, 인기가 있음

A 結婚祝(けっこんいわ)いって何がいいかな。 　　　　　　　　　결혼 선물은 무엇이 좋을까?
B1 コーヒーカップセットなんかどうですか。 　　　　　　　　커피잔 세트는 어떨까요?
B2 新郎新婦(しんろうしんぷ)に直接(ちょくせつ)聞いてみたら(？)。 　신랑 신부에게 직접 물어보는 게 어때?
B3 ペアのパジャマも評判(ひょうばん)みたいだね。 　　　　　　커플 파자마도 평판이 좋은 것 같아.

참고 ~祝(いわ)い는 명사 뒤에 붙어 '~축하, ~축하 자리, ~축하 선물'이라는 뜻으로 쓰인다.

心配事(しんぱいごと)
근심사, 걱정거리

A 最近、何か心配事(しんぱいごと)でもあるんですか。 　　　　　요즘 무슨 걱정거리라도 있으세요?
B1 子育(こそだ)てのことでちょっと。 　　　　　　　　　　　　육아 문제로 좀 (고민이에요).
B2 特(とく)に何もないですが。 　　　　　　　　　　　　　　　딱히 별다른 일 없는데요.

大晦日(おおみそか)
섣달그믐, 12월 31일
お正月(しょうがつ)
신정, 1월 1일

A 大晦日(おおみそか)は何をして過ごしましたか。 　　　　　　　섣달그믐에는 무엇을 하며 보냈어요?
B1 連休(れんきゅう)を利用して海外に行ってきました。 　　　　　연휴를 이용해서 해외에 다녀왔어요.
B2 毎年、お正月(しょうがつ)前には帰省(きせい)することにしているんだ。 매년 설 전에는 귀성하기로 해서.
B3 それが、新年(しんねん)にかけて入院しちゃって。 　　　　　　그게, 신년에 걸쳐서까지 입원해서요.

시나공법 따라잡기   중요도 ★☆☆

2. 범위가 한정된 どれ, どちら 🎧 Part2-14-4

どれ 또는 どちら도 사물을 묻는 의문사처럼 활용된다. 何와 다른 점은 대상의 범위가 한정되어 있다는 것이다. 특히, 둘 중 하나를 선택할 때는 どちら를 사용한다.

一括払(いっかつばら)い
일시불 [반의어] 分割払(ぶんかつばら)い 할부

A	お支払い方法はどれになさいますか。	지불 방법은 무엇으로 하시겠습니까?
B1	この商品券って使えますか。	이 상품권 사용할 수 있나요?
B2	これで。一括払いにしてください。	이걸로요. 일시불로 해 주세요.

A	コーヒーと紅茶、どちらがいいですか。	커피와 홍차 중 어느 쪽이 좋으신가요?
B1	私はどちらでもいいですよ。	전 어느 쪽이든 괜찮아요.
B2	コーヒーでお願いします。	커피로 부탁합니다.

시나공법 따라잡기 ● 중요도 ★☆☆

3. 여러 가지 오답 유형

集(あつ)まる 모이다
寝坊(ねぼう)する 늦잠을 자다
遅(おく)れる 늦다

핵심 01

A ずいぶん人が集まってるけど、何かあったのかな。 / 사람들이 꽤 모여 있는데, 무슨 일 있었나?

B (✕) ここはいつも渋滞するんだよ。 / 여기는 항상 정체된다니까.
[해설] 사람이 모여 있는 것과 도로 정체는 상관이 없다.

B (✕) 彼、寝坊して集合時間に遅れたんだって。 / 그 사람, 늦잠 자서 집합 시간에 늦었대.
[해설] 한 사람이 늦은 것과 많은 사람이 모여 있는 것은 관련이 적으므로 어색한 대답이다.

B (✕) すごいでしょう。100枚も集めたんですよ。 / 굉장하죠? 100장이나 모았어요.
[해설] 자동사 集まる의 타동사 集める를 이용한 함정이다.

핵심 02

A 何回目のご訪問ですか。 / 몇 번째 방문이십니까?

B (✕) 夜景を見るなら、やはり10階以上でしょう。 / 야경은 역시 10층 이상에서 봐야죠.
[해설] 何回와 발음이 비슷한 何階를 이용한 함정이다.

B (✕) 3回とも母と一緒でした。 / 세 번 모두 엄마와 함께였습니다.
[해설] 몇 번째냐는 질문이었으므로 두 번째, 세 번째와 같은 횟수가 대답으로 와야 한다. 3回라는 말이 있기는 하지만, 대답의 핵심은 母と一緒이다. 문장을 끝까지 다 들어 봐야 한다는 점도 기억하자.

시나공 14 | 시나공 기출문제의 재구성

시나공법 14에서 배운 내용이 어떻게 시험에 나오는지 실전 문제를 통해 확인해 보세요. 🎧 Part2-14시나공

난이도 ▶▷▷
01 答えを答案用紙に書き入れなさい。

난이도 ▶▷▷
02 答えを答案用紙に書き入れなさい。

난이도 ▶▷▷
03 答えを答案用紙に書き入れなさい。

난이도 ▶▶▷
04 答えを答案用紙に書き入れなさい。

난이도 ▶▷▷
05 答えを答案用紙に書き入れなさい。

난이도 ▶▶▷
06 答えを答案用紙に書き入れなさい。

난이도 ▶▶▶
07 答えを答案用紙に書き入れなさい。

난이도 ▶▶▷
08 答えを答案用紙に書き入れなさい。

난이도 ▶▶▷
09 答えを答案用紙に書き入れなさい。

난이도 ▶▶▶
10 答えを答案用紙に書き入れなさい。

★별책 정답&해설 30쪽

시나공법 15 이유를 묻는 의문사 なぜ, どうして

'왜'는 이유나 원인을 묻는 말이므로 인과 관계가 자연스러운 내용으로 대답해야 합니다. "오늘은 다들 왜 이렇게 늦나요?"라고 물었다면 "사고 때문에 길이 막히나봐요."처럼 이유를 설명해 줄 수 있는 대답이 와야 한다는 뜻이죠. 또한, 최근에 멀리 이사 간 동료에게 "왜 이사 간 거야?"라고 물었을 때 "역에서 너무 멀어서."라고 대답하는 것도 이유를 설명한 것입니다. '왜'라는 질문에 알맞은 대답을 찾기 위해서는 인과 관계를 판단할 수 있는 논리력과 빠른 시간에 정답을 고를 수 있는 순발력이 뒷받침되어야 합니다.

시험에 이렇게 나온다! ∩ Part2-15-1   스크립트를 가리고 풀어 보세요.

なぜ日本に行きたいんですか。
(A) 去年、家族みんなで行きました。
(B) ぜひ一度、富士山に登ってみたいからです。
(C) 飛行機に乗って行きます。
(D) 出張で仕方なく行くんですよ。

해석 왜 일본에 가고 싶은가요?
(A) 작년에 가족 모두와 함께 갔습니다.   (B) 꼭 한번 후지산에 올라 보고 싶어서요.
(C) 비행기를 타고 갑니다.   (D) 출장 때문에 어쩔 수 없이 가는 거죠.

해설 '왜'라는 질문에는 타당성 있고 납득할 만한 이유나 원인으로 대답해야 한다. 일본에 가고 싶은 이유를 물었기 때문에 (A)의 과거형과 (C)의 교통수단은 오답이며, (D)처럼 억지로 간다는 대답도 적절하지 않다. 따라서 정답은 (B)이다.

어휘 登(のぼ)る (주로 산과 같은 높은 곳으로) 올라가다

정답 (B)

● 중요도 ★★☆
시나공법 따라잡기   **1. 이유와 원인을 나타내는 표현**

이유와 원인을 묻는 표현에는 なぜ, どうして와 함께 문맥에 따라서는 なんで, なにかあったの, どうかしたの 등의 표현도 사용된다. 또한, 理由は何ですか와 같은 직접적인 질문도 가능하다. 이때 なぜ, どうして, なんで 등에는 주로 이유를 묻는 동사가 뒤에 나오고, なにかあったの, どうかしたの, 理由は何ですか 등의 질문에는 이유를 묻는 동사가 앞에 나온다.

핵심 01 ～て, ～から, ～ので를 이용한 대답 ∩ Part2-15-2

이유나 원인을 말할 때 가장 많이 쓰이는 표현으로, 적절한 대화는 다음과 같다.

A 先週はなぜ来なかったんですか。   지난주에는 왜 안 왔어요?
B1 風邪で一歩も動けなくて。   감기 때문에 한 발짝도 움직일 수 없어서요.
B2 実は、会いたくないやつがいてね。   실은 만나고 싶지 않은 녀석이 있어서.

存分(ぞんぶん)に
뜻대로, 맘껏, 흡족하게

A　ブランドのバッグが高いのはなぜだと思う(?)。　　　명품 가방이 비싼 건 어째서라고 생각해?
B1　一つ一つ手作りしてるからじゃないの(?)。　　　하나하나 손으로 만들기 때문 아냐?
B2　手作業だから、作れる数にも限りがあるからでしょう。
　　　　　　　　　　　　　　　　수작업이라서, 만들 수 있는 수량에도 한계가 있기 때문이겠지.
B3　いい素材を存分に使ってるからだと思うけど。　　　좋은 재료를 충분히 사용해서라고 생각하는데.

A　顔色が優れませんね。どうされましたか。　　　안색이 안 좋네요. 왜 그러세요?
B1　台風のせいで、一睡もできなくて。　　　태풍 탓에 한잠도 못 자서요.
B2　ああ、少し疲れたかもね。　　　어, 좀 피곤한 것 같아.
[참고] 優(すぐ)れる는 보통 '우수하다, 뛰어나다'라는 뜻이지만, 부정형으로 쓰이면 '좋은 상태가 아니다'라는 뜻을 나타내기도 한다.

A　どうして結婚しないの(?)。　　　왜 결혼 안 해?
B1　まだ、いい相手がいなくて。　　　아직 좋은 상대가 없어서.
B2　仕事が忙しいもので、とても。　　　일이 바빠서 도저히….
[참고] ~もので, ~ものだから, ~んだもの도 자신의 행동에 대한 이유를 나타낸다.

どうして와 どうやって 🎧 Part2-15-3

이유를 묻는 どうして와 방법을 묻는 どうやって는 정확하게 구분해서 듣자.

[이유]　A　どうして来たんですか。　　　왜 왔어요?
　　　　B　先生に呼ばれたからです。　　　선생님이 불러서요.

[방법]　A　どうやって来たんですか。　　　어떻게 왔어요?
　　　　B　歩いてきました。　　　걸어왔습니다.

핵심 02 だって, だそう, らしい를 이용한 대답 🎧 Part2-15-4

제삼자에 대한 이야기를 전할 때는 전문 표현 등으로 대답하기도 한다.

珍(めずら)しい
드물다, 희귀하다
早々(そうそう)
~하자마자, ~하자 곧
呼(よ)び出(だ)す
불러내다

A　彼、今朝の会議にはどうして遅れたのかな。　　　그 사람, 아침 회의에 왜 늦었을까?
B1　珍しいことに、寝坊したんだって。　　　웬일로 늦잠 잤대.
B2　出勤早々、部長に呼び出されたらしいよ。　　　출근하자마자 부장님께서 호출하셨대.
B3　さぁ、聞いてないね。　　　글쎄, 못 들었어.

시나공법 따라잡기

중요도 ★☆☆

2. 여러 가지 오답 유형

핵심 01

怒(おこ)る
화내다

人身事故(じんしんじこ)
교통수단으로 인해 사람이 다치거나 죽는 사고

A 会社も近いのに、どうして毎日遅刻するんですか。 회사도 가까운데, 왜 매일 지각하는 겁니까?

B (×) 遅刻して先生に怒られました。 지각해서 선생님께 혼났습니다.

[해설] 遅刻라는 단어를 반복 사용한 오답이다. 또한, 회사에 매일 지각하는 것과 선생님께 혼난 일은 관련이 적다.

B (×) 人身事故で電車が遅れました。 인명사고로 전철이 늦어졌습니다.

[해설] 맞는 답이라고 생각했다면 毎日라는 단어를 놓친 것이다. 전철 등의 인명사고는 드물게 발생하는 것이기 때문에, 매일 인명사고로 전철이 늦어졌다는 대답은 적절하지 않다.

B (×) 近ければ近いほどいいです。 가까우면 가까울수록 좋습니다.

[해설] 近い라는 단어를 반복 사용한 오답일 뿐이다.

핵심 02

引(ひ)きずる
질질 끌다

結構(けっこう)
(부사로) 제법, 충분히

A 足を引きずっているように見えるけど、どうかしたの(?)。
다리를 끌고 있는 것처럼 보이는데, 어떻게 된 거야?

B (×) 引きずって解決できるものならいいけどね。 질질 끌어서 해결할 수 있는 거라면 좋겠지만 말이지.

[해설] A에서와 같이 足を引きずる라고 하면 다리를 물리적으로 끄는 것을 뜻하지만, 여기에 쓰인 引きずる는 시간이나 날짜를 질질 끄는 것을 말한다.

B (×) 交通事故での死亡者が増えているみたいです。 교통사고로 인한 사망자가 늘고 있는 것 같습니다.

[해설] 교통사고 사망자와 질문의 내용은 서로 관련이 없다. 다리를 질질 끄는 이유 중의 하나로 교통사고를 연상할 수 있다는 것이 함정이다.

B (×) いいえ、私は足が結構速い方ですよ。 아니요, 저는 발이 꽤 빠른 편이에요.

[해설] 引きずる라는 단어의 뜻을 정확히 알지 못했다면 足라는 단어에 빠져서 이런 오답을 선택할 수도 있다. 다리를 질질 끄는 것과 발이 빠른 것은 관련이 적다.

시나공 15 | 시나공 기출문제의 재구성

시나공법 15에서 배운 내용이 어떻게 시험에 나오는지 실전 문제를 통해 확인해 보세요. 🎧 Part2-15시나공

난이도 ▶▶▷
01 答えを答案用紙に書き入れなさい。

난이도 ▶▶▷
02 答えを答案用紙に書き入れなさい。

난이도 ▶▶▷
03 答えを答案用紙に書き入れなさい。

난이도 ▶▷▷
04 答えを答案用紙に書き入れなさい。

난이도 ▶▶▶
05 答えを答案用紙に書き入れなさい。

난이도 ▶▶▷
06 答えを答案用紙に書き入れなさい。

난이도 ▶▶▷
07 答えを答案用紙に書き入れなさい。

난이도 ▶▶▷
08 答えを答案用紙に書き入れなさい。

난이도 ▶▶▶
09 答えを答案用紙に書き入れなさい。

난이도 ▶▶▶
10 答えを答案用紙に書き入れなさい。

★별책 정답&해설 32쪽

시나공법 16 · 방법과 정도를 묻는 의문사 どう, どのくらい, いくら

방법이나 정도를 묻는 의문사로는 여러 가지 형태의 질문을 만들 수 있기 때문에 질문의 대상에 대한 다양한 답변이 돌아올 수 있습니다. "여기서 공항까지 어떻게 가야 하나요?"라는 질문에 적합한 대답으로는 "건너편 도로에 공항버스가 다녀요."뿐만 아니라, "공항에는 왜요?"라는 대답도 돌아올 수 있고, 만일 "이 서류는 어떻게 할까요?"라는 질문에는 "폐기해도 돼." 또는 "복사해서 나눠 주세요."라는 대답도 가능합니다.

> **시험에 이렇게 나온다!** ∩ Part2-16-1 스크립트를 가리고 풀어 보세요
>
> すみません、これはいくらですか。
> (A) 3千円です。
> (B) 3個です。
> (C) 3枚です。
> (D) 3日間です。
>
> **해석** 저기요, 이건 얼마죠?
> (A) 3천엔입니다. (B) 3개입니다.
> (C) 3장입니다.   (D) 3일간입니다.
> **해설** いくら와 いくつ는 확실히 구분해서 듣자. (B)는 いくつ, (C)는 何枚, (D)는 何日間에 대한 대답이므로 모두 오답이다. 따라서 정답은 (A)이다.
> **정답 (A)**

중요도 ★☆☆

시나공법 따라잡기 | 1. どう, どのくらい, いくら에 대한 여러 가지 표현과 대답

고수들의 조언

방법이나 정도를 묻는 질문의 경우, 의문사 자체도 중요하지만 질문의 대상에 따라 대답이 완전히 달라지기 때문에 주어를 잘 파악해 두는 것이 무엇보다 중요하다.

핵심 01 | 방법과 정도를 묻는 표현

우선, 방법이나 정도를 묻는 의문사 どう, どのくらい, いくら의 용법에 대해 알아보자.

どう	내용, 상태, 방법 등을 궁금해할 때
	(どうですか, どうしますか 형태로 쓰여) 상대방의 의향을 물을 때
どのくらい	거리, 시간, 기간, 가격, 범위 등의 의문을 제시할 때
いくら	값, 수량, 정도 등을 물을 때
	참고 いくつ는 수량, 나이 등을 물을 때

다음 예문을 통해 각각 어떻게 쓰이는지 살펴보자.

解(と)く
풀다

どう
어떻게

入学試験はどうだった(？)。 　　　　　　　　　　　　　　입학시험은 어땠어?

この問題、どうやって解くんですか。　　　　　　　　이 문제, 어떻게 푸는 건가요?

持(も)つ
오래가다, 지속되다

どのくらい / どのぐらい
얼마나, 어느 정도

住宅ローンの審査ってどのくらいかかるんですか。
　　　　　　　　　　　　　　　　　　　　　　　　　주택 대출 심사는 얼마나 걸리나요?

生チョコってどのくらい持つのかしら。　　　　　　생초콜릿은 얼마나 갈까?

高校生のお小遣いはどのくらいが相場でしょうか。
　　　　　　　　　　　　　　　　　　　　고등학생의 용돈은 어느 정도가 평균액일까요?

[참고] 相場(そうば)는 원래 '시가, 시세'를 뜻하는 말인데, 뜻이 변하여 일반적인 통념이나 평가에 의해 '적당하다고 여겨지는 대강의 금액이나 방법'을 의미하는 말로도 쓰인다.

いくら
얼마

レンタル料金はいくらですか。　　　　　　　　　　　대여 요금은 얼마예요?

重さはいくらくらいあるの(？)。　　　　　　　　　무게는 어느 정도 나가?

핵심 02 방법과 정도에 대한 여러 가지 대답 🎧 Part2-16-2

調(しら)べる
조사하다, 검토하다

A　これはいくらですか。　　　　　　　　　　　　　이것은 얼마입니까?
B1　3000円です。　　　　　　　　　　　　　　　　3000엔입니다.
B2　お調べしますので、少々お待ちください。　　　알아보겠으니 잠시 기다려 주십시오.
B3　申し訳ございません。それは売り物ではありません。　죄송합니다. 그건 파는 물건이 아닙니다.

引(ひ)っ越(こ)す
이사하다

A　家から会社までどのくらいかかりますか。　　　집에서 회사까지 어느 정도 걸립니까?
B1　バスで30分くらいです。　　　　　　　　　　　버스로 30분 정도입니다.
B2　車だと10分で行けます。　　　　　　　　　　　자동차라면 10분 만에 갈 수 있습니다.
B3　昨日引っ越したばかりで、まだよくわかりません。　어제 막 이사해서 아직 잘 모르겠습니다.

似合(にあ)う
잘 맞다, 어울리다
派手(はで)
화려함 [반의어] 地味(じみ) 수수함

A　この帽子、どう(？)。　　　　　　　　　　　　　이 모자, 어때?
B1　よく似合うよ。買ったら(？)。　　　　　　　　　잘 어울려. 사지 그래?
B2　う〜ん、ちょっと派手すぎじゃないかな。　　　음, 너무 좀 화려하지 않을까?

시나공법 따라잡기 중요도 ★☆☆

2. 여러 가지 오답 유형

핵심 01

A そのリンゴ、500円だといくつ買えますか。　　　그 사과, 500엔이면 몇 개 살 수 있습니까?

B (×) 500円で十分です。　　　500엔으로 충분합니다.

[해설] 500円이라는 단어를 반복 사용한 오답이다. 질문의 핵심은 いくつ이다.

B (×) リンゴなら、青森でしょう。　　　사과라면 아오모리죠.

[해설] 몇 개 살 수 있느냐고 물었지, 어디 사과가 좋은지는 묻지 않았다. 참고로, 우리나라에서 대구가 사과로 유명한 것처럼, 일본에서는 青森가 사과로 유명하다.

B (×) 買えるかどうかわかりません。　　　살 수 있을지 없을지 모르겠습니다.

[해설] 만약 질문에 いくつ가 없고 대답하는 사람이 직원이 아니라면 가능할 수도 있는 대답이다. 하지만 이 대답 역시 いくつ에 핵심을 두지 않았으므로 틀린 대답이다.

핵심 02

A 日本語はどうやって勉強したんですか。　　　일본어는 어떻게 공부했나요?

B (×) 日本語の文法は6ヶ月でマスターできます。　　　일본어 문법은 6개월로 마스터할 수 있습니다.

[해설] 공부 방법을 물었는데 공부 기간으로 대답했다. 日本語라는 단어를 반복 사용한 오답이다.

B (×) 日本旅行が好きだからです。　　　일본 여행을 좋아해서요.

[해설] どうやって가 아닌 どうして로 물었다면 가능한 대답이다. 아직까지 헷갈린다면 〈시나공법 15〉를 다시 참조하자.

B (×) 日本語ならわかるけど、英語はわかりません。　　　일본어라면 알지만 영어는 모릅니다.

[해설] 어떤 언어를 구사하는지에 대한 대답이므로 오답이다. 질문의 핵심은 どうやって이지 どんな外国語가 아니다.

시나공 기출문제의 재구성

시나공법 16에서 배운 내용이 어떻게 시험에 나오는지 실전 문제를 통해 확인해 보세요. Part2-16시나공

난이도 ▶▷▷
01 答えを答案用紙に書き入れなさい。

난이도 ▶▷▷
02 答えを答案用紙に書き入れなさい。

난이도 ▶▷▷
03 答えを答案用紙に書き入れなさい。

난이도 ▶▶▷
04 答えを答案用紙に書き入れなさい。

난이도 ▶▶▷
05 答えを答案用紙に書き入れなさい。

난이도 ▶▶▶
06 答えを答案用紙に書き入れなさい。

난이도 ▶▶▶
07 答えを答案用紙に書き入れなさい。

난이도 ▶▶▶
08 答えを答案用紙に書き入れなさい。

난이도 ▶▶▷
09 答えを答案用紙に書き入れなさい。

난이도 ▶▶▷
10 答えを答案用紙に書き入れなさい。

★별책 정답&해설 34쪽

첫째마당 | 미리 보는 실전 예상문제

지금까지 배운 시나공법을 중심으로 최신 문제를 집중 분석한 실전 예상문제를 풀어 보세요. 🎧 Part2-16 예상문제

난이도 ▶▷▷
01 答えを答案用紙に書き入れなさい。

난이도 ▶▷▷
02 答えを答案用紙に書き入れなさい。

난이도 ▶▷▷
03 答えを答案用紙に書き入れなさい。

난이도 ▶▶▷
04 答えを答案用紙に書き入れなさい。

난이도 ▶▷▷
05 答えを答案用紙に書き入れなさい。

난이도 ▶▷▷
06 答えを答案用紙に書き入れなさい。

난이도 ▶▶▷
07 答えを答案用紙に書き入れなさい。

난이도 ▶▶▷
08 答えを答案用紙に書き入れなさい。

난이도 ▶▶▷
09 答えを答案用紙に書き入れなさい。

난이도 ▶▶▷
10 答えを答案用紙に書き入れなさい。

★별책 정답&해설 36쪽

시나공법 17 의문사가 없는 의문문

이미 〈첫째마당〉의 의문사가 들어간 의문문에서 살펴본 것처럼, 대부분의 의문문은 끝을 올려 읽습니다. 또한, ~か로 끝나는 문장이 기본적인 일본어 의문문이지만, 의문문이라고 해서 반드시 ~か로만 끝나는 것은 아닙니다. 의문사가 없는 의문문 또한 마찬가지로, 의문사가 있을 때는 의문사에 집중해서 듣는 것이 중요했다면, 의문사가 없을 때는 전체 대화를 잘 듣고 화자가 궁금해하는 부분을 정확히 파악하는 것이 중요합니다. 예를 들어, "내일 약속 있으세요?"라는 질문에 대해서는 "네, 있어요." 또는 "아니요, 무슨 일 있나요?"와 같은 선택형 대답뿐만 아니라, "잠시만요, 확인해 볼게요."와 같은 대답도 가능합니다. 하지만, "아니요, 없었습니다."(과거형), "약속은 지켜야만 해요."(같은 단어의 사용)와 같은 대답은 함정이라는 것을 항상 잊지 마세요.

시험에 이렇게 나온다! 🎧 Part2-17-1   스크립트를 가리고 풀어 보세요.

私の荷物、来てなかった(?)。
(A) 来るならちゃんと連絡してよ。
(B) いや、まだだけど。
(C) 突然来られても困るなあ。
(D) どうぞ、遠慮しないで。

해석 내 짐 안 왔어?
　(A) 올 거면 확실히 연락해.　　　　　　　　(B) 아니, 아직인데.
　(C) 갑자기 와도 곤란한데.　　　　　　　　(D) 자, 사양하지 마.
해설 (A)와 (C)는 의도적으로 질문과 같은 동사를 사용한 오답으로, 모두 동사의 주체가 사람이기 때문에 자기 짐의 도착 여부를 묻는 질문과는 어울리지 않는다. 게다가 (C)의 수동 표현은 상대방의 행동이 민폐라는 뉘앙스를 포함하고 있다. (D)는 질문과 상관없는 내용으로, 상대방에게 득이 되는 행동이나 물건을 권하는 표현이다. 따라서 가장 자연스러운 대답은 (B)이다.
어휘 突然(とつぜん) 갑자기 | 困(こま)る 곤란하다 | 遠慮(えんりょ)する 사양하다
정답 (B)

🔔 중요도 ★★☆
시나공법 따라잡기

1. ~か, ~の 등으로 끝나는 의문문 🎧 Part2-17-2

일본어의 의문문은 문장의 끝을 올려 읽거나 ~か, ~の 등으로 끝나는 형태가 많다.

持(も)ち出(だ)す
말을 꺼내다, 제기하다

A	最近の課長、ちょっと変じゃありませんか。	요즘 과장님, 좀 이상하지 않나요?
B1	奥さんから離婚話を持ち出されたそうですよ。	사모님이 이혼 이야기를 꺼냈대요.
B2	さあ、いつもあんな感じだけど。	글쎄, 항상 저런데?

当(あ)たる
알아보다, 확인하다

A	えっ、ここもう閉まってるの(?)。	어? 여기 벌써 문 닫았어?
B1	このレストラン、安くておいしいのに。	이 식당, 싸고 맛있는데.
B2	仕方ないから、他の店を当たってみよう。	어쩔 수 없으니까 다른 가게를 찾아보자.

元栓(もとせん)
가정용 수도관이나 가스관의 계량기에 달린 개폐 장치

うっかり
무심코, 깜박

思(おも)い出(だ)す
생각해내다

全(まった)く
완전히, 전혀

A　ガスの元栓はちゃんと閉めた(？)。　　가스 밸브는 제대로 잠갔어?
B1　しまった、うっかり忘れたよ。　　어쩌지? 깜빡했어.
B2　どうしよう、思い出せない。　　어떡하지, 기억이 안 나.
B3　おかしいな、全く記憶にないよ。　　이상하네, 전혀 기억이 안 나.

예문을 통해 의문사가 없는 의문문 대화를 살펴보았다. 의문사가 없는 의문문 대답은 기본적으로 はい나 いいえ를 많이 쓰지만, 예문에서처럼 はい나 いいえ 이외의 대답이 더 많다. 부가적인 설명을 붙일 수도 있고 새로운 제안을 하는 대답이 올 수도 있다는 뜻이다. 대화에 공식이 없는 만큼 JPT에서 차지하는 비중도 높을 수 밖에 없으니, 평소에 다양한 대화 형식을 연습해두자.

2. 의문문과 확인 표현의 차이점 🎧 Part2-17-3

중요도 ★★☆

의문문이란 주로 상대방에게 어떤 정보를 요구하는 것이지만, 비슷하면서도 조금 다른 쓰임을 가진 표현이 '확인 표현'이다. 이 표현은 엄밀히 말하면 궁금한 것을 물어보는 것이 아니라 어느 정도 자신의 생각에 확신을 가지고 한번 더 확인하거나 상대방의 동의를 구하는 것이다. 다르게 말하면, 일반적인 의문문은 몰라서 묻는 것인데 비해, 확인 표현은 이미 같은 맥락의 대답을 기대하고 묻는 것이다.

[의문]　A　これは、あなたのですか。↗　　이것은 당신 것입니까?
　　　　B　いいえ、私のものじゃないです。　　아니요, 제 것이 아닙니다.
[확인]　A　これは、あなたのですね。↘　　이것은 당신 거죠?
　　　　B　うっかりするところだった。ありがとう。　　깜빡 두고 갈 뻔했네. 고마워.

[의문]　A　彼も来ますか。↗　　그도 옵니까?
　　　　B　さぁ、出席するとは言ってましたが。　　글쎄요. 참석한다고는 했었습니다만.
[확인]　A　もうすぐ彼も来るでしょう。↘　　이제 곧 그도 오겠죠?
　　　　B　ええ、もうすぐで着くと思います。　　네, 곧 도착할 겁니다.

似(に)る
닮다, 비슷하게 생기다

[의문]　A　あの人、もしかして森君じゃない(？)。↗　　저 사람, 혹시 모리 군 아냐?
　　　　B　似てるけど、違うね。　　닮기는 했는데 아니야.
[확인]　A　森君じゃない、こんにちは。↘　　모리 군이네? 반가워.
　　　　B　お久しぶりです。　　오랜만입니다.

시나공법 17 | 시나공 기출문제의 재구성

시나공법 17에서 배운 내용이 어떻게 시험에 나오는지 실전 문제를 통해 확인해 보세요. 🎧 Part2-17시나공

난이도 ▶▷▷
01 答えを答案用紙に書き入れなさい。

난이도 ▶▶▷
02 答えを答案用紙に書き入れなさい。

난이도 ▶▶▷
03 答えを答案用紙に書き入れなさい。

난이도 ▶▶▷
04 答えを答案用紙に書き入れなさい。

난이도 ▶▶▷
05 答えを答案用紙に書き入れなさい。

난이도 ▶▶▷
06 答えを答案用紙に書き入れなさい。

난이도 ▶▶▶
07 答えを答案用紙に書き入れなさい。

난이도 ▶▶▷
08 答えを答案用紙に書き入れなさい。

난이도 ▶▶▶
09 答えを答案用紙に書き入れなさい。

난이도 ▶▶▶
10 答えを答案用紙に書き入れなさい。

★별책 정답&해설 38쪽

시나공법 18 권유, 부탁, 허락, 금지

상대방에게 권유, 부탁, 허락, 금지의 뜻을 나타내고자 할 때는 의문문과 평서문 양쪽을 모두 쓸 수 있습니다. 이러한 표현은 각각 다양한 형태를 갖는데, 문장의 뜻을 구분하고 그 속에서 화자의 의도를 잘 파악하여 상황에 어울리는 답을 찾아내는 것이 중요합니다. 여기서는 각각 권유와 제안, 의뢰와 허가, 금지와 의무의 세 가지 파트로 나눠 문장의 형태와 자연스러운 대화의 예를 살펴보도록 하겠습니다.

시험에 이렇게 나온다! Part2-18-1   스크립트를 가리고 풀어 보세요.

コーヒーでも飲みませんか。
(A) はい、お腹がぺこぺこです。
(B) いいえ、さっき食べました。
(C) そうですね。じゃ、私は紅茶をお願いします。
(D) ごめんなさい。もう我慢の限界です。

해석 커피라도 마시지 않겠어요?
(A) 네, 배고파요.   (B) 아니요, 아까 먹었어요.
(C) 네. 그럼 저는 홍차를 부탁해요.   (D) 죄송해요. 더 이상 참을 수 없어요.

해설 얼핏 답이 없는 것처럼 보이지만 コーヒーでも는 '예를 들어 커피'라는 뜻을 포함하고 있으므로 차 종류를 권하는 것으로 해석해야 맞다. 따라서 정답은 (C)이다. 한국어 해석으로만 보면 (B)도 정답 같지만, 일본어는 飲む와 食べる를 정확히 구분해서 쓴다.

어휘 ぺこぺこ 몹시 배가 고픔 | 紅茶(こうちゃ) 홍차 | 我慢(がまん) 참음, 견딤, 인내 | 限界(げんかい) 한계

정답 (C)

> **중요도** ★★☆
> **시나공법 따라잡기**

1. 권유와 제안 Part2-18-2

> **고수들의 조언**
> 표의 내용은 읽고 넘어가자. 〈Part 2〉에서 중요한 것은 세세한 문법 표현이 아니라 자연스러운 대화라는 점을 항상 염두에 두어야 한다.

상대방에게 어떤 행동이나 사물을 권할 때, 또는 자신이 어떤 행동을 하고 싶을 때 다음과 같은 표현을 쓴다.

보통체	정중체	존경체
～(よ)う	～ましょう	お／ご～しましょう
～(よ)うか	～ましょうか	お／ご～しましょうか
～ない(？)	～ませんか	お／ご～になりませんか
～はどう(？)	～はどうですか	～はいかがですか
～たら／だら(どう)(？)	～たら／だらどうですか	～たら／だらいかがですか
～(さ)せてよ	～(さ)せてください	～(さ)せてくださいませんか
～(さ)せてくれない(？)	～(さ)せてもらえませんか	～(さ)せていただけませんか

이러한 표현에 대한 답변으로는 말머리에 의사를 분명히 밝히는 경우가 많지만, 우회적인 화법을 사용하여 완곡하게 승낙과 거절의 뜻을 나타내기도 한다. 다음 예문을 통해 자연스러운 대화를 익혀 보자.

付(つ)き合(あ)う
행동을 같이하다

都合(つごう)が悪(わる)い
형편이 좋지 않다

控(ひか)える
삼가다, 절제하다

A	どこか飲みにでも行きませんか。	어디 한잔하러 안 갈래요?
B1	ええ、いいですよ。	네, 좋아요.
B2	いいね、付き合うよ。	그거 좋지. 같이 갈게.
B3	ええ、喜んで。	네, 기꺼이.
B4	残念ながら、先約があるんです。	유감스럽게도 선약이 있어요.
B5	出来ればそうしたいけど、都合が悪くて。	가능하면 그러고 싶지만, 사정이 여의치 않아서요.
B6	すみません、当分「お酒は控えるように」と言われたんです。	죄송해요. 당분간 술은 자제하라고 들었거든요.

참고 いいよ(B1)는 같이 가 줄 수 있다는 허락의 뜻이고, いいね(B2)는 좋은 생각이라는 찬성의 뜻이다.

手伝(てつだ)う
돕다, 도와주다

A	お茶をお入れしましょうか。	차를 내올까요?
B1	じゃ、お願いします。	그럼 부탁해요.
B2	悪いね。手伝おうか。	미안한걸. 도와줄까?
B3	ありがとう。でも、もうお腹いっぱいだよ。	고마워. 근데 이제 배가 불러.

おごる
한턱내다

言葉(ことば)に甘(あま)える
상대방의 호의를 감사히 받아들이다

A	この間はおごってもらったから、今日は私におごらせて。	전에는 얻어먹었으니까 오늘은 내가 쏠게.
B1	いいの(？)。じゃ、遠慮なく。	그래도 돼? 그럼 사양하지 않을게.
B2	では、お言葉に甘えて。	그럼, 염치 불고하고 그렇게 하죠.

> 중요도 ★★☆
> **시나공법 따라잡기**

2. 의뢰와 허가 🎧 Part2-18-3

상대방에게 무언가를 부탁할 때, 또는 허락을 구할 때 다음과 같은 표현을 쓴다.

보통체	정중체	존경체
～て ～てくれ ～てくれない(？)	～てください ～てくれませんか	～てくださいませんか
～てもらえない(？)	～てもらえませんか	～ていただけませんか ～ていただけないでしょうか ～ていただきたいんですが
～てもいい(？)	～てもいいですか	～てもよろしいですか

訳(やく)す
번역하다

手(て)が離(はな)せない
일손을 뗄 수 없다, 바쁘다

苦手(にがて)
서투름, 잘하지 못함

済(す)ませる
끝내다, 마치다

承知(しょうち)
이해함, 알아들음

A	この書類、訳してくれない(？)。	이 서류, 번역해 줄래?
B1	少し時間かかるけど、急いでる(？)。	시간이 좀 걸릴 텐데, 급한 거야?
B2	ごめん。今、手が離せないんだ。	미안해. 지금 바빠서.
B3	ごめん。英語は苦手で。	미안. 영어는 잘 못해서.
B4	それなら、さっき済ませておきました。	그거라면 아까 끝내 놓았어요.
B5	はい、承知しました。出来次第、連絡します。	네, 알겠습니다. 끝나는 대로 연락 드릴게요.
B6	かしこまりました。終わったら、部長の机の上に置いておきます。	알겠습니다. 끝나면 부장님 책상 위에 올려놓겠습니다.

(참고) ～次第(しだい)는 동사 ます형이나 동작성 명사 뒤에 붙어서 '～하면 곧장, ～하는 대로'라는 뜻을 나타낸다. 같은 의미의 ～たら, すぐ보다 좀 더 정중한 표현이다.

핵심 01 개인적인 판단의 허가 ♪ Part2-18-4

단순히 개인적인 판단으로 허가를 할 때는 ～てもいいですか ～てはいけません으로 대답하면 명령조가 되기 때문에 이를 피해서 권하는 말투나 이유를 말하는 형식으로 대답하는 경우가 더 많다.

A	明日、お邪魔してもいいですか。	내일 찾아봬도 될까요?
B1	ええ、いつでもどうぞ。	네, 언제든지 오세요.
B2	かまいませんよ。	괜찮아요.
B3	すみませんが、今日から出張なんです。	죄송하지만, 오늘부터 출장이에요.
B4	ごめん、明日はちょっと。	미안해. 내일은 좀.

(참고) 邪魔(じゃま)する는 '방해하다, 훼방놓다'란 뜻이지만, 여기에 お를 접속시켜 お邪魔する라고 하면 '(남의 집 따위를) 방문하다, 찾아뵙다'라는 뜻이 된다.

핵심 02 お願いします ♪ Part2-18-5

ください보다 정중한 말에 お願いします가 있다. 손님이나 고객, 윗사람에게는 お願いします를 더 선호한다.

A	こちらに印鑑をお願いします。	여기에 인감 부탁합니다.
B1	少し待っててください。	잠시 기다려 주세요.
B2	サインでもかまいませんか。	사인이라도 상관없나요?
B3	認印しか持ってないんですが。	막도장밖에 없는데요.

핵심 03 ～が, ～けど Part2-18-6

～が나 ～けど 등으로 끝나는 일본어의 문말 표현은 주의해야 한다. 간접적인 의뢰나 희망을 나타내고, 때로는 상대방의 반응을 조심스럽게 확인하는 기능까지 하기 때문이다. 일본어의 숨겨진 뜻까지 파악해야 정답을 찾을 수 있는 것도 JPT 청해가 어려운 이유 중 하나이다.

作(つく)り直(なお)す
다시 만들다

A あの、頼んだ料理と違うんですけど。 저기, 주문한 요리랑 다른데요.
　(＝確認してください。) (＝확인해 주세요.)
B 申し訳ありません。すぐ作り直します。 죄송합니다. 바로 다시 만들겠습니다.

延(の)ばす
(시일을) 연장시키다

A 先生、レポートがまだ書き終わらないのですが。 선생님, 리포트를 아직 다 못 썼는데요.
　(＝もう少し時間をください。) (＝좀 더 시간을 주세요.)
B 期限を延ばすわけにはいかないよ。 기한을 늘릴 순 없어.

시나공법 따라잡기 중요도 ★★☆

3. 금지와 의무 Part2-18-7

어떤 행위에 대한 금지, 의무감이나 필요성을 나타낼 때는 다음과 같은 표현을 쓴다.

금지	～てはいけない / ～てはならない / ～てはだめだ ～するんじゃない ～するな
의무	～なければならない / ～なければいけない / ～なければだめだ ～なくてはならない / ～なくてはいけない / ～なくてはだめだ ～なきゃ ～なくちゃ ～べきだ

取(と)り急(いそ)ぎ
급히

A 結論は今日中に出さなければなりませんか。 결론은 오늘 중으로 내야 하나요?
B1 そうですね、取り急ぎお願いします。 네, 서둘러 부탁합니다.
B2 ええ、先方は返事を急いでるみたいです。 네, 상대방은 대답을 서두르고 있는 것 같습니다.
B3 遅くても明日の午前中までにはお願いしたいんですが。
　늦어도 내일 오전 중까지는 부탁드리고 싶습니다만.

핵심 01 우회 표현 🎧 Part2-18-8

앞에서 살펴본 표현은 실질적으로 명령형에 가까운 강한 말투이므로 ～方がいいです, ～たらどうですか와 같은 권고 표현이나 ～てください와 같은 부탁의 말투로 돌려 말하는 경우가 많다.

A	そろそろ身を固めたらどうですか。	슬슬 결혼하시는 게 어때요?
B1	そうしたいのは山々ですが、相手がいなくて。	그러고 싶은 마음은 굴뚝 같지만 상대가 없어서요.
B2	まだ一人の方がいいです。	아직 혼자인 것이 더 좋아요.

身(み)を固(かた)める
결혼하여 가정을 이루다
山々(やまやま)
매우 많음, 간절함

기타 우회 표현

특정 단어를 사용하여 강한 어투를 피해 말하는 경우도 참고하자.

体に悪いから、タバコは控えた方がいいですよ。	몸에 안 좋으니까 담배는 줄이는 편이 좋아요.
授業中は私語を慎むのが常識だよね。	수업 중에는 잡담을 삼가는 것이 상식이지.
飲食物の持ち込みはご遠慮ください。	음식물 반입은 삼가 주세요.
ここからは立入禁止なんですね。	여기서부터는 출입 금지군요.

控(ひか)える
삼가다, 절제하다
私語(しご)
사담, 잡담
慎(つつし)む
삼가다, 조심하다
持(も)ち込(こ)み
가지고 들어옴

시나공법 18 | 시나공 기출문제의 재구성

시나공법 18에서 배운 내용이 어떻게 시험에 나오는지 실전 문제를 통해 확인해 보세요. 🎧 Part2-18시나공

난이도 ▶▷▷
01 答えを答案用紙に書き入れなさい。

난이도 ▶▶▷
02 答えを答案用紙に書き入れなさい。

난이도 ▶▷▷
03 答えを答案用紙に書き入れなさい。

난이도 ▶▶▷
04 答えを答案用紙に書き入れなさい。

난이도 ▶▶▷
05 答えを答案用紙に書き入れなさい。

난이도 ▶▶▷
06 答えを答案用紙に書き入れなさい。

난이도 ▶▶▶
07 答えを答案用紙に書き入れなさい。

난이도 ▶▶▷
08 答えを答案用紙に書き入れなさい。

난이도 ▶▶▶
09 答えを答案用紙に書き入れなさい。

난이도 ▶▶▶
10 答えを答案用紙に書き入れなさい。

★정답&해설은 40쪽

시나공법 19 알아 두어야 할 호응 표현

일본어를 처음 배울 때 가장 먼저 공부하는 것이 인사말입니다. 하지만 기초적인 문장이 대부분이고, 암기에만 급급하여 당시 배웠던 인사말들은 실전 JPT에 적용할 수준이라고 할 수 없죠. 게다가 決(き)まり文句(もんく)라고 하여, 일본어에는 어떤 특정 상황에서 자주 쓰이는 정형화된 말이 무척 다양하게 존재합니다. 하지만 중고급 수준이 되면 이러한 부분에 대해선 아무도 짚어 주지 않아 답답하기만 했던 수험자들도 있었을 겁니다. 그럼 테마별로 정리한 다양한 대화 유형을 통해, 이번 기회에 상황에 따른 적절한 인사말과 決まり文句에 대해 확실히 익혀 보세요.

시험에 이렇게 나온다! Part2-19-1

스크립트를 가리고 풀어 보세요.

何もありませんが、どうぞ召し上がってください。

(A) 本当に何もないですね。
(B) どうぞおかまいなく。
(C) ごちそうさまでした。
(D) では、お邪魔します。

해석 차린 것은 없습니다만, 많이 드세요.
(A) 정말로 아무것도 없네요. (B) (저는) 개의치 마세요.
(C) 잘 먹었습니다. (D) 그럼, 실례하겠습니다.

해설 인사말에 대한 알맞은 답을 찾는 문제이다. 何もありませんが는 이 경우 お口に合う料理は何もないかもしれませんが의 준말로, 결국 '차린 것은 없습니다만, 많이 드세요'라는 의미이다. (B)에서 동사 かまう 뒤에 부정어가 올 경우 '개의치 않다, 마음 쓰지 않다'라는 뜻이 되는데, 상대방이 무언가 권했을 때 どうぞおかまいなく라고 대답하면 '죄송스러우니 저는 신경 쓰지 마세요'라는 것과 같다. (A)는 질문에 매우 실례되는 말이고, (C)는 다 먹고 난 뒤의 인사말이며, (D)는 남의 집이나 방과 같은 공간에 들어갈 때 쓰는 인사말이므로 모두 오답이다. 따라서 정답은 (B)이다.

정답 (B)

중요도 ★★☆
시나공법 따라잡기

1. 인사 표현 Part2-19-2

고수들의 조언
호응 표현에는 대체로 존경・겸양 표현이 많이 등장한다. 기초가 부족하다면 별책 부록 〈청해 핵심 문장〉의 2~5쪽을 참고하면서 들어 보자.

인사말의 범위는 매우 넓어서 모두 공부할 수는 없지만, 일본어를 처음 시작할 때 학습했던 기초적인 인사말에서 한 단계 수준을 높여 배워 보자.

A	初めてお目にかかります。山田と申します。	처음 뵙겠습니다. 야마다라고 합니다.
B1	お会いするのを楽しみにしていました。	만나 뵙기를 기대하고 있었습니다.
B2	娘がいつもお世話になっております。	딸이 늘 신세지고 있습니다.
A	お会いできて嬉しいです。	만나 뵙게 되어 기쁩니다.
B	こちらこそ、お目にかかれて光栄です。	저야말로 만나 뵙게 되어 영광입니다.

	A	お久しぶりです。いかがお過ごしでしたか。	오랜만입니다. 어떻게 지내셨어요?
	B	おかげさまで、元気にしていました。	덕분에 잘 지내고 있었어요.
まずまず 그럭저럭, 그런대로	A	最近いかがですか。	요즘 어떠세요?
	B	まずまずってとこかな。	그냥 그렇지 뭐.
ご無沙汰(ぶさた) 오랫동안 격조함 ▶沙汰 소식, 기별	A	ご無沙汰しております。	그간 격조했습니다.
	B	10年ぶりだね。	10년 만이지.
相変(あいか)わらず 변함없이, 여전히	A	ご家族のみなさんもお変わりありませんか。	가족분들은 변함없으시죠?
	B	ええ、相変わらず元気にしております。	네, 변함없이 잘 있습니다.
怪我(けが) 부상 **加減(かげん)** 상태, 컨디션	A	怪我をされたと聞いたんですが、お加減いかがですか。	다치셨다고 들었습니다만, 상태는 좀 어떠신지요?
	B	おかげさまで、だいぶよくなりました。	덕분에 꽤 좋아졌습니다.
眠(ねむ)る 잠들다 **ぐっすり** 깊이 잠든 모양 **一睡(いっすい)** 한잠	A	よく眠れましたか。	잘 주무셨어요?
	B1	うん、ぐっすりと。	응, 푹 잤어.
	B2	一睡もできませんでした。	한숨도 못 잤어요.
だるい 나른하다 **夏(なつ)バテ** 여름을 탐	A	最近、体がだるいし、食欲もないんです。	요즘 몸이 나른하고 식욕도 없어요.
	B	夏バテのようですね。お大事に。	여름을 타는 것 같네요. 건강 조심하세요.
	참고	상대방의 건강을 염려하는 구어 표현인 お大事(だいじ)に와 함께 메일이나 편지글에 자주 쓰는 ご自愛(じあい)ください도 알아 두자.	
亡(な)くなる 죽다, 돌아가다 **愁傷(しゅうしょう)** 슬퍼함, 비탄함	A	先月、父が亡くなりました。	지난달에 아버지께서 돌아가셨어요.
	B	ご愁傷さまです。	명복을 빕니다.
明(あ)ける (날, 새해가) 밝다	A	明けましておめでとうございます。	새해 복 많이 받으세요.
	B	今年もよろしくお願いします。	올해도 잘 부탁합니다.

2. 대접 표현 Part2-19-3

중요도 ★★☆

이번에는 상대방에게 무언가를 권하거나 건넬 때, 또 그러한 마음을 고맙게 받을 때의 인사말에 대해 정리해 보자.

口(くち)に合(あ)う
입맛에 맞다

A	お口に合えば嬉しいのですが。	입맛에 맞으시면 좋겠네요.
B1	おいしそうですね。いただきます。	맛있겠네요. 잘 먹겠습니다.
B2	わざわざすみません。	(이거) 일부러 죄송합니다.

召(め)し上(あ)がる
드시다

A	何もございませんが、どうぞたくさん召し上がってください。	차린 건 없지만, 부디 많이 드세요.
B	では、遠慮なくいただきます。	그럼, 사양 않고 잘 먹겠습니다.

A	ご馳走さまでした。とてもおいしかったです。	잘 먹었습니다. 정말 맛있었어요.
B	お粗末さまでした。	변변치 못했습니다.

すっかり
완전히, 아주, 온통

A	今日は、すっかりご馳走になりました。	오늘은 정말 잘 먹었어요.
B	いいえ、たいしたおもてなしもできませんで。	아뇨, 이렇다 할 대접도 못해 드려서 (죄송하네요).

A	何のおかまいもできませんで。	아무런 대접도 못해 드려서 어쩌죠?
B	とんでもありません。	당치도 않아요.

A	今、お茶でもお持ちしますから、中の方へどうぞ。	지금 차라도 내올 테니 안으로 드세요.
B	どうか、おかまいなく。	부디, (저는) 개의치 마세요.

つまらない
하찮다
丁寧(ていねい)
정중함, 공손함

A	つまらないものですが、よろしければどうぞ。	별거 아니지만, 괜찮으시면 받아 주세요.
B1	どうも、すみません。	정말 감사합니다.
B2	これは、わざわざご丁寧に、ありがとうございます。	이거 일부러, 정말 감사합니다.

> **つまらないものですが**
>
> '별거 아니지만'과 같은 맥락의 표현을 몇 가지 더 알아보자.
>
> こちら、粗品(そしな)ですが、 별거 아니지만.
> ほんのお口汚(くちよご)しですが、 변변치 못한 음식이지만.
> ささやかな気持ちですが、 조촐한 마음이지만.
> 心ばかりの品(しな)でございますが、 성의 표시입니다만.

3. 칭찬 표현 🎧 Part2-19-4

일본에서는 칭찬의 말을 들으면 우선은 겸손하게 자신을 낮추거나 감사를 표하는 것이 일반적으로, 칭찬에 우쭐하는 것은 오히려 어색한 답변이 되기도 한다.

スタイルがいい 몸매가 좋다
お洒落(しゃれ) 멋을 냄, 멋쟁이

A 山田さんってスタイルもいいし、すごくお洒落ですね。 야마다 씨는 체형도 좋고 무척 멋쟁이세요.
B そんなことないですよ。 그렇지 않아요.

まぐれ 우연, 요행

A 優勝、おめでとうございます。 우승 축하드려요.
B1 いやあ、まぐれですよ。 아뇨, (어디까지나) 우연이에요.
B2 大山さんのおかげです。 오야마 씨 덕분입니다.

下手(へた)の横好(よこず)き 서투른 주제에 그것을 몹시 좋아해서 열심히 함

A 趣味にしてはたいしたものじゃありませんか。 취미치고는 대단하신 거 아닌가요?
B いいえ、ただ下手の横好きですから。 아뇨, 서툴지만 그냥 좋아서 열심히 하는 거예요.

期待(きたい)に添(そ)える 기대에 부응하다

A さすがに私が見込んだだけのことはあるわ。 역시 내가 기대한 보람이 있어.
B ありがとうございます。部長のご期待に添えるよう、がんばります。 감사합니다. 부장님의 기대에 부응하도록 노력하겠습니다.

참고 見込(みこ)む는 '유능하다고 여겨 기대하다'라는 뜻을 나타낸다. '가망이 없다고 여겨 포기하다'라는 뜻의 반의어인 見切(みき)る, 見切りをつける도 알아 두자.

もったいない 과분하다, 아깝다

A 林君みたいな優秀な部下を持って幸せだわ。 하야시 군 같은 우수한 부하를 두어 행복해.
B いいえ、もったいないお言葉です。 아뇨, 과분한 말씀이세요.

4. 감사 표현 🎧 Part2-19-5

ありがとうございます에 대한 가장 기본적인 대답은 どういたしまして라고 열심히 외웠던 기억이 있을 것이다. 하지만 실제 대화에서는 상황에 따라 다양한 대답이 올 수도 있고, 거꾸로 감사를 표시할 수도 있다.

A	遠くからわざわざ、ありがとうございます。	일부러 먼 곳에서 이렇게 와 주셔서 감사합니다.
B1	いえいえ、どういたしまして。	아뇨, 별말씀을.
B2	お安い御用です。	그리 어렵지 않은 일인걸요.
B3	こちらこそ、ご丁寧にありがとうございます。	저야말로 정말 감사합니다.
B4	いえいえ、私の楽しみでもありますから。	아니요, 제 즐거움이기도 하니까요.

참고 여기서 お安(やす)い는 '자신에게 있어서 수월하고 간단하다'라는 뜻으로, 다른 사람에게 무언가를 의뢰 받았을 때 허락하는 의미로 쓴다.

迷惑(めいわく)を掛(か)ける
폐를 끼치다

A	先日はご迷惑をお掛けしました。	요전에는 심려를 끼쳤습니다.
B1	お体の方はもう大丈夫ですか。	이제 몸은 괜찮으세요?
B2	そんな、とんでもないです。	그런, 당치도 않은 말씀이세요.

5. 그 밖의 다양한 표현 🎧 Part2-19-6

마지막으로, 지금까지 다루지 않았던 표현도 살펴보자.

A	ごめんください。	계세요?
B	どちら様でしょうか。	누구신가요?

気兼(きが)ね
사양, 어렵게 느낌

A	気兼ねせずに、どうぞお上がりください。	사양 마시고 들어오세요.
B	お邪魔します。	실례하겠습니다.

むさ苦(くる)しい
지저분하고 더럽다, 누추하다

A	むさ苦しいところですが、どうぞお寛ぎください。	누추한 곳이지만 부디 편안히 계세요.
B	ありがとうございます。	감사합니다.

참고 동사 寛(くつろ)ぐ는 '심신을 편안히 쉬게 하다'라는 뜻으로, のんびり, ゆったり, ゆっくり 등과 같은 의태어와 함께 자주 쓰인다.

A	これでいいですか。	이걸로 괜찮나요?
B	はい、結構です。(＝お願いします。)	네, 좋아요.

A	もう少し、いかがですか。	좀 더 드실래요?
B	いいえ、もう結構です。(＝もう、十分です。)	아니요, 이제 됐습니다.

[참고] 結構(けっこう)です는 승낙과 거절의 뜻을 모두 표현할 수 있으므로 앞뒤 문맥으로 의미를 파악해야 한다.

A	すみません。お返事が遅くなってしまいました。	죄송합니다. 답변이 늦어졌네요.
B	お気になさらずに。	신경 쓰지 마세요.

A	寿退職をすることになりました。	결혼으로 회사를 그만두게 되었어요.
B	おめでとうございます。それで、結婚式はいつですか。	축하해요. 그래서 결혼식은 언제예요?

[참고] 寿(ことぶき)는 '결혼이나 임신, 출산'과 같은 경사스러운 일을 뜻하지만, 寿退職(ことぶきたいしょく) 또는 寿退社(ことぶきたいしゃ)는 '주로 여성들이 결혼을 계기로 직장을 그만두는 것'을 뜻한다.

A	山田さん、おめでたですって。	야마다 씨, 임신했대.
B	本当(？)。予定日はいつ(？)。	정말? 예정일이 언제야?

[참고] おめでた는 결혼이나 임신, 출산 등의 경사를 나타내지만, '임신'의 뜻으로 쓰이는 경우가 가장 많다.

시나공법 19 | 시나공 기출문제의 재구성

시나공법 19에서 배운 내용이 어떻게 시험에 나오는지 실전 문제를 통해 확인해 보세요. 🎧 Part2-19시나공

난이도 ▶▷▷
01 答えを答案用紙に書き入れなさい。

난이도 ▶▷▷
02 答えを答案用紙に書き入れなさい。

난이도 ▶▶▷
03 答えを答案用紙に書き入れなさい。

난이도 ▶▷▷
04 答えを答案用紙に書き入れなさい。

난이도 ▶▶▷
05 答えを答案用紙に書き入れなさい。

난이도 ▶▶▷
06 答えを答案用紙に書き入れなさい。

난이도 ▶▶▶
07 答えを答案用紙に書き入れなさい。

난이도 ▶▶▷
08 答えを答案用紙に書き入れなさい。

난이도 ▶▶▶
09 答えを答案用紙に書き入れなさい。

난이도 ▶▶▶
10 答えを答案用紙に書き入れなさい。

★별책 정답&해설 43쪽

기타 평서문 대화

평서문으로 시작하는 대화는 특별한 범위 없이 자신의 상황이나 의견을 전달할 수도 있고 기분이나 감상을 말하기도 합니다. 또, 자신의 의지를 표명하거나 현재 벌어지고 있는 일에 대한 객관적 상황이나 정보를 전달하기도 하죠. 게다가 어디서 들은 이야기를 전할 수도 있고, 제삼의 인물에 대한 언급이 있을 수도 있는 등 평서문이 나타내는 범위는 한마디로 한정할 수 없어 출제 비중도 무척 높습니다.

> **시험에 이렇게 나온다!** Part2-20-1　　　　　　　　　　　　　　　　스크립트를 가리고 풀어 보세요.
>
> この文字、小さくて読みづらいわ。
> (A) もう少し拡大しましょうか。
> (B) では、縮小してみます。
> (C) 最近、流行っているんですよ。
> (D) もっと目を大きく開けて見てください。
>
> 해석　이 글씨, 작아서 읽기 힘들어.
> 　　　(A) 조금 더 확대할까요?　　　　　　　　　　(B) 그럼 축소해 볼게요.
> 　　　(C) 요즘 유행하고 있어요.　　　　　　　　　　(D) 좀 더 눈을 크게 떠서 보세요.
> 해설　확대와 축소라는 단어를 정확하게 들었다면 비교적 쉽게 풀 수 있는 문제이다. 글씨의 크기가 작다고 불평하는데 (B)더 작게 만들겠다거나 (C) 유행하고 있다는 대답은 상황에 맞지 않다. 또한, 눈을 크게 뜬다고 해서 글씨가 크게 보이는 것도 아니므로 (D)도 오답이다. 따라서 정답은 (A)이다.
> 어휘　拡大(かくだい) 확대 | 縮小(しゅくしょう) 축소 | 流行(はや)る 유행하다
> 　　　　　　　　　　　　　　　　　　　　　　　　　　　　　　　　　　　　　정답 (A)

중요도 ★★★
시나공법 따라잡기　　**평서문으로 시작하는 대화**

핵심 01　자신의 상황이나 의견 전달　Part2-20-2

しまう 간수하다, 두다	A　紐と鋏が要るんだけど。	끈이랑 가위가 필요한데.
	B1　買ってこようか。	사 올까?
	B2　今使ってるから、ちょっと待ってて。	지금 쓰고 있으니까 잠시만 기다려.
	B3　それなら引き出しの中にしまってあるよ。	그거라면 서랍 속에 들어 있어.
	B　(×) 八百屋には売ってるかもしれないね。	채소 가게에는 팔지도 몰라.

해설　끈이나 가위는 문방구나 슈퍼마켓에서 파는 것이지 채소 가게에서 파는 것이 아니다. JPT에서는 이러한 상식적인 부분을 묻는 경우도 있으니 주의하자.

人出(ひとで)
많은 사람이 그곳에 나옴, 인파 [동음이의어] 人手 일손, 일할 사람

逸(はぐ)れる
일행을 놓치다, 일행과 떨어지다

落(お)ち合(あ)う
(약속된 장소에서) 만나다, 합류하다

핵심 02 기분, 감상 🎧 Part2-20-3

A　ガイドブックで紹介されるだけあって、店も多いし、大変な人出ね。
　　가이드북에 소개될 만큼 가게도 많고 엄청난 인파야.

B1　そうだね。もし逸れたらここで落ち合おう。
　　그러게. 만약 헤어지게 되면 여기서 만나자.

B2　これじゃ、時間内に回りきれないね。
　　이러면 시간 내에 다 못 돌겠네.

B3　それに、産地直売だからか、どの商品も激安だよ。
　　게다가 산지 직매라서 그런지 뭐든지 엄청 싸.

B　(×) そう、人手が足りなくて困ってるんだ。
　　맞아, 일손이 부족해서 난감해.

[해설] 人出와 人手가 발음이 같다는 것을 이용한 오답이다. 동음이의어를 활용한 보기의 경우, 어떤 뜻으로 쓰인 단어인지는 문맥으로 판단해야 한다.

大口(おおぐち)を叩(たた)く
큰소리치다, 호언장담하다

後(あと)に引(ひ)けない
뒤로 물러설 수 없다

意地(いじ)を張(は)る
고집을 부리다

素直(すなお)
솔직함, 순수함

謝(あやま)る
사과하다

許(ゆる)す
용서하다

핵심 03 의지 표명 🎧 Part2-20-4

A　大口を叩いた手前、今さら後には引けないのよ。
　　큰소리친 체면도 있고, 지금에 와서 물러날 수는 없어.

B1　あまり意地を張らない方がいいよ。
　　너무 고집 피우지 않는 게 좋아.

B2　素直に謝ったら、相手もきっと許してくれるよ。
　　솔직하게 사과하면, 상대방도 분명 용서해 줄 거야.

B　(×) 手前の交差点を右折してまっすぐです。
　　바로 앞 교차로에서 우회전해서 직진입니다.

[해설] A가 말하고 있는 手前(てまえ)를 이해했는지에 대한 함정이다. 手前는 '위치적인 앞'을 뜻하기도 하지만, A처럼 ~た手前의 꼴로 쓰이면 '사람들이 보고 있는 앞'이란 의미가 되어 남에 대한 '자신의 입장'이나 '체면' 등을 뜻한다.

慌(あわ)ただしい
어수선하다, 분주하다

冷(ひ)え込(こ)み
추위가 매서워짐, 기온이 뚝 떨어짐

一段(いちだん)と
한층, 더욱더

핵심 04 객관적 상황, 정보 전달 🎧 Part2-20-5

A　いよいよ師走に入りましたね。
　　드디어 12월에 접어들었군요.

B1　早いもので、今年もあと1ヶ月ですね。
　　벌써 올해도 앞으로 한 달 남았네요.

B2　年末ですから、なにかと慌ただしくなりますね。
　　연말이니 여러모로 바빠지겠군요.

B3　これから冷え込みも一段と強まりますね。
　　앞으로 추위도 한층 강해지겠군요.

B　(×) 墓参りの季節ってことですね。
　　성묘의 계절이란 거군요.

[해설] 12월을 다른 말로 師走라고 하는데, '보통은 점잖은 선생님(師)도 달려야(走) 할 정도로 바쁜 달'이라서 師走라고 한다는 우스갯소리가 있다. 이런 문제가 나오면 백 퍼센트 어휘력에 의존해서 풀어야 하는데, 일본의 墓参り는 주로 8월의 お盆(ぼん)에 가장 많이 하므로 알맞은 답이 아니다.

핵심 05 제삼의 인물 🎧 Part2-20-6

~てやまない
~해 마지않다
思(おも)う存分(ぞんぶん)
마음껏, 실컷
腕(うで)を振(ふ)るう
능력을 발휘하다, 기량을 펼치다

| A | うちの部長、社長として子会社に出向するらしいよ。 | 우리 부장님, 자회사 사장으로 가는 모양이야. |

B1 私も聞いたよ。近いうちに送別会でもやろうね。　　　나도 들었어. 가까운 시일 안에 송별회라도 하자.
B2 私の尊敬してやまない方だったのに。　　　내가 존경해 마지않는 분이셨는데.
B3 じゃ、向こうで思う存分に腕を振るえるよな。　　　그럼, 저쪽에서 맘껏 실력을 발휘하실 수 있겠네.

B (✗) 出張はいつまでだって(?)。　　　출장은 언제까지래?

해설 出向는 '다른 곳에 발령이 나서 근무하러 나가는 것'을 뜻하는데, 혹시 이 단어를 잘못 이해했다면 出張처럼 비슷한 발음이 들어가 있는 문장을 선택할 수도 있으니 주의하자.

이렇듯 기타 평서문 대화는 내용 자체가 크게 어려운 것은 아니지만, 다루는 범위가 넓기 때문에 많은 문제를 풀면서 어휘력을 쌓아가는 것이 시험 대비에 가장 좋은 방법이다. 또한, 실전 JPT에서의 비중도 가장 높기 때문에 소홀하면 더욱 안 되는 부분이기도 하다. 그런 의미에서 이번 〈기출문제의 재구성〉에서는 지금까지보다 더 많은 문제를 준비했으니 단번에 집중해서 풀어 보자.

시나공법 20 | 시나공 기출문제의 재구성

시나공법 20에서 배운 내용이 어떻게 시험에 나오는지 실전 문제를 통해 확인해 보세요. 🎧 Part2-20시나공

난이도 ▶▶▷
01 答えを答案用紙に書き入れなさい。

난이도 ▶▶▷
02 答えを答案用紙に書き入れなさい。

난이도 ▶▶▷
03 答えを答案用紙に書き入れなさい。

난이도 ▶▶▷
04 答えを答案用紙に書き入れなさい。

난이도 ▶▶▷
05 答えを答案用紙に書き入れなさい。

난이도 ▶▶▷
06 答えを答案用紙に書き入れなさい。

난이도 ▶▶▷
07 答えを答案用紙に書き入れなさい。

난이도 ▶▶▷
08 答えを答案用紙に書き入れなさい。

난이도 ▶▶▷
09 答えを答案用紙に書き入れなさい。

난이도 ▶▶▶
10 答えを答案用紙に書き入れなさい。

시나공 20 | 시나공 기출문제의 재구성

난이도 ▶▶▶
11 答えを答案用紙に書き入れなさい。

난이도 ▶▶▶
12 答えを答案用紙に書き入れなさい。

난이도 ▶▶▷
13 答えを答案用紙に書き入れなさい。

난이도 ▶▶▷
14 答えを答案用紙に書き入れなさい。

난이도 ▶▶▷
15 答えを答案用紙に書き入れなさい。

난이도 ▶▶▷
16 答えを答案用紙に書き入れなさい。

난이도 ▶▶▷
17 答えを答案用紙に書き入れなさい。

난이도 ▶▶▶
18 答えを答案用紙に書き入れなさい。

난이도 ▶▶▶
19 答えを答案用紙に書き入れなさい。

난이도 ▶▶▷
20 答えを答案用紙に書き入れなさい。

★별책 정답&해설 45쪽

둘째마당 | 미리 보는 실전 예상문제

지금까지 배운 시나공법을 중심으로 최신 문제를 집중 분석한 실전 예상문제를 풀어 보세요. 🎧 Part2-20예상문제

난이도 ▶▷▷
01 答えを答案用紙に書き入れなさい。

난이도 ▶▷▷
02 答えを答案用紙に書き入れなさい。

난이도 ▶▷▷
03 答えを答案用紙に書き入れなさい。

난이도 ▶▷▷
04 答えを答案用紙に書き入れなさい。

난이도 ▶▶▷
05 答えを答案用紙に書き入れなさい。

난이도 ▶▶▷
06 答えを答案用紙に書き入れなさい。

난이도 ▶▶▷
07 答えを答案用紙に書き入れなさい。

난이도 ▶▶▷
08 答えを答案用紙に書き入れなさい。

난이도 ▶▶▷
09 答えを答案用紙に書き入れなさい。

난이도 ▶▶▶
10 答えを答案用紙に書き入れなさい。

★별책 정답&해설 50쪽

시나공법 21 관용구 및 속담, 사자성어

사자성어는 물론, 관용구 및 속담의 의미를 알아야만 풀 수 있는 문제가 꾸준히 출제되고 있습니다. 이러한 문제는 문장에 아는 단어가 나왔다고 해서 그대로 풀어서 뜻을 알 수 있는 것이 아니라, 표현 자체를 통으로 알고 있어야 풀 수 있는 문제가 대부분이죠. 수험자로서는 무척 어려운 난관이라고 할 수 있습니다. 쉬운 속담을 예로 들면, 같은 한자 문화권이라도 사자성어인 '유유상종'을 類(るい)は友(とも)を呼ぶ라고 하는 것만 봐도 관용구 및 속담, 사자성어 학습이 얼마나 중요한지 알 수 있습니다.

> **시험에 이렇게 나온다!** 🎧 Part2-21-1   스크립트를 가리고 풀어 보세요.
>
> ちょっと。その話、田中さん本人には言わない方がいいわよ。
> (A) 朱に交われば赤くなる、ということもあるからね。
> (B) 知らぬが仏、ということもあるからね。
> (C) 寝耳に水、ということもあるからね。
> (D) 壁に耳あり障子に目あり、ということもあるからね。
>
> **해석** 잠깐, 그 얘기 다나카 씨 본인한테는 안 하는 게 좋겠어.
> (A) 근주자적이라고도 하니까.
> (B) 모르는 게 약이라고도 하니까.
> (C) 아닌 밤중에 홍두깨라고도 하니까.
> (D) 낮말은 새가 듣고 밤말은 쥐가 듣는다고도 하니까.
> **해설** 네 개의 보기가 전부 속담이다. (A)朱(しゅ)に交(まじ)われば赤(あか)くなる는 '붉은색을 가까이 하면 붉어진다'. 즉, 사람은 어떤 사람을 사귀는지에 따라 물이 든다는 뜻이고, (B)知(し)らぬが仏(ほとけ)는 모르는 게 차라리 마음이 편하다, (C)寝耳(ねみみ)に水(みず)는 '잠 귀에 물이 들듯이 별안간 엉뚱하다'는 뜻으로, '덤불에서 불쑥 방망이가 튀어나온다'는 やぶから棒(ぼう)와 같은 뜻이다. 또한, (D)壁(かべ)に耳(みみ)あり障子(しょうじ)に目(め)あり는 직역하면 '벽에는 귀가 있고 문풍지에는 눈이 있다'는 말로, 어디서든 말조심하라는 뜻이다. 문제에서는 본인에게 말을 전하지 않는 것이 좋겠다고 하였으므로, 이에 대한 가장 알맞은 대답은 (B)이다.
> **정답** (B)

중요도 ★★★
시나공법 따라잡기

1. 관용구

고수들의 조언
머리에서 발끝으로 이동하면서 익혀보자. 특히 관용구는 〈Part 2〉뿐만 아니라, 〈Part 3〉에서도 아주 중요하다.

관용구와 속담, 사자성어는 문제나 보기에 하나씩만 넣는 경우가 있는가 하면 보기 네 개를 전부 이런 표현으로 구성하여 정확히 아는지 노골적으로 묻는 경우가 있다. 평소에는 무슨 뜻인지 알고 있던 표현도 특히 청해, 그것도 힌트가 거의 주어지지 않는 〈Part 2〉에서는 어떤 상황에서 쓰이는 말인지 정확히 이해하고 있지 않으면 문제가 더욱 어렵게 느껴진다. 이에 대비하여 지금부터 관용구와 속담, 사자성어를 꼼꼼히 듣고 학습해 보자.

핵심 01 시험에 잘 나오는 신체 관용구 🎧 Part2-21-2

身(み)に余(あま)る	과분하다, 분에 넘치다
身(み)も蓋(ふた)もない	너무 노골적이다

	身(み)を挺(てい)する	몸 바쳐 앞장서다
	頭(あたま)ごなしに	덮어 놓고, 무조건
	大(おお)きな顔(かお)をする	잘난 척하다, 뻐기다
	浮(う)かない顔(かお)をする	시무룩하다
	涼(すず)しい顔(かお)をする	시치미를 뚝 떼다
	[동의어] しらを切(き)る	
	目(め)に余(あま)る	묵과할 수 없다
	目(め)の黒(くろ)いうち	살아 있는 동안
瘤(こぶ) 혹	目(め)の上(うえ)の瘤(こぶ)	눈엣가시
	人目(ひとめ)を引(ひ)く	남의 이목을 끌다
	大目(おおめ)に見(み)る	너그러이 봐주다
	大目玉(おおめだま)を食(く)らう	심한 꾸중을 듣다
	脇目(わきめ)も振(ふ)らず	한눈팔지 않고 매우 열심히
	大口(おおぐち)を叩(たた)く	큰소리치다
	口車(くちぐるま)に乗(の)る	감언이설에 속아 넘어가다
	小耳(こみみ)に挟(はさ)む	지나가다 언뜻 듣다
顎(あご) 턱	顎(あご)で使(つか)う	(사람을) 거만한 태도로 부리다
喉(のど) 목, 목구멍	喉(のど)から手(て)が出(で)る	몹시 탐나다
	首(くび)を突(つ)っ込(こ)む	(필요 이상으로) 깊이 관여하다
	後(うし)ろ指(ゆび)を指(さ)される	뒤에서 손가락질 받다
	手(て)を拱(こまね)く	수수방관하다, 팔짱을 끼고 지켜보기만 하다
	手(て)の施(ほどこ)しようがない	손쓸 도리가 없다
	大手(おおで)を振(ふ)る	활개 치다, 서슴없이 행동하다
	手間(てま)を省(はぶ)く	수고를 덜다
括(くく)る 묶다, 매다	腹(はら)を括(くく)る	단단히 각오하다
	自腹(じばら)を切(き)る	자기 부담으로 돈을 내다
	度胸(どきょう)がある	담력, 배짱이 있다
腑(ふ) 오장육부의 '부'에 해당 하는 내장 脛(すね) 정강이 かじる 갉아먹다, 베어 먹다	腑(ふ)に落(お)ちない	납득이 되지 않다
	尻込(しりご)みする	꽁무니를 빼다
	親(おや)の脛(すね)をかじる	부모 등골을 빼먹다
	二(に)の足(あし)を踏(ふ)む	주저하다, 망설이다
	揚(あ)げ足(あし)を取(と)る	생트집을 잡다
	[동의어] 言いがかりをつける	
	血(ち)は争(あらそ)えない	핏줄은 속일 수 없다
	気(き)が進(すす)まない	마음이 내키지 않다
	気(き)の置(お)けない仲(なか)	허물없이 지내는 사이
	気(き)を引(ひ)き締(し)める	마음을 다잡다

핵심 02 고득점으로 가는 관용구 🎧 Part2-21-3

> **고수들의 조언**
> 시험에 자주 나오는 필수 관용구만 정리했으니, 이것만큼은 꼭 외워 두도록 하자.

いばらの道(みち)	가시밭길
油(あぶら)を売(う)る	농땡이 부리다

[참고] 옛날에 머릿기름 장사꾼이 손님을 상대로 긴 시간 수다를 떨면서 장사를 했던 데서 유래되었다.

糸目(いとめ)を付(つ)けない	(돈을) 아낌없이 쓰다
風(かぜ)の吹(ふ)き回(まわ)し	(평소에는 잘 하지 않는 일에) 변덕이 들다
埒(らち)が明(あ)かない	결론이 나지 않다
一夜(いちや)漬(づ)け	벼락치기로 공부함

[참고] 一夜漬け는 하룻밤(一夜)만에 속성으로 절인 漬物(つけもの)를 연상하자.

図(ず)に乗(の)る	(생각처럼 되어) 우쭐하다
羽目(はめ)を外(はず)す	도를 넘다
開(あ)かずの間(ま)	평소에는 열지 않는 방, 비고
垢(あか)抜(ぬ)ける	세련되다
鯖(さば)を読(よ)む	수를 속이다

[참고] 고등어의 수를 빨리빨리 대충 세는 장면을 연상하자.

玉(たま)の輿(こし)に乗(の)る	(흔히, 여성이) 부잣집으로 시집가다
決(き)まりが悪(わる)い	멋쩍다, 겸연쩍다
上(うわ)の空(そら)	건성
寝相(ねぞう)が悪(わる)い	잠버릇이 나쁘다
胡麻(ごま)をする	아첨하다

[참고] '비굴하게 굽실거리는 모양'을 나타내는 의태어 ぺこぺこする도 함께 묶어서 기억하자.

コネがある	연줄이 있다
コネ入社(にゅうしゃ)	백으로 입사함
しのぎを削(けず)る	치열하게 경쟁하다

[참고] しのぎを削る는 しのぎ가 깎일 정도로 격렬하게 싸우는 장면을 연상하자.

念(ねん)を入(い)れる	세심히 주의를 기울이다, 공들이다

[동의어] 念入(ねんい)りする

火(ひ)の車(くるま)	(돈이 궁하여) 몹시 쪼들림
向(む)きになる	(사소한 일로) 정색하다
まっぴらごめんだ	딱 질색이다
メスを入(い)れる	근본적인 해결을 위해 단호한 조치를 취하다
阿吽(あうん)の呼吸(こきゅう)	서로 죽이 잘 맞음
薄氷(はくひょう)を踏(ふ)む	살얼음판을 걷다
口火(くちび)を切(き)る	남보다 먼저 시작하다, 도화선이 되다
見様(みよう)見真似(みまね)で覚(おぼ)える	눈동냥이나 어깨 너머로 배우다
二(に)の舞(まい)になる	(남과 같은 실수를 되풀이하는) 전철을 밟다
冷汗(ひやあせ)をかく	식은땀, 진땀을 흘리다

垢(あか) 때, 더러움
鯖(さば) 고등어

胡麻(ごま) 참깨
する 갈다, 으깨다
コネ 연줄, 연고 ▶コネクション(connection)에서 파생된 말
しのぎ 칼날과 칼등 사이에 조금 볼록하게 튀어나온 부분

	ピリオドを打(う)つ	종지부를 찍다
	高(たか)を括(くく)る	대수롭지 않게 여기다, 우습게 보다
正(ただ)す 바르게 하다, 바로 고치다	襟(えり)を正(ただ)す	옷깃을 여미다, 자세를 바로 하다, 정신 차리다
	裏(うら)をかく	의표를 찌르다
	物持(ものも)ちがいい	물건을 소중히 오래 쓰다
	槍玉(やりだま)に挙(あ)げる	비난이나 공격의 대상이 되다, 도마 위에 오르다
	根(ね)も葉(は)もない	아무 근거도 없다, 사실이 아니다
	切札(きりふだ)を出(だ)す	비장의 카드, 마지막 수단을 내다
	[동의어] 奥(おく)の手を使う	
風呂敷(ふろしき) 보자기	大風呂敷(おおぶろしき)を広(ひろ)げる	허풍을 떨다
	地団駄(じだんだ)を踏(ふ)む	발을 동동 구르며 몹시 분해하다
	媚(こび)を売(う)る	아양을 떨다
	親(おや)の光(ひかり)は七光(ななひかり)	부모의 후광, 백
	[참고] 줄여서 親の七光로도 쓴다.	
	ぐうの音(ね)も出(で)ない	찍소리도 못하다
	座(ざ)が白(しら)ける	흥이 깨지다, 썰렁해지다
	躍起(やっき)になる	기를 쓰다
	瓜(うり)二(ふた)つ	상당히 닮다
	虫(むし)が知(し)らせる	어떤 예감이 들다
	[참고] 여기서 虫는 '벌레'가 아니라 사람의 마음속에 깃든 여러 가지 '생각이나 감정을 일으키는 존재'이다.	
桁(けた) (숫자의) 자릿수	桁(けた)違(ちが)い	격이 다름, 차이가 많이 남
	反(そ)りが合(あ)わない	두 사람 사이가 잘 맞지 않다
	山(やま)が外(はず)れる	예상이 빗나가다
振(ふ)り出(だ)し 출발점	振(ふ)り出(だ)しに戻(もど)る	원점으로 되돌아오다
	二(に)の句(く)が継(つ)げない	(기가 막혀서) 다음 말이 나오지 않다
	懐具合(ふところぐあい)が悪(わる)い	주머니 사정이 나쁘다
	物(もの)は言(い)い様(よう)	말하기 나름
	食(しょく)が細(ほそ)い	소식하다, 적게 먹다
	うなぎ上(のぼ)り	(가격, 물가, 기온, 평가 등이) 끝없이 상승함
	赤(あか)の他人(たにん)	생판 남
	野次(やじ)を飛(と)ばす	야유하다
てこ 지레	てこでも動(うご)かない	(갖은 수를 다 써도) 꿈쩍도 않다, 요지부동이다
	至(いた)れり尽(つ)くせり	(배려나 서비스가) 극진함, 더할 나위 없음
	道草(みちくさ)を食(く)う	도중에 딴짓하느라 시간을 보내다
	レッテルを貼(は)る	(나쁜 의미의) 딱지를 붙이다, 일방적으로 평가하다
	ふいにする	허사로 만들다
	他人(たにん)の空似(そらに)	남인데도 쏙 빼닮음

枕(まくら) 베개	枕(まくら)を高(たか)くして寝(ね)る	다리 쭉 뻗고 자다, 걱정 근심이 사라지다
	言(い)い成(な)りになる	(남이) 하라는 대로 하다
	板(いた)に付(つ)く	(오랜 경험으로) 잘 어울리다, 능숙하다
	労(ろう)をいとわない	고생을 마다하지 않다
鎌(かま) 낫	鎌(かま)をかける	(마음을) 떠보다
	恩(おん)を仇(あだ)で返(かえ)す	은혜를 원수로 갚다
	縁起(えんぎ)が悪(わる)い	불길하다, 조짐이 나쁘다

중요도 ★☆☆

시나공법 따라잡기

2. 속담

고수들의 조언

우리말 속담과 비슷해서 쉽게 외울 수 있다. 그러나 무작정 외우지 말고 먼저 들으면서 이미지를 떠올려 보자.

핵심 01 눈 감고도 외우는 속담 🎧 Part2-21-4

急(いそ)がば回(まわ)れ	급할수록 돌아가라
住(す)めば都(みやこ)	정들면 고향
井(い)の中(なか)の蛙(かわず)	우물 안 개구리
絵(え)に描(か)いた餅(もち)	그림의 떡
千里(せんり)の道(みち)も一歩(いっぽ)から	천 리 길도 한 걸음부터
負(ま)けるが勝(か)ち	지는 게 이기는 것
百聞(ひゃくぶん)は一見(いっけん)に如(し)かず	백문이 불여일견
どんぐりの背比(せいくら)べ	도토리 키 재기
塵(ちり)も積(つ)もれば山(やま)となる	티끌 모아 태산
叩(たた)けば埃(ほこり)が出(で)る	털어서 먼지 안 나오는 사람 없다
生(う)みの親(おや)より育(そだ)ての親(おや)	낳은 정보다 기른 정
ローマは一日(いちにち)にしてならず	로마는 하루 아침에 이루어지지 않는다
失敗(しっぱい)は成功(せいこう)のもと	실패는 성공의 어머니
火(ひ)のないところに煙(けむり)は立(た)たぬ	아니 땐 굴뚝에 연기 날까
雨(あめ)降(ふ)って地(じ)固(かた)まる	비 온 뒤에 땅이 굳어진다
鉄(てつ)は熱(あつ)いうちに打(う)て	쇠는 뜨거울 때 두들겨라
両手(りょうて)に花(はな)	양손에 꽃

[참고] 花는 '좋은 것, 미인'을 뜻한다.

猫(ねこ)にかつおぶし	고양이한테 생선
雀(すずめ)の涙(なみだ)	참새 눈물, 쥐꼬리

[동의어] 爪(つめ)の垢(あか)

芝生(しばふ) 잔디	隣(となり)の芝生(しばふ)は青(あお)い	남의 떡이 커 보인다
	花(はな)より団子(だんご)	풍류보다 실리, 외견보다 내용

軍(いくさ) 전쟁, 전투	腹(はら)が減(へ)っては軍(いくさ)ができぬ	금강산도 식후경
	焼(や)け石(いし)に水(みず)	언 발에 오줌 누기
囁(ささや)き 속삭임, 소곤거림	囁(ささや)き千里(せんり)	발 없는 말이 천 리 간다
	猫(ねこ)に小判(こばん)	돼지 목에 진주 목걸이
	一難(いちなん)去(さ)ってまた一難(いちなん)	갈수록 태산
	仏(ほとけ)の顔(かお)も三度(さんど)	참는 데도 한계가 있다
	売(う)り言葉(ことば)に買(か)い言葉(ことば)	가는 말이 고와야 오는 말이 곱다
	後(あと)の祭(まつ)り [동의어] 泥縄式(どろなわしき)	소 잃고 외양간 고친다
	後悔(こうかい)先(さき)に立(た)たず	후회해도 소용없다
	噂(うわさ)をすれば(影(かげ)がさす)	호랑이도 제 말하면 온다
	実(み)のなる木(き)は花(はな)から知(し)れる	될성부른 나무는 떡잎부터 알아본다
	口(くち)はわざわいのもと	입은 재앙의 근원
	生(い)き馬(うま)の目(め)をぬく	눈 감으면 코 베어 간다
嘘(うそ)つき 거짓말쟁이	嘘(うそ)つきは泥棒(どろぼう)の始(はじ)まり	바늘 도둑이 소 도둑 된다
	人(ひと)の口(くち)に戸(と)は立(た)てられぬ	소문은 막을 길이 없다
捩(ね)じる 비틀다, 죄다	赤子(あかご)の手(て)を捩(ね)じるよう [동의어] 朝飯前(あさめしまえ)	누워서 떡 먹기, 식은 죽 먹기
	対岸(たいがん)の火事(かじ) [동의어] 高(たか)みの見物(けんぶつ)	강 건너 불 구경
	夫婦喧嘩(ふうふげんか)は犬(いぬ)も食(く)わない	부부 싸움은 칼로 물 베기
闇(やみ) 어둠	一寸先(いっすんさき)は闇(やみ)	앞날은 한 치 앞도 내다보기 힘들다
	飼(か)い犬(いぬ)に手(て)を噛(か)まれる	믿는 도끼에 발등 찍힌다
銭(ぜに) (동전 따위의) 소액 화폐, 돈	安物買(やすものが)いの銭(ぜに)失(うしな)い	싼 게 비지떡
馬子(まご) 마부	馬子(まご)にも衣装(いしょう)	옷이 날개
	歳月(さいげつ)人(ひと)を待(ま)たず	세월은 사람을 기다려 주지 않는다
	溺(おぼ)れる者(もの)は藁(わら)をも掴(つか)む	물에 빠진 사람은 지푸라기라도 잡는다
	笑(わら)う門(かど)には福(ふく)来(き)たる	웃는 집에 복이 온다
杭(くい) 말뚝	出(で)る杭(くい)は打(う)たれる	모난 돌이 정 맞는다
	袖(そで)ふり合(あ)うも多生(たしょう)の縁(えん) [참고] 多生는 他生로 표기하기도 한다.	옷깃만 스쳐도 인연
	灯台(とうだい)下(もと)暗(くら)し	등잔 밑이 어둡다
	死(し)んだ子(こ)の年(とし)を数(かぞ)える	죽은 자식 나이 세기, 지난날을 후회함
養生(ようじょう) 요양, 보양	医者(いしゃ)の不養生(ふようじょう) [참고] 환자에게는 건강을 돌보길 권하면서 정작 의사인 자신의 건강은 잘 챙기지 않는다는 데서 유래한 말이다.	머리로는 알고 있으면서 실천하지 못함

핵심 02 사자성어의 뜻을 가진 속담 🎧 Part2-21-5

石(いし)の上(うえ)にも三年(さんねん)	고진감래
身(み)から出(で)たさび	자업자득
類(るい)は友(とも)を呼(よ)ぶ	유유상종
七転(ななころ)び八起(やお)き	칠전팔기
蛙(かえる)の子(こ)は蛙(かえる)	부전자전
備(そな)えあれば憂(うれ)いなし	유비무환
風前(ふうぜん)の灯火(ともしび)	풍전등화
雨後(うご)の竹(たけ)の子(こ)	우후죽순
立(た)て板(いた)に水(みず)	청산유수
百害(ひゃくがい)あって一利(いちり)なし	백해무익

さび 녹

憂(うれ)い 근심, 걱정

핵심 03 고득점으로 가는 속담 🎧 Part2-21-6

物(もの)は試(ため)し	길고 짧은 것은 대보아야 안다
善(ぜん)は急(いそ)げ	(좋은 일을 할 때는) 쇠뿔도 단김에 빼라
臭(くさ)い物(もの)にふた	눈 가리고 아웅
さじを投(な)げる	가망이 없다고 포기하다

[참고] さじ는 '약 조제용 숟가락'으로, 의사가 가망이 없다고 환자를 포기한다는 데서 파생된 말이다.

光陰(こういん)矢(や)の如(ごと)し	세월은 화살과 같다
縁(えん)の下(した)の力(ちから)持(も)ち	숨은 공로자, 숨은 조력자
早起(はやお)きは三文(さんもん)の徳(とく)	일찍 일어나는 새가 먹이를 잡는다
犬(いぬ)も歩(ある)けば棒(ぼう)に当(あ)たる	주제넘게 굴다가는 변을 당하거나 뜻밖의 행운을 만난다
そうは問屋(とんや)が卸(おろ)さない	엿장수 마음대로는 안 된다
触(さわ)らぬ神(かみ)に祟(たた)りなし	긁어 부스럼
一時(いちじ)が万事(ばんじ)	하나를 보면 열을 안다
地獄(じごく)の沙汰(さた)も金次第(かねしだい)	돈만 있으면 귀신도 부릴 수 있다

[참고] 沙汰는 원래 '소식, 기별'이라는 뜻이지만, 여기서는 염라대왕 앞에서의 '재판'을 뜻한다.

能(のう)ある鷹(たか)は爪(つめ)を隠(かく)す	무는 개는 소리 없이 문다
魚心(うおごころ)あれば水心(みずごころ)	가는 정이 있어야 오는 정이 있다
亀(かめ)の甲(こう)より年(とし)の功(こう)	경험은 많을수록 좋다
一寸(いっすん)の虫(むし)にも五分(ごぶ)の魂(たましい)	지렁이도 밟으면 꿈틀한다
火事場(かじば)の馬鹿力(ばかぢから)	위급하면 젖 먹던 힘까지도 나온다
多芸(たげい)は無芸(むげい)	재주가 많으면 특출 난 재주가 없다

고수들의 조언
우리말 속담과 달라 처음 접하면 생소할 수 있다. 꼼꼼히 체크하면서 들어 보자.

縁(えん) 툇마루

問屋(とんや) 도매업자
卸(おろ)す 소매로 팔다
祟(たた)り (신불이 내리는) 벌, 재앙
鷹(たか) 매
亀(かめ)の甲(こう) 거북의 등딱지
魂(たましい) 영혼, 혼

雉(きじ)
꿩
撃(う)つ
(총을) 쏘다
暁(あかつき)
새벽, 새벽녘

背(せ)に腹(はら)は変(か)えられぬ　　큰일에는 어쩔 수 없이 희생이 따른다
盗人(ぬすっと)たけだけしい　　방귀 뀐 놈이 성낸다

[참고] 특이하게 읽는 人가 들어간 어휘 몇 가지를 더 알아 두자.
助(すけ)っ人(と) 조력자 | 狩人(かりゅうど) 사냥꾼 | 若人(わこうど) 젊은이

旅(たび)の恥(はじ)は掻(か)き捨(す)て　　여행지에서는 부끄러운 짓을 해도 그만
雉(きじ)も鳴(な)かずば撃(う)たれまい　　잠자코 있으면 얻어맞지는 않는다
春眠(しゅんみん)暁(あかつき)を覚(おぼ)えず　　봄 밤에는 기분 좋게 잘 수 있어서 아침이 된 줄도 모르고 늦잠을 자게 되다
爪(つめ)の垢(あか)でも煎(せん)じて飲(の)ませたい
　　뛰어난 사람의 손톱 때를 다려 마시게 해서라도 그 사람을 닮았으면 한다

중요도 ★★☆

시나공법 따라잡기

3. 단골 사자성어 🎧 Part2-21-7

고수들의 조언
한자 문화권인지라 비슷하게 쓰이는 사자성어도 많지만, 청해는 한자를 눈으로 볼 수 없다. 그러니 듣고 무슨 뜻인지 바로바로 알아들을 수 있도록 외워 두자.

かんがいむりょう (＝かんむりょう)	感慨無量 (＝感無量)	감개무량
けいぐんのいっかく	鶏群の一鶴	군계일학
ろうにゃくなんにょ	老若男女	남녀노소
りろせいぜん	理路整然	논리 정연
たんとうちょくにゅう	単刀直入	단도직입
とうほんせいそう	東奔西走	동분서주
ここんとうざい	古今東西	동서고금
むがむちゅう	無我夢中	무아지경
ぼうじゃくぶじん	傍若無人	방약무인
ほんまつてんとう	本末転倒	본말전도
しりしよく	私利私欲	사리사욕
さんかんしおん	三寒四温	삼한사온
おんしんふつう	音信不通	소식불통
しゅびいっかん	首尾一貫	수미일관, 시종일관
あびきょうかん	阿鼻叫喚	아비규환
がでんいんすい	我田引水	아전인수
あくせんくとう	悪戦苦闘	악전고투
あんちゅうもさく	暗中模索	암중모색
ごんごどうだん	言語道断	언어도단
ごりむちゅう	五里霧中	오리무중
うよきょくせつ	紆余曲折	우여곡절

ゆうじゅうふだん	優柔不断	우유부단
ききいっぱつ	危機一髪	위기일발
いきしょうちん	意気消沈	의기소침
いきとうごう	意気投合	의기투합
いみしんちょう	意味深長	의미심장함
(=いみしん)	(=意味深)	
いちごいちえ	一期一会	일기일회(일생에 한 번의 만남)
いちもうだじん	一網打尽	일망타진
いちもくりょうぜん	一目瞭然	일목요연함
いっせきにちょう	一石二鳥	일석이조
いっしんふらん	一心不乱	일심불란
いっちょういっせき	一朝一夕	일조일석(짧은 기간, 시일)
いっしょくそくはつ	一触即発	일촉즉발
いっきいちゆう	一喜一憂	일희일비
りんきおうへん	臨機応変	임기응변
じもんじとう	自問自答	자문자답
じじょうじばく	自縄自縛	자승자박
じごうじとく	自業自得	자업자득

참고 身から出たさびと와 같은 뜻이다.

じゆうじざい	自由自在	자유자재
いちぶしじゅう	一部始終	자초지종
ぜんだいみもん	前代未聞	전대미문
けがのこうみょう	怪我の功名	전화위복
せいせいどうどう	正々堂々	정정당당함
せいてんのへきれき	青天の霹靂	청천벽력
はらんばんじょう	波乱万丈	파란만장
はちくのいきおい	破竹の勢い	파죽지세
ひがいもうそう	被害妄想	피해망상
がりょうてんせい	画竜点睛	화룡점정
きょうみしんしん	興味津々	흥미진진함
きどあいらく	喜怒哀楽	희로애락

시나공법 21 | 시나공 기출문제의 재구성

시나공법 21에서 배운 내용이 어떻게 시험에 나오는지 실전 문제를 통해 확인해 보세요. 🎧 Part2-21시나공

난이도 ▶▶▷
01 答えを答案用紙に書き入れなさい。

난이도 ▶▶▷
02 答えを答案用紙に書き入れなさい。

난이도 ▶▶▶
03 答えを答案用紙に書き入れなさい。

난이도 ▶▶▷
04 答えを答案用紙に書き入れなさい。

난이도 ▶▶▷
05 答えを答案用紙に書き入れなさい。

난이도 ▶▶▷
06 答えを答案用紙に書き入れなさい。

난이도 ▶▶▷
07 答えを答案用紙に書き入れなさい。

난이도 ▶▶▷
08 答えを答案用紙に書き入れなさい。

난이도 ▶▶▶
09 答えを答案用紙に書き入れなさい。

난이도 ▶▶▶
10 答えを答案用紙に書き入れなさい。

★별책 정답&해설 52쪽

고난이도의 비즈니스 대화

업무 상황을 다룬 초반부의 대화는 지금까지 다뤘던 문장 형식과 표현만으로도 어렵지 않게 풀 수 있습니다. 하지만 후반부에 등장하는 비즈니스 관련 대화는 그만큼 어휘도 생소해지고 대화 수준도 높아지죠. 문장 자체는 대체로 어렵지 않지만, 듣기에 익숙하지 않은 단어들이 자주 등장하므로 한 번 듣고 바로 이해하기 힘든 문장은 그때그때 정리해 두는 습관을 가져야 합니다.

시험에 이렇게 나온다! 🎧 Part2-22-1   스크립트를 가리고 풀어 보세요.

お電話が少々遠いようですが。
(A) すみません。今、外なのでこちらからかけ直します。
(B) すみません。近くに行ったらかけてください。
(C) 申し訳ございません。もっと近くで話してくださいませんか。
(D) 申し訳ございません。山田は只今、席を外しておりますが。

해석 전화가 잘 안 들립니다만.
　　　(A) 죄송합니다. 지금 밖이라서 이쪽에서 다시 걸겠습니다.
　　　(B) 죄송합니다. 근처에 가면 걸어 주세요.
　　　(C) 죄송합니다. 더 가까이서 말해 주시지 않겠습니까?
　　　(D) 죄송합니다. 야마다는 지금 자리를 비웠습니다만.
해설 お電話が遠い는 '전화가 잘 들리지 않는다'는 말로, 직접적인 말투를 피한 전화 비즈니스 표현이다. 이 말만 제대로 듣고 이해했다면 어렵지 않게 정답을 찾을 수 있었을 것이다. (B)와 (C)는 遠い의 반대말인 近い라는 단어를 사용한 오답이고, (D)는 주로 회사에서 누군가를 찾는 전화가 왔을 때 당사자가 자리를 비운 경우에 자주 쓰는 문장이라는 것을 기억하자. 따라서 정답은 (A)이다.
어휘 かけ直(なお)す 다시 걸다 | 只今(ただいま) 지금 | 席(せき)を外(はず)す 자리를 비우다

정답 (A)

중요도 ★★☆

시나공법 따라잡기

1. 기본적인 비즈니스 표현

고수들의 조언

존경·겸양 표현에 대한 의문점은 별책 부록 〈청해 핵심 문장〉의 2~5쪽을 참고하자. 기초가 탄탄해야 정확하게 들을 수 있다.

정중한 말투는 비즈니스 대화의 기본 중의 기본이다. 특히 일본 사회는 존경어와 겸양어 이외에도 정중어나 격식을 차린 단어가 무척 발달되어 있어서 정장을 입었을 때와 평상복 차림일 때 각기 말이 다르다고 할 정도로 차이가 크다. 예를 들어 先程(さきほど)は失礼しました에는 존경어와 겸양어는 전혀 없지만 공손한 표현이 쓰여 있어서 같은 뜻의 일상 회화인 さっきはごめんね와는 어감이 무척 다르다. 그런 의미에서 여기서는 이와 같은 기본적인 어휘를 알고 있는지를 먼저 체크해 본 뒤, 본격적인 상황별 비즈니스 대화의 예를 살펴보도록 하자.

핵심 01

다음 어휘들은 비즈니스 상황뿐 아니라 공식 석상에서 인사말을 할 때, 연설, 강연, 뉴스 등에서도 자주 사용된다. 그러나 반드시 백 퍼센트 일치시켜 사용해야 한다는 법칙은 없으므로 어떤 뜻인지 정도만 알아 두자.

01 지시대명사

これ / こっち	→	こちら
それ / そっち	→	そちら
あれ / あっち	→	あちら
どれ / どっち	→	どちら

02 의문사

だれ	→	どなた / どなた様 / どちら様
どこ	→	どちら
どう	→	いかが
いくら	→	いかほど

03 부사

ちょっと	→	少々(しょうしょう)
すごく	→	大変(たいへん) / 非常(ひじょう)に
本当(ほんとう)に	→	誠(まこと)に

04 때, 시점

今(いま)	→	只今(ただいま)
さっき	→	先程(さきほど)
後(あと)で	→	後程(のちほど)
すぐ	→	さっそく / ただちに
もうすぐ	→	まもなく
この間(あいだ)	→	先日(せんじつ)
今回(こんかい)	→	このたび
これから	→	これより
ゆうべ	→	昨夜(さくや)

05 때, 날짜

今日(きょう)	→	本日(ほんじつ)
昨日(きのう)	→	昨日(さくじつ)
明日(あした)	→	明日(あす・みょうにち)
あさって	→	明後日(みょうごにち)
おととい	→	一昨日(いっさくじつ)
去年(きょねん)	→	昨年(さくねん)
おととし	→	一昨年(いっさくねん)

06 접속사

でも / だけど	→	しかし
それじゃ	→	それでは
すみませんが	→	恐(おそ)れ入(い)りますが

07 문말 표현

あります	→	ございます
ありません	→	ございません
いいですか	→	よろしいでしょうか
すみません	→	申(もう)し訳(わけ)ございません
わかりました	→	かしこまりました / 承知(しょうち)しました
さようなら	→	お先(さき)に失礼(しつれい)します
来てください	→	お越(こ)しください

08 기타

私(わたし)	→	私(わたくし)
みんな	→	皆様(みなさま)

참고 자신이 다니는 회사는 일반적으로 当社(とうしゃ)라고 한다. 하지만 거래처 등을 상대로 자신이 다니는 회사를 칭할 때는 겸양어인 弊社(へいしゃ), 상대방의 회사를 말할 때는 존경의 뜻을 담아 貴社(きしゃ) 또는 御社(おんしゃ)라고 한다. 이때 貴社는 서류나 메일 등 문어에, 御社는 면접 등 구어 상황에서 쓴다.

핵심 02 ~させていただく 🎧 Part2-22-2

한국어에는 없는 표현이라 까다롭게 느껴질 수 있지만, '시켜서 받는다'는 말은 결국 '하겠다'는 뜻이다. 본인의 의지를 겸손하게 말하면서 상대방의 허락을 구하는 뉘앙스를 포함하고 있기 때문에 비즈니스 회화에 자주 등장한다.

頼(たの)もしい
믿음직하다, 의지가 되다

A この企画、私にやらせていただけないでしょうか。　　　이 기획, 제가 하면 안 될까요?
B 頼もしいね。君なら安心だよ。　　　든든하군. 자네라면 안심이야.

~させていただく가 쓰인 문장에서 동작의 주체는 화자(私)이지만, ~していただく가 쓰인 문장에서는 상대방이 동작의 주체가 된다.

[비교]

A あとで私に電話をしていただけませんか。　　　나중에 제게 전화를 주실 수 있으신가요?
B わかりました。こちらからお電話致します。　　　알겠습니다. 이쪽에서 전화 드리겠습니다.

🔔 중요도 ★★☆

시나공법 따라잡기

2. 회사 외부 사람과의 대화

핵심 01 업무상의 대화 🎧 Part2-22-3

회사 외부 사람과의 대화는 다양한 상황을 생각해 볼 수 있는데, 업무상 누군가 찾아왔을 수도 있고, 누군가를 찾는 전화를 할 수도 있으며, 방문 약속을 잡기도 하고, 가격 흥정이나 기한 연장 등도 부탁할 수 있다. 이때는 양쪽이 모두 존경·겸양 표현을 사용하는 경우가 많다.

A 先日お願いした件ですが、どうなりましたでしょうか。　　　저번에 부탁 드린 것, 어떻게 되었나요?

~限(かぎ)り
(명사에 붙어) ~만
引(ひ)き受(う)ける
떠맡다, 인수하다
立(た)て込(こ)む
일이 한꺼번에 겹치다

B1 今回限りということで、お引き受けしましょう。　　　이번 한번만 수락하도록 하죠.
B2 すみません、仕入れ先の見積りが遅れまして。　　　죄송합니다. 매입처의 견적서가 늦어져서요.
B3 もう少しだけ考えさせてください。　　　좀 더 생각할 시간을 주세요.
B4 申し訳ありませんが、注文が立て込んでいてなかなか。
　　　　　　　　　　　　　　　　　　　　　　죄송합니다만, 주문이 밀려서 좀처럼 (어렵습니다).

참고 업무상에서 상대방의 요청은 회사 사정에 따라 거절할 수도 있고 승낙할 수도 있지만, 거절할 때는 申し訳ありませんが, 恐れ入りますが, 残念ですが, あいにくですが 등을 앞에 두어 '죄송합니다만'으로 말을 시작하거나 이유를 들어 공손하게 거절의 뜻을 내비치는 경우가 많다.

핵심 02 직원과 손님의 대화 🎧 Part2-22-4

비즈니스 대화체는 일상에서도 자주 들을 수 있다. 서비스업에 종사하는 직원이 손님에게 쓰는 말을 떠올려 보자. 이때 존경·겸양 표현은 주로 직원 쪽이 사용한다.

品切(しなぎ)れ
품절, 물건이 떨어짐

A　申し訳ありませんが、ただいま品切れになっておりまして。　죄송합니다만, 현재 품절이라서요.

B1　次の入荷はいつ頃になりそうですか。　다음 입고는 언제쯤인가요?

B2　もう完売しちゃったんですか。　벌써 다 팔렸어요?

B　(×) お取り込み中ですか。失礼しました。　바쁘시군요. 실례했습니다.

[해설] 取り込む는 상대방이 무언가 하고 있거나 일이 바빠 보일 때에 お取り込み中, すみませんのI나, 자신이 어떤 일로 바쁠 때에 今, 取り込んでる와 같은 형태로 자주 쓰인다. 물건을 가져오고 있는 중이냐고 묻는 것으로 착각했다면, 이번 기회에 이 단어의 쓰임을 꼭 기억해 두자.

시나공법 따라잡기 중요도 ★★★

3. 회사 내부 사람과의 대화

회사에서는 업무상의 대화뿐 아니라 직원끼리 회사 내부에 대한 이야기를 나누기도 하는데, 회사의 경영 상태나 타개책, 계약 상황, 신상품과 고객 반응 등 화제로 오를 만한 내용이 무궁무진하다. 이런 대화는 문체가 어려운 것이 아니라 익숙하지 않은 단어가 까다로운 것이기 때문에 어휘 공부와 함께 대화의 흐름을 파악하는 것이 무엇보다 중요하다.

핵심 01　회사 내부 이야기　🎧 Part2-22-5

嫌(きら)う
싫어하다, 미워하다
冷(ひ)や飯(めし)を食(く)う
찬밥을 먹다, 냉대를 받다

A　今回の人事異動は納得いかないわ。　이번 인사이동은 납득이 안 가.
B　上層部に嫌われてしまうと、冷や飯を食わされるってことだね。
　상부에 미움을 사면 찬밥 신세가 된다는 거지.

異(い)を唱(とな)える
반대 의견을 내세우다

A　さすが社長、叩き上げの人だけあって迫力あるわ。　역시 사장님, 자수성가한 사람답게 박력 있어.
B　だから、彼の意見には異を唱える人はいないんだね。
　그래서 그의 의견엔 이의를 제기하는 사람이 없는 거지.

[참고] 叩(たた)き上(あ)げる는 밑바닥에서부터 기술이나 기량을 닦아 올라가서 성공하거나 자수성가한 사람에게 쓰는 말이다.

牛耳(ぎゅうじ)る
(집단, 단체의 경영을) 자기 뜻대로 하다, 좌지우지하다
のし上(あ)がる
(직위 등이) 급속하게 높아지다

A　彼はいつの間にか会社を牛耳る存在にまで、のし上がったんですね。
　그는 어느샌가 회사를 좌지우지하는 존재로까지 올라섰네요.
B　ええ、いまや飛ぶ鳥も落としそうな勢いですから。　네, 이제는 나는 새도 떨어뜨릴 것 같은 기세니까요.

汚職(おしょく)
부패, 비리
退陣(たいじん)
퇴진, 사퇴
余儀(よぎ)なくされる
어쩔 수 없이 하게 되다
収(おさ)める
수습하다, 가라앉히다

A　うちの社長、汚職問題で退陣を余儀なくされるんですって。
　　　　　　　　　　　　　　　　　　　　　우리 사장님, 부정부패 문제로 어쩔 수 없이 사퇴한대요.

B　事件を収めるために、詰め腹を切らせたんじゃないでしょうか。
　　　　　　　　　　　　　　　　　　　　　사건을 진정시키기 위해 강제로 사직시킨 것 아닐까요?

(참고) 詰(つ)め腹(ばら)を切(き)らされる는 '권고사직을 당하다, 싫은 일을 강요 당하다'는 뜻으로, 자신의 의사나 책임과는 상관없이 명령에 따라 억지로 할복하는 데서 유래한 표현이다.

핵심 02　업무 대화　🎧 Part2-22-6

A　そろそろ在庫が危なくなってきたわ。　　　　　　　　슬슬 재고가 떨어지기 시작했어.
B　じゃ、今から仕入れの準備をした方がいいね。　　　그럼 당장 구매 준비를 하는 게 좋겠군.

目処(めど)が立(た)つ
전망이 서다
一安心(ひとあんしん)
일단 안심함, 한시름 놓음
大当(おおあ)たり
크게 적중함, 대성공함
一丸(いちがん)となる
한 덩어리가 되다, 뭉치다

A　ようやく資金調達の目処が立ちました。　　　　　　가까스로 자금 조달의 전망이 섰습니다.
B　これでやっと一安心だね。　　　　　　　　　　　　이걸로 겨우 한시름 놓겠군.

A　今回の企画は大当たりだったようね。　　　　　　　이번 기획은 대성공이었던 것 같지?
B　社員一丸となって頑張ったからね。　　　　　　　　직원들 전원이 하나가 되어 노력했으니까.

핵심 03　상품과 고객 반응　🎧 Part2-22-7

狙(ねら)い
목적, 노리는 바
さっぱり
아주 말이 아님, 형편없음
暖冬(だんとう)
평년보다 따뜻한 겨울
(반의어) **冷夏(れいか)**
평년보다 서늘한 여름
打(う)つ手(て)
(상황에 맞는) 수단, 방법
大化(おおば)け
(뜻밖에) 크게 변함
だに
(뒤에 부정어가 쓰여)
~조차

A　狙いが外れ、この冬は売れ行きがさっぱりだわ。　　노림수가 빗나가서 올겨울은 판매가 신통치 않아.
B　暖冬じゃ、打つ手もありませんね。　　　　　　　　따뜻한 겨울이라 손쓸 방법도 없네요.

A　昨年販売を始めた新製品は、いまや会社の大黒柱ですね。
　　　　　　　　　　　　　　　　　　　　　작년에 판매를 시작한 신제품은 이제 회사의 대들보군요.
B1　うん、間違いなく売り上げに最も貢献しているね。　응, 틀림없이 매출에 가장 공헌하고 있지.
B2　あんなに大化けするとは予想だにしませんでした。
　　　　　　　　　　　　　　　　　　　　　저렇게 대박을 터뜨릴 거라고는 예상조차 못 했어요.

(참고) 大黒柱(だいこくばしら)는 본래 '집의 중심에 세우는 굵은 기둥'을 뜻하는데, 비유적으로 '집이나 나라의 중심'이라는 의미를 갖는다.

苦情(くじょう)
클레임, 불평

A　厳重な品質管理にもかかわらず、消費者から苦情が出ました。
　　　　　　　　　　　　　　　　　　　　　엄중한 품질 관리에도 불구하고 소비자로부터 클레임이 들어왔어요.
B　欠陥品でも見つかったんですか。　　　　　　　　　불량품이라도 발견됐나요?

핵심 04 회사 경영 🎧 Part2-22-8

引(ひ)き続(つづ)き
(부사로) 계속해서, 잇달아
一方(いっぽう)
오로지 ~만 함

A 去年に引き続き、会社の経営は悪化する一方だわ。
작년에 이어 회사 경영이 계속 악화될 뿐이야.

B この状況じゃ、いつ肩叩きされてもおかしくありませんね。
이런 상황이라면 언제 권고사직 당해도 이상하지 않겠군요.

[참고] 肩叩(かたたた)きは 리스트라와 거의 같은 뜻의 은어로, 상대방의 어깨를 가볍게 치면서 '지금까지 수고했네'라며 권고사직 하는 장면을 연상하면 쉽게 이해된다.

やりくりがつかない
(살림, 가계가 어려워) 꾸려 나갈 수가 없다

A 取引先も不景気らしく、支払いを渋っているんです。
거래처도 불경기인 듯 지불을 꺼리고 있어요.

B 困りましたね。こっちも資金のやりくりがつかない状態なのに。
난처하네요. 이쪽도 자금 변통이 어려운 상태인데.

[참고] 渋(しぶ)る는 '주저하다, 좀처럼 응하려 들지 않다, 원활하게 진행되지 않다'라는 뜻으로, 동사 ます형에 접속하여 貸(か)し渋る(대출을 꺼리다) 등의 복합어를 만들기도 한다.

A 去年の成功も、今年の失敗で全部帳消しになってしまいました。
작년의 성공도 올해의 실패로 전부 상쇄되고 말았습니다.

B これからは、うちもコスト削減にかけるしかないね。
이제부터는 우리도 경비 삭감에 걸 수밖에 없군.

[참고] 帳消(ちょうけ)し는 장부에 기입한 사항 중에서 필요 없는 부분을 이중선으로 그어 '삭제'하는 것을 뜻한다. 특히, 여기서 말하는 장부는 금전 장부가 대부분이라 채무를 청산했을 때 이 단어를 쓴다. 같은 뜻인 棒引(ぼうび)き도 함께 알아 두자.

足踏(あしぶ)み
답보, 정체, 제자리걸음
かねない
(동사 ます형에 접속하여) ~할 듯하다, ~할 지도 모르다

A この頃、原料が不足して生産が足踏み状態だわ。
요즘 원료가 부족해서 생산이 답보 상태야.

B このまま行くと、生産中止ということにもなりかねないね。
이대로 간다면 생산 중지가 될지도 몰라.

売上高(うりあげだか)
매상액, 매출액
伸(の)び
신장

A うちの会社もとうとう、中国市場の確保に本腰を入れることになりました。
우리 회사도 마침내 중국 시장 확보에 본격적으로 나서게 되었습니다.

B 国内だけじゃ売上高の伸びに期待が持てないからね。
국내(시장)만으로는 매출 신장을 기대할 수 없으니까.

[참고] 本腰(ほんごし)を入(い)れる는 '본격적이고 적극적인 자세로 나서다'라는 뜻이다. 이와 관련해서 弱腰(よわごし) '소극적'↔強腰(つよごし) '적극적'도 함께 알아 두자.

시나공법 22 | 시나공 기출문제의 재구성

시나공법 22에서 배운 내용이 어떻게 시험에 나오는지 실전 문제를 통해 확인해 보세요. 🎧 Part2-22시나공

난이도 ▶▶▷
01 答えを答案用紙に書き入れなさい。

난이도 ▶▷▷
02 答えを答案用紙に書き入れなさい。

난이도 ▶▶▷
03 答えを答案用紙に書き入れなさい。

난이도 ▶▶▷
04 答えを答案用紙に書き入れなさい。

난이도 ▶▶▶
05 答えを答案用紙に書き入れなさい。

난이도 ▶▶▷
06 答えを答案用紙に書き入れなさい。

난이도 ▶▶▷
07 答えを答案用紙に書き入れなさい。

난이도 ▶▶▷
08 答えを答案用紙に書き入れなさい。

난이도 ▶▶▶
09 答えを答案用紙に書き入れなさい。

난이도 ▶▶▶
10 答えを答案用紙に書き入れなさい。

★별책 정답&해설 54쪽

시나공법 23 — 본격적인 시사 문제

정치, 경제, 사회, 문화 등 사회 전반에 걸친 주제를 다룬 대화도 매번 출제되고 있습니다. 그 비중은 〈Part 2〉의 30문제 중 1~5문제로 적은 편이지만, JPT는 보다 심도 있는 일본어 능력까지 요구하는 시험이라 고득점을 위해선 버릴 수 없는 부분이죠. 처음부터 난이도 있는 시사 문제의 답을 쉽게 찾을 수는 없지만, 멀리 내다보고 꾸준한 뉴스 청취와 신문의 사설 읽기를 실천한다면 큰 효과를 볼 수 있습니다.

시험에 이렇게 나온다! ∩ Part2-23-1 스크립트를 가리고 풀어 보세요.

最近の就職難は、大きな社会問題になっていますね。
(A) 日本国内だけの話ではなく、いまや世界中が深刻ですよね。
(B) 面接の受け方がよくわからないんじゃないですか。
(C) 人手不足と言われる分野も離職率が大幅にアップしました。
(D) 買い手市場と売り手市場のバランスが保たれているんですね。

해석 요즘 취업난은 큰 사회 문제가 되었네요.
(A) 일본 국내만의 이야기가 아니라 이제는 전 세계가 심각하죠.
(B) 면접 보는 법을 잘 모르는 것 아닌가요?
(C) 일손이 부족하다는 분야도 퇴직률이 대폭 높아졌습니다.
(D) 매수 시장과 매도 시장의 균형이 유지되고 있는 거군요.

해설 갑자기 한자어가 많이 나와서 무척 당황스럽겠지만, 침착하게 내용을 들어 보면 (B)나 (D)는 내용상 취직난과는 관련이 없다. 또한, (C)의 離職率는 자의든 타의든 '직장을 가졌다가 떠나게 된 사람의 비율'을 일컫는 말로, (C)는 이 비율이 늘어났다는 사실만을 전달하고 있을 뿐이다. 따라서 정답은 (A)이다.

어휘 就職難(しゅうしょくなん) 취업난 | いまや 이제는 | 人手不足(ひとでぶそく) 일손 부족 | 分野(ぶんや) 분야 | 離職率(りしょくりつ) 퇴직률, 실직률 | ▶転職(てんしょく) 이직 | 大幅(おおはば)に 대폭 | 買(か)い手(て)市場(しじょう) 매수 시장 | 売(う)り手(て)市場(しじょう) 매도 시장 | 保(たも)つ 유지하다

정답 (A)

● 중요도 ★★☆
시나공법 따라잡기 — 다양한 분야의 시사 문제

JPT에 등장하는 시사 문제는 최근의 사회적 사건이나 사실을 전달하는 경우가 많다. 따라서 어느 정도 배경 지식을 갖고 사회 현상의 인과 관계를 유추할 수 있다면 이야기의 흐름을 빨리 파악할 수 있다. 이러한 점을 염두에 두고 다음 예문을 살펴보자.

핵심 01 정치, 경제 ∩ Part2-23-2

日用品(にちようひん)
(식료품, 의류를 제외한)
생활용품, 생활 잡화

A 最近、日用品(にちようひん)が何もかも急に高くなってきたわ。 최근 생활용품이 갑자기 전부 올랐어.
B この間の公共料金(こうきょうりょうきん)の値上(ねあ)げが引(ひ)き金(がね)になったようだね。 요전의 공공요금 인상이 계기가 된 듯하군.

참고 引(ひ)き金(がね)는 원래 '방아쇠'라는 뜻인데, 문장 속에서 '원인, 계기'라는 의미로도 쓰인다.

兆(きざ)し
징조, 조짐

A 景気回復の兆しがまったく見られないわ。 경기 회복의 조짐이 전혀 보이지 않아.
B 政府のテコ入れ策もまるで功を奏しなかったからね。 정부의 경기 부양책도 전혀 성공하지 못했으니까.

(참고)
- テコ入(い)れ는 '정부가 정책적으로 시장에 개입하여 지원 조치를 하는 것'을 말하는데, テコ入れ策(さく)라고 하면 상황에 따라 '경기 부양책, 경기 억제책'을 뜻한다.
- 功(こう)を奏(そう)する는 '일이 성공하다, 효력이 나타나다'라는 뜻으로, '일의 성공(成功)을 주군에게 주상(奏上)하다'라는 말에서 나온 관용구이다.

不手際(ふてぎわ)
솜씨가 나쁨, 사물의 처리나 결과가 좋지 못함
やかましい
시끄럽다, 떠들썩하다

A 外交上の不手際で世論がやかましくなったね。 외교상의 실책으로 여론이 시끄러워졌어.
B 外相自ら責任を取って辞任すべきだという声も高まっているそうだよ。 외교부 장관 스스로 책임을 지고 사임해야 한다는 목소리도 높아지고 있대.

明(あか)るみに出(で)る
(알려지지 않았거나 숨겨져 있던 사실이) 세상에 알려지다
ばれる
들통나다, 들키다

A あの政治家、今まで賄賂を受け取っていたことが明るみに出たわ。 그 정치가, 지금까지 뇌물을 받고 있었던 게 밝혀졌어.
B どんなに隠していても、悪事はいつかばれるもんだね。 아무리 숨기고 있어도 악행은 언젠가 드러나기 마련이지.

(참고) 賄賂(わいろ) '뇌물'과 함께 贈賄(ぞうわい) '뇌물을 줌' ↔ 収賄(しゅうわい) '뇌물을 받음'도 알아 두자.

~に反(はん)する
~에 반대되다
ふたを開(あ)ける
뚜껑을 열다, 일의 결과 등을 확인하다

A 世論調査に反して、選挙は与党の圧勝でした。 여론 조사와 반대로 선거는 여당의 압승이었습니다.
B やっぱり、ふたを開けてみないと、わからないこともありますね。 역시 뚜껑을 열어 보지 않으면 모르는 일도 있군요.

핵심 02 사회, 문화 🎧 Part2-23-3

騒(さわ)ぐ
떠들다, 소란 피우다

A あれほど騒がれたインフルエンザもそろそろ下火になってきましたね。 그렇게나 떠들썩했던 인플루엔자도 이제 기세가 시들해졌네요.
B もう昔の出来事のように思われますね。 벌써 옛날 일처럼 느껴지죠.

(참고) 下火(したび)になる는 불기운이 약해진 모양을 뜻하는 말로, 일시적으로 붐이 일었던 어떤 사안이 잠잠해지는 경우에 쓴다.

A 終身雇用制と言っても、文字通りって訳じゃないんだ。 종신 고용제라고 해도 글자 그대로인 건 아니구나.
B 最近はリストラや解雇なども多くなったからね。 최근엔 구조조정이나 해고도 많아졌으니까.

取(と)り上(あ)げる
언급의 대상으로 삼다

A 最近、少子化問題がマスコミで大きく取り上げられていますね。
요즘 저출산 문제가 언론 매체에서 크게 다루어지고 있군요.

B いろんな理由で、出生率は低下の一途をたどっているからね。
여러 가지 이유로 출산율은 저하되기만 하니까.

참고 一途(いっと)をたどる는 '오로지 한 방향으로 향한다'는 뜻으로, 특히 바람직하지 않은 상황으로 진행되는 경우에 자주 사용된다.

豊(ゆた)か
풍부함, 풍요로움

A 今、地場産業を育成しようという動きが各地で起きているんだって。
지금 지역 산업을 육성하려는 움직임이 각지에서 일고 있대.

B 豊かな地域づくりのためだね。
풍요로운 지역 사회 만들기를 위해서군.

참고 地場産業(じばさんぎょう)는 담양=대나무, 보성=녹차, 제주=감귤처럼 특정 지역의 입지 조건을 살려서 지역 특산물을 제조하는 '지역 산업'을 말한다.

시나공 기출문제의 재구성

시나공법 23에서 배운 내용이 어떻게 시험에 나오는지 실전 문제를 통해 확인해 보세요. 🎧 Part2-23시나공

난이도 ▶▶▷
01 答えを答案用紙に書き入れなさい。

난이도 ▶▶▷
02 答えを答案用紙に書き入れなさい。

난이도 ▶▶▷
03 答えを答案用紙に書き入れなさい。

난이도 ▶▶▷
04 答えを答案用紙に書き入れなさい。

난이도 ▶▶▷
05 答えを答案用紙に書き入れなさい。

난이도 ▶▶▷
06 答えを答案用紙に書き入れなさい。

난이도 ▶▶▷
07 答えを答案用紙に書き入れなさい。

난이도 ▶▶▶
08 答えを答案用紙に書き入れなさい。

난이도 ▶▶▶
09 答えを答案用紙に書き入れなさい。

난이도 ▶▶▶
10 答えを答案用紙に書き入れなさい。

★별책 정답&해설 57쪽

셋째마당 | 미리 보는 실전 예상문제

지금까지 배운 시나공법을 중심으로 최신 문제를 집중 분석한 실전 예상문제를 풀어 보세요. 🎧 Part2-23 예상문제

난이도 ▶▶▷
01 答えを答案用紙に書き入れなさい。

난이도 ▶▶▷
02 答えを答案用紙に書き入れなさい。

난이도 ▶▶▷
03 答えを答案用紙に書き入れなさい。

난이도 ▶▶▷
04 答えを答案用紙に書き入れなさい。

난이도 ▶▶▶
05 答えを答案用紙に書き入れなさい。

난이도 ▶▶▶
06 答えを答案用紙に書き入れなさい。

난이도 ▶▶▶
07 答えを答案用紙に書き入れなさい。

난이도 ▶▶▶
08 答えを答案用紙に書き入れなさい。

난이도 ▶▶▷
09 答えを答案用紙に書き入れなさい。

난이도 ▶▶▷
10 答えを答案用紙に書き入れなさい。

★별책 정답&해설 59쪽

시나공 JPT

첫째마당 _ 다양한 소재별 회화문을 살펴보자!

시나공법 24 ㅣ 사람, 사물, 건물을 대상으로 하는 회화문

시나공법 25 ㅣ 약속, 예정에 관한 회화문

시나공법 26 ㅣ 건강과 상태, 안부와 근황에 관한 회화문

시나공법 27 ㅣ 날씨에 관한 회화문

시나공법 28 ㅣ 교통수단에 관한 회화문

둘째마당 _ 다양한 상황별 회화문을 살펴보자!

시나공법 29 ㅣ 기타 일상에서 이루어지는 회화문

시나공법 30 ㅣ 종업원과의 대화로 이루어지는 회화문

시나공법 31 ㅣ 비즈니스와 사회적 이슈에 관한 회화문

Part 3

⟨Part 3⟩은 약 12분 동안 남-여-남-여, 또는 여-남-여-남의 순서로 남녀가 번갈아 들려주는 대화를 듣고 시험지의 문제를 푸는 청해+독해 형식의 복합 파트입니다. 총 30개의 회화문과 그에 따른 문제가 하나씩 출제되며, 뒤로 갈수록 지문의 길이가 길어지고 어려워지기 때문에 속독 능력이 요구되는 쉽지 않은 파트이죠. 하지만, 들려주는 회화문은 일상회화나 비즈니스 상황이 대부분이기 때문에 사실 대화 자체의 난이도는 그리 높지 않은 편입니다. 중요한 건 얼마나 효율적으로 문제를 푸느냐인데, 미리 질문을 읽고 세부 사항을 들어야 하는지, 전체적인 대화의 흐름을 들어야 하는지를 먼저 파악해 두는 것이 중요합니다. 대화를 다 듣고 기억하는 것보다 필요한 부분만 집중해서 듣는 것이 정답을 찾기가 한결 수월하기 때문이죠.

고수들의 한마디

1. 질문과 보기를 먼저 읽어 두자.

〈Part 3〉은 대화를 먼저 들려준 뒤, 8초 동안 문제 풀 시간을 준다. 하지만 이렇게 정석대로 푼다면 대화 문장을 전부 기억해야 하므로 더 어렵게 느껴지고 문제를 푸는 속도도 느려져 다음 문제에 지장을 주게 되므로 효율적이지 않다. 사실 〈Part 3〉의 힌트는 질문과 보기 속에 다 숨어 있으므로, 반드시 방송이 나오기 전에 먼저 읽어 두자. 만약, 속독에 자신이 없다면 질문만이라도 꼭 읽어 두어야 한다. 무엇에 답해야 하는지 정도만 알고 있어도 대화가 훨씬 더 잘 들리며, 불필요한 부분까지 기억해야 하는 수고를 덜 수 있기 때문이다.

2. 질문의 주어를 가장 먼저 파악하자.

질문에서 궁금해하는 대상인 ～は로 시작하는 주어는 가장 먼저 파악해 두자. 주어는 대화 속에 등장한 제삼의 인물이 될 수도 있고 화제에 오른 사물이 될 수도 있지만, 특히 男の人は 또는 女の人は로 시작되는 질문이 〈Part 3〉에 가장 많이 등장한다. 이런 문제들은 꼭 상대가 했던 말이 보기 속에 함정으로 등장하므로, 질문이 남자인지 여자인지 잊지 말고 미리 동그라미 표시를 해 두자.

3. 예문을 들려주는 동안 3~5개의 문제를 읽어 두자.

예문을 들려주는 시간은 약 30초이다. 속독에 아직 자신이 없다면 이 시간을 적극 활용하자. 적어도 3개, 많으면 5개의 문제까지 읽어 둘 수 있을 것이다. 가뜩이나 시간이 모자라는 〈Part 3〉부터는 예문을 들려주는 시간에 독해를 푸는 것은 오히려 독이 된다. 가능한 한 맨 뒤부터 읽어 두는 것이 좋지만, 〈Part 3〉의 첫 문제인 51번의 타이밍을 놓칠까봐 불안하다면 처음부터라도 괜찮다. 〈Part 3〉부터는 청해에만 집중하자.

4. 답은 대부분 뒷부분에 나온다.

문제마다 다르지만, 거의 세네 번째 문장에 정답이 숨어 있는 경우가 많다. 가끔 두 번째 문장까지만 듣고도 정답을 유추할 수 있는 경우도 있지만, 거의 마지막까지 들어야만 정답이 확실해지는 경우가 대부분이다. 마지막에 でも라며 다른 생각을 말하거나 いいえ라며 부정할 수도 있기 때문에 정답을 찾는 시점은 두 사람의 대화가 완전히 끝나기 직전 또는 끝남과 동시라고 할 수 있다. 특히 요즘엔 대화의 흐름이나 뉘앙스를 파악해야 풀 수 있는 문제가 자주 출제되므로, 되도록 끝까지 듣는 습관을 들이자.

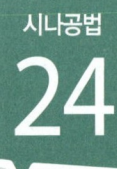

시나공법 24. 사람, 사물, 건물을 대상으로 하는 회화문

일상생활에서 흔히 있을 수 있는 대화로, 어떤 대상에 대해 궁금한 점을 직접 묻거나 그 특징을 이야기하는 형태의 회화문이 많이 출제됩니다. 사실, 대화의 내용은 일일이 다 기억하기 힘들기 때문에 방송이 나오기 전에 먼저 질문의 대상을 파악한 후 집중해서 들을 부분을 가려내야 합니다. 예를 들면,

남 : 저기 빨간 경차가 야마모토 씨 차죠?
여 : 아뇨. 제 차는 하얀색이에요. 지난달에 바꿨어요.
남 : 그래요? 안 보이는데, 오늘은 다른 데 세워 뒀나요?
여 : 어제 가벼운 접촉사고가 있어서 지금 수리 중이에요.

라는 대화에서는 질문이 "여자는 언제 차를 바꿨습니까?"인 경우와 "여자의 차는 어디에 있습니까?"인 경우, 들어야 하는 포인트가 어느 쪽인지에 따라 달라진다는 거죠.

시험에 이렇게 나온다! 🎧 Part3-24-1 　　　　　　　　스크립트를 가리고 풀어 보세요.

男 : 鈴木さんってどんなタイプが好きなの(?)。
女 : 私は誠実で前向きな人がいいな。吉田さんは(?)。
男 : 僕は良妻賢母のタイプがいいな。
女 : いまどきの女の子の中でそういうタイプを見つけるのは難しそうね。

男の人はどんなタイプの人がいいと言っていますか。

(A) 真面目で積極的な女性
(B) よい妻であり、よき母である女性
(C) 大人しくて優しい女性
(D) 最新の流行に敏感な女性

해석 남 : 스즈키 씨는 어떤 타입을 좋아해?
여 : 나는 성실하고 긍정적인 사람이 좋아. 요시다 씨는?
남 : 나는 현모양처 타입이 좋아.
여 : 요즘 여자 중에서 그런 타입을 찾기는 힘들 것 같은데.
남자는 어떤 타입인 사람을 좋아한다고 했습니까?
(A) 성실하고 적극적인 여성　　　　　　(B) 좋은 부인이자 좋은 엄마인 여성
(C) 어른스럽고 온화한 여성　　　　　　(D) 최신 유행에 민감한 여성

해설 良妻賢母는 '남편에게 좋은 부인이자 아이에게는 현명한 엄마'라는 뜻이므로 정답은 (B)가 된다. 미리 문제를 읽어 두고 질문의 주어가 男の人인지 女の人인지를 체크해 두었다면 쉽게 풀 수 있는 문제이다.

어휘 誠実(せいじつ) 성실함 | 前向(まえむ)き 긍정적임 | 良妻賢母(りょうさいけんぼ) 현모양처 | 真面目(まじめ) 성실함, 착실함 | 積極的(せっきょくてき) 적극적임 | 優(やさ)しい 착하다, 상냥하다, 온화하다 | 敏感(びんかん) 민감함

정답 (B)

> 중요도 ★★☆
> **시나공법 따라잡기**

1. 사람, 사물, 건물을 대상으로 하는 회화문

핵심 01 기초 다지기 🎧 Part3-24-2

초반에 등장하는 사람, 사물, 건물을 대상으로 하는 회화문은 비교적 어렵지 않은 대화 내용에 의문사가 들어간 문제가 많고, 단답형 보기가 대부분이기 때문에 문제의 주어와 의문사만 체크해 두어도 간단하게 풀 수 있다.

> **고수들의 조언**
> 먼저 문제만 읽고 회화문 박스와 정답 부분을 가린 다음에 오디오를 들으면서 답이 될 만한 유사 표현을 예상해 보자. 예문 이외에도 다양한 표현이 정답으로 나올 수 있다. 이런 과정을 반복하다 보면 어느새 〈Part 3〉을 푸는 요령이 생길 것이다.

問) 男の人はアメリカに何をしに行っていますか。 남자는 미국에 무엇을 하러 갔습니까?

　　女 : もうアメリカには戻らないの(?)。 이제 미국엔 돌아가지 않는 거야?
　　男 : いや、試験が終わって休みに入ってるだけだよ。 아니, 시험이 끝나서 방학에 들어간 것뿐이야.

答) (×) 就職 취직
　　(○) 留学 유학

受(う)け取(と)る
받다, 수령하다

問) 支払いはいつまでですか。 지불은 언제까지입니까?

　　女 : 支払期限はいつだったっけ。 지불 기한은 언제였지?
　　男 : 商品を受け取った翌月の1日までだって。 상품을 수령한 내달 1일까지래.

答) (×) 翌日 다음 날
　　(○) 来月の1日 다음 달 1일

핵심 02 한 단계 더 🎧 Part3-24-3

사람, 사물, 건물을 대상으로 하는 대화에서 가장 많이 등장하는 질문의 유형은 ~はどんな~ですか이다. 사람이 질문의 대상이라면 그 사람의 성격이나 성향을, 사물이나 건물이 질문의 대상이라면 특징이나 위치 관계에 집중해서 듣는 것이 좋다. 그러나 이와 같은 문제는 대화 속에 나왔던 말을 그대로 정답으로 제시해 주는 것이 아니라 유사 표현으로 바꿔 출제되기 때문에 좀 더 주의가 필요하다.

問) 女の人の指輪はどんなものですか。 여자의 반지는 어떤 물건입니까?

　　男 : いい指輪してるね。 좋은 반지 꼈네.
　　女 : あ、これですか。 아, 이거요?
　　男 : 婚約指輪なの(?)。 약혼반지야?
　　女 : いいえ、これは亡くなった母のものです。 아니요, 이건 돌아가신 엄마 거예요.

答) (×) プロポーズの証 　　　　　　　　　　　　　　　프로포즈의 증표
　　(○) お母さんの形見 　　　　　　　　　　　　　　　엄마의 유품

問) 女の人の部下はどんな人ですか。 　　　　　　　　　여자의 부하는 어떤 사람입니까?

> 男：新しい人、入ったんだって(?)。どう(?)。　　신입 들어왔다며? 어때?
> 女：それが、頑張ってはくれてるけど。　　　　　그게, 열심히는 해 주는데 말이지.
> 男：君の仕事、少しは減った(?)。　　　　　　　네 일은 좀 줄었어?
> 女：減るどころか、ミスが多くていらいらしてばっかり。　줄기는커녕 실수가 많아 짜증만 나.

答) (×) 仕事に熱心な人 　　　　　　　　　　　　　　　일에 열심인 사람
　　(○) あまり仕事のできない人 　　　　　　　　　　　일을 그다지 잘 못하는 사람

핵심 03 고득점 공략 🎧 Part3-24-4

사람, 사물, 건물을 대상으로 하는 회화문은 〈Part 3〉 초반 문제의 단골이긴 하지만, 반드시 단답형 보기 문제만 출제되는 것은 아니다. 문장형 보기 문제도 빠뜨리지 않고 등장하는데, 이러한 경우 정확한 청취 능력과 빠른 독해 능력이 동시에 발휘되어야 한다. 문장형 보기는 대화가 흘러나오기 전에 문제뿐 아니라 반드시 보기까지 미리 읽어야 고득점으로 연결된다.

店(みせ)を構(かま)える
가게를 차리다
予想(よそう)が外(はず)れる
예상이 빗나가다
賑(にぎ)わう
붐비다, 번성하다
安価(あんか)
싼값, 염가 [반의어] 高価(こうか) 고가
こつこつ
조금씩 꾸준히 노력하는 모양 [유의어] 地道(じみち) 견실함, 착실함
稼(かせ)ぐ
(돈, 시간 등을) 벌다
恐(おそ)れる
두려워하다, 걱정하다

問) 店の状況について正しいものはどれですか。 　　　가게 상황에 대해 올바른 것은 어느 것입니까?

> 女：店を構えたのはいいけど、予想が外れたかも。　　가게를 차린 건 좋지만, 예상이 빗나간 것 같아.
> 男：ずいぶん賑わってたじゃない。　　　　　　　　손님은 충분히 많던걸?
> 女：お客さん、結局安価なものしか買わないのよ。　　손님이 결국 싼 물건밖에 안 사.
> 男：バブル時代じゃあるまいし、こつこつ稼いでいくしかないよ。　버블 경제 시대도 아니고, 꾸준히 벌어 나갈 수 밖에 없어.

答) (×) 恐れていた通り、店内はがらがらだ。 　　　　　우려했던 대로 가게 안은 텅텅 비어 있다.
　　(○) 高価なものが売れず、困っている。 　　　　　고가의 물건이 팔리지 않아 난감하다.

참고 ～じゃあるまいしは ～ではあるまいしの 구어체로, 부정적인 뉘앙스를 풍기며 뒤에 오는 근거나 이유가 되는 말을 꾸민다.

> **유형 체크**
>
> 자주 출제되는 질문 형태로 ～は～をどう思っていますか、～は何と言っていますか、～について正しいものはどれですか 등이 있다. 문제가 길다고 어렵게 느끼지 않아도 되는데, 질문의 핵심은 물결 표시 부분에 다 들어 있기 때문이다.

2. 사람의 성격이나 성향과 관련된 표현

중요도 ★★☆

시나공법 따라잡기

특히 사람의 성격이나 성향을 묻는 문제는 난이도를 더 높이고 문제 수도 늘려, 최근에는 〈Part 3〉의 후반부에 해당하는 60번 이후에 출제되는 경우가 많아졌다. 어려운 문제까지 공략하기 위해서는 반드시 관련 어휘도 체크해 두자.

고수들의 조언

〈Part 3〉부터는 듣기만 잘하면 되는 것이 아니다. 회화문 속에 나왔던 단어가 다른 유사 표현으로 바뀌어 보기 속에 등장하는 경우가 많기 때문이다. 〈Part 3〉부터는 함께 나오기 쉬운 유사 표현끼리 묶어서 눈과 귀 모두가 익숙해질 때까지 학습해 두자.

핵심 01 긍정적인 성격이나 성향

几帳面(きちょうめん)だ	꼼꼼하다
しっかりしている	야무지다
てきぱきと動(うご)く	능숙하게 움직이다
仕事(しごと)ぶりが手早(てばや)い	일 처리가 빠르다
頼(たの)もしい	믿음직하다
頼(たよ)りになる	의지가 되다
頑張(がんば)り屋(や)	노력파
勤勉(きんべん)だ	근면하다
前向(まえむ)きな人(ひと)	긍정적인 사람
楽天家(らくてんか)	낙천가
めげない	기죽지 않다
くよくよしない	(사소한 일로) 끙끙대지 않다
肝(きも)が太(ふと)い	대담하다, 간이 크다
大胆(だいたん)だ	대담하다
愛想(あいそ)がいい	붙임성이 좋다
親(した)しみやすい	친근감이 들다
気(き)が利(き)く	센스가 있다
思(おも)いやりのある人(ひと)	배려 있는 사람, 남을 생각할 줄 아는 사람
負(ま)けず嫌(ぎら)い	지기 싫어하는 성격
根性(こんじょう)がある	근성이 있다
落(お)ち着(つ)いている	침착하다
穏(おだ)やかだ	온화하다
大人(おとな)しい	차분하다

気(き)どらない人(ひと)	잘난 체하지 않는 사람
謙虚(けんきょ)だ	겸허하다

핵심 02 부정적인 성격이나 성향

物忘(ものわす)れがひどい	건망증이 심하다
慌(あわ)て者(もの)	덜렁이
そそっかしい	덜렁대다
大雑把(おおざっぱ)だ	엉성하다, 조잡하다
いい加減(かげん)だ	(일 처리가) 엉성하다, 엉터리이다
せっかちだ	성급하다, 조급하다
短気(たんき)だ	성질이 급하다
おせっかい	참견쟁이
詮索好(せんさくず)きだ	남의 일에 관심이 많다
生意気(なまいき)だ	건방지다
おこがましい	주제넘다
頭(あたま)が固(かた)い	앞뒤가 꽉 막히다
融通(ゆうずう)が利(き)かない	융통성이 없다
威張(いば)る	뻐기다, 거만하게 굴다
傲慢(ごうまん)だ	오만하다, 거만하다
つれない	매정하다, 야박하다
よそよそしい	데면데면하다, 쌀쌀맞다
とっつきにくい人(ひと)	사귀기 힘든 사람
気難(きむずか)しい人(ひと)	(성격이 까다로워) 대하기 어려운 사람
そっけない	냉담하다, 쌀쌀맞다
無愛想(ぶあいそう)だ	붙임성이 없다, 무뚝뚝하다
ずるい	치사하다, 교활하다
卑怯(ひきょう)だ	비겁하다
無駄遣(むだづか)いする	낭비하다
金遣(かねづか)いが荒(あら)い	돈 씀씀이가 헤프다

根掘(ねほ)り葉堀(はほ)り聞(き)く	꼬치꼬치 묻다
しつこい	끈질기고 집요하다
臆病(おくびょう)だ	겁이 많다
弱虫(よわむし)	겁쟁이
ずぼらだ	야무지지 못하다
だらしない	칠칠치 못하다, 덜렁대다
気(き)まぐれだ	변덕스럽다
お天気屋(てんきや)	변덕쟁이, 기분파
駄々(だだ)をこねる	떼를 쓰다
わがままを言(い)う	억지를 부리다
子供(こども)っぽい	어린애 같다, 유치하다
子供(こども)じみる	어른스럽지 못하다

~っぽい와 ~じみる

~っぽい와 ~じみる에는 둘 다 '원래는 그렇지 않아야 되는데 그러한 경향이 강하다'는 부정적인 어감이 있다. 하지만 굳이 차이점을 따지자면 ~じみる 쪽이 좀 더 그런 성향이 강하다. 또한, ~じみる는 모든 단어에 붙을 수 있는 것이 아니기 때문에 子供じみる처럼 아예 하나의 어휘로 묶어서 외워 두는 것이 좋다.

年寄(としよ)りじみる 늙은이 같다   所帯(しょたい)じみる 살림에 찌들다
貧乏(びんぼう)じみる 가난에 찌들다   汗(あせ)じみる 땀에 찌들다

핵심 03 기타 성격이나 성향

涙(なみだ)もろい	눈물이 많다, 정에 약하다
泣(な)き虫(むし)	울보
変(か)わっている	(성격이) 특이하다
物好(ものず)きだ	색다른 것을 좋아하다, 취향이 별나다
好奇心旺盛(こうきしんおうせい)だ	호기심이 왕성하다
何事(なにごと)にも興味津々(きょうみしんしん)だ	무슨 일이든 흥미로워하다
馴(な)れ馴(な)れしい	친한 듯이 굴다
人懐(ひとなつ)っこい	붙임성이 있다, 사람을 잘 따르다

시나공법 24 | 시나공 기출문제의 재구성

시나공법 24에서 배운 내용이 어떻게 시험에 나오는지 실전 문제를 통해 확인해 보세요. 🎧 Part3-24시나공

난이도 ▶▷▷
01 男の人のお姉さんは何歳ですか。
　(A) 20歳
　(B) 22歳
　(C) 25歳
　(D) 28歳

난이도 ▶▷▷
02 男の人の兄弟について、正しいものはどれですか。
　(A) 兄、姉、妹
　(B) 姉、妹、弟
　(C) 兄、弟、妹
　(D) 姉、兄、弟

난이도 ▶▷▷
03 女の人はいつから眼鏡をかけていますか。
　(A) 中学2年の時から
　(B) 小学2年の時から
　(C) 中学3年の夏休みから
　(D) 小学3年の夏休みから

난이도 ▶▷▷
04 女の人の財布はどんなものですか。
　(A) 白くて四角い財布
　(B) 黒くて丸い財布
　(C) 中に学生証が入っている財布
　(D) 中にテレホンカードが入っている財布

난이도 ▶▶▷
05 学校の寮はどんな建物ですか。
　(A) 茶色い建物
　(B) 図書館の後ろにある建物
　(C) 高さが違う2棟の建物
　(D) 図書館の前にある建物

시나공법 24 | 시나공 기출문제의 재구성

난이도 ▶▶▷
06 佐藤先生について何と言っていますか。
　(A)　生徒に優しい先生
　(B)　宿題が少なかった先生
　(C)　怒りっぽい先生
　(D)　退職間近の先生

난이도 ▶▶▷
07 女の人の車はどんな車ですか。
　(A)　買ったばかりの新車
　(B)　白い色の車
　(C)　お父さんに買ってもらった車
　(D)　お母さんから借りた車

난이도 ▶▷▷
08 男の人のセーターはどんなものですか。
　(A)　有名ブランドのセーター
　(B)　彼女が買ってくれたセーター
　(C)　とても高くて暖かいセーター
　(D)　彼女が編んでくれたセーター

난이도 ▶▶▷
09 今日の受付の人の応対はどうでしたか。
　(A)　患者に対して不親切な態度だった。
　(B)　笑顔で応対してくれた。
　(C)　親切に気配りしてくれた。
　(D)　受付をするのに時間がかかった。

난이도 ▶▶▶
10 女の人はどんな性格ですか。
　(A)　何事にもじっくり取り組むタイプだ。
　(B)　何でも積極的に取り組むが、三日坊主だ。
　(C)　面倒くさがりで、何をするのも億劫だ。
　(D)　一つのことを最後までやり遂げる努力家だ。

★별책 정답&해설 62쪽

시나공법 25 약속, 예정에 관한 회화문

약속, 예정에 관한 대화는 매번 거의 빠지지 않고 출제되고 있는데, 대화 도입 부분의 함정만 잘 피하면 크게 어렵지 않으니 실수로라도 놓치지 말아야 합니다. 다음과 같은 회화문이 나올 경우,

  남 : 내일 영화라도 보러 가지 않을래요?
  여 : 좋죠. 몇 시 영화인가요?
  남 : 2시 30분이요. 일찍 만나서 식사라도 할까요?
  여 : 아, 죄송해요. 그 시간에 선약이 있는 걸 깜빡했어요.

처음엔 내일 함께 영화를 보기로 한 것처럼 이야기가 흐르지만, 마지막 여자의 말은 상황을 완전히 바꾸죠. 따라서 약속, 예정에 관한 회화문은 마지막 문장까지 주의 깊게 들고 답을 골라야 합니다.

시험에 이렇게 나온다! 🎧 Part3-25-1   스크립트를 가리고 풀어 보세요.

女 : 今週末、一緒に行く約束をしていた山登り、急に行けなくなっちゃったの。
男 : えっ、それはまたどうして(?)。週末はせっかく天気もいいって言ってたのに。
女 : 実は、急に実家に帰る用事ができちゃって。
男 : そうか、それは残念だな。また今度一緒に行こう。

女の人はどうしますか。
(A) 今週末に男の人と山登りに行く。
(B) 来週、男の人と山登りに行く。
(C) 今週末は実家に行く。
(D) 天気が悪いから、山登りに行く日を延ばす。

해석 여 : 이번 주말에 같이 가기로 한 등산, 갑자기 못 가게 되었어.
   남 : 뭐? 그건 또 왜? 주말엔 모처럼 날씨도 좋다고 하던데.
   여 : 실은 급히 집에 내려가 봐야 할 일이 생겨서.
   남 : 그래? 그건 아쉽다. 그럼 다음에 같이 가.
   여자는 어떻게 합니까?
   (A) 이번 주말에 남자와 등산을 간다.
   (B) 다음 주에 남자와 등산을 간다.
   (C) 이번 주말은 부모님 댁에 간다.
   (D) 날씨가 나쁘니 등산 가는 날을 연기한다.

해설 주어와 함께 시점까지 놓치지 않고 들어야 하는 문제이다. **今週末**에 예정했던 등산은 갑자기 갈 수 없다고 했기 때문에 (A)는 오답이고, **天気もいい**라고 했으니 (D)도 정답이 될 수 없다. 또한, 마지막에 **今度**라고 했기 때문에 **来週**를 언급한 (B)도 답으로 알맞지 않다. 따라서 정답은 (C)이다.

어휘 山登(やまのぼ)り 등산, 산에 오름 [유의어] 登山(とざん) (장비를 가지고 본격적으로 하는) 등산, 등반 | せっかく 모처럼 | 延(の)ばす 미루다, 연기하다

정답 (C)

약속, 예정에 관한 회화문

핵심 01 기초 다지기 🎧 Part3-25-2

주로 약속을 잡는 과정, 일정 확인, 취소, 예정의 변경 등과 같은 대화가 이루어지며, 대화의 앞부분이 아닌 3~4번째 문장에 정답이 숨어 있을 가능성이 높다. 비교적 난이도가 높지 않은 초반 문제에서는 약속한 때와 장소에 대한 문제가 자주 출제되는데, 대화를 들을 때는 마지막에 등장하는 でも 또는 じゃ로 시작하는 말은 절대 놓치지 말아야 한다.

問) 2人はいつ絵を描きますか。 두 사람은 언제 그림을 그립니까?

女: 今日はもう遅いから、明日にしたらどうですか。 오늘은 이미 늦었으니 내일 하면 어떨까요?
男: 仕方ないですね。じゃ、そうしましょう。 어쩔 수 없군요. 그럼 그렇게 합시다.

答) (×) 週末 주말
   (○) 翌日 내일

問) 2人はどこで会いますか。 두 사람은 어디서 만납니까?

男: 少し遅くなるかもしれないから、先に行っていいよ。
   좀 늦을지도 모르니 먼저 가 있어도 돼.
女: でも、特にやることもないし、駅前の喫茶店で待ってるわ。
   하지만 특별히 할 일도 없으니 역 앞 커피숍에서 기다릴게.

答) (×) 自宅 집
   (○) 喫茶店 커피숍

핵심 02 한 단계 더 🎧 Part3-25-3

앞으로의 예정에 대한 문제는 마지막 부분만 잘 들을 것이 아니라 전체 흐름을 기억해야 할 필요도 있다. 또한, 〈Part 3〉의 다른 문제와 마찬가지로 질문의 대상 파악이 반드시 선행되어야 한다. 질문의 주어에 따라 그들의 예정이나 해야 할 일이 각각 다르기 때문에 더욱 필요한 작업이다.

炒(いた)める
볶다

塩(しお)コショウ
소금과 후추, (변하여) 간을 함

問) 料理はどんな風にしますか。 요리는 어떤 식으로 합니까?

男 : 今日はよろしくお願いします。 오늘은 잘 부탁합니다.
女 : それでは、これでダシを取ってください。 그럼, 이걸로 육수를 내 주세요.
男 : はい。 네.
女 : それから、鶏肉と野菜を炒めてください。あ、その前に塩コショウです。
그리고 나서 닭고기와 채소를 볶아 주세요. 아, 그 전에 밑간을 해 주세요.

答) (×) ダシを取る → 具材を炒める → 下味をつける   육수 내기 → 재료 볶기 → 밑간 하기
   (○) ダシを取る → 下味をつける → 具材を炒める   육수 내기 → 밑간 하기 → 재료 볶기

고수들의 조언
문제의 ○○ 안에 각각 森, 女の人, 男の人를 대입하여 답을 찾아보세요. 대상에 따라 앞으로 해야 할 일이 전혀 달라지죠?

済(す)ませる
마치다, 끝내다

問) ○○はこれから何をしますか。 ○○는 앞으로 무엇을 합니까?

女 : 森君は今日、学校には来ないの(?)。 모리 군은 오늘 학교엔 안 와?
男 : 寝坊して今、バスの中だそうです。 늦잠 자서 지금 버스 안이래요.
女 : 森君に会ったら、4時までに私のところへ来るようにと伝えて。
모리 군 보면 4시까지 나한테 오라고 전해 줘.
男 : そういえば、先生は夜の飛行機で大阪でしたね。わかりました。
그러고 보니 선생님은 밤 비행기로 오사카에 가시죠. 알겠습니다.

答) (森君) → 4時までに先生の部屋へ行く。 (모리) → 4시까지 선생님 방에 간다.

   (女の人) → 森君との用事を済ませて、空港へ行く。
   (여자) → 모리 군과의 볼일을 마친 뒤에 공항에 간다.

   (男の人) → 森君に会って伝言を伝える。 (남자) → 모리 군을 만나 전언을 전한다.

> **유형 체크**
> 두 사람의 대화가 끝난 다음에 앞으로 할 일에 대해서는 今から, これから, この後에 どうしますか, どうするつもりですか, 何をしますか, 何を頼まれましたか 등과 같은 질문의 형태가 자주 출제된다.

핵심 03 고득점 공략 🎧 Part3-25-4

화자가 앞으로 무엇을 할 것인지를 묻는 문제는 대상과 순서만 잘 파악하면 크게 어려울 것이 없지만, 문제는 비즈니스 상황에서의 대화이다. 상사가 부하에게 해야 할 일을 지시하거나, 동료에게 무언가를 부탁 받거나, 일의 순서를 함께 의논하는 등 비즈니스 상황에서 가장 많이 등장할 수 있는 소재가 바로 약속, 예정에 관한 것이기 때문이다. 어려운 어휘, 길어진 문제와 보기가 난관이지만, 고득점을 위해 후반부의 비즈니스 회화문을 미리 살펴보자.

下見(したみ)
예비 조사, 예비 답사

問) 2人はどうするつもりですか。 두 사람은 어떻게 할 생각입니까?

> 女: 来週の接待、駅前にできた和食の店はどう(？)。
> 다음 주 접대, 역 앞에 생긴 일식집은 어때?
>
> 男: あそこは値段に見合う料理が出ないって噂だよ。
> 거긴 가격 대비 요리가 별로라는 소문이 있어.
>
> 女: でも、個室があるところって、この辺じゃなかなかないのよ。
> 그렇지만 개별실이 있는 곳이 이 근처엔 별로 없어.
>
> 男: そうだな。じゃ、帰りに下見して判断しよう。
> 그러게. 그럼 퇴근할 때 답사한 뒤 판단하자.

答) (×) 値段によっては、接待を見合わせる。 가격에 따라서는 접대를 미룬다.
  (○) 駅前の店に行ってみて、その後に決める。 역 앞 가게에 가본 뒤에 정한다.

참고
- 見合(みあ)う는 균형이 알맞게 잡힌 상태를 일컫는 말로, 値段に見合う라고 하면 '가격에 상응하다, 적당하다'라는 뜻이 된다.
- 見合(みあ)わせる는 '보류하다, 미루다, 연기하다'라는 뜻으로, JPT에 자주 등장하는 동의어 先送(さきおく)りにする도 함께 알아 두자.

시나공법 25 | 시나공 기출문제의 재구성

시나공법 25에서 배운 내용이 어떻게 시험에 나오는지 실전 문제를 통해 확인해 보세요. 🎧 Part3-25시나공

01 男の人はクリスマスの日に何をしますか。
(A) 旅行する。
(B) 出張に行く。
(C) クリスマスパーティーをする。
(D) 女の人にお寿司をごちそうする。

02 男の人について合っているものはどれですか。
(A) 今日、実家に帰る。
(B) 今日は父親の誕生日だ。
(C) 両親は夫婦で温泉に行く。
(D) 家族みんなで温泉に行く。

03 女の人はいつ治療に行きますか。
(A) 今日の午後6時に行く。
(B) 来週の月曜日1時に行く。
(C) 来週の火曜日1時に行く。
(D) 来週の火曜日7時に行く。

04 この後、2人はどうしますか。
(A) お茶を飲みに行く。
(B) 2人で一緒に本屋に行く。
(C) 男の人は友達に会いに行く。
(D) 男の人と女の人はここで別れる。

05 女の人はどうしますか。
(A) 結婚式場に男の人と一緒に行く。
(B) 結婚式場で男の人の手伝いをする。
(C) 男の人よりは早く結婚式場に行く。
(D) 男の人よりは遅く結婚式場に行く。

시나공법 25 시나공 기출문제의 재구성

난이도 ▶▶▷
06 女の人は謝恩会に参加しますか。
(A) 卒業式には参加するが、謝恩会は欠席する。
(B) 2時半から謝恩会に参加できる。
(C) 少し遅れるが参加する。
(D) 十分に余裕を持って参加できる。

난이도 ▶▶▷
07 女の人はどうしますか。
(A) 今週の土曜日に男の人と一緒に映画を見に行く。
(B) 来週の土曜日に男の人と一緒に映画を見に行く。
(C) 今週の土曜日は男の人とヨガ教室に行く。
(D) 来週の土曜日はヨガ教室に行く。

난이도 ▶▶▶
08 2人のテストの日程はどうなっていますか。
(A) 来週から期末テストが始まる。
(B) 2人とも月曜日に英語の試験がある。
(C) 女の人は専攻科目のテストはない。
(D) 女の人はレポートを三つ書かなければならない。

난이도 ▶▶▶
09 女の人はどんなことを思っていますか。
(A) 男の人が30分も遅く来たので、怒ろうと思っている。
(B) 男の人を元気付けようと思っている。
(C) 男の人はお腹が空いているだろうと思っている。
(D) 30分も待たせた部長を恨んでいる。

난이도 ▶▶▷
10 女の人の週末の予定は、どのようなものですか。
(A) 田舎から東京に帰って、両親と東京見物する。
(B) 男の人と一緒に田舎にドライブに行く。
(C) 東京から田舎に帰って親孝行をする。
(D) 田舎の両親と東京見物する。

★별책 정답&해설 64쪽

26 건강과 상태, 안부와 근황에 관한 회화문

건강과 상태, 안부와 근황에 대한 회화문 또한 자주 출제되는 유형 중 하나입니다. 주로 대화를 나누는 남녀 중 한 사람이나 공통으로 알고 있는 제삼의 인물에 대한 내용이 오고가는데요. 건강과 상태에 대한 대화에서는 어떤 증상인지, 아프게 된 원인은 무엇인지, 검사 결과는 어떤지 등과 같은 문제, 안부와 근황에 관한 대화에서는 요즘 어떻게 지내는지, 어떤 상황인지, 새로운 환경에는 잘 적응하고 있는지 등에 대한 문제가 주로 나옵니다.

시험에 이렇게 나온다! ∩ Part3-26-1   스크립트를 가리고 풀어 보세요.

男: 山田さん、もう今日で欠勤3日目だね。
女: だいぶひどいのかしら。
男: 昨日の電話では熱は下がったって言ってたけど。
女: 今朝、大事を取って今週いっぱい休むって連絡があったわ。

山田さんの様子はどうですか。
(A) 今週は会社を休む。
(B) 熱が下がらない。
(C) あと3日したら出勤する。
(D) いつまで休むかわからない。

해석 남 : 야마다 씨, 벌써 오늘로 결근 3일째지?
　　　　여 : 많이 심한 건가?
　　　　남 : 어제 전화에서는 열은 내렸다고 하던데.
　　　　여 : 오늘 아침에 만약을 위해 이번 주 내내 쉴 거라는 연락이 있었어.
　　　　야마다 씨의 상태는 어떻습니까?
　　　　(A) 이번 주는 회사를 쉰다.　　　　　　　　(B) 열이 내리지 않는다.
　　　　(C) 앞으로 3일 후에 출근한다.　　　　　　(D) 언제까지 쉴지 알 수 없다.

해설 어제 열은 내렸다고 했으므로 (B)는 오답이며, 欠勤3日目라는 것은 알 수 있지만 이번 주가 얼마나 남았는지는 알 수 없으므로 (C)도 정답이 될 수 없다. 또한, 얼마나 쉴지 連絡가 있었다라고 했으므로 (D)도 틀린 대답이다. 따라서 (A)가 정답이다.

어휘 欠勤(けっきん) 결근 | 大事(だいじ)を取(と)って 신중을 기해서, 조심해서 | 出勤(しゅっきん) 출근

정답 (A)

● 중요도 ★★☆
시나공법 따라잡기

1. 건강과 상태, 안부와 근황에 관한 회화문

핵심 01 기초 다지기 ∩ Part3-26-2

문제를 미리 읽고 질문이 궁금해하는 대상이 女の人인지 男の人인지를 파악한 뒤, 그 사람에 대한 이야기만 집중해서 듣는다면 정답을 쉽게 찾을 수 있는 경우가 많다. 다르게 표현하면 이 밖의 정보는 오답으로 잘 등장한다는 것이다.

眠(ねむ)れる
자다, 잠들다

問) 女の人はこの頃どうですか。
여자는 요즘 어떻습니까?

男: 眠れないって、彼氏と何かあった(?)。
못 잔다니, 남자친구랑 무슨 일 있었어?

女: それより、コーヒーを飲む回数が問題かな。
그것보다 커피 마시는 횟수가 문제인가?

答) (×) 彼氏とよく喧嘩するようになった。
남자친구랑 자주 싸우게 됐다.

(○) コーヒーを飲みすぎて眠れない。
커피를 많이 마셔서 잠을 못 잔다.

調子(ちょうし)が悪(わる)い
몸 상태가 나쁘다
食(た)べ過(す)ぎる
과식하다

問) 男の人はなぜお腹が痛いですか。
남자는 왜 배가 아픕니까?

男: あそこのお菓子を全部食べたら、どうも調子が悪くて。
저기 있던 과자를 전부 먹었더니 아무래도 상태가 안 좋아서.

女: それ食べたの(?)。古いからゴミ箱行きかなって思ってたのに。
그거 먹었어? 오래되어서 쓰레기통행이라고 생각했었는데.

答) (×) 食べ過ぎたから
과식해서

(○) 古くなった物を食べたから
오래된 것을 먹어서

핵심 02 한 단계 더 🎧 Part3-26-3

제삼의 인물이나 대화 중인 두 사람 모두에 대한 질문이 나왔을 경우는 대화 내용 전부를 다 들을 필요가 있다. 특정한 사람의 이야기만 들어서는 답을 정확하게 골라낼 수 없기 때문이다. 이런 문제 유형은 전체 흐름을 파악하며 처음부터 끝까지 다 듣는 것이 좋다.

見舞(みま)い
문병, 병문안
寝込(ねこ)む
(병으로) 몸져눕다

問) 青木さんは今どうしていますか。
아오키 씨는 지금 어떻게 하고 있습니까?

男: 青木、家にいないようだね。
아오키, 집에 없나 보네.

女: 病気で寝ているはずなのに。
아파서 누워 있어야 맞는데.

男: 病院にでも行ってるのかな。
병원에라도 간 건가?

女: 2人で見舞いに行くって言っておいたのに。
둘이서 병문안 간다고 말해 뒀는데.

答) (×) 病気で寝込んでいる。
아파서 몸져누워 있다.

(○) どこかへ出かけているようだ。
어딘가 나간 것 같다.

~にも増(ま)して
더욱 ~해지다
だるい
나른하다, 노곤하다

問) 2人は何について話していますか。　　　　　두 사람은 무엇에 대해 이야기하고 있습니까?

男：この頃、以前(いぜん)にも増(ま)してだるいんだ。　　요즘 예전보다 더 노곤해.
女：パソコン画面(がめん)を見続ける仕事って疲れるわね。　컴퓨터 화면을 계속 보는 일은 힘들지.
男：しかも毎日携帯(けいたい)まで使っているからな。　게다가 매일 휴대전화까지 사용하니까.
女：頭痛(ずつう)や肩(かた)こりも、目の疲れが原因(げんいん)かもね。　두통이나 어깨결림도 눈의 피로가 원인일지도 몰라.

答) (×) 職場(しょくば)のストレスと倦怠感(けんたいかん)　　　　　직장 스트레스와 권태감
　　(○) 目の疲れによる影響(えいきょう)　　　　　　　　　　　눈의 피로로 인한 영향

> **유형 체크**
>
> 자주 출제되는 질문의 유형으로는 ~について正しいものはどれですか, ~は何と言ってますか 등 세부 사항을 묻는 문제가 많다.

중요도 ★★☆

시나공법 따라잡기

2. 건강과 상태에 관한 어휘와 표현

건강과 상태에 관한 대화가 어렵다고 느껴지는 건 어휘나 표현이 생소해서일지도 모른다. 이번 기회에 평소 잘 접하지 못했던 JPT 단골 어휘를 꼼꼼하게 체크해 두자.

熟睡(じゅくすい)	숙면
うなされる	가위눌리다
寝付(ねつ)きが悪(わる)い	잠을 잘 들지 못하다
寝違(ねちが)える	(자다가) 담이 결리다
体(からだ)がだるい	몸이 노곤하다
くまが出来(でき)る	다크서클이 생기다
肩(かた)こり	어깨 결림, 어깨 뭉침
耳鳴(みみな)り	이명
目眩(めまい)がする	현기증이 나다
ぐったりする	(녹초가 된 모양) 축 늘어지다
へとへとだ	(몹시 지쳐 힘없는 모양) 녹초가 되다
足(あし)が棒(ぼう)になる	(오래 서 있거나 걸어서) 다리가 뻣뻣해지다
気分(きぶん)が悪(わる)い	속이 안 좋다
車(くるま)に酔(よ)う	차멀미를 하다

[참고] 車酔(くるまよ)いという 명사형으로도 쓰인다.

吐(は)き気(け)がする	구역질이 나다
胃(い)がもたれる	체하다

花粉症(かふんしょう)	화분증, 꽃가룻병
アレルギー	알레르기
熱中症(ねっちゅうしょう)	열사병
冷(ひ)え性(しょう)	수족 냉증

風邪(かぜ)をこじらせる	감기가 악화되다
悪寒(おかん)が走(はし)る	오한이 들다
症状(しょうじょう)が和(やわ)らぐ	증상이 완화되다
ウイルス感染(かんせん)	바이러스 감염

お見舞(みま)い	병문안
寝(ね)たきり	병상에 누워 있음

참고 寝たきり는 노화나 마비 등으로 혼자서는 거동이 불편한 사람에게 쓰지만, 寝たままは 단순히 누워 있는 상태의 지속을 나타낸다.

容態(ようだい)が芳(かんば)しくない	병세가 좋지 않다

참고 같은 뜻으로 病状(びょうじょう)が思(おも)わしくない도 함께 알아 두자.

回復(かいふく)が見込(みこ)めない	회복될 가망이 없다
手(て)の施(ほどこ)しようがない	손을 쓸 수가 없다

かすり傷(きず)	별거 아닌 상처, 찰과상
薬(くすり)より養生(ようじょう)	약보다 요양

시나공법 26 | 시나공 기출문제의 재구성

시나공법 26에서 배운 내용이 어떻게 시험에 나오는지 실전 문제를 통해 확인해 보세요. 🎧 Part3-26시나공

난이도 ▶▶▶
01 田中さんのお父さんについて、正しいものはどれですか。
　　(A) 一昨日入院した。
　　(B) 昨日手術した。
　　(C) 明後日検査の結果が出る。
　　(D) 検査の結果は異常なかった。

난이도 ▶▶▶
02 男の人はどうして自分が眠れないと思っていますか。
　　(A) ストレスがたまっているから
　　(B) 長時間昼寝をしたから
　　(C) 運動をして疲れすぎたから
　　(D) 昼寝をしなかったから

난이도 ▶▶▷
03 女の人の花粉症の症状はどうですか。
　　(A) くしゃみが出て、目が痒くなる。
　　(B) 目が充血して、鼻水が出る。
　　(C) くしゃみが出たり、鼻水が出たりする。
　　(D) 鼻水が出て、目が痒くなる。

난이도 ▶▶▷
04 女の人は酔い止めの薬をどうしましたか。
　　(A) ドライブをする前に飲んだ。
　　(B) 吐気がするので飲まなかった。
　　(C) ドライブの途中で薬局で買った。
　　(D) テーブルの上に置きっぱなしで出かけた。

난이도 ▶▶▷
05 女の人の就職活動はどんな状況ですか。
　　(A) うまくいっている。
　　(B) 先週三つの会社の面接を受けた。
　　(C) どこの会社にもまだ就職が決まっていない。
　　(D) 就職をすることは諦めた。

시나공법 26 | 시나공 기출문제의 재구성

난이도 ▶▶▷
06 女の人について正しいものはどれですか。
　(A)　女の人はこの間転職した。
　(B)　女の人の上司は男の人の同級生だ。
　(C)　以前の職場と仕事の内容はほとんど同じだ。
　(D)　もうすっかり新しい職場に慣れた。

난이도 ▶▶▷
07 男の人の留学生活はどうですか。
　(A)　学校にはすぐ慣れたが、友達はまだ少ない。
　(B)　アルバイトと両親からの送金でそこそこに暮らしている。
　(C)　アルバイトだけで生活しているので苦しい。
　(D)　ホームシックにかかって大変だ。

난이도 ▶▶▷
08 今年、男の人の健康診断の結果はどうでしたか。
　(A)　コレステロールの数値が高めに出た。
　(B)　食事に気をつけたが、去年と同じ数値が出た。
　(C)　食事に注意して運動をしたおかげで異常はなかった。
　(D)　去年も今年も正常だった。

난이도 ▶▶▶
09 男の人は新しい会社で今、どんな仕事をしていますか。
　(A)　現場で接客マナーや電話応対の指導をしている。
　(B)　現場で実践的な社員教育を受けている。
　(C)　会社で倒れてしまい、仕事をしていない。
　(D)　営業部でお客様の接客をしている。

난이도 ▶▶▷
10 男の人の息子について、正しいものはどれですか。
　(A)　学校の寮で暮らしている。
　(B)　家事をすることには慣れている。
　(C)　ご飯は下宿のおばさんが出してくれる。
　(D)　息子は父親から家事を教えてもらった。

★별책 정답&해설 66쪽

날씨에 관한 회화문

날씨를 주제로 한 회화문에서는 지금이 어떤 날씨인지 그 날씨로 인해 대화 속 사람은 어떤 영향을 받고 있는지에 대해 들어 두어야 합니다. 물론, 어디에 더 초점을 맞춰 들어야 하는지는 문제에 따라 다르죠. 가령,

여 : 다 젖었어.
남 : 우산 놔 두고 갔어?
여 : 일기 예보를 못 봤지 뭐야.
남 : 잠시만, 수건 가져다줄게.

이 대화에서 "지금 날씨는 어떻습니까?"라는 문제가 나왔다면 전체를 들어야 하고, "여자는 왜 비를 맞았습니까?"라는 문제가 나왔다면 여자의 이야기를 들어야 한다는 뜻입니다.

시험에 이렇게 나온다! Part3-27-1 스크립트를 가리고 풀어 보세요.

男 : 昨日は傘もないのに雨に降られてまいったよ。
女 : 最近、夕立が降りやすい天気が続いているそうよ。
男 : 地球温暖化で少しずつ気候にも変化が起きているのかな。
女 : まぁ～とにかく、しばらくは傘は手放せないわね。

最近の天気はどうですか。
(A) 雨があまり降らない。
(B) 雨が降りやすいので傘は必需品だ。
(C) 地球の温暖化で気温が上がっている。
(D) 毎日雨が降っている。

해석 남 : 어제는 우산도 없는데 비를 맞아 난처했어.
　　　여 : 요즘 소나기가 잦은 날씨가 계속되고 있대.
　　　남 : 지구 온난화로 조금씩 기후 변화가 일어나고 있는 건가?
　　　여 : 뭐 어쨌든, 당분간은 손에서 우산을 놓을 수 없겠어.
　　　요즘 날씨는 어떻습니까?
　　　(A) 비가 별로 내리지 않는다.　　　(B) 비가 잘 내리므로 우산은 필수품이다.
　　　(C) 지구 온난화로 기온이 상승하고 있다.　　　(D) 매일 비가 내리고 있다.

해설 요즘 날씨는 降りやすい天気라고 했기 때문에 (A)는 오답이다. 그렇다고 소나기가 매일 내린다고 단정할 수 없으므로 (D)도 답이 될 수 없다. (C)는 상식적으로는 맞는 말이더라도, 두 사람의 대화만으로는 요즘 기온이 상승했는지 알 수 없으므로 정답이라고 할 수 없다. 따라서 정답은 (B)이며, 전체 내용을 잘 듣지 못했더라도 마지막에 傘は手放せない라는 부분을 들었다면 답은 쉽게 찾을 수 있다.

어휘 夕立(ゆうだち) 소나기 | 地球温暖化(ちきゅうおんだんか) 지구 온난화 | 気候(きこう) 기후 | 手放(てばな)す 손에서 놓다, 손에서 떼다 | 必需品(ひつじゅひん) 필수품

정답 (B)

🔔 중요도 ★★☆

시나공법 따라잡기

1. 날씨에 관한 회화문

핵심 01 기초 다지기 🎧 Part3-27-2

'날씨'라는 주제는 대화를 나누는 남녀 모두에게 공통으로 적용되는 외부 환경이기 때문에 어느 한쪽이 아니라 두 사람이 말하는 정보를 모두 듣고 전체를 종합하는 작업이 필요하다.

寄(よ)り道(みち)
목적지로 가는 도중에 들름

曇(くも)る
흐리다

問) 今はどんな天気ですか。　　　　　　　　　　　지금은 어떤 날씨입니까?

男 : 今にも降りそうだな。　　　　　　　　　　금방이라도 쏟아질 것 같아.
女 : 降るのは夜からって言ってたのに。　　　　비는 밤부터 온다고 했는데.
男 : 寄り道しないで早く帰った方がいいね。　　어디 새지 말고 빨리 집에 가는 게 좋겠어.
女 : あ、降り出してきた。　　　　　　　　　　앗, 내리기 시작했어.

答) (×) 曇っている。　　　　　　　　　　　　　흐리다.
　　(○) 雨が降り始めた。　　　　　　　　　　　비가 내리기 시작했다.

핵심 02 한 단계 더 🎧 Part3-27-3

날씨는 생활과 밀접하게 관계하고 있기 때문에 대화 속의 사람도 날씨로 인해 여러 영향을 받을 수 있다. 개인적인 상황으로는 날씨에 따른 일정 변경, 옷차림, 기분 변화, 불쾌지수, 일사병 등에 대한 대화를 나눌 수 있고, 넓게 보면 이상기온, 태풍 피해와 같은 대화도 나눌 수 있다.

暴風雪(ぼうふうせつ)
강한 바람을 동반한 눈보라

問) 男の人はどう思っていますか。　　　　　　　남자는 어떻게 생각하고 있습니까?

女 : 強い冬型の気圧配置で、暴風雪になる予報だわ。
　　　　　　　　　　　강한 겨울형 기압 배치로 강풍을 동반한 폭설이 내린다는 예보래.
男 : 電車が止まるかもしれませんね。　　　　　　전철이 다니지 않을지도 모르겠네요.
女 : そういう人は社内放送で早く帰ってもいいって。
　　　　　　　　　　　그런 사람은 사내 방송에서 빨리 귀가해도 좋대.
男 : じゃ、私は午後から失礼させていただきます。
　　　　　　　　　　　그럼, 전 오후부터 실례하겠습니다.

答) (×) 大雨で帰れるか心配だ。　　　　　　　　큰비 때문에 집에 갈 수 있을지 걱정이다.
　　(○) 今日は早退するつもりだ。　　　　　　　오늘은 조퇴할 생각이다.

> **유형 체크**
>
> ~はどう考えていますか、~はどう思っていますか、~はどうするつもりですか 등 날씨의 영향에 따른 주어의 생각이나 행동의 변화를 묻는 유형이 자주 출제된다.

干(ほ)す
말리다
いらいら
초조하고 안달 나는 모양
花粉症(かふんしょう)
화분증, 꽃가루 알레르기

問) 男の人の家はどうして洗濯物を室内で干していますか。　　남자의 집은 어째서 빨래를 실내에 넙니까?

女：明日、また雨だそうよ。　　내일 또 비가 온대.

男：それじゃあ、傘持っていった方がいいね。　　그럼, 우산 가져가야겠네.

女：それより、また洗濯物を外に干せなくなるからいらいらするわ。
　　그것보다 또 빨래를 밖에 못 널게 돼서 짜증 나.

男：うちは、子供が花粉症だから最近はいつも室内だけどな。
　　우리 집은 애가 꽃가루 알레르기라 요즘은 항상 실내에 널어.

答) (×) 雨天だから　　우천이라서

　　(○) 花粉症の家族がいるから　　꽃가루 알레르기를 앓는 가족이 있어서

중요도 ★★☆

시나공법 따라잡기

2. 날씨와 관련된 어휘와 표현

날씨에 관한 대화를 잘 듣기 위해선 고급 표현이나 관련 어휘를 많이 알아 두는 것이 좋다. 몇 가지 단서로 그 시기의 날씨나 계절에 대해 파악해야 하는 경우도 많기 때문이다.

핵심 01 계절에 관한 어휘

봄	
花冷(はなび)え	꽃샘추위
春先(はるさき)	이른 봄
春雨(はるさめ)	봄비
春(はる)めく	봄다워지다, 봄 기운이 느껴지다
うららか	(주로 봄 날씨가) 화창함
花見(はなみ)	벚꽃놀이
桜前線(さくらぜんせん)	벚꽃 전선

여름	
夏物(なつもの)	여름옷
冷夏(れいか)	평년보다 시원한 여름
蒸(む)し暑(あつ)い	무덥다, 푹푹 찌다
夏(なつ)バテ	더위를 먹음
残暑(ざんしょ)	늦더위
涼(すず)む	(더위를 피해) 시원한 바람을 쐬다
雹(ひょう)	우박

日焼(ひや)け	햇볕에 탐
紫外線(しがいせん)	자외선

가을

秋晴(あきば)れ	맑게 갠 가을 날씨
紅葉(もみじ・こうよう)	단풍
肌寒(はださむ)い	쌀쌀하다

> [참고] 肌寒い는 はださむい가 기본 표기이지만, 일상회화에서는 はだざむい로도 많이 발음한다.

겨울

冬物(ふゆもの)	겨울옷
暖冬(だんとう)	평년보다 따뜻한 겨울
冷(ひ)え込(こ)む	추위가 매서워지다
凍(い)てつく	꽁꽁 얼다, 얼어붙다
冬将軍(ふゆしょうぐん)	동장군
三寒四温(さんかんしおん)	삼한사온
つらら	고드름
初雪(はつゆき)	첫눈
吹雪(ふぶき)	눈보라
雪崩(なだれ)	눈사태

핵심 02 날씨에 관한 어휘

맑음

晴(は)れ ＝ お天気(てんき)	맑음
晴(は)れ渡(わた)る	맑게 개다
晴天(せいてん)	맑은 날씨, 맑은 하늘
台風一過(たいふういっか)	태풍이 지난 뒤 구름 한 점 없이 맑은 날씨

흐림

曇(くも)り	흐림
曇天(どんてん)	흐린 날씨, 흐린 하늘
どんよりする	날씨가 잔뜩 흐리다
曇(くも)りがち	대체로 흐림

> [참고] ～がちだ는 동사 ます형이나 명사에 붙어 '～하는 경향이 많다, ～하는 일이 잦다'는 뜻이지만 부정적 뉘앙스를 띠고 있어서, '좋은 일, 무난한 일'에 대해서는 ～がちだ를 쓰지 않고 よく～する라고 표현한다.

비	
雨天(うてん)	우천
降雨量(こううりょう)	강수량, 강우량
雨雲(あまぐも)	비구름
雨足(あまあし)	빗줄기, 빗발
雨宿(あまやど)り	비를 피함
小雨(こさめ)	가랑비
霧雨(きりさめ)	이슬비
大雨(おおあめ)	큰비
土砂降(どしゃぶ)り	장대비, 억수같이 내리는 비
にわか雨(あめ)	소나기
夕立(ゆうだち)	(여름 오후의) 소나기
狐(きつね)の嫁入(よめい)り	호랑이 장가가는 날
日照(ひで)り雨(あめ)	여우비
雨上(あめあ)がり	비가 그침
びしょ濡(ぬ)れ	흠뻑 젖음
通(とお)り雨(あめ)	지나가는 비
嵐(あらし)	폭풍
豪雨(ごうう)	폭우
暴風雨(ぼうふうう)	폭풍우
一荒(ひとあ)れ	한바탕 폭풍우가 몰아침
雷(かみなり)	천둥
稲妻(いなずま) = 稲光(いなびかり)	번개

장마	
梅雨(つゆ)	장마
梅雨入(つゆい)り	장마철로 접어듦
梅雨明(つゆあ)け	장마가 갬
梅雨(つゆ)の晴(は)れ間(ま)	장마 기간 중의 맑은 하늘
梅雨前線(ばいうぜんせん)	장마 전선
滅入(めい)る	(비로) 우울해지다
じめじめする	(습도가 높아) 눅눅하다, 끈적거리다
うっとうしい	(기분이) 울적하다, (날씨가) 찌푸리다

狐(きつね) 여우
嫁入(よめい)り 시집감
日照(ひで)り 가뭄

핵심 03 날씨와 관련된 표현

天気予報(てんきよほう)が外(はず)れる	일기 예보가 틀리다
晴(は)れのち曇(くも)り	맑은 뒤 흐림
霧(きり)が晴(は)れる	안개가 걷히다
荒(あ)れ模様(もよう)の天気(てんき)	날씨가 거칠어질 듯함
台風(たいふう)が北上(ほくじょう)する	태풍이 북상하다
大(おお)しけとなる	바다가 거칠어지다, 파도가 높아지다
津波(つなみ)が押(お)し寄(よ)せる	해일이 밀려오다
日照(ひで)りが続(つづ)く	가뭄이 계속되다
洪水(こうずい)に見舞(みま)われる	홍수가 나다

見舞(みま)う 달갑지 않은 것이 찾아오다

시나공법 27 | 시나공 기출문제의 재구성

시나공법 27에서 배운 내용이 어떻게 시험에 나오는지 실전 문제를 통해 확인해 보세요. 🎧 Part3-27시나공

난이도 ▶▷▷
01 今日の天気はどうですか。
(A) あまり寒くない。
(B) 今朝は今年最も気温が低かった。
(C) 午後から寒さが緩む。
(D) 今夜気温が下がる。

난이도 ▶▷▷
02 男の人はどうやって暑さを凌いでいますか。
(A) クーラーばかりつけている。
(B) 扇風機とクーラーを使っている。
(C) 扇風機だけ使っている。
(D) クーラーを28度に設定している。

난이도 ▶▷▷
03 この頃の天気はどうですか。
(A) 朝と夕方はまだ暑い。
(B) 昼間でも長袖が必要だ。
(C) 夜は風が吹いている。
(D) 昼間はまだ相当な暑さだ。

난이도 ▶▶▷
04 今はどんな時期ですか。
(A) 冬から春への変わり目
(B) 春から夏への変わり目
(C) 夏から秋への変わり目
(D) 秋から冬への変わり目

난이도 ▶▶▷
05 男の人がいる場所の天気はどうですか。
(A) 今朝まで雪が降っていた。
(B) 昨日は雪が降らなかった。
(C) 昨日から今朝まで30センチの降雪があった。
(D) 昨日一晩で20センチくらい雪が積もった。

난이도 ▶▷▷
06 女の人はどうして洗濯物を干したままでしたか。
(A) 前日に天気予報を見忘れたから
(B) 午後からは天気が回復するから
(C) 天気予報では雨の予報がなかったから
(D) 夕立の予報に安心したから

난이도 ▶▶▷
07 天気について合っているものはどれですか。
(A) 今日の天気はまあまあだ。
(B) 先週は大雨が続いていた。
(C) 昨日まで雨が降っていた。
(D) 今日、梅雨明けした。

난이도 ▶▶▷
08 女の人はどうすればいいと言っていますか。
(A) 除湿器を準備する。
(B) 加湿器をつけたり、マスクを利用したりする。
(C) 風邪の予防のためにうがいをする。
(D) 部屋にぬれタオルを2、3枚かけて置く。

난이도 ▶▶▷
09 会話の内容に合っているものはどれですか。
(A) 北海道に海水浴シーズンはない。
(B) 女の人の故郷は北海道で、男の人の故郷は沖縄だ。
(C) 沖縄では海水浴シーズンが3ヶ月もある。
(D) 沖縄ではすでに海水浴シーズンが始まった。

난이도 ▶▶▶
10 台風の被害状況はどうですか。
(A) 川が氾濫して家屋が流され続けている。
(B) 水道や電気はまだ復旧していない。
(C) 土砂崩れが依然、発生している。
(D) 行方不明者が増加している。

★별책 정답&해설 69쪽

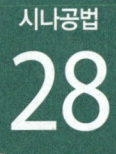

시나공법 28 _ 교통수단에 관한 회화문

교통수단에 관한 문제는 평소 무엇을 타고 목적지까지 가는지, 또는 목적지까지 가려면 어떻게 이동해야 하며, 이용 방법은 무엇인지 등이 가장 흔하게 출제되는 유형입니다. 하지만, 교통 상황이나 교통사고, 환승 정보, 교통 법규, 빠른 길 찾기 등과 같은 난이도 높은 문제도 계속 나오고 있으니 방심할 수 없겠죠? 특히 JPT에 자주 나오는 교통에 관한 어휘나 표현은 꼼꼼하게 체크해 두어야 합니다.

시험에 이렇게 나온다! 🎧 Part3-28-1   스크립트를 가리고 풀어 보세요.

男 : 山下さんは毎日家から学校まで何で来ますか。
女 : たいていバスと地下鉄を利用しますが、雨の日はタクシーに乗ることもあります。
男 : 僕は寮に住んでいるから、毎日徒歩です。
女 : 近くて羨ましいですね。

男の人はどうやって学校まで行っていますか。
(A) バスと地下鉄を利用している。
(B) タクシーに乗って行っている。
(C) 歩いて行っている。
(D) 地下鉄に乗って行っている。

해석 남 : 야마시타 씨는 매일 집에서 학교까지 무엇으로 오세요?
여 : 대개 버스와 지하철을 이용합니다만, 비가 오는 날은 택시를 타는 경우도 있습니다.
남 : 전 기숙사에 살고 있어서 매일 도보로 다녀요.
여 : 가까워서 부럽네요.
남자는 어떻게 학교까지 갑니까?
(A) 버스와 지하철을 이용하고 있다. (B) 택시를 타고 간다.
(C) 걸어서 간다. (D) 지하철을 타고 간다.

해설 남자는 학교 기숙사에 살고 있어서 도보로 학교에 다닌다고 했다. 徒歩라는 단어를 듣고 이해할 수 있는지를 묻는 쉬운 문제로, 정답은 (C)이다.

어휘 たいてい 대개, 대체로 | 寮(りょう) 기숙사 | 徒歩(とほ) 도보 | 羨(うらや)ましい 부럽다   **정답 (C)**

중요도 ★★☆

시나공법 따라잡기

1. 교통수단에 관한 회화문

핵심 01 기초 다지기 🎧 Part3-28-2

초반에 많이 등장하는 교통수단 이용에 관한 문제는 대부분 마지막에 결정적 힌트가 나오므로 대화의 끝부분에 주목해야 한다. 또한, 〈시험에 이렇게 나온다〉의 문제처럼 ～に乗る는 ～で行く나 ～を利用する와 같은 유사 표현으로, ～を降りる는 ～から下車する와 같은 유사 표현으로 자주 대체되어 나온다.

問) 男の人は何で帰りますか。　　　　　　　　　　　　　　남자는 무엇으로 돌아갑니까?

女 : タクシーを呼びましょうか。　　　　　　　　　　　택시를 부를까요?

男 : いや、車で来たので。　　　　　　　　　　　　　　아니요, 차로 와서요.

答) (×) タクシー　　　　　　　　　　　　　　　　　　　택시

　　(○) 自分の車　　　　　　　　　　　　　　　　　　자가용

乗(の)り換(か)える
갈아타다, 환승하다

問) 2人はこの後、どうしますか。　　　　　　　　　　　　두 사람은 이 다음, 어떻게 합니까?

男 : えっ、次の駅じゃないの(？)。　　　　　　　　　　어? 다음 역 아니야?

女 : ここで降りた方がバス停に近いから。　　　　　　　여기서 내리는 게 버스 정류장에서 가깝거든.

答) (×) 次の駅でバスに乗る。　　　　　　　　　　　　　　다음 역에서 버스를 탄다.

　　(○) ここで下車してバスに乗り換える。　　　　　　　　여기서 하차해서 버스로 환승한다.

> **유형 체크**
>
> 비교적 초반 문제에 자주 등장하는 유형으로는 なにで, どうやって 등을 이용한 수단을 묻는 문제와, ～は どうしますか와 같이 대화를 마친 다음에 어떻게 행동할지를 묻는 문제가 자주 출제된다.

핵심 02　한 단계 더　🎧 Part3-28-3

교통수단에 관한 회화문의 범위는 꼭 교통수단 이용 방법에 관한 문제로만 한정되는 것은 아니다. 역이나 공항, 자동차 안에서 교통 상황에 대한 이야기를 나눌 수도 있고, 목적지까지 길을 찾아가거나 도중에 사고를 당하거나 단속에 걸리는 등 다양한 상황을 가정해 볼 수 있기 때문이다. 따라서 문제 유형도 다양하다. 그렇기 때문에 어느 한 사람의 이야기만 듣는 것보다 전체 대화를 이해하고 두 사람의 이야기를 종합해서 문제를 푸는 것이 좋다.

巻(ま)き込(こ)む
말려들게 하다, 휩쓸리게 하다

立(た)ち往生(おうじょう)
앞뒤가 막혀서 오도 가도 못하다, 이러지도 저러지도 못하다

問) 女の人はなぜ遅れましたか。　　　　　　　　　　　　여자는 왜 늦었습니까?

女 : 遅れてすみません。途中、車の事故があって。　늦어서 죄송합니다. 도중에 차 사고가 있어서요.

男 : えっ、怪我はないですか。　　　　　　　　　　　　네? 다치진 않았어요?

女 : 私は大丈夫ですが、ものすごい渋滞に巻き込まれちゃって。
　　　　　　　　　　　　　　　　　　　　　　　전 괜찮지만, 엄청난 정체에 말려들어서요.

男 : それは大変でしたね。でも、無事でよかったです。
　　　　　　　　　　　　　　　　　그거 큰일이었군요. 그렇지만 무사해서 다행이에요.

答) (×) 交通事故で病院に搬送されたから　　　　　　　　교통사고로 병원에 실려 가서

　　(○) 道で立ち往生していたから　　　　　　　　　　길에서 오도 가도 못해서

2. 교통수단과 관련된 어휘와 표현

중요도 ★★☆
시나공법 따라잡기

교통수단과 관련된 어휘와 표현은 〈Part 3〉뿐만 아니라 청해 전체는 물론, 독해를 포함한 JPT의 모든 파트에 자주 등장하는 단골이 많다. 이번 기회에 아래에 정리해 둔 어휘와 표현만이라도 놓치지 말고 꼼꼼히 학습해 두자.

핵심 01 이용

始発(しはつ)	첫차	↔	終電(しゅうでん)	막차
起点(きてん)	기점	↔	終点(しゅうてん)	종점
始発駅(しはつえき)	출발역	↔	終着駅(しゅうちゃくえき)	종착역
片道(かたみち)	편도	↔	往復(おうふく)	왕복
上(のぼ)り	상행	↔	下(くだ)り	하행

乗(の)り遅(おく)れる　　　늦어서 못 타다, 놓치다
乗(の)り換(か)える　　　환승하다, 갈아타다
乗(の)り越(こ)す　　　(내릴 역을) 지나치다
乗(の)り心地(ごこち)　　　승차감
~行(ゆ)き　　　~행

핵심 02 운전

シートベルト　　　안전벨트
助手席(じょしゅせき)　　　조수석
後部座席(こうぶざせき)　　　뒷좌석
チャイルドシート　　　유아용 카시트

スピードを出(だ)す　　　속도를 내다
スピードを落(お)とす　　　속도를 줄이다
アクセルを踏(ふ)む　　　액셀을 밟다
ハンドルを切(き)る　　　핸들을 꺾다
急停車(きゅうていしゃ)する　　　급정거하다

追(お)いかける　　　뒤쫓다
追(お)いつく　　　따라잡다
追(お)い越(こ)す　　　추월하다

通行止(つうこうど)め	통행금지
一方通行(いっぽうつうこう)	일방통행
右折(うせつ)	우회전
左折(させつ)	좌회전
遠回(とおまわ)りする	돌아가다, 우회하다
迂回(うかい)する	우회하다
近道(ちかみち)	지름길
免許(めんきょ)を取(と)る	면허를 따다
ペーパードライバー	장롱면허 소지자
徐行(じょこう)	서행
ノロノロ運転(うんてん)	거북이 운전
初心者運転(しょしんしゃうんてん)	초보 운전
脇見運転(わきみうんてん)	곁눈질 운전, 운전 중 한눈팔기

핵심 03 교통 상황

渋滞(じゅうたい)が激(はげ)しい	정체가 심하다
立(た)ち往生(おうじょう)している	(정체가 심해) 꼼짝 못하고 있다
車(くるま)が数珠繋(じゅずつな)ぎになっている	(염주 꿰듯이) 차가 늘어서 있다
ダイヤが乱(みだ)れる	(열차의) 운행 계획이 뒤틀리다
運行(うんこう)を見合(みあ)わせる	운행을 보류하다
運行(うんこう)を再開(さいかい)する	운행을 재개하다

핵심 04 교통사고

車(くるま)にひかれる	차에 치이다
車(くるま)とぶつかる	차와 부딪히다
追突事故(ついとつじこ)	추돌사고
玉突(たまつ)き事故(じこ)	연쇄 추돌사고
ひき逃(に)げ	(사람) 뺑소니
当(あ)て逃(に)げ	(차) 뺑소니
人身事故(じんしんじこ)	(주로 전철 관련) 인명 사고, 투신 사고, 추락 사고
野次馬(やじうま)	(사건·사고 현장의) 구경꾼

車(くるま)が横倒(よこだお)しになっている	차가 옆으로 쓰러져 있다
車(くるま)が転倒(てんとう)している	차가 전복되어 있다

핵심 05 단속, 위반

パトカー	경찰차
白(しろ)バイ	경찰 오토바이
飲酒運転(いんしゅうんてん)	음주 운전
居眠(いねむ)り運転(うんてん)	졸음운전
交通違反(こうつういはん)	교통 위반
スピード違反(いはん)	속도위반
罰金(ばっきん)	벌금
反則金(はんそくきん)	범칙금
取(と)り締(し)まり	단속

핵심 06 기타 어휘

貸(か)し切(き)りバス	전세 버스
歩行者天国(ほこうしゃてんごく)	차 없는 거리
スクールゾーン	스쿨 존
乗(の)っ取(と)る ＝ハイジャックする	(비행기나 배를) 납치하다

시나공법 28 | 시나공 기출문제의 재구성

시나공법 28에서 배운 내용이 어떻게 시험에 나오는지 실전 문제를 통해 확인해 보세요. 🎧 Part3-28시나공

난이도 ▶▷▷
01 2人はどうしますか。
(A) 電車の運転が再開されるまで待つ。
(B) 臨時の循環バスに乗って移動する。
(C) 駅で2時間くらい待ってみる。
(D) もうしばらく待って状況を見る。

난이도 ▶▶▷
02 2人はどうしますか。
(A) 目的地までこのまま快速電車で行く。
(B) 途中まで快速電車で行く。
(C) 初めから普通電車で行く。
(D) 駅を通過して行く。

난이도 ▶▶▷
03 男の人は自転車について、何と言っていますか。
(A) 自転車は荷物を運ぶ時、便利な乗り物だ。
(B) 自転車はバランスが悪いので倒れやすい。
(C) 二人乗りや大きな荷物を載せるのは危険だ。
(D) 急ブレーキをかければ、すぐに止まる。

난이도 ▶▶▷
04 2人はこの後どうしますか。
(A) 次のインターで高速道路をおりる。
(B) 国道で目的地まで行く。
(C) 遠回りでも高速道路を利用する。
(D) 次の休憩施設で渋滞の状況を確認する。

난이도 ▶▶▷
05 2人が通っている道は、どんな道ですか。
(A) このまま直進できる道
(B) 来た道を引き返すと、交差点に出る道
(C) 工事中で道幅が狭くなっている道
(D) ここで左に曲がると国道に出る道

06 夏休み中はバスの運行がどうなりますか。
 (A) 通常通りの運行である。
 (B) 通常よりも運行されるバスが減る。
 (C) 学生たちが普段よりも多く利用できるようにする。
 (D) 通常と同じ運行時間である。

07 女の人の考えと合っているものはどれですか。
 (A) いちいち駐車場に車を停めるのは面倒だ。
 (B) 警察の取り締まりは厳しすぎる。
 (C) 短時間であっても路上駐車するのはよくないことだ。
 (D) 駐車場の料金を払うのはもったいない。

08 女の人は夜行バスについて、何と言っていますか。
 (A) 目的地に夜到着できるのがいい。
 (B) 値段が安い事が一番の魅力だ。
 (C) 座席に余裕があり、快適だ。
 (D) 移動時間を有効に使えるのが便利だ。

09 会話の内容に合っているものはどれですか。
 (A) 道路工事はまだ続いている。
 (B) 工事中は朝の渋滞がひどかった。
 (C) 工事に関して市民の意見が反映された。
 (D) 幹線道路の拡張工事が終了した。

10 シートベルトの着用に関して、合っている内容はどれですか。
 (A) 今年からシートベルトをする事が法律で決まった。
 (B) シートベルトをするのは交通事故を防止するためである。
 (C) シートベルトの着用により、交通事故で亡くなる人が減った。
 (D) シートベルトを着用しても交通事故は避けられない。

첫째마당 | 미리 보는 실전 예상문제

지금까지 배운 시나공법을 중심으로 최신 문제를 집중 분석한 실전 예상문제를 풀어 보세요. 🎧 Part3-28예상문제

난이도 ▶▶▷
01 女の人の兄弟について、正しいものはどれですか。
　　(A) 2歳年上の兄がいる。
　　(B) 15歳の妹がいる。
　　(C) 5人兄弟である。
　　(D) 弟が2人いる。

난이도 ▶▷▷
02 男の人はどうして遅く帰ってきましたか。
　　(A) 忘年会があったから
　　(B) 友達が外国から戻ってきたから
　　(C) 12時まで仕事をしていたから
　　(D) 5千円をなくしたから

난이도 ▶▷▷
03 来年のカレンダーのデザインについて、正しいものはどれですか。
　　(A) ユネスコ文化遺産の写真のカレンダー
　　(B) 新しいジャンルのデザインのカレンダー
　　(C) 世界遺産の写真のカレンダー
　　(D) ルーブル美術館のデザインのカレンダー

난이도 ▶▶▷
04 今はどんな陽気ですか。
　　(A) 冬だが、あまり寒くない。
　　(B) もっとも寒さが厳しい時期だ。
　　(C) 春だが、春にしては寒い。
　　(D) 寒いが、梅や桜はもうすぐ咲きそうだ。

난이도 ▶▶▷
05 女の人について合っているものはどれですか。
　　(A) 予約した時間より遅く着いた。
　　(B) 予約した時間より早く着いた。
　　(C) 6時半に電話して予約した。
　　(D) 予約の変更をしに店に来た。

06 鈴木君は最近どうしていますか。
(A) 去年結婚したが、忙しくなって大学をやめた。
(B) 大きな会社の女性社長と結婚した。
(C) 結婚をしたが、苦労は多いらしい。
(D) テレビドラマばかり見て、現実から逃げている。

07 男の人について正しいものはどれですか。
(A) 来週は男の人の彼女の誕生日だ。
(B) 男の人は彼女にアクセサリーを贈るつもりだ。
(C) 男の人はどんなプレゼントをあげたらいいか悩んでいる。
(D) 男の人は今年は彼女にプレゼントをあげない。

08 杉村さんの結婚相手はどんな人ですか。
(A) 良家のお嬢さんで美人
(B) 長く海外で暮らした経験のある美人
(C) あまり家庭的なタイプではない美人
(D) 典型的な八方美人

09 会話の内容に合っていないものはどれですか。
(A) 2人は久しぶりに会った。
(B) 女の人の父は前に突然倒れたことがある。
(C) 女の人の夫は会社員だ。
(D) 女の人の夫は体の回復訓練を受けている。

10 車が進まないことについて、2人はどう思っていますか。
(A) この時間にはよくある渋滞だと思っている。
(B) 自分たちの車が故障したと思っている。
(C) 高速道路だから仕方がないと思っている。
(D) ラジオで情報を得るのがいいと思っている。

시나공법 29 기타 일상에서 이루어지는 회화문

일상생활의 내용을 담고 있는 회화문은 〈Part 3〉에서 가장 높은 출제 비중을 차지합니다. 이미 첫째 마당에서 다루었던 다섯 개의 주제 모두 엄밀히 말하면 일상생활에 관한 것이긴 하지만, 이 밖에도 얼마든지 다양한 상황이 설정되어 출제될 수 있겠죠. 물건 옮기기, 길 안내, 숫자 계산, 기억의 상기, 외국어 학습법 등 워낙 출제 범위가 넓다 보니 문제 유형도 무궁무진하기 때문에 이러한 유형의 회화문은 그때그때 재치를 발휘해서 풀어야 합니다.

시험에 이렇게 나온다! 🎧 Part3-29-1   스크립트를 가리고 풀어 보세요.

女: なんか、お腹すいたね。
男: そうだね。駅前のそば屋にでも寄っていこうか。
女: それもいいけど、この前オープンしたラーメン屋はどう(?)。
男: それなら、僕は冷し中華にしよう。

２人はどこへ行きますか。
(A) そば屋
(B) ラーメン屋
(C) 中華料理店
(D) コンビニ

해석 여: 왠지 출출해.
남: 그러게. 역 앞 소바집에라도 들렀다가 갈까?
여: 그것도 좋지만, 얼마 전에 오픈한 라멘집은 어때?
남: 그렇다면 난 히야시추카로 할래.
두 사람은 어디에 갑니까?
(A) 소바집   (B) 라멘집
(C) 중식당   (D) 편의점

해설 배고프다는 말에 처음엔 そば屋가 등장했지만, 여자는 새로 생긴 ラーメン屋에 가길 원했으므로 정답은 (B)가 된다. 마지막에 등장한 冷し中華라는 단어 때문에 (C)를 정답으로 고를 수 있지만, 冷し中華는 메뉴 이름이며, 보통 ラーメン屋에도 판매되므로 남자도 여자의 의견에 동의한 것으로 봐야 한다.

어휘 ～屋(や) ～집, 가게 | 冷(ひや)し中華(ちゅうか) 히야시추카 ▶차가운 여름 음식으로, 국물 없는 생면 요리나 맵지 않은 비빔면 정도로 이해하면 된다. | 中華料理店(ちゅうかりょうりてん) 중식당, 중국집

정답 (B)

🔔 중요도 ★★★
시나공법 따라잡기 기타 일상에서 이루어지는 회화문

핵심 01 기초 다지기 🎧 Part3-29-2

〈Part 3〉에서 유일하게 메모가 필요한 숫자 계산 문제도 자주 출제되는 유형 중 하나이다. 대화에서 숫자를 직접 말하는 것이 아니라 계산을 유도하기 때문에 반드시 메모가 필요하다.

飼(か)う
기르다, 키우다

問) 男の人の家に動物は何匹(なんびき)いますか。　　　　남자의 집에 동물은 몇 마리 있습니까?

女：あ、かわいい。犬飼(か)ってるんだね。　　　　아, 귀여워라. 개 키우네?
男：うん。犬は１匹だけど、猫も２匹いるよ。　　　　응. 개는 한 마리지만, 고양이도 두 마리 있어.
女：動物が好きなんだ。　　　　동물을 좋아하는구나.
男：鳥も飼ってみたいけど、やっぱり猫と一緒じゃね。　　　　새도 키워 보고 싶지만, 역시 고양이랑 같이는 좀.

答) (×) ４匹　　　　네 마리
　　(○) ３匹　　　　세 마리

핵심 02 한 단계 더 🎧 Part3-29-3

일상생활을 주제로 하는 회화문은 소재나 문제 패턴이 무척 다양하다. 그렇기 때문에 반드시 문제와 보기를 미리 읽고, 집중해서 들어야 할 포인트를 찾아내는 것이 중요하다.

調子(ちょうし)が悪(わる)い
상태가 나쁘다
買(か)い替(か)え時(どき)
새로 바꿀 때, 기변 시기

問) 女の人は携帯(けいたい)をどうしますか。　　　　여자는 휴대전화를 어떻게 합니까?

女：ああ、また携帯の調子(ちょうし)が悪いわ。　　　　아, 또 휴대전화 상태가 안 좋아.
男：先週、修理(しゅうり)してもらったって言ったよね。　　　　지난주에 수리 받았다고 했지.
女：もうそろそろ買(か)い替(か)え時(どき)かな。　　　　이제 슬슬 바꿀 때가 된 건가.
男：もう古いし、その方がいいかもね。　　　　오래됐으니 그러는 게 좋을지도 몰라.

答) (×) 古いけど修理して続けて使う。　　　　오래됐지만 수리해서 계속 사용한다.
　　(○) 今の携帯電話を新しいものに変える。　　　　지금 휴대전화를 새것으로 바꾼다.

問) 手紙はどうして戻って来ましたか。　　　　편지는 왜 돌아왔습니까?

男：竹内(たけうち)さんに出した手紙、まだ届(とど)いてないそうだよ。　　　　다케우치 씨께 보낸 편지, 아직 도착하지 않았대.
女：あ、それならさっき戻(もど)って来たんです。　　　　아, 그거라면 방금 반송되어 왔어요.
男：えっ、おかしいな。　　　　어? 이상하네.
女：それが、部屋番号を書(か)き忘(わす)れたみたいで。　　　　그게, 호실을 안 적어서요.

答) (×) 切手(きって)を貼(は)り忘(わす)れていたから　　　　우표를 깜빡하고 안 붙여서
　　(○) 住所(じゅうしょ)を全部書いていなかったから　　　　주소를 전부 안 적어서

> **핵심 03** 고득점 공략 🎧 Part3-29-4

〈Part 3〉의 후반부는 주로 비즈니스 상황이나 사회적 이슈에 관한 소재가 단골 소재지만, 난이도를 높여 일상생활에서 나누는 이야기를 다루기도 한다. 이 경우 청해 난이도는 물론 보기 속 어휘의 난이도도 급격히 상승한다.

実(み)を結(むす)ぶ
결실을 맺다
報(むく)う
갚다, 보상하다 ▶주로 수동형의 형태로 쓰인다.

問) 男の人はどう思っていますか。　　　　　　　　　　　　　남자는 어떻게 생각합니까?

男: 努力しても、なかなか成績が上がらなくて。　　　　　노력해도 좀처럼 성적이 오르지 않네요.
女: でも、だからと言って劣等感を持っちゃダメよ。　　　하지만 그렇다고 해서 열등감을 가지면 안 돼.
男: もうすっかり自信喪失です。　　　　　　　　　　　　　벌써 완전히 자신감을 상실했어요.
女: 地道な努力がきっと実を結ぶわよ。　　　　　　　　　착실한 노력이 분명 결실을 맺을 거야.

答) (✗) 地道な努力は報われるものだ。　　　　　　　　　　착실한 노력은 보상 받는 법이다.
　　(○) 自信を失い、意気消沈している。　　　　　　　　　자신을 잃어 의기소침해 있다.

> **유형 체크**

기타 일상에서 이루어지는 회화문에서 자주 출제되는 유형을 정리해 보면 다음과 같다.
① 이유를 묻는 문제 : なぜ / どうして
② 무엇을 했는지를 묻는 문제 : どうしましたか / 何をしましたか
③ 주어나 두 사람의 의견, 생각을 묻는 문제 : 何と言っていますか / どう思っていますか / どう考えていますか
④ 세부 내용을 묻는 문제 : 何が / 何を / 何について / ~は何ですか
⑤ 전체 내용을 묻는 문제 : 合っているものはどれですか / 正しいものはどれですか

시나공 29 | 시나공 기출문제의 재구성

시나공법 29에서 배운 내용이 어떻게 시험에 나오는지 실전 문제를 통해 확인해 보세요. 🎧 Part3-29시나공

난이도 ▶▷▷
01 横浜駅と学校の距離はどのくらいですか。
 (A) 電車で30分くらい
 (B) 電車で15分くらい
 (C) 歩いて30分くらい
 (D) バスで15分くらい

난이도 ▶▷▷
02 2人はどのようにTシャツを買いますか。
 (A) 緑を12枚、赤を18枚
 (B) 緑と赤を13枚ずつ
 (C) 緑を13枚、赤を18枚
 (D) 緑と赤を31枚ずつ

난이도 ▶▶▷
03 せっけんについて、女の人はどう思っていますか。
 (A) 汚れがよく落ちるせっけんだ。
 (B) とても地球環境にいいせっけんだ。
 (C) 自分の肌に合っているせっけんだ。
 (D) 男の人にも勧めたいせっけんだ。

난이도 ▶▶▷
04 引越しについて正しいものはどれですか。
 (A) 女の人は賃貸アパートに引越しをする。
 (B) 男の人は女の人の引越しを手伝う。
 (C) 引越しは自分たちでする。
 (D) 女の人は新しく家を購入した。

난이도 ▶▶▶
05 女の人は何歳になりましたか。
 (A) 25歳
 (B) 26歳
 (C) 29歳
 (D) 30歳

시나공법 29 | 시나공 기출문제의 재구성

난이도 ▶▶▷
06 女の人はこれからどうしますか。
(A) 一度みんなの前で課題曲を演奏してみる。
(B) 緊張している花子を落ち着かせる。
(C) 花子のピアノ先生と課題曲について話してみる。
(C) ピアノの発表会に出るか出ないかは花子に決めさせる。

난이도 ▶▶▷
07 女の人の気持ちはどのようなものですか。
(A) オーディションに受かって両親を喜ばせたい。
(B) オーディションに落ちたら両親に顔向けができない。
(C) オーディションに落ちるはずはない。
(D) オーディションに落ちても未練は残さない。

난이도 ▶▶▷
08 女の人の服について、男の人はどう思っていますか。
(A) 青い方より赤い方が似合っている。
(B) 自分らしく着こなせる色の方がいい。
(C) 人の話に流されず、自分の好みで選ぶべきだ。
(D) 試着してからでなければわからない。

난이도 ▶▶▶
09 2人は何の話をしていますか。
(A) 小学校時代、友達がよくいじめられたという話
(B) 3歳の子供と遊んでいた小学校時代の話
(C) 来年はうるう年だという話
(D) 2月29日が誕生日だった昔の友達の話

난이도 ▶▶▶
10 女の人はどうして減塩しょうゆに切り替えましたか。
(A) 太り過ぎで悩んでいるから
(B) 成人病や肥満の予防になると考えたから
(C) 男の人が自分の料理の味に不満を持っていたから
(D) 普通のしょうゆより安くておいしいから

★별책 정답&해설 77쪽

시나공법 30 종업원과의 대화로 이루어지는 회화문

서비스업에 종사하는 사람과 손님의 대화는 정확히 말하면, 한쪽은 존경어와 겸양어가 섞인 비즈니스 대화체로 말하고 한쪽은 일상생활에서의 대화체를 사용합니다. 따라서 대화를 들을 때는 어느 쪽이 종업원이고 어느 쪽이 손님인지의 관계를 쉽게 파악할 수 있죠. 하지만 누구의 말을 들어야 할지는 질문에 따라 달라집니다.

남 : 차가 많이 망가졌군요.
여 : 고치는 데 얼마나 걸릴까요?
남 : 이건 3일 정도 생각하셔야 해요. 금요일 오후쯤 오세요.
여 : 금요일은 바쁘니 주말쯤에 올게요.

이 대화의 경우, "여자는 언제 차를 찾으러 옵니까?"는 손님인 여자의 말을 들어야 하고, "여자의 차는 수리하는 데 얼마나 걸립니까?"는 종업원인 남자의 말을 들어야 한다는 뜻입니다.

시험에 이렇게 나온다! 🎧 Part3-30-1   스크립트를 가리고 풀어 보세요.

男：あの、注文したものと違うのが届いたんですが。
女：申し訳ございません。明日、早速宅配でご自宅までお送りいたします。
男：う〜ん、それだと間に合わないな。明日の午後必要だから、午前中に取りに行きたいんですが。
女：かしこまりました。では、お待ちしております。

男の人はどうしますか。
(A) 明日の朝、商品を宅急便で受け取る。
(B) 明日の午後、店から商品を送ってもらう。
(C) 明日の午前、店で直接受け取る。
(D) 今日中に商品を受け取る。

해석
남 : 저기, 주문한 것과 다른 게 왔는데요.
여 : 죄송합니다. 내일 바로 택배로 집까지 보내 드리겠습니다.
남 : 음, 그러면 늦는데. 내일 오후에 필요하니 오전 중에 가지러 가고 싶습니다만.
여 : 알겠습니다. 그럼 기다리고 있겠습니다.
남자는 어떻게 합니까?
(A) 내일 아침에 상품을 택배로 받는다.   (B) 내일 오후에 가게에서 상품을 보내 준다.
(C) 내일 오전에 가게에서 직접 받는다.   (D) 오늘 중으로 상품을 받는다.

해설 남자가 물건이 필요한 시점은 내일 오후이므로 (B)는 오답이며, 내일 직접 가게로 찾아가겠다고 했으므로 (A)나 (D)도 정답이 될 수 없다. 내일 오전 중에 찾으러 간다고 했으니 取りに行きたい=店で直接受け取る이므로 정답은 (C)이다.

어휘 届(とど)く 오다, 도착하다 | 早速(さっそく) 곧, 즉시, 재빨리, 당장 | 宅配(たくはい) 택배 [동의어] 宅急便(たっきゅうびん) | 自宅(じたく) 집, 자택 | 間(ま)に合(あ)う (시간에 늦지 않게) 행동하다, 도착하다 | 受(う)け取(と)る 받다, 수령하다

정답 (C)

1. 손님과 직원과의 대화문

핵심 01 기초 다지기 🎧 Part3-30-2

대화가 이루어지고 있는 장소, 영업 시간, 두 사람의 관계 등을 묻는 문제뿐만 아니라, 구입한 물품의 가격이 얼마인지, 총 몇 개를 구입했는지 등과 같은 숫자 계산 문제가 초반부에 주로 나온다. 대부분 그리 어렵지 않은 문제이므로 질문의 주어와 의문사만 체크해 두어도 간단하게 풀 수 있다.

問) 女の人はりんごをいくつもらいましたか。　　　　　　　여자는 사과를 몇 개 받았습니까?

> 女 : じゃ、10個ください。　　　　　　　　　　　　　　그럼, 10개 주세요.
> 男 : 毎度ありがとうございます。1個おまけしときます。
> 　　　　　　　　　　　　　　　　　　　　　　　　　언제나 감사합니다. 1개 서비스로 넣어 둘게요.

答) (X) 10個　　　　　　　　　　　　　　　　　　　　　　10개
　　(O) 11個　　　　　　　　　　　　　　　　　　　　　　11개

[참고] しとく는 しておく의 줄임말이다.

毎度(まいど)
매번, 항상
おまけ
덤, 추가

問) 2人はどんな関係ですか。　　　　　　　　　　　　　　두 사람은 어떤 관계입니까?

> 女 : どのくらいお切りしましょうか。　　　　　　　　얼마나 잘라 드릴까요?
> 男 : 短くしてください。ちょっと暑くて。　　　　　　짧게 해 주세요. 좀 더워서요.

答) (X) 大家と入居者　　　　　　　　　　　　　　　　　　집주인과 입주자
　　(O) 客と美容師　　　　　　　　　　　　　　　　　　　손님과 미용사

고수들의 조언

종업원들의 말은 존경·겸양 표현 때문에 어렵게 들릴 수가 있다. 많이 듣고 많이 쓰면서 익숙해지는 것이 가장 좋은 방법이지만, 뭐니 뭐니 해도 기초 문법 숙지가 기본 중의 기본! 모르는 부분, 안 들리는 부분이 있을 땐 별책 부록 〈청해 핵심 문장〉 2~5쪽의 '존경·겸양 표현'을 확실하게 익혀 두자.

핵심 02 한 단계 더 🎧 Part3-30-3

종업원과의 대화는 이 밖에도 여러 가지 상황에서 다양한 대화가 오갈 수 있는데, 그 예로 물건 계산, 상품 문의, 음식 주문, 이용 안내, 교환 및 환불 등을 생각해 볼 수 있다. 사실 두 사람의 관계는 대화가 흘러나오기 전까지 정확히 알 수 없고, 어떤 문제가 나올지도 알 수 없기 때문에 다른 문제와 마찬가지로 먼저 문제와 보기를 읽고 무엇에 답해야 하는지부터 파악해 두어야 한다.

恐(おそ)れ入(い)る
죄송해하다, 황송해하다

紛(まぎ)らわしい
헷갈리다

問) 女の人は何と言っていますか。　　여자는 뭐라고 했습니까?

> 女：お客様、恐れ入りますが、こちらでのおタバコはご遠慮ください。
> 　　　손님, 죄송합니다만, 이곳에서 흡연은 삼가 주십시오.
> 男：ここ禁煙だったの(？)。　　여기 금연이었어?
> 女：申し訳ございません。喫煙コーナーはあちらですので。
> 　　　죄송합니다. 흡연 코너는 저쪽입니다.
> 男：紛らわしいな。わかったよ。　　헷갈리는군. 알았어.

答) (×) 店内は全て禁煙だ。　　가게 안은 모두 금연이다.
　　(○) ここは分煙になっている。　　이곳은 흡연 공간이 분리되어 있다.

참고 分煙(ぶんえん)은 비흡연자들의 간접 흡연을 막기 위해 흡연 공간과 금연 공간을 분리한 것을 말한다. '간접 흡연'은 受動喫煙(じゅどうきつえん)이라고 한다는 것도 알아 두자.

目(め)が高(たか)い
눈이 높다, 안식이 높다

問) 男の人について正しいものはどれですか。　　남자에 대해 올바른 것은 어느 것입니까?

> 男：すみません。あの赤い皮製のカバンを見せてください。
> 　　　저기요, 저 빨간 가죽 가방을 보여 주세요.
> 女：お目が高いですね。彼女へのプレゼントですか。
> 　　　눈이 높으시네요. 여자친구 선물인가요?
> 男：いいえ、実は母の還暦のお祝いに何かあげようと思って。
> 　　　아뇨, 실은 어머니 환갑 선물로 뭔가 드리려고요.
> 女：そうなんですか。おめでとうございます。
> 　　　그래요? 축하드립니다.

答) (×) 退職祝いのプレゼントを選んでいる。　　퇴직 선물을 고르고 있다.
　　(○) お母さんはもうすぐ60歳になる。　　어머니는 곧 60세가 된다.

참고 祝(いわ)い는 '축하, 축하 자리, 축하 선물'을 의미하며 [명사＋祝(いわ)い]의 형태로 쓰인다.

시나공법 따라잡기

중요도 ★☆☆

2. 의료 기관 및 시설에서 이루어지는 대화 🎧 Part3-30-4

종업원들과의 대화 중에서 자주 나오면서도 특수한 것이 바로 의사나 간호사, 약사와의 대화이다. 약 복용법, 주의 사항, 다음 진료 예약 등 대화의 범위나 상황은 어느 정도 예상되지만, 그만큼 대화가 함축적이기 때문에 힌트가 적어 문제를 놓칠 수 있다.

問) 2人は何について話していますか。　　　두 사람은 무엇에 대해 이야기하고 있습니까?

女: 来週の診察は、いつがよろしいですか。　　다음 주 진찰은 언제가 괜찮으십니까?
男: 今日と同じ曜日同じ時間でお願いします。　오늘과 같은 요일 같은 시간으로 부탁합니다.
女: わかりました。では、お大事に。　　알겠습니다. 그럼 몸조리 잘하세요.
男: ありがとうございました。　　감사합니다.

答) (×) お見舞いの予定　　병문안 예정
　　(○) 受診の予約　　진료 예약

問) 女の人は、男の人にどうするようにと言いましたか。　여자는 남자에게 어떻게 하도록 말했습니까?

女: 麻酔は1時間半で切れます。　　마취는 1시간 반이면 풀립니다.
男: そうですか。歯が痛くなったらどうすればいいですか。　그래요? 이가 아프면 어떻게 하면 되나요?
女: 薬を出しますので、4時間おきに飲んでください。　약을 처방할 테니 4시간 걸러 복용하세요.
男: はい、わかりました。　　네, 알겠습니다.

答) (×) 麻酔が切れたらすぐ薬を飲む。　　마취가 풀리면 곧장 약을 먹는다.
　　(○) 薬は4時間に1回飲む。　　약은 4시간에 1번 먹는다.

[참고] ~おきに는 시간, 거리와 같이 연속되어 있는 수량사에 접속하여 '~ 걸러'라는 뜻을 나타낸다.

시나공법 30 | 시나공 기출문제의 재구성

시나공법 30에서 배운 내용이 어떻게 시험에 나오는지 실전 문제를 통해 확인해 보세요. 🎧 Part3-30시나공

난이도 ▶▷▷
01 男の人はどんな靴を買いますか。
- (A) 茶色の25.5センチの靴
- (B) 黒の25.5センチの靴
- (C) 茶色の26センチの靴
- (D) 黒の26センチの靴

난이도 ▶▶▷
02 この病院の正しい診療時間はどれですか。
- (A) 平日の診療時間は午後6時までだ。
- (B) 昼休みは1時間だ。
- (C) 土曜日も通常通り診療する。
- (D) 土曜日の診療は午前のみだ。

난이도 ▶▷▷
03 女の人はどうしますか。
- (A) 窓側の空いている禁煙席に座る。
- (B) 窓側の禁煙席に座れるまで待つ。
- (C) 窓側の喫煙席に座る。
- (D) 満席だったので今日はそのまま帰る。

난이도 ▶▷▷
04 今日の検査の順番で正しいのはどれですか。
- (A) レントゲン撮影 → 採血 → 心電図 → 胃の検査
- (B) 採血 → 心電図 → レントゲン撮影 → 胃の検査
- (C) 心電図 → 採血 → 胃の検査 → レントゲン撮影
- (D) 採血 → レントゲン撮影 → 心電図 → 胃の検査

난이도 ▶▶▷
05 女の人はどうしますか。
- (A) にきびを治療しに病院へ行く。
- (B) 化粧品の代金を全部返す。
- (C) 別の化粧品と交換してあげる。
- (D) 本社に連絡する。

시나공 30 | 시나공 기출문제의 재구성

난이도 ▶▶▷
06 女の人は何をしにどこに来ましたか。
(A) 洗濯物を出しにクリーニング店に来た。
(B) 洗濯物を取りにクリーニング店に来た。
(C) なくした衣類を捜しに交番に来た。
(D) 拾った衣類を届けに交番に来た。

난이도 ▶▶▷
07 女の人はどうしますか。
(A) 今からフロントに食券を買いにいく。
(B) 明日の朝、ホテルの食堂で食事をする。
(C) 今から食堂へ食べに行く。
(D) 明日の朝、ディナーのバイキング料理を予約する。

난이도 ▶▶▷
08 女の人はどうしますか。
(A) 対応が悪いので他の銀行へ行く。
(B) ２階の窓口で20分順番を待つ。
(C) ドルを日本のお金に両替する。
(D) 他の階で両替する。

난이도 ▶▶▷
09 男の人はどんな部品を探していますか。
(A) 最近買った製品の部品
(B) 最近買った製品の代替品
(C) 昔買った製品にも対応できる部品
(D) 昔買った製品と全く同じ部品

난이도 ▶▶▶
10 会話の内容に合っているものはどれですか。
(A) 男の人はトランペットを売りに来たが、買ってもらえなかった。
(B) 男の人はトランペットを買いに来たが、買えなかった。
(C) 女の人はうっかりして売約済みの札をつけ忘れた。
(D) トランペットは先ほど来店した客が購入予約をした。

★별책 정답&해설 80쪽

시나공법 31 비즈니스와 사회적 이슈에 관한 회화문

비즈니스 상황에서 이루어지는 대화는 일상 회화만큼이나 〈Part 3〉에 많이 출제되는 유형입니다. 게다가 〈첫째마당〉에서 다루었던 5개의 시나공법 또한 비즈니스 상황에서 충분히 나눌 수 있는 소재이기 때문에, 실제 〈Part 3〉에 출제되는 비즈니스 회화문은 적게는 10문제, 많게는 15문제 이상의 비중을 차지하기도 합니다. 또, 후반부에 들어서면 사회적 이슈에 관한 회화문도 빠지지 않고 등장합니다. 출제되는 문항 수는 1~4문제지만, 고득점을 위해서라면 하나라도 놓칠 수 없겠죠.

시험에 이렇게 나온다! Part3-31-1 스크립트를 가리고 풀어 보세요.

男: あの、今日の2時にお約束を頂いていた東京電気の田村と申します。
女: はい、お待ちしておりました。こちらの方へどうぞ。
男: 失礼します。
女: まもなく部長が参りますので、こちらにおかけになってお待ちください。

男の人はどうしますか。

(A) アポをとる。
(B) そのまま帰る。
(C) 座って少し待つ。
(D) 部長が来るまで説明を聞く。

해석
남 : 저, 오늘 2시에 약속한 도쿄전기의 다무라라고 합니다.
여 : 네, 기다리고 있었습니다. 이쪽으로 오시죠.
남 : 실례합니다.
여 : 곧 부장님이 오시니, 여기 앉아서 기다려 주세요.
남자는 어떻게 합니까?
(A) 약속을 잡는다. (B) 그대로 돌아간다.
(C) 앉아서 잠시 기다린다. (D) 부장이 올 때까지 설명을 듣는다.

해설 남자는 약속을 하고 여자의 회사를 방문했고, こちらにおかけになってお待ちください라며 여자에게 기다릴 곳을 안내 받았다. 따라서 정답은 (C)이다.

어휘 頂(いただ)く (もらう의 겸양어) 받다 | アポを取(と)る 약속하다 ▶アポ는 アポイントメント(appointment)의 줄임말이다. **정답 (C)**

중요도 ★★★
시나공법 따라잡기 1. 비즈니스에 관한 회화문

핵심 01 업무 대화 Part3-31-2

〈Part 3〉에서 가장 많이 출제되는 비즈니스 회화문은 업무 대화로, 가장 눈에 띄게 출제되는 유형은 대화가 끝난 후 주어의 할 일에 대해 묻는 문제이다. 이 부분에 대해서는 이미 〈시나공법 25〉 고득점 공략 코너에서 살펴보았기 때문에, 여기서는 세부 사항을 파악해야 하는 기타 예문을 살펴보자.

値下(ねさ)げ
가격 인하 [반의어] **値上(ねあ)げ** 가격 인상
思(おも)いの外(ほか)
뜻밖에, 예상과 달리
諦(あきら)める
포기하다
応(おう)じる
응하다, 받아들이다

問) 取引先との交渉について、女の人はどう思っていますか。
거래처와의 교섭에 대해 여자는 어떻게 생각합니까?

男: 取引先との交渉は、うまくいったかね。
거래처와의 교섭은 잘됐나?

女: それが、もう少し値下げしてほしいと。
그게, 조금 더 값을 내려 달라고 하더군요.

男: 思いの外、難航してるね。
예상과 달리 난항 중이군.

女: 決まれば大きいので、そうするより、ほかないかと。
성사되면 크니까 그럴 수 밖에 없을 것 같습니다.

答) (×) 今回は諦めるべきだ。 이번에는 포기해야 한다.
(○) 相手の要求に応じるしかない。 상대방의 요구에 응할 수밖에 없다.

弊社(へいしゃ)
(자신의 회사를 낮춰 부르는 말) 폐사 ▶반의어에 대한 설명은 183쪽을 참고하자.

問) 工場設計者はどのように決めますか。
공장 설계자는 어떻게 결정합니까?

男: 新しい工場の設計は、弊社でご検討いただけないでしょうか。
새 공장 설계는 저희 회사로 검토해 주실 수 없는지요?

女: どんなに見積もりが安くても、実績がないとね。
아무리 견적 조건이 좋아도 실적이 없어서야.

男: そこをなんとか。
그 부분을 어떻게든 부탁드립니다.

女: 申し訳ありません。会社の方針なんで。
죄송합니다. 회사 방침이라서요.

答) (×) 見積もり額を最優先する。 견적 금액을 최우선으로 한다.
(○) 過去の経験で判断する。 과거 경험으로 판단한다.

핵심 02 직원들의 대화 🎧 Part3-31-3

회사에서는 업무 대화뿐 아니라, 직원들끼리 회사 내부에서 일어나는 일에 대한 이야기를 나눌 수도 있다. 좁게는 신입 사원의 태도, 동료의 소식, 상사나 부하에 대한 평가, 직원 연수에 대한 감상, 인사이동 등이 화제로 오를 수 있고, 넓게는 회사의 경영 상태, 인재 확보, 사내 시스템에 대한 불만 등을 이야기할 수 있다.

異動(いどう)
(직무, 직위) 이동 ▶ 移動 (위치) 이동

問) 女の人は何を希望していますか。　　　　여자는 무엇을 희망하고 있습니까?

女：部長、ご検討いただけましたでしょうか。　　　부장님, 검토해 주셨습니까?
男：ああ、君はどうしても移りたいのか。　　　　그래, 자네는 꼭 옮기고 싶은가?
女：入社前からの希望です。今年こそお願いします。
　　　　입사 전부터 원했던 거예요. 올해야말로 부탁드립니다.
男：人事と話し中だから、もう少し待ってくれ。　　인사부와 이야기 중이니 조금 더 기다려 주게.

答) (×) 退職　　　　퇴사
　　(○) 異動　　　　인사이동

機嫌(きげん)が悪(わる)い
기분이 언짢다
土壇場(どたんば)
마지막 국면, 막판
横取(よこど)り
가로챔
優位(ゆうい)を占(し)める
우위를 차지하다
決(き)め手(て)
결정적인 방법, 수

問) 今回のことについて女の人はどう考えていますか。　이번 일에 대해 여자는 어떻게 생각합니까?

男：山田部長、なんだか機嫌悪そうですね。　　　야마다 부장님, 어쩐지 기분이 안 좋은 것 같죠.
女：まだ知らないの(？)。今回の契約、土壇場でだめになったみたい。
　　　　아직 몰라? 이번 계약, 막판에 허사가 된 것 같아.
男：えっ、ライバル会社に横取りされたんですか。　네? 경쟁사가 가로챘어요?
女：まあ、うちの詰めが甘かったせいね。　　　뭐, 우리 마무리가 허술했던 탓이지.

答) (×) 最初からライバル会社が優位を占めていた。　처음부터 경쟁사가 우위를 차지했다.
　　(○) 決め手に欠けていた自分たちのせいだ。　　결정타가 없었던 자신들의 탓이다.

[참고] 詰(つ)めは 일의 막바지나 마무리를 나타내는 말로, 詰めが甘(あま)い '마무리가 허술하다', 詰めを怠(おこた)る '마무리를 게을리하다'와 같은 관용구로 잘 쓰인다. 이와 함께 大詰(おおづ)めを迎(むか)える '막바지에 접어들다'라는 표현도 알아 두자.

핵심 03 전화 대화 🎧 Part3-31-4

⟨Part 3⟩의 もしもし로 시작하는 전화 대화의 대부분은 비즈니스 회화문이다. 주로 시작 부분에는 목적, 이유를 말하고, 뒤로 갈수록 누가 무엇을 해야 하는지 뚜렷해지는 경향이 있다.

大至急(だいしきゅう)
몹시 급함, 서두름
[동의어] 大急(おおいそ)ぎ

問) 女の人はなぜ電話をしましたか。　　　여자는 왜 전화를 했습니까?

女：もしもし。先日お願いした件ですが。　　　여보세요. 일전에 부탁 드렸던 건 말인데요.
男：申し訳ありません。まだ決裁が下りなくて。　죄송합니다. 아직 결재가 안 떨어져서요.
女：お手数ですが、大至急でお願いできませんか。　수고스러우시겠지만 서둘러 주실 수 없나요?
男：では、課長にもう一度話してみます。　　그럼, 과장님께 한번 더 말씀드려 볼게요.

答) (×) 資料の依頼のため　　　자료 의뢰를 위해
　　(○) 仕事の催促のため　　　업무 재촉을 위해

折(お)り入(い)って
긴히, 특별히
次第(しだい)
~하는 대로, 곧바로

問) 男の人は何をしますか。
남자는 무엇을 합니까?

男: もしもし。秘書課の鈴木ですが、松田さんいらっしゃいますか。
여보세요. 비서과 스즈키인데요, 마쓰다 씨 계신가요?

女: ちょうど今、席を外しておりますが。
마침 지금 자리를 비웠는데요.

男: 社長との中国出張の件で、折り入って話がありまして。
사장님과의 중국 출장 건으로 긴히 말씀드릴 게 있어서요.

女: そうですか。松田が戻り次第、折り返しお電話させます。
그러세요? 마쓰다가 돌아오는 대로 전화 드리라고 하겠습니다.

答) (×) 後でまた松田さんに連絡する。 나중에 다시 마쓰다 씨에게 연락한다.
(○) 松田さんからの電話を待つ。 마쓰다 씨의 전화를 기다린다.

[참고] 전화 대화에서 折(お)り返(かえ)す는 걸려온 전화에 대해 이쪽에서 다시 전화한다는 뜻, 掛(か)け直(なお)す는 이쪽에서 건 전화를 일단 끊고 다시 전화한다는 뜻이다.

전화 비즈니스 표현

- お電話が少々遠いようですが。 전화가 잘 안 들립니다만.
- ただいま、席を外しております。 지금 자리를 비우셨는데요.
- ただいま外出中で、本日は会社には戻りません。 지금 외근 중이시라 오늘은 회사에는 돌아오지 않으세요.
- 伝言をお預かりいたしましょうか。 전달할 말씀이 있나요?
- ただいま、ほかの電話に出ております。 지금 다른 전화를 받고 계십니다.
- 終わり次第、こちらから折り返しご連絡いたします。 끝나는 대로 저희 쪽에서 바로 연락 드리죠.
- 恐れ入りますが、念のため電話番号をお尋ねしてよろしいですか。
  죄송합니다만, 만약을 위해 전화번호를 여쭤 봐도 될까요?

중요도 ★★☆
시나공법 따라잡기

2. 사회적 이슈에 관한 회화문 🎧 Part3-31-5

〈Part 3〉에서도 어김없이 사회적 이슈에 관한 대화가 나온다. 보통 1~4문제가 출제되며, 저출산, 고령화, 등교 거부, 지구 온난화, 에너지 절약 등 최근의 사회적 이슈나 현상을 주제로 하는 경우가 많다. 다른 문제에 비해 어휘 난이도가 높긴 하지만, 사실 문장 자체는 오히려 〈Part 2〉 후반보다 쉽기 때문에 대화의 흐름만 잘 읽는다면 크게 걱정할 필요가 없다. 또한, 대다수의 문제 형식에는 특징이 있는데,

老後(ろうご)
노후
不登校(ふとうこう)
등교 거부

[노후 계획]   老後の計画に対する、女の人の考えはどれですか。
[전철 안 에티켓] 電車の中のマナーについて、男の人はどう思っていますか。
[등교 거부 문제] 不登校問題について、2人は何と言っていますか。

이렇게 문제 앞부분에 앞으로 나올 이야기의 주제가 제시된다는 점이다. 이런 경우, 다른 문제보다 좀 더 힌트가 주어진다는 뜻이니 사회적 이슈에 관한 회화라고 해서 너무 어렵게만 생각하지 않아도 된다는 뜻이다.

抱(かか)える
안다, 품다
目立(めだ)つ
눈에 띄다, 두드러지다
ままならない
일이 뜻대로 되지 않다, 잘 안되다
一方(いっぽう)
오로지 ~만 함

問) この町が抱えている問題は何ですか。 이 마을이 안고 있는 문제는 무엇입니까?

男：この町も、空き家が目立ちますね。 이 마을도 빈집이 눈에 띄네요.
女：ええ、ここも過疎化が進んでまして。 네, 여기도 과소화가 진행되고 있어서요.
男：移住対策もままならないみたいですね。 이주 대책도 효과가 없나 봐요.
女：進学や就職で若者は町を離れて行く一方ですし。 진학이나 취직으로 젊은이들은 마을을 떠나기만 할 뿐이고요.

答) (×) 若年層の就職難 젊은층의 취직난
　　(○) 人口の大幅な減少 인구의 대폭적인 감소

取(と)り上(あ)げる
언급의 대상으로 삼다
元(もと)が取(と)れる
본전을 찾다
浮(う)く
(예정보다 적은 비용 및 시간이 들어) 남은 여분이 생기다

問) 太陽光発電について、女の人は何と言っていますか。 태양열 발전에 대해 여자는 뭐라고 했습니까?

男：最近、太陽光発電が話題になっているね。 요즘 태양열 발전이 화제에 오르고 있지.
女：うん。新聞やニュースなどでよく取り上げられているから。 응. 신문이나 뉴스에서 자주 언급되고 있으니까.
男：光熱費の節約のために、うちも取り付けてみるのはどう(？)。 광열비 절약을 위해서 우리도 달아 보는 게 어때?
女：でも、元が取れるまで10年以上かかるらしいよ。 하지만 본전을 찾을 때까지 10년 이상 걸린대.

答) (×) 電気代が浮くからもっと奨励すべきだ。 전기세가 절약되므로 더 장려해야 한다.
　　(○) すぐにはお金の節約にならない。 바로는 돈 절약이 안 된다.

> **유형 체크**
>
> どう思っていますか, どう考えていますか, 何と言っていますか 등 주어의 의견이나 생각을 묻는 유형, ~は何ですか 형태로 주제나 대화의 핵심을 묻는 유형이 자주 나온다.

시나공법 31 | 시나공 기출문제의 재구성

시나공법 31에서 배운 내용이 어떻게 시험에 나오는지 실전 문제를 통해 확인해 보세요. 🎧 Part3-31 시나공

난이도 ▶▷▷
01 男の人は明日どうしますか。
(A) みんなにメールを送る。
(B) 大山さんに電話する。
(C) 代わりに出張に行く。
(D) 空港まで大山さんを迎えにいく。

난이도 ▶▷▷
02 女の人について正しいものはどれですか。
(A) 入社して間もない。
(B) 経験豊富なベテランだ。
(C) 部長から厳しく注意された。
(D) いろいろなミスを繰り返した。

난이도 ▶▷▷
03 女の人は男の人に何を頼みましたか。
(A) 机の上のファイルを見ること
(B) 自分に午後2時までにファイルを届けること
(C) 午後2時までに鈴木さんにファイルを届けること
(D) 事務所に行って鈴木さんのファイルを受け取ること

난이도 ▶▶▷
04 男の人は岡田さんについて、どう思っていますか。
(A) お客様とトラブルを起こすなんてとんでもない。
(B) お客様に腹を立てることは言語道断だ。
(C) 接客業には向いていない。
(D) 辞表を出すのはもう少し待った方がいい。

난이도 ▶▶▶
05 先日の会議でどんな事がありましたか。
(A) 吉田さんと部長の意見が合意した。
(B) 吉田さんと部長の話はずっと平行線をたどっていた。
(C) 吉田さんは結局部長の意見に従った。
(D) 社長が最終決定を下した。

난이도 ▶▶▶
06 会話の内容と合っているものはどれですか。
(A) 女の人はこれから行きの航空券だけ3人分手配する。
(B) 出張に行く人は、社長、常務、部長の3人だ。
(C) 部長だけビジネスクラス、役員はファーストクラスで出張に行く。
(D) 部長は帰りの日程がまだはっきり決まっていない。

난이도 ▶▶▷
07 田村さんは女の人に何を頼みましたか。
(A) 商品を注文通りに準備すること
(B) 自分に連絡するよう杉山さんに伝えること
(C) 今日までに商品を納品すること
(D) 杉山さんに事情を詳しく説明すること

난이도 ▶▶▶
08 タバコの値上げについて、正しいものはどれですか。
(A) 1本につき3円から5円の値上げが行われる。
(B) すべての銘柄が400円台の価格になる。
(C) 大体の銘柄で400円以上の値上げが行われる。
(D) 10月から実施される税金の引き上げに伴う値上げである。

난이도 ▶▶▶
09 男の人は売り上げが伸びた理由を、どう考えていますか。
(A) 顧客管理のマニュアル通りに一貫して対応したから
(B) 顧客が要求する内容をきちんと把握し、小まめに対応したから
(C) 商品が売れるように、大々的に広告をしたから
(D) サービス用の景品をたくさん配布したから

난이도 ▶▶▶
10 選挙前の予想では、どのような状況ですか。
(A) 与党がやや優勢
(B) 野党がやや優勢
(C) 与党・野党共に同じくらいの勢力
(D) 野党が圧倒的に優勢

둘째마당 | 미리 보는 실전 예상문제

지금까지 배운 시나공법을 중심으로 최신 문제를 집중 분석한 실전 예상문제를 풀어 보세요. 🎧 Part3-31예상문제

난이도 ▶▷▷
01 男の人はどんなコーヒーを注文しましたか。
(A) 冷たいコーヒー
(B) 砂糖が入った温かいコーヒー
(C) ミルクが入ったアイスコーヒー
(D) 温かいブラックコーヒー

난이도 ▶▶▷
02 会話に出てきた生き物の数は、全部でいくつですか。
(A) 10
(B) 12
(C) 14
(D) 16

난이도 ▶▷▷
03 女の人は何をしに来ましたか。
(A) 飛び込みの営業をしに来た。
(B) 前の担当者の不始末を謝りに来た。
(C) 新しいプレゼンテーションをしに来た。
(D) 担当者新任の挨拶をしに来た。

난이도 ▶▷▷
04 男の人が買ったものについて、正しいものはどれですか。
(A) 贈り物と自分で使うものを買った。
(B) 買ったもの全部にリボンをつけてもらう。
(C) 贈り物の方だけ袋に入れてもらう。
(D) 贈り物と自宅用どちらも包装してもらう。

난이도 ▶▶▷
05 男の人はどうしますか。
(A) 時間がないので、少しだけ試飲をして帰る。
(B) 試飲をしないでそのまま帰る。
(C) 試飲をしてから山で休憩して帰る。
(D) 試飲コーナーでお土産だけ買って帰る。

난이도 ▶▶▷
06 2人は何について話していますか。
　　(A) 会社の新製品がよく売れるようになったこと
　　(B) 取引先の部長が新商品を購入してくれたこと
　　(C) 先方の部長が新製品を気に入ってくれたこと
　　(D) 自社の社員が新商品の売り込みに失敗したこと

난이도 ▶▶▷
07 2人の状況と合っているものはどれですか。
　　(A) 2人とも決算報告書を提出して安心している。
　　(B) 2人は今日、早めに退社してお酒を飲みに行く。
　　(C) この2人の部署ではまだ決算報告書が完成していない。
　　(D) この2人の部署は第1営業部だ。

난이도 ▶▶▶
08 男の人は選挙についてどう思っていますか。
　　(A) 投票したい候補者がいないので、投票に行かないつもりだ。
　　(B) 投票には行くが、誰も選ばないつもりだ。
　　(C) 投票には行くが、候補者は適当に選ぶつもりだ。
　　(D) 誰に投票するかは選挙管理委員会に一任するつもりだ。

난이도 ▶▶▶
09 2人の会社はどんな状況ですか。
　　(A) もうすぐ大幅な人事異動があるのでばたばたしている。
　　(B) 管理職に優秀な人材がいなくて困っている。
　　(C) 新卒で入社して、そのまま勤めている社員が少なくなった。
　　(D) 会社になじめなくて、辞めていく社員が多い。

난이도 ▶▶▶
10 会話の内容に合っていないものはどれですか。
　　(A) 日本ではペットブームが起きている。
　　(B) 健康保険法の改正でペット保険の加入者が増えた。
　　(C) ペット保険の内容は様々である。
　　(D) 新しいペット保険には人間並みに適用されるものもある。

시나공
JPT

첫째마당 _ 출제 비중 70퍼센트! 단골 소재를 살펴보자!

시나공법 32 ㅣ 인물이 중심이 되는 이야기

시나공법 33 ㅣ 전달 목적의 안내 및 공지

시나공법 34 ㅣ 다양한 소재를 다루는 소개문

둘째마당 _ 난이도 급상승! 후반부 지문을 살펴보자!

시나공법 35 ㅣ 존경·겸양 표현이 등장하는 안내 방송

시나공법 36 ㅣ 짧은 시간에 많은 정보를 쏟아내는 광고문

시나공법 37 ㅣ 뉴스 보도, 사회 동향

Part 4

〈Part 4〉는 약 50초로 구성된 하나의 긴 설명문을 듣고 이어지는 3~4개의 질문에 대한 알맞은 답을 골라야 하는 장문 청취 파트입니다. 약 10분 동안 6개의 지문을 듣고 20문제를 풀어야 하는데, 여느 파트와 마찬가지로 뒤로 갈수록 난이도가 높아집니다. '장문 청취'라는 무시무시한 단어 때문에 많은 수험자들이 지레 겁부터 먹기도 하지만, 사실 〈Part 4〉야말로 가장 공략하기 쉬운 파트입니다. 대체적으로 지문을 읽어 주는 순서와 문제가 나열된 순서가 거의 동일하고, 〈Part 3〉처럼 문제와 보기만 미리 읽어 둔다면 지문의 내용을 어느 정도 유추할 수 있기 때문에 다른 파트에 비해 더 많은 힌트가 주어지는 파트라고 해도 과언이 아니죠. 하지만, 글의 전체적인 흐름이나 부분을 정확히 듣고 이해하는 능력은 기본적으로 꼭 갖추고 있어야 합니다. 〈Part 4〉에는 특히 세부 사항에 대한 문제나 본문 내용과 일치하는지를 묻는 문제가 많아서, 문맥으로 대충 파악하고 넘어가려고 하면 답을 정확하게 찾을 수 없기 때문입니다.

고수들의 한마디

1. 문제와 보기는 미리 읽어 두자!

들려주는 지문을 다 듣고 나서 〈Part 4〉의 문제를 풀려면 시간도 촉박하고 막상 기억도 잘 나지 않는다는 것을 시험 경험이 있는 대부분의 수험자들은 알고 있을 것이다. 그에 비해 미리 문제와 보기를 읽어 두면 전체적인 분위기나 내용을 파악하기 쉬워서 더 잘 들리고 정답도 쉽게 찾을 수 있었을 것이다. 이렇듯 〈Part 4〉는 특히 지문이 나오기 전에 해당 문제를 다 읽어 두어야 하는데, 단답형 보기의 경우는 미리 문제만 읽고, 문장형 보기는 문제와 보기 모두 다 읽어 두는 것이 좋다. 그런데 대체 몇 번까지가 지문 하나에 해당하는 문제일까? 친절하게도 JPT에는 지문당 문제 개수에 맞춰 페이지와 단으로 정확히 구분되어 있다. 따라서 몇 번까지가 다음 지문에 속한 문제인지, 이 지문은 몇 번 문제까지 읽어 두어야 하는지에 대해서는 전혀 걱정할 필요가 없다.

2. 예문을 들려주는 시간에는 가능한 98~100번 문제를 공략하자!

예문을 들려주는 시간에는 재빨리 청해 마지막 페이지를 읽어 두자. 뒤로 갈수록 내용도 어려워지고, 문제와 보기도 길어지는 경향이 있어서 점점 미리 읽어 두기가 힘들어지기 때문이다. 첫 지문에 해당하는 81~84번 문제는 대체로 단답형이 많기 때문에 조금만 서두르면 지문을 들으면서 다 풀 수 있다. 하지만 이 방법은 고득점을 노리는 수험자들에게 적합하므로, 아직 속독에 자신이 없다면 서두르지 말고 순서대로 공략하는 것이 낫다.

3. 문제의 답을 고르는 타이밍은 지문이 나오고 있을 때이다!

문제는 거의 지문의 흐름에 따라 순차적으로 출제되므로, 지문을 들으면서 차례대로 풀어 나가는 것이 좋다. 앞 문제를 놓쳤을 경우는 당연한 얘기지만, 과감히 포기하고 다음 문제로 넘어가야 한다. 그렇다면 첫 지문을 들으면서 81~84번 문제를 다 풀고, 막상 質問81番に答えなさい라는 말이 방송에서 흘러나오는 10초 동안은 무엇을 해야 할까? 이때는 다음 지문의 첫 번째 문제에 해당하는 85번을 읽으면서 핵심 단어를 찾아 동그라미를 치자. 마찬가지로, 質問82番に答えなさい가 나오면 다음 지문의 두 번째 문제인 86번을 체크해 두는 식으로 진행하면 된다.

4. 〈Part 4〉는 평소 110~120퍼센트의 재생 속도로 연습하자!

수험자들이 자주 착각하는 것 중 하나가 〈Part 4〉는 장문 청취 테스트이므로 듣기 실력만 뛰어나면 된다고 생각하는 것이다. 결론부터 말하자면 아니다. 〈Part 4〉는 독해와 청해의 복합 파트이기 때문에, 잘 듣는 것도 중요하지만 속독 능력이 절대적으로 필요하다. 만약, 항상 〈Part 4〉에서 시간이 모자라 곤란했다면, 듣기와 속독 능력 향상을 위해 오디오 재생 속도를 110~120퍼센트로 높여서 문제를 푸는 방법을 추천한다. 이렇게 연습하면 당장은 힘들고 어려워도 실전 JPT 시험에서는 무척 여유로워지는 것을 느낄 수 있을 것이다.

시나공법 32 — 인물이 중심이 되는 이야기

어떤 주제에 대해 한 인물의 구체적인 이야기를 풀어 나가는 유형의 지문은 〈Part 4〉에 빠지지 않고 등장하는 단골 지문입니다. 대부분 난이도가 낮은 짧은 문장으로 이야기가 흘러가기 때문에 〈Part 4〉의 초반부에 잘 등장하고, 그런 만큼 해당 인물에 대한 사소한 정보가 자꾸 쏟아져 나오므로 미리 문제를 읽고 어디에 초점을 두고 들을 것인지 파악해 두는 것이 좋습니다. 출제 빈도가 가장 높기 때문에 최근에는 난이도를 높여 후반부 문제로도 잘 등장하는데, 지문 속 주인공과 관련된 세부적인 사항은 단답형 보기의 문제로, 주인공의 생각이나 행동에 관해서는 문장형 보기의 문제로 많이 출제됩니다.

시나공법 따라잡기 — 중요도 ★★★

시험에 이렇게 나온다! ∩ Part4-32-1

> **고수들의 조언**
> 가능한 한 빠르게 오른쪽의 문제와 보기를 먼저 읽은 뒤에 지문을 들으면서 풀어 보자. 듣고 나서 문제를 푸는 것보다 정답 찾기가 훨씬 쉽다. 〈Part 4〉는 지문을 다 듣는 것보다 문제의 포인트를 놓치지 않는 것이 더 중요하다.

1 この人は、なぜ冬が好きですか。
 (A) 夏は疲れやすいから
 (B) 温かい食べ物が食べられるから
 (C) 冬ならではの遊びを楽しめるから
 (D) お母さんとの思い出があるから

해석 이 사람은 왜 겨울을 좋아합니까?
 (A) 여름은 지치기 쉬워서
 (B) 따뜻한 음식을 먹을 수 있어서
 (C) 겨울만의 놀이를 즐길 수 있어서
 (D) 엄마와의 추억이 있어서

해설 이 사람이 겨울을 좋아하는 이유는 冬ならではの温かい食べ物を楽しめるから이다. '음식을 즐기다'와 '먹다'는 같은 뜻이므로 정답은 (B)이다.

정답 (B)

2 この人が言う鍋料理の良さは何ですか。
 (A) 鍋だけ使うから後片付けが簡単なこと
 (B) 店によって独特な味を楽しめること
 (C) 人間関係の和やかさを味わえること
 (D) 誰にでも簡単に作れること

해석 이 사람이 말하는 전골 요리의 좋은 점은 무엇입니까?
 (A) 냄비만 사용하므로 뒷정리가 간단한 것
 (B) 가게에 따라 독특한 맛을 즐길 수 있는 것
 (C) 인간관계의 따스함을 맛볼 수 있는 것
 (D) 누구나 간단히 만들 수 있는 것

해설 이 사람이 언급한 전골 요리의 장점은 크게 ①사람의 따뜻함이 느껴진다는 것과 ②각 가정이나 지방에 따른 다양함을 즐길 수 있다는 것으로 나눌 수 있다. (A)나 (D)는 지문에 나오지 않았고, (B)는 ②번의 내용과는 차이가 있으므로 모두 오답이다. 여기서는 (C)의 내용이 ①번에 해당하므로 정답은 (C)이다.

어휘 後片付(あとかたづ)け 설거지, 뒷정리 | 独特(どくとく) 독특함 | 和(なご)やか 온화함, 따스함 | 味(あじ)わう 맛보다, 경험하다

정답 (C)

私は冬が好きです。[1]暑いのが苦手だということもありますが、冬ならではの温かい食べ物を楽しめるからです。焼き芋や肉まん、おでんなど、幼い頃、母が寒い日に作ってくれたおやつの思い出は今も心に残っています。でも、何といっても私が好きなのは鍋料理です。[2]鍋料理は家族や友達、恋人同士で一つの鍋を一緒につつきながら食べられ、単に温かい食べ物というだけでなく、人の温かさが感じられるからです。また、それぞれの家庭や地方によってさまざまな食材で多様なバリエーションを楽しめるのも魅力だと思います。

해석 저는 겨울을 좋아합니다. 더운 것이 싫다는 이유도 있습니다만, 겨울 특유의 따뜻한 음식을 즐길 수 있기 때문입니다. 군고구마나 고기 호빵, 오뎅 등 어렸을 때 어머니께서 추운 날에 만들어 주셨던 간식의 추억은 지금도 마음에 남아 있습니다. 그렇지만 뭐니 뭐니 해도 제가 좋아하는 것은 전골 요리입니다. 전골 요리는 가족이나 친구, 애인끼리 하나의 냄비를 공유하며 먹을 수 있어, 단순히 더운 음식일 뿐만 아니라 사람의 따뜻함을 느낄 수 있기 때문입니다. 또, 각 가정이나 지방에 따라 여러 가지 식재료로 다양한 변화를 즐길 수 있는 것도 매력이라고 생각합니다.

어휘 苦手(にがて) 서투름, 잘하지 못함 | ~ならでは ~만의, 특유의 | 焼(や)き芋(いも) 군고구마 | 肉(にく)まん 고기 호빵 | 幼(おさな)い 어리다 | おやつ 간식 | 思(おも)い出(で) 추억 | 鍋料理(なべりょうり) 냄비 요리, 전골 요리 | ~同士(どうし) (접속어로 쓰여) ~끼리, ~사이 | つつく 쪼다, (젓가락으로) 음식을 집적거리다 | 単(たん)に 단순히, 그저 | 食材(しょくざい) 식재료 | 多様(たよう) 다양함, 여러 가지 | バリエーション 베리에이션, 변화 | 魅力(みりょく) 매력

시나공법 32 | 시나공 기출문제의 재구성

시나공법 32에서 배운 내용이 어떻게 시험에 나오는지 실전 문제를 통해 확인해 보세요. 🎧 Part4-32시나공

01-04

난이도 ▶▷▷
01 この人が好きになったのは何ですか。
　　(A) 歴史の勉強
　　(B) 担任の先生
　　(C) 歴史上の人物
　　(D) 田中先生の授業

난이도 ▶▶▷
02 田中先生の授業方式は、どんなものですか。
　　(A) わかりやすく説明したり、生徒の意見を聞いたりする。
　　(B) グループごとに教科書の内容を徹底的にまとめさせる。
　　(C) 生徒自ら積極的な態度で授業に参加できるようにする。
　　(D) 歴史上の事件や人物についてレポートを書かせる。

난이도 ▶▶▶
03 この人の歴史との関わりについて、正しいのはどれですか。
　　(A) 前は嫌いな科目だったが、中学の頃から好きになった。
　　(B) 歴史への興味をきっかけに、大学では考古学を学んだ。
　　(C) 田中先生に出会って以来、歴史ばかり勉強していた。
　　(D) 人間の古い営みに興味を持ち、後に考古学者になった。

난이도 ▶▷▷
04 本文のタイトルとして、最もふさわしいものはどれですか。
　　(A) 田中先生の思い出
　　(B) 勉強することの貴さ
　　(C) 歴史の勉強の楽しさ
　　(D) 学習方法の大切さ

05-08

05 この人の子供の頃の様子について、正しいものはどれですか。
(A) プラモデルを作るのが大好きだった。
(B) 夏休みの工作の宿題が苦手だった。
(C) 拾ってきた石で動物を作ったりした。
(D) 木の実や枝で何かを作るのが得意だった。

06 作品を作るための材料は、どうやって手に入れますか。
(A) インターネット販売を利用している。
(B) 自然に落ちているものを利用している。
(C) 知り合いの人から分けてもらっている。
(D) 海の近くにあるお店から買っている。

07 この人が作った作品は、どう評価されていますか。
(A) 店で売られているものと大きな違いはない。
(B) 正確に作られていて使いやすい。
(C) 素材の特徴が生かされ、ぬくもりを感じる。
(D) がらくたのようで作品としての価値はない。

08 この人がこれから、やってみたいと思っていることは何ですか。
(A) 大量生産をしてネット販売を拡大したい。
(B) 知り合いの人だけに無料で作品を分けたい。
(C) 世の中に二つとない独自の作品を作りたい。
(D) ショップをオープンさせて店頭販売したい。

시나공법 33 _ 전달 목적의 안내 및 공지

전달 목적의 안내 및 공지는 <시나공법 32>의 인물이 중심이 되는 이야기와 더불어 출제 비중이 높은 단골 소재 중 하나입니다. 상점 및 시설 이용법, 바뀐 회사 방침에 대한 공지, 직원 모집, 일기 예보, 여행 일정 및 코스 설명 등 안내 대상이나 목적도 다양해서 이를 파악하는 힌트가 되는 첫 문장은 놓치지 말고 반드시 들어 두는 것이 좋습니다. 이러한 지문은 대개 다수의 사람들에게 해당 내용을 전달하는 것이 목적이므로 한꺼번에 여러 가지 정보를 연이어 제공하는 것이 특징입니다. 따라서 효율적으로 문제를 풀기 위해서는 반드시 보기와 질문을 미리 읽고, 필요한 내용만 골라 듣는 연습이 특히 중요합니다.

시나공법 따라잡기
중요도 ★★☆

시험에 이렇게 나온다! Part4-33-1

1 何についての話ですか。
(A) 地震の恐ろしさ
(B) 地震の被害の大きさ
(C) 地震への対処法
(D) 地震を避ける方法

해석 무엇에 대한 이야기입니까?
(A) 지진의 무서움 (B) 지진 피해의 크기
(C) 지진 대처법 (D) 지진을 피하는 방법
해설 첫머리에 바로 **地震対策についてお話します**라고 했으므로 정답은 (C)이다. 이야기의 주제에 관한 문제는 전체 흐름으로 파악해도 되지만, 이 문제처럼 처음부터 정답을 제시하는 경우도 있으므로 놓치지 말고 잘 들어 두자.
어휘 被害(ひがい) 피해 | 対処法(たいしょほう) 대처법 | 避(さ)ける 피하다 **정답 (C)**

> **고수들의 조언**
> 正しい, 合っている, 述べられているもの와 같은 문제는 보기까지 읽어 두는 것이 효율적이다. 그러나 한 문제당 제한 시간은 단 10초! <Part 4>는 집중력과 속독력 싸움임을 잊지 말자.

2 地震発生時に起こり得ることとして、述べられているものはどれですか。
(A) ブロック塀や屋根瓦などが崩れる。
(B) ドアや窓が開かなくなる事がある。
(C) 二次災害として津波が起こる。
(D) ガス管や水道管が破裂する。

해석 지진 발생 시에 일어날 수 있는 일로 언급된 것은 어느 것입니까?
(A) 블록 담이나 지붕 기와 등이 무너진다. (B) 문이나 창문이 열리지 않는 경우가 있다.
(C) 2차 재해로 해일이 일어난다. (D) 가스나 수도관이 파열된다.
해설 큰 지진이 일어날 경우, 문이나 창문이 뒤틀려 실내에 갇히는 경우도 있다고 했다. 이것은 문이나 창문이 열리지 않는다는 뜻이므로 (B)가 정답이다.
어휘 起(お)こり得(う)る 일어날 수 있다, 발생하다 | 述(の)べる 말하다, 진술하다 | ブロック塀(べい) 콘크리트 블록 담 | 屋根瓦(やねがわら) 지붕의 기와 | 崩(くず)れる 무너지다, 허물어지다 | 津波(つなみ) 해일 | 破裂(はれつ)する (자동사로) 파열되다 **정답 (B)**

¹今日は、家庭でできる地震対策についてお話します。まず、地震が起きたら、身の安全が最優先です。急いで机やテーブルの下に身を隠したり、家具の少ない部屋へ移動してください。慌てて外に飛び出すのは危険です。²また、揺れが大きい時は、ドアや窓がずれて室内に閉じ込められてしまうことがあります。ですから、揺れの合間を見て、ドアや窓を開け、出口を確保することが大切です。そして、地震の二次災害として火災の発生があります。揺れが小さく、目の前で火を使っている場合にはすぐに火を止め、ガスの元栓も閉めましょう。また、大きな地震の後には、テレビやラジオの地震情報を入手し、冷静に行動する事が重要です。

해석 오늘은 가정에서 가능한 지진 대책에 대해 이야기하겠습니다. 우선, 지진이 일어나면 몸의 안전이 최우선입니다. 서둘러 책상이나 테이블 아래로 몸을 숨기거나 가구가 적은 방으로 이동해 주십시오. 당황해서 밖으로 뛰쳐나가는 것은 위험합니다. 또한, 흔들림이 큰 경우는 문이나 창문이 뒤틀려 실내에 갇혀 버리는 경우가 있습니다. 따라서 흔들림이 잠시 줄어드는 타이밍을 봐서 문이나 창문을 열어 출구를 확보하는 것이 중요합니다. 그리고 지진의 2차 재해로 화재 발생이 있습니다. 흔들림이 작고, 눈앞에서 불을 사용하고 있는 경우에는 바로 불을 끄고 가스 밸브도 잠급시다. 또한, 큰 지진 뒤에는 TV나 라디오의 지진 정보를 입수해서 냉정하게 행동하는 것이 중요합니다.

어휘 地震(じしん) 지진 | 対策(たいさく) 대책 | 身(み) 몸, 신체 | 最優先(さいゆうせん) 최우선 | 急(いそ)ぐ 서두르다 | 隠(かく)す 감추다, 숨기다 | 家具(かぐ) 가구 | 慌(あわ)てる 당황하다, 허둥거리다 | 飛(と)び出(だ)す 뛰어나오다, 뛰어나가다 | 危険(きけん) 위험 | 揺(ゆ)れ 흔들림 | ずれる (기준이나 원래 위치에서) 조금 벗어나다, 맞지 않게 되다 | 閉(と)じ込(こ)める 가두다 | 合間(あいま)を見(み)る (어떤 행동을 하기 좋은) 타이밍을 살피다 | 確保(かくほ) 확보 | 二次災害(にじさいがい) 2차 재해 | 火災(かさい) 화재 | 元栓(もとせん) (가스나 수도의) 밸브 | 入手(にゅうしゅ) 입수, 손에 넣음 | 冷静(れいせい) 냉정 | 重要(じゅうよう) 중요

시나공법 33 | 시나공 기출문제의 재구성

시나공법 33에서 배운 내용이 어떻게 시험에 나오는지 실전 문제를 통해 확인해 보세요. 🎧 Part4-33시나공

01-03

난이도 ▶▶▷
01 痛み止めについて正しいのはどれですか。
　(A) 白い粉薬で1日1回飲む。
　(B) カプセルのまま粉薬と一緒に飲む。
　(C) 激しい痛みを感じた時に飲む。
　(D) 必ず4時間おきに飲む。

난이도 ▶▶▷
02 この患者はこれからどうしますか。
　(A) 患部に液状の薬を塗って症状を見る。
　(B) これから3日間、薬を飲む。
　(C) 痒みが出たら湿布を交換する。
　(D) 毎週木曜日に通院する。

난이도 ▶▷▷
03 この患者は何種類の薬をもらいましたか。
　(A) 1種類
　(B) 2種類
　(C) 3種類
　(D) 4種類

04-06

04 宅急便サービスについて、正しいのはどれですか。
(A) 年末年始は営業しない。
(B) 定期的に荷物を集配しに来る。
(C) 荷物を直接持って行くと割引してもらえる。
(D) コンビニでは宅急便は取り扱わない。

05 壊れやすいものを送りたい人は、どうすればいいですか。
(A) 直営店まで直接持っていく。
(B) 個別に所定の金額を払う。
(C) 梱包に気をつけて発送する。
(D) 特殊な包装を施す。

06 宅急便で送る荷物について、内容と合っているものはどれですか。
(A) 荷物の大きさは縦、横の長さで測る。
(B) 割れ物は宅急便で送れない。
(C) 荷物は60センチ以内、20キロまでである。
(D) 規格外の荷物には追加料金が加算される。

시나공법 34 다양한 소재를 다루는 소개문

일상생활과 관련된 지문은 출제 범위가 매우 광범위하고 포괄적이기 때문에 지문의 유형을 하나하나 분석하며 공부하는 것은 거의 불가능합니다. 공공장소에서의 에티켓, 말의 유래, 일본의 관혼상제, 사물의 변천사, 장비 사용 안내, 응급 처치법 등 이미 출제된 지문의 소재만 따져 보아도 너무나 다양한 분야를 다루고 있고, 범위도 무척 넓기 때문이죠. 하지만 이러한 지문의 경우, 대부분 사람들이 잘 알지 못하는 생소한 소재를 '소개'하는 경우가 많기 때문에 평소 일본에 관한 배경 지식을 얼마나 갖추고 있는지에 따라 제법 문제를 쉽게 풀 수 있는 경우도 생깁니다.

중요도 ★★★

시나공법 따라잡기

시험에 이렇게 나온다! ∩ Part4-34-1

1 「いただきます」という言葉の本当の意味は何ですか。
 (A) 食材を作ってくれた人に対する尊敬
 (B) 生きていたものを食べるという行為への反省
 (C) 料理がもっとおいしくなるように奉げる祈り
 (D) 食材や料理の提供者に対する感謝

> **해석** '잘 먹겠습니다'라는 말의 진짜 의미는 무엇입니까?
> (A) 식재료를 만들어 준 사람에 대한 존경
> (B) 살아 있던 것을 먹는다는 행위에 대한 반성
> (C) 요리가 더욱 맛있어지라고 올리는 기도
> (D) 식재료나 요리 제공자에 대한 감사
>
> **해설** '잘 먹겠습니다'라는 말의 진짜 의미는 두 가지 있다고 했고, 첫 번째로 **식사에 관련된 모든 사람들(食事に関わったすべての人々)**에 대한 감사의 마음을 제시했다. 이러한 **요리를 만들어 준 사람(料理を作ってくれた人)**과 **식재료를 운반해 준 사람(食材を運んでくれた人)**은 모두 **제공자(提供者)**에 해당하므로 정답은 (D)이다.
>
> **어휘** 尊敬(そんけい) 존경 | 行為(こうい) 행위 | 反省(はんせい) 반성 | 捧(ささ)げる 바치다, 드리다 | 祈(いの)り 기도, 기원 | 提供者(ていきょうしゃ) 제공자
>
> **정답 (D)**

2 「いただきます」の意味を知れば、どうなると言っていますか。
 (A) 毎日おいしくご飯が食べられるようになる。
 (B) 食事に対して不満な気持ちで食べなくなる。
 (C) もっと長生きすることができるようになる。
 (D) 基礎体温が上がって代謝がよくなるようになる。

> **해석** '잘 먹겠습니다'의 의미를 알면 어떻게 된다고 했습니까?
> (A) 매일 맛있게 밥을 먹을 수 있게 된다.
> (B) 식사에 대해 불만스러운 마음으로 먹지 않게 된다.
> (C) 더욱 장수할 수 있게 된다.
> (D) 기초 체온이 올라 대사가 좋아진다.
>
> **해설** 가장 마지막 문장에 文句も言えなくなる라고 했으므로 정답은 (B)이다. (C)와 (D)는 언급된 적이 없고, **まずいとか**는 하나의 **文句**에 대한 예시일 뿐이므로 (A)도 정답이 될 수 없다.
>
> **어휘** 不満(ふまん) 불만 | 長生(ながい)き 장수 | 基礎体温(きそたいおん) 기초 체온 | 代謝(たいしゃ) 대사
>
> **정답 (B)**

食前に「いただきます」と言うのは子供でもわかりますが、この言葉の本当の意味を知っている人はあまりいないと思います。[1]この言葉には二つの意味が込められています。まず、一つ目は、目の前の食事に関わったすべての人々への感謝の気持ちです。料理を作ってくれた人、そして食材を運んでくれた人など、そんな人々すべてに感謝する言葉です。二つ目は、食材に対する感謝の気持ちです。動物には命があり、米や野菜もすべて生きていたものです。それらの尊い命のおかげで私たちが生きることができるのです。[2]たった6文字の言葉ですが、こんな深い意味を知れば、まずいとか、文句も言えなくなることでしょう。

해석 식전에 '잘 먹겠습니다'라고 말하는 것은 아이라도 알지만, 이 말의 진짜 의미를 아는 사람은 별로 없을 것이라 생각합니다. 이 말에는 두 가지 의미가 담겨 있습니다. 우선 첫 번째는, 눈앞의 식사와 관계한 모든 사람들에 대한 감사의 마음입니다. 요리를 만들어 준 사람, 그리고 식재료를 운반해 준 사람 등, 그러한 사람들 모두에게 감사하는 말입니다. 두 번째는, 식재료에 대한 감사의 마음입니다. 동물에는 목숨이 있고, 쌀이나 채소도 모두 살아 있던 것입니다. 이들 고귀한 목숨 덕분에 우리들은 살 수 있는 것입니다. 겨우 여섯 글자로 된 말이지만, 이런 깊은 의미를 알면 맛없다는 둥 불평도 하지 못하게 되겠지요.

어휘 食前(しょくぜん) 식전, 식사 전 | 込(こ)める (형태가 없는 것을) 담다, 넣다 | 関(かか)わる 관계하다, 상관하다 | 感謝(かんしゃ) 감사 | 食材(しょくざい) 식재료, 식자재 | 命(いのち) 목숨 | 尊(とうと)い 귀중하다, 소중하다, 고귀하다 | 生(い)きる 살다 | たった 겨우, 단지 | 文句(もんく)を言(い)う 불평불만을 말하다

시나공법 34 | 시나공 기출문제의 재구성

시나공법 34에서 배운 내용이 어떻게 시험에 나오는지 실전 문제를 통해 확인해 보세요. 🎧 Part4-34시나공

01 – 03

난이도 ▶▷▷
01 「道の駅」とは、どんなものですか。
(A) 鉄道駅の新しい名称
(B) 駅の近くにあるパーキングエリア
(C) 列車を改造したレストラン
(D) 一般道路に設けられた休憩施設

난이도 ▶▶▷
02 「道の駅」が整備されるようになった理由は何ですか。
(A) 観光地などが国の支援を求めていたため
(B) いつでも利用できる休憩施設が必要になったため
(C) 道路に車が増え、新たな施設の確保が要求されたため
(D) 国によって義務付けられたため

난이도 ▶▶▶
03 「道の駅」の目的は、どのようなものですか。
(A) 地域振興のため、様々な地元の特産品を売ること
(B) 温泉などの施設を運営して、国の赤字を埋めること
(C) 休憩および地域振興のための施設として機能すること
(D) 単なる休憩施設を超え、商業施設として発展すること

04-06

04 農作物の栽培について、正しいものはどれですか。
(A) 昔からビニールハウスを利用していた。
(B) 昔は天気によって収穫高がまちまちだった。
(C) 施設は発展したが、栽培の仕方は昔と変わらない。
(D) オートメーション化が進んで以前より楽になった。

05 農作物の栽培が、天候に左右されにくくなった理由は何ですか。
(A) 露地栽培の発達
(B) 自然まかせの有機栽培
(C) ビニールハウスなどの施設の発展
(D) 凍害に強い品種改良の積み重ね

06 農作物に対して、この人はどんな風に感じていますか。
(A) 季節に関係なく、いつでも手に入るようになって便利だ。
(B) 一年中、食べたい野菜や果物が豊富で嬉しい。
(C) その季節ならではの旬の味が少なくなってきたのは寂しい。
(D) 農家の人たちが丹精こめて作った野菜の味は格別だ。

첫째마당 | 미리 보는 실전 예상문제

지금까지 배운 시나공법을 중심으로 최신 문제를 집중 분석한 실전 예상문제를 풀어 보세요. 🎧 Part4-34 예상문제

01-03

난이도 ▶▶▷
01 この人の語学力について、正しいものはどれですか。
(A) 中国語も韓国語も話せる。
(B) 中国語はネイティブと会話ができる。
(C) 中国語の辞書を引きながら文書が読める。
(D) 中国語も韓国語も作文が書ける。

난이도 ▶▷▷
02 この人は大学の時、何を専攻しましたか。
(A) 貿易学
(B) 韓国語
(C) 中国語
(D) 国際経営学

난이도 ▶▷▷
03 この人について、合っているものはどれですか。
(A) 韓国の支社で働いている。
(B) 中国の支社で働いている。
(C) 中国語の実力にかなり自信を持っている。
(D) 大学時代、作文の宿題に苦労した。

04-07

04 この人が部屋を片付けるようになったきっかけは何ですか。
(A) 机の上があまりにも汚かったから
(B) 物の置き場所がたくさんできたから
(C) テレビで整理整頓のやり方を学んだから
(D) 家族みんなで掃除の日を決めたから

05 テレビ番組で紹介された整理整頓の基本は何ですか。
(A) 仕切った場所に収納すること
(B) 使用後すぐに元の場所にしまうこと
(C) 掃除当番を決めておくこと
(D) 種類別に保管すること

06 きれいに整理整頓すると、どんな心理が働きますか。
(A) 部屋を汚してはいけないという強迫観念
(B) 部屋がきれい過ぎて落ち着かない気持ち
(C) 物の位置が変わり、いらいらする気持ち
(D) きちんと片付いた状態を保とうとする気持ち

07 この人について、合っているものはどれですか。
(A) これまで物を紛失したり捜したりすることが多かった。
(B) 整理整頓が得意でいつも部屋が片付いている。
(C) 有意義だと思うことでも実行できない性格だ。
(D) 番組を真似して部屋の掃除をしてみたが失敗に終わった。

08-10

08 献血ができる年齢は、何歳から何歳までですか。
(A) 15歳から68歳まで
(B) 16歳から69歳まで
(C) 60歳から64歳まで
(D) 16歳から65歳まで

09 献血ができる人は、どんな人ですか。
(A) 65歳以上の場合、過去４年間で献血経験のある人
(B) 薬で病気を治療している人
(C) 授乳中で発熱のない人
(D) １年以内に予防接種を受けた人

10 本文の内容と合っているものはどれですか。
(A) 妊娠していても初期でなければ献血できる。
(B) その日の体調を考えずに献血をするのは健康によくない。
(C) 健康な人であれば、献血による体への影響はまったくない。
(D) 献血は常時献血バスで受け付けている。

시나공법 35 존경·겸양 표현이 등장하는 안내 방송

〈Part 4〉의 총 6개 지문 중 하나 정도는 시종일관 존경·겸양 표현이 등장하는 안내 방송으로 출제됩니다. 순식간에 흘러가는 장문의 일본어를 듣기만 해도 벅찬데, 익숙하지 않은 존경·겸양 표현까지 나오면 아는 표현이라도 어렵게 느껴지죠. 하지만, 내용은 이미 〈시나공법 33〉에서 살펴본 전달 목적의 안내 및 공지와 크게 다를 것이 없습니다. 다른 정중체 지문에 비하면 문장의 길이만 길어졌을 뿐 오히려 핵심 내용이 적기 때문에, 말투에만 익숙해진다면 중요한 부분만 골라 듣는 것이 다른 지문보다 쉽다는 뜻입니다.

시나공법 따라잡기

중요도 ★★☆

시험에 이렇게 나온다! 🎧 Part4-35-1

> **고수들의 조언**
> 보기 속에 숫자가 보인다면 반드시 메모하면서 들어야 한다. 메모 없이도 금방 답을 찾을 수 있는 경우도 있지만, 후반부로 갈수록 끊임없이 쏟아지는 정보 때문에 헷갈릴 수 있기 때문이다.

1 大晦日の閉店時間は何時ですか。
  (A) 7時
  (B) 8時
  (C) 11時
  (D) 12時

해석 섣달그믐의 폐점 시간은 몇 시입니까?
  (A) 7시 (B) 8시
  (C) 11시 (D) 12시
해설 大晦日(おおみそか)는 양력 섣달그믐 즉, 12월 31일에 해당된다. 본문은 연말연시 영업 시간에 대한 안내이며, 12월 30일과 31일은 밤 11시까지라고 했으므로 정답은 (C)이다.   **정답 (C)**

2 元日の開店時間はいつもより何時間早いですか。
  (A) 通常と同じだ。
  (B) 通常よりも1時間早い。
  (C) 通常よりも2時間早い。
  (D) 通常よりも3時間遅い。

해석 설날 개점 시간은 평소보다 몇 시간 빠릅니까?
  (A) 평소와 같다. (B) 평소보다도 1시간 빠르다.
  (C) 평소보다도 2시간 빠르다. (D) 평소보다도 3시간 늦다.
해설 설날 영업 시간에 해당하는 朝8時から 부분만 들어서는 풀 수 없는 문제로, 개점 시간에 대해서는 꼼꼼하게 들어 두어야 한다. 일반적인 영업 시간은 2日からは~라는 부분에 나와 있고, 개점은 朝9時から이므로 평소보다도 1시간 빨리 여는 것이므로 정답은 (B)이다.   **정답 (B)**

고수들의 조언

아직도 존경·겸양 표현이 어렵다면 별책 부록〈청해 핵심 문장〉의 2~5쪽과 〈시나공법 22〉의 표를 꼼꼼하게 살펴보자.

本日もスーパーみなとや大久保店にご来店いただきまして、誠にありがとうございます。ご来店の皆様に、年末年始の営業時間についてお知らせいたします。[1]12月30日、31日の２日間は平常より２時間繰り上げ、朝７時開店でございます。また、閉店時間は夜11時まで延長いたします。[2]元日の営業時間は朝８時からとなっておりますので、お間違えのございませんようにお願いいたします。２日からは朝９時から夜10時までの通常営業となりますが、キャッシュコーナーは金融機関ごとに異なります。皆様のご来店を社員一同、心よりお待ち申し上げます。

해석 오늘도 미나토야 슈퍼 오쿠보점을 찾아 주셔서 대단히 감사합니다. 찾아 주신 고객 여러분께 연말연시 영업 시간에 대해 알려 드리겠습니다. 12월 30일, 31일 이틀 동안은 평소보다 2시간 앞당긴 아침 7시 개점입니다. 또한, 폐점 시간은 밤 11시까지 연장합니다. 설날 영업 시간은 아침 8시부터이므로 혼동 없으시길 바랍니다. 2일부터는 아침 9시부터 밤 10시까지 통상 영업입니다만, ATM 코너는 금융 기관마다 다릅니다. 여러분의 방문을 직원 모두 진심으로 기다리고 있겠습니다.

어휘 本日(ほんじつ) 오늘 | 誠(まこと)に 대단히, 정말로 | 来店(らいてん) 내점, 방문 | 年末年始(ねんまつねんし) 연말연시 | 営業時間(えいぎょうじかん) 영업 시간 | 平常(へいじょう) 평소, 평상시 | 繰(く)り上(あ)げる 앞당기다 | 開店(かいてん) 개점 [반의어] 閉店(へいてん) 폐점 | 延長(えんちょう) 연장 | 元日(がんじつ) (양력) 설날, 신정 ▶元旦(がんたん) 새해 아침, 三(さん)が日(にち) 연초 3일 | 間違(まちが)える 틀리다, 착각하다 | 通常(つうじょう) 통상 | 金融機関(きんゆうきかん) 금융 기관 | 異(こと)なる 다르다 | 社員一同(しゃいんいちどう) 직원 일동, 직원 모두 | 申(もう)し上(あ)げる (言う의 겸양어) 말씀드리다

시나공 기출문제의 재구성

시나공법 35에서 배운 내용이 어떻게 시험에 나오는지 실전 문제를 통해 확인해 보세요. 🎧 Part4-35시나공

01-04

01 どこでのアナウンスですか。
（A） バスターミナル
（B） 映画館
（C） 空港
（D） デパート

02 預かっている子供の特徴は何ですか。
（A） 水玉の靴下、白いズボンをはいた男の子
（B） 茶色のセーターを着た５歳くらいの女の子
（C） 水色のソックスをはいた５歳くらいの男の子
（D） 水玉の靴下、白いスカートをはいた女の子

03 「お客様カウンター」は、どこにありますか。
（A） １階のロビーの横
（B） ２階のエレベーターホールの横
（C） １階の入口の横
（D） ２階の休憩室の横

04 誰に向けたアナウンスですか。
（A） 迷子になった子供の引率者
（B） 迷子の子供を捜している館内の従業員
（C） 自分の子供を引き取りに来館した客
（D） 保護者を捜している迷子の子供

05-07

05 この列車の最終目的地はどこですか。
(A) 東京と秋田
(B) 八戸と秋田
(C) 八戸と盛岡
(D) 秋田と盛岡

06 この列車の運行方法として、正しいものはどれですか。
(A) 途中駅で分離され、それぞれ違う目的地へ向かう。
(B) 秋田新幹線の後、東北新幹線が出発する。
(C) 東北新幹線の後、秋田新幹線が出発する。
(D) 途中の駅で進行方向が逆向きになる。

07 この列車について、合っているものはどれですか。
(A) 10号車と11号車では、相互間の移動はできない。
(B) すべて自由席だから乗車券以外は必要ない。
(C) 列車は自由席とグリーン車の2種類で構成されている。
(D) 車内は禁煙だが、デッキでの喫煙は可能だ。

시나공법 36 짧은 시간에 많은 정보를 쏟아내는 광고문

출제 비중은 그다지 높지 않지만 어떤 상품이나 서비스에 대한 광고문도 때때로 출제됩니다. 짧은 시간 동안 한꺼번에 다양한 정보가 쏟아져 나오고, 〈시나공법 35〉에서 살펴본 안내 방송처럼 시종일관 존경·겸양 표현이 등장하는 까다로운 유형의 지문 중 하나죠. 주로 후반부 문제로 출제되며, 자주 출제되는 문제의 형태로는 무엇을 홍보하고 있는지, 특징은 어떤지, 대상은 누구인지, 어떻게 이용하는지 등을 꼽을 수 있습니다.

시나공법 따라잡기

중요도 ★☆☆

시험에 이렇게 나온다! Part4-36-1

1 「スーパーマッスル」の特徴は何ですか。

(A) 腹筋運動専用である。
(B) 背筋運動で姿勢改善ができる。
(C) 筋力運動と有酸素運動ができる。
(D) 11種類の運動が可能である。

해석 '슈퍼 머슬'의 특징은 무엇입니까?
(A) 복근 운동 전용이다.
(B) 배근 운동으로 자세 개선을 할 수 있다.
(C) 근력 운동과 유산소 운동을 할 수 있다.
(D) 11종류의 운동이 가능하다.

해설 '슈퍼 머슬'은 ①12種類の運動가 가능한 ②小さなマシーン이고, ③腹筋, 背筋은 물론 有酸素까지 가능하다고 했다. 복근 운동 및 배근 운동은 근력 운동과 같은 뜻이므로 정답은 (C)이다.

어휘 専用(せんよう) 전용 | 姿勢改善(しせいかいぜん) 자세 개선 | 筋力(きんりょく) 근력

정답 (C)

2 「スーパーマッスル」の購入について、正しいものはどれですか。

(A) 一括払いの人だけが半額で買える。
(B) 今日買ったら2種類の特典がもらえる。
(C) 抽選でダイアリーとDVDがもらえる。
(D) 電話注文したらステップ台までついてくる。

해석 '슈퍼 머슬' 구입에 대해 올바른 것은 어느 것입니까?
(A) 일시불로 산 사람만이 반값으로 살 수 있다.
(B) 오늘 사면 2종류의 특전을 받을 수 있다.
(C) 추첨으로 다이어리와 DVD를 받을 수 있다.
(D) 전화 주문하면 스텝박스까지 따라 온다.

해설 (A)가격에 대해서는 半額로 分割払い도 가능하다고 했고, (C)もれなく라고 했으므로 다이어리와 DVD를 받을 수 있는 사람은 오늘 구입한 모두이다. 또한, (D)'슈퍼 머슬' 자체로 ステップ運動까지 가능하다고 했으므로 따로 스텝박스를 받을 수 있는 것은 아니다. 다이어리와 DVD가 特典에 해당되므로 정답은 (B)이다. もれなく라는 단어를 몰라서 (C)를 정답으로 골랐다면 이번 기회에 기억해 두자.

어휘 購入(こうにゅう) 구입 | 特典(とくてん) 특전 | 抽選(ちゅうせん) 추첨

정답 (B)

最近太ってきた、メタボが気になるという方に朗報です。本日はご自宅で気軽に運動できる小型マシーン「スーパーマッスル」をテレビをご覧の皆様だけに、低価格でご提供いたします。¹12種類の運動がこの小さなマシーンで可能です。腹筋、背筋運動はもちろん、30分間のステップ運動で有酸素運動までできる機能満載のマシーンです。²本日は定価5万8千円のところを、特別価格の半額でご提供、便利な分割払いも可能です。本日お買い上げの方にはもれなくダイエットダイアリーとトレーニングDVDをプレゼントいたします。たくさんのお電話、お待ちしております。

해석 최근 살이 붙은, 뱃살이 신경 쓰이는 분께 반가운 소식입니다. 오늘은 집에서 쉽게 운동할 수 있는 소형 머신 '슈퍼 머슬'을 TV를 시청하시고 계신 여러분께만 저가로 제공합니다. 12종류의 운동이 이 작은 머신으로 가능합니다. 복근과 배근 운동은 물론, 30분 동안의 스텝 운동으로 유산소 운동까지 가능한 다기능 머신입니다. 오늘은 정가 58000엔인 것을 특별 가격인 반값으로 제공하며, 편리한 할부도 가능합니다. 오늘 구입하시는 분께는 모두 다이어트 다이어리와 트레이닝 DVD를 선물합니다. 많은 전화 기다리고 있겠습니다.

어휘 **太(ふと)る** 살찌다 | **メタボ** 내장지방형 비만, 복부 비만 | **朗報(ろうほう)** 좋은 소식, 반가운 소식, 낭보 | **自宅(じたく)** 댁, 자택 | **気軽(きがる)に** 선뜻, 가볍게 | **小型(こがた)** 소형 | **ご覧(らん)** (見る의 존경어) 보심 | **低価格(ていかかく)** 저가 | **腹筋(ふっきん)** 복근 | **背筋(はいきん)** 배근 ▶인체의 등, 등줄기 부분을 말할 때는 せすじ라고 읽는다. | **有酸素(ゆうさんそ)** 유산소 | **満載(まんさい)** (어떤 성질이) 많음, 가득함 | **定価(ていか)** 정가 | **~ところを** (예상과 반대되는 상황이 다음에 있을 것이라는 뉘앙스를 나타내며) ~인 것을, ~텐데 | **半額(はんがく)** 반액, 반값 | **分割払(ぶんかつばら)い** 할부 [반의어] **一括払(いっかつばら)い** 일시불 | **買(か)い上(あ)げ** 구입, 구매 | **もれなく** 모두, 빠짐없이

시나공법 36 | 시나공 기출문제의 재구성

시나공법 36에서 배운 내용이 어떻게 시험에 나오는지 실전 문제를 통해 확인해 보세요. 🎧 Part4-36시나공

01-03

01 短期集中クラスの指導期間は、どんなタイプがありますか。
(A) 1日、3日、5日
(B) 2日、4日、6日
(C) 2日、5日、7日
(D) 3日、6日、8日

02 このスクールのクラスについて、正しいものはどれですか。
(A) 短期集中クラスは予約をしなければならない。
(B) 短期集中クラスは追加費用がかからない。
(C) 定額制クラスは一対一で指導を受けられる。
(D) 定額制クラスは音痴が治らなければ返金してもらえる。

03 ボイストレーナーが指導プログラムで、考慮しない点は何ですか。
(A) 年齢
(B) 職業
(C) 性別
(D) 音痴度

04-06

04 どんな掃除機が紹介されていますか。

(A) 簡単な操作で床掃除ができる掃除機
(B) ペットの抜け毛を掃除するための掃除機
(C) 高齢者の健康管理をしてくれる掃除機
(D) 部屋の隅まで水拭きできる掃除機

05 この掃除機は、どんな人におすすめですか。

(A) 一人暮らしの男性
(B) 掃除が苦手な主婦
(C) 家庭の主婦や高齢者
(D) ペットを飼っていない人

06 この商品はなぜ安く購入できますか。

(A) 新年のキャンペーンのため
(B) 年末の大掃除の時期のため
(C) 敬老の日のキャンペーンため
(D) 母の日のプレゼント企画のため

시나공법 37 뉴스 보도, 사회 동향

뉴스 하면 떠오르는 사건 사고 및 범죄 관련 보도를 비롯하여, 최근 자주 이슈가 되는 사회 현상, 라이프스타일의 변화, 경기 침체, 환경 문제 등과 같은 주제를 다룬 시사 문제가 어김없이 〈Part 4〉에서도 출제되고 있습니다. 출제 빈도나 비율은 그다지 높지 않지만, 문장 속 어휘 자체가 어렵고 이해하기 힘든 경우가 많은 데다가, 지문에 따라서는 퍼센트, 인원수 등과 같은 숫자가 제시되는 경우도 있어서 다른 지문보다 높은 청취력과 집중력이 필요합니다.

중요도 ★★☆
시나공법 따라잡기

시험에 이렇게 나온다! 🎧 Part4-37-1

1 日本最大の運送会社はどうしますか。
(A) 宅配料金を無料化する。
(B) ネット通販から撤退する。
(C) 配達料を改定する。
(D) 新しい事業を展開する。

해석 일본 최대의 운송 회사는 어떻게 합니까?
(A) 배달 요금을 무료화한다.
(B) 온라인 쇼핑에서 철퇴한다.
(C) 배달료를 개정한다.
(D) 새로운 사업을 전개한다.

해설 택배 요금을 인상한다는 방침을 발표했다는 말은 (C)의 배달 요금을 개정할 것이라는 말과 같다. 첫 번째 문장을 놓쳤더라도, 두 번째 문장 도입부에서 한번 더 언급해 주기 때문에 비교적 쉽게 풀 수 있는 문제이다.

어휘 撤退(てったい) 철퇴 | 改定(かいてい) 개정 | 展開(てんかい) 전개

정답 (C)

2 運送会社が抱えている問題として、合っているものはどれですか。
(A) 24時間、配送しなければならないこと
(B) 優秀な人材確保が困難なこと
(C) 厳しい条件で働いている人がいること
(D) 荷主に対して利益が上がらないこと

해석 운송 회사가 안고 있는 문제로 알맞은 것은 어느 것입니까?
(A) 24시간 배달해야 하는 것
(B) 우수한 인재 확보가 곤란한 것
(C) 혹독한 조건에서 일하는 사람이 있는 것
(D) 화주에 대해 이익이 오르지 않는 것

해설 운송 회사는 (A)시간대 지정은 가능하지만 24시간 배달 체재로 운영되지는 않으며, (B)배달 물량 증가로 인력이 부족한 것이지 우수한 인재가 부족한 것은 아니다. 또한, (D)경쟁이 격심하긴 하지만 물량도 늘어난 상황이므로 이익이 나지 않는다고도 보기 어렵다. 요금 인상의 배경에 대한 내용과 일치하는 보기는 (C)이다.

어휘 抱(かか)える 안다 | 優秀(ゆうしゅう) 우수 | 困難(こんなん) 곤란 | 厳(きび)しい 혹독하다 | 荷主(にぬし) 화주, 짐의 발송인 | 利益(りえき) 이익

정답 (C)

¹日本最大手の運送会社が27年ぶりに、宅配料金を値上げする方針を発表し、各界から注目を浴びています。²今回の値上げの背景には、ネット通販の拡大による配送物の急激な増加と、それに伴う人手不足や労働環境の悪化があります。時間帯指定での配送や不在時の再配達制度が、ドライバーを消耗させ、運送会社が労働力を確保する妨げになっています。深刻なのは、運賃の値上げが容易には実現できないことで、ネット通販が競争を激化させるとともに、「送料無料」をうたい文句に多くの顧客を獲得している状況が、運送会社の収益を圧迫しています。今回の値上げは、業界全体に好影響となると期待されています。

해석 일본 최대 운송 회사가 27년 만에 택배 요금을 인상하는 방침을 발표하여 각계로부터 주목을 받고 있습니다. 이번 인상의 배경에는 온라인 쇼핑 확대에 따른 배송물의 급격한 증가와 그로 인한 인력 부족과 노동 환경의 악화가 있습니다. 시간대 지정 배송과 부재 시의 재배달 제도가 드라이버를 고되게 하여, 운송 회사의 노동력 확보에 지장을 주고 있습니다. 심각한 점은 운임 인상이 쉽게는 실현될 수 없다는 것으로, 온라인 쇼핑이 경쟁을 격화시키는 동시에 '무료 배송'을 광고 문구로 많은 고객을 획득하고 있는 상황이 운송 회사의 수익을 압박하고 있습니다. 이번 인상은 업계 전체에 좋은 영향을 끼칠 것으로 기대되고 있습니다.

어휘 大手(おおて) 규모가 큰 회사, 대기업 | 宅配(たくはい) 택배 | 値上(ねあ)げ 가격 인상 | 注目(ちゅうもく)を浴(あ)びる 주목을 받다 | ネット通販(つうはん) 인터넷 통신판매, 온라인 쇼핑 | 配送物(はいそうぶつ) 배송물 | 急激(きゅうげき) 급격함 | 〜に伴(ともな)う 〜에 따르다, 수반하다 | 人手不足(ひとでぶそく) 인력 부족 | 労働環境(ろうどうかんきょう) 노동 환경 | 不在(ふざい) 부재 | ドライバー 드라이버, 운전사 | 消耗(しょうもう) 소모, 기력이나 체력의 소진 | 確保(かくほ) 확보 | 妨(さまた)げ 방해, 장애 | 深刻(しんこく) 심각함 | 運賃(うんちん) 운임 | 容易(ようい) 용이함, 쉬움 | 実現(じつげん) 실현 | 競争(きょうそう) 경쟁 | 激化(げきか) 격화 | うたい文句(もんく) (이목을 끌기 위한) 광고 문구 | 顧客(こきゃく) 고객 | 獲得(かくとく) 획득 | 収益(しゅうえき) 수익 | 圧迫(あっぱく) 압박 | 好影響(こうえいきょう) 좋은 영향 [반의어] 悪影響(あくえいきょう) 악영향

시나공법 37 | 시나공 기출문제의 재구성

시나공법 37에서 배운 내용이 어떻게 시험에 나오는지 실전 문제를 통해 확인해 보세요. 🎧 Part4-37시나공

01-04

난이도 ▶▷▷
01 この事故はいつ起きましたか。
(A) ２日午前９時
(B) ２日午後10時
(C) 20日午前10時
(D) 20日午後９時

난이도 ▶▶▷
02 この事故による影響は、どのようなものでしたか。
(A) 上下線とも通行止めとなった。
(B) 下り線が全面通行止めとなった。
(C) 下り線の一部区間が通行止めとなった。
(D) 下り線のトンネル内が通行止めとなった。

난이도 ▶▶▶
03 この事故の内容と合っているものはどれですか。
(A) この玉突き事故に巻き込まれたのは全部で４台だった。
(B) 大型トラックを運転していた男性は死亡した。
(C) ワゴン車に乗っていた３人は軽傷を負った。
(D) トラックの運転手が左足を負傷し意識不明になった。

난이도 ▶▶▷
04 この事故の原因は何だと言っていますか。
(A) 大型トラックの運転手が前方をよく見ていなかったこと
(B) トンネル内の濃い霧のため、前がよく見えなかったこと
(C) トンネル内が渋滞し、運転手が居眠り運転をしていたこと
(D) インターチェンジ付近で通行止めがあったこと

05-07

난이도 ▶▷▷
05 今回販売される商品名は何ですか。
(A) エブリデイ24
(B) ひとめぼれ
(C) 特製肉巻きおにぎり
(D) よねざわ牛

난이도 ▶▶▷
06 この商品は最初、どこでどのように販売されますか。
(A) 神奈川県内にて、期間限定で販売される。
(B) 宮城県内にて、期間限定で販売される。
(C) 宮城県と山形県で同時に販売される。
(D) 全国一斉に限定販売される。

난이도 ▶▶▷
07 この商品の特徴として、正しいものはどれですか。
(A) 肉は塩味をベースにしている。
(B) 焼きたての豚肉をおにぎりに巻いて食べる。
(C) ご飯は和風ダシで炊き上げたものを使う。
(D) 野菜たっぷりのあっさりとした味がする。

★별책 정답&해설 98쪽

01–04

01 どこの都市での話ですか。
  (A) サンフランシスコ
  (B) ニューヨーク
  (C) サンパウロ
  (D) ニューイングランド

02 警察が警戒していることは何ですか。
  (A) サンタクロースが強盗の被害に遭うこと
  (B) サンタクロースの衣装を着た殺人犯が街に現れること
  (C) サンタクロースの姿をした強盗が現れること
  (D) サンタクロースの姿をした空き巣が出没すること

03 犯人の手口は、どのようなものですか。
  (A) 「メリークリスマス」と言いながらバットで殴る。
  (B) 「メリークリスマス」と言いながら挙げた手で殴る。
  (C) 「メリークリスマス」と言った後に拳銃で脅す。
  (D) お金を奪った後、「メリークリスマス」と言いながら逃げる。

04 本文の内容に合っているものはどれですか。
  (A) 犯人はコンビニを好んで狙う。
  (B) この事件は3年連続で発生している。
  (C) まだ殺人や傷害事件にまで発展していない。
  (D) 無能な警察への怒りの声も上がっている。

05-07

난이도 ▶▷▷
05 冬物のバーゲンは、どこでやっていますか。
(A) 地下1階の食料品売り場
(B) デパートのすべての売り場
(C) 6階のインフォメーション
(D) 屋上の駐車場

난이도 ▶▷▷
06 バーゲンの対象商品として、正しいものはどれですか。
(A) 子供服、紳士服、マタニティー
(B) ウィスキー、婦人服、カジュアル
(C) 化粧品、カジュアル、マタニティー
(D) たばこ、食料品、婦人服

난이도 ▶▶▷
07 特別タイムサービスについて、合っているものはどれですか。
(A) 午後2時から始まる。
(B) 午後3時から6時までだ。
(C) 5階の特設会場で行われる。
(D) セールの値段よりもさらに1割安くなる。

08-10

08 このアンケートは、誰を対象に実施されましたか。
(A) 全国の女子高生
(B) まだ結婚していない女性
(C) 10代から40代の専業主婦
(D) 50歳未満の未亡人

09 バレンタインデーは「必要ない」と答えた理由に、なかったものはどれですか。
(A) その日でなくても告白はできる。
(B) チョコレートをあげたい人がいない。
(C) 業界の営業戦略なので嫌だ。
(D) 面倒くさい。

10 アンケート結果として、正しいのはどれですか。
(A) 「必要ない」と答えた人は、チョコレートを買わない。
(B) 「必要ない」と答えた人は、だんだん減っている。
(C) 「必要だ」と答えた人は、半数を切っている。
(D) 「必要だ」と答えた人は、職場の人間関係を大切にする。

★별책 정답&해설 100쪽

시나공 JPT

실전 모의고사

受験番号						
姓　名						

JPT 日本語能力試験

J APANESE

P ROFICIENCY

T EST

실전 모의고사 제1회 Test1(전체)

次の質問1番から質問100番までは聞き取りの問題です。
どの問題も1回しか言いませんから、よく聞いて答えを(A)、(B)、(C)、(D)の中から一つ選びなさい。答えを選んだら、それにあたる答案用紙の記号を黒くぬりつぶしなさい。

I. 次の写真を見て、その内容に合っている表現を(A)から(D)の中で一つ選びなさい。

(例)

(A) この人は本を読んでいます。
(B) この人は掃除をしています。
(C) この人は電話をしています。
(D) この人はビールを飲んでいます。

(A) (B) (●) (D)

1.

2.

3.

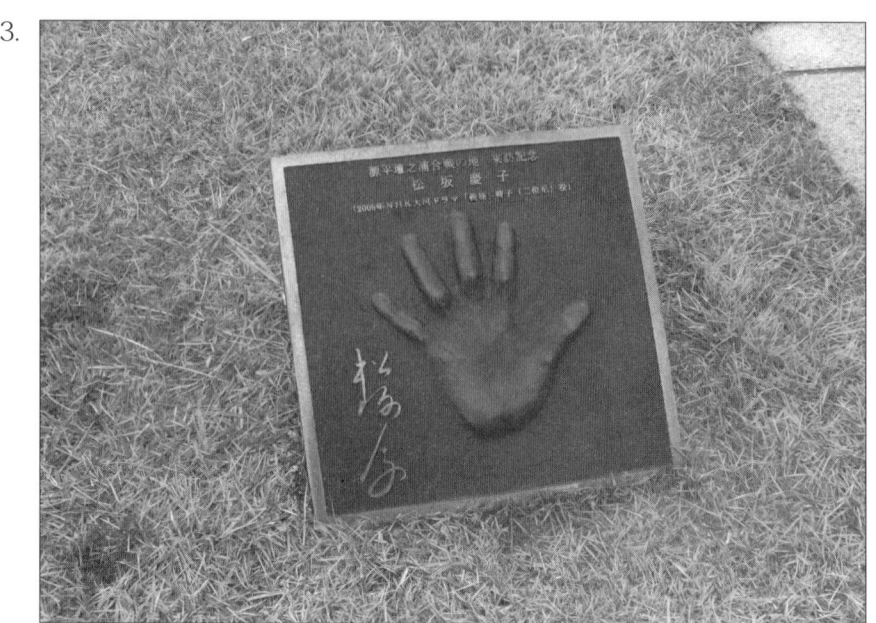

4.

5.

6.

7.

8.

9.

10.

11.

12.

13.

14.

次のページに続く

15.

16.

17.

18.

19.

20.

II. 次の言葉の返事として、もっとも適したものを(A)から(D)の中で一つ選びなさい。

(例) 明日は何をしますか。
(A) 土曜日です。
(B) 朝ごはんの後にします。
(C) 友達の家に行きます。
(D) テニスをしました。

21. 答えを答案用紙に書き入れなさい。
22. 答えを答案用紙に書き入れなさい。
23. 答えを答案用紙に書き入れなさい。
24. 答えを答案用紙に書き入れなさい。
25. 答えを答案用紙に書き入れなさい。
26. 答えを答案用紙に書き入れなさい。
27. 答えを答案用紙に書き入れなさい。
28. 答えを答案用紙に書き入れなさい。
29. 答えを答案用紙に書き入れなさい。
30. 答えを答案用紙に書き入れなさい。
31. 答えを答案用紙に書き入れなさい。
32. 答えを答案用紙に書き入れなさい。
33. 答えを答案用紙に書き入れなさい。
34. 答えを答案用紙に書き入れなさい。
35. 答えを答案用紙に書き入れなさい。
36. 答えを答案用紙に書き入れなさい。
37. 答えを答案用紙に書き入れなさい。
38. 答えを答案用紙に書き入れなさい。
39. 答えを答案用紙に書き入れなさい。
40. 答えを答案用紙に書き入れなさい。
41. 答えを答案用紙に書き入れなさい。
42. 答えを答案用紙に書き入れなさい。
43. 答えを答案用紙に書き入れなさい。
44. 答えを答案用紙に書き入れなさい。
45. 答えを答案用紙に書き入れなさい。
46. 答えを答案用紙に書き入れなさい。
47. 答えを答案用紙に書き入れなさい。
48. 答えを答案用紙に書き入れなさい。
49. 答えを答案用紙に書き入れなさい。
50. 答えを答案用紙に書き入れなさい。

次のページに続く

III. 次の会話をよく聞いて、後の問いにもっとも適したものを(A)から(D)の中で一つ選びなさい。

(例) A：すみません、この辺に本屋がありますか。
B：はい。駅の前にありますよ。
A：郵便局も本屋のそばにありますか。
B：いいえ。郵便局はあのデパートのとなりです。

郵便局はどこにありますか。
(A) 駅の前
(B) 本屋のとなり
(C) 本屋の前
(D) デパートのとなり

51. 女の人は、男の人から何を借りましたか。
(A) ボールペン
(B) 鉛筆
(C) シャーペン
(D) シャーペンとボールペン

52. 2人はどこにいますか。
(A) マラソン大会のゴール地点
(B) 映画館
(C) 鉄道の駅
(D) スーパーの特売コーナー

53. 2人はいつお店に行きますか。
(A) 今日行く。
(B) 今日、残業が終わってから行く。
(C) 明日行く。
(D) 明日、残業が終わってから行く。

54. 贈り物について、正しいものはどれですか。
(A) リボンをつける。
(B) のしに名前を書いてもらう。
(C) のしはつけない。
(D) 贈り主の名前は自分で記入する。

55. 女の人はどこにいますか。
(A) 化粧品売り場
(B) エステサロン
(C) クリーニング屋
(D) 洋服リフォーム店

56. 男の人について、正しいものはどれですか。
(A) 9人兄弟だ。
(B) 8人兄弟だ。
(C) お正月はお金がかかって大変だ。
(D) 男の人以外はみんな独身だ。

57. 浴衣を着たまま行けないのは、どこですか。
    (A) ロビーと食堂
    (B) ロビーと廊下とエレベーター
    (C) ロビー
    (D) ロビー以外の場所

58. 女の人は、注文した品をどのような順序で受け取りますか。
    (A) ミニサラダ → コーラとポテト → チーズバーガー
    (B) コーラとポテト → ミニサラダ → チーズバーガー
    (C) チーズバーガーとコーラとポテト → ミニサラダ
    (D) コーラとポテト → チーズバーガー

59. 2人は何について話していますか。
    (A) ある女優が芸能人をやめるということ
    (B) 芸能界で生きていくことが厳しいということ
    (C) 芸能人同士の結婚には失敗が多いということ
    (D) 華やかな芸能界より一般人の生活の方が気楽だということ

60. 男の人は、今日どんな格好をしていますか。
    (A) スーツ姿が決まっている。
    (B) 面接のためにいつもと違う髪型をしている。
    (C) Tシャツとジーパンがよく似合う。
    (D) お祭り用の衣装を着ている。

61. 男の人は、どうしてケーブルカーで行こうとしていますか。
    (A) リフトに乗るときのタイミングが難しいから
    (B) 上手にリフトから降りられないから
    (C) リフトだと虫に刺されるから
    (D) リフトに乗ったことがないから

62. ケーキをいくつ食べれば、お得になりますか。
    (A) 三つ
    (B) 四つ
    (C) 五つ
    (D) 六つ

63. 高橋さんのスピーチが上手だった理由は、何だと言っていますか。
    (A) 高橋さんの恋人がアメリカ人だから
    (B) 妹の恋人に教わったから
    (C) アメリカに留学したことがあるから
    (D) 英語教室に通ったから

64. 男の人はどうしますか。
    (A) 銭湯に行って、帰りにジュースと牛肉を買う。
    (B) 銭湯に行って、牛乳を飲んで帰る。
    (C) 散髪をしに行って、帰りにジュースと牛乳を買う。
    (D) 散髪をしに行って、帰りにオレンジと牛肉を買う。

65. ゴミを出す日について、正しいものはどれですか。
    (A) 以前は燃えるゴミの日が火、金だった。
    (B) 燃えないゴミの日は以前と同じだ。
    (C) 燃えるゴミの日は月曜日だけになった。
    (D) 燃えるゴミが出せる日は週2回だ。

66. 本の貸し出しについて、正しいものはどれですか。
    (A) 毎月4日は貸し出しができない。
    (B) 男の人は来月の8日までに本を返さなければならない。
    (C) 返却日を守らないと、本の貸し出しは一時停止される。
    (D) 返却が遅れた日数の2倍の期間、貸し出し禁止になる。

67. 会話の内容に合っているものはどれですか。
    (A) 男の人は最新の携帯を持っている。
    (B) 女の人は流行の携帯を購入し、使い勝手がよく、満足している。
    (C) 男の人は女の人が買ったものを購入しようと考えていた。
    (D) 男の人は女の人が持っている携帯と同じものを買った。

68. 女の人はどうしますか。
    (A) 今日の6時に部長に手短に相談する。
    (B) 明日の5時半に部長に手相を見てもらう。
    (C) 今日の6時に部長と一緒に接待の席に出る。
    (D) 明日の5時半に部長に少し込み入った相談をする。

69. 女の人が払う総額はいくらですか。
    (A) 10万円
    (B) 10万5百円
    (C) 10万5千円
    (D) 11万円

70. 会話の内容と合っているものはどれですか。
    (A) リラックスできる香りは一つしかない。
    (B) 女の人が男の人にどんな香りがいいか、選んであげる。
    (C) 女の人は香りについて詳しく知っている。
    (D) その人の状態によって香りを選ぶ基準が異なる。

71. 2人は手紙の内容をどのようなものだと思っていますか。
    (A) お金を送って欲しい、という内容
    (B) 駅まで見送って欲しい、という内容
    (C) 引越しの手伝いに来て欲しい、という内容
    (D) 名産のお菓子を送って欲しい、という内容

72. 男の人はどうして「もうだめ」と言いましたか。
   (A) 2週間ではソースを使い切れないから
   (B) ソースの瓶に書いてある賞味期限の日を過ぎたから
   (C) 栓を開けてから2週間以上経ったから
   (D) 栓を閉め忘れて2週間経ったから

73. 会話の内容と合っているものはどれですか。
   (A) 仙台はもう梅雨明けしたので、傘は必要ない。
   (B) 天気予報によると、仙台では午後から雨が降る。
   (C) 女の人は男の人に傘を渡した。
   (D) 男の人は天気予報を見逃した。

74. 木村さんの出産について、正しいものはどれですか。
   (A) 木村さんは難産だった。
   (B) 木村さんは妊娠中に胎児の性別を知っていた。
   (C) 木村さんは女の子を出産した。
   (D) 木村さんは男の子が欲しかった。

75. 女の人の気持ちとして、合っているものはどれですか。
   (A) やっとみかんが売られる季節になって嬉しい。
   (B) 今は、食べ物で季節感を味わえなくなったので物足りない。
   (C) 昔も今も、年中食べたいものが食べられるので嬉しい。
   (D) その季節ならではの味を見つけるのは簡単だ。

76. 最近のハンバーガーチェーンについて、正しいものはどれですか。
   (A) ハンバーガーショップからカフェに改装するチェーンが増えてきた。
   (B) ブレンドコーヒーの代わりにカフェラテを売るチェーンが増えてきた。
   (C) コーヒーを100円均一で売るチェーンが多くなってきた。
   (D) コーヒーを飲みにくる客を増やそうとしているチェーンが多くなってきった。

77. 男の人の気持ちとして、正しいのはどれですか。
   (A) 照れながらも、本社勤務を内心喜んでいる。
   (B) 家族のもとに帰れるので、嬉しがっている。
   (C) 本社勤務をあまり喜んでいない。
   (D) 出世コースから外れて、この先不安を感じている。

78. 会話の内容に合っているものはどれですか。
    (A) 最近、5千人の死者を出す大きな台風の被害があった。
    (B) 男の人の田舎では水害は起こらなかった。
    (C) 男の人の故郷ではそれほど大きな被害はなかった。
    (D) 女の人は台風の上陸について、あまり関心がなかった。

79. 会話の内容に合っているものはどれですか。
    (A) 女の人はアメリカ大統領のノーベル平和賞受賞を喜んでいる。
    (B) 女の人はノーベル平和賞の廃止を願っている。
    (C) 男の人は政治家のノーベル平和賞受賞について疑問視している。
    (D) 男の人は最近、肩こりが激しくて困っている。

80. 会話の内容に合っているものはどれですか。
    (A) 女の人は3年前にこの部署に新人として配属された。
    (B) この部署では4月から新入社員が営業を担当することになる。
    (C) 女の人は新入社員の研修期間の教育を任せられた。
    (D) 男の人は研修よりも実際の経験で仕事を覚える方が大事だと思っている。

Ⅳ. 次の文章をよく聞いて、後の問いにもっとも適したものを(A)から(D)の中で一つ選びなさい。

(例) 山田さんは、もう８年間銀行に勤めています。去年結婚してから、奥さんと２人でテニスを始めました。日曜日の朝は、いつも家の近くの公園で練習しています。

1. 山田さんは、何年間銀行に勤めていますか。
   (A) ４年間
   (B) ６年間
   (C) ８年間
   (D) 10年間

2. 山田さんは、結婚してから何を始めましたか。
   (A) テニス
   (B) サッカー
   (C) ゴルフ
   (D) やきゅう

81. 木村さんは、いつ会社に入りましたか。
    (A) １年前
    (B) ２年前
    (C) ３年前
    (D) ４年前

82. 木村さんは、いつ倒れましたか。
    (A) 残業をしていた時
    (B) 先週の月曜日の朝
    (C) 今年の初め
    (D) 帰宅する途中

83. 木村さんの体の状態について、正しいものはどれですか。
    (A) 入院をしてカウンセリングを受ける必要がある。
    (B) 薬を飲んで通院しながら治療を受ける事になった。
    (C) 今週手術を受ける事になっている。
    (D) 精密検査の結果次第で手術が決まる。

84. 木村さんは、自分の健康状態についてどう思っていますか。
    (A) 過労とストレスを与えた会社の責任だ。
    (B) 薬さえ飲んでいれば、仕事に支障はない。
    (C) 無理をせずに健康にもっと配慮すべきだった。
    (D) 手術を受ければ、回復して復帰できる。

次のページに続く

85. KTNの正式名称は何ですか。
    (A) 九州テレビネットワーク
    (B) 関西テレビネットワーク
    (C) 関東テレビネットワーク
    (D) 北日本テレビネットワーク

86. 月曜日のドラマ番組の代わりに、どのような番組が始まりますか。
    (A) 経済ニュース番組
    (B) 著名人へのインタビュー番組
    (C) 大物女性タレントのバラエティー番組
    (D) 元プロ野球選手を進行役にしたスポーツ番組

87. KTNについて、本文の内容と合っているものはどれですか。
    (A) 改編により、全体としてバラエティー番組が増える。
    (B) 今回の番組改編は、局アナ中心の番組構成になっている。
    (C) 昔からの人気番組も、今回の改編で放送時間が変更される。
    (D) 昔は民間放送をリードするような存在であった。

88. この人はなぜ部長に小言を言われましたか。
    (A) 会社に遅刻したから
    (B) 仕事をさぼっていたから
    (C) 実績があがらないから
    (D) 仕事が遅くて、残業が多いから

89. この人は普段どんな仕事をしていますか。
    (A) お客さんの苦情を聞く仕事
    (B) 新しいお客さんを見つける仕事
    (C) 他の部署のサポートをする仕事
    (D) 他の部署とのトラブルを解決する仕事

90. この人が残業した理由は何ですか。
    (A) 営業実績を伸ばすため
    (B) 自分のミスでお客様に迷惑をかけたため
    (C) 取引先の苦情を処理するため
    (D) 雨に降られて接待に間に合わなかったため

91. 最近ではどんな顔の人が好まれるようになりましたか。
    (A) 二重の人
    (B) 鼻がまっすぐ整っている人
    (C) モデルのように痩せた人
    (D) 西洋で生まれた人

92. 美人の条件として、内容と合っているものはどれですか。
    (A) 最近では、東洋的な目鼻立ちが美人であると言われる。
    (B) 平安時代には、色白で痩せている女性が美人だった。
    (C) 美人の基準とは時代を問わず変わりはないようだ。
    (D) 太った女性が美人の条件となっている国もある。

93. この内容にふさわしいタイトルは何ですか。
    (A) 世界の美人を探して
    (B) 時代別の美人の条件
    (C) 美を見抜く心の眼
    (D) 美容整形の危険性

94. どんな調査結果が発表されましたか。
    (A) 戦後の日本女性の就職率
    (B) 日本女性のカロリー摂取率
    (C) 日本女性のメタボ商品の購入率
    (D) 働く日本女性の出産率

95. 現代の日本女性の痩せすぎの原因は、何だと言っていますか。
    (A) 必要以上に過度なダイエットをしすぎているから
    (B) 昼食に毎日コンビニのおにぎりしか食べないから
    (C) 多忙のために規則正しく食事ができていないから
    (D) メタボ商品を多量に購入して摂取しているから

96. 女性の痩せすぎによる健康への被害に、あてはまるものはどれですか。
    (A) とても疲れやすくなり、食欲もなくなってしまう。
    (B) 子供ができにくくなったり、小さい子供が生まれてしまう。
    (C) いくら頑張ってダイエットしても、痩せにくい体になってしまう。
    (D) かえって見た目が悪くなり、男性からもてなくなってしまう。

97. 「バーガージャパン」の強みは何ですか。
    (A) 独自の低価格戦略
    (B) 外資系企業からの投資
    (C) ドライブスルー店舗の売上が多いこと
    (D) 日本で最初に導入したシステムの改革

98. ドライブスルーのメリットとして、挙げられていないものはどれですか。
    (A) 時間のない忙しい客を期待できること
    (B) 小さな子供連れの客も来店しやすいこと
    (C) 雨の日に車から降りる必要がないこと
    (D) 一度便利さを知ると、常連になりやすいこと

99. 「バーガージャパン」の今後のドライブスルーの出店計画は、どうなっていますか。
    (A) 5年間で50店舗オープン
    (B) 5年間で150店舗オープン
    (C) 15年間で50店舗オープン
    (D) 15年間で150店舗オープン

100. 「バーガージャパン」について、正しいものはどれですか。
    (A) 競争が激しいため、独り勝ちする時代は終わった。
    (B) 店舗の約40％がドライブスルータイプだ。
    (C) 質の高いサービス提供を目指している。
    (D) 同社の好調さは、今後も当分続くと予想される。

受験番号						
姓　名						

JPT 日本語能力試験

J APANESE

P ROFICIENCY

T EST

실전 모의고사 제2회 Test2(전체)

次の質問１番から質問100番までは聞き取りの問題です。
どの問題も１回しか言いませんから、よく聞いて答えを(A)、(B)、(C)、(D)の中から一つ選びなさい。答えを選んだら、それにあたる答案用紙の記号を黒くぬりつぶしなさい。

I. 次の写真を見て、その内容に合っている表現を(A)から(D)の中で一つ選びなさい。

(例)

(A) この人は本を読んでいます。
(B) この人は掃除をしています。
(C) この人は電話をしています。
(D) この人はビールを飲んでいます。

答　(A) (B) (●) (D)

1.

2.

3.

4.

5.

6.

7.

8.

9.

10.

11.

12.

13.

14.

15.

16.

17.

18.

19.

20.

II. 次の言葉の返事として、もっとも適したものを(A)から(D)の中で一つ選びなさい。

(例) 明日は何をしますか。
(A) 土曜日です。
(B) 朝ごはんの後にします。
(C) 友達の家に行きます。
(D) テニスをしました。

21. 答えを答案用紙に書き入れなさい。
22. 答えを答案用紙に書き入れなさい。
23. 答えを答案用紙に書き入れなさい。
24. 答えを答案用紙に書き入れなさい。
25. 答えを答案用紙に書き入れなさい。
26. 答えを答案用紙に書き入れなさい。
27. 答えを答案用紙に書き入れなさい。
28. 答えを答案用紙に書き入れなさい。
29. 答えを答案用紙に書き入れなさい。
30. 答えを答案用紙に書き入れなさい。
31. 答えを答案用紙に書き入れなさい。
32. 答えを答案用紙に書き入れなさい。
33. 答えを答案用紙に書き入れなさい。
34. 答えを答案用紙に書き入れなさい。
35. 答えを答案用紙に書き入れなさい。
36. 答えを答案用紙に書き入れなさい。
37. 答えを答案用紙に書き入れなさい。
38. 答えを答案用紙に書き入れなさい。
39. 答えを答案用紙に書き入れなさい。
40. 答えを答案用紙に書き入れなさい。
41. 答えを答案用紙に書き入れなさい。
42. 答えを答案用紙に書き入れなさい。
43. 答えを答案用紙に書き入れなさい。
44. 答えを答案用紙に書き入れなさい。
45. 答えを答案用紙に書き入れなさい。
46. 答えを答案用紙に書き入れなさい。
47. 答えを答案用紙に書き入れなさい。
48. 答えを答案用紙に書き入れなさい。
49. 答えを答案用紙に書き入れなさい。
50. 答えを答案用紙に書き入れなさい。

次のページに続く

III. 次の会話をよく聞いて、後の問いにもっとも適したものを(A)から(D)の中で一つ選びなさい。

(例)　A：すみません、この辺に本屋がありますか。
　　　B：はい。駅の前にありますよ。
　　　A：郵便局も本屋のそばにありますか。
　　　B：いいえ。郵便局はあのデパートのとなりです。

　　　郵便局はどこにありますか。
　　　(A) 駅の前
　　　(B) 本屋のとなり
　　　(C) 本屋の前
　　　(D) デパートのとなり

51. 女の人は、どこで杉村さんを待ちますか。
　　(A) ここで待つ。
　　(B) 会議室で待つ。
　　(C) 応接室で待つ。
　　(D) 待たずに出直す。

52. 男の人は、何を追加注文しましたか。
　　(A) ご飯とビール1本
　　(B) ビール2本と日本酒1本
　　(C) 瓶ビール2本と缶ビール1本
　　(D) ご飯とビール2本と日本酒1本

53. 郵便局はどこにありますか。
　　(A) 一つ目の交差点の角
　　(B) ここから徒歩で10分以内のところ
　　(C) 二つ目の角を左に曲がったところ
　　(D) コンビニの前

54. 夕方5時以降の入場料は、いくらになりますか。
　　(A) 大人は3千2百円、子供は2千5百円
　　(B) 大人も子供も2千円
　　(C) 大人だけ2千円
　　(D) 子供だけ2千円

55. 男の人はどうしますか。
　　(A) 疲れているので、待たずにすぐ映画を観る。
　　(B) どうするかしばらく考える。
　　(C) 別の映画館へ行く。
　　(D) 15時10分の映画を待ってから観る。

56. 男の人について、合っているものはどれですか。
    (A) いつもはアイスコーヒーを飲むが、今日はホットコーヒーを飲む。
    (B) いつもはホットコーヒーを飲むが、今日はアイスコーヒーを飲む。
    (C) いつもはホットコーヒーを飲むが、今日はジュースを飲む。
    (D) 暑い日でも飲み物はなるべく飲まないようにしている。

57. 男の人はゆうべどうしましたか。
    (A) 自分の家まで必死に走って帰った。
    (B) 最終電車に乗って帰った。
    (C) なんとかタクシーをつかまえて家まで帰った。
    (D) タクシー代が無かったので駅の階段で寝た。

58. 会話の内容と合っているものはどれですか。
    (A) 女の人は目が充血している。
    (B) 女の人は新しいカラーコンタクトを買おうと思っている。
    (C) 男の人は、女の人にはカラーコンタクトが似合わないと思っている。
    (D) 男の人は、女の人のするおしゃれが気に入らない。

59. 2人は今どこにいますか。
    (A) ローカル鉄道の車両の中
    (B) 旅客機の中
    (C) ヘリコプターの中
    (D) 寝台車の車両の中

60. 2人は何について話していますか。
    (A) 最新式の電気炊飯器
    (B) 便利な調理器具
    (C) 新しい鍋料理の方法
    (D) 野菜の上手な料理法

61. 女の人の最近について、正しいものはどれですか。
    (A) 何をしても上手にできないので、自分でも困っている。
    (B) 新しい習い事もしている。
    (C) 手芸とケーキ作りは肩が凝るのでやめた。
    (D) ネイルアートを始めようと思っている。

62. 千円カットの店について、正しいものはどれですか。
    (A) 男性専用の店しかない。
    (B) 最近は過当競争が激しくなり、料金が安くなっている。
    (C) シャンプーや髭剃りまであって料金が千円なので、とても割安だ。
    (D) 現在のところ、とても成功しているビジネスモデルだ。

63. 女の人は最近どうしていますか。
    (A) 新しい仕事を見つけて働いている。
    (B) 会社に不平を言い過ぎて辞めさせられた。
    (C) 若い頃の実績が認められて昇進した。
    (D) 新しい仕事のために資格をとろうと思っている。

次のページに続く

64. 女の人について正しいものはどれですか。
   (A) 以前から早起きをするのが得意だった。
   (B) 会社に入ったばかりの頃、よく遅刻をして怒られた。
   (C) 今朝、特別に早く出勤した。
   (D) 男の人に早起きのコツを教えてあげた。

65. 女の人はこの後、どうしますか。
   (A) 男の人の会社に見積書を出す。
   (B) 男の人の会社の社長に挨拶に行く。
   (C) 男の人の会社の取引先に見積書を出す。
   (D) 女の人の会社の取引先に見積書を出す。

66. 男の人は明日どうしますか。
   (A) 大切な友人とゴルフをしてからお酒を飲む。
   (B) 会社の役員と打ち合わせを兼ねた食事をする。
   (C) 取引先とゴルフをして接待する。
   (D) ゴルフをしてから、夜は家で食事をする。

67. 男の人について、合っているものはどれですか。
   (A) ホテルの予約がなかなかとれなくて苦労している。
   (B) 仕事が忙しくて旅行に行けそうもなくなった。
   (C) 女の人のためにホテルの予約をした。
   (D) 女の人と旅行に行く予定だったが、一人で行くことにした。

68. 女の人について、合っているものはどれですか。
   (A) 来月、幼なじみの人と結婚する。
   (B) 友人の結婚式に出るかどうか、悩んでいる。
   (C) 結婚式が重なって、金銭的に負担を感じている。
   (D) 結婚式のスピーチを頼まれて困っている。

69. ハンバーガーについて、合っているものはどれですか。
   (A) この商品は、10月までの限定発売だ。
   (B) 最近はサイズが大きいハンバーガーが増えている。
   (C) このハンバーガーは、持ち帰りはできない商品だ。
   (D) このハンバーガーは、健康を考えてカロリーは控え目に作られている。

70. 会話の内容と合っているものはどれですか。
   (A) 女の人は小林部長のために作成した資料を持ってきた。
   (B) 女の人は飛び込みのセールスを行っている。
   (C) 男の人は女の人から書類を受け取る。
   (D) 小林部長はもうすぐ外出先から帰ってくる予定だ。

71. 女の人は湖での乗り物について、何と言っていますか。
    (A) 自転車は変速機がついていなければ嫌だ。
    (B) 電動自転車なら乗ってもいい。
    (C) 何であれ自転車は嫌だ。
    (D) 足を鍛えるため乗り物は使わず、歩きたい。

72. 男の人は女性専用車両について、何と言っていますか。
    (A) 最近は数が増えている。
    (B) 快適な乗り心地だ。
    (C) 初めの頃はよく痴漢が出た。
    (D) 女性が安心して乗れるので評判がいい。

73. 歌手について正しいものはどれですか。
    (A) 所属事務所とのトラブルで仕事が減った。
    (B) 事務所の階段から落ちて入院中だ。
    (C) 目の病気にかかって、芸能活動ができなくなった。
    (D) 暇なので毎日バードウォッチングをしている。

74. 2人が話している英会話スクールは、どんなところですか。
    (A) 24時間運営されていて、忙しい人にとても向いている。
    (B) 先生が生徒を甘やかす傾向があり、もっと厳しくして欲しいという声もある。
    (C) 授業を受けられる期限が決まっていないので、いつ行ってもいい。
    (D) 同じ系列のスクールが全国にあるので、出張先でも授業が受けられる。

75. 2人の会社は、どんな状況ですか。
    (A) 今年は新入社員の採用はない。
    (B) 去年より今年の方が経営状態がよくなった。
    (C) 管理職のリストラが増加するようだ。
    (D) 終身雇用で安心して働ける職場になった。

76. 2人は何について話していますか。
    (A) 中国経済の低迷
    (B) 中国への企業進出
    (C) 中国通貨の価値変動
    (D) 中国の政治体制の変化

77. 何が問題になっていますか。
    (A) 鳥インフルエンザの発生
    (B) 家畜の伝染病感染
    (C) 畜産農家を経営する人への伝染病
    (D) 口蹄疫対策における政府の取り組みの遅さ

78. 会話の内容に合っているものはどれですか。
    (A) 上司は部下が作った見積書の条件に不満だ。
    (B) 上司は部下が作ったプレゼンテーション資料に不満だ。
    (C) 女性の会社は、条件面でライバル企業に負けた。
    (D) 女性の会社はライバル企業に負けたが、条件の再提示を許された。

79. 今年4月の天候はどうでしたか。
    (A) 大雨が全国的に続いた。
    (B) 全国の平均気温が過去最低を記録した。
    (C) 太陽の出ている時間が過去最低だった都市があった。
    (D) 全国的に大雪が降って農産物に被害があった。

80. 男の人は、どんな考えを持っていますか。
    (A) どんなことがあっても自殺はするべきではない。
    (B) 国は失業保険制度の充実だけでなく、雇用も増やすべきだ。
    (C) 失業者を減らすことが第一の優先的課題だ。
    (D) 働く場所の創出と共に失業者等への心理的サポートも必要だ。

IV. 次の文章をよく聞いて、後の問いにもっとも適したものを(A)から(D)の中で一つ選びなさい。

(例) 山田さんは、もう８年間銀行に勤めています。去年結婚してから、奥さんと２人でテニスを始めました。日曜日の朝は、いつも家の近くの公園で練習しています。

1. 山田さんは、何年間銀行に勤めていますか。
 (A) ４年間
 (B) ６年間
 (C) ８年間
 (D) 10年間

2. 山田さんは、結婚してから何を始めましたか。
 (A) テニス
 (B) サッカー
 (C) ゴルフ
 (D) やきゅう

81. 若い男性は、この人になぜ声をかけましたか。
 (A) この人の座り方が気に入らなかったから
 (B) 席を譲って欲しかったから
 (C) ２人並んで座りたかったから
 (D) ２人とも疲れていたから

82. 若い男の人はどう言うべきだったと、この人は思っていますか。
 (A) すいません、席を譲ってもらえませんか。
 (B) すいません、そっちに行ってもらえますか。
 (C) すいません、ちょっと移動してもらえますか。
 (D) すいません、お願いします。

83. この人の気持ちとして、本文の内容に合っているものはどれですか。
 (A) 人は命令では動かないと思っている。
 (B) 最近の若い人たちの言葉使いを悲しんでいる。
 (C) コミュニケーションが苦手な若者が多いと思っている。
 (D) 正しい言い方を教える人が周りにいないのは残念だ。

84. ここはどこですか。
    (A) 結婚式場
    (B) 映画館
    (C) コンサートホール
    (D) ホテルのフロント

85. アナウンスの内容と合っているものはどれですか。
    (A) この催しはもうすぐ始まる。
    (B) この催しはロビーで行われている。
    (C) 演奏中、一旦外に出たら再入場できない。
    (D) プログラムはホール入口近くで係員が配っている。

86. 演奏中の注意事項になかったのはどれですか。
    (A) 客席への立ち入り
    (B) 撮影
    (C) 私語
    (D) 飲食

87. この人は倒れた父の姿を見て、どう思いましたか。
    (A) 思ったより元気な父の姿に安心した。
    (B) いつもの父の姿とは全く異なり、不憫だった。
    (C) 早く元気な姿に回復して遊んで欲しいと願った。
    (D) 後になって父が医者の言うことを聞き、安堵した。

88. この人の父について、正しいものはどれですか。
    (A) 普段から病気がちだった。
    (B) 運動はあまり好きではない。
    (C) 今回倒れた事はあまり気にしていない。
    (D) 倒れた時、足の骨を折った。

89. リハビリに対する父の態度として、正しいものはどれですか。
    (A) 最初から積極的な態度で取り組んだ。
    (B) 全くやる気がなく、医者を困らせた。
    (C) 初めは意欲的ではなかったが、後からは積極的になった。
    (D) 子供に励まされたが、体力不足でリハビリを諦めた。

90. この人が贈ったのは、どんな本でしたか。
    (A) 脳梗塞とリハビリに関する本
    (B) 癌を克服した人が書いた本
    (C) 父の気持ちを前向きにさせた本
    (D) 本当の健康の有り難さがわかる本

91. この商品はいつ発売されましたか。
    (A) 20年前
    (B) 30年前
    (C) 40年前
    (D) 50年前

92. この商品の説明として、正しいものはどれですか。
    (A) 樽に開けられた小さな穴にナイフを突き刺して遊ぶ。
    (B) 海賊の人形は樽の中に完全に隠れている。
    (C) 海賊の首だけが飛ぶ仕掛けになっている。
    (D) ある穴にナイフを突き刺すと樽が割れて海賊の人形が出てくる。

93. 現在、この商品の正式ルールは何ですか。
    (A) 海賊が飛び出したら勝つ。
    (B) 海賊が飛び出したら負ける。
    (C) 海賊が飛び出す回数を競う。
    (D) 勝ち負けは遊ぶ人に決めさせる。

94. この温泉は、青森県のどこにありますか。
    (A) 離島
    (B) 市街地
    (C) 渓谷の近く
    (D) 青荷山の近く

95. この温泉について、正しい説明はどれですか。
    (A) 最近オープンしたばかりの温泉宿である。
    (B) 三つの建物で構成されている温泉宿である。
    (C) 部屋ごとに最新の設備が整っている。
    (D) 夕方になるとランプの灯りだけを頼りに過ごす。

96. この人が主張するこの温泉宿のよさは何ですか。
    (A) 最新のホテルに負けず劣らずの高級感が味わえること
    (B) 省エネをコンセプトとした節約型の温泉であること
    (C) 都会の生活では味わえない自然の静寂な夜が体験できること
    (D) 長い歴史が感じられる昔ながらの温泉であること

97. 「消費期限」が表示されるのは、どんな食品ですか。
    (A) 製造日からおおよそ5日間以内で品質が劣化する食品
    (B) 製造日からおおよそ7日間以内で品質が劣化する食品
    (C) 製造日からおおよそ5日間以上経っても品質が劣化しにくい食品
    (D) 製造日からおおよそ7日間以上経っても品質が劣化しにくい食品

98. 次の中で「消費期限」が表示されている食品はどれですか。
    (A) ソーセージ
    (B) サンドイッチ
    (C) インスタントラーメン
    (D) 牛乳

99. 「賞味期限」と「消費期限」の違いは何ですか。
    (A) 法律で決められている食品であるかどうかの違い
    (B) 期限を明確に表示するかどうかの違い
    (C) 比較的長期に保存できるかどうかの違い
    (D) 加工食品であるかどうかの違い

100. 「賞味期限」について、正しいものはどれですか。
    (A) 一般的にはよく知られていない。
    (B) 期限を過ぎたからといって食べられなくなるわけではない。
    (C) 日にちだけでなく、時刻まで必ず表示する。
    (D) 期限までに必ず食べなければならない。

시험에 나오는 것만 공부한다!

시나공 JPT 청해

상위 1% JPT 전문가들의 모임
JPT초고수위원회 지음

정답 & 해설

상위 1% JPT 초고수들의 37가지 만점 비법을 공개한다!
파트별로 완벽하게 분석하고 비법으로 정리해 초보자도 쉽게 따라 한다.

| 실전 대비 모의고사 2회분 | 휴대용 〈청해 핵심 문장〉 무료 제공 | 예문 포함 mp3 파일 무료 제공 |

시나공 JPT

본문 정답&해설

Part 1

시나공 01 시나공 기출문제의 재구성 24쪽

| 01 (D) | 02 (B) | 03 (C) | 04 (A) | 05 (B) |
| 06 (C) | 07 (C) | 08 (D) | 09 (B) | 10 (C) |

🎧 Part1-01시나공

01 정답 (D)

(A) ヘアバンドをしています。
(B) タオルを巻いています。
(C) 帽子をかぶっています。
(D) 鉢巻きをしています。

(A) 헤어밴드를 하고 있습니다.
(B) 타월을 두르고 있습니다.
(C) 모자를 쓰고 있습니다.
(D) 머리띠를 하고 있습니다.

해설 아이들이 머리에 두르고 있는 천으로 된 가늘고 긴 띠를 鉢巻(はちま)き라고 하며, 鉢巻きをする 또는 鉢巻きを締(し)める라고 표현한다. 따라서 정답은 (D)이다.

02 정답 (B)

(A) 腕を組んでいます。
(B) 手をつないでいます。
(C) 背中合わせに立っています。
(D) 腰を後ろに反らしています。

(A) 팔짱을 끼고 있습니다.
(B) 손을 잡고 있습니다.
(C) 등을 대고 서 있습니다.
(D) 허리를 뒤로 젖히고 있습니다.

해설 두 사람이 손을 맞잡고 있는 모습이므로 정답은 (B)이다.
어휘 腕(うで)を組(く)む 팔짱을 끼다 | つなぐ 잇다, 연결하다 | 背中合(せなかあ)わせ 등을 맞대고 반대 방향을 향함 | 腰(こし) 허리 | 反(そ)らす 뒤로 젖히다

03 정답 (C)

(A) 制服を着ています。
(B) 冬物を着せています。
(C) コートを羽織っています。
(D) 裸のマネキンです。

(A) 교복을 입고 있습니다.
(B) 겨울옷을 입히고 있습니다.
(C) 코트를 걸치고 있습니다.
(D) 나체의 마네킹입니다.

해설 마네킹은 모두 겨울 코트를 걸치고 있으므로 정답은 (C)이다. (B)가 오답인 이유는 着せる가 사역동사이기 때문으로, 사람이 마네킹의 옷을 입히고 있는 모습은 사진 속에 보이지 않는다.
어휘 制服(せいふく) 교복, 제복 | 冬物(ふゆもの) 겨울옷, 겨울 용품 [반의어] 夏物(なつもの) 여름옷, 여름 용품 | 羽織(はお)る (겉옷 등을) 걸쳐 입다 | 裸(はだか) 알몸, 나체

04 정답 (A)

(A) 耳元でささやいています。
(B) 握手しています。
(C) 頭を触っています。
(D) 肩を組んでいます。

(A) 귓가에 속삭이고 있습니다.
(B) 악수하고 있습니다.
(C) 머리를 만지고 있습니다.
(D) 어깨동무를 하고 있습니다.

해설 여자가 남자에게 귓속말을 하고 있는 모습이므로 정답은 (A)이다.
어휘 耳元(みみもと) 귓가 | ささやく 속삭이다, 소곤소곤 말하다 | 握手(あくしゅ) 악수 | 触(さわ)る 만지다, 손을 대다 | 肩(かた)を組(く)む 어깨동무를 하다

05 정답 (B)

(A) カバンを膝に抱えています。
(B) 花に手を伸ばしています。
(C) 帽子を取ってお辞儀をしています。
(D) 両手で触ろうとしています。

(A) 가방을 무릎에 안고 있습니다.
(B) 꽃에 손을 뻗고 있습니다.
(C) 모자를 벗고 인사하고 있습니다.
(D) 양손으로 만지려 하고 있습니다.

해설 (A)가방은 어깨에 메고 있고, (C)모자를 벗고 있거나 인사를 하는 모습으로는 보이지 않으며, (D)손은 한 손만 뻗어 있는 상태이다. 따라서 정답은 (B)이다.
어휘 膝(ひざ) 무릎 | 抱(かか)える 껴안다 | 伸(の)ばす 뻗다 | お辞儀(じぎ) (허리 숙여 하는 깊은) 인사 | 両手(りょうて) 양손 [반의어] 片手(かたて) 한 손 | 触(さわ)る 만지다

06 정답 (C)

(A) 胡座をかいて携帯をいじっています。
(B) 足を組んで肘をついています。
(C) マスクをした人がソファーに腰掛けています。
(D) 背もたれに寄りかかって背伸びをしています。

(A) 양반다리를 하고 휴대전화를 만지고 있습니다.
(B) 다리를 꼬고 팔꿈치를 괴고 있습니다.
(C) 마스크를 한 사람이 소파에 앉아 있습니다.
(D) 등받이에 기대어 기지개를 펴고 있습니다.

해설 (A)휴대전화는 만지고 있지만 양반다리는 아니고, (B)다리는 꼬고 있지만 팔꿈치를 괴지는 않았으며, (D)소파 깊이 기대고는 있지만 기지개를 편 상태는 아니다. 따라서 정답은 (C)이다.
어휘 胡座(あぐら)をかく 양반다리를 하다 | 携帯(けいたい) 휴대전화 | いじる 만지다, 만지작거리다 | 足(あし)を組(く)む 다리를 꼬다 | 肘(ひじ)をつく 팔꿈치를 괴다 | 腰掛(こしか)ける 앉다 | 背(せ)もたれ 등받이 | 寄(よ)りかかる 기대다 | 背伸(せの)び 기지개

07 정답 (C)

(A) ビニール傘を差して空を見上げています。
(B) 立ち止まってカバンの中を覗き込んでいます。
(C) 和服を身にまとった人が下を向いています。
(D) 傘を片手に、ぼんやり立ちすくんでいます。

(A) 비닐우산을 쓰고 하늘을 올려다보고 있습니다.
(B) 멈춰 서서 가방 안을 들여다보고 있습니다.
(C) 일본 전통 의상을 입은 사람이 아래를 바라보고 있습니다.
(D) 우산을 한 손에 들고 망연히 멈춰 서 있습니다.

해설 (A)고개는 아래를 향해 있고, (B)보고 있는 것은 팸플릿이며, (D)망연히 멈춰 서 있는 모습으로도 보이지 않는다. 일본의 전통 의상을 입고 있고 고개도 아래로 향해 있으므로 정답은 (C)이다.

어휘 ビニール傘(がさ) 비닐우산 | 見上(みあ)げる 올려다보다 | 立(た)ち止(ど)まる 멈춰 서다 | 覗(のぞ)き込(こ)む 들여다보다 | 和服(わふく) 일본의 전통 의상 | 身(み)にまとう 몸에 두르다, 입다 | ぼんやり 멍하게 | 立(た)ちすくむ (두려움, 놀라움에) 못 박히다, 그대로 멈춰 서다

08 정답 (D)

(A) 料理をするために三角巾をしています。
(B) 額が隠れるようにキャップをかぶっています。
(C) レーザー治療用の特殊眼鏡をかけています。
(D) 衛生キャップやマスクを身につけています。

(A) 요리를 하기 위해 삼각건을 두르고 있습니다.
(B) 이마가 감춰지도록 캡 모자를 쓰고 있습니다.
(C) 레이저 치료용 특수 안경을 쓰고 있습니다.
(D) 위생 캡과 마스크를 하고 있습니다.

해설 머리에 비닐 캡을 쓰고 마스크에 수술용 복장을 한 모습이다. 따라서 정답은 (D)이다.

어휘 料理(りょうり) 요리 | 三角巾(さんかくきん) 삼각건, 두건 | 額(ひたい) 이마 | 隠(かく)れる 숨다 | キャップ 캡, (특히) 캡 모자 | レーザー治療(ちりょう) 레이저 치료 | 特殊(とくしゅ) 특수 | 眼鏡(めがね) 안경 | 衛生(えいせい) 위생 | 身(み)につける 몸에 걸치다, 입다

09 정답 (B)

(A) 土砂降りの雨の中を、傘を差して歩いています。
(B) 強い日差しをよけるために、傘を差しています。
(C) レインコートを着て傘を差しています。
(D) 長靴を履いて歩いている人がいます。

(A) 억수 같은 빗속을 우산을 쓰고 걷고 있습니다.
(B) 강한 햇빛을 피하기 위해 양산을 쓰고 있습니다.
(C) 비옷을 입고 우산을 쓰고 있습니다.
(D) 장화를 신고 걷고 있는 사람이 있습니다.

해설 화창하게 맑은 날 사진이므로 사진 속 인물들은 우산이 아니라 양산을 쓰고 있다. 일반적으로 양산은 日傘(ひがさ)라고 하지만, 우산을 뜻하는 傘(かさ)에는 '양산'이라는 뜻도 있으므로 (B)가 정답이다.

어휘 土砂降(どしゃぶ)り 비가 억수 같이 쏟아짐 | 日差(ひざ)し 햇빛 | よける 피하다 | レインコート 레인코트 | 長靴(ながぐつ) 장화

10 정답 (C)

(A) オペラグラスで舞台の様子を観覧しています。
(B) 虫眼鏡で小さいものを拡大して見ています。
(C) 望遠鏡で遠くの方を眺めています。
(D) 顕微鏡を覗きながら観察しています。

(A) 오페라용 안경으로 무대 모습을 관람하고 있습니다.
(B) 돋보기로 작은 물체를 확대해서 보고 있습니다.
(C) 망원경으로 먼 곳을 바라보고 있습니다.
(D) 현미경을 들여다보면서 관찰하고 있습니다.

해설 사진 속 인물은 렌즈 너머 먼 곳의 경치를 보고 있는 것이므로 정답은 (C)이다. 망원경과 현미경은 헷갈리기 쉬워 함께 출제되는 경우가 많으므로 꼭 구분해서 기억해 두자.

어휘 オペラグラス 오페라용 안경 | 舞台(ぶたい) 무대 | 様子(ようす) 모습, 모양 | 観覧(かんらん) 관람 | 虫眼鏡(むしめがね) 돋보기 | 拡大(かくだい) 확대 | 望遠鏡(ぼうえんきょう) 망원경 | 眺(なが)める 응시하다, 멀리 보다 | 顕微鏡(けんびきょう) 현미경 | 観察(かんさつ) 관찰

시나공 02 | 시나공 기출문제의 재구성   34쪽

| 01 (B) | 02 (B) | 03 (C) | 04 (C) | 05 (A) |
| 06 (D) | 07 (C) | 08 (B) | 09 (D) | 10 (C) |

🎧 Part1-02시나공

01 정답 (B)

(A) 商品を袋に入れています。
(B) 商品を手に取って見ています。
(C) 商品の会計をしています。
(D) 商品を並べています。

(A) 상품을 봉지에 넣고 있습니다.
(B) 상품을 손에 들고 보고 있습니다.
(C) 상품 계산을 하고 있습니다.
(D) 상품을 진열하고 있습니다.

해설 매장 안에서 손님이 상품을 고르고 있는 장면이므로 정답은 (B)이다.

어휘 商品(しょうひん) 상품 | 袋(ふくろ) 봉지 | 会計(かいけい) 계산, 셈

02 정답 (B)

(A) 出迎えの車が来ています。
(B) バスを見送っています。
(C) 手を挙げて答えています。
(D) 旗を振っています。

(A) 차가 마중 나와 있습니다.
(B) 버스를 배웅하고 있습니다.
(C) 손을 들어 대답하고 있습니다.
(D) 깃발을 흔들고 있습니다.

해설 버스를 향해 손을 흔들고 있는 사진이므로 정답은 (B)이다.

(A)차는 배웅하는 대상이고, (C)손을 들고는 있지만 대답하는 모습으로는 보이지 않으며, (D)깃발이 아니라 손을 흔들고 있다.

어휘 出迎(でむか)え 마중 [반의어] 見送(みおく)り 배웅 | 旗(はた) 깃발

03 정답 (C)

(A) 猫と戯れています。
(B) 猫が膝の上で寝ています。
(C) 足元で猫が体を丸めています。
(D) 飼い主に牙をむいて威嚇しています。

(A) 고양이와 놀고 있습니다.
(B) 고양이가 무릎 위에서 자고 있습니다.
(C) 발치에서 고양이가 몸을 둥글게 말고 있습니다.
(D) 주인에게 엄니(송곳니)를 드러내고 위협하고 있습니다.

해설 (A)고양이와 놀아 주고 있는 사람은 보이지 않고, (B)고양이가 누워 있는 곳은 바닥 위이며, (D)위협하는 듯한 모습으로는 보이지 않는다. 사람의 발 바로 앞에 고양이가 몸을 둥글게 하고 있으므로 정답은 (C)이다.

어휘 戯(たわむ)れる 장난치며 놀다 | 足元(あしもと) 발치, 발밑 | 丸(まる)める 둥글게 하다 | 飼(か)い主(ぬし) (동물의) 주인 | 牙(きば)をむく 엄니(송곳니)를 드러내다 | 威嚇(いかく) 위협

04 정답 (C)

(A) 道路工事をしています。
(B) 屋根に上がっている人がいます。
(C) 業者が作業をしています。
(D) かなづちで釘を打ち付けています。

(A) 도로 공사를 하고 있습니다.
(B) 지붕에 올라간 사람이 있습니다.
(C) 업자가 작업을 하고 있습니다.
(D) 쇠망치로 못을 박고 있습니다.

해설 작업복 차림의 두 사람이 일하고 있는 사진이다. (A)도로나 (B)지붕 위에 있는 것으로 보이지 않고, (D)손의 위치로 보아 못을 박고 있는 모습도 아니다. 따라서 정답은 (C)이다.

어휘 道路工事(どうろこうじ) 도로 공사 | 屋根(やね) 지붕 | 業者(ぎょうしゃ) 그 일을 전문적으로 하는 사람, 업자 | 作業(さぎょう) 작업 | かなづち 쇠망치 | 釘(くぎ) 못 | 打(う)ち付(つ)ける (못 등을) 세게 박다, 고정시키다

05 정답 (A)

(A) 手帳を開いて何かを見ています。
(B) 重ねて置かれた本を整理しています。
(C) 机の上のファイルのページをめくっています。
(D) 教科書を1冊ずつ箱に入れています。

(A) 수첩을 펼쳐 무언가를 보고 있습니다.
(B) 쌓인 책을 정리하고 있습니다.
(C) 책상 위 서류철의 페이지를 넘기고 있습니다.
(D) 교과서를 한 권씩 상자에 넣고 있습니다.

해설 수첩을 펼쳐서 무언가를 확인하고 있는 사진이므로 정답은 (A)이다. ファイル는 '서류철'을 뜻하는데, 서류철은 남자가 손을 뻗어야 하는 곳에 놓여 있으므로 (C)는 정답이 될 수 없다.

어휘 手帳(てちょう) 수첩 | 重(かさ)ねる 쌓아 올리다, 포개다 | 整理(せいり) 정리 | めくる (종이 등을) 넘기다 | 教科書(きょうかしょ) 교과서 | ~冊(さつ) ~권 | 箱(はこ) 상자

06 정답 (D)

(A) マイクを握って歌を歌っています。
(B) 打楽器の演奏会が行われています。
(C) いろいろな形の太鼓が並べてあります。
(D) 画面を見ながら太鼓を叩いています。

(A) 마이크를 잡고 노래를 부르고 있습니다.
(B) 타악기 연주회가 열리고 있습니다.
(C) 여러 가지 형태의 북이 진열되어 있습니다.
(D) 화면을 보면서 북을 치고 있습니다.

해설 모니터를 보면서 북을 치는 모습이므로 정답은 (D)이다.

어휘 握(にぎ)る 쥐다 | 打楽器(だがっき) 타악기 | 演奏会(えんそうかい) 연주회 | 行(おこな)う 행하다, 실행하다 | 太鼓(たいこ) 북 | 画面(がめん) 화면 | 叩(たた)く 치다, 때리다

07 정답 (C)

(A) 大きな魚が水しぶきを上げて飛び跳ねています。
(B) 水槽の魚の大きさはみんな一緒です。
(C) 魚はみな同じ方向に泳いでいます。
(D) 誰かが魚に餌をやっています。

(A) 커다란 물고기가 물보라를 일으키며 뛰어오르고 있습니다.
(B) 어항의 물고기 크기는 모두 같습니다.
(C) 물고기는 모두 같은 방향으로 헤엄치고 있습니다.
(D) 누군가가 물고기에게 먹이를 주고 있습니다.

해설 몇 마리의 물고기가 모두 한 방향으로 헤엄치고 있는 사진이므로 정답은 (C)이다.

어휘 水(みず)しぶき 물보라 | 飛(と)び跳(は)ねる 뛰어오르다 | 水槽(すいそう) 수조, 어항 | 泳(およ)ぐ 헤엄치다 | 餌(えさ)をやる (동물의) 먹이를 주다

08 정답 (C)

(A) 募金活動をしています。
(B) 披露宴でギターを演奏しています。
(C) 弾き語りをしてお金をもらっています。
(D) 路上ライブに人が集まっています。

(A) 모금 활동을 하고 있습니다.
(B) 피로연에서 기타를 연주하고 있습니다.
(C) 거리 공연을 해서 돈을 받고 있습니다.
(D) 길거리 라이브에 사람이 모여 있습니다.

해설 기타를 치고 있는 사람과 돈을 넣고 있는 사람이 찍힌 사진이므로 정답은 (C)이다. 弾(ひ)き語(がた)り는 '직접 악기를 연주하며 노래를 부르는 것'을 뜻하는데, 쉽게 말해 '거리 공연, 버스킹' 정도로 해석할 수 있다. (D)의 路上ライブ도 같은 의미이다. (A)모금 활동으로는 보이지 않고, (B)거리 공연 중이며, (D)구경 중인 사람들의 모습은 보이지 않는다.

어휘 募金活動(ぼきんかつどう) 모금 활동 | 披露宴(ひろうえん) 피로연 | 路上(ろじょう) 길 위 | 集(あつ)まる 모이다

09 정답 (D)

(A) 試験の答案用紙を配っています。
(B) 市民団体の人が署名を募っています。
(C) ファンへのサインを書いているところです。
(D) 書類に必要事項を記入している人がいます。

(A) 시험 답안 용지를 나눠 주고 있습니다.
(B) 시민 단체 사람이 서명을 모으고 있습니다.
(C) 팬에게 줄 사인을 하고 있는 중입니다.
(D) 서류에 필요 사항을 기입하고 있는 사람이 있습니다.

해설 여러 장의 서류를 앞에 두고 뭔가를 적고 있는 사진이므로 정답은 (D)이다. (A)와 (B)는 동작에 대한 오류, (C)는 서류나 인감 등이 함께 놓여 있는 것으로 보아 상황과 맞지 않는다.

어휘 試験(しけん) 시험 | 答案用紙(とうあんようし) 답안 용지 | 配(くば)る 나눠 주다 | 市民団体(しみんだんたい) 시민 단체 | 署名(しょめい) 서명 | 募(つの)る 모으다, 모집하다 | 必要事項(ひつようじこう) 필요 사항 | 記入(きにゅう) 기입

10 정답 (C)

(A) 地震の避難訓練をしています。
(B) テントを張ってキャンプの準備をしています。
(C) 運動会の競技をしています。
(D) 救助活動の講習を受けています。

(A) 지진 피난 훈련을 하고 있습니다.
(B) 텐트를 쳐서 캠프 준비를 하고 있습니다.
(C) 운동회 경기를 하고 있습니다.
(D) 구조 활동 강습을 받고 있습니다.

해설 운동장에 흰색 가루로 그은 트랙이 보이고, 경기를 하고 있는 사람들, 햇빛을 가리기 위한 천막 등을 통해 운동회라는 것을 추측할 수 있다. 따라서 정답은 (C)이다.

어휘 地震(じしん) 지진 | 避難訓練(ひなんくんれん) 피난 훈련 | テントを張(は)る 텐트를 치다 | キャンプ 캠프 | 準備(じゅんび) 준비 | 運動会(うんどうかい) 운동회 | 競技(きょうぎ) 경기 | 救助活動(きゅうじょかつどう) 구조 활동 | 講習(こうしゅう) 강습

시나공법 03 시나공 기출문제의 재구성 42쪽

| 01 (D) | 02 (C) | 03 (B) | 04 (C) | 05 (A) |
| 06 (B) | 07 (D) | 08 (C) | 09 (A) | 10 (C) |

🎧 Part1-03시나공

01 정답 (D)

(A) 満員電車の中です。
(B) 席は空いています。
(C) 窓の外は真っ暗です。
(D) みんな席に座っています。

(A) 만원 전철 안입니다.
(B) 자리는 비어 있습니다.
(C) 창밖은 어두컴컴합니다.
(D) 모두 자리에 앉아 있습니다.

해설 서 있는 사람은 없고 창밖이 훤히 보이므로 (A)와 (C)는 정답이 될 수 없고, (B)사진 속 모든 좌석에는 사람이 앉아 있으므로 비어 있는 자리는 없다. 따라서 정답은 (D)이다.

어휘 満員電車(まんいんでんしゃ) 만원 전철 | 空(あ)く 비다 | 真(ま)っ暗(くら) 아주 캄캄함

02 정답 (C)

(A) 運転手は足元を確認しています。
(B) 両手でハンドルを握っています。
(C) ドライバーは右側に座っています。
(D) 前の方を向いて運転しています。

(A) 운전사는 발밑을 확인하고 있습니다.
(B) 양손으로 핸들을 쥐고 있습니다.
(C) 운전기사는 오른쪽에 앉아 있습니다.
(D) 앞쪽을 보고 운전하고 있습니다.

해설 운전사는 백미러를 올려다보며 뒤쪽을 확인하고 있는 중이므로 (A)와 (D)는 정답이 될 수 없고, 오른쪽 손만 핸들 위에 있으므로 (B)도 오답이다. 일본 자동차의 운전 방향은 한국과 다르므로 운전석 위치도 반대이고, 사진 속 운전기사 또한 오른쪽에 앉아 있으므로 정답은 (C)이다.

어휘 運転手(うんてんしゅ) 운전사 동의어 ドライバー | 足元(あしもと) 발밑, 발치 | 握(にぎ)る 쥐다

03 정답 (B)

(A) 窓の傍に座っています。
(B) テーブルを真ん中にして座っています。
(C) カウンター式の座席に座っています。
(D) 焚き火を囲んで座っています。

(A) 창 옆에 앉아 있습니다.
(B) 테이블을 중간에 두고 앉아 있습니다.
(C) 카운터 식 좌석에 앉아 있습니다.
(D) 모닥불을 둘러싸고 앉아 있습니다.

해설 일행은 테이블을 가운데 두고 마주 앉아 있는 상태이므로 정답은 (B)이다. 사진 속 모습은 向かい合わせに座っています로도 표현할 수 있다. (D)는 焚き火 때문에 정답이 될 수 없다.

어휘 傍(そば) 곁, 옆 | 座席(ざせき) 좌석 | 焚(た)き火(び) 모닥불 | 囲(かこ)む 둘러싸다, 에워싸다

04 정답 (C)

(A) 通りに人影はありません。
(B) 人がたくさん集まっています。
(C) 道の両端に店が並んでいます。
(D) 傘を畳んでいる人がいます。

(A) 거리에 사람 그림자는 없습니다.
(B) 사람이 많이 모여 있습니다.
(C) 길 양쪽에 가게가 늘어서 있습니다.
(D) 우산을 접고 있는 사람이 있습니다.

해설 (A)걷고 있는 사람들은 보이지만, (B)모여 있지는 않고, (C)우산은 모두 쓰고 있다. 길 양쪽의 간판으로 보아 가게가 늘어서 있는 상가의 모습이므로 정답은 (C)이다.

어휘 通(とお)り 길 | 人影(ひとかげ) 사람 그림자 | 両端(りょうはし) 양옆, 양 끝

05 정답 (A)

(A) 店内は閑散としています。
(B) 道路は空いています。
(C) 建物の中はかなり混み合っています。
(D) 駅前の商店街で買い物をしています。

(A) 가게 안은 한산합니다.
(B) 도로는 비어 있습니다.
(C) 가게 안은 상당히 붐비고 있습니다.
(D) 역 앞 상가에서 쇼핑을 하고 있습니다.

해설 (B)와 (D)는 장소에 대한 오류, (C)는 상태에 대한 오류이다. 손님이 거의 보이지 않는 쇼핑몰의 사진이므로 정답은 (A)이다.

어휘 閑散(かんさん) 한산함 | 空(す)く 비다 | 商店街(しょうてんがい) 상가

참고 空くは すく라고도 읽고 あく라고도 읽는다. 둘 다 공간적으로 '비다'라는 뜻이긴 한데, すく는 한정된 공간 속에서 부분적으로 공간이 생기는 경우에 쓰고, あく는 있던 것이 없어져서 공간이 생기는 경우에 쓴다. あく라고 읽는 경우는 〈정답&해설〉 5쪽의 01번 문제의 보기 (B)가 대표적인 예이다.

06 정답 (B)

(A) 客足はまばらです。
(B) 行列が長々と続いています。
(C) 遠くまで人は見えません。
(D) 会場のオープンを待っている人がいます。

(A) 손님의 수는 적습니다.
(B) 행렬이 길게 이어져 있습니다.
(C) 멀리까지 사람은 보이지 않습니다.
(D) 회장의 오픈을 기다리고 있는 사람이 있습니다.

해설 가장 안쪽에 신사의 모습이 보이는 사진이므로 (D)는 정답이 될 수 없다. 또한, 길게 줄 서 있는 사람들이 안쪽까지 보이므로 (A)나 (C) 또한 오답이다. 따라서 정답은 (B)이다.

어휘 客足(きゃくあし) 손님의 발걸음·출입·수 | まばら 드문드문함, 듬성듬성함 | 行列(ぎょうれつ) 행렬, 줄 | 長々(ながなが) 아주 길 | 会場(かいじょう) 회장

07 정답 (D)

(A) 森の中をドライブしています。
(B) 通路を挟んで人が立っています。
(C) 長い列を作って試合の開始を待っています。
(D) 木々の間をたくさんの人が歩いています。

(A) 숲속을 드라이브하고 있습니다.
(B) 통로를 사이에 두고 통로 양쪽으로 사람이 서 있습니다.
(C) 길게 줄 서서 시합 개시를 기다리고 있습니다.
(D) 나무 사이를 많은 사람이 걷고 있습니다.

해설 나무 사잇길을 사람들이 걷고 있는 사진이므로 정답은 (D)이다. 이 문제에서는 (A)ドライブ, (B)通路, (C)試合の開始를 待っているか 오답 포인트이다.

어휘 森(もり) 숲 | 通路(つうろ) 통로 | 挟(はさ)む 사이에 두다 | 試合(しあい) 시합 | 開始(かいし) 개시 | 木々(きぎ) 나무들

08 정답 (C)

(A) エスカレーターの真ん中に乗って、手すりにつかまっています。
(B) 長い階段を急いで駆け上がっていく人がいます。
(C) 上りのエスカレーターの人たちは、みんな左側に寄っています。
(D) 下りのエスカレーターは人がいっぱいで、身動きが取れません。

(A) 에스컬레이터의 한가운데에 타서, 손잡이를 붙잡고 있습니다.
(B) 긴 계단을 급하게 뛰어 올라가는 사람이 있습니다.
(C) 올라가는 에스컬레이터 사람들은 모두 왼쪽으로 비켜 있습니다.
(D) 내려가는 에스컬레이터는 사람으로 가득해서 몸을 움직일 수 없습니다.

해설 에스컬레이터에 탄 사람들이 찍힌 사진으로, 올라가는 에스컬레이터는 上(のぼ)り, 내려가는 에스컬레이터는 下(くだ)り라고 표현한다. (A)가운데 서서 손잡이를 잡고 있는 사람은 없고, (B)계단이 아니라 에스컬레이터이며, (D)내려가는 에스컬레이터는 움직일 수 없을 정도는 아니므로 모두 오답이다. 올라가는 에스컬레이터에 대해 바르게 묘사한 (C)가 정답이다.

어휘 エスカレーター 에스컬레이터 | 手(て)すり 손잡이, 난간 | つかまる 붙잡다 | 急(いそ)ぐ 서두르다 | 駆(か)け上(あ)がる 뛰어 올라가다 | 寄(よ)る (한쪽으로) 모이다, 비키다 | 身動(みうご)きが取(と)れない 몸을 움직일 수 없다

09 정답 (A)

(A) 道のずっと先まで人でいっぱいです。
(B) 途中で道幅が狭まって混雑しています。
(C) たくさんの人が踏切を渡っています。
(D) 縁日の屋台が軒を並べています。

(A) 길 저쪽 끝까지 사람으로 꽉 찼습니다.
(B) 도중에 길 폭이 좁아져 혼잡합니다.
(C) 많은 사람이 철길 건널목을 건너고 있습니다.
(D) 축제일에 노점상이 처마를 잇대고 늘어서 있습니다.

해설 (B)도중에 길 폭이 좁아진 듯한 모습으로는 보이지 않고, (C)철도 관련 시설이나 (D)노점도 찾을 수 없다. 상점 사이를 많은 사람이 지나고 있는데 사진의 끝 쪽까지 사람으로 가득하므로 정답은 (A)이다.

| 어휘 | 途中(とちゅう) 도중｜道幅(みちはば) 길 폭｜狭(せば)まる 좁아지다｜混雑(こんざつ) 혼잡｜踏切(ふみき)り 철길 건널목｜屋台(やたい) 노점｜軒(のき)を並(なら)べる 처마를 잇대고 늘어서다 |
| 참고 | 縁日(えんにち)는 '신불과 세상과의 인연이 강한 날'이라는 뜻으로, 이날 신사나 절에 가서 참배하면 평소보다 효험이 좋다고 해서 참배객이 많이 몰리는 날이다. 그래서 최근에는 지역 신사의 축제일을 가리키는 경우가 많고, 신사 앞에 늘어선 노점 등에서 축제 기분을 느낄 수 있다. |

10 정답 (C)

(A) お祭りを見に来た人々でごった返しています。
(B) 合格発表を見に来た人たちが大勢います。
(C) お寺に参拝するために来た人々です。
(D) 初売りにやって来た買い物客です。

(A) 축제를 보러 온 사람들로 북적거리고 있습니다.
(B) 합격 발표를 보러 온 사람들이 많이 있습니다.
(C) 절에 참배하기 위해 온 사람들입니다.
(D) 새해 첫 판매에 온 쇼핑객입니다.

해설 기와 지붕의 큰 문과 향로에서 연기가 나오는 것으로 보아 절 경내에 사람이 붐비는 사진이다. 따라서 정답은 (C)이다.

어휘 ごった返(がえ)す 심한 혼잡을 이루다, 몹시 붐비다｜合格発表(ごうかくはっぴょう) 합격 발표｜大勢(おおぜい) 사람이 많음, 여럿｜お寺(てら) 절｜参拝(さんぱい) (절, 신사에서 하는) 참배｜初売(はつう)り 새해 첫 판매

시나공 04 시나공 기출문제의 재구성 50쪽

| 01 (C) | 02 (A) | 03 (C) | 04 (B) | 05 (D) |
| 06 (A) | 07 (D) | 08 (B) | 09 (C) | 10 (B) |

🎧 Part1-04시나공

01 정답 (C)

(A) 割り箸が割れています。
(B) 割り箸を割ったところです。
(C) 割り箸を割ろうとしています。
(D) 折れた割り箸です。

(A) 나무젓가락이 쪼개져 있습니다.
(B) 나무젓가락을 막 쪼갠 참입니다.
(C) 나무젓가락을 쪼개려 하고 있습니다.
(D) 부러진 나무젓가락입니다.

해설 사진 속 나무젓가락은 아직 둘로 갈라지지 않은 상태이므로 정답은 (C)이다. 물건으로 시제를 나타내는 문제가 자주 출제되니 잘 구분해 두자.

어휘 割(わ)り箸(ばし) 나무젓가락｜割(わ)る 나누다, 쪼개다｜折(お)れる 꺾이다, 부러지다

02 정답 (A)

(A) ドアは少し開けられています。
(B) 窓は半開きになっています。
(C) ドアを開けています。
(D) 扉は閉められています。

(A) 문은 조금 열려 있습니다.
(B) 창문은 반쯤 열려 있습니다.
(C) 문을 열고 있습니다.
(D) 문은 닫혀 있습니다.

해설 동사 활용에 대한 정확한 의미 파악이 중요한 문제지만, (B)와 같이 주어가 함정이 되는 경우도 조심해야 한다. 조금 열려 있는 것은 문이므로 정답은 (A)이다.

어휘 開(あ)ける 열다 [반의어] 閉(し)める 닫다｜扉(とびら) 문

03 정답 (C)

(A) 店先に飲み物が並べられています。
(B) 自動販売機にお金を入れています。
(C) 飲み物を買おうとボタンを押しています。
(D) 飲み物を取り出そうとしています。

(A) 가게 앞에 음료가 진열되어 있습니다.
(B) 자동판매기에 돈을 넣고 있습니다.
(C) 음료를 사려고 버튼을 누르고 있습니다.
(D) 음료를 꺼내려 하고 있습니다.

해설 (A)음료가 진열되어 있는 것은 가게 앞이 아니고, (B)돈을 넣고 있지도 않고, (D)음료를 꺼내고 있지도 않다. 자동판매기에서 음료를 사려고 버튼을 누르고 있는 상태이므로 정답은 (C)이다.

어휘 店先(みせさき) 가게 앞｜自動販売機(じどうはんばいき) 자동판매기｜取(と)り出(だ)す 꺼내다

04 정답 (B)

(A) 水が溢れています。
(B) 飲みかけの水です。
(C) 水は完全に飲み干されています。
(D) グラスの中は空っぽです。

(A) 물이 넘치고 있습니다.
(B) 마시다 만 물입니다.
(C) 물은 완전히 다 마셔서 없습니다.
(D) 유리잔 안은 텅 비어 있습니다.

해설 사물의 상태를 통해 사람의 동작을 유추해야 하는 문제이다. 물은 거의 조금 밖에 남아 있지 않으므로 (A)는 정답이 될 수 없으며, 그렇다고 물이 전혀 남아 있지 않은 것도 아니므로 같은 의미의 (C)와 (D)는 오답이다. 마시다 만 상태라고 표현한 (B)가 정답이다.

어휘 溢(あふ)れる 넘치다｜完全(かんぜん)に 완전히｜飲(の)み干(ほ)す 다 마셔 버리다｜空(から)っぽ 텅 빔, 아무것도 없음

05 정답 (D)

(A) 蛇口をひねっています。
(B) 水を溜めているところです。
(C) 滝が勢い良く流れています。
(D) 水が流しっ放しです。

(A) 수도꼭지를 틀고 있습니다.
(B) 물을 받고 있는 중입니다.
(C) 폭포가 기세 좋게 흐르고 있습니다.
(D) 물을 틀어 놓은 상태입니다.

해설 (A)수도꼭지에 손을 대고 있는 사람의 모습은 보이지 않고, (B)물은 흐르고 있기 때문에 모두 오답이다. 정답인 (D)를 정확히 들을 수 없었다면 해당 시나공법의 〈핵심 05〉를 다시 살펴보자.

어휘 蛇口(じゃぐち) 수도꼭지 | ひねる 비틀다 | 溜(た)める 모으다 | 滝(たき) 폭포 | 勢(いきお)い 기세, 위력

06 정답 (A)

(A) 料理の真っ最中です。
(B) 天ぷらがちょうど揚がったところです。
(C) 出来立ての料理を盛りつけています。
(D) 揚げ物を頬張っています。

(A) 요리를 한창 하는 중입니다.
(B) 튀김이 막 튀겨진 참입니다.
(C) 막 완성된 요리를 담고 있습니다.
(D) 튀김을 먹고 있습니다.

해설 거품이 나고 있고, 왼쪽에 젓가락이 보이는 것으로 보아 튀김 요리를 하고 있는 사진이다. 따라서 정답은 (A)이다.

어휘 真(ま)っ最中(さいちゅう) 한창 하는 중임 | 天(てん)ぷら 튀김 | 出来立(できた)て (음식 등이) 갓 만들어진 상태 | 盛(も)り付(つ)ける (음식을 그릇에 보기 좋게) 담다 | 揚(あ)げ物(もの) 튀김 | 頬張(ほおば)る 볼에 음식을 넣어 먹다

07 정답 (D)

(A) バスに乗るところです。
(B) 駆け込み乗車をしようとしています。
(C) 運転手に行き先を聞いています。
(D) バスから降りたところです。

(A) 버스를 타는 순간입니다.
(B) 뛰어들기 승차를 하려고 합니다.
(C) 운전사에게 행선지를 묻고 있습니다.
(D) 버스에서 막 내렸습니다.

해설 사진 속 남자의 몸 방향으로 보아 버스에서 내리는 중이라는 것을 알 수 있다. 따라서 (D)가 정답이다.

어휘 運転手(うんてんしゅ) 운전사 | 行(ゆ)き先(さき) 행선지

참고 (B)의 駆(か)け込(こ)み는 '뛰어듦, 허둥댐'이라는 뜻으로, 駆け込み乗車(じょうしゃ)라고 하면 눈앞에 보이는 열차를 놓치지 않으려고 '무리해서 뛰어들어서 승차하는 것'을 뜻한다.

08 정답 (B)

(A) なみなみとビールが注がれています。
(B) グラスにビールを注いでいます。
(C) 手酌でビールを飲んでいます。
(D) ジョッキで生ビールを飲もうとしています。

(A) 가득하게 맥주가 담겨 있습니다.
(B) 유리잔에 맥주를 따르고 있습니다.
(C) 자작으로 맥주를 마시고 있습니다.
(D) 맥주잔으로 생맥주를 마시려 하고 있습니다.

해설 상대방의 잔에 맥주를 따르고 있는 사진이므로 정답은 (B)이다. (A)ビールが注がれている와 (B)ビールを注いでいる의 차이를 정확히 이해해야 풀 수 있는 문제이다.

어휘 なみなみ (물, 액체 등이 넘칠 듯 가득 찬 모양) 찰랑찰랑, 가득 | 注(つ)ぐ 붓다 | 手酌(てじゃく) 자작 (자신이 자신의 잔에 술을 따르는 것) | ジョッキ (유리로 된 큰) 맥주잔 | 生(なま)ビール 생맥주

09 정답 (C)

(A) ペダルを漕いで進んでいます。
(B) 両足を地面につけて止まっています。
(C) サドルにまたがったまま止まっています。
(D) 二人乗りをしています。

(A) 페달을 저어서 나아가고 있습니다.
(B) 두 다리를 땅에 대고 멈춰 있습니다.
(C) 안장에 올라탄 채로 멈춰 있습니다.
(D) 두 사람이 타고 있습니다.

해설 자전거를 타고 있는 사람이 한쪽 발을 땅에 대고 멈춰 있는 모습의 사진이다. 따라서 정답은 (C)이다.

어휘 ペダル (자전거의) 페달 | 漕(こ)ぐ 젓다 | 両足(りょうあし) 두 다리 | 地面(じめん) 땅, 지면 | サドル (자전거의) 안장 | またがる 걸터앉다, 올라타다 | 二人乗(ふたりの)り 두 사람이 탐

10 정답 (B)

(A) カーテンの間から、外を眺めています。
(B) のれんをくぐって、こちら側に来ようとしています。
(C) ふすまを開けて、中に入って来るところです。
(D) 破れた障子の隙間から、覗いています。

(A) 커튼 사이로 밖을 바라보고 있습니다.
(B) 포렴을 들추고 나와 이쪽으로 오려고 합니다.
(C) 미닫이문을 열고 안으로 들어오려는 참입니다.
(D) 찢어진 미닫이문 사이로 들여다보고 있습니다.

해설 사진 속의 아저씨가 들추고 있는 것이 무엇인지를 알고 있다면 쉽게 풀 수 있는 문제이다. (A)カーテン은 '커튼', (B)のれん은 음식점 출입구 등에 거는 천 재질의 '포렴', (C)ふすま와 (D)障子(しょうじ)는 일본 다다미방의 '미닫이문'을 뜻한다. 따라서 정답은 (B)이다. 이 단어들을 모르더라도 쉼표 뒤의 동사들을 통해 정답을 가려낼 수 있는 문제이니 침착하게 다시 들어 보자.

어휘 眺(なが)める 쳐다보다, 바라보다 | くぐる (몸을 구부리고) 빠져나가다, (높은 문 등을) 통과하다 | 破(やぶ)れる 찢어지

다 | 隙間(すきま) 빈틈 | 覗(のぞ)く (좁은 틈으로) 들여다보다, 엿보다 [동음이의어] 除く 없애다, 제거하다

첫째마당 | 미리 보는 실전 예상문제   55쪽

| 01 (D) | 02 (A) | 03 (A) | 04 (A) | 05 (C) |
| 06 (C) | 07 (A) | 08 (C) | 09 (D) | 10 (C) |

🎧 Part1-04예상문제

01 정답 (D)

(A) 犬は杭につながれています。
(B) 犬は座っています。
(C) 犬は前方の座席にいます。
(D) 犬は1匹しかいません。

(A) 개는 말뚝에 묶여 있습니다.
(B) 개는 앉아 있습니다.
(C) 개는 앞쪽 좌석에 있습니다.
(D) 개는 한 마리밖에 없습니다.

해설 개 한 마리가 묶여 있는 사진이므로 정답은 (D)이다. 개는 트럭의 짐칸에 묶여 서 있으므로 (A), (B), (C)는 모두 오답이다.

어휘 杭(くい) 말뚝 | つなぐ 잇다, 연결하다 | 前方(ぜんぽう) 전방, 앞쪽

02 정답 (A)

(A) ポストの中を覗き込んでいます。
(B) ポストから手紙を取り出しています。
(C) ポストに手紙を投函しています。
(D) ポストにペンキを塗っています。

(A) 우편함 안을 들여다보고 있습니다.
(B) 우편함에서 편지를 꺼내고 있습니다.
(C) 우편함에 편지를 넣고 있습니다.
(D) 우편함에 페인트를 칠하고 있습니다.

해설 우편함 안을 들여다보고 있는 사진이므로 정답은 (A)이다. 投函이라는 단어 때문에 (C)가 어렵게 느껴졌을 수도 있지만, ポスト「に」手紙「を」라는 조사를 통해 오답을 유추할 수 있어야 한다.

어휘 覗(のぞ)き込(こ)む 들여다보다 | 手紙(てがみ) 편지 | 取(と)り出(だ)す 꺼내다 | 投函(とうかん) (우체통에) 우편물을 넣음 | ペンキを塗(ぬ)る 페인트를 칠하다

03 정답 (A)

(A) 店員は髪を一つに束ねています。
(B) ウエーターが飲み終わったコップをさげています。
(C) お客様に出来上がった料理を出しているところです。
(D) お客様にメニューを見せています。

(A) 점원은 머리를 하나로 묶고 있습니다.
(B) 웨이터가 다 마신 컵을 치우고 있습니다.
(C) 손님에게 완성된 요리를 내는 중입니다.
(D) 손님에게 메뉴를 보여 주고 있습니다.

해설 머리를 하나로 묶은 점원이 테이블 위에 음료를 내려놓는 사진이므로 정답은 (A)이다.

어휘 店員(てんいん) 점원 | 束(たば)ねる 묶다, 다발을 짓다 | ウエーター 남자 종업원, 웨이터 [반의어] ウエートレス 여종업원, 웨이트리스 | さげる (윗사람 앞에서) 치우다, 물리다, 정리하다 | 出来上(できあ)がる 다 되다, 완성되다

04 정답 (A)

(A) お互いに名刺を交換しているところです。
(B) 商品の見本を見せ合っています。
(C) 2枚のトランプを見比べています。
(D) キャッシュカードでお金を払おうとしています。

(A) 서로 명함을 교환하는 중입니다.
(B) 상품의 견본을 서로 보여 주고 있습니다.
(C) 2장의 트럼프를 비교해 보고 있습니다.
(D) 현금카드로 돈을 지불하려 하고 있습니다.

해설 명함 교환 장면이므로 정답은 (A)이다. 참고로, 명함을 교환할 때는 받는 사람 방향에서 명함을 똑바로 읽을 수 있도록 건네는 것이 비즈니스 매너이다.

어휘 お互(たが)い 서로, 상호간 | 名刺(めいし) 명함 | 交換(こうかん) 교환 | 見本(みほん) 견본 | 見(み)せ合(あ)う 서로 보여 주다 | トランプ 트럼프 | 見比(みくら)べる 비교해서 보다 | キャッシュカード 현금카드 | 払(はら)う 지불하다, 지급하다

05 정답 (C)

(A) ジャングルジムに登っています。
(B) 登り棒をつかんで登ろうとしています。
(C) 鉄棒に足をかけて逆さまになっています。
(D) うんていに両手でぶら下がっています。

(A) 정글짐을 오르고 있습니다.
(B) 오름봉을 잡고 올라가려 하고 있습니다.
(C) 철봉에 다리를 걸고 뒤집혀 있습니다.
(D) 구름사다리에 양손으로 매달려 있습니다.

해설 놀이기구에 대한 어휘도 중요하지만, 사실은 사진 속 인물의 상태나 동작에 대한 문제이다. 아이는 철봉에 다리를 걸고 거꾸로 뒤집혀 있으므로 정답은 (C)이다.

어휘 ジャングルジム 정글짐 | 登(のぼ)り棒(ぼう) 오름봉 | つかむ 붙잡다 | 鉄棒(てつぼう) 철봉 | 逆(さか)さま 거꾸로 됨 | うんてい 구름사다리 | ぶら下(さ)がる 매달리다

06 정답 (C)

(A) 入国審査を受けています。
(B) 税関を通過しています。
(C) 搭乗手続きの最中です。
(D) ここは空港の総合案内所です。

(A) 입국 심사를 받고 있습니다.
(B) 세관을 통과하고 있습니다.
(C) 한창 탑승 수속을 하는 중입니다.
(D) 여기는 공항의 종합 안내소입니다.

해설 일본항공(JAL)의 표시가 보이고 짐을 올리고 있는 것으로 보아, 남자는 탑승 수속을 하고 있는 중이다. 따라서 정답은 (C)이다.

어휘 入国審査(にゅうこくしんさ) 입국 심사 | 税関(ぜいかん) 세관 | 通過(つうか) 통과 | 搭乗(とうじょう) 탑승 | 手続(てつづ)き 수속, 절차 | 最中(さいちゅう) 한창, 한창 진행되는 도중 | 総合案内所(そうごうあんないしょ) 종합 안내소

07 정답 (A)

(A) 茎の長い花を両手に持っています。
(B) 花束にリボンをかけているところです。
(C) 新聞紙で花をくるんでいます。
(D) 店の中にある花はまだ咲いていません。

(A) 줄기가 긴 꽃을 양손에 들고 있습니다.
(B) 꽃다발에 리본을 묶고 있는 중입니다.
(C) 신문지로 꽃을 싸고 있습니다.
(D) 가게 안에 있는 꽃은 아직 피지 않았습니다.

해설 줄기가 긴 꽃을 양손에 들고 있는 사진이므로 정답은 (A)이다. 단순한 사진이지만, 사람의 동작과 인물의 주변 상태를 정확하게 파악해야 오답을 피할 수 있는 문제이다.

어휘 茎(くき) (식물의) 줄기 | 花束(はなたば) 꽃다발 | 新聞紙(しんぶんし) 신문지 | くるむ 싸다, 감싸다 | 咲(さ)く 꽃이 피다

08 정답 (C)

(A) みんな山を背にして記念写真を撮っています。
(B) みんな腕を広げて深呼吸しています。
(C) みんな向こうの山を眺めています。
(D) みんな帽子をかぶっています。

(A) 모두 산을 배경으로 기념사진을 찍고 있습니다.
(B) 모두 팔을 벌리고 심호흡하고 있습니다.
(C) 모두 건너편 산을 바라보고 있습니다.
(D) 모두 모자를 쓰고 있습니다.

해설 사진 속 사람들은 모두 멀리 보이는 산을 향하고 있으므로 (C)가 정답이다. (A)산을 배경으로 해서 사진을 찍으려면 정면을 바라봐야 하고, (B)팔을 벌리고 있지도 않다.

어휘 背(せ)にする 등지다, 배경으로 하다 | 記念写真(きねんしゃしん) 기념사진 | 深呼吸(しんこきゅう) 심호흡 | 眺(なが)める 응시하다, 멀리 보다 | 帽子(ぼうし) 모자

09 정답 (D)

(A) 飛行機が離陸しようとしているところです。
(B) パイロットが操縦機器の安全を確認しています。
(C) 飛行機の塗装作業をしています。
(D) 飛行機の点検整備をしています。

(A) 비행기가 막 이륙하려는 참입니다.
(B) 조종사가 조종기기의 안전을 확인하고 있습니다.
(C) 비행기의 도장 작업을 하고 있습니다.
(D) 비행기의 점검 정비를 하고 있습니다.

해설 (A)비행기는 격납고에 있고, (B)파일럿이 기내 조종석에 앉아 있는 모습도 아니며, (C)도장 작업이라기보다는 점검 장면이므로 정답은 (D)이다.

어휘 離陸(りりく) 이륙 | パイロット 파일럿, 조종사 | 操縦機器(そうじゅうきき) 조종기기 | 安全(あんぜん) 안전 | 確認(かくにん) 확인 | 塗装(とそう) 도장, 칠 | 点検(てんけん) 점검 | 整備(せいび) 정비

10 정답 (C)

(A) 屋外から気象情報を伝えています。
(B) 梅雨前線が近づいています。
(C) 気象予報士が天気について話しています。
(D) テレビ番組の予告をしています。

(A) 야외에서 기상 정보를 전하고 있습니다.
(B) 장마전선이 다가오고 있습니다.
(C) 기상예보사가 날씨에 대해 이야기하고 있습니다.
(D) TV 프로그램의 예고를 하고 있습니다.

해설 (A)야외가 아니라 실내로 보이며, (D)화면은 일기 예보 중이다. (B)장마전선은 태평양 쪽에 위치해 있기는 하지만, 일본은 편서풍의 영향을 받으므로 접근하고 있다고 보기는 어렵다. 기상예보사가 날씨에 대해 이야기하고 있는 장면이므로 정답은 (C)이다.

어휘 屋外(おくがい) 야외, 실외 | 気象情報(きしょうじょうほう) 기상 정보 | 梅雨前線(ばいうぜんせん) 장마전선 | 近(ちか)づく 가까워지다, 접근하다 | テレビ番組(ばんぐみ) TV 프로그램 | 予告(よこく) 예고

시나공 05 시나공 기출문제의 재구성　　65쪽

| 01 (A) | 02 (C) | 03 (C) | 04 (B) | 05 (D) |
| 06 (C) | 07 (A) | 08 (B) | 09 (D) | 10 (D) |

🎧 Part1-05시나공

01 정답 (A)

(A) テーブルの上にリモコンが二つあります。
(B) テーブルの上にマウスはありません。
(C) モニターの画面は真っ暗です。
(D) キーボードはテーブルの手前にあります。

(A) 테이블 위에 리모컨이 2개 있습니다.
(B) 테이블 위에 마우스는 없습니다.
(C) 모니터 화면은 새까맣습니다.
(D) 키보드는 테이블 앞쪽에 있습니다.

해설 테이블 위에는 (B)마우스가 있고, (C)화면에 무언가가 비치고 있으며, (D)키보드는 테이블 제일 안쪽에 있으므로 정답은 (A)이다. (D)의 **手前**는 사람을 기준으로 자신과 가까운 앞이라는 뜻이므로 정답이 될 수 없다.

어휘 画面(がめん) 화면 | 真(ま)っ暗(くら) 아주 캄캄함 | 手前(てまえ) 앞

10 _ 시나공 JPT 청해

02 정답 (C)

(A) 切手の販売機です。
(B) 家の前にポストが置いてあります。
(C) 葉書や手紙を出すときに使います。
(D) 差し出し口は一つしかありません。

(A) 우표 판매기입니다.
(B) 집 앞에 우체통이 놓여 있습니다.
(C) 엽서나 편지를 보낼 때 사용합니다.
(D) 투입구는 하나뿐입니다.

해설 일반적인 우체통이므로 우체통의 용도에 대해 언급한 (C)가 정답이다. (A)우표 판매기가 아니며, 우체통은 (B)도롯가에 놓여 있고, (D)투입구는 2개이므로 모두 오답이다.

어휘 切手(きって) 우표 | 販売機(はんばいき) 판매기 | 葉書(はがき) 엽서 | 手紙(てがみ) 편지 | 差(さ)し出(だ)し口(ぐち) 투입구

03 정답 (C)

(A) カレンダーが壁に貼ってあります。
(B) 日本地図が並べてあります。
(C) 旅行のパンフレットが地域別に並んでいます。
(D) 電車の切符が売られています。

(A) 달력이 벽에 붙어 있습니다.
(B) 일본 지도가 진열되어 있습니다.
(C) 여행 팜플릿이 지역별로 늘어서 있습니다.
(D) 전철 표가 판매되고 있습니다.

해설 여행 팜플릿이 지역별로 질서 정연하게 꽂혀 있는 사진이므로 정답은 (C)이다.

어휘 カレンダー 달력 | 壁(かべ) 벽 | 貼(は)る 붙이다 | 地域別(ちいきべつ) 지역별 | 切符(きっぷ) 표

04 정답 (B)

(A) 机の上には何も置いてありません。
(B) ブラインドの間から外が見えます。
(C) ホワイトボードに予定がびっしり書かれています。
(D) 机の引き出しが開いています。

(A) 책상 위에는 아무것도 놓여 있지 않습니다.
(B) 블라인드 사이로 밖이 보입니다.
(C) 화이트보드에 예정이 빽빽이 적혀 있습니다.
(D) 책상 서랍이 열려 있습니다.

해설 (A)책상 위에 전화기가 놓여 있고, (C)화이트보드에는 뭔가 듬성듬성 적혀 있고, (D)책상 서랍은 닫혀 있으므로 모두 오답이다. 창문 블라인드 사이로 밖이 보이므로 정답은 (B)이다.

어휘 机(つくえ) 책상 | 予定(よてい) 예정 | びっしり (빈틈없이 들어찬 모양) 빽빽이

05 정답 (D)

(A) 破れた紙です。
(B) 紙に汚れがたくさんついています。
(C) 折り紙が二つ置かれています。
(D) 紙がくしゃくしゃになっています。

(A) 찢어진 종이입니다.
(B) 종이에 더러운 것이 많이 묻어 있습니다.
(C) 색종이가 2개 놓여 있습니다.
(D) 종이가 구겨져 있습니다.

해설 종이의 상태에 대한 표현을 잘 알아야 풀 수 있는 문제이다. (A)를 정답으로 골랐다면 이번 기회에 몰랐던 어휘를 정리해 두자. 정답은 구겨진 종이 상태를 표현한 (D)이다.

어휘 破(やぶ)れる 찢어지다 | 汚(よご)れ 더러움, 오염 | 折(お)り紙(がみ) 색종이 | くしゃくしゃ 꾸깃꾸깃, 쭈글쭈글

06 정답 (C)

(A) 灰皿の中に吸殻があります。
(B) メニューはまっすぐに置かれています。
(C) おしぼりが置かれています。
(D) テーブルの上に割り箸があります。

(A) 재떨이 안에 담배꽁초가 있습니다.
(B) 메뉴는 똑바로 놓여 있습니다.
(C) 물수건이 놓여 있습니다.
(D) 테이블 위에 나무젓가락이 있습니다.

해설 (A)재떨이는 깨끗하고, (B)메뉴가 어지럽게 놓여 있으며, (D)테이블 위에 나무젓가락은 없다. 테이블 위에 물수건이 놓여 있으므로 (C)가 정답이다. 물은 사진처럼 8부 정도로 담긴 경우가 많으므로 八分(はちぶ)라는 단어도 기억해 두자.

어휘 灰皿(はいざら) 재떨이 | 吸殻(すいがら) 담배꽁초 | おしぼり 물수건 | 割(わ)り箸(ばし) 나무젓가락

07 정답 (A)

(A) 跳び箱が置いてあります。
(B) 平均台が置いてあります。
(C) 運動マットが置いてあります。
(D) 踏み台が置いてあります。

(A) 뜀틀이 놓여 있습니다.
(B) 평균대가 놓여 있습니다.
(C) 운동 매트가 놓여 있습니다.
(D) 발판이 놓여 있습니다.

해설 사진 속에는 뜀틀이 일렬로 놓여 있고, 뜀틀은 跳(と)び箱(ばこ)라고 한다. 따라서 정답은 (A)이다. 문장은 간단하지만, 이렇게 어휘력을 요하는 문제도 JPT에서는 자주 출제된다.

어휘 平均台(へいきんだい) 평균대 | 運動(うんどう)マット 운동 매트 | 踏(ふ)み台(だい) 발판

08 정답 (B)

(A) 優勝カップが飾られています。
(B) ガラスケースの中にトロフィーが飾られています。
(C) 壁に賞状の額が飾られています。
(D) 一列に陳列された商品です。

(A) 우승컵이 장식되어 있습니다.
(B) 유리 케이스 안에 트로피가 장식되어 있습니다.
(C) 벽에 상장 액자가 장식되어 있습니다.
(D) 일렬로 진열된 상품입니다.

해설 먼저 사진 속 사물의 명칭부터 떠올려 보자. 유리 너머 트로피가 일렬로 진열되어 있으므로 (B)가 정답이다. (A)사진 속 트로피가 우승컵으로는 보이지 않고, (C)상장이나 (D)상품도 아니므로 오답이다.

어휘 優勝(ゆうしょう)カップ 우승컵 | 飾(かざ)る 장식하다 | ガラスケース 유리 케이스 | トロフィー 트로피 | 壁(かべ) 벽 | 賞状(しょうじょう) 상장 | 額(がく) 액자 | 陳列(ちんれつ) 진열

참고 관련어로 楯(たて) 패, メダル 메달, 優勝旗(ゆうしょうき) 우승기, ペナント 페넌트, 腕章(わんしょう) 완장 등도 알아 두자.

09 정답 (D)

(A) 貯金箱は四角い形をしています。
(B) 箱の中には硬貨しか入っていません。
(C) 盗まれないように施錠されています。
(D) ある地域の動物のための募金箱です。

(A) 저금통은 네모난 형태를 하고 있습니다.
(B) 상자 안에는 동전밖에 들어 있지 않습니다.
(C) 도난 당하지 않도록 자물쇠가 채워져 있습니다.
(D) 어느 지역의 동물을 위한 모금함입니다.

해설 돈이 들어 있는 상자 왼쪽에 江ノ島ネコ募金이라고 써 있으므로, 에노시마라는 섬의 고양이를 위한 모금함이라는 것을 알 수 있다. (A)네모난 형태이긴 하지만 저금통은 아니며, (B)지폐도 보이고, (C)잠금장치나 자물쇠는 채워져 있지 않으므로 모두 오답이다. 따라서 정답은 (D)이다.

어휘 貯金箱(ちょきんばこ) 저금통 | 硬貨(こうか) 동전 | 盗(ぬす)む 훔치다 | 施錠(せじょう) 자물쇠를 채움, 잠금장치를 함 | 募金箱(ぼきんばこ) 모금함

10 정답 (D)

(A) 冷房をするときに使います。
(B) 電気がなくても使える薪ストーブです。
(C) これで燻製料理が作れます。
(D) 暖房器具は柵で囲まれています。

(A) 냉방을 할 때 사용합니다.
(B) 전기가 없어도 사용할 수 있는 장작 난로입니다.
(C) 이것으로 훈제 요리를 만들 수 있습니다.
(D) 난방 기구는 철책으로 둘러싸여 있습니다.

해설 (A)냉방이 아니라 난로는 난방을 하는 기구이며, (B)장작을 사용하는 제품도 아니다. 또한, (C)훈제 요리 기구로도 보이지 않는다. 철책에 둘러싸인 난로를 난방 기구로 표현한 (D)

가 정답이다.

어휘 冷房(れいぼう) 냉방 [반의어] 暖房(だんぼう) 난방 | 薪(まき) 장작, 땔감 | 燻製(くんせい) 훈제 | 器具(きぐ) 기구 | 柵(さく) 철책 | 囲(かこ)む 둘러싸다, 에워싸다

시나공 06 시나공 기출문제의 재구성   73쪽

| 01 (A) | 02 (D) | 03 (B) | 04 (C) | 05 (B) |
| 06 (B) | 07 (B) | 08 (C) | 09 (B) | 10 (D) |

🎧 Part1-06시나공

01 정답 (A)

(A) 同じ形の器が重ねられています。
(B) 器は一つずつ横に並べてあります。
(C) どの棚にも器が置かれています。
(D) 壁には時計がかかっています。

(A) 똑같은 모양의 그릇이 포개져 있습니다.
(B) 그릇은 하나씩 가로로 진열되어 있습니다.
(C) 어떤 선반에도 그릇이 놓여 있습니다.
(D) 벽에는 시계가 걸려 있습니다.

해설 모양이 똑같은 그릇이 종류별로 선반에 진열된 사진으로, (B)그릇은 하나씩 놓여 있지 않고, (C)모든 선반에 그릇이 있는 것도 아니며, (D)벽에는 시계가 아닌 그림 액자가 걸려 있으므로 모두 오답이다. 따라서 정답은 (A)이다.

02 정답 (D)

(A) 本棚にはまだ隙間があります。
(B) 本の厚さは全部同じです。
(C) 本は全部本棚に入っています。
(D) 手前の本は積み重ねられています。

(A) 책장에는 아직 공간이 있습니다.
(B) 책 두께는 전부 같습니다.
(C) 책은 전부 책장에 꽂혀 있습니다.
(D) 앞쪽의 책은 쌓여 있습니다.

해설 (A)책꽂이에는 책이 빈틈없이 채워져 있고, (B)책 두께는 각각 다르며, (C)책은 책장뿐 아니라 책장 앞에도 쌓여 있으므로 정답은 (D)이다.

어휘 本棚(ほんだな) 책장 | 隙間(すきま) 빈틈, 틈새 | 積(つ)み重(かさ)ねる 포개어 쌓다, 겹쳐 쌓다

03 정답 (B)

(A) 商品が棚の上に並べられています。
(B) 色々なキャラクター商品がぶら下がっています。
(C) 動物の形をしたぬいぐるみが箱の中に入っています。
(D) 様々な商品が上下に重ねて置かれています。

(A) 상품이 선반 위에 진열되어 있습니다.
(B) 여러 가지 캐릭터 상품이 매달려 있습니다.
(C) 동물 모양을 한 봉제 인형이 상자 안에 들어 있습니다.
(D) 다양한 상품이 위아래로 겹쳐 놓여 있습니다.

해설 상품이 놓여 있는 장소와 상태를 표현하는 일본어를 알고 있

는지가 이 문제를 푸는 포인트이다. (A)棚の上, (C)箱の中, (D)上下に重ねて가 모두 오답 표현이므로 정답은 (B)이다.
어휘 ぶら下(さ)がる 매달리다 | 上下(じょうげ) 상하, 위아래

04 정답 (C)

(A) 箱の向きはすべて同じです。
(B) 箱があちこちに散らかっています。
(C) 箱は台車の上に載っています。
(D) 箱の前に商品の値段が書いてあります。

(A) 상자의 방향은 모두 같습니다.
(B) 상자가 이곳저곳에 어질러져 있습니다.
(C) 상자는 짐수레 위에 실려 있습니다.
(D) 상자 앞에 상품 가격이 적혀 있습니다.

해설 비슷한 크기의 상자들이 짐수레 위에 쌓여 있는 사진이므로 정답은 (C)이다. (A)상자가 놓여 있는 방향이 각각 다르고, (B)상자는 정리되어 있으며, (D)가격은 상자 뒤에 적혀 있으므로 모두 오답이다.
어휘 散(ち)らかる 흩어지다, 어질러지다 | 台車(だいしゃ) 짐수레 | 載(の)る 놓이다, 실리다 | 値段(ねだん) 가격

05 정답 (B)

(A) 自転車が倒れています。
(B) 自転車が壁に沿って一列に並べてあります。
(C) 自転車はそれぞれ違う方向を向いています。
(D) 自転車の大きさは統一されていません。

(A) 자전거가 쓰러져 있습니다.
(B) 자전거가 벽을 따라 일렬로 세워져 있습니다.
(C) 자전거는 각각 다른 방향을 향해 있습니다.
(D) 자전거의 크기는 통일되어 있지 않습니다.

해설 자전거 몇 대가 벽에 정렬되어 있는 사진이므로 정답은 (B)이다. 자전거는 모두 (A)세워져 있고, (C)같은 방향이며, (D)같은 크기 같은 디자인이다.
어휘 倒(たお)れる 쓰러지다 | 〜に沿(そ)って (일직선으로 길게 뻗은) 〜을 따라, 〜에 연하여 | それぞれ 각각 | 統一(とういつ) 통일

06 정답 (B)

(A) 茶碗にご飯が盛られています。
(B) 透明な茶碗がいくつか入っています。
(C) 茶碗は縦3列に並べてあります。
(D) 茶碗は全部伏せて置かれています。

(A) 밥그릇에 밥이 담겨 있습니다.
(B) 투명한 다기가 몇 개인가 들어 있습니다.
(C) 다기는 세로 3열로 나열되어 있습니다.
(D) 다기는 전부 뒤집혀 놓여 있습니다.

해설 사진 속 물건이 무엇인지, 어떻게 놓여 있는지를 살펴보면, (A)그릇에는 아무것도 담겨 있지 않고, (C)가로 3열로 정렬되어 있으며, (D)모두 바로 놓여 있다. 다양한 종류가 보이는 가운데, 투명한 것도 눈에 띄므로 정답은 (B)이다. 사진 속에 보이는 그릇은 茶碗(ちゃわん)이라고 하는데, 용도에 따라 '다기' 또는 '밥그릇'으로 나뉜다.

어휘 盛(も)る (음식을 그릇에) 담다 | 透明(とうめい) 투명함 | 縦(たて) 세로 (반의어) 横(よこ) 가로 | 伏(ふ)せる 숙이다, 엎드리다, 아래쪽을 향하다

07 정답 (B)

(A) カバンは棚の中に入れられています。
(B) 床の上に無造作にカバンが置かれています。
(C) カバンはきちんと一列に並べられています。
(D) カバンはテーブルの上に置かれています。

(A) 가방은 선반 안에 넣어져 있습니다.
(B) 바닥 위에 아무렇게나 가방이 놓여 있습니다.
(C) 가방은 깔끔하게 한 줄로 정렬되어 있습니다.
(D) 가방은 테이블 위에 놓여 있습니다.

해설 바닥에 아무렇게나 놓여 있는 가방들이 보이는 사진이므로 정답은 (B)이다. 쉬운 문제이지만 無造作이라는 표현이 생소했다면 기억해 두자.
어휘 床(ゆか) 바닥 | 無造作(むぞうさ)에 아무렇게나

08 정답 (C)

(A) 甕のふたはすべて開いています。
(B) 甕のシールは全部ひし型です。
(C) 甕の下の方に蛇口がついています。
(D) 甕の大きさはまちまちです。

(A) 옹기 뚜껑은 모두 열려 있습니다.
(B) 옹기의 스티커는 전부 마름모꼴입니다.
(C) 옹기 아래쪽에 수도꼭지가 달려 있습니다.
(D) 옹기 크기는 제각각입니다.

해설 (A)옹기의 뚜껑은 모두 닫혀 있고, (C)옹기에 붙어 있는 스티커는 직사각형이며, (D)옹기의 크기는 모두 같다. 옹기 아래에 수도꼭지가 달려 있으므로 정답은 (C)이다.
어휘 甕(かめ) 옹기, 독 | 蛇口(じゃぐち) 수도꼭지 | まちまち 제각각 다름

09 정답 (B)

(A) 小鳥の巣箱が設置されています。
(B) 円柱型の昔の郵便ポストです。
(C) 細長い円筒形の消火栓が見えます。
(D) 市民の意見を募るための募集箱です。

(A) 작은 새의 새집이 설치되어 있습니다.
(B) 원통형의 옛날 우체통입니다.
(C) 가늘고 긴 원기둥꼴의 소화전이 보입니다.
(D) 시민의 의견을 모으기 위한 모집함입니다.

해설 사진 속 거리 풍경이나 우체통의 모양으로 보아, 옛 거리를 재현한 것으로 보이고, 우체통은 원기둥 모양이므로 정답은 (B)이다. 가늘고 긴 원기둥꼴은 맞지만, 우체통에 우체국 마크가 보이므로 (C)는 정답이 아니다.
어휘 小鳥(ことり) 작은 새 | 巣箱(すばこ) 새집 | 設置(せっち) 설치 | 円柱型(えんちゅうがた) 원기둥꼴 | 昔(むかし) 옛날 | 郵便(ゆうびん)ポスト 우체통 | 円筒形(えんとうけい) 원통형 | 消火栓(しょうかせん) 소화전 | 募(つの)る 모으다, 모집하다 | 募集箱(ぼしゅうばこ) 모집함

10 정답 (D)

(A) 石の形は全て整っています。
(B) 石垣は崩れかけています。
(C) ハート型の石がちりばめられています。
(D) 不規則な形の石が積み上げられています。

(A) 돌의 형태는 모두 정돈되어 있습니다.
(B) 돌담은 무너지려고 합니다.
(C) 하트 모양의 돌이 여기저기 새겨져 있습니다.
(D) 불규칙한 모양의 돌이 쌓여 있습니다.

해설 크기와 모양이 다른 돌들이 쌓여 있으므로 정답은 (D)가 된다. 하트 모양의 돌은 하나만 보이므로 (C)는 오답이다.

어휘 整(ととの)う 형태가 가지런히 정돈되다 | 石垣(いしがき) 돌담 | 崩(くず)れる 무너지다 | ちりばめる (보석 등을 여러 군데) 박아 넣다 | 不規則(ふきそく) 불규칙

시나공 07 시나공 기출문제의 재구성 — 81쪽

| 01 (D) | 02 (C) | 03 (A) | 04 (A) | 05 (D) |
| 06 (C) | 07 (A) | 08 (A) | 09 (B) | 10 (A) |

🎧 Part1-07시나공

01 정답 (D)

(A) 店内のお知らせが貼ってあります。
(B) 赤ちゃんのミルクの販売コーナーがあります。
(C) トイレは洋式と和式があります。
(D) 喫煙は認められています。

(A) 매장 내 안내가 붙어 있습니다.
(B) 아기 분유 판매 코너가 있습니다.
(C) 화장실은 양변기와 재래식 변기가 있습니다.
(D) 흡연은 허용됩니다.

해설 (A)안내나 공지가 붙어 있는 것으로 보이지는 않고, (B)수유실은 있지만 분유 판매 코너에 대한 표시는 없으며, (C)일반용과 장애인용 화장실이 있다는 안내만 있으므로 모두 오답이다. 흡연실 마크가 있는 것으로 보아 정답은 (D)이다.

어휘 お知(し)らせ 안내, 공지 | 赤(あか)ちゃんのミルク 분유 | 洋式(ようしき) 양식 | 和式(わしき) 일본식 | 喫煙(きつえん) 흡연 | 認(みと)める 인정하다, 승인하다

02 정답 (C)

(A) 簡単な足し算です。
(B) ノートに書かれた数字です。
(C) 正方形の付箋が並べられています。
(D) 数字を順番に記入しています。

(A) 간단한 덧셈입니다.
(B) 노트에 적힌 숫자입니다.
(C) 정사각형 접착식 메모지가 나열되어 있습니다.
(D) 숫자를 순서대로 기입하고 있습니다.

해설 (A)더하기와 같은 기호는 보이지 않으며, (B)노트에 쓴 것도 아니고, (D)사람이 쓰고 있는 모습 또한 없다. 정사각형의 접착식 메모지가 나란히 늘어서 있는 것이므로 정답은 (C)이다. 메모 문제이지만, 이 문제처럼 내용이 아니라 사물 자체에 대한 보기가 나올 수도 있으니 주의하자.

어휘 付箋(ふせん) 접착식 메모지 | 順番(じゅんばん) 순서 | 記入(きにゅう) 기입

03 정답 (A)

(A) 左側通行です。
(B) 下りのエスカレーターです。
(C) 電車の乗り方の案内です。
(D) 字は縦書きに書かれています。

(A) 좌측 통행입니다.
(B) 내려가는 에스컬레이터입니다.
(C) 전철 타는 법 안내입니다.
(D) 글자는 세로쓰기로 써져 있습니다.

해설 계단을 내려가려면 왼쪽으로 붙어서 이용해 달라는 통행 표시이므로 정답은 (A)이다.

어휘 左側通行(ひだりがわつうこう) 좌측 통행 | 下(くだ)り 하행, 내려감

04 정답 (A)

(A) 電車の路線図です。
(B) 行き先を示す地図です。
(C) 迷路の見取り図です。
(D) 道路工事の表示です。

(A) 전철 노선도입니다.
(B) 행선지를 나타내는 지도입니다.
(C) 미로의 약도입니다.
(D) 도로 공사 표시입니다.

해설 한눈에 전철 노선도라는 것을 알 수 있으므로 (A)를 정답으로 쉽게 고를 수 있다. 정답을 맞혔더라도 보기에 제시된 어휘들을 꼭 익혀 두자.

어휘 路線図(ろせんず) 노선도 | 行(ゆ)き先(さき) 행선지, 목적지 | 示(しめ)す 나타내다, 가리키다 | 迷路(めいろ) 미로 ▶迷子(まいご) 미아 | 見取(みと)り図(ず) 약도 | 表示(ひょうじ) 표시

05 정답 (D)

(A) 駐車場までの道案内です。
(B) 駐車場の場所が書いてあります。
(C) 500円で何時間でも車が停められます。
(D) 時間によって料金が異なります。

(A) 주차장까지의 길 안내입니다.
(B) 주차장 장소가 적혀 있습니다.
(C) 500엔으로 몇 시간이고 차를 세울 수 있습니다.
(D) 시간에 따라 요금이 다릅니다.

해설 주차 요금에 대한 안내 간판이기 때문에 (A)와 (B)는 쉽게 정답에서 제외할 수 있다. 요금은 기본 30분에 100엔이지만, 저녁 8시부터 아침 7시까지는 1시간에 100엔이며, 500엔은 시간 제한이 있는 장시간 주차 요금이므로 정답은 (D)이다.

어휘 駐車場(ちゅうしゃじょう) 주차장 | 料金(りょうきん) 요금 | 異(こと)なる 다르다, 같지 않다

06 정답 (C)

(A) 一旦停止の信号です。
(B) この先、進むことはできません。
(C) 注意を促す路面標示です。
(D) 一方通行の道です。

(A) 일단정지 신호입니다.
(B) 이 앞으로 진행할 수 없습니다.
(C) 주의하라는 노면 표시입니다.
(D) 일방통행 길입니다.

해설 止まれ라는 일단정지 사인이 있어서 (A)를 정답으로 고를 수 있지만, 信号가 아니라 路面標示이므로 정답은 (C)가 된다.

어휘 一旦停止(いったんていし) 일단정지 | 信号(しんごう) 신호 | 注意(ちゅうい) 주의 | 促(うなが)す 재촉하다, 촉구하다 | 路面標示(ろめんひょうじ) 노면 표시 | 一方通行(いっぽうつうこう) 일방통행

07 정답 (A)

(A) 決められた席に座らなければなりません。
(B) 東京から出発する飛行機の搭乗券です。
(C) 特急電車の往復券です。
(D) 地下鉄の1日乗車券です。

(A) 지정된 좌석에 앉지 않으면 안 됩니다.
(B) 도쿄에서 출발하는 비행기 탑승권입니다.
(C) 특급 전철의 왕복권입니다.
(D) 지하철의 1일 승차권입니다.

해설 표 윗쪽에 지정권이라고 적혀 있으므로 정답은 (A)이다. (B) 도쿄에서 출발하는 것은 맞지만 비행기 탑승권은 아니고, (C)화살표가 하나인 것으로 보아 편도 티켓이다. 또한, (D) 출발과 도착 시간이 적혀 있으므로 1일 승차권으로 보기에도 무리가 있다.

어휘 搭乗券(とうじょうけん) 탑승권 | 特急電車(とっきゅうでんしゃ) 특급 열차 | 往復券(おうふくけん) 왕복권 | 地下鉄(ちかてつ) 지하철 | 1日乗車券(いちにちじょうしゃけん) 1일 승차권

08 정답 (A)

(A) 前方に分岐点があることを表す標識です。
(B) 左手にパーキングエリアがあります。
(C) 高速道路の出口を示す看板があります。
(D) 右折をすれば東京方面に行くことができます。

(A) 앞쪽에 분기점이 있는 것을 나타내는 표식입니다.
(B) 왼쪽에 간이 휴게소가 있습니다.
(C) 고속도로의 출구를 가리키는 간판이 있습니다.
(D) 우회전을 하면 도쿄 방면으로 갈 수 있습니다.

해설 도로에서 흔히 볼 수 있는 안내 표지로, 분기점에 대한 안내이므로 정답은 (A)이다. 여기서 (D)가 정답이 될 수 없는 이유는, 도쿄로 가려면 우회전이 아니라 직진을 해야 하기 때문이다.

어휘 前方(ぜんぽう) 전방 | 分岐点(ぶんきてん) 분기점 | 表(あらわ)す 표시하다, 나타내다 | 標識(ひょうしき) 표식 | パーキングエリア 간이 휴게소 [유의어] サービスエリア 고속도로 휴게소 | 右折(うせつ) 우회전 | 方面(ほうめん) 방면

09 정답 (B)

(A) 学校の校庭に埋められたタイムカプセルの位置を示す看板です。
(B) 2000年の1月にタイムカプセルが埋められたところです。
(C) ここはタイムカプセルを預かってくれる受付です。
(D) タイムカプセルは2005年にすべて開けられます。

(A) 학교 교정에 묻힌 타임캡슐의 위치를 가리키는 간판입니다.
(B) 2000년 1월에 타임캡슐이 묻힌 장소입니다.
(C) 여기는 타임캡슐을 맡아 주는 접수창구입니다.
(D) 타임캡슐은 2005년에 모두 열립니다.

해설 2000년 정월에 손님의 타임캡슐을 묻었다고 적혀 있으므로 정답은 (B)가 된다. (A)お客様는 학교와 관련이 없고, (C)이곳은 타임캡슐을 묻은 곳이지 受付는 아니며, (D)2005년뿐만 아니라 2010년에도 열리므로 모두 오답이다. 안내문 내용 중 '매설지'를 뜻하는 埋設地(まいせつち)라는 어휘도 알아 두자.

어휘 校庭(こうてい) 교정 | 埋(う)める 묻다 | 位置(いち) 위치 | 預(あず)かる 맡다, 보관하다 | 受付(うけつけ) 접수, 접수처

10 정답 (A)

(A) この周辺では、突然動物が飛び出してくる恐れがあります。
(B) ここでは狩猟をしてはいけない事になっています。
(C) 動物園の入口を示す看板が立てられています。
(D) ここは動物を保護する区域に指定された場所です。

(A) 이 주변에서는 동물이 갑자기 튀어나올 우려가 있습니다.
(B) 여기에서는 사냥을 해서는 안 되게 되어 있습니다.
(C) 동물원 입구를 가리키는 간판이 세워져 있습니다.
(D) 여기는 동물을 보호하는 구역으로 지정된 장소입니다.

해설 도로의 경계 표식으로 사슴을 주의하라는 뜻이다. 따라서 정답은 (A)이다.

어휘 周辺(しゅうへん) 주변 | 突然(とつぜん) 갑자기, 돌연 | 飛(と)び出(だ)す 튀어나오다 | 恐(おそ)れがある ~할 우려가 있다 | 狩猟(しゅりょう) 수렵, 사냥 [동의어] 狩(か)り | 保護(ほご) 보호 | 区域(くいき) 구역 | 指定(してい) 지정

둘째마당 미리 보는 실전 예상문제 86쪽

| 01 (D) | 02 (A) | 03 (C) | 04 (C) | 05 (B) |
| 06 (C) | 07 (B) | 08 (C) | 09 (D) | 10 (B) |

🎧 Part1-07예상문제

01 정답 (D)

(A) 小さな袋にヘアゴムが一つずつ入っています。
(B) 一つの袋に2個ずつヘアゴムが入れてあります。
(C) 髪を留めるヘアピンが袋の中に入っています。
(D) 透明な袋の中に一つないし二つずつヘアゴムが入れてあります。

(A) 작은 봉지에 머리 고무줄이 한 개씩 들어 있습니다.
(B) 하나의 봉지에 두 개씩 머리 고무줄이 넣어져 있습니다.
(C) 머리를 고정시키는 머리핀이 봉지 안에 들어 있습니다.
(D) 투명한 봉지 안에 한 개 또는 두 개씩 머리 고무줄이 넣어져 있습니다.

해설 투명한 봉지에 머리 고무줄이 아래쪽 봉투에는 한 개씩, 위쪽 오른쪽 봉투에는 두 개씩 들어 있는 사진이다. 비슷한 사물이 있을 경우는 이렇게 세세한 곳까지 파악하지 않으면 틀리기 쉬우므로 주의하자. 정답은 (D)이다.

어휘 ヘアゴム 머리 고무줄 | 髪(かみ)を留(と)める 머리를 고정시키다 | ヘアピン 머리핀 | 透明(とうめい) 투명 | ないし 또는, 내지

02 정답 (D)

(A) 引き出しにはさみとのりが入っています。
(B) 引き出しは透き通っています。
(C) 引き出しの中は空っぽです。
(D) 引き出しには文房具しかありません。

(A) 서랍에는 가위와 풀이 들어 있습니다.
(B) 서랍은 투명합니다.
(C) 서랍 안은 텅 비어 있습니다.
(D) 서랍에는 문방구밖에 없습니다.

해설 서랍에 들어 있는 것은 はさみ와 定規(じょうぎ)로, 이 둘을 문방구로 표현한 (D)가 정답이다.

어휘 透(す)き通(とお)る 비쳐 보이다, 투명하다 | 空(から)っぽ 텅 빔, 아무것도 없음 | 文房具(ぶんぼうぐ) 문방구

03 정답 (C)

(A) たくさんの金庫が並んでいます。
(B) すべてのロッカーは使用中です。
(C) ここで荷物を預けることができます。
(D) 上段と下段の幅に違いがあります。

(A) 많은 금고가 늘어서 있습니다.
(B) 모든 사물함은 사용 중입니다.
(C) 여기에서 짐을 맡길 수 있습니다.
(D) 상단과 하단 폭에 차이가 있습니다.

해설 (A)사진 속에 보이는 것은 금고가 아니라 사물함이고, (B)열쇠가 여럿 꽂혀 있는 데다가 빈 사물함이 보이므로 전부 사용 중은 아니며, (D)상하단의 폭은 동일하다. 사물함의 기능에 대해 묘사한 (C)가 정답이다.

어휘 金庫(きんこ) 금고 | 上段(じょうだん) 상단 | 下段(げだん) 하단 | 幅(はば) 폭

04 정답 (C)

(A) 日めくりカレンダーです。
(B) 日付が円で囲まれています。
(C) 壁掛けカレンダーにイラストが描いてあります。
(D) カレンダーは画鋲で留められています。

(A) 매일 넘기는 일력식 달력입니다.
(B) 날짜가 원으로 둘러싸여 있습니다.
(C) 벽걸이 달력에 일러스트가 그려져 있습니다.
(D) 달력은 압정으로 고정되어 있습니다.

해설 벽에 걸린 달력에 일러스트가 크게 그려져 있으므로 정답은 (C)이다. 쉽게 풀 수 있는 문제지만 (D)의 画鋲를 모르면 헷갈리기 쉽다. 달력은 사각형의 후크에 걸려 있다.

어휘 日(ひ)めくりカレンダー 매일 한 장씩 넘기는 일력식 달력 | 日付(ひづけ) 날짜 | 円(えん) 원 | 壁掛(かべか)け 벽걸이 | 画鋲(がびょう) 압정

05 정답 (B)

(A) 発泡スチロールの箱の中にエビが入っています。
(B) カニが入った木箱が重なって置かれています。
(C) 箱の中には氷がぎっしり詰められています。
(D) 箱はすべて同じ向きに並べられています。

(A) 스티로폼 상자 안에 새우가 들어 있습니다.
(B) 게가 든 나무 상자가 겹쳐 놓여 있습니다.
(C) 상자 안에는 얼음이 가득 채워져 있습니다.
(D) 상자는 모두 같은 방향으로 진열되어 있습니다.

해설 게가 든 나무 상자가 여럿 쌓여 있는 사진이므로 정답은 (B)가 된다. (A)스티로폼 상자나 새우, 그리고 (C)얼음은 보이지 않고, (D)박스는 모두 같은 방향이 아니므로 모두 오답이다. えび는 海老, かに는 蟹라는 한자 표기가 있다는 것도 알아 두자.

어휘 発泡(はっぽう)スチロール 스티로폼 | エビ 새우 | カニ 게 | 木箱(きばこ) 나무 | 氷(こおり) 얼음 | ぎっしり (빈틈없이 찬 모양) 가득, 잔뜩 | 詰(つ)める 채우다

06 정답 (C)

(A) 畳の上に座布団が置いてあります。
(B) 部屋の障子は全部閉まっています。
(C) 窓際に向かい合わせに椅子が置かれています。
(D) 天井の全面に絵が描かれています。

(A) 다다미 위에 방석이 놓여 있습니다.
(B) 방의 미닫이문은 전부 닫혀 있습니다.
(C) 창가에 마주 보게 의자가 놓여 있습니다.
(D) 천장 전면에 그림이 그려져 있습니다.

해설 (A)다다미 위에 방석은 없고, (B)문은 활짝 열려 있으며, (D)천장에는 그림이 그려져 있지 않다. 다다미방 바깥쪽 창가에 테이블을 사이에 두고 의자가 마주 보게 놓여 있으므로 정답은 (C)이다.

어휘 畳(たたみ) 다다미 | 座布団(ざぶとん) 방석 | 障子(しょうじ) (일본 다다미 방의 칸막이로 쓰이는) 미닫이문 | 窓際(まどぎわ) 창가 | 向(む)かい合(あ)わせ 마주 봄 | 天井(てんじょう) 천장 | 全面(ぜんめん) 전면, 모든 면

07 정답 (B)

(A) 燃えるゴミ専用のゴミ箱です。
(B) ゴミを分別して捨てるようになっています。
(C) 飲み物の空はどんなものでも一緒に捨てられます。
(D) 雑誌や新聞はこのゴミ箱に捨てることができます。

(A) 타는 쓰레기 전용 쓰레기통입니다.
(B) 쓰레기를 분리해서 버리도록 되어 있습니다.
(C) 음료수의 빈 용기는 어떠한 것이라도 함께 버릴 수 있습니다.
(D) 잡지나 신문은 이 쓰레기통에 버릴 수 있습니다.

해설 재활용이 가능한 페트병, 캔, 병을 각각 분리해서 버리는 쓰레기통이므로 정답은 (B)이다. 일본의 분리 수거는 자치단체에 따라 다르지만, 크게 소각 가능 여부에 따라 燃えるゴミ와 燃えないゴミ, 그리고 재활용이 가능한 資源(しげん)ゴミ로 나뉜다.

어휘 燃(も)える 타다 | 専用(せんよう) 전용 | ゴミ箱(ばこ) 쓰레기통 | 分別(ぶんべつ) 종류별로 구분함, 분리함 | 捨(す)てる 버리다 | 飲(の)み物(もの)の空(から) (빈 캔, 빈 병, 빈 페트병을 포함하는) 음료수의 빈 용기 | 雑誌(ざっし) 잡지 | 新聞(しんぶん) 신문

08 정답 (C)

(A) 壁に電球がつけられています。
(B) 天井に風船が飾られています。
(C) 長い棒に提灯がぶら下がっています。
(D) ボールが一列に並んでいます。

(A) 벽에 전구가 달려 있습니다.
(B) 천장에 풍선이 장식되어 있습니다.
(C) 긴 막대에 제등이 매달려 있습니다.
(D) 공이 한 줄로 늘어서 있습니다.

해설 사진 중앙에 보이는 동그란 것이 무엇인지가 관건이다. (A)電球(でんきゅう) '전구', (B)風船(ふうせん) '풍선', (C)提灯(ちょうちん) '제등', (D)ボール '공' 중에서 사진 속의 사물은 제등이므로 (C)가 정답이다.

어휘 棒(ぼう) 막대, 봉

09 정답 (D)

(A) ボウルに水が汲んであります。
(B) 湯桶に水が注がれています。
(C) 八角形のプールです。
(D) 湯船にお湯がなみなみと張ってあります。

(A) 그릇에 물이 떠져 있습니다.
(B) 목욕 바가지에 물이 담겨 있습니다.
(C) 팔각형의 수영장입니다.
(D) 욕조에 더운물이 가득 담겨 있습니다.

해설 사진 속의 팔각형 통은 (A)ボウル도 (B)湯桶도 (C)プール도 아니므로 모두 오답이다. 물이 담겨 있는 것은 湯船이므로 정답은 (D)이다.

어휘 ボウル 반구형의 조리용 그릇, 볼 ▶ボール 공 | 汲(く)む (물을) 뜨다, 푸다 | 湯桶(ゆおけ) 목욕 바가지 | 注(つ)ぐ 붓다 | 八角形(はっかくけい) 팔각형 | 湯船(ゆぶね) 욕조, 목욕통 | お湯(ゆ) 더운물 | なみなみ (~との 형태로) 물이 가득 찬 모양 | 張(は)る (물 등을) 가득하게 채우다

10 정답 (B)

(A) このお酒は見本なので、飲むことはできません。
(B) 味見のために準備されたお酒です。
(C) 混ぜて飲むお酒が種類別に置かれています。
(D) このお酒を飲むときは、お金を払う必要があります。

(A) 이 술은 견본이라서 마실 수 없습니다.
(B) 맛을 보기 위해 준비된 술입니다.
(C) 섞어서 마시는 술이 종류별로 놓여 있습니다.
(D) 이 술을 마실 때는 돈을 낼 필요가 없습니다.

해설 모든 병의 라벨에 試飲용(しいんよう)라고 표시되어 있다. '시음'과 味見가 같은 뜻임을 알아야만 풀 수 있는 문제로, 정답은 (B)이다.

어휘 見本(みほん) 견본 | 味見(あじみ) 맛을 봄, 간을 봄 | 混(ま)ぜる 섞다 | 種類別(しゅるいべつ) 종류별

시나공 08 | 시나공 기출문제의 재구성
94쪽

| 01 (A) | 02 (B) | 03 (A) | 04 (B) | 05 (C) |
| 06 (D) | 07 (D) | 08 (B) | 09 (C) | 10 (D) |

🎧 Part1-08시나공

01 정답 (A)

(A) まっすぐに伸びた線路が見えます。
(B) 線路が交わっています。
(C) 右にカーブした道路が見えます。
(D) 線路に沿ってバスが走っています。

(A) 쭉 뻗은 선로가 보입니다.
(B) 선로가 교차해 있습니다.
(C) 오른쪽으로 구부러진 도로가 보입니다.
(D) 선로를 따라 버스가 달리고 있습니다.

해설 눈앞으로 곧장 뻗은 선로가 보이므로 정답은 (A)이다. (B)선로는 하나뿐이고, (C)도로가 아닌 선로이며, (D)버스는 보이지 않는다.

어휘 交(まじ)わる 교차하다, 엇갈리다 | ~に沿(そ)って (일직선으로 길게 뻗은) ~을 따라, ~에 연하여

02 정답 (B)

(A) 建物の前を車が走っています。
(B) 同じ形の車が何台も停められています。
(C) 駐車場は満車です。
(D) 広場の前をたくさんの車が行き交っています。

(A) 건물 앞을 차가 달리고 있습니다.
(B) 같은 형태의 차가 몇 대나 주차되어 있습니다.
(C) 주차장은 만차입니다.
(D) 광장 앞을 많은 차가 오가고 있습니다.

해설 차가 움직이고 있는 모습은 어디에도 보이지 않으므로 (A)와 (D)는 오답이다. 또한, 사진 오른쪽에 빈자리가 있으므로 (C)도 정답이 될 수 없다. 차의 상태를 묘사한 (B)가 정답이다.

어휘 建物(たてもの) 건물 | 満車(まんしゃ) 만차 | 広場(ひろば) 광장 | 行(ゆ)き交(か)う 오가다, 지나다

03 정답 (A)

(A) 次の発車まで一列に並んで待っています。
(B) 駆け込み乗車をしようとしています。
(C) 新幹線の切符を買うために並んでいます。
(D) 男女別に並んで待っています。

(A) 다음 발차까지 한 줄로 서서 기다리고 있습니다.
(B) 뛰어들기 승차를 하려 합니다.
(C) 신칸센 표를 사기 위해 줄을 서 있습니다.
(D) 남녀별로 줄 서서 기다리고 있습니다.

해설 다음 열차가 들어오는 것을 여유롭게 기다리고 있는 분위기의 사진이므로 정답은 (A)이다.

어휘 発車(はっしゃ) 발차 | 駆(か)け込(こ)み乗車(じょうしゃ) 뛰어들기 승차 | 新幹線(しんかんせん) 일본의 고속 열차, 신칸센 | 切符(きっぷ) 표 | 男女別(だんじょべつ) 남녀별

04 정답 (B)

(A) 自転車に乗って、踏切を渡り切ったところです。
(B) 自転車を押しながら、横断歩道を渡っています。
(C) 自転車に二人乗りをしながら、走っています。
(D) 自転車の前と後ろのかごには、何も入っていません。

(A) 자전거를 타고, 철길 건널목을 다 건넌 순간입니다.
(B) 자전거를 밀면서 횡단보도를 건너고 있습니다.
(C) 자전거에 두 사람이 탄 채 달리고 있습니다.
(D) 자전거의 앞뒤 바구니에는 아무것도 들어 있지 않습니다.

해설 자전거를 밀면서 횡단보도를 건너고 있는 사람의 사진이므로 정답은 (B)이다.

어휘 渡(わた)り切(き)る 다 건너다 | 二人乗(ふたりの)り 두 사람이 탐 | かご 바구니

05 정답 (C)

(A) 道は幅が狭く、渋滞しています。
(B) 人が踏切の前に立っています。
(C) バスが左折したところです。
(D) くねくねした道を車が走っています。

(A) 길은 폭이 좁고 정체되어 있습니다.
(B) 사람이 철도 건널목 앞에 서 있습니다.
(C) 버스가 막 좌회전했습니다.
(D) 구불구불한 길을 차가 달리고 있습니다.

해설 (A)넓은 도로이며, 버스 이외의 차량은 보이지 않는다. 또한, (B)사람이 서 있는 곳은 횡단보도이며, (D)도로는 직선 도로이다. 버스의 각도로 보아 막 좌회전을 한 상태이므로 정답은 (C)이다.

어휘 幅(はば) 폭 | 狭(せま)い 좁다 | 渋滞(じゅうたい)する (자동사로) 정체되다 | 左折(させつ) 좌회전 [반의어] 右折(うせつ) 우회전 | くねくね 구불구불

06 정답 (D)

(A) モノレールが停車しています。
(B) 狭い路地を乗用車が走っています。
(C) 特急電車が駅を通過しています。
(D) 町の中を走る路面電車です。

(A) 모노레일이 정차해 있습니다.
(B) 좁은 골목을 승용차가 달리고 있습니다.
(C) 특급 열차가 역을 통과하고 있습니다.
(D) 도시 속을 달리는 노면전차입니다.

해설 사진 속 교통수단의 명칭을 묻는 문제이기도 하다. (A)모노레일, (B)승용차, (C)특급 열차로는 보이지 않으며 주변 상황이나 움직임에 대한 묘사를 통해서도 (A), (B), (C)는 정답이 될 수 없다. 시가지를 달리는 노면전차의 모습이므로 정답은 (D)이다.

어휘 停車(ていしゃ) 정차 | 特急電車(とっきゅうでんしゃ) 특급 열차 | 通過(つうか) 통과 | 路面電車(ろめんでんしゃ) 노면전차

07 정답 (D)

(A) 社員を乗せる通勤バスです。
(B) 飛行場を見学するための観光バスです。
(C) 市内を走る循環バスです。
(D) 空港内にある連絡バスです。

(A) 직원을 태우는 통근 버스입니다.
(B) 비행장을 견학하기 위한 관광버스입니다.
(C) 시내를 달리는 순환 버스입니다.
(D) 공항 안에 있는 연락 버스입니다.

해설 사진 속에 나오는 버스가 어떤 역할을 하는 버스인지를 파악해야 한다. 버스 뒤쪽에 비행기의 뒷모습이 보이므로 이곳은 공항이며, 일반적으로 비행기를 탈 때는 비행기와 직접 연결된 통로를 지나게 되지만, 가끔 버스를 타고 비행기까지 이동하는 경우도 있다. 이런 경우에 사용되는 버스가 連絡(れんらく)バス이므로 정답은 (D)이다.

어휘 社員(しゃいん) 직원 | 通勤(つうきん)バス 통근 버스 | 飛行場(ひこうじょう) 비행장 | 見学(けんがく) 견학 | 観光(かんこう)バス 관광버스 | 循環(じゅんかん)バス 순환 버스

08 정답 (B)

(A) 大勢の人が横断歩道を渡っています。
(B) 横断歩道の手前で信号待ちをしています。
(C) みんな手を挙げて横断しています。
(D) スクランブル交差点で人がごった返しています。

(A) 많은 사람이 횡단보도를 건너고 있습니다.
(B) 횡단보도 앞에서 신호를 기다리고 있습니다.
(C) 모두 손을 들고 횡단하고 있습니다.
(D) 엑스자형 횡단보도에 사람들이 붐비고 있습니다.

해설 횡단보도 앞에서 신호를 기다리고 있는 사람들이 보이므로 정답은 (B)이다. 흔히 엑스자형 횡단보도는 사거리에 설치되는 것이므로 (D)는 오답이며, 사진 속 사람들은 모두 신호 대기 상태이므로 (A)나 (C) 또한 정답이 될 수 없다.

어휘 大勢(おおぜい) 사람이 많음, 여럿 | 信号待(しんごうま)ち

신호 대기 | スクランブル交差点(こうさてん) 엑스자형 횡단보도 | ごった返(がえ)す 심한 혼잡을 이루다, 몹시 붐비다

09 정답 (C)

(A) 道路はかなり渋滞しています。
(B) 霧がかかって、視界が悪くなっています。
(C) 片道 1 車線の道路です。
(D) 道の両脇にガードレールがあります。

(A) 도로는 상당히 정체되어 있습니다.
(B) 안개가 껴서 시야가 좋지 않습니다.
(C) 편도 1차선 도로입니다.
(D) 길의 양옆에 가드레일이 있습니다.

해설 (A)차량이나 (B)안개, (D)가드레일은 전혀 보이지 않고, 편도 1차선 도로가 뻗어 있는 사진이므로 정답은 (C)이다.

어휘 霧(きり)がかかる 안개가 끼다 | 視界(しかい) 시야 | 片道(かたみち) 편도 [반의어] 往復(おうふく) 왕복 | 両脇(りょうわき) 양옆 | ガードレール 가드레일

10 정답 (D)

(A) 直角に曲がった通路が見えます。
(B) 陸橋は谷をまたぐように架けられています。
(C) 鉄道の上を鉄道が走っています。
(D) 歩道橋の下は道路になっています。

(A) 직각으로 꺾인 통로가 보입니다.
(B) 다리는 계곡을 걸치듯 놓여 있습니다.
(C) 철교 위를 철도가 달리고 했습니다.
(D) 육교 아래는 도로로 되어 있습니다.

해설 사진은 보행자를 위한 육교의 모습이며, 육교 아래로 차가 달리고 있으므로 이를 바르게 묘사한 (D)가 정답이다. (A)통로, (B)계곡, (C)철도의 모습은 보이지 않는다.

어휘 直角(ちょっかく) 직각 | 通路(つうろ) 통로 | 谷(たに) 계곡 | またぐ (한쪽에서 다른 한쪽으로) 걸치다 | 架(か)ける (다리 등을) 놓다 | 鉄橋(てっきょう) 철교 | 鉄道(てつどう) 철도

참고 陸橋(りっきょう)는 한자 그대로 읽으면 육교지만, 엄밀히 말해 '계곡이나 도로, 선로 위에 설치된 다리'라는 뜻이므로 우리가 흔히 사용하는 육교보다 의미하는 범위가 넓다. 따라서 陸橋 위에는 차도와 인도가 함께 있는 경우도 많기 때문에 陸橋는 우리말의 육교와 다르다는 것을 기억하자.

시나공법 09 시나공 기출문제의 재구성 103쪽

| 01 (B) | 02 (A) | 03 (D) | 04 (A) | 05 (C) |
| 06 (D) | 07 (B) | 08 (D) | 09 (C) | 10 (A) |

🎧 Part1-09시나공

01 정답 (B)

(A) 銀行で口座を開設しています。
(B) レジで精算しているところです。
(C) 売り場の位置を確認しています。
(D) 駐車券の発行を依頼しています。

(A) 은행에서 계좌를 개설하고 있습니다.
(B) 계산대에서 정산하는 중입니다.
(C) 매장 위치를 확인하고 있습니다.
(D) 주차권 발행을 의뢰하고 있습니다.

해설 계산대가 보이고 장바구니에 쇼핑한 물건이 들어 있는 것으로 보아 현재 물건을 계산하고 있다는 것을 쉽게 알 수 있다. 따라서 정답은 (B)이다.

어휘 口座(こうざ) 계좌 | 開設(かいせつ) 개설 | 精算(せいさん) 정산 | 位置(いち) 위치 | 駐車券(ちゅうしゃけん) 주차권 | 発行(はっこう) 발행 | 依頼(いらい) 의뢰

02 정답 (A)

(A) アーケードのある商店街です。
(B) 歩行者天国で車両は通行止めになっています。
(C) ここはデパートの地下食品売り場です。
(D) トンネルを抜けて向こう側に渡ろうとしています。

(A) 아케이드가 있는 상점가입니다.
(B) 보행자 천국에서 차량은 통행이 금지되어 있습니다.
(C) 여기는 백화점의 지하 식품 매장입니다.
(D) 터널을 빠져나와 건너편으로 건너가려고 합니다.

해설 양쪽에 상점가가 보이고, 그 사이를 아케이드라는 둥근 지붕이 덮고 있는 사진이므로 정답은 (A)가 된다. 이곳은 (B)보행자 천국도, (C)백화점의 지하 식품 매장도, (D)터널도 아니므로 모두 오답이다.

어휘 歩行者天国(ほこうしゃてんごく) 보행자 천국 | 車両(しゃりょう) 차량 | 通行(つうこう)止(ど)め 통행 금지 | 抜(ぬ)ける 빠져나가다, 관통하다

03 정답 (D)

(A) 広い校庭で大勢の人が運動をしています。
(B) 森の中にこぢんまりとした建物があります。
(C) 並木道のトンネルを人々が歩いています。
(D) 建物の前は広場になっています。

(A) 넓은 교정에서 많은 사람이 운동을 하고 있습니다.
(B) 숲속에 작고 아담한 건물이 있습니다.
(C) 가로수 길 터널을 사람들이 걷고 있습니다.
(D) 건물 앞은 광장으로 되어 있습니다.

해설 (A)많은 사람, (B)숲, (C)가로수 길 터널은 보이지 않고, 건물 앞에 넓은 광장이 펼쳐져 있는 사진이므로 정답은 (D)가 된다.

어휘 こぢんまりと 자그맣고 아담하게, 조촐히 | 並木道(なみきみち) 가로수 길

04 정답 (A)

(A) 高層ビルの間にある憩いの場です。
(B) だだっ広い公園に人が座っています。
(C) 並木道の下をのんびり歩いています。
(D) 公園の中は花見の人でいっぱいです。

(A) 고층 빌딩 사이에 있는 휴식터입니다.
(B) 휑뎅그렁한 공원에 사람이 앉아 있습니다.
(C) 가로수 길 아래를 느긋하게 걷고 있습니다.
(D) 공원 안은 꽃놀이하는 사람들로 가득합니다.

해설 憩いの場라는 결정적인 힌트를 놓쳤더라도 (B)だだっ広い, (C)並木道, (D)花見와 같은 오답 어휘를 걸러낼 수 있어야 한다. 고층 빌딩 사이에 있는 작은 공원의 모습이므로 정답은 (A)이다.

어휘 高層(こうそう)ビル 고층 빌딩 | 憩(いこ)い 쉼, 휴식, 휴게 | だだっ広(ぴろ)い 휑뎅그렁하다 | のんびり 유유히, 한가로이 | 花見(はなみ) 꽃구경, 꽃놀이

05 정답 (C)

(A) ここで炊事ができます。
(B) 壊れた炊飯器が預けられています。
(C) 家電売り場に商品が並べられています。
(D) お米を精米するところです。

(A) 이곳에서 취사를 할 수 있습니다.
(B) 고장 난 밥솥이 맡겨져 있습니다.
(C) 가전 매장에 상품이 진열되어 있습니다.
(D) 쌀을 정미하는 곳입니다.

해설 새 제품으로 보이는 밥솥이 여러 개 진열되어 있으므로 이곳은 가전을 판매하는 매장임을 알 수 있다. 따라서 정답은 (C)이다. 밥솥으로 연상되는 어휘를 이용한 함정 문제이므로 정확하게 듣지 못한 단어가 있다면 꼭 체크해 두자.

어휘 炊事(すいじ) 취사 | 炊飯器(すいはんき) 밥솥 | 家電(かでん) 가전 | 精米(せいまい) 정미

06 정답 (D)

(A) 見渡す限り、海が続いています。
(B) 灯台のある港町の景色です。
(C) 空は荒れ模様です。
(D) 港には何隻かの船が停まっています。

(A) 멀리까지 바다가 계속되어 있습니다.
(B) 등대가 있는 항구 마을의 경치입니다.
(C) 하늘은 날씨가 나빠질 것 같습니다.
(D) 항구에는 몇 척인가 배가 세워져 있습니다.

해설 (A)항구 뒤로 육지가 살짝 보이고, (B)등대는 보이지 않으며, (C)하늘은 구름이 약간 끼어 있는 상태이지만 화창하게 맑다. 몇 척의 배가 정박되어 있는 것이 보이므로 정답은 (D)이다.

어휘 見渡(みわた)す限(かぎ)り 눈에 보이는 전부가 온통 | 灯台(とうだい) 등대 | 荒(あ)れ模様(もよう) 날씨가 굳어질 것 같은 모양 | ~隻(せき) (배를 세는 단위) ~척

07 정답 (B)

(A) 山の上にあるお寺です。
(B) お城の天守閣が見えます。
(C) お濠には桜の花びらが浮かんでいます。
(D) 城壁で囲まれたお城はほとんど見えません。

(A) 산 위에 있는 절입니다.
(B) 성의 망대가 보입니다.
(C) 수로에는 벚꽃잎이 떠 있습니다.
(D) 성벽으로 둘러싸인 성은 거의 보이지 않습니다.

해설 성이 우뚝 서 있는 간단한 사진이지만, 몇몇 어휘 때문에 조금 어렵게 느껴질 수 있다. (A)산 위에 있는 절로는 보이지 않고, (C)수로나 (D)방해가 되는 성벽은 확인할 수 없다. 天守閣(てんしゅかく)는 '성의 중심에 가장 높은 망대'를 뜻하는 말이므로 정답은 (B)이다.

어휘 城(しろ) 성 | お濠(ほり) (성 주변을 둘러싼) 수로 | 桜(さくら) 벚꽃 | 花(はな)びら 꽃잎 | 城壁(じょうへき) 성벽

08 정답 (B)

(A) たくさんのビニールハウスが並んでいます。
(B) 道の両側に、水の張られた水田が見えます。
(C) 広大な畑が、向こうまで広がっています。
(D) 都市計画のために、土地が区画されています。

(A) 많은 비닐하우스가 늘어서 있습니다.
(B) 길 양쪽으로 물을 댄 논이 보입니다.
(C) 광대한 밭이 건너편까지 펼쳐져 있습니다.
(D) 도시 계획을 위해 토지가 구획되어 있습니다.

해설 논을 가르는 시골길과 그 시골길 끝에 숲이 보이는 사진이다. (A)에서 말한 비닐하우스는 없고, (C)논은 있지만 밭은 보이지 않는다. 또한, (D)와는 관련이 없는 사진이므로 정답은 (B)이다.

어휘 ビニールハウス 비닐하우스 | 水(みず)を張(は)る 물을 대다 | 広大(こうだい) 광대함 | 都市計画(としけいかく) 도시 계획 | 土地(とち) 토지 | 区画(くかく) 구획

09 정답 (C)

(A) 空はどんよりと雲に覆われています。
(B) うっすらと雪化粧をした町の様子です。
(C) のどかな田舎の風景が広がっています。
(D) 無限に広がる野原を描いた作品です。

(A) 하늘은 우중충하게 구름에 뒤덮여 있습니다.
(B) 살짝 눈 쌓인 마을의 모습입니다.
(C) 한가로운 시골 풍경이 펼쳐져 있습니다.
(D) 무한대로 펼쳐진 들판을 그린 작품입니다.

해설 (A)하늘은 맑고, (B)눈은 확인할 수 없으며, (D)그림으로도 보이지 않는다. 사진 속 풍경으로 보아 정답은 (C)이다.

어휘 どんより 날씨가 잔뜩 흐린 모양 | 覆(おお)う 뒤덮다 | うっすら (현상, 동작 등이) 살짝, 얇게 | 雪化粧(ゆきげしょう) 눈으로 아름답게 뒤덮임 | 様子(ようす) 모양 | のどか 한가함, 여유로움 | 田舎(いなか) 시골 | 風景(ふうけい) 풍경 | 無限(むげん) 무한대, 무한정

10 정답 (A)

(A) 講演が聴ける場所です。
(B) 体育館に長いベンチが置かれています。
(C) 映画を観るための施設です。
(D) 最高裁判所の傍聴席です。

(A) 강연을 들을 수 있는 장소입니다.
(B) 체육관에 긴 벤치가 놓여 있습니다.
(C) 영화를 보기 위한 시설입니다.
(D) 대법원의 방청석입니다.

해설 정면을 향해 의자가 놓여 있고 앞쪽에 무대가 설치되어 있는 실내 시설이므로, (B)체육관이나 (C)영화관, (D)대법원으로는 볼 수 없다. 따라서 정답은 (A)이다. 講演(こうえん) '강연'을 公演(こうえん) '공연'으로 잘못 듣기 쉬운 문제이므로 동사까지 주의해서 듣자.

어휘 講演(こうえん) 강연 | 施設(しせつ) 시설 | 最高裁判所(さいこうさいばんしょ) 대법원 | 傍聴席(ぼうちょうせき) 방청석

시나공법 10 | 시나공 기출문제의 재구성 112쪽

01 (A) 02 (B) 03 (D) 04 (C) 05 (C)
06 (B) 07 (D) 08 (C) 09 (B) 10 (A)

🎧 Part1-10시나공

01 정답 (A)

(A) 旗が風になびいています。
(B) 模型の鳥居がいくつか並んでいます。
(C) 神社にお参りする人がいます。
(D) 鳥居の両側に石碑が立っています。

(A) 깃발이 바람에 나부끼고 있습니다.
(B) 모형 도리이가 몇 개 늘어서 있습니다.
(C) 신사에 참배하는 사람이 있습니다.
(D) 도리이 양쪽에 비석이 서 있습니다.

해설 신사 입구에 있는 커다란 기둥문을 鳥居(とりい)라고 하는데, 왼쪽의 鳥居는 모형이 아니므로 (B)는 오답이다. 또한, (C)사람은 한 명도 보이지 않고, (D)비석은 사진 중앙 오른쪽에 하나만 있다. 깃발이 바람에 나부끼고 있으므로 정답은 (A)이다.

어휘 旗(はた) 깃발 | なびく 흔들리다, 나부끼다 | 模型(もけい) 모형 | お参(まい)り 참배 | 石碑(せきひ) 비석

02 정답 (B)

(A) 工場で火事が起きています。
(B) 煙突から煙が立ち上っています。
(C) 火災が発生して消火活動をしています。
(D) ろうそくに火が灯っています。

(A) 공장에서 화재가 나고 있습니다.
(B) 굴뚝에서 연기가 올라오고 있습니다.
(C) 화재가 발생해서 소화 활동을 하고 있습니다.
(D) 초에 불이 켜져 있습니다.

해설 연기는 굴뚝에서 피어나고 있으므로 정답은 (B)이다. 화재로는 볼 수 없기 때문에 (A)나 (C)는 정답이 될 수 없다.

어휘 工場(こうじょう) 공장 | 火事(かじ) 불, 화재 | 煙突(えんとつ) 굴뚝 | 煙(けむり) 연기 | 立(た)ち上(のぼ)る (연기 등이) 공중으로 오르다 | 火災(かさい) 화재 | 消火活動(しょうかかつどう) 소화 활동 | ろうそく 초 | 灯(とも)る 불이 켜지다, 점화되다

03 정답 (D)

(A) 地平線に夕日が沈むところです。
(B) 空には雲ひとつありません。
(C) 朝日が昇るのが見えます。
(D) 遥か遠くに水平線が見えます。

(A) 지평선에 석양이 지려고 합니다.
(B) 하늘에는 구름 하나 없습니다.
(C) 아침 해가 떠오르는 것이 보입니다.
(D) 아득히 먼 곳에 수평선이 보입니다.

해설 (A)저녁 해나 (C)아침 해는 보이지 않고, (B)구름이 조금 낀 날씨이므로 모두 정답이 될 수 없다. 넓은 바다 멀리 수평선이 보이는 사진이므로 정답은 (D)이다.

어휘 地平線(ちへいせん) 지평선 | 夕日(ゆうひ) 석양 | 沈(しず)む 가라앉다, (해나 달이) 지다 | 朝日(あさひ) 아침 해 | 昇(のぼ)る (떠)오르다 | 遥(はる)か (시간, 거리가 멀리 떨어져) 아득히 | 水平線(すいへいせん) 수평선

04 정답 (C)

(A) ビルのところから大きな橋が架かっています。
(B) 空に向かって放水しているところです。
(C) 雨上がりの空に虹が架かっています。
(D) 太陽の光が一直線に伸びています。

(A) 빌딩 쪽에서부터 큰 다리가 걸려 있습니다.
(B) 하늘을 향하여 물을 뿌리는 중입니다.
(C) 막 비가 갠 뒤의 하늘에 무지개가 걸려 있습니다.
(D) 태양빛이 일직선으로 뻗어 있습니다.

해설 하늘에 무지개가 걸려 있고, 무지개 자체가 雨上がり의 증거이므로 정답은 (C)이다.

어휘 放水(ほうすい) 방수, 물을 세차게 뿜어 냄 | 雨上(あめあ)がり 비가 막 갬 | 虹(にじ) 무지개 | 太陽(たいよう) 태양 | 一直線(いっちょくせん) 일직선

05 정답 (C)

(A) 一面雑草で埋め尽くされています。
(B) 地面にたくさんの電信柱がさしてあります。
(C) 畑に支柱をさして野菜を育てています。
(D) 花壇に花がたくさん咲いています。

(A) 전부 잡초로 뒤덮여 있습니다.
(B) 땅에 많은 전봇대가 세워져 있습니다.
(C) 밭에 버팀목을 꽂아 채소를 키우고 있습니다.
(D) 화단에 많은 꽃이 피어 있습니다.

해설 밭에 심은 채소를 키우기 위해 버팀목을 꽂아 놓은 사진이므로 정답은 (C)이다. 각각 (A)잡초, (B)전봇대, (D)꽃이 오답 어휘이다.

어휘 一面(いちめん) 온통, 전부 | 雑草(ざっそう) 잡초 | 埋(う)め尽(つ)くす (넓은 장소를) 완전히 채우다 | 地面(じめん) 지면 | 電信柱(でんしんばしら) 전봇대 | 支柱(しちゅう) 받침목, 버팀목 | 育(そだ)てる 키우다, 기르다 | 花壇(かだん) 화단

06 정답 (B)

(A) 大型フェリーが港に停泊しています。
(B) 遠くの山々には残雪が見えます。
(C) 手漕ぎボートが1艘、湖面に浮かんでいます。
(D) 水面は日光が反射してきらきらしています。

(A) 대형 페리가 항구에 정박해 있습니다.
(B) 멀리 산에는 잔설이 보입니다.
(C) 손으로 젓는 보트가 한 척, 호수의 수면에 떠 있습니다.
(D) 수면은 햇빛이 반사되어 반짝거리고 있습니다.

해설 호수에 배가 하나 떠 있고, 멀리 보이는 산 위로 아직 녹지 않은 눈이 보이는 사진이다. (A)대형 페리도 항구도 없고, (C)사진 속의 보트는 작기는 하지만 손으로 젓는 보트로는 보이지 않으며, (D)호수는 반짝거리지 않으므로 모두 오답이다. 따라서 정답은 (B)이다.

어휘 停泊(ていはく) 정박 | 残雪(ざんせつ) 잔설, 덜 녹아 남아 있는 눈 | 手漕(てこ)ぎ (배 등을) 손으로 저음 | ~艘(そう) (작은 배를 세는 단위) ~척 | 湖面(こめん) 호수의 수면 | 水面(すいめん) 수면 ▶ みなも라고도 읽는다. | 日光(にっこう) 햇빛 | 反射(はんしゃ) 반사 | きらきら 반짝반짝

07 정답 (D)

(A) 湖の水面は穏やかで、波ひとつ立っていません。
(B) 大きな沼の周りから蒸気が上がっています。
(C) 海は荒れていて、高い波が立っています。
(D) 川の流れが水中の石にぶつかっています。

(A) 호수의 수면은 잔잔하여 물결 하나 일고 있지 않습니다.
(B) 큰 늪 주변에서 수증기가 피어 오르고 있습니다.
(C) 바다는 사나워 높은 파도가 일고 있습니다.
(D) 강의 흐름이 물속의 돌에 부딪치고 있습니다.

해설 사진 속의 주변 경관을 통해 계곡 물이 흐르고 있는 장면임을 알 수 있다. (A)호수, (B)늪, (C)바다가 오답 어휘로, 강물의 흐름에 대해 알맞게 묘사한 (D)가 정답이다.

어휘 穏(おだ)やか 평온함, 차분함, 조용함 | 波(なみ) 물결, 파도 | 蒸気(じょうき) 증기, 수증기 | 荒(あ)れる (날씨, 분위기 등이) 거칠어지다, 사나워지다 | 水中(すいちゅう) 수중, 물 속 | ぶつかる 부딪치다, 충돌하다

08 정답 (C)

(A) ひどい吹雪で視界が悪く、まったく前が見えません。
(B) 霧がかかって見通しが悪くなっています。
(C) 軒下につららが下がっています。
(D) 除雪車が通ったあとで、道路には雪がありません。

(A) 심한 눈보라로 시야가 나빠 앞이 전혀 보이지 않습니다.
(B) 안개가 껴서 조망이 좋지 않습니다.
(C) 처마 밑에 고드름이 매달려 있습니다.
(D) 제설차가 지나간 뒤라서 도로에는 눈이 없습니다.

해설 (A)앞이 전혀 보이지 않는 것도, (B)안개가 낀 것도 아니며, (D)눈이 치워진 모습도 아니므로 모두 오답이다. 처마 밑으로 고드름이 보이므로 정답은 (C)이다.

어휘 視界(しかい) 시야 | まったく (뒤에 부정형이 쓰여) 전혀 | 見通(みとお)し 조망, 전망 | 軒下(のきした) 처마 밑 | 除雪車(じょせつしゃ) 제설차

09 정답 (B)

(A) 工事現場は立入禁止のロープが張られています。
(B) 重機で地面を掘り返しているところです。
(C) コンクリートを流し込む作業をしています。
(D) 木材を運ぶ大型トラックが道路に止まっています。

(A) 공사 현장은 출입금지 밧줄이 쳐져 있습니다.
(B) 중기로 땅을 파서 뒤엎고 있는 중입니다.
(C) 콘크리트를 부어 넣는 작업을 하고 있습니다.
(D) 목재를 옮기는 대형 트럭이 도로에 서 있습니다.

해설 포크레인으로 땅을 파는 작업을 하고 있는 사진이므로 정답은 (B)이다. 重機(じゅうき)는 중공업에 사용되는 기계를 말하는 것인데, 사진 속 포크레인도 여기에 포함된다.

어휘 工事現場(こうじげんば) 공사 현장 | 立入禁止(たちいりきんし) 출입금지 | ロープを張(は)る 로프를 치다 | 掘(ほ)り返(かえ)す (땅을) 파서 뒤엎다 | コンクリート 콘크리트 | 流(なが)し込(こ)む 부어 넣다, 흘려 넣다 | 木材(もくざい) 목재 | 大型(おおがた) 대형 [반의어] 小型(こがた) 소형

10 정답 (A)

(A) 切り立った崖の下に遊歩道があります。
(B) 岩がまったくない海岸です。
(C) 海岸線に沿ってまっすぐに伸びた道路です。
(D) 橋の欄干に腰掛けている人がいます。

(A) 깎아지른 절벽 아래에 산책로가 있습니다.
(B) 바위가 전혀 없는 해안입니다.
(C) 해안선을 따라 쭉 뻗은 도로입니다.
(D) 다리 난간에 걸터앉아 있는 사람이 있습니다.

해설 왼쪽에 가파른 낭떠러지와 산책로가 보이는 사진이므로 정답은 (A)이다.

어휘 切(き)り立(た)つ 깎아지른 듯이 솟아 있다 | 遊歩道(ゆうほどう) 산책로 | 海岸線(かいがんせん) 해안선 | ~に沿(そ)って (일직선으로 길게 뻗은) ~을 따라 | 欄干(らんかん) 난간 | 腰掛(こしか)ける 걸터앉다

셋째마당 미리 보는 실전 예상문제   117쪽

| 01 (B) | 02 (C) | 03 (C) | 04 (D) | 05 (B) |
| 06 (B) | 07 (C) | 08 (B) | 09 (A) | 10 (D) |

🎧 Part1-10예상문제

01 정답 (B)

(A) ここはタクシー乗り場です。
(B) ここはバスの停留所です。
(C) ここは高速バスのターミナルです。
(D) ここは高速道路のパーキングエリアです。

(A) 여기는 택시 승강장입니다.
(B) 여기는 버스 정류장입니다.
(C) 여기는 고속버스 터미널입니다.
(D) 여기는 고속도로 간이 휴게소입니다.

해설 장소의 명칭을 묻는 간단한 문제이다. 버스 정류장임을 알리는 간판과 버스가 정차해 있는 것이 보이므로 정답은 (B)이다.

어휘 乗(の)り場(ば) 타는 곳, 승강장 | 停留所(ていりゅうじょ) 정류장 | 高速道路(こうそくどうろ) 고속도로 | パーキングエリア 간이 휴게소

02 정답 (C)

(A) エスカレーターを使って上に行けます。
(B) 山頂につながる階段です。
(C) 階段を上がったところに神社があります。
(D) 階段の上は展望台になっています。

(A) 에스컬레이터를 사용해서 위로 갈 수 있습니다.
(B) 산 정상으로 이어지는 계단입니다.
(C) 계단을 올라간 곳에 신사가 있습니다.
(D) 계단 위는 전망대로 되어 있습니다.

해설 신사 입구를 나타내는 도리이가 있는 것으로 보아 계단 위는 신사이다. 따라서 정답은 (C)이다.

어휘 山頂(さんちょう) 산 정상 | つながる 연결되다 | 展望台(てんぼうだい) 전망대

03 정답 (C)

(A) 建物がかなり少ない町です。
(B) 高層ビルはひとつもありません。
(C) 遠くまで広がる都会の風景です。
(D) 田んぼの間を川が流れています。

(A) 건물이 상당히 적은 마을입니다.
(B) 고층 빌딩은 하나도 없습니다.
(C) 멀리까지 펼쳐진 도시의 풍경입니다.
(D) 논 사이를 강이 흐르고 있습니다.

해설 (A)건물이 빼곡히 들어차 있고, (B)바로 오른쪽 앞에 고층 빌딩이 세워져 있다. 또한, (D)강은 빌딩 사이를 흐르고 있는 것이므로 (A), (B), (D)는 모두 정답과는 거리가 멀다. 따라서 정답은 (C)이다.

어휘 都会(とかい) 도시 | 田(た)んぼ 논

04 정답 (D)

(A) 階段の前には大きな広場があります。
(B) 長いエスカレーターが見えます。
(C) 地下商店街の通路に階段があります。
(D) 階段の両側と真ん中には手すりがあります。

(A) 계단 앞에는 커다란 광장이 있습니다.
(B) 긴 에스컬레이터가 보입니다.
(C) 지하 상점가의 통로에 계단이 있습니다.
(D) 계단 양쪽과 한가운데에는 손잡이가 있습니다.

해설 (A)계단 앞 공간을 광장으로 보기에는 무리가 있고, (B)에스컬레이터는 없으며, (C)이곳은 지하가 아니라 야외이다. 계단에 대해 바르게 묘사한 (D)가 정답이다.

어휘 広場(ひろば) 광장 | 商店街(しょうてんがい) 상점가 | 通路(つうろ) 통로 | 両側(りょうがわ) 양쪽 | 真(ま)ん中(なか) 중앙, 한가운데 | 手(て)すり 난간, 손잡이

05 정답 (B)

(A) 道路はすごく混んでいます。
(B) 高いところから眺めた風景です。
(C) 電車の線路が見えます。
(D) 建物が少なく、寂しい町並みです。

(A) 도로는 몹시 막히고 있습니다.
(B) 높은 곳에서 바라본 풍경입니다.
(C) 전철의 선로가 보입니다.
(D) 건물이 적고 쓸쓸한 거리입니다.

해설 (A)도로는 막힘이 없으며, (C)전철의 선로는 보이지 않고, (D)건물이 빼곡히 들어차 있는 사진이므로 모두 오답이다. 높은 곳에서 내려다본 전경이므로 정답은 (B)이다. 높은 곳에서 내려다보는 것을 俯瞰(ふかん) '부감'이라고 한다는 것도 알아 두자.

어휘 混(こ)む 붐비다, 복잡하다, 혼잡을 이루다 | 眺(なが)める 바라보다 | 風景(ふうけい) 풍경 | 線路(せんろ) 선로 | 寂(さび)しい 쓸쓸하다 | 町並(まちな)み 거리에 집이나 상점이 즐비하게 늘어선 모양, 그 장소

06 정답 (B)

(A) 向こうに高い山が見えます。
(B) 小高い丘の上に建物が建っています。
(C) 広い砂浜が広がっています。
(D) 木が1本も生えていません。

(A) 건너편에 높은 산이 보입니다.
(B) 조금 높은 언덕 위에 건물이 서 있습니다.
(C) 넓은 모래사장이 펼쳐져 있습니다.
(D) 나무가 한 그루도 나 있지 않습니다.

해설 바위 너머 언덕 위로 건물이 한 채 보이고, 그 주변에 몇 그루의 나무가 서 있는 사진이다. 따라서 정답은 (B)이다.

어휘 小高(こだか)い 조금 높다 | 丘(おか) 언덕 | 砂浜(すなはま) 모래사장, 백사장 | 生(は)える 나다, 자라다

07 정답 (D)

(A) 木陰で休んでいる人たちがいます。
(B) 桜の並木道の川べりを歩いています。
(C) たくさんの露店が並んでいる通りです。
(D) 木々が生い茂った噴水のある公園です。

(A) 나무 그늘에서 쉬고 있는 사람들이 있습니다.
(B) 벚꽃 가로수 길 강가를 걷고 있습니다.
(C) 많은 노점들이 늘어서 있는 길입니다.
(D) 나무들이 우거진 분수가 있는 공원입니다.

해설 잎이 무성한 나무들과 분수, 자유롭게 거닐고 있는 사람들의 모습에서 공원임을 쉽게 알 수 있다. (A)나무 그늘에서 쉬고 있는 사람, (B)강가, (C)노점은 보이지 않으므로 정답은 (D)이다.

어휘 木陰(こかげ) 나무 그늘 | 桜(さくら) 벚꽃 | 並木道(なみきみち) 가로수 길 | 川(かわ)べり 강가, 물가 | 露店(ろてん) 노점 | 通(とお)り 길 | 生(お)い茂(しげ)る 초목이 무성해지다, 우거지다 | 噴水(ふんすい) 분수

08 정답 (B)

(A) 橋の上から人が身を乗り出しています。
(B) 橋を渡りきったところに屋根のある建物が見えます。
(C) 橋の下に放水するためのトンネルがあります。
(D) 橋の下を船が往来しています。

(A) 다리 위에서 사람이 몸을 내밀고 있습니다.
(B) 다리를 다 건너간 곳에 지붕이 있는 건물이 보입니다.
(C) 다리 아래에 물을 방류하기 위한 터널이 있습니다.
(D) 다리 아래를 배가 왕래하고 있습니다.

해설 (A)다리 위에는 사람이 없고, (C)다리 밑에 터널이 있는 것이 아니라 다리 모양이 둥근 것이며, (D)다리 아래는 수심이 얕아서 배가 왕래할 수 없을 것으로 보인다. 다리 끝에 지붕이 있는 건물이 보이므로 정답은 (B)이다.

어휘 身(み)を乗(の)り出(だ)す 몸을 앞으로 내밀다 | 屋根(やね) 지붕 | 放水(ほうすい) 방류, 물을 흘려보냄 | 往来(おうらい) 왕래

09 정답 (A)

(A) 建物の屋上に大きなオブジェが見えます。
(B) 中央分離帯に植え込みがあります。
(C) 道路の舗装作業をする車両が止まっています。
(D) 高架線を電車が走っています。

(A) 건물의 옥상에 커다란 오브제가 보입니다.
(B) 중앙 분리대에 정원수가 있습니다.
(C) 도로의 포장 작업을 하는 차량이 멈춰 서 있습니다.
(D) 고가 선로를 전철이 달리고 있습니다.

해설 (B)정원수, (C)도로 포장 작업을 하는 차량, (D)전철은 보이지 않고, 왼쪽 건물 옥상에 큰 조형물이 있으므로 정답은 (A)이다.

어휘 屋上(おくじょう) 옥상 | オブジェ 오브제 | 中央分離帯(ちゅうおうぶんりたい) 중앙 분리대 | 植(う)え込(こ)み 정원수 | 舗装(ほそう) (도로의) 포장 ▶包装(ほうそう) (물건의) 포장 | 高架線(こうかせん) 고가 선로 ▶高架道路(こうかどうろ) 고가 도로

10 정답 (D)

(A) 何隻もの漁船が漁をしています。
(B) 海は大しけとなっています。
(C) 海上で転覆した船が見えます。
(D) ヨットは風を帆に受けて進んでいます。

(A) 몇 척이나 되는 어선이 고기를 잡고 있습니다.
(B) 바다는 매우 거칠어져 있습니다.
(C) 해상에서 전복된 배가 보입니다.
(D) 요트는 돛에 바람을 받아 나아가고 있습니다.

해설 요트의 돛이 모두 올라간 상태이므로 바람을 받고 있다고 묘사한 (D)가 정답이다. (A)어선이나 (C)전복된 배는 보이지 않으며, (B)파도는 잔잔한 상태이다. 어렵지 않은 내용의 보기들이지만 높은 어휘력을 요하는 문제이다. 마지막까지 꼼꼼히 체크하자.

어휘 漁船(ぎょせん) 어선 | 漁(りょう) 고기잡이 | 大(おお)しけ 바다가 거칠어짐, 파도가 높게 침 | 海上(かいじょう) 해상 | 転覆(てんぷく)する (자동사로) 전복되다 | 帆(ほ) 돛

Part 2

시나공법 11	시나공 기출문제의 재구성			129쪽
01 (B)	02 (A)	03 (A)	04 (B)	05 (C)
06 (A)	07 (C)	08 (A)	09 (B)	10 (C)

🎧 Part2-11시나공

01 정답 (B)

会議室に誰かいますか。
(A) いいえ、います。
(B) いいえ、誰もいません。
(C) はい、誰でもいいです。
(D) はい、あります。

회의실에 누군가 있습니까?
(A) 아니요, 있습니다.
(B) 아니요, 아무도 없습니다.
(C) 네, 아무라도 좋습니다.
(D) 네, 있습니다.

해설 はい나 いいえ로 대답할 수 있는 誰か에 대한 가장 기본적인 문제이다. (A)는 부정형 질문에 대한 대답이고, (C)는 誰를 이용한 함정이며, (D)는 사람이 아닌 물건에 대한 대답이므로 모두 오답이다. 따라서 정답은 (B)이다.

어휘 会議室(かいぎしつ) 회의실

02 정답 (A)

この傘は誰のですか。
(A) わかりません。
(B) 昨日買いました。
(C) 5千円でした。
(D) ちょっと貸してください。

이 우산은 누구 것입니까?
(A) 모르겠습니다.
(B) 어제 샀습니다.
(C) 5000엔이었습니다.
(D) 잠깐 빌려주세요.

해설 誰로 질문했다고 해서 반드시 사람으로 대답해야 하는 것은 아니다. (A)와 같이 모르는 경우도 있음을 알아 두자. (B)는 いつ에 대한 대답이고, (C)는 いくら에 대한 대답이며, (D)는 동문서답이므로 모두 오답이다.

어휘 傘(かさ) 우산

03 정답 (A)

明日のリハーサルには誰が参加しますか。
(A) スタッフとその関係者です。
(B) 誰でもいいです。
(C) みんなで行きましょう。
(D) すみません、明日はちょっと。

내일 리허설에는 누가 참가합니까?
(A) 스태프와 그 관계자입니다.
(B) 누구라도 상관없습니다.
(C) 다같이 갑시다.
(D) 죄송합니다, 내일은 좀.

해설 誰가로 물었을 때는 대부분 행동의 대상이 답이 된다. 따라서 리허설에 참가하는 적절한 대상을 언급한 (A)가 정답이다.

어휘 関係者(かんけいしゃ) 관계자

04 정답 (B)

どの人が木村さんですか。
(A) 背が高いです。
(B) あの眼鏡をかけている男の人です。
(C) 親切で優しい人です。
(D) あそこにあります。

누가 기무라 씨입니까?
(A) 키가 큽니다.
(B) 저 안경을 쓴 남자입니다.
(C) 친절하고 상냥한 사람입니다.
(D) 저기에 있습니다.

해설 木村さんは誰ですか와 같은 질문으로, 誰 대신 どの人라는 표현을 썼다. (A)와 (C)는 どんな人ですか에 대한 대답이고, (D)는 사물에 대한 대답이며, 질문을 받은 사람도 모른다면 わかりません이라는 대답도 올 수 있다. あの라는 지시대명사를 써서 구체적으로 대답한 (B)가 정답이다.

어휘 眼鏡(めがね) 안경 | 親切(しんせつ) 친절 | 優(やさ)しい 상냥하다 [동음이의어] 易しい 쉽다

05 정답 (C)

佐藤さんの理想のタイプはどんな人ですか。
(A) 自分勝手な人はどうでしょう。
(B) 彼はいつも理想ばかり言っているよ。
(C) よく話を聞いてくれる人です。
(D) 困っている人は助けたいですね。

사토 씨의 이상형은 어떤 사람입니까?
(A) 제멋대로인 사람은 글쎄요.
(B) 그는 늘 이상만 말해.
(C) 이야기를 잘 들어주는 사람입니다.
(D) 곤경에 처한 사람은 도와주고 싶어요.

해설 どんな人라고 물었으므로 ~人라고 대답하는 것이 가장 바람직하다. (A)는 질문에 대한 대답으로는 적절하지 않고, (B)는 理想라는 단어를 이용한 함정이며, (D)는 동문서답이므로 모두 오답이다. 따라서 정답은 ~人라고 대답한 (C)이다.

어휘 理想(りそう)のタイプ (이성에 대한) 이상형 | 自分勝手(じぶんかって) 제멋대로임

06 정답 (A)

その話、一体誰から聞きましたか。
(A) 風のたよりで。
(B) みんなその話題で持ち切りなんだって。
(C) やっぱり、噂が噂を呼ぶんだね。
(D) 根も葉もないことを言い触らすのはよくないね。

그 이야기, 대체 누구한테 들었습니까?
(A) 소문으로요.
(B) 모두 그 이야기만 하고 있대.
(C) 역시, 소문이 소문을 부르는 거군.
(D) 근거도 없는 말을 하고 다니는 것은 좋지 않아.

해설 誰로 질문했다고 해서 반드시 사람으로 대답하지 않는다는 말을 여러 번 강조했다. (B), (C), (D)는 誰から라는 질문에 대한 대답이 아니라, その話에 대한 이야기일 뿐이다. 이야기의 출처에 대한 질문이므로 정답은 (A)이다.

어휘 風(かぜ)のたより 소문, 풍문 | 話題(わだい) 화제 | 噂(うわさ) 소문 | 根(ね)も葉(は)もない 아무 근거도 없는 | 言(い)い触(ふ)らす 말을 퍼뜨리다, 소문을 내다

참고 持(も)ち切(き)り는 계속 같은 화제가 이어지는 상황을 이야기하는 것으로 ~の噂で持ち切りだ라는 형태로 자주 쓰인다.

07 정답 (C)

おいしいですね。誰が作ったんですか。
(A) ええ、おいしいでしょう。
(B) いいえ、そんなことないですよ。
(C) 実はスーパーのお惣菜なんです。
(D) 昨日作りました。

맛있네요. 누가 만들었어요?
(A) 네, 맛있죠?
(B) 아니요, 그렇지 않아요.
(C) 사실은 슈퍼에서 파는 반찬이에요.
(D) 어제 만들었습니다.

해설 誰라는 질문에 사람 이외의 보기들만 나왔다면, 상황에 따라 여러 가능성을 열어 두고 생각하자. (A)는 질문이 おいしいですね에서 끝났다면 답이 될 수 있고, (B)는 칭찬에 대한 대답이며, (D)는 私が昨日作りました와 같이 만든 사람을 알 수 있다면 답이 될 수 있다. 따라서 정답은 (C)이다.

참고 惣菜(そうざい)는 '부식, 반찬'을 뜻하는 말로, お惣菜라는 형태로 일상생활에서 자주 쓰인다. 특히, お惣菜パン이라고 하면, 야키소바, 햄, 소시지 등이 들어간 빵을 가리킨다.

08 정답 (A)

あの、失礼ですが、どちら様でしょうか。
(A) 営業担当の木村と申します。
(B) こちらの方がよろしいですよ。
(C) この春、入社したばかりの佐藤さんですね。
(D) どこに行ったのかわかりません。

저, 실례지만 누구신지요?
(A) 영업 담당인 기무라라고 합니다.
(B) 이쪽이 나아요.
(C) 올봄에 막 입사한 사토 씨 말이군요.
(D) 어디로 갔는지 모르겠습니다.

해설 誰ですか의 높임말인 どちら様でしょうか를 써서 상대의 신분이나 성함을 물은 것이므로, 자신이 누구인지 밝히는 대답이 와야 한다. 따라서 정답은 (A)이다. どちら의 쓰임을 한번 더 확인하자.

09 정답 (B)

どの方が校長先生ですか。
(A) どれかわかりません。
(B) あちらで電話をしている方です。
(C) 教頭先生はいらっしゃいませんよ。
(D) 眼鏡をかけて厳しそうですね。

어느 분이 교장 선생님입니까?
(A) 어느 것인지 모르겠습니다.
(B) 저쪽에서 전화하고 있는 분입니다.
(C) 교감 선생님께서는 안 계세요.
(D) 안경을 껴서 엄해 보이네요.

해설 校長先生와 教頭先生는 발음도 비슷하고 뜻도 헷갈리기 쉬우므로 구분해서 기억해 두자. (A)는 물건에 대한 대답이고, (C)는 질문과 대상이 다르며, (D)는 校長先生로 연상되는 이미지를 이용한 함정이므로 모두 오답이다. 따라서 지시어로 질문의 대상에 대해 알려 준 (B)가 정답이다.

어휘 校長(こうちょう) 교장 | 教頭(きょうとう) 교감 | 厳(きび)しい 엄하다

10 정답 (C)

昨日の会議、結局誰も来なかったんですか。
(A) はい、全員参加しました。
(B) いいえ、6時からに変更されました。
(C) ええ、日時が変更になったことを知らされなかったようです。
(D) はい、会議は無事に終わりました。

어제 회의, 결국 아무도 안 온 거예요?
(A) 네, 전원 참가했습니다.
(B) 아니요, 6시부터로 변경되었습니다.
(C) 네, 일시가 변경된 것을 전달 받지 못한 것 같습니다.
(D) 네, 회의는 무사히 끝났습니다.

해설 (A)와 (D)는 대답이 いいえ라면 정답이 될 수 있고, (B)는 엉뚱하게 시간이 변경되었다는 대답을 했으므로 오답이다. 가장 자연스러운 대답은 (C)이다.

어휘 変更(へんこう) 변경 | 日時(にちじ) 일시 | 無事(ぶじ)に 무사히

시나공법 12 시나공 기출문제의 재구성   132쪽

| 01 (C) | 02 (D) | 03 (A) | 04 (B) | 05 (C) |
| 06 (B) | 07 (A) | 08 (C) | 09 (B) | 10 (A) |

🎧 Part2-12시나공

01 정답 (C)

夏休みはいつからいつまでですか。
(A) キャンプに行きます。
(B) 9時から5時までです。
(C) 来週の水曜日から1週間です。
(D) はい、すぐ伺います。

여름 방학은 언제부터 언제까지입니까?
(A) 캠프에 갑니다.
(B) 9시부터 5시까지입니다.
(C) 다음 주 수요일부터 1주일 동안입니다.
(D) 네, 곧 찾아뵙겠습니다.

해설 언제부터 언제까지라는 범위를 묻는 질문이다. (A)는 夏休み로 연상되는 キャンプ라는 어휘를 사용했지만 いつ에 대한 답으로는 부적절하고, (B)는 시간에 대한 범위를 나타내고 있긴 하지만 일반적인 夏休み의 범위라고 하기에는 어색하며, (D)는 엉뚱한 대답이므로 모두 오답이다. 따라서 정답은 (C)이다.

어휘 夏休(なつやす)み 여름 방학, 여름휴가 | 伺(うかが)う (聞く의 겸양어) 묻다, 듣다, 방문하다

02 정답 (D)

いつ引っ越してきましたか。
(A) 東京からです。
(B) 引越しセンターに頼みました。
(C) まだ荷物の整理が残っています。
(D) 先月です。

언제 이사 왔습니까?
(A) 도쿄에서요.
(B) 이삿짐 센터에 부탁했습니다.
(C) 아직 짐 정리가 남아 있습니다.
(D) 지난달입니다.

해설 いつ라는 질문에 대한 답을 찾는 것과 함께, 과거형으로 묻고 있으므로 대답도 시제에 맞춰 과거의 이야기를 찾아야 한다. 따라서 이 두 가지를 모두 만족하는 (D)가 정답이다.

어휘 引(ひ)っ越(こ)す 이사하다 | 頼(たの)む 부탁하다, 의뢰하다 | 荷物(にもつ) 짐 | 整理(せいり) 정리

03 **정답 (A)**

次の会議はいつがよろしいでしょうか。
(A) 水曜以外ならいつでもいいですよ。
(B) 明日、連絡してください。
(C) 会議室でしましょう。
(D) 部長と参加します。

다음 회의는 언제가 괜찮으신가요?
(A) 수요일 이외라면 언제든지 괜찮아요.
(B) 내일 연락해 주십시오.
(C) 회의실에서 합시다.
(D) 부장님과 참가합니다.

해설 자칫 (B)를 정답으로 착각할 수 있지만, 다음 회의 시기를 상의하는 질문에 내일 연락해 달라는 것은 어울리는 대답이라 할 수 없고, (C)는 어디라는 질문에 알맞은 대답이며, (D)는 誰라는 질문에 대한 대답이므로 모두 오답이다. 따라서 정답은 (A)이다.

어휘 以外(いがい) 이외 | 連絡(れんらく) 연락

04 **정답 (B)**

田中さん、いつ頃退院できそうですか。
(A) 入院の手続きは終わりました。
(B) 経過を見ないと、何とも言えないそうです。
(C) そろそろ麻酔から覚めたかな。
(D) 病院食が口に合わないと言っていました。

다나카 씨, 언제쯤 퇴원할 수 있을 것 같아요?
(A) 입원 수속은 끝났습니다.
(B) 경과를 지켜보지 않으면 뭐라고 할 수 없다고 합니다.
(C) 지금쯤 슬슬 마취에서 깼을까?
(D) 병원 식사가 입맛에 맞지 않는다고 하더군요.

해설 퇴원 시기에 관한 질문인데 (A)는 입원에 대해, (C)는 마취에 대해, (D)는 병원 식사에 대해 언급하며 각각 연상되는 어휘를 제시했지만, 언제에 대한 대답으로는 부적절하다. 따라서 정답은 (B)이다.

어휘 退院(たいいん) 퇴원 | 入院(にゅういん) 입원 | 手続(てつづ)き 수속, 절차 | 経過(けいか) 경과 | 何(なん)とも 뭐라고도, 어떻다고 ▶뒤에 부정의 뜻이 와서 불확실을 나타낸다. | そろそろ 슬슬 | 麻酔(ますい) 마취 | 覚(さ)める 깨어나다, 눈이 뜨이다 | 病院食(びょういんしょく) 병원 식사 | 口(くち)に合(あ)う 입맛에 맞다

05 **정답 (C)**

論文の締め切りはいつですか。
(A) 原稿用紙30枚以内です。
(B) 延長することはできません。
(C) 先週の水曜日まででしたが。
(D) 担当教授に一度見せてください。

논문 마감은 언제입니까?
(A) 원고 용지 30장 이내입니다.
(B) 연장할 수는 없습니다.
(C) 지난주 수요일까지였습니다만.
(D) 담당 교수님께 한번 보여 드리세요.

해설 〈Part 2〉의 문제를 풀 때는 여러 가지 가능성을 열어 두고 가장 자연스러운 답을 찾아야 한다. 시제에 주의해야 한다고 해서 무조건 현재형에는 현재형이 온다는 공식은 없다. 정답인 (C)와 같이 이미 그 타이밍이 지나가 버렸으면 당연히 과거형으로 대답할 수 있다.

어휘 論文(ろんぶん) 논문 | 締(し)め切(き)り 마감, 마감일 | 原稿用紙(げんこうようし) 원고 용지 | 延長(えんちょう) 연장 | 担当(たんとう) 담당 | 教授(きょうじゅ) 교수

06 **정답 (B)**

そのチョコレート、賞味期限いつまで(?)。
(A) 甘くておいしいです。
(B) まずい、もう切れてるよ。
(C) いつでも大丈夫だよ。
(D) いつも買ってるよ。

그 초콜릿, 유통기한 언제까지야?
(A) 달고 맛있습니다.
(B) 이런, 벌써 지났어.
(C) 언제든지 괜찮아.
(D) 항상 사.

해설 이 문제는 여러 가지 뜻을 가진 동사와 형용사의 쓰임을 정확히 파악하고 있어야만 쉽게 풀 수 있다. 정답은 (B)로, 여기서 まずい는 '맛없다'는 뜻이 아니라 자신에게 있어 '상황이 좋지 않거나 바람직하지 않다'는 뜻이고, 切れる는 '끊어지다'라는 뜻이 아니라 '기한 등이 다하거나 끝나다'라는 뜻이다.

어휘 賞味期限(しょうみきげん) 유통기한 | 甘(あま)い 달다 | まずい (상황이) 좋지 않다

07 **정답 (A)**

日本にはいついらっしゃいましたか。
(A) もうかれこれ10年になります。
(B) 時間が過ぎるのは速いものですね。
(C) 光陰矢のごとしですね。
(D) 来週の月曜日に行きます。

일본에는 언제 오셨습니까?
(A) 벌써 이래저래 10년 됩니다.
(B) 시간이 흐르는 건 빠르군요.
(C) 세월은 화살처럼 빠르네요.
(D) 다음 주 월요일에 갑니다.

해설 いらっしゃる는 行く, 来る, いる의 높임말로, 순간 어렵다고 느낄 수 있지만 질문에서 중요한 포인트는 いつから라는 의문사이다. 먼저 (D)는 과거형 질문에 미래형으로 대답하고 있으므로 오답이고, (B)와 (C)는 いつから에 대한 대답으로는 적절하지 않다. 따라서 정답은 (A)이다.

어휘 かれこれ (시간이나 날짜, 수량 등과 함께) 이래저래 | 光陰矢(こういんや)のごとし 세월은 화살과 같다 ▶ごとし는 ようだ의 고어이다.

08 정답 (C)

あのビルはいつ頃完成の予定ですか。
(A) 工事の着工がかなり遅れているそうです。
(B) 完成までにかなり時間がかかったそうです。
(C) 多分、来年の春までにはできるでしょう。
(D) 地域住民の反対が多かったですからね。

저 빌딩은 언제쯤 완성 예정입니까?
(A) 공사 착공이 상당히 늦어지고 있다고 합니다.
(B) 완성까지 상당히 시간이 걸렸다고 합니다.
(C) 아마, 내년 봄까지는 완공되죠.
(D) 지역 주민의 반대가 많았으니까요.

해설 着工은 공사를 시작한다는 뜻이고, (A)는 아직 공사의 시작조차 하지 않았다는 말과 같으므로 건물을 보고 질문하는 경우에는 올 수 없는 대답이다. 또한, 아직 완공되지 않은 건물을 보며 질문하고 있는데, (B)는 이미 완성된 건물에 대해 대답하고 있고, (D)는 なぜ完成が遅れていますか와 같은 질문에 알맞은 대답이므로 모두 오답이다. 정답은 (C)로, 여기서 できる는 '할 수 있다, 잘한다'가 아니라, '생기다, 완성되다'라는 뜻으로 쓰였다.

어휘 完成(かんせい) 완성 | 着工(ちゃっこう) 착공 | かなり 꽤, 제법, 상당히, 어지간히 | 遅(おく)れる 늦어지다 | 地域住民(ちいきじゅうみん) 지역 주민 | 反対(はんたい) 반대

09 정답 (B)

博物館の休館日はいつですか。
(A) 入場料はただです。
(B) 毎月第2月曜日となっております。
(C) 午前9時から午後5時までです。
(D) 階段の突き当たりにあります。

박물관의 휴관일은 언제입니까?
(A) 입장료는 무료입니다.
(B) 매월 둘째 주 월요일입니다.
(C) 오전 9시부터 오후 5시까지입니다.
(D) 계단 끝에 있습니다.

해설 ~日(び)는 특정한 날을 묻는 표현이므로 정답은 (B)이다.

어휘 博物館(はくぶつかん) 박물관 | 休館日(きゅうかんび) 휴관일 | 入場料(にゅうじょうりょう) 입장료

참고 突(つ)き当(あ)たり는 '막다른 곳'이라는 뜻으로, 階段の突き当たり라고 하면, 계단의 막다른 곳이나 계단 끝 쪽이라고 이해하면 된다.

10 정답 (A)

年末年始のお休みはいつですか。
(A) 当店は年中無休でございます。
(B) こちらは24時間営業です。
(C) いつでもかまいません。
(D) 午前中のみの営業です。

연말연시 휴일은 언제입니까?
(A) 저희 가게는 연중무휴입니다.
(B) 저희는 24시간 영업입니다.
(C) 언제든지 상관없습니다.
(D) 오전 중에만 영업합니다.

해설 휴일에 대한 질문이므로 휴일에 대한 대답이 와야 한다. (C)는 적절하지 않은 대답이고, (B)와 (D)는 영업 시간에 대한 설명으로, 24시간 영업을 하든 오전만 영업을 하든 쉬는 날이 없다는 뜻은 아니므로 모두 오답이다. 따라서 정답은 (A)이다.

어휘 年末年始(ねんまつねんし) 연말연시 | 年中無休(ねんじゅうむきゅう) 연중무휴 | ～のみ ~뿐, ~만

시나공법 13 시나공 기출문제의 재구성   135쪽

| 01 (B) | 02 (B) | 03 (A) | 04 (D) | 05 (C) |
| 06 (A) | 07 (B) | 08 (B) | 09 (A) | 10 (B) |

🎧 Part2-13시나공

01 정답 (B)

明日の会議はどこでありますか。
(A) ええ、明日は取引先も来るそうです。
(B) 2階のミーティングルームです。
(C) はい、資料を準備してくださいね。
(D) ただいま部長はいらっしゃいません。

내일 회의는 어디서 있습니까?
(A) 네, 내일은 거래처 사람도 온다고 합니다.
(B) 2층 미팅룸입니다.
(C) 네, 자료를 준비해 주세요.
(D) 지금 부장님은 안 계십니다.

해설 회의 장소를 묻는 질문에 (A)의 거래처 사람이 온다는 말, (C)의 자료를 준비하라는 말, (D)의 부장님이 안 계신다는 대답은 어색하다. 회의하기에 적절한 장소로 대답한 (B)가 정답이다.

어휘 取引先(とりひきさき) 거래처 | 資料(しりょう) 자료 | 準備(じゅんび) 준비

02 정답 (B)

ここから一番近い駅はどこですか。
(A) いいえ、バスに乗った方が早いです。
(B) ここから100メートルくらい先にありますよ。
(C) いいえ、乗り換えなくても行けますよ。
(D) ほら、あそこのバス停から乗ればいいんですよ。

여기서 가장 가까운 역은 어디입니까?
(A) 아니요, 버스를 타는 편이 빠릅니다.
(B) 여기에서 100미터 정도 앞에 있어요.
(C) 아니요, 갈아타지 않아도 갈 수 있어요.
(D) 저기, 저 버스 정류장에서 타면 돼요.

해설 가장 가까운 역을 묻는 질문이므로 위치를 제시하는 대답이 와야 한다. 따라서 정답은 (B)이다. 一番近い는 같은 의미인 最寄(もよ)り '가장 가까움, 근처'라는 단어로 출제될 수 있으므로 함께 알아 두자.

어휘 乗(の)り換(か)える 환승하다, 갈아타다 | バス停(てい) 버스 정류장

03 정답 (A)

素敵なカバンですね。どこで買ったんですか。
(A) クリスマスプレゼントにもらったんです。
(B) 私も素敵だと思います。
(C) 半額セールで安く買いました。
(D) 私もそんなカバンが欲しいです。

멋진 가방이네요. 어디에서 샀나요?
(A) 크리스마스 선물로 받았어요.
(B) 저도 멋지다고 생각합니다.
(C) 반액 세일로 저렴하게 샀습니다.
(D) 저도 그런 가방을 갖고 싶습니다.

해설 어디에서 샀냐고 물었다고 해서 반드시 구입한 장소가 대답이 되어야 하는 것은 아니다. 이러한 경우는 물건의 출처로 대답을 대신할 수 있는데, 그런 의미에서 정답은 (A)가 가장 적절하다. (C)는 얼마로 질문한 경우에 알맞은 대답이다.

어휘 素敵(すてき) 멋짐, 훌륭함, 근사함 | 半額(はんがく)セール 반액 세일

04 정답 (D)

新婚旅行はどこがお薦めですか。
(A) 今はどこもいっぱいで、ハネムーンのピークですよ。
(B) 申し訳ございません。本日は満席でございます。
(C) 団体旅行は割引がありますよ。
(D) やっぱり海外がいいんじゃないかな。

신혼여행은 어디를 추천하나요?
(A) 지금은 어디든 붐벼서 허니문 피크예요.
(B) 대단히 죄송합니다. 오늘은 만석입니다.
(C) 단체 여행은 할인이 있어요.
(D) 역시 해외가 좋지 않을까?

해설 질문의 핵심은 どこ이므로 장소를 제시한 (D)가 정답이다. 新婚旅行와 ハネムーン이 같은 뜻이라고 해서 (A)를 고르는 실수는 하지 말자.

어휘 新婚旅行(しんこんりょこう) 신혼여행 | お薦(すす)め (물건, 사람에 대한) 추천 | 満席(まんせき) 만석 | 団体旅行(だんたいりょこう) 단체 여행 | 割引(わりびき) 할인

05 정답 (C)

どちらまでいらっしゃるんですか。
(A) 今日は一人で行きます。
(B) 明日、田舎から母が来るんです。
(C) 出張でちょっと大阪に。
(D) 来週までいるつもりです。

어디까지 가시나요?
(A) 오늘은 혼자서 갑니다.
(B) 내일, 시골에서 어머니께서 오세요.
(C) 출장으로 잠깐 오사카에요.
(D) 다음 주까지 있을 생각입니다.

해설 どちら는 どこ의 높임말, いらっしゃる는 行く의 높임말임을 알아야 한다. 즉, どこまで行くんですか와 똑같은 질문이므로 (C)가 정답이다. (A)는 どなたと에 대한 대답이고, (B)는 いらっしゃる가 来る의 높임말이기도 하다는 점을 노린 함정이며, (D)는 いつまでに에 대한 대답인데다 いらっしゃる는 いる의 높임말이기도 하다는 점을 이용한 함정이므로 모두 오답이다.

어휘 田舎(いなか) 시골, 고향집

06 정답 (A)

どこでお昼、食べましょうか。
(A) 今日は久しぶりに出前でもとろうよ。
(B) 社員食堂で食べました。
(C) やっぱりお弁当が経済的ですね。
(D) ランチタイムは人がいっぱいですね。

점심 어디서 먹을까요?
(A) 오늘은 오랜만에 배달이라도 시키자.
(B) 직원 식당에서 먹었습니다.
(C) 역시 도시락이 경제적이군요.
(D) 런치타임은 사람으로 붐비네요.

해설 どこで로 물었다고 해서 반드시 장소로 대답해야 하는 것은 아니다. 무조건 どこで→장소로 외웠다면 (B)社員食堂을 선택했을 것이다. 하지만 (B)는 과거형으로 대답했고, (C)와 (D)는 どこに 알맞은 대답이 아니므로 모두 오답이다. 따라서 정답은 (A)이다.

어휘 出前(でまえ) 배달 | 社員食堂(しゃいんしょくどう) 직원 식당 | 経済的(けいざいてき) 경제적

07 정답 (B)

1泊2日の旅行に行きたいんだけど、どこかいいところ知ってる(?)。
(A) 夏休み中はどこも込んでいるよ。
(B) この前、社員旅行で行った温泉がよかったよ。
(C) まずはホテルを予約するべきだよ。
(D) もう少し足を伸ばしてみたら。

1박 2일 여행을 가고 싶은데, 어디 좋은 곳 알고 있어?
(A) 여름 방학 중에는 어디든 혼잡해.
(B) 요전에 직원여행으로 갔던 온천이 좋았어.
(C) 우선은 호텔을 예약해야 해.
(D) 좀 더 멀리 가 보는 게 어때?

해설 1泊2日の旅行에 이끌려 (A)나 (C)를 선택하는 일이 없도록 하자. 질문은 길지만 요점은 좋은 장소를 추천해 달라는 말이므로 정답은 (B)이다.
어휘 社員旅行(しゃいんりょこう) 직원여행 | 温泉(おんせん) 온천 | 予約(よやく) 예약 | 足(あし)を伸(の)ばす (예정된 장소보다) 좀 더 멀리 가다, 발길을 뻗치다

08 정답 (B)

失礼ですが、鈴木さんのお国はどちらですか。
(A) 田舎です。
(B) 大阪です。
(C) 市内です。
(D) 会社の近くです。

실례지만, 스즈키 씨의 고향은 어디세요?
(A) 시골입니다.
(B) 오사카입니다.
(C) 시내입니다.
(D) 회사 근처입니다.

해설 질문의 お国はどちらですか에는 '어느 나라 사람입니까?'란 뜻도 있지만, '출신(고향)은 어디입니까?'라는 뜻도 있다. 특정 지역으로 대답하는 것이 일반적이므로 정답은 (B)이다.

09 정답 (A)

先日の会議の報告書、どこにしまいましたか。
(A) あそこの一番上の引き出しの中です。
(B) 書類は持ち出せないことになっています。
(C) まだ先方には送っていません。
(D) まだ決裁をもらっていません。

지난번 회의 보고서, 어디에 넣어 두었습니까?
(A) 저기 맨 위의 서랍 안입니다.
(B) 서류는 들고 나갈 수 없게 되어 있습니다.
(C) 아직 거래처에는 보내지 않았습니다.
(D) 아직 결재를 받지 않았습니다.

해설 しまう는 '(하던 것을) 끝내다, (가게 등을) 닫다'라는 뜻도 있지만, 사용한 것이나 중요한 것을 '원래 자리에 넣어 두다, 간수하다'라는 뜻도 있다. 보고서의 위치를 묻고 있으므로 정답은 (A)이다.
어휘 報告書(ほうこくしょ) 보고서 | 持(も)ち出(だ)す 들고 나가다, 반출하다 | 先方(せんぽう) 상대편, 상대방 | 決裁(けっさい) 결재

10 정답 (B)

無料駐車券はどこでもらえますか。
(A) 1時間300円となっております。
(B) 受付でレシートをお見せください。
(C) 駐車場は満車です。
(D) 地下1階から地上7階までの駐車場です。

무료 주차권은 어디에서 받을 수 있습니까?
(A) 1시간에 300엔입니다.
(B) 접수창구에서 영수증을 보여 주십시오.
(C) 주차장은 만차입니다.
(D) 지하 1층부터 지상 7층까지의 주차장입니다.

해설 주차권을 받을 수 있는 장소에 대한 질문이므로 受付라고 명시한 (B)가 정답이다. (A)는 주차 요금, (C)는 주차장의 상황, (D)는 주차장의 시설에 대한 설명이므로 모두 오답이다.
어휘 駐車券(ちゅうしゃけん) 주차권 | 受付(うけつけ) 접수, 접수창구 | レシート 영수증 | 駐車場(ちゅうしゃじょう) 주차장 | 満車(まんしゃ) 만차

시나공법 14 시나공 기출문제의 재구성 140쪽

| 01 (C) | 02 (B) | 03 (A) | 04 (A) | 05 (A) |
| 06 (C) | 07 (A) | 08 (D) | 09 (B) | 10 (A) |

🎧 Part2-14시나공

01 정답 (C)

そのかばんの中に何が入っていますか。
(A) ええ、とても重いんです。
(B) 変わったデザインですね。
(C) 携帯や本や財布などです。
(D) いいえ、かばんはありません。

그 가방 안에 무엇이 들어 있습니까?
(A) 네, 굉장히 무거워요.
(B) 독특한 디자인이네요.
(C) 휴대전화나 책, 지갑 등이에요.
(D) 아니요, 가방은 없습니다.

해설 가방 안에 무엇이 들어 있느냐는 질문이므로, 가방 속 내용물을 언급하거나 아무것도 없다는 말이 와야 한다. 따라서 정답은 (C)이다.
어휘 携帯(けいたい) 휴대전화 | 財布(さいふ) 지갑
참고 (B)의 変わった는 '변했다'는 뜻이 아니라 変わった나 変わっている의 형태로 쓰인 '색다르다, 별나다'라는 뜻이다.

02 정답 (B)

学校まで何で通っていますか。
(A) 一人で行きます。
(B) 地下鉄とバスです。
(C) 図書館に本を返します。
(D) 勉強するためです。

학교까지 무엇으로 다니고 있습니까?
(A) 혼자서 갑니다.
(B) 지하철과 버스입니다.
(C) 도서관에 책을 반납하겠습니다.
(D) 공부하기 위해서입니다.

해설 何(なに)で는 수단이나 방법에 대한 의문사이다. 따라서 교통수단을 언급하거나 歩いて行きます와 같은 대답이 알맞으므로 정답은 (B)이다. (D)는 목적에 대한 대답이므로 何(なん)で라는 질문이었다면 정답이 될 수 있다.

어휘 通(かよ)う 다니다 | 地下鉄(ちかてつ) 지하철 | 図書館(としょかん) 도서관 | 返(かえ)す (빌린 것을) 돌려주다, 반환하다

03 정답 (A)

とりあえず、何から始めましょうか。
(A) 明日の参加者のリストを作ってください。
(B) もう始まっていますよ。
(C) できるだけ早く終わらせてください。
(D) 初めが肝心だからね。

우선 무엇부터 시작할까요?
(A) 내일 참가자 리스트를 만들어 주세요.
(B) 벌써 시작되었어요.
(C) 가능한 빨리 끝내 주세요.
(D) 시작이 중요하니까.

해설 무엇부터 시작해야 하는지를 묻는 질문에 (B)벌써 시작되었다, (C)빨리 끝내 달라, (D)시작이 중요하다는 말은 모두 엉뚱한 대답이다. 따라서 정답은 (A)이다.

어휘 参加者(さんかしゃ) 참가자 | 肝心(かんじん) 중요함, 소중함

04 정답 (A)

山田さんから何か聞いてない(?)。
(A) 別に。どうかした(?)。
(B) いつ連絡が来ましたか。
(C) そんな話は知らなかったな。
(D) いつものところに置いてあるんじゃない(?)。

야마다 씨한테 무슨 말 못 들었어?
(A) 아니. 무슨 일 있어?
(B) 언제 연락이 왔습니까?
(C) 그런 얘기는 몰랐어.
(D) 항상 두는 곳에 놓여 있지 않아?

해설 何かが 들어간 질문에는 はい나 いいえ 계열의 대답이 가장 자연스럽다. (A)의 別に는 別に聞いていない의 준말로, いいえ의 의미로 대답한 것과 마찬가지이므로 정답은 (A)이다.

05 정답 (A)

明日、何か予定ありますか。
(A) 特にありませんが。
(B) あさって友達に会います。
(C) 買い物に行きました。
(D) みんな持っています。

내일, 무슨 예정 있습니까?
(A) 특별히 없습니다만.
(B) 모레 친구를 만납니다.
(C) 쇼핑하러 갔습니다.
(D) 모두들 가지고 있습니다.

해설 내일 예정을 묻는 질문이다. (B)는 모레 일정에 대해 말하고 있고, (C)는 과거형으로 대답하고 있으며, (D)는 대답의 대상부터 다르므로 모두 오답이다. 정답은 (A)이다.

06 정답 (C)

喉が渇きましたね。何か飲みましょうか。
(A) ええ、安くておいしいお弁当がありますよ。
(B) ここは暑いからクーラーをつけましょう。
(C) じゃあ、あそこの喫茶店に入りましょう。
(D) いいえ、まだ全部乾いていませんよ。

목이 마르네요. 뭔가 마실까요?
(A) 네, 싸고 맛있는 도시락이 있어요.
(B) 여기는 더우니까 에어컨을 켭시다.
(C) 그럼, 저기 커피숍에 들어갑시다.
(D) 아니요, 아직 전부 마르지 않았어요.

해설 何かに 대한 적절한 대답의 유형은 크게 はい와 いいえ의 형태로 나눌 수 있는데, 네 가지 보기 중 (C)가 유일하게 갈증이라는 내용과 관련이 있다. 여기서 (D)의 乾く는 눈으로 볼 때는 渇く와 쓰임이 다르다는 것을 알 수 있지만, 발음이 같아서 귀로만 들어야 하는 경우에는 문맥으로 판단해야 한다.

어휘 喉(のど)が渇(かわ)く 목이 마르다 | 喫茶店(きっさてん) 커피숍, 찻집 | 乾(かわ)く 마르다, 건조되다

07 정답 (A)

森君、来週水曜日の夜、何か予定ある(?)。
(A) 取引先との忘年会ですよね。大丈夫ですよ。
(B) その日の天気次第ということにしませんか。
(C) パーティーの準備はもうできています。
(D) 何だか急にわくわくしてきました。

모리 군, 다음 주 수요일 밤에 무슨 예정 있어?
(A) 거래처와의 송년회 말씀이군요. 괜찮습니다.
(B) 그날의 날씨에 따르는 걸로 하지 않겠습니까?
(C) 파티 준비는 이미 됐습니다.
(D) 어쩐지 갑자기 들뜨네요.

해설 특정한 날의 예정에 대해 묻고 있으므로, 정황상 그날 용건이 있음을 추측할 수 있다. 따라서 참석 의사를 밝힌 (A)가 정답이다.

어휘 取引先(とりひきさき) 거래처 | 忘年会(ぼうねんかい) 송년회 | ~次第(しだい) ~에 따라 결정됨, ~나름 | 急(きゅう)に 갑자기 | わくわく (기대, 걱정 등으로) 마음이 설레는 모양

08 정답 (D)

明日、何か準備しなければなりませんか。
(A) タクシーで来てください。
(B) 部長は少し遅れるそうです。
(C) はい、3時から始まりますよ。
(D) いいえ、もう全部揃えておきました。

내일 뭔가 준비해야만 합니까?
(A) 택시로 와 주세요.
(B) 부장님은 조금 늦는다고 합니다.
(C) 네, 3시부터 시작돼요.
(D) 아니요, 이미 전부 갖춰 놓았습니다.

해설 (A)는 이동 수단을 묻는 なにで 또는 なにに乗って에 대한 대답이고, (B)와 (C)는 내일 준비할 것과는 관련이 없으므로 모두 오답이다. 何009라는 질문은 はい나 いいえ로 대답하는 것이 가장 일반적이고 질문과 가장 자연스럽게 이어지는 보기는 (D)이다.

어휘 揃(そろ)える 갖추다, 준비하다

09 정답 (B)

今から買い物に行くんだけど、何か必要なものはない(?)。
(A) 必要なものしか買わないことにしているんだ。
(B) 特にないけど、目玉商品があったら買ってきて。
(C) 道が込んでいるから、地下鉄で行った方が早いよ。
(D) 今日は午後から雨が降るって言ってたよ。

지금부터 장 보러 가는데, 뭐 필요한 거 없어?
(A) 필요한 것만 사도록 하고 있어.
(B) 특별히 없지만, 특매품이 있으면 사다 줘.
(C) 도로가 막히니까, 지하철로 가는 편이 빨라.
(D) 오늘은 오후부터 비가 내린다고 했어.

해설 여러 번 강조했지만, (A)와 같이 문제와 똑같거나 비슷한 단어가 있는 보기에 현혹되지 않도록 조심하자. 필요한 것이 없는지를 묻는 단순한 질문이므로 정답은 (B)이다.

어휘 目玉商品(めだましょうひん) 손님을 끌기 위한 전략 상품, 특가 상품

10 정답 (A)

来週の週末は何か予定がありますか。
(A) 実家で法事があるので帰省します。
(B) たいてい掃除をしたり洗濯をしたりします。
(C) 月曜日から金曜日まで授業があります。
(D) 家族と一緒に温泉に行きました。

다음 주 주말에는 뭔가 예정이 있습니까?
(A) 고향집에 제사가 있어서 내려갑니다.
(B) 대개 청소를 하거나 빨래를 합니다.
(C) 월요일부터 금요일까지 수업이 있습니다.
(D) 가족과 함께 온천에 갔습니다.

해설 다음 주 주말의 예정에 대해 묻고 있는데 (B)는 たいてい로 습관적인 일에 대해 말하고 있고, (C)는 주말이 아니라 평일에 대해 대답하고 있으며, (D)는 미래의 예정이 아니라 과거의 사실로 대답했으므로 모두 오답이다. 따라서 정답은 (A)이다.

어휘 法事(ほうじ) 제사 | 帰省(きせい) 귀성 ▶ きしょう로 읽지 않도록 하자. | 掃除(そうじ) 청소 | 洗濯(せんたく) 빨래 | 授業(じゅぎょう) 수업

참고 (A)의 法事(ほうじ)는 돌아가신 분을 기리는 것으로, 49제 전까지는 7일에 한 번씩, 이후부터는 돌아가신 날을 기점으로 1년에 한 번씩 올린다. 엄밀히 말해 일본은 불교식, 우리나라는 유교식이긴 하지만 제사라고 해석하는 것이 가장 자연스럽다.

시나공법 15 | 시나공 기출문제의 재구성   144쪽

| 01 (C) | 02 (A) | 03 (B) | 04 (A) | 05 (B) |
| 06 (C) | 07 (A) | 08 (C) | 09 (A) | 10 (C) |

🎧 Part2-15시나공

01 정답 (C)

あれ、どうして一人で来たんですか。
(A) ちょっと時間が早すぎましたね。
(B) 遅れるのは失礼かと思って。
(C) 一緒に来るはずの友達が急に来られなくなって。
(D) 最近、残業が続いて疲れているんだ。

어? 왜 혼자 왔어요?
(A) 시간이 좀 많이 빨랐군요.
(B) 늦는 건 실례라고 생각해서요.
(C) 함께 오려고 했던 친구가 갑자기 못 오게 되어서요.
(D) 요즘 계속되는 야근으로 피곤해.

해설 (A)와 (B)는 왜 이렇게 빨리 왔냐는 질문에 대한 대답이고, (D)는 혼자 온 이유와 거리가 멀다. 따라서 정답은 (C)이다.

02 정답 (A)

大事な会議なのに、どうして遅れたんですか。
(A) 電車を乗り過ごしてしまったんです。
(B) 今からコピーをとってきてください。
(C) 会議は明日ですか。
(D) たまにはそういうこともありますよね。

중요한 회의인데, 왜 늦은 거예요?
(A) 전철에서 내릴 역을 지나쳐 버렸어요.
(B) 지금부터 복사를 해 오세요.
(C) 회의는 내일입니까?
(D) 가끔은 그런 일도 있죠.

해설 늦은 이유를 묻고 있는 것이므로 (B)와 (C)는 엉뚱한 대답임을 금방 알 수 있다. 또한, (D)는 자신의 이야기에 대한 대답으로는 보기 어려우므로 정답은 (A)이다.

어휘 乗(の)り過(す)ごす 내릴 역 또는 정거장을 지나치다

03 정답 (B)

どうしたんですか。真っ青ですよ。
(A) ちょっとお酒でも飲みましょうか。
(B) さっき、目の前で交通事故が起こって。
(C) やっぱり海は青くていいですね。
(D) 真っ青より真っ赤の方がいいよね。

왜 그래요? 창백해요.
(A) 술이라도 좀 마실까요?
(B) 아까 눈 앞에서 교통사고가 나서요.
(C) 역시 바다는 푸르러서 좋네요.
(D) 새파란 것보다 새빨간 쪽이 낫지.

해설 真(ま)っ青(さお)는 단순히 색이 새파랗다는 뜻과 함께 두려움이나 놀람 등으로 얼굴이 새파랗게 질린 것을 뜻하기도 한다. 따라서 정답은 (B)이다.

참고 真(ま)っ赤(か)도 색이 새빨갛다는 뜻 외에도, 真っ赤なウソ의 형태로 '순거짓말, 새빨간 거짓말' 등의 뜻을 나타낸다.

04 정답 (A)

彼が留学したがっているのは、どうしてですか。
(A) 実は、彼女が日本にいるんだって。
(B) みんなと一緒に行きたいよね。
(C) ホームシックになるのは辛いよね。
(D) アルバイトをしながら生活しているんだって。

그가 유학 가고 싶어하는 것은 어째서인가요?
(A) 실은 여자친구가 일본에 있대.
(B) 모두와 함께 가고 싶어.
(C) 향수병에 걸리는 건 괴롭지.
(D) 아르바이트를 하면서 생활하고 있대.

해설 留学라는 단어에 이끌려 (C)나 (D)를 선택하면 안 된다. 유학 가고 싶어하는 이유에 대해 물었으므로 정답은 (A)이다.

어휘 留学(りゅうがく) 유학 | ホームシック 향수병

05 정답 (B)

どうして同じものをそんなにたくさん買うんですか。
(A) ちりも積もれば山となる、ですからね。
(B) 町内会の行事の景品として使うんですよ。
(C) 全部売り切れてしまいました。
(D) 在庫があったら、全部購入します。

어째서 똑같은 물건을 그렇게 많이 사는 건가요?
(A) 티끌 모아 태산이니까요.
(B) 주민 자치회의 행사 경품으로 사용할 거예요.
(C) 전부 다 팔려 버렸습니다.
(D) 재고가 있으면 전부 구입하겠습니다.

해설 똑같은 물건을 사는 이유에 대해 적절하게 설명한 (B)가 정답이다.

어휘 町内会(ちょうないかい) 주민 자치회 | 行事(ぎょうじ) 행사 | 景品(けいひん) 경품 | 売(う)り切(き)れる 품절되다, 매진되다 | 在庫(ざいこ) 재고 | 購入(こうにゅう) 구입

참고 (A)의 ちりも積(つ)もれば山(やま)となる는 '티끌 모아 태산'이라는 뜻의 속담으로, 의미가 비슷한 大遣(おおづか)い より小遣(こづか)い도 함께 알아 두자.

06 정답 (C)

なぜ英語を話せるようになりたいんですか。
(A) 英語だけでなく中国語も話せるようになりたいからです。
(B) 英語の聞き取りにはかなり自信があります。
(C) 幼い頃から外交官になるのが夢だったんです。
(D) 英語の原書を日本語に訳すのは難しいですね。

왜 영어를 할 수 있게 되고 싶은 거죠?
(A) 영어뿐만 아니라 중국어도 할 수 있었으면 해서입니다.
(B) 영어 듣기는 상당히 자신이 있습니다.
(C) 어릴 적부터 외교관이 되는 것이 꿈이었습니다.
(D) 영어 원서를 일본어로 번역하는 것은 어렵네요.

해설 정답은 (C)로, 어렵지 않은 문제이다. (A)는 중국어와 영어의 위치가 반대라면 정답이 될 수 있고, (B)와 (D)는 なぜ에 대한 대답이 될 수 없다. (D)의 原書는 원래의 언어로 된 책, 특히, 양서(洋書)를 가르키는 말로, 서류 원서를 의미하는 願書(がんしょ)와 혼동하지 않도록 하자.

어휘 聞(き)き取(と)り 듣기, 청취 | 幼(おさな)い 어리다 | 外交官(がいこうかん) 외교관 | 原書(げんしょ) 원서 | 訳(やく)す 번역하다

07 정답 (A)

愛煙家の鈴木さんが突然たばこをやめたのはなぜですか。
(A) 実は鈴木さん、来年お父さんになるそうですよ。
(B) 今までも禁煙しようとしたけど、無理だったからね。
(C) たばこをやめるのは並大抵のことじゃないよ。
(D) 灰皿がないから、仕方がないよ。

애연가인 스즈키 씨가 갑자기 담배를 끊은 건 왜죠?
(A) 실은 스즈키 씨, 내년에 아빠가 된다고 해요.
(B) 지금까지도 금연하려고 했지만, 무리였거든.
(C) 담배를 끊는 건 예삿일이 아니야.
(D) 재떨이가 없으니까 어쩔 수가 없어.

해설 お父さんになる라는 표현은 '아빠가 되다' 즉, '아기가 생겼다'는 뜻과 같다. 임산부나 아기에게 간접 흡연은 피해야 하는 것이므로, 스즈키 씨가 금연하는 이유로 가장 적절한 (A)가 정답이다. (D)는 금연의 이유가 아니라 지금 담배를 못 피우는 이유이기 때문에 오답이다.

어휘 愛煙家(あいえんか) 애연가 | 突然(とつぜん) 갑자기 | 禁煙(きんえん) 금연 | 並大抵(なみたいてい) (뒤에 부정어가 와서) 보통(이 아님), 예사(가 아님) | 灰皿(はいざら) 재떨이

08 정답 (C)

なぜ大学を中退したんですか。
(A) 私もできれば留年したくなかったです。
(B) この春、高校を卒業したからです。
(C) 他に自分のやりたいことが見つかったからです。
(D) 成績が思うように伸びないのが悩みです。

왜 대학을 중퇴한 거죠?
(A) 저도 가능하다면 유급되고 싶지 않았습니다.
(B) 올봄에 고등학교를 졸업했기 때문입니다.
(C) 따로 제가 하고 싶은 일이 생겼기 때문입니다.
(D) 성적이 뜻대로 오르지 않는 것이 고민입니다.

해설 일반적으로 なぜ나 どうして로 물어 오면, (B)나 (C)처럼 ~から, ~ので의 형태로 어떤 이유에 대해 대답하는 경우가 많지만, 무엇보다 인과관계의 개연성이 중요하다. 따라서 정답은 (C)이다.

어휘 中退(ちゅうたい) 중퇴 | 留年(りゅうねん) 유급 | 成績(せいせき)が伸(の)びる 성적이 오르다 | 悩(なや)み 고민

09 정답 (A)

彼はなぜサラ金にまで手を出したんだろうね。
(A) 借金が膨らんで銀行からの融資が受けられなくなったらしいよ。
(B) 思ったより予算オーバーで足が出たんだって。
(C) 消費者金融って利息がかさむと大変なんだって。
(D) 食器を販売する商売からは手を引いたそうだよ。

그는 왜 사채에까지 손을 댄 걸까?
(A) 빚이 불어나서 은행으로부터의 융자를 받을 수 없게 되었대.
(B) 생각했던 것보다 예산 초과로 적자가 났대.
(C) 소비자 금융은 이자가 불어나면 큰일이래.
(D) 식기를 판매하는 장사에서는 손을 뗐대.

해설 サラ金이라는 것은 サラリーマン金融(きんゆう)의 준말로, 회사원이나 주부 등 개인을 대상으로 하는 소액 무담보 신용대출을 뜻한다. 다른 말로는 消費者金融라고도 하는데, 이 중에는 사채성 격을 띤 곳들이 많아서 인식이 좋지 않다. 사금융에 손을 댔다는 것은 그만큼 자금 회전이 힘들다는 것을 의미하므로 정답은 (A)이다.

어휘 サラ金(きん) 사채 | 手(て)を出(だ)す 손을 대다, 관계하다 | 借金(しゃっきん) 빚, 채무 | 膨(ふく)らむ 부풀다, 팽창하다 | 融資(ゆうし) 융자 | 足(あし)が出(で)る 적자가 나다, 지출이 예산을 초과하다 | 消費者金融(しょうひしゃきんゆう) 소비자 금융 | 利息(りそく)がかさむ 이자가 불어나다 | 食器(しょっき) 식기 | 販売(はんばい) 판매 | 商売(しょうばい) 장사 | 手(て)を引(ひ)く 손을 떼다, 관계를 끊다

10 정답 (C)

彼女は性格もいいしスタイルもいいのに、恋人がいないのはなぜだろう。
(A) 出会いのチャンスはたくさんあるのに残念だね。
(B) 絶対にお見合いはしたくないそうだよ。
(C) 自分でも理想が高いんだって言ってたよ。
(D) もっと積極的にコンパに参加した方がいいよね。

그녀는 성격도 좋고 몸매도 좋은데, 애인이 없는 것은 어째서일까?
(A) 만날 기회는 많이 있는데 안타깝네.
(B) 절대로 맞선은 보고 싶지 않대.
(C) 스스로도 눈이 높다고 얘기했었어.
(D) 더 적극적으로 친목회에 참가하는 것이 좋겠어.

해설 애인이 없는 이유에 대한 이야기이므로 (A)出会い、(B)お見合い、(D)コンパ와 같은 어휘 함정에 빠지기 쉽다. (C)理想(りそう)が高(たか)い는 이성을 고르는 '눈이 높다'라는 뜻이므로 なぜ에 대한 대답으로 가장 적절하다. 따라서 정답은 (C)가 된다.

어휘 性格(せいかく) 성격 | 出会(であ)い 만남 | 絶対(ぜったい)に 절대로 | 見合(みあ)い 맞선 | コンパ (술자리가 포함된 남녀 간의) 모임, 친목회

시나공법 16 시나공 기출문제의 재구성 148쪽

| 01 (C) | 02 (A) | 03 (C) | 04 (B) | 05 (A) |
| 06 (C) | 07 (A) | 08 (C) | 09 (A) | 10 (C) |

🎧 Part2-16시나공

01 정답 (C)

日本語の勉強を始めてどのくらいですか。
(A) 1時間かかります。
(B) まだ漢字は書けません。
(C) ちょうど1年です。
(D) 中級レベルです。

일본어 공부를 시작한 지 어느 정도 됐습니까?
(A) 1시간 걸립니다.
(B) 아직 한자는 못 씁니다.
(C) 딱 1년 됐습니다.
(D) 중급 수준입니다.

해설 포인트만 듣고 문제를 풀겠다고 흘려듣는 일이 없도록 조심하자. どのくらい라는 부분만 들으면 (A)도 정답으로 생각할 수 있지만, 일본어를 공부한 기간에 대해 묻고 있으므로 정답은 (C)이다.

어휘 漢字(かんじ) 한자 | 中級(ちゅうきゅう) 중급

02 정답 (A)

この靴、素敵ね。どう(?)。
(A) う〜ん、ちょっと派手すぎない(?)。
(B) 自分で考えたら。
(C) そのカバンは大きすぎるよ。
(D) 気に入らなかったら買わなくていいよ。

이 구두 멋지네. 어때?
(A) 음, 너무 좀 화려하지 않아?
(B) 스스로 생각하지 그래?
(C) 그 가방은 너무 커.
(D) 맘에 들지 않으면 안 사도 돼.

해설 자신이 고른 물건에 대한 상대방의 의견을 묻는 질문이다. 우회적인 대답도 가능하므로 가장 알맞은 대답은 (A)이다.

어휘 靴(くつ) 구두 | 素敵(すてき) 멋짐, 근사함 | 派手(はで) 화려함, 야단스러움 | 気(き)に入(い)る 마음에 들다

03 정답 (C)

今回の旅行、全部でいくらかかったの(?)。
(A) 1ヶ月くらい前から計画していたんだ。
(B) 銀行で口座を開いたんだよ。
(C) 飛行機代にホテル代、しめて20万円ってとこかな。
(D) 1円も無駄に使っちゃだめなんだよね。

이번 여행, 전부 얼마 들었어?
(A) 1개월 정도 전부터 계획했었어.
(B) 은행에서 계좌를 개설했어.
(C) 비행기 값에 호텔비, 합해서 20만엔 정도 되나?
(D) 1엔이라도 함부로 쓰면 안 되지.

해설 어느 정도 걸렸냐라고 물었다면 경비와 기간 모두 정답이 될 수 있지만, 얼마 걸렸냐라고 질문했으므로 경비만을 묻고 있는 것이다. 따라서 정답은 (C)이다.

어휘 計画(けいかく) 계획 | 口座(こうざ)を開(ひら)く 계좌를 개설하다 | ~代(だい) ~대(비용) | しめて 도합, 합해서 | 無駄(むだ)に 헛되이, 함부로

04 정답 (B)

このままじゃ遅刻だわ。どうしよう。
(A) いつものことだから慣れているよ。
(B) とにかく、先方に連絡を入れた方がいいよ。
(C) そのままでいいんじゃない(?)。
(D) タクシーの方が速いからいいよね。

이대로라면 지각이야. 어떡하지?
(A) 항상 있는 일이라서 익숙해.
(B) 어쨌든 쪽에 연락을 넣는 게 좋겠어.
(C) 그대로도 괜찮지 않아?
(D) 택시가 빠르니까 더 낫지.

해설 (A)는 彼、いつも遅刻だわ와 같은 제삼자에 대한 이야기라면 가능한 대답이고, (C)는 このまま와 비슷한 そのまま를 이용한 함정이며, (D)는 タクシーの方が速いから까지만 듣고 섣불리 고를 수 있는 오답이다. 정답은 (B)이다.

어휘 遅刻(ちこく) 지각 | 先方(せんぽう) 상대편, 상대방

05 정답 (A)

昨日のお見合いの相手、どうだった(?)。
(A) 写真で見たとおりのイメージだったよ。
(B) やさしくて真面目そうな人ですね。
(C) 来週には退院できると聞いたよ。
(D) 私にはどうしようもないですね。

어제 맞선 상대, 어땠어?
(A) 사진에서 본 그대로의 이미지였어.
(B) 친절하고 성실할 것 같은 사람이네요.
(C) 다음 주에는 퇴원할 수 있다고 들었어.
(D) 저로서는 속수무책이네요.

해설 お見合(みあ)い는 '맞선'이란 뜻으로, 비슷한 발음인 お見舞(みま)い '병문안'과 혼동하여 (C)를 선택하지 않도록 조심하자. 또한, 어제의 맞선 상대에 대해 물은 것이므로 마치 사진을 보고 얘기하는 듯한 (B)도 오답이고, (D)의 どうしようもない 질문과는 관계가 없다. 따라서 정답은 (A)이다.

어휘 真面目(まじめ) 성실함 | 退院(たいいん) 퇴원

06 정답 (C)

今年の忘年会は取引先と合同でやるって聞いたけど、どのくらい集まるのかしら。
(A) 去年は予算オーバーだったから、今年は会費を少し多めに集めるよ。
(B) ホテルの披露宴会場を予約しておいたから、大丈夫だよ。
(C) うちの部署は全員参加だし、先方は10人くらいって言ってたかな。
(D) 社長も出席なさるそうだから、出ないわけにはいかないね。

올해 송년회는 거래처와 합동으로 한다고 들었는데, 얼마나 모일까?
(A) 작년에는 예산 초과였으니까, 올해는 회비를 조금 많이 걷을 거야.
(B) 호텔 피로연장을 예약해 두었으니까 괜찮아.
(C) 우리 부서는 전원 참가이고, 거래처 쪽은 10명 정도 온다고 했던가.
(D) 사장님도 출석하신다고 하니까 안 나갈 수는 없겠어.

해설 문제의 뜻을 잘 이해하자. 모이는 인원이 궁금한 것이므로 사람 수로 대답한 (C)가 정답이다.

어휘 忘年会(ぼうねんかい) 송년회 | 合同(ごうどう) 합동 | 予算(よさん) 예산 | 会費(かいひ) 회비 | 披露宴会場(ひろうえんかいじょう) 피로연장 | 部署(ぶしょ) 부서 | 出席(しゅっせき) 출석, 참석

07 정답 (A)

海外に行く時、外貨はいくらまで持ち出せますか。
(A) 制限はないですが、1万ドル以上は申告しなければなりません。
(B) 麻薬や果物、肉類は持ち出し禁止となっております。
(C) タバコは1人当たり200本まで、酒類は1本までです。
(D) 免税店では日本円でもカードでも支払いができます。

해외에 갈 때, 외화는 얼마까지 가지고 나갈 수 있습니까?
(A) 제한은 없지만, 1만 달러 이상은 신고해야만 합니다.
(B) 마약이나 과일, 육류는 반출이 금지되어 있습니다.
(C) 담배는 1인당 200개피까지, 주류는 1병까지입니다.
(D) 면세점에서는 일본 엔으로도 카드로도 지불이 가능합니다.

해설 먼저 문제의 내용을 이해하는 것이 중요하다. 외화 반출액이 얼마까지 가능한지를 묻는 질문이기 때문에, (B)와 (C)처럼 반출 금지품이나 제한 품목에 대해 답하는 것은 어색하다. 또한, (D)는 면세점에서의 지불 방법에 대한 대답일 뿐이다. 따라서 정답은 (A)이다.

어휘 外貨(がいか) 외화 | 制限(せいげん) 제한 | 申告(しんこく) 신고 | 麻薬(まやく) 마약 | 果物(くだもの) 과일 | 肉類(にくるい) 육류 | 持(も)ち出(だ)し禁止(きんし) 반출 금지 [반의어] 持(も)ち込(こ)み禁止(きんし) 반입 금지 | 酒類(しゅるい) 주류 | 免税店(めんぜいてん) 면세점 | 支払(しはら)い 지불, 지급

08 정답 (C)

今度の試合で勝てる見込みはどのくらいでしょうか。
(A) 選手達は試合に向けて毎日トレーニングを続けています。
(B) 対戦相手は優勝候補だから、手強いですね。
(C) 五分五分というところじゃないでしょうか。
(D) 勝っても負けても後悔しません。

이번 시합에서 이길 수 있는 가능성은 어느 정도일까요?
(A) 선수들은 시합을 위해 매일 트레이닝을 계속하고 있습니다.
(B) 대전 상대는 우승 후보라서 만만치 않네요.
(C) 반반이지 않을까요?
(D) 이겨도 져도 후회하지 않습니다.

해설 이길 가능성이 어느 정도인지에 대한 질문이다. 아직 시합 전이므로 (B)와 같은 대답은 알맞지 않고, (A)와 (D)는 見込み에 대한 대답이 아니다. 따라서 정답은 (C)이다.

어휘 試合(しあい) 시합 | 見込(みこ)み 전망, 예상, 가망, 희망 | 選手(せんしゅ) 선수 | ~に向(む)けて ~를 위하여 | トレーニング 트레이닝 | 対戦相手(たいせんあいて) 대전 상대 | 優勝候補(ゆうしょうこうほ) 우승 후보 | 手強(てごわ)い (상대하기) 만만치 않다, 버겁다 | 五分五分(ごぶごぶ) 우열이 없다, 비슷비슷함, 반반임 | 後悔(こうかい) 후회

09 정답 (A)

あの、この方のお名前、どう読むんですか。
(A) 確か「しろいし」さんだったと思うけど、名刺で確認してみて。
(B) そういうことなら、辞書で調べた方がいいよ。
(C) 君、もう少し字をきれいに書かないと全然読めないよ。
(D) 眼鏡をかけたらよく読めますよ。

저, 이 분의 성함은 어떻게 읽나요?
(A) 분명 시로이시 씨였던 것 같은데, 명함으로 확인해 봐.
(B) 그런 거라면 사전으로 찾아보는 편이 나아.
(C) 자네, 좀 더 글씨를 또박또박 쓰지 않으면 전혀 읽을 수 없어.
(D) 안경을 끼면 잘 읽을 수 있어요.

해설 일본인의 이름은 정해진 일반적인 한자 독음으로만 읽지는 않는다. 따라서 사전으로 찾아보라는 (B)는 오답이다. 또한, 똑같거나 비슷한 단어에 속어서 読む라는 단어가 있는 (C)나 (D)를 선택하지 않도록 하자. 질문의 내용은 읽는 방법을 모르겠다는 뜻이지 글씨가 잘 보이지 않는다는 뜻이 아니다. 따라서 정답은 (A)이다.

어휘 名刺(めいし) 명함 ▶肩書(かたがき) 직함 | 確認(かくにん) 확인 | 辞書(じしょ)で調(しら)べる 사전으로 찾다
[동의어] 辞書を引(ひ)く

10 정답 (C)

ご趣味は切手収集だそうですね。今までどのくらい集めたんですか。
(A) そんなことないですよ。下手の横好きですから。
(B) 日本の切手だけではなく、海外のものも集めました。
(C) 子供の時から集め始めて、約2万枚ほどです。
(D) こつこつ集めるのが長続きする秘訣です。

취미는 우표 수집이라고 들었습니다. 지금까지 어느 정도 모았나요?
(A) 그렇지 않아요. 서투른 주제에 좋아하기만 하는 거예요.
(B) 일본 우표뿐만 아니라 해외 우표도 모았습니다.
(C) 어릴 적부터 모으기 시작해서 약 2만장 정도입니다.
(D) 꾸준히 모으는 것이 오래 지속되는 비결입니다.

해설 우표 수집량이 어느 정도인지 묻는 질문이다. (A)칭찬에 대한 겸손, (B)우표의 종류, (D)취미를 유지하는 비결은 모두 오답이다. 정답은 어릴 적부터 지금까지 수집한 우표의 수량을 제시한 (C)이다.

어휘 趣味(しゅみ) 취미 | 切手収集(きってしゅうしゅう) 우표 수집 | 下手(へた)の横好(よこず)き 서투른 주제에 그 일을 무척이나 좋아해서 열심히 함 | こつこつ 꾸준히, 부지런히 | 長続(ながつづ)き 오래 계속됨, 오래감 | 秘訣(ひけつ) 비결

첫째 마당 | 미리 보는 실전 예상문제　149쪽

01 (D)	02 (D)	03 (C)	04 (C)	05 (B)
06 (C)	07 (B)	08 (B)	09 (D)	10 (A)

🎧 Part2-11예상문제

01 정답 (D)

あそこで電話をしている人は誰ですか。
(A) はい、あちらですね。
(B) どこで電話をかけますか。
(C) みんなで話しています。
(D) 私の父です。

저기서 전화를 하고 있는 사람은 누구입니까?
(A) 네, 저쪽 말이죠?
(B) 어디에서 전화를 걸까요?
(C) 다 같이 얘기하고 있습니다.
(D) 제 아버지입니다.

해설 あそこ나 電話가 질문의 핵심이 아니므로 誰ですか에 대한 대답을 찾아야 한다. 따라서 정답은 (D)이다. わかりません과 같이 사람이 언급되지 않는 경우도 답이 될 수 있으므로 주의하자.

02 정답 (D)

いつ帰国の予定ですか。
(A) 家族と一緒に行きます。
(B) 朝、早いので大変です。
(C) 飛行機で帰ります。
(D) まだ決めていません。

いつ帰国する予定ですか？
(A) 家族と一緒に行きます。
(B) 朝が早くてきついです。
(C) 飛行機で帰ります。
(D) まだ決まっていません。

해설　いつ는 때나 시점을 묻는 의문사이므로 귀국 날짜나 시기에 해당되는 답이 와야 하지만, 아직 확정되지 않은 경우의 답도 가능하다. 따라서 정답은 (D)이다.

03 정답 (C)

この教室に何人いますか。
(A) 先生と生徒がいます。
(B) 机と椅子があります。
(C) 先生を含めて4人です。
(D) いいえ、何もありません。

이 교실에 몇 명 있습니까?
(A) 선생님과 학생이 있습니다.
(B) 책상과 의자가 있습니다.
(C) 선생님을 포함해서 4명입니다.
(D) 아니요, 아무것도 없습니다.

해설　何人いますか, 何がありますか, 何かありますか는 확실히 다르지만, 시험 때는 정확히 기억하지 못할 수도 있으므로 주의하자. (A)는 誰がいますか라는 질문에 대한 답, (B)는 何がありますか에 대한 답, (D)는 何かありますか에 대한 답이므로 모두 오답이다. 따라서 정답은 (C)이다.

어휘　生徒(せいと) (중고등) 학생 | 含(ふく)める 포함하다

04 정답 (C)

どこで乗り換えたらいいですか。
(A) 二つ目の信号を右に曲がってください。
(B) 切符売り場で換えた方がいいですよ。
(C) 次の駅で降りてください。4番線ですよ。
(D) 終点はここから三つ先です。

어디에서 갈아타면 되나요?
(A) 두 번째 신호에서 오른쪽으로 도세요.
(B) 매표소에서 바꾸는 편이 나아요.
(C) 다음 역에서 내리세요. 4번 선입니다.
(D) 종점은 여기서부터 세 정거장 앞입니다.

해설　환승은 어디서 해야 하는지를 묻고 있으므로 다음 역에 내려 4번 선에서 갈아타라고 말한 (C)가 정답이다. (D)의 終点(しゅうてん) '종점'은 終電(しゅうでん) '막차'와 발음이 비슷하므로 혼동하지 않도록 주의하자.

어휘　乗(の)り換(か)える 갈아타다, 환승하다 | 信号(しんごう) 신호 | 切符(きっぷ)売(う)り場(ば) 매표소

05 정답 (B)

今度の期末テストの範囲って、どこからどこまでだっけ。
(A) 明日から3日間だよ。
(B) テキストの50ページから70ページまでだよ。
(C) 午後2時から1時間だよ。
(D) 月曜日の3時間目だよ。

이번 기말고사 범위는 어디부터 어디까지였지?
(A) 내일부터 3일간이야.
(B) 교재 50쪽부터 70쪽까지야.
(C) 오후 2시부터 1시간이야.
(D) 월요일 3교시야.

해설　시험 범위에 대해 묻고 있으므로 (A)의 시험 기간에 대한 답과 (C)와 (D)의 시험 시간에 대한 답은 모두 오답이다. 範囲라는 단어를 모르더라도 どこからどこまで라는 힌트가 있으므로 쉽게 풀 수 있는 문제이다. 따라서 정답은 (B)이다.

어휘　範囲(はんい) 범위 | テキスト 교재, 교본

참고　(D)의 ~時間目(じかんめ)는 ~時限目(じげんめ)와 거의 같은 뜻으로, 학교 수업을 세는 단위이다.

06 정답 (C)

佐藤さんは1日にコーヒーをどれくらい飲まれますか。
(A) コーヒーカップで飲みます。
(B) 自動販売機で買って飲みます。
(C) たいてい2、3杯飲みます。
(D) 砂糖とミルクを入れて飲みます。

사토 씨는 하루에 커피를 어느 정도 드십니까?
(A) 커피잔으로 마십니다.
(B) 자동판매기에서 사서 마십니다.
(C) 대략 두세 잔 마십니다.
(D) 설탕과 밀크를 넣어서 마십니다.

해설　どれくらい로 정도나 양에 대해 질문하고 있다. 결국 何杯(なんはい・なんばい)로 묻는 것과 같은 뜻이다. (A)는 도구, (B)는 수단이나 방법, (D)는 기호로 대답하고 있으므로 모두 오답이다. 따라서 정답은 (C)이며, 질문의 飲まれる는 飲む의 높임말이다.

어휘　自動販売機(じどうはんばいき) 자동판매기 | たいてい 대개, 대체로 | 砂糖(さとう) 설탕 ▶ガムシロップ 액상 시럽

07 정답 (B)

どうして門限に遅れたの(?)。
(A) 家に連絡するのをうっかり忘れて。
(B) 久しぶりに友達に会って、つい話が弾んじゃって。
(C) いつも鍵は開いているから大丈夫だよ。
(D) 遅れる時は必ず連絡してよ。

왜 통금 시간에 늦은 거야?
(A) 집에 연락하는 걸 깜빡 잊어서.
(B) 오랜만에 친구를 만나서 얘기를 하다 보니 그만.
(C) 항상 열쇠는 열려 있으니까 괜찮아.
(D) 늦을 때는 꼭 연락해.

해설　門限은 집이나 기숙사 등에서 정해 놓은 '통금 시간'을 뜻하는 말로, 늦게 온 이유에 대해 알맞게 설명한 (B)가 정답이다.

어휘 門限(もんげん) 통금 시간, 문을 닫는 시간 | 話(はなし)が 弾(はず)む 이야기가 활기를 띠다 | 鍵(かぎ) 열쇠

08 정답 (B)

学校から家までどのくらいかかりますか。
(A) 地下鉄に乗って行きます。
(B) 目と鼻の先だよ。
(C) 学費が高くて困っているよ。
(D) 一人暮らしだから結構かかるよ。

학교에서 집까지 얼마나 걸립니까?
(A) 지하철을 타고 갑니다.
(B) 아주 가까워.
(C) 학비가 비싸서 난처한 상황이야.
(D) 혼자 사니까 (비용이) 꽤 들어.

해설 ~分、~時間과 같이 소요 시간에 대한 대답만 기다렸다가는 당황할 수 있는 문제이다. 目(め)と鼻(はな)の先(さき)라는 말처럼 대략적인 거리로 정답을 제시할 수 있기 때문이다. 이 말은 '아주 가까운 거리, 엎드리면 코 닿을 데'라는 뜻이므로 (B)가 정답이다. (A)는 이동수단에 대한 대답이고, (C)와 (D)는 학비나 생활비 등에 대한 대답이므로 모두 오답이다.

09 정답 (D)

日本語を上達させるには、どうすればいいですか。
(A) 英語は単語を覚えるのがいいですよ。
(B) 上手な人には理由がありますから。
(C) 努力はいつか報われますよ。
(D) やはり、地道に努力するしかないんじゃないですか。

일본어 실력을 향상시키기 위해서는 어떻게 하면 될까요?
(A) 영어는 단어를 외우는 게 좋아요.
(B) 잘하는 사람에게는 이유가 있으니까요.
(C) 노력은 언젠가 보답 받아요.
(D) 역시, 착실하게 노력하는 수밖에 없지 않아요?

해설 どうすればいいですか는 방법을 묻는 질문이다. (A)는 일본어에 대한 질문인데 영어에 대해 대답했으므로 오답이고, (B)와 (C)는 질문과는 동떨어진 대답이다. 정답은 地道に努力する라는 방법을 제시한 (D)이다.

어휘 上達(じょうたつ) (학문, 기술 등의 실력이) 향상됨 | 単語(たんご) 단어 | 努力(どりょく) 노력 | 報(むく)う 갚다, 보상하다 | 地道(じみち) 견실함, 착실함

10 정답 (A)

そう言えば、今年の社員旅行ってどこになったんだっけ。
(A) 経営悪化で今年は中止になったって。
(B) 毎年恒例の写真旅行ですからね。
(C) 温泉もいいけど、スキーが出来るのが魅力だよね。
(D) 会費は来週までに払うのかな。

그러고 보니 올해 사원 여행은 어디로 정해졌지?
(A) 경영 악화로 올해는 중지가 되었대.
(B) 매년 항상 떠나는 사진 여행이니까요.
(C) 온천도 좋지만, 스키를 탈 수 있는 것이 매력이지.
(D) 회비는 다음 주까지 내는 건가?

해설 질문에 등장한 ~っけ는 '~였지, ~던가'라는 뜻으로, 친하거나 허물없는 사이에서 쓰는 말투이다. 주로 잊었던 일이나 확실치 않은 것을 확인하거나 묻는 경우에 쓰는 표현으로, 여기서는 사원 여행 장소에 대해 확인하기 위해 물은 것이다. 어디에 대한 가장 일반적인 대답은 장소의 위치를 알려 주는 것이지만, 이렇게 화제가 되는 상황 자체가 취소되거나 모르는 경우도 충분히 답이 될 수 있다. 따라서 정답은 (A)이다.

어휘 恒例(こうれい) (정해진 의식이나 행사 때) 항상 하는 ▶주로 [恒例の+명사]의 형태로 쓴다. | 魅力(みりょく) 매력 | 会費(かいひ) 회비

시나공 17 시나공 기출문제의 재구성   152쪽

| 01 (C) | 02 (C) | 03 (C) | 04 (A) | 05 (B) |
| 06 (B) | 07 (B) | 08 (B) | 09 (B) | 10 (A) |

🎧 Part2-17시나공

01 정답 (C)

みんな、もう来ていますか。
(A) えっ、誰が来るんですか。
(B) どこに行くんですか。
(C) いえ、まだあと2人。
(D) いつ出発しますか。

이제 다들 왔나요?
(A) 네? 누가 오는데요?
(B) 어디로 가나요?
(C) 아뇨, 아직 앞으로 두 명이요.
(D) 언제 출발하나요?

해설 자동사 来る에 ~ている를 붙여 다 온 상태인지를 묻고 있으므로 모자라는 인원으로 대답한 (C)가 정답이다. (A), (B), (D)는 질문자가 궁금해하는 사항에 대해 알려 주기는커녕 어울리지 않는 문장으로 되물었기 때문에 모두 오답이다.

02 정답 (C)

昨日の筆記テスト、うまくいった(?)。
(A) 思ったより上手だったよ。
(B) とてもうまかったよ。
(C) うん、できるだけの事はやったよ。
(D) そんなことないよ。

어제 필기시험 잘 쳤어?
(A) 생각했던 것보다 잘하더라.
(B) 굉장히 맛있었어.
(C) 응, 할 수 있는 만큼은 했어.
(D) 그렇지 않아.

해설 우선, うまい가 여러 가지 뜻을 가진 단어라는 점에 주의해야 한다. (A)의 上手だった를 우리말로 직역하면 '잘했다'가 되기 때문에 정답으로 오해하기 쉽지만, 이 문장은 타인에 대한 감상이라는 점에 유의해야 한다. (B)는 うまい가 '맛있다'는 뜻이 있다는 것을 이용한 함정이며, (D)는 うまい가 '솜씨가 좋다, 잘했다'는 칭찬의 뜻으로 쓰였을 경우를 염두에

둔 겸손 표현이다. 질문에서 うまい는 '(자신에게) 잘되다' 즉, 시험을 잘 쳤느냐는 뜻으로 쓰였기 때문에 (C)가 정답이다.

어휘 筆記(ひっき)テスト 필기시험

03 정답 (C)

ねえ、ちゃんと戸締りした(？)。
(A) いやあ、水漏れして困ってるよ。
(B) うん、ドアも窓も開けておいたよ。
(C) もちろん。しばらく留守にするからね。
(D) 窓を開けると涼しいからね。

저기, 제대로 문단속했어?
(A) 아, 누수 때문에 난감해.
(B) 응, 문도 창문도 열어 뒀어.
(C) 물론. 당분간 집을 비울 거니까.
(D) 창문을 열면 시원하니까.

해설 戸締り란 단어를 모르면 답을 찾을 수 없는 문제이므로 정확한 어휘력이 그만큼 중요하다. (A)는 질문과 관련이 없는 내용이며, (B)와 (D)는 문단속과는 정반대의 상황을 이야기한 것이므로 정답이 될 수 없다. 따라서 정답은 (C)이다.

어휘 戸締(とじま)り 문단속 | 水漏(みずも)れ 물이 샘, 누수 | しばらく 잠시, 얼마 동안 | 留守(るす) 부재, 집을 비움 | 涼(すず)しい 시원하다, 선선하다

04 정답 (A)

このエビフライ、あつあつでうまく揚がっていると思わない(？)。
(A) そうだね。さくっとしててうまいね。
(B) どちらかというと、さげてほしいな。
(C) 冷めてもおいしいからお弁当にぴったりだね。
(D) 本当に厚くてボリュームたっぷりだね。

이 새우튀김 따끈따끈하게 잘 튀겨졌다고 생각하지 않아?
(A) 그러게. 바삭해서 맛있어.
(B) 어느 쪽이냐고 하면 치워 줬으면 좋겠어.
(C) 식어도 맛있으니까 도시락으로 딱이야.
(D) 정말 두툼하고 양도 푸짐하군.

해설 새우튀김에 대한 자신의 의견에 동의를 구하고 있으므로 내용상 알맞은 대답은 (A)이다. 그릇을 치워 달라는 (B)는 전혀 상관없는 이야기이고, (C)는 뜨거울 때 맛있는 튀김 요리와는 상반되는 음식에 알맞은 대답이다. (D)는 厚い(두껍다)를 동음이의어인 熱い(뜨겁다)로 오해하도록 유도한 함정으로, 잘 튀겨졌다는 의견에 두툼하고 양이 푸짐하다는 대답은 어색하다.

어휘 揚(あ)がる 튀겨지다 | さくっと 채소나 튀김을 씹을 때 나는 경쾌한 소리 | さげる (접시나 그릇 등을) 치우다, 물리다 | 冷(さ)める 식다 [유의어] 冷(ひ)える 차가워지다, 식다 | たっぷり (넘칠 만큼 충분하고 많은 모양) 듬뿍

참고 冷(さ)める・冷(さ)ます는 '원래 뜨거웠던 것'에 대해, 冷(ひ)える・冷(ひ)やす는 맥주같이 '차게 해 두어야 좋은 것'에 쓴다는 것도 알아 두자.

05 정답 (B)

今夜もずいぶん冷え込んでるね。
(A) うん、冷蔵庫でちゃんと冷やしてあるよ。
(B) こんな日はあったかいおでんと熱燗に限るな。
(C) 景気が悪いのはどこの会社も同じだよ。
(D) 風邪を引いて寝込んでいたんだ。

오늘 밤도 꽤 춥지.
(A) 응, 냉장고로 충분히 시원하게 해 뒀어.
(B) 이런 날은 따뜻한 어묵이랑 데운 술이 그만이지.
(C) 경기가 나쁜 건 어느 회사건 마찬가지야.
(D) 감기에 걸려 앓아누워 있었어.

해설 날씨가 춥다는 의견에 맞춰 추운 날 떠오르는 음식들을 나열한 (B)가 정답이다. 이 문제에서는 冷え込む를 이용한 다양한 오답의 유형들을 살펴볼 수 있다. (A)는 冷え込む와 冷やす를 구분할 수 있는가에 대한 함정이고, (C)는 景気が冷え込む(경기가 위축되다)라는 관용구가 나왔다면 알맞은 답이 될 수 있다. (D)도 '추위에 몸속까지 차가워지다'라는 冷え込む의 다른 뜻을 이용한 오답이다.

어휘 冷(ひ)え込(こ)む 추위가 매서워지다 | 冷蔵庫(れいぞうこ) 냉장고 | 熱燗(あつかん) 뜨겁게 데운 술 | ～に限(かぎ)る ～가 제일이다, 그만이다 | 風邪(かぜ)を引(ひ)く 감기에 걸리다 | 寝込(ねこ)む (병으로) 몸져눕다, 드러눕다

06 정답 (B)

留学の準備はもうばっちりなの(？)。
(A) うん。ホームシックにかかって大変なんだ。
(B) うん。あとは荷造りだけだよ。
(C) うん。うちの両親も首を長くして帰国を待ってるんだ。
(D) うん。補講を受けてなんとか留年はまぬがれたよ。

유학 준비는 이제 다 됐어?
(A) 응. 향수병에 걸려 힘들어.
(B) 응. 이제 짐만 싸면 돼.
(C) 응. 우리 부모님도 목이 빠져라 귀국을 기다리고 계셔.
(D) 응. 보강 수업을 듣고 어떻게든 유급은 면했어.

해설 일본어는 부사 한 단어로 긴 문장을 축약해서 표현하는 경우가 많기 때문에 부사에 대한 감각이 중요하다. 이 문제에서도 ばっちり라는 부사가 동사를 대신하고 있다. (A)와 (C)는 이미 유학을 간 상태에서 나올 수 있는 대답이며, (D)는 留学와 留年의 발음이 비슷한 것에 착안한 함정이다. 따라서 남은 진행 상황을 알려 준 (B)가 정답이다.

어휘 留学(りゅうがく) 유학 | ばっちり 빈틈없이 완벽하고 확실한 모양 | 荷造(にづく)り 짐 꾸리기 | 首(くび)を長(なが)くする 애타게 기다리다 | 帰国(きこく) 귀국 | 補講(ほこう) 보강 | 留年(りゅうねん) 유급 | まぬがれる 면하다, 피하다

07 정답 (B)

受験勉強、はかどってる(?)。
(A) なかなか正確にはかるのは難しいね。
(B) 何から手をつけたらいいのか、さっぱりだよ。
(C) 満点を取るのは、やっぱり至難の業だったよ。
(D) 時間が足りなくて、全部解けなかったよ。

수험 공부 잘되고 있어?
(A) 정확하게 재는 건 좀처럼 어렵군.
(B) 어디서부터 손을 대야 할지 막막해.
(C) 만점을 받는 건 역시 몹시 어려운 일이었어.
(D) 시간이 모자라서 전부 풀지 못했어.

해설 (A)는 はかどる와 발음이 유사한 はかる를 이용한 함정이고, (C)는 受験과 같은 시험에서 연상되는 満点이란 단어를 이용한 함정이며, (D)는 テストはどうだった라는 질문이 나와야 답이 될 수 있다. 문제가 나올 때는 무엇이 궁금한 것인지를 정확히 듣고 기억하자. 이 문제는 상대방의 '수험 공부 진행 상황'만을 궁금해 하고 있으므로 (B)가 정답이다.

어휘 受験(じゅけん) 수험 | はかどる 진척되다, 일이 잘되어 가다 | はかる (무게, 길이, 양을) 재다 | 手(て)をつける 손을 대다, 시작하다 | さっぱり (부정의 의미로) 도무지, 전혀, 조금도, 도통 | 満点(まんてん) 만점 | 至難(しなん)の業(わざ) 지극히 어려운 일 | 解(と)く 풀다, 답을 내다

08 정답 (B)

今日は降水確率80%だって言ってたけど、傘持ってきた(?)。
(A) 日傘は紫外線防止にも役立つんだって。
(B) いつも必ず1本は事務室に置いてあるから。
(C) 天気予報は当てにならないからね。
(D) ゆうべは雨に降られて散々だったよ。

오늘은 강수 확률 80%라던데, 우산 가져왔어?
(A) 양산은 자외선 차단에도 도움이 된대.
(B) 항상 꼭 하나는 사무실에 놓여 있거든.
(C) 일기 예보는 믿을 수 없으니까 말이지.
(D) 어제 저녁엔 비를 맞아 꼴이 말이 아니었어.

해설 핵심은 우산의 소지 여부이다. (A)양산의 좋은 점, (C)일기 예보의 신뢰성, (D)어제 비 때문에 무슨 일이 있었는지는 모두 묻고 있지 않다. 질문의 정확한 의도를 파악해서 문제를 풀면 엉뚱한 오답은 피할 수 있다. 정답은 (B)이다.

어휘 降水確率(こうすいかくりつ) 강수 확률 | 日傘(ひがさ) 양산 | 紫外線(しがいせん) 자외선 | 防止(ぼうし) 방지 | 役立(やくだ)つ 도움이 되다 | 当(あ)てにならない 믿을 수 없다, 의지할 수 없다 | 散々(さんざん) (결과, 상태가) 형편없음, 엉망임

09 정답 (B)

あの人、いちいち言う事が嫌味っぽくない(?)。
(A) 的を射た話はちゃんと受け止めるべきだよ。
(B) あまり気にしないで聞き流した方がいいよ。
(C) 嘘も方便だから、仕方ないよ。
(D) そうだね。愚痴ばかりこぼすのはよくないよね。

그 사람, 말하는 하나하나가 비아냥거리는 것 같지 않아?
(A) 정곡을 찌르는 얘기는 제대로 받아들여야 해.
(B) 별로 신경 쓰지 말고 흘려듣는 편이 나아.
(C) 거짓말도 방편이니까 어쩔 수 없어.
(D) 맞아. 푸념만 늘어놓는 건 좋지 않지.

해설 어떤 사람의 화법이 불편하다는 자신의 생각을 말하고, 여기에 대한 동의를 구하고 있으므로 (B)가 정답이다. 하지만 나머지 보기의 관용구들은 까다롭다. (A)的(まと)を射(い)る는 '포인트나 요점을 잘 집다, 정곡을 찌르다'라는 뜻이고, (C)嘘(うそ)も方便(ほうべん)은 말 그대로 '거짓말도 하나의 방편'이라는 뜻인데, 여기서 ほうべん을 ほうびん으로 읽지 않도록 주의하자. 또, (D)愚痴(ぐち)をこぼす는 '푸념을 늘어놓다'는 뜻이다.

어휘 嫌味(いやみ) 불쾌감을 주는 언동 | 受(う)け止(と)める 받아들이다, 수긍하다 | 聞(き)き流(なが)す 흘려듣다

참고 문제에서 언급한 ~っぽい는 명사나 동사 ます형에 붙어 형용사를 만들며, '~의 경향이 있다, ~스럽다'라는 뜻이다.

10 정답 (A)

例のお店、噂どおりに長蛇の列ができてた(?)。
(A) うん、予約して行って正解だったよ。
(B) うん、3日前に店じまいしたから。
(C) うん、閑古鳥が鳴いていたよ。
(D) うん、相当がらがらだったよ。

그 가게, 소문대로 장사진을 이루고 있었어?
(A) 응. 예약하고 간 건 정답이었어.
(B) 응. 3일 전에 폐업했으니까.
(C) 응. 파리 날리고 있었어.
(D) 응. 꽤 텅텅 비어 있었어.

해설 고급 표현에 익숙하지 않으면 어렵게 느낄 수 있는 문제지만 JPT 단골 표현들이므로 꼭 숙지하고 가자. 長蛇の列는 '긴 뱀 모양으로 늘어선 줄'을 연상하면 되고, (B)店じまい는 店+しまい가 탁음화된 합성어이다. 또 (C)閑古鳥が鳴く는 '뻐꾸기 울음소리가 들릴 정도로 조용한 모양'을 뜻하며, '장사가 잘되지 않아 손님은 없고 파리만 날린다'는 의역도 가능하다. 단어의 정확한 뜻을 알았으니 다시 들어 보자. 의외로 쉬운 문제임을 느낄 수 있을 것이다. 정답은 (A)이다.

어휘 噂(うわさ) 소문 | 長蛇(ちょうだ)の列(れつ) 장사진 | 店(みせ)じまい 폐업, 가게 문을 닫음 | 閑古鳥(かんこどり)が鳴(な)く 한적함, 장사가 잘되지 않음 | 相当(そうとう) (부사로) 상당히 | がらがら 텅텅 비어 있는 모양

시나공법 18 | 시나공 기출문제의 재구성　158쪽

| 01 (A) | 02 (D) | 03 (B) | 04 (B) | 05 (A) |
| 06 (B) | 07 (C) | 08 (B) | 09 (D) | 10 (A) |

🎧 Part2-18시나공

01 정답 (A)

映画のチケットが手に入ったんだけど、一緒に行かない(?)。
(A) いいですね。いつですか。
(B) ちょうど野球の観戦をしたかったところです。
(C) 誰と一緒に行くんですか。
(D) 待ち合わせの時間に遅れそうです。

영화 표를 구했는데 같이 가지 않을래?
(A) 그거 좋네요. 언제죠?
(B) 마침 야구 관전을 하고 싶던 참이에요.
(C) 누구와 같이 갈 건가요?
(D) 약속 시간에 늦을 것 같아요.

해설 영화를 함께 보러 가자는 권유 표현으로, 이에 대한 알맞은 대답은 찬성의 뜻을 나타내고 있는 (A)이다. (B)는 무슨 티켓인지 듣지 못했을 때 빠질 수 있는 함정이며, (C)는 자신이 권유 받은 사람이므로 답으로 어색하다. 마지막으로 (D)는 이제 막 권유 받은 상황과는 맞지 않는 대답이다.

어휘 野球(やきゅう) 야구 | 観戦(かんせん) 관전 | 待(ま)ち合(あ)わせ (때와 장소를 정해) 약속하여 만나기로 함

02 정답 (D)

ちょっとスーパーまでお使い頼んでもいい(?)。
(A) わかった。行ってらっしゃい。
(B) そんなものまで使わなきゃいけないの(?)。
(C) そう(?)。じゃ、勝手にどうぞ。
(D) いいけど、何を買えばいいのかメモを書いてよ。

잠깐 슈퍼까지 심부름 좀 부탁해도 돼?
(A) 알았어. 잘 다녀와.
(B) 그런 것까지 써야 해?
(C) 그래? 그럼 마음대로 해.
(D) 그럴게. 근데 뭘 사면 되는지 메모를 적어 줘.

해설 심부름을 부탁하는 상황에서 (A)와 같은 인사말, (C)와 같은 허가 표현은 어울리지 않는다. 또한, 무엇을 부탁할지 알 수 없는 상황에서 (B)도 어색한 대답이다. 따라서 부탁에 응한 (D)가 정답이다.

어휘 お使(つか)い 심부름 | 勝手(かって)に 좋을 대로, 마음대로, 제멋대로

03 정답 (B)

お客様、申し訳ございませんが、店内は撮影禁止となっております。
(A) そんなことないですよ。
(B) はい、わかりました。
(C) いいえ、どういたしまして。
(D) 写真を撮ってもいいんですね。

손님, 죄송하지만 가게 안은 촬영 금지입니다.
(A) 그렇지 않아요.
(B) 네, 알겠습니다.
(C) 아뇨, 천만에요.
(D) 사진을 찍어도 되는 거군요.

해설 禁止라는 단어를 사용한 직접적인 금지 표현이다. 촬영을 제재하고 있으므로 (D)는 상반되는 대답이고, (A)는 상대방의 칭찬, (C)는 상대방의 감사에 대한 겸손 표현이다. 따라서 정답은 (B)이다.

어휘 撮影禁止(さつえいきんし) 촬영 금지

04 정답 (B)

作品には手をお触れにならないようにお願いします。
(A) 手にとって見てもいいんですね。
(B) 見るだけですね。
(C) 触ってもいいんですね。
(D) 持ち帰ってはいけないんですね。

작품에는 손을 대지 마시길 부탁합니다.
(A) 들고 봐도 되는 거군요.
(B) 보기만 하는 거군요.
(C) 만져도 되는 거군요.
(D) 가져가면 안 되는군요.

해설 手(て)を触(ふ)れる와 触(さわ)る는 '만지다, 손을 대다'라는 뜻이고, 여기서는 이런 행동을 금하도록 부탁하고 있다. (A)와 (C)는 내용과 상반되는 보기이고, (D)는 상관없는 내용이다. 따라서 정답은 (B)이다.

어휘 持(も)ち帰(かえ)る 가지고 돌아가다

05 정답 (A)

これは秘密だから、誰にも言わないで。
(A) 大丈夫、僕は口が堅いから。
(B) わかった。みんなに言っておくよ。
(C) 言いたい事ははっきり言った方がいいよ。
(D) 時には我慢も必要だよ。

이건 비밀이니까 아무한테도 말하지 마.
(A) 걱정 마, 나는 입이 무거우니까.
(B) 알겠어. 모두에게 말해 둘게.
(C) 하고 싶은 말은 확실히 하는 게 좋아.
(D) 때로는 참는 것도 필요해.

해설 아무한테도 말하지 말라는 당부에 (B)모두에게 말해 두겠다, (C)하고 싶은 말은 확실히 해라, (D)때로는 참는 것도 필요하다고 한 답은 모두 어색하다. 정답은 (A)이다.

어휘 秘密(ひみつ) 비밀 | 我慢(がまん) 참음, 견딤, 인내

참고 여기서 口(くち)が堅(かた)い는 우리말의 '입이 무겁다'는 뜻으로, '비밀 등을 잘 지킨다'는 의미를 내포한다. 반면, 口(くち)が重(おも)い는 정말 '입이 무거워서 말 수가 적다'는 뜻이므로 잘 구분해서 기억해 두자.

06 정답 (B)

これ、しばらく保管してもらいたいんだけど。
(A) そうですか。では、いつお帰りになりますか。
(B) はい、私が責任を持ってお預かりいたします。
(C) いいえ、もったいないお言葉です。
(D) さすが部長、気前がいいですね。

이거 잠시 보관해 주었으면 하는데.
(A) 그러세요? 그럼, 언제 돌아오시나요?
(B) 네, 제가 책임지고 맡아 두겠습니다.
(C) 아뇨, 과분한 말씀이세요.
(D) 과연 부장님, 통이 크시다니까요.

해설 물건을 보관해 달라는 부탁에 대해 승낙한 (B)가 정답이다. 상대방의 의뢰에 대한 대답은 제쳐 놓고 다른 말로 다시 되묻고 있는 (A)는 정답이라 보기 어렵고, (C)는 칭찬에 대한 대답으로 적절하며, (D)는 내용과 상관없다.

어휘 しばらく 잠깐, 잠시, 얼마 동안 | 保管(ほかん) 보관 | 責任(せきにん)を持(も)つ 책임을 지다 | 預(あず)かる 맡다, 보관하다 | もったいない 아깝다 | 気前(きまえ)がいい 돈 씀씀이가 시원시원하다, 인심이 후하다

07 정답 (C)

私にもぜひ、一度拝見させていただけませんか。
(A) はい、検査の日は明日ですよ。
(B) えっ、たった1度でいいんですか。
(C) ええ、では今度お見せします。
(D) 見るのと聞くのとは大違いですよ。

제게도 꼭 한번 보여 주실 수 있으신지요?
(A) 네, 검사일은 내일입니다.
(B) 네? 겨우 한 번이면 되나요?
(C) 네, 그럼 다음에 보여 드리겠습니다.
(D) 보는 것과 듣는 건 많이 달라요.

해설 ~させていただけませんか는 자신이 어떤 일을 적극적으로 하고 싶다는 뜻을 공손하게 피력할 때 쓰는 표현으로, ~たいです와 같은 뜻이다. 따라서 (C)가 문제에 대한 대답으로 가장 적절하다. (A)는 拝見(はいけん)과 はい、検査(けんさ)의 앞 4음절이 발음상 똑같이 들린다는 것을 이용한 함정이고, (B)는 1度를 반복 사용한 보기일 뿐 질문에서 '한번'은 횟수가 아니라 기회를 의미하며, (D)는 拝見する가 見る의 겸양어라는 것을 이용 보기지만 내용상 전혀 어울리지 않는 대답이므로 모두 오답이다.

어휘 拝見(はいけん)する (見る의 겸양어) 보다 | 検査(けんさ) 검사 | 大違(おおちが)い 큰 차이

08 정답 (B)

ちょっと1時間くらい付き合ってくれない(?)。
(A) 気持ちは有り難いけど、交際はできないな。
(B) ごめん、これから会議なんだ。
(C) 初デートならやっぱり映画館だね。
(D) ありがとう、考えてみるよ。

잠깐 1시간 정도 시간 좀 내 줄래?
(A) 마음은 고맙지만, 교제는 할 수 없어.
(B) 미안해. 지금부터 회의가 있어.
(C) 첫 데이트는 역시 영화관이지.
(D) 고마워. 생각해 볼게.

해설 付(つ)き合(あ)う라는 동사의 뜻을 구분할 수 있는가를 묻는 문제이다. 문제에서는 '사심 없이 행동을 같이하다'라는 뜻으로 쓰였지만, (A), (C), (D)는 모두 교제라는 뜻에 대한 대답이므로 오답이다. 따라서 정답은 (B)이다.

어휘 有(あ)り難(がた)い 고맙다, 감사하다, 달갑다 | 交際(こうさい) 교제, 사귐

09 정답 (D)

こちらは試供品でございます。どうぞご自由にお持ちください。
(A) 会計はどこですればいいですか。
(B) 母に頼まれたんですが。
(C) 福引の景品はどこでもらえますか。
(D) この商品はどこで買えますか。

이쪽은 견본품입니다. 자유롭게 가져가세요.
(A) 계산은 어디에서 하면 되나요?
(B) 어머니께 부탁받아서요.
(C) 제비뽑기 경품은 어디에서 받을 수 있나요?
(D) 이 상품은 어디에서 살 수 있죠?

해설 試供品을 몰랐더라도 뒤 문장을 통해 어느 정도 상황 파악이 가능했을 것이다. 견본품은 파는 물건이 아니고 여기서는 무료로 배포하고 있으므로 (A)는 오답이며, (B)와 (C)는 전혀 관계없는 내용이다. 정답은 화장품이나 식품의 샘플 등을 받고 관심을 보인 사람의 질문이라고 유추할 수 있는 (D)이다.

어휘 試供品(しきょうひん) 견본품, 샘플 | 会計(かいけい) 계산 [동의어] 勘定(かんじょう) | 福引(ふくびき) 제비뽑기, 추첨 | 景品(けいひん) 경품

10 정답 (A)

今度の週末、毎年恒例の花火大会を見に行くっていうのはどう(?)。
(A) それなら、今年は不景気で急きょ中止になったと聞いたよ。
(B) 浴衣を着るのは20年ぶりで、ちょっと。
(C) 1年おきに開催されるんだから、今年はやらない年だよ。
(D) 残念だけど、その話はなかったことにするよ。

이번 주말에 연례 행사인 불꽃놀이를 보러 가는 건 어때?
(A) 그거라면 올해는 불경기로 갑자기 중지되었다고 들었어.
(B) 유카타를 입는 건 20년 만이라 좀 그래.
(C) 1년 걸러 개최되니까, 올해는 하지 않는 해야.
(D) 아쉽지만, 그 얘기는 없었던 걸로 할게.

해설 일본의 불꽃놀이라고 하면 으레 유카타가 떠오르기 마련이지만, 함께 불꽃놀이에 가자는 제안을 받았는데 그에 응하기도 전에 유카타를 입는 것에 대한 반응인 (B)는 답으로 어색하다. 또한, 매년 열리는 행사라고 했으므로 (C)는 내용과 일치하지 않으며, (D)는 이미 받은 제안을 다시 거절하는 경우의 답이므로 오답이다. 정답은 같은 화제에 대해 이야기한 (A)이다.

어휘 恒例(こうれい) (정해진 의식이나 행사 때) 항상 하는 ▶주로 [恒例の+명사]의 형태로 쓴다. | 急(きゅう)きょ 갑자기, 급히, 서둘러 | 開催(かいさい) 개최

참고 (C)의 ~おき(に)는 '~걸러'라는 뜻으로, 1年おきに라고 하면 '1년 걸러' 즉, '2년마다'라는 뜻이 되므로 2年ごと(に)와 같은 뜻이다.

시나공 19 시나공 기출문제의 재구성　165쪽

| 01 (C) | 02 (C) | 03 (A) | 04 (A) | 05 (A) |
| 06 (C) | 07 (D) | 08 (A) | 09 (D) | 10 (C) |

🎧 Part2-19시나공

01　정답 (C)

ご馳走さまでした。
(A) お疲れさまです。
(B) お世話さまです。
(C) お粗末さまです。
(D) お陰さまです。

잘 먹었습니다.
(A) 수고하십니다.
(B) 수고하시네요.
(C) 변변치 못했습니다.
(D) 덕분에요.

해설 어울리는 인사말에 대한 문제이다. 네 가지 보기가 어떤 상황에 쓰는 인사말인지 짚어 보자. (A)お疲(つか)れさまです는 업무 중 직장 내에서 사용하는 가벼운 인사말이고, (B)お世話(せわ)さまです는 ご苦労(くろう)さまです와 거의 같은 뜻으로 수고를 치하하는 뜻이다. (C)お粗末(そまつ)さまです는 '잘 먹었습니다'에 대한 대답이고, (D)お陰(かげ)さまです는 상대방이 안부를 물어왔을 때 '항상 그늘(=뒤)에서 걱정해 주시고 보살펴 주시는 덕분에'라는 의미가 담긴 대답이다. 따라서 정답은 (C)이다.

02　정답 (C)

どうぞ、冷めないうちに召し上がってください。
(A) 冷蔵庫に入れるといいんですよね。
(B) いいえ。私は猫舌なので。
(C) はい。では、いただきます。
(D) 今、食べてもいいですか。

식기 전에 드세요.
(A) 냉장고에 넣으면 되는 거죠?
(B) 아뇨, 전 뜨거운 걸 잘 못 먹어서요.
(C) 네, 그럼 잘 먹겠습니다.
(D) 지금 먹어도 되나요?

해설 식기 전에 먹으랬는데 냉장고에 넣겠다는 (A)는 오답이며, 음식을 권하는데 (B)나 (D)와 같은 대답은 어색하다. 따라서, 가장 알맞은 대답은 (C)이다.
어휘 召(め)し上(あ)がる (食べる의 높임말) 드시다, 잡수시다 | 猫舌(ねこじた) 뜨거운 것을 잘 못 먹음, 또는 그런 사람
참고 猫舌처럼 일본은 고양이와 관련된 단어나 관용구가 많다. 자주 나오는 표현들은 정리해 두자.
• 猫額(ねこびたい) 고양이 이마처럼 좁은 장소
• 猫ばばする 주운 물건을 슬쩍 가로채다
• 猫に小判(こばん) 돼지 목에 진주 목걸이
• 猫の手でも借りたい 매우 바쁘다
• 猫も杓子(しゃくし)も 개나 소나
• 猫をかぶる (주로 여자들이) 내숭 떨다

03　정답 (A)

記念の品でございます。どうぞお持ちください。
(A) すみません。じゃあ、遠慮なく。
(B) もっといいものはないですか。
(C) そんなの知りませんでした。
(D) 壊れ易いから、注意してくださいね。

기념품입니다. 받으세요.
(A) 죄송하네요. 그럼 사양하지 않을게요.
(B) 더 좋은 건 없나요?
(C) 그런 거 몰랐어요.
(D) 부서지기 쉬우니까 조심해 주세요.

해설 기념품을 건네받고 있기 때문에 (A)가 가장 알맞은 대답이다. 더 좋은 건 없냐고 되묻는 (B)는 무척 실례되는 답이고, 몰랐다는 (C)도 정답이 될 수 없다. (D)는 기념품을 주고 있는 쪽에서 할 수 있는 말이어서 받는 쪽의 대답으로 보기 어렵다.
어휘 記念(きねん)の品(しな) 기념품 [동의어] 記念品(きねんひん) | 壊(こわ)れる 부서지다 | ～易(やす)い (동사 ます형에 붙어) ～하기 쉽다 | 注意(ちゅうい) 주의

04　정답 (A)

昨夜から風邪気味で寒気がするし、頭も痛いんです。
(A) それはいけませんね。どうぞお大事に。
(B) かわいそうで涙が出そうです。
(C) やればできますよ。頑張ってください。
(D) 今度はきっとうまくいきますよ。

어제부터 감기 기운이 있어서 한기가 들고, 머리도 아파요.
(A) 그럼 안 되죠. 몸조리 잘 하세요.
(B) 불쌍해서 눈물이 날 것 같아요.
(C) 하면 돼요. 힘 내세요.
(D) 다음엔 분명 잘될 거예요.

해설 상대방이 아프면 보통 걱정의 말을 건네는데, (B)와 같은 동정은 어울리지 않는다. 또한, (C), (D)와 같은 격려도 상황과 맞지 않으므로 정답은 (A)이다.
어휘 風邪気味(かぜぎみ) 감기 기운 | 寒気(さむけ) 한기 | 涙(なみだ) 눈물

05　정답 (A)

本日はお忙しいところ、わざわざありがとうございました。
(A) こちらこそ、お目にかかれて嬉しかったです。
(B) わざと行かなかった理由があるんです。
(C) ご遠慮なさらないでください。
(D) 彼の技術は天下一品で驚きましたよ。

오늘은 바쁘신 와중에 일부러 (와 주셔서) 감사합니다.
(A) 저야말로 뵐 수 있어서 기뻤습니다.
(B) 일부러 가지 않은 이유가 있습니다.
(C) 사양하지 마세요.
(D) 그의 기술은 천하일품이라 놀랐습니다.

해설 이미 와 준 것에 대한 감사 인사를 하고 있으므로 상반되는 이야기를 하고 있는 (B)는 오답이고, (C)와 (D)는 본문과 상관없는 내용이므로 정답은 (A)이다.

참고 わざわざありがとうございましたには 来てくださって라는 말이 숨어 있으며, お忙しいところ는 ご多忙(たぼう)のところ로 바꿔 나올 수 있으니 함께 알아 두자.

06 정답 (C)

先日は本当にありがとうございました。
(A) いいえ、何とお詫びをしていいかわかりません。
(B) いいえ、無理は承知の上です。
(C) いいえ、困ったときはお互い様ですから。
(D) いいえ、この間は恩返しできなくて残念でした。

요전엔 정말 감사했습니다.
(A) 아뇨, 뭐라고 사죄의 말씀을 드려야 할지 모르겠습니다.
(B) 아뇨, 무리라는 것은 잘 알고 있습니다.
(C) 아뇨, 곤란할 때는 피차일반이니까요.
(D) 아뇨, 요전에는 은혜를 갚지 못해 아쉬웠어요.

해설 미처 못 했던 감사의 인사를 전하고 있는데 이에 대해 오히려 사과로 답하고 있는 (A)와, 은혜를 못 갚아서 아쉬웠다는 (D)는 오답이다. (B)의 경우는 무리한 부탁임을 알고서도 부탁했지만 거절당했을 때 가능한 대답이므로 정답은 (C)이다.

어휘 お詫(わ)び 사죄, 사죄의 말｜承知(しょうち) 알고 있음｜~の上(うえ) ~하고 나서, ~한 뒤｜お互(たが)い様(さま) 서로 마찬가지임, 피차일반｜恩返(おんがえ)し 은혜를 갚음

07 정답 (D)

ごめんください、毎朝新聞です。勧誘で来ました。
(A) そうですか、掘り出し物なんですね。
(B) 遠いところわざわざ、ご苦労様です。
(C) それは耳寄りな話、ありがとうございます。
(D) すいません、間に合ってます。

실례합니다, 마이아사 신문입니다. (신문) 권유로 왔는데요.
(A) 그래요? 잘 산 물건이군요.
(B) 이 먼 곳까지 일부러 오시다니, 수고하시네요.
(C) 그건 귀가 솔깃해지는 이야기네요. 감사합니다.
(D) 죄송합니다, 받아 보고 있어요.

해설 신문이 掘り出し物일 리가 없으므로 (A)는 오답이고, 신문 영업을 위해 온 사람에게 (B)와 같이 인사말을 건네는 것도 어색하다. 또한, 이러한 권유는 (C)와 같이 귀가 솔깃해 지기보다 거절하는 경우가 많으므로 (D)가 정답이다.

어휘 勧誘(かんゆう) 권유｜掘(ほ)り出(だ)し物(もの) 우연히 얻은 진귀한 물건, 싸게 산 물건｜耳寄(みみよ)り 귀가 솔깃함｜間(ま)に合(あ)う (~っている의 꼴로) 충분하다 ▶방문판매나 신문 권유 등을 거절할 때 자주 사용된다.

08 정답 (A)

先月の売り上げ、社内1位だったそうで。さすがですね。
(A) いいえ。たまたま運がよかっただけですよ。
(B) やはりプレッシャーに負けてしまいました。
(C) 毎日残業が続いて大変ですよ。
(D) 社長のお眼鏡にかなったということですね。

지난달 매출이 사내 1위였다던데요. 대단하군요.
(A) 아뇨, 마침 운이 좋았을 뿐이에요.
(B) 역시 정신적 압박에 지고 말았어요.
(C) 매일 계속되는 야근으로 힘들어요.
(D) 사장님의 눈에 들었다는 거군요.

해설 사내 1위를 한 상대에게 감탄을 하고 있으므로 겸손하게 대답한 (A)가 정답이다. (B)는 결과가 좋지 못한 경우일 때 가능한 대답이고, 업무량이 많은지 적은지 알 수 없으므로 (C)도 오답이다. 또한, 사장님의 눈에 들어서 매출이 1위였다는 (D)와 같은 대답도 어색하다.

어휘 売(う)り上(あ)げ 매상, 매출｜さすが (평판이나 기대만큼) 대단함｜たまたま 우연히, 마침｜運(うん)がいい 운이 좋다｜プレッシャー 정신적 압박, 부담｜眼鏡(めがね)にかなう 윗사람의 마음에 들다

09 정답 (D)

もうそろそろ、おいとましないといけません。
(A) そう言わずに遠慮なく食べてください。
(B) そうおっしゃるのをお待ちしていました。
(C) そうですか、それは大変ですね。
(D) まだいいじゃないですか、もう少しだけ。

이제 슬슬 돌아가지 않으면 안 돼요.
(A) 그런 말씀 마시고 사양 말고 드세요.
(B) 그렇게 말씀하시길 기다리고 있었습니다.
(C) 그러세요? 그거 큰일이군요.
(D) 아직 괜찮지 않습니까? 조금만 더 (계세요).

해설 おいとまする를 모르면 답을 고르기 힘든 문제이다. いとま는 단독으로 쓸 때는 '휴식, 틈, 겨를'이라는 뜻이지만, おいとまする라고 하면 '작별을 고하고 돌아가다'라는 뜻이 된다. 결국, 자리에서 일어나려는 상대를 붙잡는 (D)가 이 상황에 가장 알맞은 대답이다.

어휘 おっしゃる (言う의 높임말) 말씀하시다

10 정답 (C)

泉さんのゴルフの腕前は玄人はだしだそうですね。
(A) 何を水臭いことをおっしゃってるんですか。
(B) なにしろ腕が物を言う世界ですからね。
(C) いいえ、とんでもない。素人に毛の生えた程度ですよ。
(D) いいえ、まだ一人前には程遠いですよ。

이즈미 씨의 골프 실력은 전문가 뺨칠 정도라고 하던데요.
(A) 무슨 섭섭한 말씀을 하시는 겁니까?
(B) 좌우지간 실력으로 말하는 세계니까요.
(C) 아뇨, 당치도 않아요. 아마추어를 겨우 면한 정도예요.
(D) 아뇨, 아직 제 몫을 하기엔 멀었어요.

해설 정답은 (C)로, 일본에서는 칭찬의 말을 들으면 자신을 낮추거나 감사를 표하는 것이 일반적이라는 것을 알아 두자. 칭찬에 대해 (A)나 (B)와 같은 대답은 어색하며, (D)의 一人前는 골프 실력에 적용하기 어려운 단어이다.

어휘 腕前(うでまえ) 솜씨, 기량 [동의어] 腕(うで)｜玄人(くろうと) 전문가 [반의어] 素人(しろうと) 초보｜はだし 맨발, 발 벗고도 따라가지 못함 ▶玄人はだし 비전문가이면서 전문가

못지않은 실력을 가짐 | 水臭(みずくさ)い (남처럼) 서먹서먹하다 | 物(もの)を言(い)う 영향력을 행사하다 | 毛(け)の生(は)えた程度(ていど) 그것보다 약간 나은 정도 | 一人前(いちにんまえ) (솜씨, 능력 등이) 제 몫, 제 구실을 할 수 있음 ▶ひとりまえ로 읽지 않도록 주의하자. | 程遠(ほどとお)い (시간, 상태, 정도 등이) 차이가 많다, 멀다

시나공 20 시나공 기출문제의 재구성 169쪽

01 (B)	02 (C)	03 (D)	04 (D)	05 (B)
06 (C)	07 (C)	08 (A)	09 (D)	10 (C)
11 (A)	12 (B)	13 (C)	14 (D)	15 (C)
16 (C)	17 (A)	18 (A)	19 (A)	20 (D)

🎧 Part2-20시나공

01 정답 (B)

おかしいな、確かここだったはずだけど。
(A) ちゃんと確認した方がいいね。
(B) あ、張り紙に移転したって書いてあるよ。
(C) あそこに置いてあるんじゃない(?)。
(D) 時間どおりに着いたのにね。

이상하네, 분명 여기였을 텐데.
(A) 제대로 확인하는 게 좋겠어.
(B) 아, 벽보에 이전했다고 쓰여 있어.
(C) 저기 놓여 있지 않아?
(D) 시간대로 도착했는데 말이지.

해설 위치를 확실히 알고 있다고 생각하는 어떤 건물이나 장소를 찾고 있는 상황이기 때문에 제대로 확인하라고 충고하는 (A)는 답으로 어울리지 않는다. 또한, (C)는 장소가 아닌 사물의 위치에 대한 정보를 알려 주고 있기 때문에 정답이 아니다. 또한, (D)도 정해진 시간에 도착했는데 장소가 사라질 리 없으므로 오답이다. 따라서 (B)가 정답이다.

어휘 張(は)り紙(がみ) 벽보 | 垂(た)れ幕(まく) 세로 현수막, 横断幕(おうだんまく) 가로 현수막 | 移転(いてん) 이전

02 정답 (C)

明日の天気予報では雨らしいよ。
(A) じゃ、傘は要らないね。
(B) それなら吹雪になるかもしれないね。
(C) でも雨天決行だから、行かなくちゃ。
(D) 暴風雨警報は解除されたんだね。

일기 예보에서 내일은 비가 온대.
(A) 그럼 우산은 필요 없겠네.
(B) 그럼 눈보라가 칠지도 모르겠네.
(C) 그렇지만 비가 와도 한다니 가야지.
(D) 폭풍우 경보는 해제된 거지?

해설 보기가 모두 날씨와 관련된 표현이기 때문에 자칫 함정에 빠질 수 있다. 하지만, 비가 온다고 하였으므로 상반되는 내용인 (A)는 확실한 오답이며, (B)의 눈보라에 대한 예상과 (D)의 폭풍우 경보 해제는 확인할 수 없다. 따라서 내일 날씨에 대한 정보를 듣고 어떤 행동을 할지에 대해 말한 (C)가 정답이다.

어휘 要(い)る 필요하다 | 吹雪(ふぶき) 눈보라 ▶雪崩(なだれ) 눈사태 | 雨天決行(うてんけっこう) 비가 와도 단행함 | 暴風雨(ぼうふうう) 폭풍우 동의어 嵐(あらし) | 警報(けいほう) 경보 | 解除(かいじょ) 해제

03 정답 (D)

次は私の番ね。ドキドキしてきちゃった。
(A) そんなに根を詰めなくてもいいのに。
(B) 明日から緊張の連続だね。
(C) 仕方がないよ。上司の命令だからね。
(D) リハーサルどおりにやればいいんだよ。

다음은 내 차례야. 두근거리기 시작했어.
(A) 그렇게까지 무리해서 애쓰지 않아도 되는데.
(B) 내일부터 긴장의 연속이야.
(C) 어쩔 수 없어. 상사의 명령이니까.
(D) 리허설대로 하면 돼.

해설 ドキドキ에 초점을 맞춘 문제이다. (A)는 긴장한 상태에 대한 격려라기에는 적절하지 않은 표현이며, 바로 다음이 자신의 차례라는데 내일부터 긴장의 연속이라는 (B)도 오답이다. 또한, 두근거리는 이유가 상사의 명령이라는 것은 어폐가 있기 때문에 (C)도 알맞은 대답이 아니다. 따라서 정답은 (D)이다.

어휘 根(こん)を詰(つ)める (정신적·육체적으로 무리해서) 집중하다, 몰두하다 | 緊張(きんちょう) 긴장 | 連続(れんぞく) 연속 | 上司(じょうし) 상사 | 命令(めいれい) 명령

참고 どきどき는 격렬한 운동, 불안이나 공포, 흥분이나 기대 등으로 인한 두근거림을, わくわく는 기대감 등으로 들뜬 상태에서의 두근거림을 나타낸다는 것도 알아 두자.

04 정답 (D)

昨日の決勝戦、あともう少しのところで逆転されたよ。
(A) そう。やっぱり毎日練習した甲斐があったね。
(B) 努力の賜物ってわけか。
(C) そうか。上には上があるってことだね。
(D) それは惜しかったね。

어제 결승전은 끝나가는 시점에서 역전당했어.
(A) 그래. 역시 매일 연습한 보람이 있었군.
(B) 노력의 산물이라는 건가.
(C) 그렇군. 뛰는 놈 위에 나는 놈 있다는 거군.
(D) 그거 아깝네.

해설 역전을 당해서 졌다는데 (A)와 (B)에서는 상반되는 이야기를 하고 있다. 또, (C)는 자만하는 사람을 경계하여 이르는 말이므로 답으로 적절하지 않다. 아쉬운 패배에 대해 안타까워하는 (D)가 정답이다.

어휘 決勝戦(けっしょうせん) 결승전 | 逆転(ぎゃくてん) 역전 | 練習(れんしゅう) 연습 | 甲斐(かい) 보람 | 賜物(たまもの) (좋은) 결과, 성과, 보람 | 惜(お)しい 아깝다

05 정답 (B)

ごめん、今持ち合わせがなくて。
(A) 明日まで待ってみたら。
(B) じゃ、立て替えておくよ。
(C) 残高照会で確認してみて。
(D) おつりはとっておいていいからね。

미안, 지금 가진 돈이 없어서.
(A) 내일까지 기다려 보지 그래?
(B) 그럼 대신 치러 둘게.
(C) 잔액 조회로 확인해 봐.
(D) 거스름돈은 가져도 돼.

해설 (A)는 持ち合わせ를 待ち合わせ(약속)로 들었을 경우를 노린 함정이고, (C)와 (D)는 가진 돈이 없어서 미안하다는 데 대한 대답으로는 어색하다. 정답은 (B)로, 立て替える라는 어휘를 알고 있어야 쉽게 풀 수 있는 문제이므로 어렵게 느껴졌다면 이번 기회에 꼭 외워 두자.

어휘 持(も)ち合(あ)わせ 현재 수중에 있는 돈 | 立(た)て替(か)える (돈) 대신 내주다 | 残高照会(ざんだかしょうかい) 잔액 조회 | おつり 거스름돈 ▶小銭(こぜに) 동전

06 정답 (C)

最近、物忘れがひどくなったみたい。
(A) 外出前に忘れ物がないか確かめた方がいいですね。
(B) それは大変ですよ。早く薬を飲んだ方がいいですね。
(C) 大事なことはメモをして目のつくところに貼るのが効果的だそうです。
(D) そんな時はゆっくり休んでリラックスするのがいいですね。

최근 건망증이 심해진 것 같아.
(A) 외출 전에 잊은 물건이 없는지 확인하는 게 좋겠네요.
(B) 그거 큰일이네요. 얼른 약을 먹는 게 좋겠어요.
(C) 중요한 건 메모해서 눈에 띄는 곳에 붙여 두는 게 효과적이래요.
(D) 그럴 때는 푹 쉬고 긴장을 푸는 게 좋죠.

해설 건망증에 효과적인 방법을 알려 주는 (C)가 정답이다. (A)는 物忘れ와 忘れ物를 구분할 수 있는지를 노린 함정이고, 건망증에 무작정 약을 권하고 있는 (B)도 오답이다. 오히려 (B)는 (D)와 함께 피곤하거나 아픈 상대에게 적절한 조언이라 할 수 있다.

어휘 物忘(ものわす)れ 잘 잊어버림, 건망증 ▶痴呆(ちほう)・ボケ 치매 | 外出(がいしゅつ) 외출 | 忘(わす)れ物(もの) 잊은 물건, 잃은 물건 | 確(たし)かめる 확인하다 | 薬(くすり)を飲(の)む 약을 먹다 | 目(め)につく 눈에 띄다 | 貼(は)る 붙이다 | 効果的(こうかてき) 효과적 | リラックス 긴장을 풂, 편히 쉼, 릴랙스

07 정답 (C)

今度の試合はプレッシャーに勝てるかどうかだわ。
(A) そんなにコンプレックスが強いの(?)。
(B) 幸運の女神が微笑んでくれたんだね。
(C) 最後まで落ち着いて戦い抜いて欲しいね。
(D) まぐれにしても、この1勝はたいしたものだね。

이번 시합은 부담감을 이겨낼 수 있을지 없을지에 달렸어.
(A) 그렇게 콤플렉스가 심해?
(B) 행운의 여신이 미소 지어 준 거네.
(C) 마지막까지 침착하게 싸워내 줬으면 해.
(D) 우연이라고 해도 이 1승은 대단해.

해설 (A)는 이번 시합에 대한 예상과 전혀 관계없는 이야기이며, 아직 경기를 하지 않은 상태이므로 (B)와 (D)도 알맞은 대답이 아니다. 따라서, 정답은 (C)이다.

어휘 幸運(こううん)の女神(めがみ) 행운의 여신 | 微笑(ほほえ)む 미소 짓다 | 落(お)ち着(つ)く (마음, 행동이) 침착해지다, 안정되다 | 戦(たたか)う 싸우다 | ~抜(ぬ)く (동사 ます형에 붙어) 끝까지 ~해내다 | まぐれ 요행, (좋은) 우연

08 정답 (A)

ダイエットをしたくても、なかなか長続きしないんです。
(A) あまり無理しないで、気長にやった方がいいですよ。
(B) みんなと一緒にバイキングに行くのはどうですか。
(C) ストレスがたまると、お酒の量が増えますね。
(D) それならファーストフードがお薦めですよ。

다이어트를 하고 싶어도 좀처럼 오래 지속할 수가 없어요.
(A) 너무 무리하지 말고 느긋하게 하는 게 좋아요.
(B) 모두와 함께 뷔페에 가는 건 어떨까요?
(C) 스트레스가 쌓이면 음주량이 늘어나죠.
(D) 그렇다면 패스트푸드를 추천해요.

해설 다이어트를 하고 싶다는데 (B)와 (D)는 뷔페나 패스트푸드를 권하고 있으므로 내용상 상충하는 보기이며, (C)는 다이어트와 관계없는 오답이다. 가벼운 조언을 하고 있는 (A)가 정답이다.

어휘 長続(ながつづ)きする 오래가다, 오래 계속되다 | 気長(きなが) 느긋함 | たまる 모이다, 쌓이다, 늘다 | お薦(すす)め (물건, 사람에 대한) 추천

참고 (C)에서 たまる의 한자 표기는 溜まる이고, 돈이 쌓여 모인다는 뜻일 때는 貯まる로 쓴다.

09 정답 (D)

昨日の1次面接は予想に反して散々だったわ。
(A) それじゃ、2次も期待できそうだね。
(B) ほど良い緊張感はいい結果を生むよね。
(C) 遅刻をするなんて、言語道断だね。
(D) あんまり落ち込まないで、次に備えようよ。

어제 1차 면접은 예상과 달리 엉망으로 봤어.
(A) 그럼 2차도 기대할 수 있겠네.
(B) 적당한 긴장감은 좋은 결과를 낳지.
(C) 지각을 하다니 언어도단이야.
(D) 너무 낙담하지 말고 다음을 대비하자.

해설 요점은 '면접이 엉망이었다'는 것이다. 1차 면접이 힘겨웠다는 내용과 (A)는 상충하는 상황이므로 정답이 될 수 없고, 散々이었다고 했는데 いい結果를 기대하는 (B)도 대답으로 어색하다. 또한, 지각을 해서 면접을 망쳤다기보다 면접 자체가 자신의 예상과는 달랐다고 한 것이므로 (C)도 오답이다. 따라서 정답은 자연스럽게 상대방을 격려하고 있는 (D)이다.

어휘 面接(めんせつ) 면접 | 予想(よそう) 예상 | 〜に反(はん)する 〜에 반대되다 | 散々(さんざん) (결과, 상태가) 형편없음, 엉망임 | 期待(きたい) 기대 | ほど良(よ)い 딱 적당하다 | 緊張感(きんちょうかん) 긴장감 | 結果(けっか) 결과 | 生(う)む 낳다 | 言語道断(ごんごどうだん) 언어도단 | 落(お)ち込(こ)む (기분이) 침울해지다 | 備(そな)える 대비하다

10 정답 (C)

彼、土壇場で自分の意見を曲げたんだって。
(A) いつも会議では孤立無援だったからね。
(B) やっぱり集団で生き残るのは大変なんだね。
(C) いつも頑固な彼にしては珍しいね。
(D) 独創的な意見が少ないからね。

그 사람, 막판에 자기 의견을 꺾었대.
(A) 항상 회의에서는 고립무원이었으니까.
(B) 역시 집단에서 살아남기는 힘들구나.
(C) 언제나 고집불통인 그 사람치고는 드문 일이네.
(D) 독창적인 의견이 적으니까.

해설 彼가 외톨이인지 아닌지 알 수 없는 상황이므로 (A)는 정답이 될 수 없다. 또한, (B)처럼 彼가 집단에서 살아남기 위해 주장을 꺾은 것이라고는 단정하기 어려우며, (D)는 意見이라는 단어를 반복 사용한 오답이다. 彼의 의외의 행동에 놀란 (C)가 정답이다.

어휘 土壇場(どたんば) (결단을 내려야 하는) 마지막 국면, 막판 | 孤立無援(こりつむえん) 고립무원 | 集団(しゅうだん) 집단 | 生(い)き残(のこ)る 살아남다 | 頑固(がんこ) 완고함, 고집불통 | 珍(めずら)しい 드물다, 별나다, 신기하다 | 独創的(どくそうてき) 독창적

11 정답 (A)

明日は大荒れの天気だそうよ。
(A) 明日は出張なのに、飛行機が欠航したら困るな。
(B) それじゃあ、五月晴れが期待できそうだね。
(C) 梅雨前線が遠ざかったということか。
(D) 台風が温帯低気圧に変わったのか。

내일은 큰 폭풍우가 몰아친대.
(A) 내일은 출장인데 비행기가 결항되면 곤란해.
(B) 그럼 5월의 맑은 날씨를 기대할 수 있겠네.
(C) 장마전선이 물러갔다는 건가?
(D) 태풍이 온대 저기압으로 바뀐 건가?

해설 날씨 등을 나타내는 단어와 함께 동사 荒(あ)れる가 같이 쓰이면 궂은 날씨를 뜻한다. 그렇기 때문에 (B)나 (C)는 정답이 될 수 없고, (D)는 내일 날씨만으로는 알 수 없는 내용이기 때문에 비행기 결항을 걱정하는 (A)가 정답이다.

어휘 大荒(おおあ)れ 날씨가 무척 거칠어짐, 폭풍우 침 | 欠航(けっこう)する (자동사로) 결항되다 | 五月晴(さつきば)れ 5월의 활짝 갠 날씨 | 期待(きたい) 기대 | 梅雨前線(ばいうぜんせん) 장마전선 | 遠(とお)ざかる 멀어지다, 사라지다 | 台風(たいふう) 태풍 | 温帯低気圧(おんたいていきあつ) 온대 저기압

12 정답 (B)

努力の甲斐あって、何とか1次試験にはパスしました。
(A) そうか。せっかくの努力が水の泡になったね。
(B) よかったね。でも、これからが正念場だよ。
(C) 残念だったね。でも、またチャンスはあるだろう。
(D) すごいね。2次試験まで合格したなんて。

노력의 결실로 어떻게든 1차 시험은 통과했습니다.
(A) 그래? 모처럼의 노력이 물거품이 되었구나.
(B) 잘됐네. 하지만 지금부터가 중요해.
(C) 아쉬웠겠네. 하지만 또 기회는 있겠지.
(D) 굉장하네. 2차 시험까지 합격했다니.

해설 4개의 보기 모두 시험 결과와 관련된 보기이므로 집중해서 들어야 한다. 다만, (A)와 (C)는 좋지 않은 결과에 대한 답변으로 적절하며, (D)에서는 2차 시험까지라고 말한 것을 놓치지 말아야 한다. 따라서 정답은 (B)이다.

어휘 甲斐(かい) 보람, 효과 | 水(みず)の泡(あわ) 물거품

참고 正念場(しょうねんば)는 '중요한 국면, 중요한 고비'라는 뜻을 나타내는데, これからが正念場だ 또는 正念場を迎える의 형태로 쓰인다.

13 정답 (C)

新品よりも歴史のあるアンティークはかなり値が張るのよ。
(A) 中古品は安いから手に入りやすいよね。
(B) 新しい物の方が洗練されているのは当たり前だよ。
(C) 古い物には古い物のよさがあるからね。
(D) 手作りの物には量産にはない味があるね。

새것보다도 역사가 있는 골동품은 상당히 값이 나가.
(A) 중고품은 싸니까 손에 넣기 쉽지.
(B) 새로운 물건이 더 세련된 건 당연한 거야.
(C) 오래된 물건에는 오래된 물건의 장점이 있으니까.
(D) 수제품에는 대량 생산에는 없는 멋이 있지.

해설 (A)는 상반되는 내용이므로 오답이다. 또한, アンティーク는 가치가 있는 고미술품이나 가구를 뜻하는 말이므로 의미상 중고품과는 차이가 있다. (B)는 골동품과 반대되는 새로운 물건의 장점에 대해 말하고 있으며, (D)는 골동품이 모두 수제품이라면 가능한 대답이지만 여기서는 확인할 수 없는 내용이다. 따라서 정답은 (C)이다.

어휘 新品(しんぴん) 새것, 새 물건 | 歴史(れきし) 역사 | アンティーク 앤티크, 골동품 [동의어] 骨董品(こっとうひん) | 値(ね)が張(は)る 시세가 높다, 가격이 비싸다 | 中古品(ちゅうこひん) 중고품 | 洗練(せんれん)される 세련되다 [동의어] 垢抜(あかぬ)ける | 当(あ)たり前(まえ) 당연함, 마땅함 | 手作(てづく)り 수제, 핸드 메이드 | 量産(りょうさん) 양산, 대량생산 [동의어] 大量生産(たいりょうせいさん) | 味(あじ)がある 멋있다

14 정답 (D)

毎年12月になると、1年があっという間に過ぎたという感じがしますね。
(A) 年の初めに立てた計画の全部は実行しかねますね。
(B) やはり師走は何かと忙しくなりますからね。
(C) 時間が足りないというのはただの言い訳ですよ。
(D) 年をとったせいか、近頃はますますそう感じていますよ。

매년 12월이 되면 1년이 금세 지나갔다는 느낌이 드네요.
(A) 연초에 세운 계획 전부는 실행하기 어렵죠.
(B) 역시 12월은 여러모로 바빠지니까요.
(C) 시간이 모자란다는 건 그냥 변명이에요.
(D) 나이를 먹은 탓인지 요즘은 더욱 그렇게 느껴요.

해설 연말이 가까워져 올해도 금방 지나갔다는 감상을 말하고 있다. 이에 대해 연초의 계획에 대한 (A)와 연말은 바빠진다는 (B)는 어울리지 않는 대답이다. 또한, 시간이 빨리 지나가는 느낌이라고 했지 (C)와 같이 시간이 부족하다고는 하지 않았다. 따라서 정답은 상대방의 말에 동의한 (D)이다.

어휘 あっという間(ま) 눈 깜짝할 사이 | 年(とし)の初(はじ)め 연초 [동의어] 年明(としあ)け・年頭(ねんとう) | 実行(じっこう) 실행 | ~かねる (동사 ます형에 붙어) ~하기 어렵다, ~할 수 없다 | 師走(しわす) 12월 | 何(なに)かと 여러모로 | 言(い)い訳(わけ) 변명, 해명 | 年(とし)をとる 나이를 먹다 | 近頃(ちかごろ) 요즘, 최근 | ますます 더욱더, 점점 더

15 정답 (C)

1年間の海外研修は、視野が広がる貴重な経験になりました。
(A) 視力がよくなってよかったね。
(B) 海外旅行は日常を忘れられるからいいよね。
(C) これからの時代は、グローバルな視点で物事を見なくちゃね。
(D) それこそが国内研修の利点だよ。

1년간의 해외 연수는 시야가 넓어진 귀중한 경험이 되었습니다.
(A) 시력이 좋아져서 다행이야.
(B) 해외여행은 일상을 잊을 수 있어서 좋지.
(C) 지금부터의 시대는 글로벌한 시점으로 사물을 봐야 하지.
(D) 그거야말로 국내 연수의 이점이야.

해설 시야가 넓어졌다고 했지 시력이 좋아졌다고 한 것이 아니므로 (A)는 오답이다. 또한, 해외 연수를 다녀온 상대방에게 (B)나 (D)는 각각 해외여행과 국내 연수의 장점에 대해 말한 것이기 때문에 정답이라고 할 수 없다. 정답은 같은 맥락의 이야기로 대답한 (C)이다.

어휘 海外研修(かいがいけんしゅう) 해외 연수 | 視野(しや) 시야 | 貴重(きちょう) 귀중함 | 経験(けいけん) 경험 | 視力(しりょく) 시력 | 日常(にちじょう) 일상 | 視点(してん) 시점 | 物事(ものごと) 사물, 매사 | 利点(りてん) 이점

16 정답 (C)

最近の若い子のファッションって目のやり場に困ることがあるわ。
(A) そうだね、最近のファッションにほとんど見るべきものはないよね。
(B) そうだね、若い子とは視線を合わせない方が身のためだよね。
(C) そうだね、年々過激になってるみたいだよね。
(D) そうだね、やっぱり夏はへそ出しルックに限るよね。

요즘 젊은 애들의 패션은 눈을 둘 곳이 없는 경우가 있어.
(A) 맞아, 요즘 패션은 거의 볼만한 게 없어.
(B) 맞아, 젊은 애들과는 시선을 마주치지 않는 편이 신상에 좋아.
(C) 맞아, 해마다 과격해지는 것 같아.
(D) 맞아, 역시 여름은 배꼽티 복장이 그만이지.

해설 目のやり場に困る를 정확히 이해해야 풀 수 있는 문제이다. 이것은 사전적인 의미로 '눈 둘 곳에 어려움을 겪다'란 뜻으로 困る만 들어도 화자가 어떤 곤란함을 표현한다는 것을 알 수 있다. 그러나 (A)는 일반적인 패션에 대한 생각이므로 정답이 될 수 없고, (B)의 경우 目のやり場에 대해 視線이란 단어를 써서 함정을 만들었지만, 여기서 視線を合わせる는 어느 부위에 시선을 주는 것이 아니라 '눈을 마주치다'라는 뜻이므로 오답이다. 또한, 젊은이들의 파격적인 패션에 대해 오히려 긍정적인 반응을 보이고 있는 (D)도 답으로는 알맞지 않다. 따라서 정답은 (C)이다.

어휘 目(め)をやる 보다, 시선을 두다 | 視線(しせん) 시선 | 過激(かげき) 과격 | へそ出(だ)しルック 배꼽티 복장 | ~に限(かぎ)る 더할 나위 없다, 제일이다

17 정답 (A)

うちの子、将来のために英会話教室に通わせようかしら。
(A) 外国語が話せるに越したことはないけど、まだ早いんじゃないの(?)。
(B) 自分の怠惰は棚にあげて、人に押し付けるのはよくないよ。
(C) ストレス解消にはもってこいの方法だね。
(D) 趣味は多ければ多いほど人生の幅が広がるからね。

우리 애, 장래를 위해 영어 회화 교실에 다니게 할까?
(A) 외국어를 할 수 있는 것보다 좋은 건 없지만, 아직 빠르지 않아?
(B) 자신의 나태함은 문제 삼지 않고 남에게 강요하는 것은 옳지 않아.
(C) 스트레스 해소에는 안성맞춤인 방법이야.
(D) 취미는 많으면 많을수록 인생의 폭이 넓어지니까.

해설 아이를 위한 고민에 대해 (B)와 같은 대답은 어울리지 않는다. 또, 과연 아이가 영어 회화 교실을 스트레스 해소나 취미로 여길지 알 수 없기 때문에 (C)나 (D)는 답으로 알맞지 않다. 따라서 (A)가 정답이다.

어휘 将来(しょうらい) 장래, 미래 | 英会話(えいかいわ) 영어 회화 | 怠惰(たいだ) 태연함, 나태함, 게으름 [유의어] 怠慢(たいまん) 태만 | 棚(たな)にあげる (자신에게 불리한 것은) 제쳐놓다, 문제 삼지 않다 | 押(お)し付(つ)ける (일, 책임 등을

남에게) 떠맡기다, 받아들이게 하다 | 解消(かいしょう) 해소 | もってこい 안성맞춤 [통의어] 打(う)って付(つ)け | 幅(はば) 폭, 범위, 여유

참고 ~に越(こ)したことはない는 '~하는 것이 최선이다'라는 의미로, ~方がいい와 같은 맥락의 표현이라는 것도 알아 두자.

18 정답 (A)

給料も減額された上に、ボーナスの支給もなくなるなんて痛いわ。
(A) 今はうちだけじゃなく、どこも厳しい状況だと思うけどな。
(B) 景気の回復を待つだけじゃ心細いね。
(C) 政府の景気対策は全く効果がないからね。
(D) 労働組合との折衝がうまく事を運んだようだね。

급여도 감봉당하는데다 보너스 지급도 사라지다니 속이 쓰리다.
(A) 지금은 우리뿐만 아니라 어디든 힘든 상황이라고 생각하는데.
(B) 경기 회복을 기다리는 것만으로는 불안해.
(C) 정부의 경기 대책은 전혀 효과가 없으니까.
(D) 노동조합과의 절충이 일을 잘 진행시킨 모양이야.

해설 갑자기 한자 단어가 많이 나와 당황했을 수도 있지만 사실 잘 들어 보면 쉬운 내용의 문제이다. (B)와 (C)는 경제 전반이나 정부 단위의 이야기로 넘어가기 때문에 정답이 될 수 없으며, 노사간의 협의가 잘 이루어졌다고 보기는 어려운 상황이므로 (D)도 오답이다. 따라서 정답은 어쩔 수 없는 상황이라는 뜻의 (A)이다.

어휘 給料(きゅうりょう) 급료, 임금 | 減額(げんがく) 감액 | 支給(しきゅう) 지급 | 景気回復(けいきかいふく) 경기 회복 | 心細(こころぼそ)い 불안하다, 마음이 허전하다 | 政府(せいふ) 정부 | 対策(たいさく) 대책 | 労働組合(ろうどうくみあい) 노동조합 | 折衝(せっしょう) 절충 | 事(こと)を運(はこ)ぶ 일을 진행시키다

19 정답 (A)

世界が注目するオリンピックの舞台で金メダルを取るとはさすがだわ。
(A) 技術もさることながら、精神力の強さが勝敗を分けたんですね。
(B) そうですね。プレッシャーにはかなり弱い選手なんでしょうね。
(C) やっぱりCMの女王と言われるだけの華はありますね。
(D) オリンピックでは常にフェアプレイを心がけて欲しいですね。

세계가 주목하는 올림픽 무대에서 금메달을 따다니 대단해.
(A) 기술은 말할 것도 없고, 강한 정신력이 승패를 가른 거죠.
(B) 맞아요. 꽤 부담감에 약한 선수인 거겠죠.
(C) 역시 CF 여왕이라 불릴 만한 화려함이 있네요.
(D) 올림픽에서는 늘 정정당당한 시합을 하도록 유념했으면 좋겠네요.

해설 어떤 선수의 올림픽 금메달에 대해 감탄하고 있으므로 내용상 (A)가 정답이다. 금메달이란 모든 것을 이긴 선수에게 주어지는 것이므로 (B)는 대답으로 적절하지 않으며, (C)는 운동 선수에 대한 내용과 관계없는 보기이다. 또한, 반칙이나 불공정성에 대한 언급은 없었으므로 (D)도 정답으로 보기 어렵다.

어휘 注目(ちゅうもく) 주목 | 舞台(ぶたい) 무대 | 技術(ぎじゅつ) 기술 | ~もさることながら ~는 물론이거니와 [통의어] ~はもちろん | 精神力(せいしんりょく) 정신력 | 勝敗(しょうはい) 승패 | 分(わ)ける 나누다, 가르다 | 女王(じょうおう) 여왕 | 華(はな) 화려함, 뛰어남 | 常(つね)に 항상 | 心(こころ)がける 주의하다, 유념하다

참고 CF는 일본어로 CM(シーエム) 또는 コマーシャル라고 한다.

20 정답 (D)

昨日の地震の被害で高速道路が通行止めになったようですよ。
(A) 新幹線も通常運行をしているそうです。
(B) せっかく便利な交通手段だったのに、信用を失いかねませんね。
(C) あそこが通行禁止になったのは、去年からですよ。
(D) それに多くの住宅が崩壊して、土砂崩れもあったそうです。

어제 지진 피해로 고속도로가 통행금지된 모양이에요.
(A) 신칸센도 정상 운행을 하고 있다고 합니다.
(B) 모처럼 편리한 교통수단이었는데 신뢰를 잃을 수 없겠군요.
(C) 거기가 통행금지가 된 건 작년부터예요.
(D) 게다가 주택이 대거 붕괴하고, 산사태도 있었대요.

해설 한자어로 된 유사 어휘가 많이 등장하여 까다롭게 느껴지는 문제이다. 하지만 (A)는 新幹線「も」라고 했으므로 지금 상황과는 상반된다고 볼 수 있고, 지진이 특정 교통수단의 신뢰를 떨어뜨리지는 않으므로 (B)도 정답이 될 수 없다. 또한, (C)의 通行禁止와 通行止め는 비슷한 상황을 말하지만 시기상 관련이 없으므로 오답이다. 또 다른 지진 피해를 언급한 (D)가 정답이다.

어휘 地震(じしん) 지진 | 被害(ひがい) 피해 | 高速道路(こうそくどうろ) 고속도로 | 通行止(つうこうど)め 통행금지 | 新幹線(しんかんせん) (일본의 고속 열차) 신칸센 | 通常運行(つうじょううんこう) 정상 운행 | 信用(しんよう)を失(うしな)う 신뢰를 잃다 | ~かねない (ます형에 접속하여) ~할 듯하다, ~할지도 모른다 | 住宅(じゅうたく) 주택 | 崩壊(ほうかい) 붕괴 | 土砂崩(どしゃくず)れ (산)사태

둘째 마당	미리 보는 실전 예상문제			171쪽
01 (B)	02 (B)	03 (B)	04 (B)	05 (B)
06 (C)	07 (C)	08 (B)	09 (A)	10 (B)

🎧 Part2-20예상문제

01 정답 (B)

クーラーをつけましょうか。
(A) いいえ、今暑いですから。
(B) はい、お願いします。
(C) いいえ、まだついていません。
(D) はい、消してください。

에어컨을 켤까요?
(A) 아니요, 지금 더워서요.
(B) 네, 부탁합니다.
(C) 아니요, 아직 안 켜졌어요.
(D) 네, 꺼 주세요.

해설 에어컨은 더위를 피하기 위한 것이므로 (A)가 정답이 되려면 暑い 대신 寒い가 와야 한다. (C)는 つける의 자동사 つく를 이용한 함정이고, (D)는 질문과 반대되는 대답이므로 오답이다. 따라서 (B)가 정답이다. 여기서는 いいえ、今出かけますから라는 대답도 가능하다.

02 정답 (B)

2、3お聞きしたい点があるんですが。
(A) 私には兄はいませんよ。
(B) はい、何でしょうか。
(C) 昨日は100点を取りました。
(D) 私にもぜひ聞かせてください。

두세 가지 묻고 싶은 점이 있는데요.
(A) 저에게 형은 없어요.
(B) 네, 무엇인가요?
(C) 어제는 100점을 받았습니다.
(D) 저에게도 꼭 들려주세요.

해설 까다로운 문제는 아니지만, 청해인 만큼 같거나 유사한 발음이나 동음이의어에 주의하자. (A)는 2、3(に、さん)과 兄(にい)さん의 발음이 비슷한 것을 이용했고, (C)의 点은 점수를 뜻하지만 질문의 点은 어떤 부분이나 요소를 뜻하므로 내용상 전혀 관계없는 함정이라고 할 수 있다. (D)의 聞く는 '듣다'라는 뜻이지만, 질문의 聞く는 '묻다'라는 뜻이므로 (D)도 답이 될 수 없다. 따라서 (B)가 정답이다.

03 정답 (B)

忘れ物はないですか。
(A) はい、すっかり忘れてしまいました。
(B) はい、確認しました。
(C) はい、決して忘れることはできません。
(D) はい、交番に届けました。

잊은 물건은 없나요?
(A) 네, 완전히 잊어버렸어요.
(B) 네, 확인했습니다.
(C) 네, 결코 잊을 수 없어요.
(D) 네, 파출소에 갖다줬어요.

해설 잊은 물건이 없는지 확인해 보라는 의미로 던진 질문이므로 (B)가 정답이다. (A)와 (C)에서 동사 忘れる는 물건이 아니라 '기억을 잊다, 망각하다'란 뜻으로 쓰였기 때문에 답이 될 수 없다. 忘れ物는 깜빡 잊고 놓고 와서 결과적으로 잃은 물건(=분실물)이라는 뜻도 되지만, 여기서는 분실물을 습득한 상태가 아니므로 (D)도 오답이다.

어휘 忘(わす)れ物(もの) 잊은 물건, 분실물 ▶忘れ物センター 유실물센터 | 決(けっ)して 결코, 절대로 | 交番(こうばん) 파출소

04 정답 (B)

よろしければ、こちらにご連絡先をお願いします。
(A) そんなことは頼まないでくださいよ。
(B) ここに記入すればいいんですね。
(C) 出張が多いんですよ。
(D) 口座番号を書くんですね。

괜찮으시면 여기에 연락처를 부탁합니다.
(A) 그런 건 부탁하지 마세요.
(B) 여기에 기입하면 되는 거죠?
(C) 출장이 많아요.
(D) 계좌번호를 적는 거죠?

해설 연락처를 알려 달라는 내용이므로 정답은 (B)이다. 완곡한 표현을 즐겨 쓰는 일본어의 특성상 상대방의 요청에 대한 대답으로 (A)는 어색하고 화자는 어떤 '일'을 부탁한 것이 아니다. (C)는 전혀 관계없는 내용이며, 연락처와 계좌번호는 아무 연관이 없으므로 (D)도 오답이다.

어휘 連絡先(れんらくさき) 연락처 | 記入(きにゅう) 기입 | 口座番号(こうざばんごう) 계좌번호

05 정답 (B)

お客様、申し訳ございませんが、店内でのおタバコはご遠慮ください。
(A) どこでタバコを売っていますか。
(B) すみません、今消します。
(C) 遠慮なんかしなくてもいいよ。
(D) まったく、ずうずうしいな。

손님 죄송합니다만, 매장 안에서의 흡연은 삼가 주십시오.
(A) 어디에서 담배를 팔고 있나요?
(B) 죄송합니다, 지금 끌게요.
(C) 사양 같은 건 하지 않아도 돼.
(D) 정말이지, 뻔뻔하군.

해설 ご遠慮(えんりょ)ください는 어떤 행동에 대한 금지를 완곡하게 부탁하는 표현이다. 다시 말해 店内가 금연 구역에 해당된다는 뜻이므로 금방 끄겠다는 (B)가 정답이다. 어디서 담배를 살 수 있냐고 답한 (A)는 알맞지 않고, (C)에서 遠慮는 상대방의 호의에 대해 겸손하게 사양했을 때 쓰는 말로 ご遠慮ください와는 쓰임이 다르다. (D)의 ずうずうしい는 '뻔뻔하다'는 뜻으로, 질문에 대한 답이 아니다.

참고 ずうずうしい의 동의어인 恥知(はじし)らず, 厚(あつ)かましい, 図太(ずぶと)い, 面(つら)の皮(かわ)が厚(あつ)い, 横着(おうちゃく)도 함께 알아 두자.

06 정답 (C)

これはほんの気持ちです。どうぞお受け取りください。
(A) では、しばらく預からせていただきます。
(B) これだけですか。がっかりですね。
(C) そんなお気遣い、なさらなくてもよろしいのに。
(D) すみません、今度から注意します。

약소하지만, 부디 받아 주세요.
(A) 그럼 잠시 동안 맡아 두겠습니다.
(B) 이것뿐입니까? 실망이네요.
(C) 그렇게 신경 쓰시지 않으셔도 되는데.
(D) 죄송합니다. 다음부터 주의하겠습니다.

해설 상대방으로부터 무언가 받고 있는 상황에서 (A)와 같이 맡아 두겠다는 대답은 어색하다. 또한, (B)의 무례한 답변은 물론 내용과 동떨어진 (D) 역시 오답이다. 이런 상황에서는 조심스럽게 죄송해하면서도 감사의 뜻을 내비치는 (C)가 가장 알맞은 대답이다.

어휘 ほんの 보잘것없는 | 受(う)け取(と)る 받다 | 預(あず)かる 맡다, 보관하다 | がっかり 실망이나 낙담하는 모양 | 気遣(きづか)い 마음을 씀, 배려

07 정답 (C)

何だか疲れてるみたいね。ちょっと休んだら。
(A) コーヒーは眠気覚ましにいいんだよね。
(B) 眼精疲労なので、目薬をさしましたよ。
(C) 明日が締め切りだから、そういうわけにもいかないよ。
(D) 疲労回復にはビタミンが効きますね。

피곤해 보여. 좀 쉬지 그래?
(A) 커피는 잠 깨는 데 좋지.
(B) 안정 피로가 있어서 안약을 넣었어요.
(C) 내일이 마감이라서 그럴 수도 없어.
(D) 피로 회복에는 비타민이 효과적이죠.

해설 휴식을 권하고 있으므로 (A)나 (D)와 같이 커피나 비타민에 대한 답변은 알맞지 않다. (B)는 慢性疲労(まんせいひろう) '만성 피로'와 비슷한 발음인 眼精疲労(がんせいひろう) '안정 피로'가 함정으로 나왔지만, 目薬をさす를 알아들었다면 정답으로 선택하는 일은 없었을 것이다. 정답은 (C)이다.

어휘 眠気覚(ねむけざ)まし 졸음을 쫓음, 또는 그런 것 | 眼精疲労(がんせいひろう) 안정 피로, 눈을 계속 쓰는 일을 할 때 일반 사람보다 피로를 더 빨리 느끼는 증상 | 目薬(めぐすり)をさす 안약을 넣다 | 締(し)め切(き)り 마감 | 疲労回復(ひろうかいふく) 피로 회복 | 効(き)く 효력이 있다, 잘 듣다

08 정답 (B)

朝礼での部長の話、いつも長すぎるよね。
(A) 要点を絞って端的に話してくれるからね。
(B) いつも話が脱線するからね。
(C) みんなそれぞれ悩みがあるんだよ。
(D) 課長の話はいつも実感がこもっているよね。

조례 때 부장님 말씀, 항상 너무 길어.
(A) 요점을 간략히 단적으로 이야기해 주니까.
(B) 항상 이야기가 삼천포로 빠지니까.
(C) 모두들 제각기 고민이 있는 거야.
(D) 과장님 이야기는 항상 실감 나지.

해설 부장님의 이야기가 너무 길다고 했는데 요점만 짚어서 이야기한다고 한 (A)는 상반되는 내용이다. (C)는 전혀 관계없는 보기이며, 부장님에 대한 화제가 갑자기 과장님으로 바뀐 (D)는 대답으로 알맞지 않다. 따라서 부장님의 이야기가 항상 길어지는 이유에 대해 말한 (B)가 정답이다.

어휘 朝礼(ちょうれい) 조례 | 要点(ようてん) 요점 | 絞(しぼ)る (범위를) 좁히다 | 端的(たんてき)に 단적으로 | 脱線(だっせん) 탈선 | 悩(なや)み 고민, 걱정, 근심 | こもる (감정, 정성이) 어리다, 담기다, 깃들다

09 정답 (A)

8万通の応募の中から入賞したなんて、素晴らしいですね。
(A) いいえ、まぐれですよ。
(B) 打ち合わせどおりに事が運んだだけですよ。
(C) 審査員の偏った見方が影響したんでしょうね。
(D) ええ、宝くじには結構昔からよく当っているんです。

8만 통의 응모 가운데 입상했다니 굉장하군요.
(A) 아니요, 우연이에요.
(B) 사전 협의대로 일이 풀렸을 뿐이에요.
(C) 심사원의 치우친 견해가 영향을 끼친 거겠죠.
(D) 네, 복권에는 예전부터 제법 잘 당첨돼요.

해설 상대방의 입상 사실에 대해 감탄하고 있으므로 겸손한 답변을 한 (A)가 정답이다. 자신의 입상 사실에 대해 (B)나 (C)와 같이 대답하면 부정적인 느낌이 되어 어울리지 않으며, (D)의 복권 당첨은 입상과는 전혀 관계가 없다.

어휘 応募(おうぼ) 응모 ▶横暴(おうぼう) 횡포 | 入賞(にゅうしょう) 입상 | まぐれ 요행, (좋은) 우연 | 打(う)ち合(あ)わせ 사전 협의 | 事(こと)が運(はこ)ぶ 일이 잘 진행되다 | 審査員(しんさいん) 심사원 | 偏(かたよ)る (불공평하게) 치우치다, 기울다 | 見方(みかた) 견해, 관점 | 影響(えいきょう) 영향 | 宝(たから)くじに当(あ)たる 복권에 당첨되다 | 昔(むかし) 옛날 | 結構(けっこう) (부사로) 꽤, 제법

10 정답 (B)

塩分の摂りすぎは成人病を引き起こす原因の一つだって。
(A) 心臓病は遺伝性が高いというよね。
(B) 濃い目の味が好きな人には、耳が痛い話だね。
(C) 水分の摂りすぎはお腹を壊しますよ。
(D) 今日からご飯は2食に減らそうかな。

염분을 과도하게 섭취하는 건 성인병을 유발하는 원인 중 하나래.
(A) 심장병은 유전성이 높다고 하지.
(B) 짠 음식을 좋아하는 사람에게는 귀가 따가운 얘기군.
(C) 수분을 과도하게 섭취하면 배탈 나요.
(D) 오늘부터 밥은 두 끼로 줄일까?

해설 성인병의 원인에 대해 언급했으므로 (A)의 심장병과는 관련이 없다. 이 문제에서 가장 중요한 부분은 塩分の摂りす

ぎ라는 부분으로, 정답 (B)의 濃い目の味를 놓쳤다면 정답을 고르기 어려웠을 것이다. (C)와 (D)는 塩分을 듣지 못했을 때 빠질 수 있는 함정으로, 특히 (D)는 상식적으로는 성인병과 관계있는 보기이지만, 여기서는 성인병의 원인 중 하나인 塩分에 대해서만 언급한 것이므로 정답이 될 수 없다.

어휘 塩分(えんぶん) 염분 | 摂(と)る (음식이나 영양을) 섭취하다 | 成人病(せいじんびょう) 성인병 | 引(ひ)き起(お)こす 일으키다, 야기하다 | 原因(げんいん) 원인 | 心臓病(しんぞうびょう) 심장병 | 遺伝性(いでんせい) 유전성 | 濃(こ)い (맛, 색, 향의 농도가) 진하다, 짙다 | お腹(なか)を壊(こわ)す 배탈 나다 | 減(へ)らす 줄이다, 감소시키다

참고 (B)의 目(め)는 양이나 정도를 나타내는 형용사 어간에 붙어서 비교적 그 성질이 있음을 나타낼 때 쓰는 말로, 濃(こ)い目 '짠 편임', 少(すく)な目(め) '약간 적음'처럼 쓰인다.

시나공법 21 시나공 기출문제의 재구성   181쪽

| 01 (B) | 02 (B) | 03 (A) | 04 (C) | 05 (C) |
| 06 (D) | 07 (B) | 08 (B) | 09 (C) | 10 (B) |

🎧 Part2-21시나공

01 정답 (B)

あんなに仲のいいおしどり夫婦だったのに。
(A) やっぱり棚からぼたもちなんだね。
(B) やっぱり金の切れ目が縁の切れ目なんだね。
(C) やっぱり猿も木から落ちるんだね。
(D) やっぱり目には目を、歯には歯をだね。

그렇게 사이 좋은 잉꼬부부였는데.
(A) 역시 굴러 들어온 호박이군.
(B) 역시 돈 떨어지면 끝이군.
(C) 역시 원숭이도 나무에서 떨어지는군.
(D) 역시 눈에는 눈, 이에는 이군.

해설 아쉬워하는 말투로 보아 금실이 좋았던 부부가 현재는 그렇지 않다는 것을 짐작할 수 있다. 따라서 (B)가 정답이다. (A)는 직역하면 '책장에서 경단'인데, 뜻밖의 행운이 왔을 때 사용하는 속담이다.

어휘 おしどり 원앙 | 縁(えん) 인연

02 정답 (B)

彼のあの性格は、50を過ぎた今もちっとも変わっていないそうですよ。
(A) かわいい子には旅をさせよ、と言いますからね。
(B) 三つ子の魂百まで、と言いますからね。
(C) 竹馬の友、と言いますからね。
(D) 彼は三日坊主ですからね。

그의 그 성격은 50을 넘긴 지금도 전혀 변하지 않았다고 해요.
(A) 귀한 자식일수록 험하게 키우라고 하니까요.
(B) 세 살 버릇 여든까지라고 하니까요.
(C) 죽마고우라고 하니까요.
(D) 그는 작심삼일이니까요.

해설 그의 성격은 예나 지금이나 변함없다는 내용이므로, 어릴 적 버릇은 늙어서도 바뀌지 않는다는 뜻의 (B)三(み)つ子(ご)の魂(たましい)百(ひゃく)まで가 정답이다. (A)かわいい子(こ)には旅(たび)をさせよ는 내용상 어울리지 않는 속담이며, (C)竹馬(ちくば)の友(とも)도 그의 성격과는 관련이 없다. (D)三日坊主(みっかぼうず)는 말 그대로 '스님이 된 지 3일'이란 말로, 결국 '작심삼일'이란 뜻이므로 50살 넘긴 지금까지 그 성격을 유지한다는 말과는 어울리지 않는다.

어휘 性格(せいかく) 성격 | 過(す)ぎる 지나다, 넘다 | 魂(たましい) 영혼

03 정답 (A)

どうなることやら心配だったけど、無事に終わって何よりね。
(A) そうだね。案ずるより産むが易しだね。
(B) そうだね。石橋を叩いて渡るだね。
(C) そうだね。目からうろこだったね。
(D) そうだね。二枚舌を使ったからね。

어떻게 될지 걱정했었는데, 무사히 끝나서 다행이야.
(A) 맞아. 정작 걱정했던 것보다 막상 하면 어렵지 않지.
(B) 맞아. 돌다리도 두들겨 보고 건너야지.
(C) 맞아. 무릎을 탁 쳤지.
(D) 맞아. 거짓말을 했으니까.

해설 막연히 걱정했던 것이 무사히 끝나서 안도하고 있다. 이에 대해, 출산은 이것저것 걱정하고 생각했던 것보다 간단하게 끝나는 경우가 많다는 데서 나온 말인 案(あん)ずるより産(う)むが易(やす)し라는 속담으로 대답한 (A)가 정답이다. (B)石橋(いしばし)を叩(たた)いて渡(わた)る는 잘 아는 일도 세심한 주의를 기울이라는 뜻이고, (C)는 目(め)からうろこが落(お)ちる의 준말로, 어떤 계기로 눈에서 비늘이 떨어져 몰랐던 진상이나 본질을 갑자기 깨닫는다는 뜻이며, (D)二枚舌(にまいじた)を使(つか)う는 두 장의 혀를 놀려 거짓말을 한다는 뜻이므로, 나머지 보기들은 내용과 관련이 없다.

04 정답 (C)

田中さんが一緒のチームなら絶対に勝てますね。
(A) そうですね。鬼の目にも涙ですね。
(B) そうですね。鬼の居ぬ間に洗濯ですね。
(C) そうですね。鬼に金棒ですね。
(D) そうですね。鬼の首をとったようですね。

다나카 씨가 같은 팀이라면 반드시 이길 수 있겠네요.
(A) 맞아요. 무자비한 사람도 때로는 울죠.
(B) 맞아요. 고양이 없을 땐 쥐의 세상이죠.
(C) 맞아요. 범에 날개죠.
(D) 맞아요. 큰 공이라도 세운 듯 기고만장하죠.

해설 다나카 씨가 팀의 일원이 된다면 승리를 확신할 수 있을 것이라는데 무게를 두고 답을 찾아야 한다. 보기는 전부 鬼(おに)와 관련된 속담으로 이루어져 있는데, 鬼는 '도깨비' 또는 '도깨비 같이 무서운 사람'을 뜻한다. (A)鬼の目(め)にも涙(なみだ)는 아무리 무자비하고 잔혹한 사람이라도 때로는 눈물을 흘린다는 뜻, (B)鬼の居(い)ぬ間(ま)に洗濯(せ

んたく)는 두려운 상대가 없는 동안은 마음껏 지낸다는 뜻, (C)鬼に金棒(かなぼう)는 무서울 것이 없는 상태, (D)鬼の首(くび)をとったよう는 도깨비 목이라도 친 듯이 기고만장한 사람을 비아냥거릴 때 쓰는 말이다. 따라서 정답은 (C)이다.

어휘 金棒(かなぼう) 쇠몽둥이, 도깨비방망이

05 정답 (C)

今日は朝から部長に怒られるし、彼には振られるし、踏んだり蹴ったりだったわ。
(A) まったく、馬の耳に念仏だね。
(B) まったく、犬猿の仲だね。
(C) まったく、泣き面に蜂だね。
(D) まったく、虻蜂取らずだね。

오늘은 아침부터 부장님께 혼나지, 남자친구한테는 차이지, 곤욕이었어.
(A) 정말이지, 쇠 귀에 경 읽기네.
(B) 정말이지, 견원지간이네.
(C) 정말이지, 설상가상이네.
(D) 정말이지, 한 우물만 파야 해.

해설 짧은 시간 안에 좋지 않은 일이 연이어 일어났으므로 泣(な)き面(つら)に蜂(はち)라고 한 (C)가 정답이다. 이 표현은 관용구 追(お)い討(う)ちをかける, 문제의 踏(ふ)んだり蹴(け)ったり와 비슷한 의미이니 함께 알아 두면 좋다. (A)馬(うま)の耳(みみ)に念仏(ねんぶつ)는 내용과 무관하며, 특별히 누군가와 사이가 나쁘다고 한 것도 아니므로 (B)犬猿(けんえん)の仲(なか)도 여기에는 어울리지 않는다. 또한, 어떤 욕심을 부린 게 아니므로 등에와 벌을 한꺼번에 잡지 말라는 (D)虻(あぶ)蜂(はち)取(と)らず도 오답이다.

어휘 踏(ふ)んだり蹴(け)ったり 밟히고 차이고 연달아 호되게 당함, 엎친 데 덮친 격, 설상가상 | 面(つら) (얼굴의 속어) 낯짝, 상판 | 蜂(はち) 벌 | 虻(あぶ) 등에

06 정답 (D)

このノートパソコン、中古業者に売ったら少しはお金になるかしら。
(A) 自画自賛もいい加減にしてください。
(B) きっと悠々自適な暮らしが実現できますよ。
(C) 天地神明に誓ってそんなことはしていません。
(D) もう古い機種だし、二束三文じゃないですか。

이 노트북, 중고업자에게 팔면 조금은 돈이 될까?
(A) 자화자찬도 어지간히 하세요.
(B) 분명 유유자적한 생활을 실현할 수 있을 거예요.
(C) 천지신명에게 맹세코 그런 짓은 안 했어요.
(D) 이미 오래된 기종이고, 헐값이지 않을까요?

해설 사자성어를 바르게 들었다면 쉽게 풀 수 있는 문제이다. (A)自画自賛(じがじさん)은 '자화자찬'이란 말로, 자기 집에서 만든 된장 맛을 자랑한다는 속담 手前味噌(てまえみそ)와 같은 뜻이니 함께 알아 두자. (B)悠々自適(ゆうゆうじてき)는 '유유자적', (C)天地神明(てんちしんめい)는 '천지신명'이란 뜻이다. 정답인 (D)二束三文(にそくさんもん)은 우리말에 없는 말로, '두 다발에 세 푼' 즉, '싸구려, 헐값'이라는 의미이다.

어휘 中古業者(ちゅうこぎょうしゃ) 중고업자 | いい加減(かげん)に 그 정도로, 어지간한 선에서 | 誓(ちか)う 맹세하다 | 機種(きしゅ) 기종

07 정답 (B)

こんなにひどい味だと知っていたら飲まなかったのに。
(A) まったく、あつものに懲りてなますを吹くとはこのことだよ。
(B) まあ、良薬は口に苦しって言うじゃない。
(C) 飲んだら乗るな、乗るなら飲むな、ということだよ。
(D) 遅れてきたんだから、駆けつけ三杯は飲んでもらわないと。

이렇게 지독한 맛일 줄 알았다면 안 마셨을 텐데.
(A) 정말이지, 식은 국도 불어 먹는다는 건 이걸 두고 한 말이야.
(B) 뭐, 몸에 좋은 약은 쓰다고 하잖아.
(C) 마시면 타지 말고, 탈 거면 마시지 말라는 얘기야.
(D) 늦게 왔으니까 후래삼배는 마셔 줘야지.

해설 모든 보기가 동사 飲む가 떠오르는 문장으로 구성되어 있지만, 내용상 어울리는 것은 (B)良薬(りょうやく)は口(くち)に苦(にが)し뿐이다. 이 관용구는 뛰어난 효과가 있는 약은 써서 먹기 힘들 듯, 도움이 되는 충고는 그냥은 듣기 힘들다는 뜻으로도 자주 쓰이니 참고하자. (A)あつものに懲(こ)りてなますを吹(ふ)く는 뜨거운 국을 마시다가 입을 데자 냉채도 불어서 먹는다는 말로, 어떤 일에 몹시 놀란 사람은 비슷한 일에도 겁을 낸다는 뜻이다. (C)는 음주 운전을 경고하는 표어이며, (D)駆(か)けつけ三杯(さんばい)는 술자리에 뒤늦게 온 사람에게 권하는 세 잔의 술 벌칙을 뜻한다.

어휘 懲(こ)りる 진절머리 나다, 질리다

08 정답 (B)

英語と中国語を一緒に習っているんだけど、なかなか上達しなくて。
(A) 英語と中国語じゃ月とすっぽんだからね。
(B) 二兎を追うもの一兎をも得ずとも言うし、どちらかに集中したらどう(?)。
(C) 窮鼠猫を噛むっていうから、あまり追い詰めない方がいいよ。
(D) 門前の小僧習わぬ経を読むっていうから、大丈夫だよ。

영어와 중국어를 같이 배우고 있는데, 좀처럼 늘지를 않아.
(A) 영어랑 중국어는 천지차이니까.
(B) 두 마리 토끼를 잡으려다간 한 마리도 못 잡는다니까, 한쪽에 집중하는 게 어때?
(C) 쥐도 궁지에 몰리면 고양이를 문다니까, 너무 몰아붙이지 않는 게 좋아.
(D) 서당 개 삼 년에 풍월을 읊는다니까 괜찮아.

해설 두 개의 외국어를 함께 정복하려는 상대에게 해 줄 말로 가장 적절한 대답은 (B)이다. 속담에 대해서는 다음 풀이를 참고하자. (A)月(つき)とすっぽん은 직역하면 '달과 거북이'란 말로, 雲泥(うんでい)の差(さ)처럼 '천양지차'를 뜻하는 말이라 할 수 있다. (B)二兎(にと)を追(お)うもの一兎(いっと)をも得(え)ず는 우리말 속담과 같은 의미로, 한꺼번에 두 가지 일에 욕심을

부리는 사람은 한 가지도 성공할 수 없음을 비유하는 말이다. 같은 뜻인 虻(あぶ)蜂(はち)取(と)らず도 알아 두자.
(C)窮鼠(きゅうそ)猫(ねこ)を噛(か)む는 막다른 지경에 이르게 되면 약자도 죽을 힘을 다하여 반항함을 비유적으로 이르는 말이다.
(D)門前(もんぜん)の小僧(こぞう)習(なら)わぬ経(きょう)を読(よ)む는 절간 앞에서 늘 듣고 있던 아이가 배우지도 않은 불경을 외운다는 말이다.

어휘 上達(じょうたつ) (기술, 능력이) 향상됨 | 経(きょう) 불경 | 追(お)い詰(つ)める 막다른 지경까지 몰아넣다, 몰아붙이다

해설 교육위원회 간부의 칭찬에 대해 '같은 마음'이라는 (A)以心伝心(いしんでんしん)이나, '사방이 적'이라는 (C)四面楚歌(しめんそか)는 정답으로 어울리지 않는다. 또한, (D)杓子定規(しゃくしじょうぎ)는 자로 쓸 수가 없는 국자를 자 대신 굳이 쓴다는 말로, '융통성이 없고 획일적'이라는 뜻이므로 어울리는 답이 아니다. 따라서 社交辞令(しゃこうじれい)라며 칭찬은 '인사치레'라고 표현한 (B)가 정답이다. 같은 뜻인 お世辞(せじ)도 함께 알아 두자.

어휘 教育委員会(きょういくいいんかい) 교육위원회 | 幹部(かんぶ) 간부 | ほめる 칭찬하다 | 真(ま)に受(う)ける 곧이듣다, 진심으로 받아들이다

09 정답 (C)

なかなかいいアイデアが浮かばないわ。もう 1 人誰か呼んで相談しよう。
(A) そうだね。ミイラ取りがミイラになることもあるからね。
(B) そうだね。船頭多くして船山に登るってこともあるからね。
(C) そうだね。三人寄れば文殊の知恵って言葉もあるしね。
(D) そうだね。私たち同じ穴の狢だからね。

좀처럼 괜찮은 아이디어가 떠오르지 않아. 누군가 한 사람 더 불러서 상담하자.
(A) 그래. 함흥차사가 되는 경우도 있으니까.
(B) 그래. 사공이 많으면 배가 산으로 가기도 하니까.
(C) 그래. 셋이 모이면 문수보살의 좋은 지혜가 나온다는 말도 있으니까.
(D) 그래. 우리는 한통속이니까.

해설 더 좋은 아이디어를 위해 여러 사람과 머리를 맞대자는 제안이므로 (C)가 정답이다. 文殊(もんじゅ)는 지혜를 관장하는 '문수보살'을 의미하므로, 三人(さんにん)寄(よ)れば文殊(もんじゅ)の知恵(ちえ)라고 하면 '사람 셋이 모여 생각하면 문수보살 못지않게 좋은 지혜가 나온다'는 뜻이 된다. (A)의 ミイラ取(と)りがミイラになる는 '함흥차사', 또는 '상대를 구슬리려고 간 사람이 오히려 설득당하는 꼴'을 뜻하고, (B)船頭(せんどう)多(おお)くして船(ふね)山(やま)に登(のぼ)る는 우리말의 속담과 같은 의미로, 자기주장만 내세우는 사람이 많으면 일이 제대로 되기 어려움을 이르는 말이다. 또 (D)同(おな)じ穴(あな)の狢(むじな)는 '한 굴 속의 너구리' 즉, 얼핏 관계없이 보여도 결국 '한 패거리, 한통속'이란 뜻으로 쓰는 말이다.

10 정답 (B)

教育委員会の幹部が我々の学校をほめてくれましたよ。
(A) 以心伝心とはこのことですね。
(B) どうせ社交辞令だから、真に受けない方がいいよ。
(C) これでいよいよ我が校は四面楚歌というわけか。
(D) 幹部の人がそんなことを言うなんて、ちょっと杓子定規すぎるよね。

교육위원회 간부가 우리 학교를 칭찬해 주었어요.
(A) 이심전심은 이런 경우죠.
(B) 어차피 인사치레니 곧이곧대로 받아들이지 않는 편이 나아.
(C) 이걸로 결국 우리 학교는 사면초가란 건가?
(D) 간부가 그런 말을 하다니, 융통성이 너무 없네.

시나공 22 | 시나공 기출문제의 재구성   188쪽

01 (C) 02 (B) 03 (C) 04 (A) 05 (B)
06 (B) 07 (B) 08 (B) 09 (A) 10 (B)

🎧 Part2-22시나공

01 정답 (C)

来週、本社の方にお伺いしたいんですが。
(A) 今週はちょっとスケジュールが詰まっておりまして。
(B) そうですか。では、こちらからお伺いいたします。
(C) かしこまりました。では、来週の水曜午後 2 時ではいかがでしょう。
(D) はい。では、明日お目にかかります。

다음 주에 본사를 방문하고 싶습니다만.
(A) 이번 주는 좀 스케줄이 많아서요.
(B) 그러세요? 그럼 저희 쪽에서 방문하겠습니다.
(C) 알겠습니다. 그럼 다음 주 수요일 오후 2시는 어떠세요?
(D) 네, 그럼 내일 뵙겠습니다.

해설 다음 주 본사 방문을 요청하고 있으므로 약속을 잡고 있는 (C)가 정답이다. (A)나 (D)는 다음 주가 아니라 이번 주에 해당되는 내용이므로 오답이며, (B)는 본사에 일이 있어 찾아온다는 상대에게는 어울리지 않는 대답이다.

어휘 伺(うかが)う (聞く, 訪ねる의 겸양어) 듣다, 묻다, 찾아뵙다 [동음이의어] 窺う 엿보다, 살피다 | 詰(つ)まる 가득 차다 | お目(め)にかかる (会う의 겸양어) 만나 뵙다

02 정답 (B)

恐れ入りますが、お名前をちょうだいできますか。
(A) すみませんが、あげることはできません。
(B) 失礼しました。広告担当の木村と申します。
(C) 失礼ですが、どちら様でしょうか。
(D) おかしいですね。先日アポをとっておいたんですが。

죄송합니다만, 성함을 알려 주실 수 있으십니까?
(A) 죄송합니다만, 드릴 수는 없습니다.
(B) 실례했습니다. 광고 담당인 기무라라고 합니다.
(C) 실례지만, 누구신지요?
(D) 이상하네요. 지난번에 약속을 해 두었는데요.

해설 이름을 달라는 말은 곧, '성함을 여쭙고 싶다'는 공손한 표현이다. 따라서 본인의 소속과 이름을 밝히고 있는 (B)가 정답

이다. 만약 ちょうだい만 들었다면 (A)와 같은 오답을 선택하는 실수를 할 수 있으니 주의하자. 또한, 이름을 알려 달라는데 다시 누구냐고 되묻는 (C)와 약속을 해 두었다는 (D)는 동문서답이다.

어휘 恐(おそ)れ入(い)る 죄송하다, 황송하다 | ちょうだいする (もらう의 겸양어) 받다 | 広告担当(こうこくたんとう) 광고 담당 | アポをとる 약속을 하다

03 정답 (C)

お客様からのクレームに対応するマニュアルはありますか。
(A) いいえ、そういうものは必要ありません。
(B) お客様とまずご相談してから、対処すべきですね。
(C) はい、対処法がファイルにまとめてあります。
(D) お客様相談室がありますから、そちらで対応します。

손님의 클레임에 대응하는 매뉴얼은 있습니까?
(A) 아뇨, 그런 건 필요 없어요.
(B) 손님과 우선 상의한 후에 대처해야 하는군요.
(C) 네, 대처법이 파일에 정리되어 있습니다.
(D) 고객 상담실이 있으니 그쪽에서 대응합니다.

해설 매뉴얼의 존재 여부에 대해 묻고 있기 때문에 알맞은 대답은 (C)이다. 필요 없다고 말한 (A)는 상황과 맞지 않고, 클레임에 대처하는 방법이나 장소에 대해 물은 것도 아니므로 (B)와 (D)도 오답이다.

어휘 クレーム 클레임 [동의어] 苦情(くじょう) | 対処法(たいしょほう) 대처법 | まとめる 정리하다, 모으다 | お客様(きゃくさま)相談室(そうだんしつ) 고객 상담실

04 정답 (A)

海外事業の展開については、リスクが大きいと思うんですが。
(A) では、もう一度詳細に検討してみます。
(B) そうですね。リストラの対象になりえますね。
(C) 新しいことをスタートするには計画性が必要ですね。
(D) 従来の方法を継続するのがベストじゃないですか。

해외 사업 전개에 대해서는 위험이 크다고 생각합니다만.
(A) 그럼, 한번 더 상세히 검토해 보겠습니다.
(B) 그렇군요. 정리해고 대상이 될 수 있겠군요.
(C) 새로운 일을 시작하려면 계획성이 필요하죠.
(D) 기존 방법을 이어가는 것이 최선이 아닐까요?

해설 해외 사업의 위험성에 대해 걱정하고 있기 때문에 재차 검토해 보겠다는 (A)가 정답이다. (B)는 リスク라는 단어에 대해 リストラ로 함정을 만든 보기일 뿐, 내용상 관련이 없다. 또한, 해외 사업이 新しいこと라거나 従来の方法을 가지고 있었다는 근거가 없으므로 (C)와 (D)는 정답과 거리가 멀다.

어휘 展開(てんかい) 전개 | リスク 리스크, 위험 | 詳細(しょうさい)に 상세히 | 検討(けんとう) 검토 | リストラ 정리해고 | 対象(たいしょう) 대상 | 計画性(けいかくせい) 계획성 | 従来(じゅうらい) 종래, 종전, 기존 | 継続(けいぞく) 계속

05 정답 (B)

もう少し勉強していただけないでしょうか。
(A) これ以上勉強する必要はないですよ。
(B) 勘弁してくださいよ。うちはこれが限度です。
(C) やはり予習と復習が大切ですよ。
(D) 勉強するかしないかは、個人の自由ですからね。

좀 더 깎아 주실 수 없나요?
(A) 이 이상 공부할 필요는 없어요.
(B) 좀 봐 주세요. 우리는 이게 한계입니다.
(C) 역시 예습과 복습이 중요해요.
(D) 공부할지 말지는 개인의 자유니까요.

해설 이 문제를 '좀 더 공부해 주실 수 없나요?'로 이해하고 (A), (C), (D) 중에서 답을 골랐다면, 勉強에는 우리가 흔히 알고 있는 '공부'뿐 아니라 '가격 에누리'라는 뜻도 있다는 것을 이번 기회에 알아 두자. ~していただけないでしょうか는 매우 공손한 표현이기 때문에 공부해 달라고 사정하는 모습보다는 가격 흥정을 하고 있는 장면에 더 어울린다. 따라서 (B)가 정답이다.

어휘 勉強(べんきょう)する (가격을) 깎다, 에누리하다 [동의어] 値引(ねび)きする・負(ま)ける | 勘弁(かんべん) (타인의 과실이나 요구를) 봐줌, 용서함 | 限度(げんど) 한도, 한계 | 予習(よしゅう) 예습 [반의어] 復習(ふくしゅう) 복습

06 정답 (B)

今回の新製品に対する顧客の反応はいかがですか。
(A) 思ったより打撃が大きかったですね。
(B) 販売前の大々的な広告のおかげで、売り上げは順調ですよ。
(C) やはりリサイクルの重要性が身に染みますね。
(D) それほど目立つ落ち込みは見えないですね。

이번 신제품에 대한 고객 반응은 어떤가요?
(A) 생각보다 타격이 컸군요.
(B) 판매 전의 대대적인 광고 덕택에 매출은 순조로워요.
(C) 역시 재활용의 중요성이 절실하게 느껴지네요.
(D) 그렇게 두드러진 하락은 보이지 않네요.

해설 신제품의 고객 반응은 매출 상황을 묻는 것과 다름없기 때문에 (B)가 정답이다. (A)의 경우는, 예를 들어 동종 업계의 신제품 발매로 인해 자사에 피해나 손해가 있었을 때 적절한 표현이며, 신제품의 반응과 (C)의 재활용의 중요성은 전혀 관계가 없다. (D)의 落ち込み는 어떠한 상태가 유지되다가 하락이나 침체를 보인 경우에 쓰는 표현이므로, 이제 막 발매된 신제품과 관련이 없다.

어휘 新製品(しんせいひん) 신제품 | 顧客(こきゃく) 고객 | 反応(はんのう) 반응 ▶はんおう로 읽지 않도록 하자. | 打撃(だげき) 타격 | 販売(はんばい) 판매 | 大々的(だいだいてき) 대대적 | 売(う)り上(あ)げ 매출, 매상 | 順調(じゅんちょう) 순조로움 | リサイクル 재활용 | 身(み)に染(し)みる 사무치게 느끼다, 절실히 느끼다 | 目立(めだ)つ 두드러지다, 눈에 띄다 | 落(お)ち込(こ)み 하락, 폭락, 침체

07 정답 (B)

ここのところ、海外からの注文が急速に伸びてきていますね。
(A) やはり流通のシステムが複雑なので、そういう現象があるんでしょうね。
(B) 国内のマーケットシェアの2倍を超すとは驚きだね。
(C) 毎年、海外旅行に出かける顧客が注文しているからね。
(D) 在庫が多くて、その処理に手こずっているんだって。

요즘, 해외 주문이 급속하게 늘고 있네요.
(A) 역시 유통 시스템이 복잡해서 그런 현상이 있는 거겠죠.
(B) 국내 시장 점유율의 두 배를 넘다니 놀라운걸.
(C) 매년 해외여행을 가는 고객이 주문하니까.
(D) 재고가 많아서 그걸 처리하는 데 애먹고 있대.

해설 유통 시스템이 복잡하면 가격이 상승하여 주문이 줄어드는 경우가 많기 때문에 (A)는 오답이다. 또한, (C)에서 언급한 해외로 나가는 고객은 내국인이라는 말이므로 해외 주문과는 관계가 없고, 주문이 늘어났는데 재고가 쌓인다는 것은 이상하므로 (D)도 오답이다. 정답은 해외 주문의 수치에 놀라움을 나타낸 (B)이다.

어휘 急速(きゅうそく) 급속함 | 伸(の)びる 늘다, 증가하다 | 流通(りゅうつう) 유통 | 複雑(ふくざつ) 복잡함 | 現象(げんしょう) 현상 ▶現像(げんぞう) (사진의) 현상 | シェア 시장 점유율 | 超(こ)す 넘다 | 驚(おどろ)き 놀람, 놀라운 일 | 顧客(こきゃく) 고객 | 在庫(ざいこ) 재고 | 処理(しょり) 처리 | 手(て)こずる 애먹다, 혼나다, 쩔쩔매다

08 정답 (B)

このままの状況ではコストダウンが難しそうですね。
(A) ここは、アップダウンが激しい道ですね。
(B) そうですね。原材料の価格が大幅に上がりましたからね。
(C) まずは、消費者のことを第一に考えるべきですよね。
(D) それにしても、上半期の売り上げが気になるところですね。

현재 상황에서는 경비 삭감이 어려울 듯하네요.
(A) 여긴 경사와 내리막이 심한 길이군요.
(B) 네. 원재료 가격이 대폭 올랐으니까요.
(C) 우선은 소비자를 최우선으로 생각해야 하죠.
(D) 그렇다고 해도 상반기 매출이 걱정되네요.

해설 (A)는 コストダウン에 대해 アップダウン이라는 단어로 함정을 만들었지만, 가격의 상승과 하락이 아니라 길의 경사와 내리막이라는 의미이므로 정답이 될 수 없다. 또한, 경비 삭감이 힘들어지면 가격이 상승하는 것이 시장의 이치이기 때문에 결과적으로 소비자를 먼저 생각할 수 없어 (C)도 내용과 상반되는 대답이다. 정답은 경비 삭감을 할 수 없게 된 이유를 들며 같은 맥락의 이야기를 하고 있는 (B)이다.

어휘 原材料(げんざいりょう) 원재료 | 価格(かかく) 가격 | 大幅(おおはば) 큰 폭 | 消費者(しょうひしゃ) 소비자 | 上半期(かみはんき) 상반기 [반의어] 下半期(しもはんき) 하반기 | 気(き)になる 마음에 걸리다, 걱정이 되다

09 정답 (A)

申し訳ございませんが、もう少し納期を延ばすことはできないでしょうか。
(A) これ以上延期されると、うちの方としても死活問題ですよ。
(B) 延ばせば延ばすほど、いい事があるんですか。
(C) 商品の開発には時間がかかるんですね。
(D) そんな話は聞いていないですよ。一体どうするつもりですか。

죄송합니다만, 조금 더 납기를 연장할 수 없을까요?
(A) 이 이상 연기되면, 우리 쪽도 사활이 걸린 문제가 돼요.
(B) 늘리면 늘릴수록 좋은 일이 있나요?
(C) 상품 개발에는 시간이 걸리죠.
(D) 그런 이야기는 못 들었어요. 대체 어떻게 할 생각입니까?

해설 납기를 연장해 달라는 부탁을 하고 있기 때문에, 승낙하거나 거절하는 보기가 답이 될 확률이 높다. 그런 의미에서 정답은 (A)인데, 동사 延ばす와 延期가 같은 뜻임을 파악했다면 더 쉽게 답을 찾을 수 있었을 것이다. 상대방의 간곡한 부탁에 대해 (B)와 같이 되묻거나, 결정된 것도 없는데 (D)와 같이 화를 내는 것도 답으로 어색하며, (C)는 納期의 의미를 잘 몰랐다면 고를 수 있는 보기이다.

어휘 納期(のうき) 납기, 납입 기한 | 延(の)ばす (시일 등을) 연장하다, 연기하다 | 延期(えんき) 연기 | 死活問題(しかつもんだい) 사활 문제 | 一体(いったい) 도대체

10 정답 (B)

田中部長、昨日の商談会でやっと仮契約までこぎつけたそうよ。
(A) それは心配だね。ライバル社が有力ってことなんだね。
(B) あとは、具体的な価格交渉にポイントが絞られるってわけか。
(C) すごいね。あんな遠いところまで船で行ったんだ。
(D) 今度はどんな難関が待っているのか、どきどきしますね。

다나카 부장님, 어제 상담회에서 가까스로 가계약에 이르렀대요.
(A) 그거 걱정이군. 라이벌사가 유력하다는 말이지.
(B) 앞으론 구체적인 가격 협상에 초점이 좁혀진다는 건가?
(C) 대단한데. 그렇게 먼 곳까지 배로 갔구나.
(D) 다음에는 어떤 난관이 기다리고 있을지 두근거리네요.

해설 こぎつける라는 동사를 잘 모른다면 가계약을 했는지 말았는지 헷갈릴 수가 있다. 그래서 여차하면 답을 (A)로 고를 수 있지만, 이럴 때 부사를 놓치지 않고 들었다면 도움이 된다. やっと에는 긴 시간이나 노력을 들여 성공하거나 실현하는 모양을 뜻하는 뉘앙스가 포함되어 있으므로, 성공 후의 남은 사안을 말한 (B)가 정답이다. (C)는 こぎつける의 다른 뜻인 '노를 저어 목적지에 닿게 하다'라는 뜻을 이용한 오답이고, 또 다른 난관을 기대하고 있다는 (D)는 한시름 놓은 상태에서 할 수 있는 말이 아니다.

어휘 商談会(しょうだんかい) 상업상의 거래를 위하여 가지는 협의 | 仮契約(かりけいやく) 가계약 | こぎつける 노력하여 어떤 목적을 이루다 | 有力(ゆうりょく) 유력 | 具体的(ぐたいてき) 구체적 | 交渉(こうしょう) 교섭 | 絞(しぼ)る (범위를) 좁히다, 조이다, 한정하다 | 難関(なんかん) 난관

시나공 23 시나공 기출문제의 재구성 192쪽

| 01 (B) | 02 (A) | 03 (B) | 04 (C) | 05 (B) |
| 06 (C) | 07 (B) | 08 (A) | 09 (C) | 10 (D) |

🎧 Part2-23시나공

01 정답 (B)

海外で発生した地震の影響で、日本沿岸に津波が押し寄せる可能性があるそうです。
(A) きちんと戸締りをしなくてはいけませんね。
(B) ラジオやテレビの災害情報に注意すべきですね。
(C) 大きな被害がなくてよかったですね。
(D) 余計な心配は無用ですよ。

해외에서 발생한 지진의 영향으로, 일본 연안에 해일이 밀어닥칠 가능성이 있다고 합니다.
(A) 제대로 문단속을 하지 않으면 안 되겠군요.
(B) 라디오나 TV의 재해 정보에 주의해야겠군요.
(C) 큰 피해가 없어서 다행이네요.
(D) 쓸데없는 걱정은 필요 없어요.

해설 해일에 대한 예방책으로 문단속을 하는 것은 이상하므로 (A)는 정답이 될 수 없고, (C)는 해일이 지나간 뒤에 할 수 있는 말이므로 문제와 시점이 일치하지 않는다. 또한, (D)처럼 해일을 쓸데없는 걱정으로 여기는 것은 위험한 발상이므로 정답은 (B)이다.

어휘 沿岸(えんがん) 연안 | 津波(つなみ) 해일 | 押(お)し寄(よ)せる 밀려오다, 쇄도하다 | 戸締(とじま)り 문단속 | 災害情報(さいがいじょうほう) 재해 정보 | 被害(ひがい) 피해 | 余計(よけい) (필요한 정도를 넘어) 쓸데없음, 불필요함 | 無用(むよう) 필요 없음

02 정답 (A)

来年から地上波のテレビはデジタル放送へ完全移行されますね。
(A) チューナーやアンテナが新しく必要になりますね。
(B) アナログ放送をしていた時代が懐かしいですね。
(C) 早く衛星放送が見られるようになればいいですね。
(D) 視聴率が低迷していましたから、仕方がないですよ。

내년부터 지상파 TV는 디지털 방송으로 완전 이행되네요.
(A) 튜너나 안테나가 새로 필요하겠네요.
(B) 아날로그 방송을 하던 시절이 그립네요.
(C) 빨리 위성방송을 볼 수 있게 되면 좋겠네요.
(D) 시청률이 저조했으니까 어쩔 수가 없어요.

해설 방송 송출 시스템의 변화에 대한 내용이므로, 적절한 장비가 필요하다는 (A)가 정답이다. 아직 다 바뀐 것이 아니므로 (B)처럼 옛날을 그리워하기엔 이르며, (C)의 위성방송과는 무관하다. 또한, (D)의 시청률 저조는 방송 시스템이 아니라 방송 프로그램을 바꾸기에 적절한 이유이다.

어휘 地上波(ちじょうは) 지상파 | 移行(いこう) 이행, 옮겨감 | チューナー 튜너, 수신기의 동조기 | 懐(なつ)かしい 그립다 | 衛星放送(えいせいほうそう) 위성방송 | 視聴率(しちょうりつ) 시청률 | 低迷(ていめい) 저조함, 침체됨

03 정답 (B)

誰にも相談できずに、一人で悩む若者が増えているんだって。
(A) カウンセラーになりたいという人があまりいないからね。
(B) 人間関係の希薄さが如実に現れている現象だと言えるね。
(C) その人のわがままな性格が一番の問題だと思うけど。
(D) 最近の若者は何でも他人に頼ろうとするからね。

아무한테도 상담하지 못하고, 혼자 고민하는 젊은이가 늘고 있대.
(A) 카운셀러가 되고 싶다는 사람이 별로 없으니까.
(B) 인간관계의 희박함이 여실히 드러난 현상이라고 할 수 있지.
(C) 그 사람의 제멋대로인 성격이 가장 문제라고 생각하는데.
(D) 요즘 젊은이들은 뭐든 타인에게 의지하려고 드니까.

해설 (A)는 언뜻 정답같이 들리는 보기지만, 고민 상담을 꼭 카운셀러에게만 하는 것은 아니다. 또한, 어떤 사회적 현상을 이야기하고 있는 것이므로 개인의 성격 문제로 단정 짓는 (C)도 정답으로는 무리가 있으며, (D)는 오히려 내용과 상반된다. 따라서 정답은 총체적인 상황에 대해서 언급한 (B)이다.

어휘 希薄(きはく) 희박 | 如実(にょじつ)に 여실하게, 사실대로 | わがまま 제멋대로임, 버릇없음 | 頼(たよ)る 의지하다

04 정답 (C)

最近はエコロジーを意識した商品に注目が集まっていますね。
(A) みんな、あまりにも無意識に生活していますからね。
(B) エネルギー問題は避ける事ができないですね。
(C) これからはただ販売するだけではなく、地球環境のことまで考えないとね。
(D) ストレスが多い人がたくさんいるから、仕方ない事ですね。

최근 환경 보호를 의식한 상품이 주목을 받고 있어요.
(A) 모두들 너무 무의식적으로 생활하고 있으니까요.
(B) 에너지 문제는 피할 수 없군요.
(C) 앞으로는 단순히 판매하는 것뿐만 아니라 지구 환경까지 생각해야 하지.
(D) 스트레스가 심한 사람이 많으니 어쩔 수 없는 일이군요.

해설 エコロジー와 (C)의 地球環境란 단어의 연관성을 알고 있다면 쉽게 정답을 찾을 수 있다. 나머지 보기들은 내용상 전혀 관련이 없지만, エコロジー란 단어를 놓치는 순간 어려워질 수도 있으니 주의해서 듣자.

어휘 エコロジー 환경 보호, 환경 운동 | 意識(いしき) 의식 | 避(さ)ける 피하다 | 地球環境(ちきゅうかんきょう) 지구 환경

참고 요즘 일본은 エコロジー에 대한 관심이 무척 높아 JPT에서도 소재로 자주 등장한다. 관련 단어 몇 개를 살펴보자.
環境(かんきょう)にやさしい(=エコ) 친환경 | エコカー 친환경 자동차 | エコバッグ 장바구니 | 省(しょう)エネ 에너지 절약 | レジ袋(ぶくろ)有料化(ゆうりょうか) 비닐봉지 유료화

05 정답 (B)

いつの時代でも右肩上がりの経済成長をし続けるというわけにはいかないよね。
(A) 為替相場は、毎日変動するからね。
(B) だから常に時代の動きに合わせて、先を見る目を養わないとね。
(C) 政治不信が及ぼす影響は経済問題にまで広がるんだね。
(D) 浮き沈みが激しい世界だから、気をつけるべきだよ。

어느 시대든 오름세 경제 성장만 계속할 수는 없지.
(A) 환율 시세는 매일 변동하니까.
(B) 그러니 항시 시대의 움직임에 맞춰 앞을 내다보는 안목을 길러야 해.
(C) 정치 불신이 미치는 영향은 경제 문제로까지 확산되지.
(D) 변화가 극심한 분야니 조심해야 해.

해설 경제 성장의 보편적인 현상에 대한 이야기이기 때문에 어떤 분야만을 꼬집은 (A)나 (D)는 정답이 될 수 없다. 또한, 정경 유착과 같은 현상이 정치 불신을 야기하고 경제계에도 영향을 끼칠 수도 있지만, 섣불리 연관시켜 (C)를 정답으로 고르기엔 너무 힌트가 적다. 따라서 시대의 흐름을 읽어야 한다는 (B)가 정답이다.

어휘 右肩(みぎかた)上(あ)がり (그래프에서 꺾은 선이나 막대가 오른쪽으로 갈수록 올라가는 모양에서) 지속적인 상승, 오름세 | 為替相場(かわせそうば) 환율 시세 ▶相場는 시장의 '대략적인 값어치, 시세'를 뜻한다. | 変動(へんどう) 변동 | 先(さき)を見(み)る 앞을 내다보다 | 養(やしな)う 기르다, 양성하다 | 不信(ふしん) 불신 | 及(およ)ぼす 미치다 | 浮(う)き沈(しず)み 오르고 내림 | 気(き)をつける 조심하다

06 정답 (C)

競争が激しい業界では、常に新しい戦略を練らないと厳しいですよね。
(A) どちらが勝つかはやってみないとわかりませんよ。
(B) 伝統的な技術は守っていかなければならないですね。
(C) 斬新なアイデアで時代の要請に応えないと先に進めないからね。
(D) いくらライバル会社が増えても、あまり問題にはならないでしょう。

경쟁이 극심한 업계에서는 항상 새로운 전략을 다듬지 않으면 (살아남기) 힘들죠.
(A) 어느 쪽이 이길지는 해보지 않으면 몰라요.
(B) 전통적인 기술은 지켜 나가야 하죠.
(C) 참신한 아이디어로 시대의 요청에 부응하지 않으면 앞으로 나아갈 수 없으니까.
(D) 아무리 라이벌 회사가 늘어나도 크게 문제는 안 될 겁니다.

해설 누가 이기고 지는 문제가 아니므로 (A)는 오답이다. 또한, 전통 기술의 보호니 라이벌의 등장에 대해 말한 적은 없으므로 (B)와 (D)도 답으로 어색하다. 경쟁에서 살아남기 위한 방책을 언급했으므로, 이와 같은 맥락으로 대답한 (C)가 정답이다.

어휘 競争(きょうそう) 경쟁 | 戦略(せんりゃく) 전략 | 練(ね)る (학문, 문장, 생각 등을) 다듬다 | 伝統的(でんとうてき) 전통적 | 技術(ぎじゅつ) 기술 | 斬新(ざんしん) 참신 | 要請(ようせい) 요청 | 応(こた)える 응하다, 보답하다

07 정답 (B)

この自動車メーカー、リコール問題で来期は大幅赤字みたいですね。
(A) 円高と石油価格の上昇が痛手になりましたよね。
(B) 一部ユーザーへの損害賠償も莫大な金額になるようですしね。
(C) 本社の社屋は早く建てなおさないといけないでしょう。
(D) 新型車のデザインは評判が悪いですよね。

이 자동차 업체, 리콜 문제로 다음 분기는 대폭 적자인가 봐요.
(A) 엔고 현상과 유가 상승이 치명타가 되었죠.
(B) 일부 사용자에 대한 손해배상도 막대한 금액이 될 테니까요.
(C) 본사 사옥은 빨리 재건하지 않으면 안 되겠죠.
(D) 신형차 디자인은 평판이 나쁘네요.

해설 (A)는 원인으로 열거한 엔고 현상과 유가 상승이 리콜 문제와 관련이 없는 사안이므로 오답이다. 또한, (C)는 내용상 어울리지 않는 보기이며, (D)는 自動車メーカー에서 착안한 함정이다. 따라서 정답은 추가 손해 요인을 언급한 (B)이다.

어휘 来期(らいき) 다음 시기, 다음 분기 | 大幅(おおはば) 큰 폭 | 赤字(あかじ) 적자 ▶반의어 黒字(くろじ) 흑자 | 円高(えんだか) 엔고 ▶반의어 円安(えんやす) 엔저 | 石油(せきゆ) 석유 | 上昇(じょうしょう) 상승 | 痛手(いたで) 중상, 큰 피해나 손해 | 損害賠償(そんがいばいしょう) 손해배상 | 莫大(ばくだい) 막대함 | 社屋(しゃおく) 사옥 | 新型車(しんがたしゃ) 신형차 | 評判(ひょうばん) 평판

08 정답 (A)

インターネットの普及が広まる中、誹謗中傷サイトもどんどん増加していますね。
(A) 利用者のモラルが問われる時代になったということだね。
(B) どうせ相手の顔は見えないし、言論の自由を保障すべきだよ。
(C) 言葉の壁を越えたコミュニケーションが可能になったわけだ。
(D) これからもそんなサイトがどんどん増えるといいよね。

인터넷 보급이 확산되는 가운데 악질 비방 사이트도 점차 증가하고 있네요.
(A) 이용자의 도덕성이 시험대에 오르는 시대가 되었다는 거군.
(B) 어차피 상대방의 얼굴은 보이지 않으니 언론의 자유를 보장해야 해.
(C) 언어의 장벽을 넘어선 커뮤니케이션이 가능해진 거군.
(D) 앞으로도 그런 사이트가 점점 증가하면 좋겠어.

해설 익명을 악용한 인터넷의 부정적인 측면에 대한 이야기이므로, 개인의 도덕성에 맡겨야 한다는 (A)가 정답이다. (B)의 언론의 자유 보장과 안티 사이트는 상충하는 관계에 있고, (C)는 단순히 인터넷의 긍정적인 면을 다루고 있다. (D)는 특히 誹謗中傷サイト가 무엇인지 잘 몰랐을 때 고를 수 있는 함정으로, 유익하지 않은 사이트의 증가를 원한다는 대답은 위험하다.

어휘 普及(ふきゅう) 보급 | 誹謗中傷(ひぼうちゅうしょう)サイト 악질 비방 사이트 ▶誹謗(비방)는 남을 비웃고 헐뜯어 말하는 것이고, 中傷(중상)는 근거 없는 말로 남을 헐뜯는 중상모략과 같은 말이다. | モラル 도덕, 윤리 | 問(と)う (수동형

으로) 능력이나 가치를 새로이 시험하다 | 言論(げんろん)の 自由(じゆう) 언론의 자유 | 保障(ほしょう) 보장 | 言葉(ことば)の壁(かべ) 언어의 장벽

09 정답 (C)

あんな大手企業が上場廃止になるとは。
(A) 日経平均もこのところ上昇気味だしね。
(B) 売り上げも堅調に推移しているみたいだよ。
(C) 3期連続の赤字で、債務超過になったんだって。
(D) 企業合併の波は避けられなかったね。

그런 대기업이 상장 폐지 되다니.
(A) 일본 닛케이 평균 주가도 요즘 상승세이기도 하니까.
(B) 매출도 견고한 추세인 것 같아.
(C) 3분기 연속 적자로 채무 초과 상태가 됐대.
(D) 기업 합병의 물결은 피할 수 없었군.

해설 어떤 대기업의 상장 폐지에 대해 ~になるとは라며 놀라워 하고 있으므로, 상장 폐지라는 상황과는 거리가 먼 (A)나 (B)는 오답이다. 또한, 상장 폐지는 주로 재정적인 위기 상태에 있는 회사와 관련된 것이므로, (D)에서 말한 기업 합병 추세와도 관련성이 적다. 따라서 같은 맥락의 경제 상황에 대해 언급한 (C)가 정답이다.

어휘 大手企業(おおてきぎょう) 대기업 | 上場廃止(じょうじょうはいし) 상장 폐지 | 日経平均(にっけいへいきん) 닛케이 평균 주가, 닛케이 225지수 | ~気味(ぎみ) (명사나 동사 ます형에 접속하여) ~하는 기색, 경향, 기운 | 堅調(けんちょう) 견실함 | 推移(すいい) 추이 | 債務超過(さいむちょうか) 채무 초과 | 合併(がっぺい) 합병 | 波(なみ) 파도, 물결, 흐름 | 避(さ)ける 피하다

10 정답 (D)

沖縄の米軍基地移転問題で国会は揺れていますね。
(A) 自衛隊は早く沖縄から撤退すべきです。
(B) 観光客にとっては耳寄りなニュースですよね。
(C) 沖縄の農民にとって農産物の自由化は死活問題になりますからね。
(D) 沖縄県とアメリカ軍の両方が相手だから政府も大変ですね。

오키나와의 미군 기지 이전 문제로 국회가 흔들리고 있네요.
(A) 자위대는 서둘러 오키나와에서 철퇴해야 합니다.
(B) 관광객에게는 귀가 솔깃한 뉴스군요.
(C) 오키나와 농민에게 농산물 자유화는 사활 문제가 되니까요.
(D) 오키나와 현과 미군 쌍방을 상대해야 하니 정부도 고생이군요.

해설 이런 문제의 경우 한자어를 다 들을 자신이 없을 땐 흐름으로 들어야 하는데, 평소 일본의 시사 상식에 관심이 많았다면 그 배경지식이 크게 도움이 된다. 오키나와 미군 기지 문제를 알고 있는 사람이라면, (A)에서는 自衛隊は、(B)에서는 観光客にとっては、(C)에서는 農民にとって라는 주어만 들어도 모두 정답이 아니라는 것을 알 수 있었을 것이다. 미군과 오키나와, 그리고 정부 사이의 이해관계가 얽힌 사안이므로 정답은 (D)이다.

어휘 米軍基地(べいぐんきち) 미군 기지 | 移転(いてん) 이전 | 揺(ゆ)れる 흔들리다 | 自衛隊(じえいたい) 자위대 | 撤退(てったい) 철퇴 | 耳寄(みみよ)り 귀가 솔깃함 | 農民(のうみん) 농민 | 農産物(のうさんぶつ) 농산물 | 死活(しかつ) 사활

셋째마당 | 미리 보는 실전 예상문제 193쪽

| 01 (D) | 02 (B) | 03 (D) | 04 (B) | 05 (C) |
| 06 (D) | 07 (B) | 08 (D) | 09 (D) | 10 (B) |

🎧 Part2-23예상문제

01 정답 (D)

先日、ご提案した件ですが、どうなりましたでしょうか。
(A) 慎重に検討するしかないですね。
(B) どうするのか、よくわかりません。
(C) 明日までに決定してください。
(D) 来週中にお返事できると思います。

지난번에 제안한 안건은 어떻게 되었나요?
(A) 신중하게 검토할 수밖에 없네요.
(B) 어떻게 할지 잘 모르겠습니다.
(C) 내일까지 결정해 주세요.
(D) 다음 주 중으로 답변할 수 있을 것 같습니다.

해설 특별히 어렵지 않게 풀 수 있는 문제이다. どうなりましたでしょうか 때문에 자칫 (B)를 고를 수도 있지만, 비즈니스 회화에서 よくわかりません과 같은 대답은 어울리지 않기 때문에 정답이 될 수 없다. (A)는 慎重に検討しています라고 해야 자연스러운 대답이고, (C)는 明日までに結論を出します라고 해야 맞는 답이므로, 보기를 끝까지 듣는 것도 중요하다. 정답은 답변 시기를 말한 (D)이다.

어휘 提案(ていあん) 제안 | 慎重(しんちょう) 신중 | 検討(けんとう) 검토 | 決定(けってい) 결정 | 返事(へんじ) 답변

02 정답 (B)

いくら優しい部長でも、今度失敗したらただじゃおかないだろうね。
(A) そう。石の上にも三年というしね。
(B) そう。仏の顔も三度というしね。
(C) そう。馬子にも衣装というしね。
(D) そう。壁に耳あり障子に目ありというしね。

아무리 온화한 부장님이라도 이번에 실패했다가는 가만두지 않겠지?
(A) 그래. 아무리 힘들어도 참고 견디면 복이 온다잖아.
(B) 그래. 참는 데도 한계가 있다고 하잖아.
(C) 그래. 옷이 날개라고 하잖아.
(D) 그래. 낮말은 새가 듣고 밤말은 쥐가 듣는다고 하잖아.

해설 (A)石(いし)の上(うえ)にも三年(さんねん)은 '차가운 돌이라도 그 위에 3년이나 앉아 있으면 따뜻해진다'는 말로, 인내의 중요성을 나타낸다. 또한, (B)仏(ほとけ)の顔(かお)も三度(さんど)는 '아무리 착한 사람도 참는 데는 한계가 있다', (C)馬子(まご)にも衣装(いしょう)는 '좋은 옷을 입혀 놓으면 마부라도 돋보인다'는 뜻이다. (D)壁(かべ)に耳(みみ)あり障子(しょうじ)に目(め)あり는 말 그대로 '벽에는 귀가 있고 장

지에는 눈이 있다'는 말로, 비밀이 새기 쉬움을 비유한 표현이다. 문제에서는 부장의 인품이 평소에는 상냥하지만, 이번에도 실패하면 마냥 상냥하지만은 않을 것이라고 했으므로, '부처와 같은 온화한 얼굴도 세 번까지'라고 한 (B)가 정답이다. 속담에 대한 자세한 해설은 〈시나공법 21〉을 다시 참고하자.

03 정답 (D)

この件に関しては、より慎重な姿勢で臨むべきですね。
(A) 早急に解決案を出しても、クレームは増えるばかりですよ。
(B) いつも慎重すぎるのが玉に瑕なんですよね。
(C) それは適当に済ませて、新しいアイデアを出しましょう。
(D) 多少時間がかかっても最善の方法を見つけなければなりませんね。

이 일에 관해서는 보다 신중한 자세로 임해야 해요.
(A) 시급히 해결안을 내도 클레임은 늘어나기만 해요.
(B) 항시 너무 신중한 것이 옥의 티죠.
(C) 그건 적당히 끝내고 새로운 아이디어를 냅시다.
(D) 다소 시간이 걸려도 최선의 방법을 강구해야죠.

해설 (A)는 내용과 전혀 무관하며, 신중한 자세가 필요하다는데 너무 신중해서 흠이라는 (B)나, 적당히 하자는 (C)는 어울리는 대답이 아니다. 따라서 정답은 (D)이다.

어휘 慎重(しんちょう) 신중 | 姿勢(しせい) 자세 | 臨(のぞ)む 임하다 [동음이의어] 望む 바라다 | 早急(さっきゅう)에 시급히, 조속히 | 解決案(かいけつあん) 해결안 | 玉(たま)に瑕(きず) 옥의 티 | 適当(てきとう)에 적당히 | 済(す)ます 끝내다, 마치다

참고 最善(さいぜん)은 '최선, 가장 좋음'이라는 뜻으로, 最善(さいぜん)を尽(つ)くす의 형태로 자주 쓰인다. 같은 말인 ベストを尽(つ)くす도 알아 두자.

04 정답 (B)

フレックスタイムの導入で、朝の通勤ラッシュのストレスが減った気がするわ。
(A) 残業が減ったのは、嬉しい事だね。
(B) ラッシュアワーを避けて時差出勤できるのは嬉しい限りだね。
(C) タイムカードにはきちんと記入してください。
(D) どんな職場でもストレスはつきものだよ。

유연근무제가 도입되어 아침의 통근 러시아워 스트레스가 줄어든 느낌이야.
(A) 야근이 줄어든 건 기쁜 일이지.
(B) 러시아워를 피해 시차 출근을 할 수 있는 건 기쁘기 그지없지.
(C) 타임 카드는 확실히 기입해 주세요.
(D) 어떤 직장이라도 스트레스는 따르게 마련이야.

해설 フレックスタイム는 현 근무 시간을 유지하면서 출퇴근 시간을 조정하는 제도를 말한다. 혹시 이 단어를 몰랐더라도 문제 뒷부분에서 이미 힌트를 주고 있기 때문에 쉽게 (B)를 정답으로 고를 수 있었을 것이다. (A)와 (D)는 각각 본문에 쓰였던 減る와 ストレス, (C)는 タイム으로 함정을 만들었지

만, 모두 내용상 어울리지 않는 대답이다.

어휘 フレックスタイム 유연근무제 | 導入(どうにゅう) 도입 | 通勤(つうきん)ラッシュ 통근 러시 | 減(へ)る 줄다, 적어지다 | 避(さ)ける 피하다, 꺼리다 | 時差出勤(じさしゅっきん) 시차 출근 | つきもの 으레 따르기 마련인 것

05 정답 (C)

首と胴体と手足が切断された惨たらしい事件が発生しましたね。
(A) この無罪判決はどう考えても納得がいきませんよね。
(B) リストラで今年も多くの従業員が解雇されましたよ。
(C) バラバラ殺人なんて、身の毛もよだつ話ですよね。
(D) この時期に蚊が発生するなんて、季節外れですね。

목과 몸통, 팔다리가 절단된 끔찍한 사건이 발생했군요.
(A) 이 무죄 판결은 어떻게 생각해도 납득이 안 가요.
(B) 정리해고로 올해도 많은 종업원이 해고됐어요.
(C) 토막살인이라니, 소름 돋는 이야기예요.
(D) 이 시기에 모기가 발생하다니, 계절에 안 맞네요.

해설 バラバラ殺人이란 단어를 알고 있는지, 또는 惨たらしい에 대응하는 身の毛もよだつ란 표현을 찾을 수 있는지를 묻는 문제로, 정답은 (C)이다. 만약 어휘력이 부족하더라도 문장의 흐름상 (B)나 (D)는 오답으로 쉽게 골라낼 수 있다. (A) 또한 이제 막 발생한 사건에 대해 할 수 있는 말이 아니므로 알맞은 대답이 아니다.

어휘 胴体(どうたい) 몸, 동체 | 切断(せつだん) 절단 | 惨(むご)たらしい 잔혹하다, 끔찍하다 | 無罪判決(むざいはんけつ) 무죄 판결 | 納得(なっとく)がいかない 납득이 가지 않다 | リストラ 정리해고 | 従業員(じゅうぎょういん) 종업원 | 解雇(かいこ) 해고 | バラバラ殺人(さつじん) 토막살인 | 身(み)の毛(け)がよだつ 소름이 돋다 | 蚊(か) 모기 ▶蛾(が) 나방 | 季節(きせつ)外(はず)れ 계절에 맞지 않음, 계절과 어울리지 않음

06 정답 (D)

本社の経営悪化が、うちのような子会社にまで悪影響を与えかねないのよ。
(A) それなら、今年のボーナスは期待できそうだね。
(B) 子会社同士で足を引っ張るのはよくないね。
(C) もっとストライキをすれば、労働者側の意見を受け入れてくれるよね。
(D) うちの場合、親会社が最大の取引先だからね。

본사의 경영 악화가 우리 같은 자회사에까지 악영향을 끼칠 수도 있어.
(A) 그러면 올해 보너스는 기대할 수 있겠네.
(B) 자회사끼리 방해하는 건 옳지 않아.
(C) 파업을 더 하면 노동자 쪽의 의견을 수용해 주겠지.
(D) 우리의 경우, 모회사가 최대의 거래처니까.

해설 '경영 악화, 악영향'이라는 단어가 나왔는데 (A)와 같은 긍정적인 대답은 어색하다. 또한, 자회사끼리 경쟁했다고 말한 적이 없으므로 (B)도 정답이 될 수 없고, 노사 갈등에 대한 이야기도 등장하지 않았으므로 (C)도 적절하지 않은 대답이다. 본사 즉, 모회사가 큰 거래처이기 때문이라면서 상대방

의 의견에 동의한 (D)가 정답이다.

어휘 子会社(こがいしゃ) 자회사 반의어 親会社(おやがいしゃ) 모회사｜~同士(どうし) ~끼리｜足(あし)を引(ひ)っ張(ぱ)る (남의 성공을) 방해하다, 발목을 잡다｜ストライキ 파업 ▶줄여서 スト라고도 한다.｜労働者(ろうどうしゃ) 노동자

07 정답 (B)

20年も我が社のトップに座り続けた社長が突然辞任するなんて、大事件だわ。
(A) 事故現場は阿鼻叫喚だったそうだよ。
(B) 本当(?)。まさに青天の霹靂というべきだね。
(C) だから、一期一会が大事になってくるんだよね。
(D) そうか、昔から美人薄命と言うからね。

20년이나 우리 회사 정상에 줄곧 앉아 있던 사장님이 갑자기 사임하다니, 대사건이야.
(A) 사고 현장은 아비규환이었대.
(B) 정말? 그야말로 청천벽력이라 해야겠네.
(C) 그래서 일기일회가 중요시되는 거야.
(D) 그래? 옛날부터 미인박명이라고 하니까.

해설 갑작스런 사장님의 사임은 화자에게 있어 대사건. 즉, '마른 하늘에 날벼락'과 같기 때문에 青天(せいてん)の霹靂(へきれき)라고 대답한 (B)가 정답이다. (A)阿鼻叫喚(あびきょうかん)은 '지옥과 같은 참상', (C)一期一会(いちごいちえ)는 '일생에 한 번뿐인 만남', (D)美人薄命(びじんはくめい)는 말 그대로 '미인박명'을 뜻한다.

어휘 辞任(じにん) 사임｜事故現場(じこげんば) 사고 현장｜まさに 틀림없이, 바로

08 정답 (D)

中小企業に入るより、大企業で安定した生活を送りたいよ。
(A) 立派な大人のくせに、取らぬ狸の皮算用はやめた方がいいね。
(B) 千里の道も一歩からとも言うしね。
(C) まさに背水の陣っていうわけか。頑張ってね。
(D) 寄らば大樹の陰ね。でも、今の時代にどうかなあ。

중소기업에 들어가는 것보다 대기업에서 안정된 생활을 하고 싶어.
(A) 다 큰 어른인 주제에 김칫국부터 마시는 건 그만둬.
(B) 천 리 길도 한 걸음부터라고도 하니까.
(C) 그야말로 배수의 진이군. 힘 내.
(D) 같은 값이면 다홍치마지. 하지만 요즘 시대에 글쎄.

해설 중소기업보다 대기업에 들어가고 싶다는 이야기이므로, 어차피 '기댈 거라면 큰 나무 그늘'에 기대라는 (D)寄(よ)らば大樹(たいじゅ)の陰(かげ)가 정답이다. (A)取(と)らぬ狸(たぬき)の皮算用(かわざんよう)는 직역하면 '아직 너구리 한 마리 잡지 않았으면서 벌써 가죽을 팔 생각을 하고 있다'는 말로, 개인의 소망을 이야기하고 있는데 미리 비아냥거리는 대답은 어울리지 않는다. (B)千里(せんり)の道(みち)も一歩(いっぽ)から는 우리말에도 있는 너무나 친숙한 속담이며, (C)背水(はいすい)の陣(じん)은 '더 이상 물러날 수 없음'을 뜻하는 말로 모두 어울리지 않는 대답이다.

09 정답 (D)

総理大臣の支持率がまた下がりましたね。
(A) やっぱりテレビ局にとっては視聴率がすべてですからね。
(B) 昨日の予報では晴れの確率が80%だったんですがね。
(C) 自動車業界にとっては寝耳に水の出来事ですよね。
(D) 今度の選挙で与党が負けたら、政界再編は必至ですね。

총리대신의 지지율이 또 떨어졌네요.
(A) 역시 TV 방송국으로선 시청률이 전부니까요.
(B) 어제 예보에선 맑게 갤 확률이 80%였는데 말이죠.
(C) 자동차 업계로선 아닌 밤중에 홍두깨 같은 사건이죠.
(D) 이번 선거에서 여당이 지면 정계 재편은 불가피하겠죠.

해설 정치가의 支持率이 떨어졌다고 했지 視聴率이 떨어진 것이 아니므로 (A)는 정답이 될 수 없다. 또한, (B)는 날씨의 確率에 대한 이야기이고, (C)는 내용과 전혀 관련이 없다. 같은 정치계의 이야기를 한 (D)가 정답이다.

어휘 総理大臣(そうりだいじん) 총리대신｜支持率(しじりつ) 지지율｜テレビ局(きょく) TV 방송국｜視聴率(しちょうりつ) 시청률｜晴(は)れ 맑음｜確率(かくりつ) 확률｜寝耳(ねみみ)に水(みず) 아닌 밤중에 홍두깨｜選挙(せんきょ) 선거｜与党(よとう) 여당 반의어 野党(やとう) 야당｜政界再編(せいかいさいへん) 정계 재편｜必至(ひっし) 필연적임, 불가피함

10 정답 (B)

今年は世界各地で大きな地震が起きていますね。
(A) はい、乾燥注意報が出ているので山火事には注意したいですね。
(B) 地球が地震活動期に入ったのではないかと、心配する声もありますよね。
(C) 日本政府は積極的な景気対策に乗り出すべきでしょう。
(D) どんなときでも自信を持って堂々と生きて行きたいですよね。

올해는 세계 각지에서 큰 지진이 일어나고 있네요.
(A) 네, 건조주의보가 내려졌으므로 산불에 주의했으면 해요.
(B) 지구가 지진 활동기에 들어선 게 아닌지 걱정하는 목소리도 있죠.
(C) 일본 정부는 경기 대책에 적극 나서야겠죠.
(D) 항상 자신감을 가지고 당당하게 살아가고 싶어요.

해설 지진과 (A)건조주의보, (C)경기 대책은 전혀 연관성이 없다. 또, (D)自信은 地震과 발음이 같은 것을 이용한 함정이므로 속지 말아야 한다. 전 지구적인 규모의 지진 현상에 대해 걱정하고 있는 (B)가 정답이다.

어휘 乾燥注意報(かんそうちゅういほう) 건조주의보｜山火事(やまかじ) 산불｜地震活動期(じしんかつどうき) 지진 활동기｜乗(の)り出(だ)す (적극적으로) 착수하다, 관여하다, 나서다｜堂々(どうどう)と 당당히

Part 3

시나공법 24 시나공 기출문제의 재구성 203쪽

01 (C) 02 (C) 03 (D) 04 (C) 05 (D)
06 (D) 07 (B) 08 (D) 09 (A) 10 (B)

🎧 Part3-24시나공

01 정답 (C)

男: 田中さんのお兄さんはおいくつですか。
女: 25歳です。
男: じゃ、うちの姉と同い年ですね。
女: 私とは三つ違いなんです。

남: 다나카 씨의 오빠는 몇 살입니까?
여: 25살입니다.
남: 그럼, 우리 누나와 같은 나이네요.
여: 저와는 3살 차이죠.

해석 남자의 누나는 몇 살입니까?
(A) 20살
(B) 22살
(C) 25살
(D) 28살

해설 문제를 먼저 읽고 질문의 대상을 재빨리 파악했다면 그다지 어렵지 않은 문제이다. 여자의 오빠와 남자의 누나가 같은 나이라고 말했으므로 (C)가 정답이다. 이런 유형의 문제는 대상을 바꿔 여자의 나이를 물을 수도 있다. 여자의 나이는 25살-3살 = 22살이다.

어휘 同(おな)い年(どし) 동갑, 같은 나이 ▶年子(としご) 연년생

02 정답 (C)

女: 鈴木さん、ご兄弟は(?)。
男: 私は4人兄弟です。
女: お姉さんはいらっしゃいますか。
男: いいえ、兄と妹と弟がいます。

여: 스즈키 씨, 형제는요?
남: 저는 형제가 네 명입니다.
여: 누님은 계세요?
남: 아니요, 형과 여동생과 남동생이 있습니다.

해석 남자의 형제에 대해서 올바른 것은 어느 것입니까?
(A) 형, 누나, 여동생
(B) 누나, 여동생, 남동생
(C) 형, 남동생, 여동생
(D) 누나, 형, 남동생

해설 姉가 있느냐는 질문에 いいえ라고 대답했고, 마지막에 兄と妹と弟라고 했으므로 정답은 (C)이다. 정답 순서를 약간 바꿔 놨지만 姉만 제거하면 쉽게 답을 찾을 수 있다.

03 정답 (D)

女: 木村さんはいつから眼鏡をかけていますか。
男: 私は中2の頃からです。
女: 私は小学校3年生の夏休みからですが、兄も目が悪くて。
男: もしかしたら、遺伝かもしれませんね。

여: 기무라 씨는 언제부터 안경을 썼나요?
남: 저는 중2 때부터입니다.
여: 전 초등학교 3학년 여름 방학부터인데 오빠도 눈이 나빠요.
남: 어쩌면 유전일지도 모르겠네요.

해석 여자는 언제부터 안경을 썼습니까?
(A) 중학교 2학년 때부터
(B) 초등학교 2학년 때부터
(C) 중학교 3학년 여름 방학부터
(D) 초등학교 3학년 여름 방학부터

해설 여자가 말한 부분을 잘 들었다면 바로 (D)라는 답이 나왔을 것이다. (A)는 남자가 안경을 쓴 시기이다.

어휘 眼鏡(めがね) 안경 ▶検眼(けんがん) 시력 검사 | もしかしたら 어쩌면 [통의어] ひょっとしたら | 遺伝(いでん) 유전

04 정답 (C)

女: あのう、財布をなくしてしまったんですが、届いていませんか。
男: どんな財布ですか。
女: 黒くて四角い財布です。中にキャッシュカードと学生証も入っています。
男: そうですか。では、こちらにお名前と連絡先をご記入ください。

여: 저, 지갑을 잃어버렸는데요, 여기 없나요?
남: 어떤 지갑입니까?
여: 검고 네모난 지갑입니다. 안에 현금카드랑 학생증도 들어 있어요.
남: 그러세요? 그럼, 여기에 이름과 연락처를 기입해 주세요.

해석 여자의 지갑은 어떤 것입니까?
(A) 하얗고 네모난 지갑
(B) 검고 동그란 지갑
(C) 안에 학생증이 들어 있는 지갑
(D) 안에 전화카드가 들어 있는 지갑

해설 여자가 잃어버린 지갑의 특징을 잘 들어야 한다. 여자의 지갑은 黒くて四角い, 그리고 안에 キャッシュカード와 学生証가 들어 있다고 했다. 따라서 (C)가 정답이다.

어휘 財布(さいふ) 지갑 | キャッシュカード 현금카드 | 学生証(がくせいしょう) 학생증 | 連絡先(れんらくさき) 연락처 | 記入(きにゅう) 기입 | テレホンカード 전화카드

05 정답 (D)

女: あそこに見える茶色い建物は何(?)。
男: ああ、あれは図書館だよ。
女: じゃ、その手前にある同じ形の建物が二つ並んでいるのは(?)。
男: あれは、学校の寮だよ。

여: 저쪽에 보이는 갈색 건물은 뭐야?
남: 아, 저건 도서관이야.
여: 그럼, 그 앞에 있는 같은 모양의 건물이 두 개 늘어서 있는 건?
남: 저건 학교 기숙사야.

해석 학교 기숙사는 어떤 건물입니까?
(A) 갈색 건물
(B) 도서관 뒤에 있는 건물
(C) 높이가 다른 두 동의 건물
(D) 도서관 앞에 있는 건물
해설 대화 내용을 정리하면, 갈색 건물은 도서관이고 그 앞에 있는 똑같이 생긴 두 개의 건물이 기숙사이므로 정답은 (D)이다.
어휘 手前(てまえ) 앞 | 寮(りょう) 기숙사 | ~棟(とう) (건물을 세는 단위) ~동

06 정답 (D)

男: 高校の時の佐藤先生って厳しかったよね。
女: うん。宿題も多かったし、テストも難しかったよね。
男: でも、もう今年度いっぱいで定年だそうだよ。
女: へえ、そうなんだ。

남: 고등학교 때 사토 선생님, 엄격했지?
여: 응. 숙제도 많았고 시험도 어려웠었지.
남: 그렇지만 벌써 이번 연도로 정년이시래.
여: 아, 그렇구나.

해석 사토 선생님에 대해 뭐라고 말했습니까?
(A) 학생에게 온화한 선생님
(B) 숙제가 적었던 선생님
(C) 화를 잘 내는 선생님
(D) 퇴직이 가까운 선생님
해설 두 사람의 대화를 살펴보면, 사토 선생님에 대해 ①厳しかった, ②宿題が多かった, ③テストが難しかった, ④今年度で定年이라고 했다. 따라서 (A)와 (B)는 정답과 정반대의 보기이고, (C)는 말하지 않은 내용이므로 정답은 ④와 같은 의미인 (D)이다.
어휘 今年度(こんねんど) 금년도 ▶일본의 행정, 회계, 학사 연도는 4월부터 이듬해 3월까지이다. | 定年(ていねん) 정년 | 生徒(せいと) (중고등) 학생 | 退職(たいしょく) 퇴직 | 間近(まぢか) 얼마 남지 않음, 가까움

07 정답 (B)

男: あれ、木村さんの車って白じゃなかったっけ。
女: うん、でも今朝、車検に出したから。
男: じゃ、これは誰の車(?)。
女: 今日だけ父から借りてきたの。

남: 어? 기무라 씨 자동차, 흰색 아니었어?
여: 응, 그런데 오늘 아침에 차량 검사를 맡겨서.
남: 그럼, 이건 누구 차야?
여: 오늘만 아버지한테 빌려 왔어.

해석 여자의 차는 어떤 차입니까?
(A) 바로 얼마 전에 산 새 차
(B) 흰색 차
(C) 아버지께서 사 주신 차
(D) 어머니께 빌린 차
해설 남자는 白じゃなかったっけ라면서 여자의 차가 흰색이라는 자신의 기억을 확인하고 있었고, 여자도 그에 동의했기 때문에 (B)가 정답이다.
어휘 車検(しゃけん) 차량 검사 ▶自動車検査(じどうしゃけんさ)의 준말

참고 ~っけ는 기억이 분명하지 않은 일을 묻거나 재차 확인할 때, 또는 지난 일을 회상할 때 쓰는 표현으로, '~였지?, ~였던가?'라는 뜻이다.

08 정답 (D)

女: そのセーター、暖かそうですね。
男: 彼女の手編みなんです。
女: すごいですね。心がこもっていますね。
男: ええ、高いブランド品よりもずっと気に入っています。

여: 그 스웨터, 따뜻해 보이네요.
남: 여자친구가 손수 짠 거예요.
여: 대단하네요. 마음이 담겨 있군요.
남: 네, 비싼 명품보다 훨씬 마음에 듭니다.

해석 남자의 스웨터는 어떤 것입니까?
(A) 유명 브랜드 스웨터
(B) 여자친구가 사 준 스웨터
(C) 굉장히 비싸고 따뜻한 스웨터
(D) 여자친구가 짜 준 스웨터
해설 남자가 입고 있는 스웨터는 彼女の手編み이다. 여자친구가 손수 짠 것이라는 뜻이므로 정답은 (D)이다.
어휘 手編(てあ)み 손으로 짠 것 | 心(こころ)がこもる 마음이 담기다, 마음이 깃들다 | ブランド品(ひん) 브랜드 상품, (흔히) 명품 | 編(あ)む 뜨다, 짜다, 엮다

09 정답 (A)

男: さっきの受付の人、なんか感じ悪かったね。
女: そうね。患者さんを相手にするんだから、もう少し気を遣って欲しいよね。
男: あんな態度じゃ余計に具合が悪くなりそうだよ。
女: 前にいた人は、いつも笑顔で応対がよかったんだけどな。

남: 조금 전 접수창구 직원, 느낌 안 좋지?
여: 그러게. 환자를 상대하는 거니 좀 더 조심해 주면 좋겠어.
남: 저런 태도라면 상태가 더 나빠질 것 같아.
여: 전에 있던 사람은 항상 웃는 얼굴로 응대가 좋았는데 말이야.

해석 오늘 접수창구 직원의 응대는 어떠했습니까?
(A) 환자에 대해 불친절한 태도였다.
(B) 웃는 얼굴로 응대해 주었다.
(C) 친절하게 배려해 주었다.
(D) 접수하는 데 시간이 걸렸다.
해설 예전의 접수창구 직원에 대해 묻고 있다면 (B)나 (C)를 정답으로 고를 수 있겠지만, 두 사람의 대화가 感じ悪い, 気を遣って欲しい, 具合が悪くなりそう 등 불만으로 가득한 것으로 보아, 오늘 접수창구 직원은 (A)와 같았음을 알 수 있다. 따라서 정답은 (A)이다.
어휘 患者(かんじゃ) 환자 | 余計(よけい) (~に의 형태로) 한층, 더욱더 | 応対(おうたい) 응대 | 気配(きくば)り 배려함, 마음 씀
참고 受付(うけつけ)에는 '접수, 접수처, 접수인'이라는 뜻이 있으니 문장에 따라 어떤 뜻으로 쓰였는지 구분해서 듣자.

10 정답 (B)

男 : 田中さんって本当に飽きっぽいよね。
女 : そんなことないわよ。ただ、私はいろんなことに興味があるだけよ。
男 : でも、どれも長続きしないじゃない。
女 : 本当に好きなものを見つけるのってそう簡単じゃないのよ。

남 : 다나카 씨는 정말 싫증을 잘 내.
여 : 그렇지 않아. 나는 단지 여러 가지 일에 흥미가 있을 뿐이야.
남 : 그렇지만, 뭐든 오래 가지 않잖아.
여 : 정말 좋아하는 것을 찾는 게 그렇게 간단하지 않다고.

해석 여자는 어떤 성격입니까?
(A)무슨 일이든지 차분히 몰두하는 타입이다.
(B)무엇이든 적극적으로 부딪히지만, 이내 그만두는 사람이다.
(C)뭐든 귀찮아하는 사람으로 무엇을 하든 내켜하지 않는다.
(D)한 가지 일을 끝까지 해내는 노력가이다.

해설 여자는 자신의 성격에 대해서 いろんなことに興味がある라고 했고, 정황상 좋아하는 일을 찾느라 이것저것 하다가 그만 두기를 반복하고 있다는 것을 알 수 있다. 따라서 정답은 (B)이다. 오답인 (C)와 (D)는 여자의 성격과 반대되는 보기이다.

어휘 飽(あ)きっぽい 금방 싫증을 냄, 또는 그런 사람 | 長続(ながつづ)き 오래감, 오래 계속됨 | じっくり 공들여서 차분히 | 取(と)り組(く)む (앞에 조사 に 또는 と를 써서) 열심히 하다, 몰두하다 | 三日坊主(みっかぼうず) 작심삼일 하거나 금방 그만두는 사람 | 面倒(めんどう)くさがり 귀찮아하는 성격 | 億劫(おっくう) 귀찮아서 내키지 않음 ▶臆病(おくびょう) 겁이 많거나 그런 사람 | やり遂(と)げる 끝까지 해내다, 완수하다 | 努力家(どりょくか) 노력가

시나공법 25 시나공 기출문제의 재구성 209쪽

| 01 (B) | 02 (C) | 03 (C) | 04 (B) | 05 (D) |
| 06 (C) | 07 (D) | 08 (B) | 09 (B) | 10 (D) |

🎧 Part3-25시나공

01 정답 (B)

男 : ごめん、クリスマスの旅行、急に行けなくなっちゃった。
女 : ひどい。1ヶ月も前から予約してたのに。
男 : どうしてもその日、出張に行かなきゃならなくなったんだ。
女 : じゃ、埋め合わせに帰ってきたら特上のお寿司、おごってよ。

남 : 미안, 크리스마스 여행 갑자기 못 가게 됐어.
여 : 너무해. 한 달이나 전부터 예약했었는데.
남 : 그날 꼭 출장을 가야 해서.
여 : 그럼, 대신에 돌아오면 최상급 초밥 한턱내.

해석 남자는 크리스마스 날에 무엇을 합니까?
(A)여행한다.
(B)출장을 간다.
(C)크리스마스 파티를 한다.
(D)여자에게 초밥을 대접한다.

해설 크리스마스 때 남자는 출장을 가야 하므로 (A)와 (C)는 오답이고, (D)는 크리스마스가 지난 뒤의 여자의 요청이므로 정답은 (B)이다.

어휘 特上(とくじょう) (상중하 단계에서 상보다 한 단계 높은) 최상급 | 寿司(すし) 초밥 | おごる 한턱내다 [동의어] ごちそうする

참고 埋(う)め合(あ)わせ는 사전적인 의미로는 '어떤 부족을 보충하다'라는 뜻이지만, 일상 회화에서는 여기서와 같이 약속을 어겼을 경우에 '미안함을 갚는다'는 의미로도 자주 쓰이므로 기억해 두자.

02 정답 (C)

女 : 今日はお母さんの誕生日だから、実家に顔を出すって言ってなかった(?)。
男 : ああ、それならおふくろは親父と一緒に温泉旅行に行く事にしたんだって。
女 : なあんだ。そうだったの。
男 : 夫婦水入らずで楽しみたいんだって。

여 : 오늘은 어머님 생신이라서 집에 간다고 얘기 안 했었어?
남 : 아, 그게 엄마는 아버지랑 같이 온천 여행 가기로 하셨대.
여 : 뭐야, 그랬구나.
남 : 부부끼리 오붓하게 즐기고 싶으시대.

해석 남자에 대해 일치하는 것은 어느 것입니까?
(A)오늘 본가에 간다.
(B)오늘은 아버지 생신이다.
(C)부모님은 부부끼리 온천에 간다.
(D)가족 모두 온천에 간다.

해설 어머니 생일이라 집에 갈 예정이었지만, 남자의 부모님이 온천에 가신 관계로 그 계획은 무산되었기 때문에 (A)와 (B)는 오답이다. 또한, 온천에 간 것은 夫婦水入らず 즉, 부모님 부부만이었기 때문에 (D)도 틀린 답이다. 따라서 정답은 (C)이다.

어휘 顔(かお)を出(だ)す 가다, 참석하다 | ～水入(みずい)らず (주로 집안 식구) ～끼리

참고 여기서 부모님을 가리키는 말이 여럿 등장했는데, 자신의 어머니는 母(はは)・おふくろ・母親(ははおや), 남의 어머니는 お母(かあ)さん, 자신의 아버지는 父(ちち)・親父(おやじ)・父親(ちちおや), 남의 아버지는 お父(とう)さん이라고 한다. 덧붙여 おふくろ나 親父는 스크립트에서처럼 성인 남성이 쓰는 말이다.

03 정답 (C)

女 : あのう、今日の夕方6時に治療を予約していたんですが、予約の変更をお願いします。
男 : はい。では、いつがよろしいですか。
女 : 来週の月曜日以外ならいつでもいいですが、午後でお願いします。
男 : では、来週火曜日の1時にお待ちしております。

여 : 저기, 오늘 저녁 6시에 치료를 예약했는데, 예약 변경을 부탁합니다.
남 : 네, 그럼 언제가 괜찮으십니까?
여 : 다음 주 월요일 이외라면 언제라도 괜찮습니다만, 오후로 부탁합니다.
남 : 그럼, 다음 주 화요일 1시에 기다리고 있겠습니다.

해설 여자는 언제 치료하러 갑니까?
(A) 오늘 오후 6시에 간다.
(B) 다음 주 월요일 1시에 간다.
(C) 다음 주 화요일 1시에 간다.
(D) 다음 주 화요일 7시에 간다.

해설 (A)는 여자가 원래 예약했던 시간이고, 예약 변경을 하면서 다음 주는 월요일 빼고 언제든지 가능하다고 했으므로 (B)도 오답이다. 만일 月曜日以外라는 부분을 듣지 못했더라도 남자의 마지막 대답으로 정답이 (C)라는 것을 알 수 있다.

어휘 夕方(ゆうがた) 저녁 | 治療(ちりょう) 치료 | 変更(へんこう) 변경 | 以外(いがい) 이외

04 정답 (B)

男 : まだ時間もあるし、お茶でも飲んで行きませんか。
女 : すみません。ちょっと本屋に寄って、見たい本があるんです。
男 : そうですか。じゃ、私もお供していいですか。
女 : ええ、もちろん。

남 : 아직 시간도 있고, 차라도 마시고 가지 않겠어요?
여 : 죄송해요. 잠깐 서점에 들러서 보고 싶은 책이 있어요.
남 : 그래요? 그럼, 저도 같이 가도 될까요?
여 : 네, 물론이죠.

해설 이 다음, 두 사람은 어떻게 합니까?
(A) 차를 마시러 간다.
(B) 둘이 함께 서점에 간다.
(C) 남자는 친구를 만나러 간다.
(D) 남자와 여자는 여기서 헤어진다.

해설 お供(とも)する의 뜻을 알고 있는지를 묻는 문제이다. 이것은 一緒に行く보다 좀 더 정중한 표현으로, '같이 가다, 함께하다'라는 뜻이다. 남자의 말에 여자도 동의했으므로 정답은 (B)이다.

05 정답 (D)

男 : 明日、山下さんの結婚式に行きますよね。
女 : はい、2時半からですよね。よかったら式場まで一緒に行きませんか。
男 : すいませんが、私は受付の仕事を頼まれてるもので。
女 : じゃあ、早く着いていないといけませんよね。わかりました。

남 : 내일, 야마시타 씨의 결혼식에 가죠?
여 : 네, 2시 반부터죠? 괜찮으시면 예식장까지 같이 가지 않을래요?
남 : 죄송하지만, 저는 접수대 일을 부탁 받아서요.
여 : 그럼, 빨리 도착해야 하는 거군요. 알겠어요.

해설 여자는 어떻게 합니까?
(A) 결혼식장에 남자와 함께 간다.
(B) 결혼식장에서 남자를 거든다.
(C) 남자보다는 빨리 결혼식장에 간다.
(D) 남자보다는 늦게 결혼식장에 간다.

해설 지인의 결혼식에 함께 가자는 여자의 권유에 남자는 受付の仕事를 頼まれてる라고 대답했다. 따라서 남자는 초대된 하객들보다 일찍 결혼식장에 가야 하고, 여자는 제시간에 가도 되는 상황이므로 (D)가 정답이다.

어휘 式場(しきじょう) 예식장

06 정답 (C)

女 : 明後日はいよいよ卒業式ね。
男 : そう言えば、謝恩会には出られるの(?)。
女 : うん。30分くらい遅れると思うけど。
男 : 場所は横浜ホテル、2時半からだよ。忘れないでね。

여 : 모레는 드디어 졸업식이야.
남 : 그러고 보니, 사은회에는 나올 수 있어?
여 : 응, 30분 정도 늦을 것 같지만.
남 : 장소는 요코하마 호텔, 2시 반부터야. 잊지 마.

해설 여자는 사은회에 참가합니까?
(A) 졸업식에는 참가하지만, 사은회는 결석한다.
(B) 2시 반부터 사은회에 참가할 수 있다.
(C) 조금 늦지만 참가한다.
(D) 충분히 여유를 가지고 참가할 수 있다.

해설 謝恩会라는 단어를 알아듣지 못했더라도, ~には出られるの(?), 30分くらい遅れる 등을 통해 여자의 참석 여부에 대한 대화라는 것을 추측할 수 있다. 또한, 간단한 시간 계산도 포함되어 있으니 혼동하지 말자. 사은회는 2시 반부터고 여자는 30분 정도 늦어질 것이라고 했으니 (B)와 (D)는 오답이고, 졸업식 참석 여부는 두 사람의 대화로는 알 수 없으므로 (A)도 정답이라고 할 수 없다. 따라서 (C)가 정답이다.

어휘 いよいよ 마침내, 드디어 | 謝恩会(しゃおんかい) 사은회 | 余裕(よゆう) 여유

참고 謝恩会란 주로 졸업생들이 은사에게 감사의 뜻으로 여는 파티를 말한다.

07 정답 (D)

男 : 来週の土曜日、一緒に映画でも見ませんか。
女 : 土曜日はちょっと。日曜日ならいいんですが。
男 : 何かあるんですか。
女 : 実は先週からヨガ教室に通い始めたんです。

남 : 다음 주 토요일에 함께 영화라도 보지 않을래요?
여 : 토요일은 좀…. 일요일이라면 괜찮은데요.
남 : 무슨 일 있나요?
여 : 실은 지난주부터 요가 교실을 다니기 시작했어요.

해설 여자는 어떻게 합니까?
(A) 이번 주 토요일에 남자와 함께 영화를 보러 간다.
(B) 다음 주 토요일에 남자와 함께 영화를 보러 간다.
(C) 이번 주 토요일은 남자와 요가 교실에 간다.
(D) 다음 주 토요일은 요가 교실에 간다.

본문 정답&해설 _ 65

해설 처음에 남자가 来週の土曜日라고 했고, 여자는 土曜日はちょっと라면서 영화 보기를 거절했기 때문에 (A)와 (B)는 정답이 될 수 없다. 여자는 요가 교실에 通う라고 했으므로 정답은 (D)이다.

08 정답 (B)

男 : 来週から中間テストが始まるね。
女 : 私は月曜日は英語のテスト、水曜日は専攻科目の試験が二つだわ。
男 : 僕も月曜日は英語のテストがあるけど、後はレポートが三つもあるんだ。
女 : いいなあ。私はテストよりレポートの方が嬉しいけどな。

남 : 다음 주부터 중간고사가 시작되는구나.
여 : 나는 월요일은 영어 시험, 수요일은 전공 과목 시험이 두 개야.
남 : 나도 월요일은 영어 시험이 있지만, 나머지는 리포트가 세 개나 있어.
여 : 좋겠다. 나는 시험보다 리포트 쪽이 좋은데 말이야.

해석 두 사람의 시험 일정은 어떻게 되어 있습니까?
(A) 다음 주부터 기말고사가 시작된다.
(B) 두 사람 다 월요일에 영어 시험이 있다.
(C) 여자는 전공 과목 시험이 없다.
(D) 여자는 리포트를 세 개 써야 한다.

해설 공통점과 차이점을 구분해서 들어야 하는 문제이다. (A) 다음 주부터는 기말고사가 아니라 중간고사이며, (C) 여자는 수요일에 전공 과목 시험이 없는 게 아니라 두 개이고, (D) 여자가 아니라 남자의 리포트가 세 개라고 했으므로 모두 오답이다. 두 사람 다 월요일에 영어 시험이 있으므로 정답은 (B)이다.

어휘 専攻科目(せんこうかもく) 전공 과목 | 日程(にってい) 일정

09 정답 (B)

男 : ごめん、待たせたね。
女 : 待たせたねじゃないわよ、30分も遅れて。今まで何してたの(?)。
男 : 実は、帰りがけに部長に呼ばれちゃって、延々お説教さ。
女 : それなら仕方ないけど。じゃ、今日は私がおごるから、そんなにしょげないで。

남 : 미안, 기다리게 했지?
여 : 30분이나 늦고선 기다리게 했지라니? 지금까지 뭐 한 거야?
남 : 실은 퇴근하는 도중에 부장님 호출로 길고 긴 설교를 들었어.
여 : 그런 거라면 어쩔 수 없지만. 그럼 오늘은 내가 쏠 테니까 그렇게 기죽지 마.

해석 여자는 무슨 생각을 하고 있습니까?
(A) 남자가 30분이나 늦게 왔기 때문에 화내려고 한다.
(B) 남자를 북돋우려고 한다.
(C) 남자는 배가 고플 거라 생각한다.
(D) 30분이나 기다리게 한 부장을 원망하고 있다.

해설 여자는 처음에 화를 냈지만, 남자가 늦은 이유를 듣고 오히려 위로하고 있으므로 (A)는 정답이 될 수 없다. 또한, 30분이나 기다렸던 여자가 오히려 밥을 사겠다는 것은 화를 내고 있다는 뜻이 아니므로 정답은 (B)이다. 두 사람의 대화만으로는 (C)나 (D)와 같은 부분은 알 수 없다.

어휘 ~がけ (동사 ます형에 붙어) ~하는 도중에, ~하는 길에 | 延々(えんえん) (일이나 이야기가) 길게, 장장 | 説教(せっきょう) 설교 | しょげる 풀이 죽다, 기죽다 | 元気(げんき)付(づ)ける (기운을) 북돋우다, 격려하다 | お腹(なか)が空(す)く 배가 고프다 | 恨(うら)む 원망하다

10 정답 (D)

男 : 週末は時間ある(?)。久しぶりにドライブなんてどうかと思ってね。
女 : ごめん。今週は両親が田舎から上京するから、東京見物のお付き合い。
男 : へえ、相変わらず親孝行だねえ。
女 : 今更浅草なんて行きたくもないんだけどね。でもうちの親、初めてだから。

남 : 주말에 시간 있어? 오랜만에 드라이브는 어떨까 해서.
여 : 미안. 이번 주는 부모님이 고향에서 상경하셔서 도쿄 구경을 함께해야 해.
남 : 오, 여전히 효녀네.
여 : 새삼스럽게 아사쿠사라니 가고 싶지도 않지만 말야. 그렇지만 우리 부모님, 처음이라서.

해석 여자의 주말 예정은 어떻습니까?
(A) 고향에서 도쿄에 돌아와 부모님과 도쿄 구경을 한다.
(B) 남자와 함께 시골에 드라이브를 간다.
(C) 도쿄에서 시골로 돌아가서 효도한다.
(D) 고향의 부모님과 도쿄 구경을 한다.

해설 여자는 남자의 권유에 대해 거절하고 있고, 여자가 말한 田舎는 단순한 시골이 아니라 자신의 '고향'이라는 뜻이므로 (B)는 오답이다. 또, 여자는 도쿄에 그대로 있고 부모님만 올라오는 것이므로 (A)와 (C)도 정답이 될 수 없다. 여자에게는 주말에 부모님과 함께 東京見物のお付き合い라는 일정이 있으므로 정답은 (D)이다.

어휘 両親(りょうしん) 부모님, 양친 [동의어] 親(おや) | 上京(じょうきょう) 상경 | 見物(けんぶつ) 구경 ▶ 見物(みもの) 볼만함, 구경거리 | 親孝行(おやこうこう) 효도 [반의어] 親不孝(おやふこう) 불효 | 今更(いまさら) 새삼스럽게, 이제 와서

시나공법 26 | 시나공 기출문제의 재구성   215쪽

| 01 (A) | 02 (A) | 03 (C) | 04 (D) | 05 (C) |
| 06 (B) | 07 (B) | 08 (C) | 09 (B) | 10 (B) |

🎧 Part3-26시나공

01 정답 (A)

女 : 田中さんのお父さん、おとといご入院なさったそうよ。
男 : どうりで、田中さん元気がなかったもんな。
女 : 明日検査の結果が出るらしいけど。
男 : 何でもなければいいけどね。

여 : 다나카 씨 아버지, 그저께 입원하셨대.
남 : 그래서 다나카 씨 기운이 없었구나.
여 : 내일 검사 결과가 나온다던데.
남 : 아무 일도 없으면 좋겠어.

해석 다나카 씨의 아버지에 대해 올바른 것은 어느 것입니까?
(A) 그저께 입원했다.
(B) 어제 수술했다.
(C) 모레 검사 결과가 나온다.
(D) 검사 결과는 이상 없었다.

해설 이 문제에서는 一昨日(おととい), 昨日(きのう), 今日(きょう), 明日(あした), 明後日(あさって)를 재빨리 구분할 수 있는지가 중요하다. 입원한 시기가 おととい라고 했으므로 (A)가 정답이고, 검사 결과는 明日 나온다고 했으므로 (C)는 오답이다. 또한, 검사 결과를 기다리고 있는 상태이므로 (B)와 (D)도 정답이 될 수 없다.

어휘 手術(しゅじゅつ) 수술 | 異常(いじょう) 이상(정상이 아님)
동음이의어 異状 이상(평소와는 다른 상태)

참고 どうりで는 앞에 있었던 일에 대해 나중에 납득한 경우에 쓰는 말로, '그래서, 어쩐지, 과연' 정도로 해석할 수 있다.

02 정답 (A)

男：最近、夜眠れないんだ。
女：昼寝のしすぎじゃないの(?)。
男：いや、昼間は全然寝てないよ。ストレスかな。
女：少し運動をして、体を疲れさせるのもいいかもしれないわ。

남 : 요즘 밤에 잠을 못 자.
여 : 낮잠을 많이 자는 것 아니야?
남 : 아니, 낮에는 전혀 안 자. 스트레스인가?
여 : 운동을 좀 해서 몸을 피곤하게 하는 게 좋을지도 몰라.

해석 남자는 어째서 자신이 불면증이라고 생각합니까?
(A) 스트레스가 쌓여서
(B) 장시간 낮잠을 자서
(C) 운동을 해서 너무 지쳐서
(D) 낮잠을 안 자서

해설 자신의 수면장애 원인에 대해 낮잠이 아니라 스트레스를 의심하고 있으므로 정답은 (A)가 된다. (B)는 여자가 생각했던 이유, (C)와 (D)는 사실과 무관하다. 또한, '낮잠을 자다'는 昼寝を寝る가 아니라 昼寝をする라고 표현하는 것도 꼭 기억해 두자.

03 정답 (C)

女：とうとう花粉が飛び始める季節になりましたね。
男：そうですね。花粉症の人にとっては辛い季節ですね。
女：私も鼻水やくしゃみにかなり悩まされますよ。
男：私は目が痒くなって、充血するんです。

여 : 드디어 꽃가루가 날리기 시작하는 계절이 되었군요.
남 : 그렇네요. 화분증이 있는 사람에게는 고통스런 계절이군요.
여 : 저도 콧물이나 재채기에 꽤 시달려요.
남 : 저는 눈이 가려워지고 충혈돼요.

해석 여자의 화분증 증상은 어떻습니까?
(A) 재채기가 나고 눈이 가려워진다.
(B) 눈이 충혈되고 콧물이 나온다.
(C) 재채기가 나거나 콧물이 나온다.
(D) 콧물이 나오고 눈이 가려워진다.

해설 여자의 증상은 콧물과 재채기, 남자의 증상은 눈 가려움과 충혈이다. 여기서는 여자의 증상을 묻고 있으므로 문제만 미리 읽어 두었다면 (C)가 정답인 것을 쉽게 찾을 수 있다.

어휘 とうとう 드디어, 결국, 마침내 | 花粉症(かふんしょう) 화분증, 꽃가루 알레르기 | 鼻水(はなみず) 콧물 | くしゃみ 재채기 ▶咳(せき) 기침 | 悩(なや)ます 괴롭히다, 고통을 주다 | 痒(かゆ)い 가렵다 | 充血(じゅうけつ) 충혈 | 症状(しょうじょう) 증상

참고 痒い와 비슷한 표현으로 くすぐったい가 있는데, 痒い는 '문지르거나 긁고 싶은 느낌으로 가렵다'는 뜻이고, くすぐったい는 '소름이 돋는 느낌으로 간지럽다'는 뉘앙스의 차이가 있다. 예를 들어, 足(あし)の裏(うら)が痒い라고 하면 '무좀 등으로 인한 가려움', 足の裏がくすぐったい라고 하면 '누가 발을 간질이는 상황'을 떠올리면 쉽게 이해된다.

04 정답 (D)

女：ちょっと車、止めてくれる(?)。吐気がするの。
男：大丈夫(?)。酔い止めの薬は飲んだよね。
女：あ、うっかりしてた。テーブルの上に置いといたのに。
男：じゃあ、ちょっと休んでから薬局で買って行こう。

여 : 차 좀 세워 줄래? 토할 것 같아.
남 : 괜찮아? 멀미약은 먹었지?
여 : 아, 깜빡했어. 테이블 위에 올려 뒀는데.
남 : 그럼, 좀 쉬고 약국에서 사 가자.

해석 여자는 멀미약을 어떻게 했습니까?
(A) 드라이브 하기 전에 먹었다.
(B) 구역질이 나므로 먹지 않았다.
(C) 드라이브 도중에 약국에서 샀다.
(D) 테이블 위에 놔둔 채 외출했다.

해설 깜빡하고 멀미약을 먹지 못한 채 외출했으므로 (A)는 사실과 반대된다. 또, 멀미약을 먹지 않은 이유는 깜빡했기 때문이므로 (B)도 오답이며, (C)는 질문의 시제와 일치하지 않는다. 따라서 (D)가 정답이다.

어휘 吐気(はきけ)がする 구역질이 나다 | 酔(よ)い止(ど)めの薬(くすり) 멀미약 | うっかりする 깜빡하다 | 薬局(やっきょく) 약국

참고 ~っぱなし는 동사 ます형에 붙어, ~したまま와 같은 뜻인 '~인 채로 놓아 둠, ~한 채로 방치함'을 나타내지만, 주로 좋지 못한 뉘앙스를 내포한다는 것도 알아 두자.

05 정답 (C)

男：就職活動、うまくいってる(?)。
女：ううん。ここんとこ不景気で今のところ全滅よ。
男：僕も先週は3社面接を受けたけど、どこも手ごたえがなかったよ。
女：でも、諦めないで最後まで頑張ろうよ。

남 : 구직 활동, 잘되고 있어?
여 : 아니. 요즘 불경기라 현재 전멸이야.
남 : 나도 지난주는 세 군데나 면접을 봤지만 모두 성과가 없었어.
여 : 그래도 포기하지 말고 끝까지 힘내자.

해석 여자의 구직 활동은 어떠한 상황입니까?
(A)잘되고 있다.
(B)지난주에 회사 세 군데에서 면접을 봤다.
(C)아직 어느 회사에도 취직되지 않았다.
(D)취직은 포기했다.

해설 남자의 질문에 대해 今のところ全滅라고 했기 때문에 (A)는 오답이며, (B)는 남자의 상황이다. 또한, 마지막 문장에서 포기하지 말자고 했으므로 (D)도 정답이 될 수 없다. 여기서는 남 자도 여자도 아직 구직 활동 중이므로 (C)가 정답이다.

어휘 就職活動(しゅうしょくかつどう) 구직 활동 ▶줄여서 就活(しゅうかつ)라고도 쓴다. | 全滅(ぜんめつ) 전멸 | 手(て)ごたえ (행동에 대한) 반응, 보람 | 諦(あきら)める 포기하다, 단념하다

06 정답 (B)

男 : 人事異動があったって聞いたけど、新しい職場にはもう慣れた(?)。
女 : 今までと勝手が違うから、まだ戸惑う事も多いわ。
男 : 君の上司の高橋君、僕の同級生だから、わからない事があったら彼に聞いて。
女 : うん、そうするわ。高橋さん、とても話しやすい人だし。

남 : 인사이동이 있었다고 하던데, 새 부서에는 이제 익숙해졌어?
여 : 지금까지와 상황이 다르니 아직 어려운 점도 많아.
남 : 네 상사인 다카하시, 내 동창이니까 모르는 게 있으면 그에게 물어봐.
여 : 응, 그렇게. 다카하시 씨, 무척 이야기하기 쉬운 사람이니까.

해석 여자에 대해 바른 것은 어느 것입니까?
(A)여자는 최근 이직했다.
(B)여자의 상사는 남자의 동창이다.
(C)이전 부서와 일 내용은 거의 같다.
(D)벌써 새 부서에 완전히 적응했다.

해설 내용과 일치하는 것을 찾는 문제는 미리 보기까지 읽어 두어야 답을 찾기가 쉽다. 대화의 첫 부분에 人事異動가 나온 걸로 보아, 여자는 같은 직장 내에서 자리를 옮긴 것에 불과하므로 (A)는 오답이다. 남자의 질문에 대해 여자는 지금까지와는 勝手が違う라고 했기 때문에 (C)도 오답이며, 아직 일에 戸惑う事も多い라고 했으므로 (D)도 정답이 아니다. 여자의 상사인 다카하시 씨가 남자의 동창이므로 정답은 (B)이다.

어휘 人事異動(じんじいどう) 인사이동 | 職場(しょくば) 직장, 근무처 | 勝手(かって) 상황, 사정, 형편 | 戸惑(とまど)う 당황하다, 망설이다, 우물쭈물하다 | 転職(てんしょく) 이직

참고 同級生(どうきゅうせい)는 원래 '같은 반 동창'을 뜻하는 말이지만, 넓은 의미로는 '학년이나 나이가 같은 사람'을 가리키기도 한다.

07 정답 (B)

女 : お久しぶりですね。日本での留学生活はどうですか。
男 : 学校にもすぐ慣れたし、友達もたくさん出来ました。
女 : それはよかったですね。生活費の方はどうしていますか。
男 : 先月からアルバイトを始めて、仕送りと合わせてなんとかやっています。

여 : 오랜만이네요. 일본에서의 유학 생활은 어떻습니까?
남 : 학교도 금방 익숙해졌고, 친구도 많이 사귀었습니다.
여 : 그거 잘됐군요. 생활비는 어떻게 충당하고 있나요?
남 : 지난달부터 아르바이트를 시작해서 집에서 보내 주는 돈이랑 합쳐서 그럭저럭 지내고 있습니다.

해석 남자의 유학 생활은 어떻습니까?
(A)학교에는 금방 익숙해졌지만 친구는 아직 적다.
(B)아르바이트와 부모님으로부터 송금 받은 돈으로 그럭저럭 지내고 있다.
(C)아르바이트만으로 생활하고 있기 때문에 힘들다.
(D)향수병에 걸려 힘들다.

해설 仕送(しおく)り를 몰랐다면 정답을 고르기 까다로운 문제이다. 仕送り는 학비나 생활비를 보내 주는 것 즉, (B)의 親からの送金과 같은 뜻이다. 따라서 정답은 (B)이다.

어휘 そこそこ (충분하지는 않지만 최소한은 갖춰진 모양) 그럭저럭

08 정답 (C)

女 : この前の健康診断の結果、どうだった(?)。
男 : 去年はコレステロールが高めに出て心配したけど、今年は正常値だったよ。
女 : やっぱり食事に気をつけたことと、運動の効果かしら。
男 : でも、気を抜かずにこれからも気をつけないとね。

여 : 지난번 건강검진 결과, 어땠어?
남 : 작년엔 콜레스테롤이 높게 나와서 걱정했지만, 올해는 정상 치였어.
여 : 역시 식사에 신경 쓴 거랑 운동의 효과인가?
남 : 그래도 긴장을 늦추지 말고 앞으로도 조심해야지.

해석 올해 남자의 건강검진 결과는 어떠했습니까?
(A)콜레스테롤 수치가 높게 나왔다.
(B)식사에 신경 썼지만 작년과 같은 수치가 나왔다.
(C)식사에 주의하고 운동한 덕택에 이상은 없었다.
(D)작년도 올해도 정상이었다.

해설 두 사람의 대화를 정리해 보면, 남자는 작년에 콜레스테롤이 다소 높은 편이었지만 올해는 식사 조절과 운동의 효과를 톡톡히 보았다는 말이다. 今年の結果를 물은 것이므로 정답은 (C)이고, (A)는 작년 이야기이다.

어휘 健康診断(けんこうしんだん) 건강검진 | コレステロール 콜레스테롤 | 正常(せいじょう) 정상 (반의어) 異常(いじょう) 이상 | 気(き)を抜(ぬ)く 긴장을 늦추다 | 数値(すうち) 수치

09 정답 (B)

女 : 新しい会社はどう(?)。
男 : 入社後3ヶ月間は現場研修で、今は接客マナーや電話応対を勉強しているよ。
女 : へえ、頑張ってるんだ。でも体には気をつけてね。
男 : うん、前の会社では無理しすぎて倒れちゃったからね。

여 : 새로운 회사는 어때?
남 : 입사 후 3개월 동안은 현장 연수라서 지금은 접객 매너나 전화 응대를 공부하고 있어.
여 : 와, 열심히 하고 있구나. 그렇지만 건강 조심해.
남 : 응, 저번 회사에서는 너무 무리해서 쓰러졌으니까.

해석 남자는 새로운 회사에서 지금 어떤 일을 하고 있습니까?
(A) 현장에서 접객 매너나 전화 응대 지도를 하고 있다.
(B) 현장에서 사원 실무 교육을 받고 있다.
(C) 회사에서 쓰러져 일을 하고 있지 않다.
(D) 영업부에서 고객 접객을 하고 있다.

해설 입사 3개월 동안은 接客マナー와 電話応対를 배운다고 했지만, 자신이 지도하는 것이 아니기 때문에 (A)는 오답이다. 또한, 과로로 쓰러진 적은 있지만 현재는 新しい会社에 다니고 있으므로 (C)도 정답이 아니며, (D)는 알 수 없는 내용이다. 接客マナー나 電話応対는 実践的인 社員教育에 해당되므로 정답은 (B)이다.

어휘 現場研修(げんばけんしゅう) 현장 연수 | 接客(せっきゃく)マナー 접객 매너 | 電話応対(でんわおうたい) 전화 응대 | 倒(たお)れる 쓰러지다 | 指導(しどう) 지도 | 実践的(じっせんてき) 실천적

10 정답 (B)

女: 息子さん、一人暮らしを始めたそうですね。
男: ええ。寮に入れようと思っていたんですが、どうしても自炊するって聞かなくて。
女: 男の子なのに、家事の方はできるんですか。
男: そっちの方は、家内が幼い頃からよく手伝いをさせていましたから問題ありません。

여: 아드님이 자취를 시작했다고요.
남: 네, 기숙사에 들이려고 했는데, 꼭 자취하겠다고 말을 안 들어서요.
여: 아들인데 가사는 할 수 있나요?
남: 그건 아내가 어릴 때부터 자주 돕게 해서 문제 없습니다.

해석 남자의 아들에 대해 올바른 것은 어느 것입니까?
(A) 학교 기숙사에 살고 있다.
(B) 집안일을 하는 데는 익숙하다.
(C) 밥은 하숙집 아줌마가 해 준다.
(D) 아들은 아버지로부터 집안일을 배웠다.

해설 남자의 아들은 기숙사에 들어간 것이 아니라 자취를 시작한 것이므로 (A)는 오답이고, 아들이 自炊する라고 고집 부렸으므로 (C)도 정답이 될 수 없으며, 가사는 아버지가 가르친 게 아니라 어머니가 가르친 것이므로 (D)도 제외된다. 따라서 (B)가 정답이다.

어휘 一人(ひとり)暮(ぐ)らし 혼자 생활함, 자취생활 | 自炊(じすい) 자취 | 家事(かじ) 집안일, 가사 | 家内(かない) (자신의) 아내 ▶같은 뜻의 단어로 妻(つま)가 있으며, 남의 아내를 말할 때는 奥(おく)さん이라고 한다. | 下宿(げしゅく) 하숙

참고 自炊(じすい)에 대해 정리해 두자. 우리말의 '자취'는 '부모님을 떠나 혼자 생활한다'는 뜻이 더 강한데 비해, 일본어의 自炊는 한자 그대로의 뜻인 '손수 식사를 만들어 먹다, 요리를 해 먹다'란 뜻에 더 가깝다. 예를 들어 '건강과 절약을 위해서는 自炊를 한 편이 있다'라는 표현은 '건강과 절약을 위해서는 직접 해 먹는 게 낫다'는 뜻이다.

시나공법 27 시나공 기출문제의 재구성 223쪽

| 01 (B) | 02 (C) | 03 (D) | 04 (C) | 05 (D) |
| 06 (A) | 07 (B) | 08 (B) | 09 (D) | 10 (B) |

🎧 Part3-27시나공

01 정답 (B)

男: 今日も寒いですね。
女: そうですね。今朝は今年一番の冷え込みだって言ってましたからね。
男: 天気予報では、あさってからは寒さが緩むそうですよ。
女: よかったですね。

남: 오늘도 춥군요.
여: 그러게요. 오늘 아침은 올해 들어 가장 매서운 추위라고 했으니까요.
남: 일기 예보에서는 모레부터는 추위가 풀린다고 하네요.
여: 다행이군요.

해석 오늘 날씨는 어떻습니까?
(A) 별로 춥지 않다.
(B) 오늘 아침은 올해 들어 가장 기온이 낮았다.
(C) 오후부터 추위가 누그러진다.
(D) 오늘밤 기온이 떨어진다.

해설 올 들어 추위가 가장 매서웠다는 말은 기온이 가장 낮았다는 말이므로 (B)가 정답이다. (A)는 오늘 날씨와 반대되는 내용, 추위가 누그러지는 시점은 あさってから라고 했으므로 (C)도 오답이며, (D)는 확인할 수 없다.

어휘 冷(ひ)え込(こ)み 매서운 추위 | 緩(ゆる)む 누그러지다 | 最(もっと)も (~중에서) 가장, 제일

02 정답 (C)

女: 毎日うだるような暑さですね。
男: だからと言ってクーラーばかりつけるのもね。
女: 私は扇風機と併用して、設定温度は28度にしています。
男: うちは扇風機しかないから、この暑さは本当にこたえますよ。

여: 매일 찌는 듯한 더위네요.
남: 그렇다고 해서 에어컨만 켜는 것도 좀 그렇죠.
여: 저는 선풍기와 병용해서 설정 온도는 28도에 맞추고 있어요.
남: 저희 집은 선풍기밖에 없어서 이 더위는 정말로 벅차요.

해석 남자는 어떻게 더위를 견디고 있습니까?
(A) 에어컨만 켜고 있다.
(B) 선풍기와 에어컨을 사용하고 있다.
(C) 선풍기만 사용하고 있다.
(D) 에어컨을 28도로 설정해 두고 있다.

해설 남자의 집에는 扇風機しかない라고 했으므로 정답은 (C)이다. 에어컨에 대해서는 クーラーばかりつけるのもね라고 의견을 말한 것뿐이므로 (A)는 정답이 아니며, 나머지 (B)와 (D)는 여자의 대답이다.

어휘 うだる (무더위로) 푹푹 찌다, 축 늘어지다 | クーラー 에어컨 | 扇風機(せんぷうき) 선풍기 | 併用(へいよう) 병용 | 応(こた)える 자극이나 충격을 강하게 느끼다 [동음이의어] 堪える 참다, 견디다・答える 대답하다 | 凌(しの)ぐ 견디다

03 정답 (D)

女 : 昼間は半袖でもまだ暑いくらいなのに、朝夕は肌寒いですね。
男 : ええ。こういう時は風邪を引きやすいですね。
女 : それで私は薄手の長袖を持ち歩いてるんです。
男 : そうですか。

여 : 낮에는 반소매라도 아직 더운 정도인데 아침저녁으론 쌀쌀하네요.
남 : 네, 이런 땐 감기에 걸리기 쉽죠.
여 : 그래서 전 얇은 긴소매 옷을 가지고 다녀요.
남 : 그러세요?

해석 요즘 날씨는 어떻습니까?
(A) 아침저녁으로 아직 덥다.
(B) 낮이라도 긴소매가 필요하다.
(C) 밤에는 바람이 분다.
(D) 낮에는 아직 꽤 덥다.

해설 전체적인 이야기의 흐름으로 지금은 일교차가 큰 환절기라는 것을 알 수 있다. 아침저녁으로는 쌀쌀하고 낮에는 덥다고 했으므로 (A)와 (B)는 오답이고, (C)는 말하지 않았으므로 정답은 (D)이다.

어휘 半袖(はんそで) 반소매 [반의어] 長袖(ながそで) 긴소매 | 朝夕(あさゆう) 아침저녁 | 肌寒(はだざむ)い 쌀쌀하다 | 薄手(うすで) 얇음

04 정답 (C)

女 : ようやく過ごしやすくなりましたね。
男 : ええ、先週まではちょっと汗ばむような陽気でしたからね。
女 : だいたいお彼岸くらいまではそんな日が多いですよね。
男 : 「暑さ寒さも彼岸まで」とはよく言ったものです。

여 : 가까스로 지낼 만해졌군요.
남 : 네, 지난주까지는 좀 땀이 배어 나올 정도의 날씨였으니까요.
여 : 대개 추분 무렵까지는 그런 날이 많죠.
남 : '추위는 춘분 무렵, 더위는 추분 무렵까지'란 말은 명언이네요.

해석 지금은 어떤 시기입니까?
(A) 겨울에서 봄으로 가는 환절기
(B) 봄에서 여름으로 가는 환절기
(C) 여름에서 가을로 가는 환절기
(D) 가을에서 겨울로 가는 환절기

해설 彼岸은 춘분 전후의 7일과 추분 전후의 7일을 뜻하는 말로, 시기상으로는 각각 3월 말과 9월 말에 해당된다. 이 시기가 (A)에 해당되는지 (C)에 해당되는지는 대화 내용으로 판단해야 하는데, 지난주까지는 汗ばむような陽気였지만 요즘은 지낼 만하다고 했으므로 정답은 (C)가 된다. 만약 彼岸이라는 단어를 모르더라도 이러한 대화의 흐름을 잘 기억해 두면 정답을 찾을 수 있다.

어휘 汗(あせ)ばむ (살짝) 땀이 나다, 땀이 배다 | 陽気(ようき) 날씨 | 彼岸(ひがん) 춘분과 추분 무렵 | 変(か)わり目(め) 변할 때, 바뀔 때 ▶季節(きせつ)の変わり目 환절기

05 정답 (D)

女 : そっちの天気はどう(?)。
男 : 昨日は大雪だったけど、今朝は止んでいたよ。
女 : どのくらい積もったの(?)。
男 : 30センチくらいかな。おとといまでは10センチだったけど。

여 : 그쪽 날씨는 어때?
남 : 어제는 폭설이 내렸지만 오늘 아침엔 그쳤어.
여 : 얼마나 쌓였어?
남 : 30㎝ 정도인가? 그저께까지는 10㎝였지만.

해석 남자가 있는 곳의 날씨는 어떻습니까?
(A) 오늘 아침까지 눈이 내리고 있었다.
(B) 어제는 눈이 내리지 않았다.
(C) 어제부터 오늘 아침까지 적설량은 30㎝였다.
(D) 어제 하룻밤 새 20㎝ 정도의 눈이 쌓였다.

해설 어제는 폭설이 내렸고 오늘 아침에는 눈이 그쳤다고 했으므로 (A)와 (B)는 각각 오답이다. 현재 눈은 30㎝ 정도 쌓여 있지만, 10㎝가 원래 쌓여 있었으므로 어제 하루 적설량은 30-10=20㎝이다. 따라서 정답은 (D)이다.

어휘 降雪(こうせつ) 강설, 적설

06 정답 (A)

女 : 大変。洗濯物をベランダに干しっぱなしで来ちゃったわ。
男 : 今日は午後からにわか雨の予報が出ていたけど。
女 : 昨日は天気予報見るのを忘れちゃって。
男 : とにかく早く帰った方がいいね。

여 : 큰일났네, 빨래를 베란다에 널어 둔 채 와 버렸어.
남 : 오늘은 오후부터 소나기라는 예보가 있었는데.
여 : 어제는 일기 예보 보는 걸 깜빡해서.
남 : 어쨌든 빨리 집에 가는 게 좋겠어.

해석 여자는 어째서 빨래를 널어 둔 상태였습니까?
(A) 전날 일기 예보를 깜빡하고 못 봤으므로
(B) 오후부터는 날씨가 회복되므로
(C) 일기 예보에서는 비 소식이 없었으므로
(D) 소나기 예보에 안심했으므로

해설 여자는 어제 일기 예보를 보지 못했다고 했으므로 (B), (C), (D)는 정답이 아니다. 昨日=前日, 見るのを忘れる=見忘れる이므로 정답은 (A)이다.

어휘 にわか雨(あめ) 소나기 | 回復(かいふく) 회복 | 夕立(ゆうだち) (특히 여름 저녁에 내리는) 소나기

참고 にわか는 '별안간, 갑자기'라는 뜻이므로, にわか雨라고 하면 '갑자기 내리는 비' 즉, '소나기'라는 뜻이 된다.

07 정답 (B)

女 : 今夜は絶好のキャンプ日和だね。
男 : 先週はどしゃ降り続きで、どうなるかと心配したけど。
女 : やっぱり予定を1週間延ばしたのが、正解だったね。
男 : 昨日、梅雨も明けたしね。

여 : 오늘 밤은 캠프하기 최고로 좋은 날씨야.
남 : 지난주는 계속 억수같이 비가 내려서 어떻게 될지 걱정했었는데 말이지.
여 : 역시 예정을 1주일 연기한 게 정답이었어.
남 : 어제 장마도 끝났고 말이야.

해석 날씨에 대해 일치하는 것은 어느 것입니까?
(A) 오늘 날씨는 그럭저럭 괜찮다.
(B) 지난주는 폭우가 계속되었다.
(C) 어제까지 비가 내렸다.
(D) 오늘 장마가 끝났다.

해설 絶好のキャンプ日和는 '캠프하기에 더할 나위 없는 화창한 날씨'라는 뜻이다. 따라서 충분하지는 않지만 날씨에는 일단 만족한다는 (A)와는 거리가 있다. 또한, 어제 장마가 끝났으므로 (C)와 (D)도 정답이 아니다. 先週はどしゃ降り続き라고 했고, どしゃ降り=大雨이므로 (B)가 정답이다.

어휘 絶好(ぜっこう) 절호 ▶絶好のチャンス 절호의 찬스, 絶好調(ぜっこうちょう) 최고의 컨디션, 최고의 상황 | ~日和(びより) (주로 명사에 붙어) ~하기에 좋은 날씨, ~하기에 안성맞춤인 날씨 | どしゃ降(ぶ)り 비가 억수같이 쏟아짐 | 梅雨(つゆ)が明(あ)ける 장마가 끝나다 [반의어] 梅雨に入(はい)る 장마로 접어들다

08 정답 (B)
男 : 空気が乾燥して喉が痛いですね。
女 : 加湿器をつけましょうか。
男 : そうですね。湿度が低くなると風邪を引きやすくなりますから。
女 : マスクをして口や鼻の粘膜に湿気を与えるのもいいそうですよ。

남 : 공기가 건조해서 목이 아프네요.
여 : 가습기를 켤까요?
남 : 그래요. 습도가 낮아지면 감기에 걸리기 쉬우니까요.
여 : 마스크를 해서 입이나 코 점막에 습기를 공급하는 것도 좋다고 하네요.

해석 여자는 어떻게 하면 좋다고 합니까?
(A) 제습기를 준비한다.
(B) 가습기를 켜거나 마스크를 이용한다.
(C) 감기 예방을 위해 가글을 한다.
(D) 방에 젖은 수건을 두세 장 걸어 둔다.

해설 공기가 건조하다고 했으므로 제습기가 아니라 가습기를 준비해야 하는 것이 맞다. 따라서 (A)는 오답이다. 상식적으로 쉽게 제외할 수 있는 보기이지만, 빠르게 문제와 보기를 읽어야 하기 때문에 除湿器가 加湿器와 헷갈릴 수도 있으므로 주의하자. 여자가 했던 말에 (C)와 (D)는 없었고, 가습기와 마스크에 대한 이야기가 전부이므로 정답은 (B)이다.

어휘 乾燥(かんそう) 건조 | 加湿器(かしつき) 가습기 [반의어] 除湿器(じょしつき) 제습기 | 湿度(しつど) 습도 | 粘膜(ねんまく) 점막 | 湿気(しっけ) 습기 | 予防(よぼう) 예방 | うがい 가글 | ぬれる 젖다

09 정답 (D)
女 : 沖縄では、もう海開きしたんだそうですよ。
男 : まだ3月だって言うのに、やっぱり東京とはぜんぜん気候が違いますね。
女 : 私の田舎は北海道なんですけど、泳げるなんてせいぜい1週間ですよ。
男 : そうなんですか。まったく、同じ国とは思えませんね。

여 : 오키나와는 벌써 해수욕장을 개장했다고 하네요.
남 : 아직 3월인데, 역시 도쿄와는 전혀 기후가 다르군요.
여 : 제 고향은 홋카이도인데, 수영은 기껏해야 1주일 동안 가능해요.
남 : 그래요? 같은 나라란 생각이 전혀 안 드네요.

해석 대화 내용과 일치하는 것은 어느 것입니까?
(A) 홋카이도에 해수욕 시즌은 없다.
(B) 여자의 고향은 홋카이도이고, 남자의 고향은 오키나와이다.
(C) 오키나와는 해수욕 시즌이 3개월이나 된다.
(D) 오키나와는 벌써 해수욕 시즌이 시작되었다.

해설 홋카이도에도 1주일간의 해수욕 시즌이 있으므로 (A)는 사실과 다르다. 또한, 여자의 고향은 홋카이도가 맞지만, 남자의 고향은 알 수 없으므로 (B)는 오답이고, 오키나와의 해수욕 시즌은 3월부터라고 했지 3개월 동안이 아니므로 (C)도 정답이 아니다. 대화 시작 부분에서 오키나와는 벌써 海開きしたらごうで로 정답은 (D)이다.

어휘 海開(うみびら)き 해수욕장 개장 | 田舎(いなか) 시골, 고향 | せいぜい 기껏해야, 겨우 [동의어] たかだか | 海水浴(かいすいよく)シーズン 해수욕 시즌 | 故郷(こきょう) 고향

10 정답 (B)
女 : 今回の台風の被害はかなりひどかったようですね。
男 : 川が氾濫して家が流されたり、土砂崩れも発生しましたね。
女 : 集中豪雨で水没した地域の復旧作業はまだ続いているそうです。
男 : 水道や電気もまだ使えない状態なんですね。

여 : 이번 태풍 피해는 꽤 심각했던 모양이군요.
남 : 강이 범람해서 집이 떠내려가거나 산사태도 발생했죠.
여 : 집중 호우로 수몰된 지역의 복구 작업은 아직 계속되고 있다고 하네요.
남 : 수도나 전기도 아직 사용할 수 없는 상태군요.

해석 태풍 피해 상황은 어떻습니까?
(A) 강이 범람해서 가옥이 계속 떠내려가고 있다.
(B) 수도나 전기는 아직 복구되지 않았다.
(C) 산사태가 여전히 발생하고 있다.
(D) 실종자가 증가하고 있다.

해설 태풍으로 강이 불어 가옥이 떠내려가거나 산사태가 일어난 것은 맞지만, 지금도 계속되고 있는지는 알 수 없으므로 (A)와 (C)는 오답이다. 또, 실종자에 대해서는 언급하지 않았으므로 (D)도 답으로 적절하지 않다. 남자의 말과 일치하는 (B)가 정답이다.

어휘 台風(たいふう) 태풍 | 被害(ひがい) 피해 | 氾濫(はんらん) 범람 | 土砂(どしゃ)崩(くず)れ 산사태 | 集中豪雨(しゅうちゅうごうう) 집중 호우 | 水没(すいぼつ)する (자동사로) 수

어휘 　몰되다 | 地域(ちいき) 지역 | 復旧作業(ふっきゅうさぎょう) 복구 작업 | 依然(いぜん) 여전히 | 行方不明者(ゆくえふめいしゃ) 행방불명된 사람, 실종자

어휘 　途中下車(とちゅうげしゃ) 도중 하차 | 乗(の)り換(か)える 환승하다, 갈아타다 | 通過(つうか) 통과 | [동음이의어] 通貨 통화 | 目的地(もくてきち) 목적지

참고 　일본의 열차는 철도 회사에 따라 그 명칭과 추가 운임 발생 여부는 각각 다르지만, 통상적으로 추가 운임이 발생하는 特急(とっきゅう)와 발생하지 않는 普通(ふつう)로 나뉘고, 普通 중에서도 역마다 정차하는지 여부에 따라 各駅(かくえき), 急行(きゅうこう), 快速(かいそく)로 구분된다. 또, 快速는 정차 패턴이나 운행 시간에 따라 快速보다 더 적은 역에 정차하는 열차는 特別(とくべつ)快速나 新(しん)快速라고 하고, 출퇴근 시간에만 운행하는 쾌속 열차는 通勤(つうきん)快速라고 한다.

시나공법 28 시나공 기출문제의 재구성　　230쪽

| 01 (D) | 02 (B) | 03 (C) | 04 (D) | 05 (B) |
| 06 (B) | 07 (C) | 08 (D) | 09 (B) | 10 (C) |

🎧 Part3-28시나공

01 정답 (D)

男 : 突然の大雪で電車が運転を見合わせていますね。
女 : ええ、復旧にはまだ2、3時間かかるそうですよ。
男 : 駅前から臨時の循環バスが出ているそうですから、それに乗りましょうか。
女 : いいえ、もう少し様子を見てみましょう。

남 : 갑작스러운 폭설로 전철이 운행을 보류하고 있군요.
여 : 네, 복구되려면 아직 2, 3시간 걸린다고 해요.
남 : 역 앞에서 임시 순환 버스가 다닌다고 하니까, 그걸 탈까요?
여 : 아니요, 좀 더 상황을 지켜보죠.

해석 　두 사람은 어떻게 합니까?
(A) 전철 운행이 재개되기까지 기다린다.
(B) 임시 순환 버스를 타고 이동한다.
(C) 역에서 2시간 정도 기다려 본다.
(D) 조금 더 기다려 상황을 본다.

해설 　폭설로 발이 묶인 상황에서 전철이 운행을 재개하려면 앞으로 2~3시간은 걸린다고 했고, 여기서 남자는 임시 순환 버스를 타자고 제안했지만 여자의 대답은 いいえ였으므로 (B)는 오답이다. もう少し様子を見る=もうしばらく状況を見る 이므로 정답은 (D)이다.

어휘 　見合(みあ)わせる 보류하다 | 復旧(ふっきゅう) 복구 | 臨時(りんじ) 임시 | 循環(じゅんかん) 순환 | 様子(ようす) 상태, 상황, 형편

02 정답 (B)

女 : 次の駅で途中下車して、普通電車に乗り換えますよ。
男 : どうしてですか。
女 : 快速電車はあの駅を通過するんですよ。
男 : ああ、そういうことですか。

여 : 다음 역에서 도중 하차해서 보통 전철로 갈아타요.
남 : 왜죠?
여 : 쾌속 전철은 그 역을 통과하거든요.
남 : 아, 그렇군요.

해석 　두 사람은 어떻게 합니까?
(A) 목적지까지 이대로 쾌속 전철로 간다.
(B) 도중까지 쾌속 전철로 간다.
(C) 처음부터 보통 전철로 간다.
(D) 역을 통과해서 간다.

해설 　내용의 흐름상 두 사람은 현재 快速電車를 타고 있고 목적지에 가기 위해선 중간에 普通電車로 환승해야 하는 상황이다. 따라서 정답은 (B)이다.

03 정답 (C)

男 : 自転車の二人乗りって危ないですね。
女 : バランスも悪いし、急ブレーキをかけたりしたら倒れてしまいますからね。
男 : それにかごに大きすぎる荷物を載せるのもいけませんね。
女 : ええ、危険を避けて安全に乗りたいものですね。

남 : 자전거를 둘이서 타는 건 위험하죠.
여 : 균형도 안 맞고 급 브레이크를 걸면 넘어져 버리니까요.
남 : 게다가 바구니에 너무 큰 짐을 싣는 것도 안 되죠.
여 : 네, 위험을 피해서 안전하게 탔으면 해요.

해석 　남자는 자전거에 대해서 뭐라고 했습니까?
(A) 자전거는 짐을 옮길 때 편리한 탈것이다.
(B) 자전거는 균형이 나빠서 넘어지기 쉽다.
(C) 두 사람이 타거나 큰 짐을 싣는 것은 위험하다.
(D) 급 브레이크를 걸면 금방 멈춘다.

해설 　남자의 이야기를 집중해서 듣자. 남자는 二人乗り와 かごに大きすぎる荷物를 위험하다고 했으므로 정답은 (C)이다. 나머지 보기는 두 사람의 대화와는 관계없는 내용이다.

어휘 　二人乗(ふたりの)り 둘이서 탐 | バランス 균형 | かご 바구니 | 避(さ)ける 피하다 | 乗(の)り物(もの) 탈것

04 정답 (D)

女 : この渋滞じゃ、とても時間通りには着かないわね。
男 : じゃあ、次のインターで降りて国道で行くのは(?)。
女 : ちょっと遠回りになるけど、その方がいいかもね。
男 : その前に一度パーキングエリアに寄って、交通情報を見てみよう。

여 : 이런 정체라면 도저히 제시간에는 도착 못 하겠어.
남 : 그럼 다음 인터체인지에서 빠져서 국도로 가는 건 어때?
여 : 좀 멀리 돌아가긴 하겠지만, 그게 나을지도 모르지.
남 : 그 전에 한번 간이 휴게소에 들러서 교통 정보를 보자.

해석 　두 사람은 이 다음 어떻게 합니까?
(A) 다음 인터체인지에서 고속도로를 벗어난다.
(B) 국도로 목적지까지 간다.
(C) 멀리 돌아가지만 고속도로를 이용한다.
(D) 다음 휴게 시설에서 정체 상황을 확인한다.

해설 　앞으로 어떤 행동을 할지를 묻는 문제는 특히 대화의 마지막까지 잘 들어야 한다. 정체가 심하니 국도로 돌아가자는 남자

의 제안에 여자도 동의했으므로 (A)나 (B)를 정답으로 고를 수 있지만, 마지막에 その前にと라고 했기 때문에 이 부분이 정답이다. 따라서 정답은 (D)이다.

어휘 渋滞(じゅうたい) 정체 | インター 인터체인지 ▶インターチェンジ의 줄임말 | 遠回(とおまわ)り 먼 길을 돌아감, 우회함 | 休憩施設(きゅうけいしせつ) 휴게 시설

참고 パーキングエリア는 주차장이 아니라 유료 도로 등에 마련된 비교적 소규모의 '간이 휴게 시설'을 뜻하는 말이며, 보다 큰 규모의 '고속도로 휴게소'는 サービスエリア라고 한다.

05 정답 (B)

男：この先行き止まりだって。
女：工事中みたいね。どうする(?)。
男：今来た道を戻って、さっきの交差点から左に行こう。
女：それより、ここで右折して旧道に抜ける方が早いわよ。

남：이 앞은 진입 금지래.
여：공사 중인 거 같네. 어떻게 할래?
남：지금 왔던 길을 돌아가서 아까 그 교차로에서 왼쪽으로 가자.
여：그것보다 여기서 우회전해서 구도로로 빠지는 게 빨라.

해석 두 사람이 지나고 있는 길은 어떤 길입니까?
(A)이대로 직진할 수 있는 길
(B)왔던 길을 되돌아가면 교차로가 나오는 길
(C)공사 중이라 도로 폭이 좁아진 길
(D)여기서 좌회전하면 국도로 나가는 길

해설 この先行き止まり는 표지판에서 자주 볼 수 있는 문구로, '진입 금지'라는 뜻이다. 따라서 이 길은 직진할 수 없으므로 (A)는 오답이다. 또, 공사 중이긴 하지만 (C)도로 폭이 좁아졌는지, (D)좌회전하면 국도로 나갈 수 있는지는 이 대화로는 알 수 없다. 왔던 길로 되돌아가면 교차로가 나온다고 했으므로 (B)가 정답이다.

어휘 行(ゆ)き止(ど)まり (길 등이) 더 이상 나아갈 수 없음, 막다른 곳 | 右折(うせつ) 우회전 [반의어] 左折(させつ) 좌회전 | 旧道(きゅうどう) 구도로 | 抜(ぬ)ける 빠져나가다 | 直進(ちょくしん) 직진 | 引(ひ)き返(かえ)す 되돌아가다, 돌아오다 | 道幅(みちはば) 길이나 도로의 폭 | 狭(せま)い 좁다 ▶狭くする=狭(せば)める 좁히다, 狭くなる=狭(せば)まる 좁혀지다

06 정답 (B)

女：来週からバスの運行時間が一部変更になるそうよ。
男：ああ、夏休みだからね。
女：学生さんたちがあまり利用しないから本数も減るんだって。
男：それじゃ、前もって調べておかなくちゃ。

여：다음 주부터 버스 운행 시간이 일부 변경된다고 해.
남：아, 여름 방학이라서.
여：학생들이 별로 이용하지 않으니까 운행 대수도 줄어든대.
남：그럼 미리 알아 둬야겠네.

해석 여름 방학 중에는 버스 운행이 어떻게 됩니까?
(A)평상시대로 운행한다.
(B)평상시보다 운행되는 버스가 줄어든다.
(C)학생들이 평소보다도 많이 이용할 수 있도록 한다.
(D)평소와 같은 운행 시간이다.

해설 本数(ほんすう)が減る가 어떤 뜻인지 파악해야 하는 문제이다. 本은 어떤 가늘고 긴 사물을 세는 조수사로, 열차나 버스 등의 교통수단을 셀 때도 쓰인다. 따라서 本数が減る는 '운행하는 버스 대수가 줄다' 즉, 운행 횟수의 감소를 뜻하는 말이므로 정답은 (B)이다. 또한, 열차는 ～両(りょう), 버스는 ～台(だい)라는 조수사를 쓴다는 것도 참고하자.

어휘 前(まえ)もって 미리, 사전에 | 通常(つうじょう) (부사적으로) 보통, 평소, 일반적으로 [동의어] 普段(ふだん)

07 정답 (C)

男：路駐してたら、罰金を取られちゃった。
女：だから面倒でもちゃんと駐車場に停めなくちゃ。
男：ああ、ほんの10分くらいだったのにな。
女：でも、違反は違反でしょ。

남：갓길 주차했다가 벌금을 물었어.
여：그러니까 귀찮더라도 확실히 주차장에 주차해야지.
남：아, 겨우 10분 정도였는데 말이야.
여：그래도, 위반은 위반이야.

해석 여자의 생각과 일치하는 것은 어느 것입니까?
(A)일일이 주차장에 차를 주차하는 것은 귀찮다.
(B)경찰의 단속은 너무 엄격하다.
(C)단시간이라도 갓길 주차는 나쁜 것이다.
(D)주차장 요금을 지불하는 것은 아깝다.

해설 남자의 ほんの10分だったのに라는 푸념에 대해 違反は違反でしょ라고 반박하고 있으므로 (C)가 정답이다. (A)나 (D)는 남자가 주차 위반을 하게 된 이유나 변명으로 짐작해 볼 수 있는 보기이며, (B)는 오히려 법은 바로 지켜야 한다는 여자의 생각과는 상반된다.

어휘 路駐(ろちゅう) 노상 주차, 갓길 주차 ▶路上駐車(ろじょうちゅうしゃ)의 준말 | 罰金(ばっきん) 벌금 | 面倒(めんどう) 번거로움, 귀찮음 | ほんの 겨우, 고작 | 違反(いはん) 위반 | 警察(けいさつ) 경찰 | 取(と)り締(し)まり 단속 | もったいない 아깝다

08 정답 (D)

女：先日、夜行バスを利用したんですが、思ったより快適でした。
男：そうですか。まあ、座席も広めで余裕もありますからね。
女：それに料金も手頃だし、何よりも寝ている間に移動できますしね。
男：時間とお金の節約ができますね。

여：일전에 야간 버스를 이용했습니다만, 생각보다 쾌적했어요.
남：그래요? 뭐, 좌석도 넓고 여유도 있으니까요.
여：게다가 요금도 적당하고 무엇보다 자고 있는 동안에 이동할 수 있으니까요.
남：시간과 요금 절약이 가능하죠.

해석 여자는 야간 버스에 대해 뭐라고 했습니까?
(A)목적지에 밤에 도착할 수 있는 점이 좋다.
(B)가격이 싼 게 최고의 매력이다.
(C)좌석에 여유가 있어 쾌적하다.
(D)이동 시간을 유효하게 사용할 수 있는 점이 편리하다.

해설 여자의 의견을 고르는 문제로, (A)에 대한 내용은 없었으며 (C)좌석에 여유가 있다는 것은 남자의 의견이다. 버스 요금이 手頃라고는 했지만, 何よりも~라고 표현한 그 뒷부분이 여자가 생각하는 야간 버스의 가장 큰 장점이므로 (B)도 오답이다. 따라서 정답은 (D)이다.

어휘 夜行(やこう)バス 야간 버스 | 快適(かいてき) 쾌적함 | 余裕(よゆう) 여유 | 手頃(てごろ) (가격, 능력이) 적당함, 알맞음 | 節約(せつやく) 절약 | 到着(とうちゃく) 도착 | 魅力(みりょく) 매력 | 有効(ゆうこう) 유효

09 정답 (B)

男：幹線道路の改修工事がやっと終わりましたね。
女：工事中は朝の通勤ラッシュが相当でしたからね。
男：市民からの苦情もかなり多かったみたいですよ。
女：でも、これからは渋滞も解消されて、快適な通勤ができそうです。

남：간선 도로 개보수 공사가 겨우 끝났네요.
여：공사 중에는 아침 통근 정체가 굉장했었으니까요.
남：시민들의 불만도 꽤 많았던 것 같아요.
여：그렇지만 이제부터는 정체도 해소되어 쾌적한 통근이 가능할 것 같네요.

해설 대화 내용과 일치하는 것은 어느 것입니까?
(A)도로 공사는 아직 계속되고 있다.
(B)공사 중에는 아침 정체가 심했다.
(C)공사에 관해 시민의 의견이 반영되었다.
(D)간선 도로 확장 공사가 종료되었다.

해설 도로 공사는 끝났다고 했고, 개보수 공사라고 했지 확장 공사가 아니므로 (A)와 (D)는 정답이 아니다. 또한, 시민으로부터 어떤 의견이 반영된 것이 아니라, 출근 시간의 정체 때문에 민원이나 불만스러운 의견이 많았던 것이므로 (C)도 오답이다. 보기를 미리 읽어 두어 通勤ラッシュが相当가 渋滞がひどかった로 바꿔 쓰였다는 것을 재빨리 파악한다면 쉽게 풀 수 있는 문제이다. 따라서 정답은 (B)이다.

어휘 幹線道路(かんせんどうろ) 간선 도로 | 改修(かいしゅう) 개보수 | 通勤(つうきん)ラッシュ 통근 정체, 통근 러시아워 | 苦情(くじょう) 불평, 불만, 클레임 | 解消(かいしょう) 해소 | 拡張(かくちょう) 확장

10 정답 (C)

女：シートベルトの着用が義務づけられて久しいですね。
男：今ではもう常識になったけど、以前は運転者の任意だったからね。
女：でもシートベルトの着用率の上昇で、交通事故の死亡率が減少したそうですよ。
男：運転者だけでなく同乗者にも着用が義務づけられたからでしょうね。

여：안전벨트 착용이 의무화된 지 꽤 되었죠.
남：지금은 이미 상식이 됐지만, 예전에는 운전자의 자율에 맡겼었으니까요.
여：그래도 안전벨트 착용률 상승으로 교통사고 사망률이 감소했다고 해요.
남：운전자뿐만 아니라 동승자도 착용이 의무화되었으니까 겠죠.

해설 안전벨트 착용에 관해 일치하는 내용은 어느 것입니까?
(A)올해부터 안전벨트를 하는 것이 법률로 정해졌다.
(B)안전벨트를 하는 것은 교통사고를 방지하기 위함이다.
(C)안전벨트 착용에 따라 교통사고로 사망하는 사람이 줄었다.
(D)안전벨트를 착용해도 교통사고는 피할 수 없다.

해설 (A)의 法律で決まる는 義務づけられる와 같은 뜻이지만 시기가 다르다. 안전벨트 착용 의무화는 今年からが 아니라 久しい라고 했다. 또한, 교통사고 사망률이 감소했다고 해서 안전벨트가 교통사고 자체를 막기 위한 것이라고 보기에 (B)는 무리가 있으며, (D)는 내용에 없으므로 오답이다. 이 문제 역시 死亡率が減少した라는 말을 亡くなる人が減った라는 유사 표현으로 바꾸어 놓은 것이므로 (C)가 정답이다.

어휘 シートベルト 안전벨트 | 着用(ちゃくよう) 착용 | 義務(ぎむ)づける 의무화하다, 의무를 지우다 | 久(ひさ)しい 오래되다 | 常識(じょうしき) 상식 | 任意(にんい) 임의, 생각이나 자유 의사에 맡김 | 同乗者(どうじょうしゃ) 동승자 | 法律(ほうりつ) 법률 | 防止(ぼうし) 방지 [동음이의어] 帽子 모자

첫째마당 미리 보는 실전 예상문제 232쪽

| 01 (C) | 02 (B) | 03 (D) | 04 (B) | 05 (B) |
| 06 (C) | 07 (C) | 08 (B) | 09 (B) | 10 (D) |

🎧 Part3-28 예상문제

01 정답 (C)

男：失礼ですが、田中さん、ご兄弟は(?)。
女：兄と姉が1人ずつ、そして妹が2人います。
男：ご兄弟が多いですね。私は2歳上の兄が1人だけです。
女：うちはけっこう年が離れているので、上の兄と一番下の妹の年の差は15歳ですよ。

남：실례지만 다나카 씨, 형제가 어떻게 되세요?
여：오빠와 언니가 한 명씩, 그리고 여동생이 두 명 있어요.
남：형제가 많군요. 저는 2살 위의 형이 한 명뿐입니다.
여：저희 집은 나이 차이가 꽤 많이 나서 첫째인 오빠와 막내 여동생의 나이 차가 15살이에요.

해설 여자의 형제에 대해 올바른 것은 어느 것입니까?
(A)2살 연상의 오빠가 있다.
(B)15살짜리 여동생이 있다.
(C)형제가 다섯 명이다.
(D)남동생이 두 명 있다.

해설 (A)2살 위의 兄이 있는 것은 여자가 아니라 남자이다. 또, (B) 여자의 여동생이 몇 살인지 여기서는 알 수 없고, (D) 여자는 남동생이 아니라 여동생이 두 명이라고 했으므로 사실과 다르다. 兄1＋姉1＋妹2＝4＋1(私)이므로 정답은 (C)이다. 문제와 보기를 미리 읽고, 여자의 형제 관계에 집중한다면 쉽게 풀 수 있는 문제이다.

어휘 年上(としうえ) 연상

02 정답 (B)

女 : 12時の門限を破ったら、1時間遅れる毎に5千円の罰金だって約束したよね。
男 : でも、今日だけは目をつぶってよ。友達の帰国祝いだったんだから。
女 : 年末年始の飲み会は例外だけど、今夜は1万円払ってもらいますからね。
男 : わかった、わかった。

여 : 12시 통금을 어기면 한 시간 늦을 때마다 5천엔 벌금이라고 약속했지?
남 : 그렇지만, 오늘만 눈감아 줘. 친구 귀국 축하 자리였거든.
여 : 연말연시 술자리는 예외지만, 오늘 밤은 만엔 받을 거야!
남 : 알았어, 알았어.

해석 남자는 왜 늦게 들어왔습니까?
(A) 송년회가 있었기 때문에
(B) 친구가 외국에서 돌아왔기 때문에
(C) 12시까지 일을 했기 때문에
(D) 5천엔을 잃어버렸기 때문에

해설 질문의 답이 되는 남녀 대화의 포인트는 友達の帰国祝い이므로 정답은 (B)이다. 年末年始가 등장했다고 해서 (A)의 忘年会를 연결시키는 실수는 하지 않도록 하자. 이런 유형의 문제는 남자가 몇 시에 귀가했는지를 묻는 간단한 계산 문제로도 출제될 수 있다. 통금은 12시이고 한 시간에 5000엔이 벌금인데, 10000엔을 받을 거라고 했으므로 남자의 귀가 시간은 새벽 2시로 유추할 수 있다.

어휘 門限(もんげん) 통금 | 破(やぶ)る (약속을) 어기다, 깨다 | ~毎(たび)に ~마다 | 罰金(ばっきん) 벌금 | 目(め)をつぶる 눈을 감다, 묵인하다 | ~祝(いわ)い (명사에 붙어) ~축하, ~축하 자리, ~축하 선물 | 年末年始(ねんまつねんし) 연말연시 | 例外(れいがい) 예외 | 忘年会(ぼうねんかい) 송년회

03 정답 (D)

男 : 来年のカレンダーのデザイン、もう決まった(?)。
女 : 今年のデザインがお客様の反応もよくて、引き続きこのシリーズでいくことになったわ。
男 : 確か、ユネスコの文化遺産の写真じゃなかったっけ。
女 : それは一昨年のデザインで、今年のはルーブル美術館のものよ。

남 : 내년 달력 디자인, 벌써 결정됐어?
여 : 올해 디자인이 고객 반응도 좋아서 연이어 이 시리즈로 가게 됐어.
남 : 유네스코 문화유산 사진이었지?
여 : 그건 재작년 디자인이고 올해는 루브르 미술관 작품이야.

해석 내년 달력 디자인에 대해 올바른 것은 어느 것입니까?
(A) 유네스코 문화유산 사진이 실린 달력
(B) 새 장르의 디자인 달력
(C) 세계유산 사진이 실린 달력
(D) 루브르 미술관 디자인 달력

해설 내년 달력은 올해의 달력과 디자인이 같다고 했고, 올해는 달력에 루브르 미술관 작품이 들어가 있다고 했다. 따라서 정답은 (D)이다. (A)와 (C)는 재작년 달력 디자인에 해당된다.

어휘 カレンダー 달력 | 引(ひ)き続(つづ)き 계속해서 | ルーブル美術館(びじゅつかん) 루브르 미술관 | ジャンル 장르

참고 유네스코에서 지정하는 世界遺産(せかいいさん)은 특징에 따라 文化遺産(ぶんかいさん), 自然遺産(しぜんいさん), 이 둘을 합친 複合遺産(ふくごういさん)으로 나뉜다.

04 정답 (B)

男 : 毎日寒いですね。
女 : 暦の上では今日から春だというのに。
男 : まあ、だいたい立春の頃が一番寒いですからね。
女 : 桜とはいかなくても、早く梅でも咲いてくれれば嬉しいんですけどね。

남 : 매일 춥군요.
여 : 달력 상으로 오늘부터 봄이라는데 말이죠.
남 : 뭐, 대개 입춘 무렵이 제일 추우니까요.
여 : 벚꽃까지는 아니더라도 빨리 매화라도 피어 준다면 기쁠 텐데 말이에요.

해석 지금은 어떤 날씨입니까?
(A) 겨울이지만 그다지 춥지 않다.
(B) 가장 추위가 혹독한 시기이다.
(C) 봄이지만 봄치고는 춥다.
(D) 춥지만 매화나 벚꽃은 이제 곧 필 것 같다.

해설 今日から春라고는 했지만, 절기상 봄일 뿐 실제로 입춘은 2월 4일에 해당되므로 한창 추울 때이다. 또한, 대화에서도 立春の頃が一番寒い라고 했으므로 (C)는 정답이 될 수 없다. 따라서 정답은 (B)이다.

어휘 暦(こよみ) 달력 | 立春(りっしゅん) 입춘 | 桜(さくら) 벚꽃 | 梅(うめ) 매화 | 陽気(ようき) 날씨

05 정답 (B)

女 : 予約した高橋といいますけど。
男 : いらっしゃいませ。高橋様、6時半から4名様和室ということで承っております。
女 : そうなんですが、ちょっと早く来てしまったみたいで。今からでもいいですか。
男 : 料理は少し遅くなりますが、お座敷の方はすぐにご案内できます。

여 : 예약한 다카하시라고 하는데요.
남 : 어서 오십시오. 다카하시 씨, 6시 반부터 네 분 방으로 예약되어 있습니다.
여 : 그렇긴 한데, 조금 빨리 온 듯해서요. 지금부터 들어가도 되나요?
남 : 요리는 조금 늦어지겠습니다만, 자리는 바로 안내해 드릴 수 있습니다.

해석 여자에 대해 일치하는 것은 어느 것입니까?
(A) 예약한 시간보다 늦게 도착했다.
(B) 예약한 시간보다 빨리 도착했다.
(C) 6시 반에 전화로 예약했다.
(D) 예약 변경을 하러 가게에 왔다.

해설 음식점 남자 직원의 말투가 조금 까다롭지만, 내용은 그다지 어렵지 않고 여자의 말속에 정답이 숨어 있다. 早く来てしまったらと 했기 때문에 정답은 (B)이다. 예약한 시점을 알

수 없으므로 (C)는 오답이며, 今からでもいいですか라고 했기 때문에 예약 변경은 아니므로 (D)도 정답이 될 수 없다.

어휘 和室(わしつ) (다다미를 깐) 일본식 방 [반의어] 洋室(ようしつ) 서양식 방 ▶호텔 방을 지정할 때도 많이 볼 수 있는 단어로 쉽게 다다미 방과 침대 방을 생각하면 되고, 이 둘을 복합한 방을 和洋室(わようしつ)라고 한다. | 承(うけたまわ)る (受ける의 겸양어) 삼가 받다 | 座敷(ざしき) 다다미 방, 객실

참고 和(わ)란 '일본식'을 나타내는 단어를 만드는 말로, 우리말의 한복, 한식, 한옥 등의 '한'에 해당한다고 보면 된다. 和로 시작되는 단어로는 和室 이외에도 和食(わしょく) 일식, 和風(わふう) 일본풍 등이 있다.

06 정답 (C)

女:大学で同じゼミだった鈴木君、去年結婚したそうね。
男:ああ、相手は大手企業の社長令嬢だって。
女:まるでドラマみたいね。すごいわ。
男:いや、気を遣うことばかりで、逃げ出したいこともあるって言ってたよ。

여: 대학교 때 같은 연구회였던 스즈키 군, 작년에 결혼했다지?
남: 응, 상대는 대기업 사장 영애래.
여: 마치 드라마 같아. 굉장해.
남: 아냐, 신경 쓸 일뿐이라 도망치고 싶을 때도 있다고 했어.

해석 스즈키 군은 요즘 어떻게 지내고 있습니까?
(A)작년에 결혼했지만 바빠져서 대학을 자퇴했다.
(B)큰 회사의 여사장과 결혼했다.
(C)결혼을 했지만 고생이 많은 것 같다.
(D)TV 드라마만 보며 현실 도피하고 있다.

해설 제삼자의 근황을 전하고 있는 남자의 말을 잘 들어야 한다. 스즈키는 작년에 대기업 사장 딸과 결혼했지만 도망치고 싶을 때도 있다고 했기 때문에 내용과 일치하는 보기는 (C)이다.

어휘 ゼミ (대학에서) 교수의 지도 아래 연구, 발표, 토론하는 것, 또는 그 모임 | 大手企業(おおてきぎょう) 대기업 | 令嬢(れいじょう) 신분이나 지위가 높은 사람의 딸, 영애 | 逃(に)げ出(だ)す 도망치다, 달아나다

07 정답 (C)

男:来月、彼女の誕生日なんだけど、どんなプレゼントがいいかな。
女:彼女の趣味に関係あるものとか、アクセサリーなんかは(?)。
男:そういうものはマンネリだから、あっと驚くものをあげたいんだよな。
女:相手が喜ぶプレゼントを選ぶのって本当に難しいよね。

남: 다음 달이 여자친구 생일인데, 어떤 선물이 좋을까?
여: 여자친구 취미와 관계있는 물건이나 액세서리는?
남: 그런 건 신선하지 않으니까 깜짝 놀랄 선물을 주고 싶어.
여: 상대방이 기뻐할 만한 선물을 고른다는 건 정말 어려워.

해석 남자에 대해 올바른 것은 어느 것입니까?
(A)다음 주는 남자의 여자친구 생일이다.
(B)남자는 여자친구에게 액세서리를 선물할 생각이다.
(C)남자는 어떤 선물을 하면 좋을지 고민하고 있다.
(D)남자는 올해는 여자친구에게 선물을 주지 않을 것이다.

해설 다음 달이 여자친구의 생일이며, 어떤 선물을 줄지 고민하고 있으므로 (A)와 (D)는 오답이다. 선물에 대해선 여자의 제안을 받아들이지 않았으므로 (B)도 정답이 될 수 없으며, 대화가 끝난 시점까지도 계속 고민하고 있으므로 (C)가 정답이다.

어휘 趣味(しゅみ) 취미 | マンネリ 매너리즘, 천편일률, 틀에 박힘 ▶マンネリに陥(おちい)る 매너리즘에 빠지다 | 驚(おどろ)く 놀라다 | 贈(おく)る 선물하다, 주다

08 정답 (B)

男:営業部の杉村さん、来月とうとう結婚するんだって。
女:へえ。あの独身貴族を謳歌していた杉村さんがねえ。
男:社内の噂によると、相手は帰国子女の美人らしいよ。
女:杉村さんって、全然生活の匂いがしないタイプだから想像しにくいなあ。

남: 영업부 스기무라 씨, 다음 달에 드디어 결혼한대.
여: 오, 그 독신귀족 생활을 누리던 스기무라 씨가?
남: 사내 소문에 따르면 상대는 해외 미인인 듯해.
여: 스기무라 씨는 전혀 생활감이 없는 타입이라 상상하기 힘들어.

해석 스기무라 씨의 결혼 상대는 어떤 사람입니까?
(A)양갓집 규수이고 미인
(B)오래 해외에서 생활한 경험이 있는 미인
(C)별로 가정적인 타입이 아닌 미인
(D)어느 방향에서 봐도 전형적인 미인

해설 스기무라 씨의 결혼 상대에 대해 물었으므로 相手は~라는 부분에 정답이 있다. 결혼 상대는 帰国子女에 美人이라고 했고, 帰国子女는 어릴 때 해외 체류 경험이 있는 사람을 뜻하므로 정답은 (B)이다. (A)는 帰国子女라고 해서 무조건 양갓집 규수라고 단정할 수는 없으므로 정답이 될 수 없고, (C)와 (D)는 알 수 없다.

어휘 独身貴族(どくしんきぞく) 독신귀족 ▶주로 경제적 여유가 있는 미혼 남성에게 쓰는 경우가 많다. | 謳歌(おうか) 구가 | 噂(うわさ) 소문 | 帰国子女(きこくしじょ) (부모의 해외 파견 등으로) 외국에서 살다 온 자녀 | 匂(にお)い 분위기, 느낌 | 想像(そうぞう) 상상 | 良家(りょうけ) 양갓집, 좋은 집안 | お嬢(じょう)さん 아가씨, (좋은 집안의) 따님 | 典型的(てんけいてき) 전형적임 | 八方美人(はっぽうびじん) 어느 방향에서 보아도 아름다운 미인

참고 일본어의 八方美人(はっぽうびじん)은 우리말의 '팔방미인'과는 다른 뜻이다. 八方美人은 '어느 방향에서 보아도 아름다운 미인'이란 뜻 외에도 '여기저기 아무한테나 웃으며 줏대 없이 상냥하게 대하는 사람'을 부정적으로 일컬을 때도 쓴다.

09 정답 (B)

女:まあ、中島さんじゃないですか。こんなところでお会いするなんて。
男:ご無沙汰してました。ご主人もすっかり良くなられたそうで。
女:まだこれからですけど、リハビリも順調で、先月からは職場にも復帰しました。
男:急に倒れられたと聞いたときは本当にびっくりしました。

여 : 어머, 나카지마 씨 아니세요? 이런 곳에서 만나다니 반갑네요.
남 : 그간 격조했습니다. 남편 분도 완전히 회복되셨다고요.
여 : 아직 갈 길이 멀지만, 재활 치료도 순조롭고 지난달부터는 직장에도 복귀했습니다.
남 : 갑자기 쓰러지셨다고 들었을 때는 정말 놀랐습니다.

해석 대화 내용과 일치하지 않는 것은 어느 것입니까?
(A) 둘은 오랜만에 만났다.
(B) 여자의 아버지는 전에 갑자기 쓰러진 적이 있다.
(C) 여자의 남편은 회사원이다.
(D) 여자의 남편은 회복 훈련을 받고 있다.

해설 합치지 않는 것을 찾는 문제이다. 문제를 꼼꼼히 읽자. 남자는 여자의 인사에 대해 ご無沙汰(ぶさた)してました라고 했기 때문에 (A)는 맞는 말이며, (C)와 (D)도 각각 남편의 직장 복귀와 재활 치료에 대한 여자의 말과 일치하는 보기이다. 여기서 リハビリ는 体の回復訓練과 같은 뜻임을 기억하자. 일전에 쓰러진 것은 여자의 남편이므로 (B)가 정답이다.

어휘 リハビリ 재활 치료 | 順調(じゅんちょう) 순조로움 | 職場(しょくば) 직장 | 復帰(ふっき) 복귀 | びっくりする 깜짝 놀라다 | 回復訓練(かいふくくんれん) 회복 훈련

10 **정답** (D)

男 : 車、なかなか進まないね。
女 : 高速でこの時間に渋滞なんて、事故でもあったのかしら。
男 : 自然渋滞じゃなさそうだね。ちょっと交通情報をつけてみてよ。
女 : うん、それがいいわね。

남 : 차가 좀처럼 나가질 않네.
여 : 고속도로에서 이 시간에 정체라니, 사고라도 있었던 걸까?
남 : 그냥 정체는 아닌 것 같아. 잠시 교통 정보를 켜 봐.
여 : 응, 그게 좋겠어.

해석 차가 나가지 않는 상황에 대해 두 사람은 어떻게 생각하고 있습니까?
(A) 이 시간에는 자주 있는 정체라고 생각한다.
(B) 자기들 차가 고장 났다고 생각한다.
(C) 고속도로이므로 어쩔 수 없다고 생각한다.
(D) 라디오에서 정보를 얻는 게 좋겠다고 생각한다.

해설 도로 정체에 대해 사고와 같은 어떤 이유가 있을 것이라는 것과 교통 정보를 확인하는 게 좋겠다는 부분에서 두 사람의 의견이 일치하므로 정답은 (D)이다. 여기서 交通情報をつける＝ラジオで交通情報を得る이다.

어휘 高速(こうそく) '고속도로'의 준말 | 故障(こしょう) 고장 | 仕方(しかた) 방법, 도리 | 得(え)る 얻다

참고 自然渋滞(しぜんじゅうたい)는 사고나 신호 대기 등의 특별한 이유 없이 발생하는 정체를 말하며, 도로에 차량이 많거나 경사와 급커브 등이 심할수록 이런 현상은 심해진다.

시나공법 **29** | 시나공 기출문제의 재구성   237쪽

01 (C) 02 (C) 03 (C) 04 (D) 05 (A)
06 (C) 07 (D) 08 (B) 09 (D) 10 (B)

🎧 Part3-29시나공

01 **정답** (C)

女 : ここから横浜駅までどのくらいかかりますか。
男 : 電車で30分くらいです。
女 : では、横浜駅から学校まではどのくらいかかりますか。
男 : バスで5分、徒歩だと30分くらいですね。

여 : 여기서 요코하마 역까지 얼마나 걸리죠?
남 : 전철로 30분 정도입니다.
여 : 그럼, 요코하마 역에서 학교까지는 얼마나 걸리나요?
남 : 버스로 5분, 도보라면 30분 정도네요.

해석 요코하마 역과 학교의 거리는 어느 정도입니까?
(A) 전철로 30분 정도
(B) 전철로 15분 정도
(C) 걸어서 30분 정도
(D) 버스로 15분 정도

해설 요코하마 역과 학교까지 거리는 버스로는 5분, 걸어서는 30분이라고 했다. 따라서 (C)가 정답이다. (A)는 현재 있는 장소에서 요코하마 역까지의 거리이므로 오답이다.

어휘 徒歩(とほ) 도보 | 距離(きょり) 거리

02 **정답** (C)

男 : 団体用のTシャツ、これでいいよね。
女 : うん。うちは男子が12人、女子が18人だから、緑12枚、赤18枚ね。
男 : いや、竹内先生の分もあるから、緑はもう1枚要るよ。
女 : そうね。全部で31枚ね。

남 : 단체용 티셔츠, 이거면 되지?
여 : 응. 우리는 남자가 12명, 여자가 18명이니까, 초록 12장, 빨강 18장이지.
남 : 아냐, 다케우치 선생님 몫도 있으니 초록은 한 장 더 필요해.
여 : 그렇네. 전부 31장이구나.

해석 두 사람은 어떻게 티셔츠를 삽니까?
(A) 초록을 12장, 빨강을 18장
(B) 초록과 빨강을 13장씩
(C) 초록 13장, 빨강 18장
(D) 초록과 빨강을 31장씩

해설 단체용 티셔츠는 초록 12장, 빨강 18장이 필요하다고 했지만, 선생님 티셔츠가 빠진 수량이기 때문에 緑はもう1枚 필요한 상황이다. 12+1=13이므로 정답은 (C)이다.

어휘 団体用(だんたいよう) 단체용

03 **정답** (C)

女 : このせっけん、天然成分100%なのよ。
男 : 使った感じはどう(?)。
女 : にきびもだいぶ減ったし、洗顔後つっぱらないのがいいわね。
男 : ふうん。今度僕も使ってみようかな。

본문 정답&해설 _ **77**

> 여 : 이 비누, 천연 성분 100%야.
> 남 : 써 본 느낌은 어때?
> 여 : 여드름도 꽤 줄었고, 세안 후 당기지 않아서 좋아.
> 남 : 오, 다음에 나도 써 볼까?

해석 비누에 대해 여자는 어떻게 생각합니까?
(A)때가 잘 빠지는 비누다.
(B)지구 환경에 무척 좋은 비누다.
(C)자기 피부에 맞는 비누다.
(D)남자에게도 권하고 싶은 비누다.

해설 여자가 사용한 비누는 빨래비누가 아니라 세안용이므로 (A)는 정답이 될 수 없다. 또, 100% 천연 비누라 환경 보호도 되고 남자에게 추천할 법도 하지만, 이 대화만으로는 알 수 없는 부분이므로 (B)와 (D)도 오답이다. 천연 비누의 효과를 봤다는 말은 자신의 피부에 잘 맞는다는 말이므로 정답은 (C)이다.

어휘 せっけん 비누 | 天然成分(てんねんせいぶん) 천연 성분 | にきび 여드름 | 洗顔(せんがん) 세안 | つっぱる (근육이) 당기다 | 地球環境(ちきゅうかんきょう) 지구 환경 | 肌(はだ) 피부 | 勧(すす)める 권하다

04 정답 (D)

> 女 : 来週、いよいよ念願のマイホームへの引越しだわ。
> 男 : 何かと大変そうだね。何か手伝おうか。
> 女 : ううん。全部業者に任せる事にしたの。
> 男 : まあ、プロに頼むのが一番だろうね。

여 : 다음 주에 드디어 염원했던 내 집으로 이사해.
남 : 여러모로 고생일 것 같네. 뭐가 도와줄까?
여 : 아냐. 전부 업자에게 맡기기로 했어.
남 : 뭐, 프로에게 부탁하는 게 최고겠지.

해석 이사에 대해 올바른 것은 어느 것입니까?
(A)여자는 임대 아파트로 이사한다.
(B)남자는 여자의 이사를 도와준다.
(C)이사는 직접 한다.
(D)여자는 새로 집을 구입했다.

해설 マイホーム는 '마이 홈' 즉, '자기 소유의 집'이라는 뜻이므로 정답은 (D)이다. (A)賃貸アパート는 이와 반대되는 개념이므로 오답이고, (B)와 (C)는 全部業者に任せる事にした라는 여자의 말과 다른 내용이므로 정답이 될 수 없다.

어휘 念願(ねんがん) 염원 | 業者(ぎょうしゃ) 그 일을 전문적으로 하는 사람, 업자 | 賃貸(ちんたい)アパート 임대 아파트

05 정답 (A)

> 男 : 誕生日おめでとう。
> 女 : ありがとう。でも、この歳になると、あんまり嬉しくないわね。
> 男 : 何言ってるんだよ。30の僕からすれば、君が羨ましいよ。
> 女 : でも今日からは、四捨五入すればあなたと同じじゃない。あーあ、嫌だなあ。

남 : 생일 축하해.
여 : 고마워. 근데 이 나이가 되니 그다지 기쁘지 않네.
남 : 무슨 말을 하는 거야. 서른인 나로선 네가 부러워.
여 : 하지만 오늘부터는 반올림하면 너랑 같은 나이잖아. 아, 싫어라.

해석 여자는 몇 살이 되었습니까?
(A)25살 (B) 26살
(C)29살 (D) 30살

해설 마지막 여자의 말에 힌트가 숨어 있다. 四捨五入는 '4 이하는 버리고 5 이상은 다음 자릿수로 들게 한다'는 뜻 즉, '반올림'이란 말이다. 네 개의 보기 모두가 반올림하면 남자의 나이인 서른이지만, 今日からと고 했으므로 정답은 (A)이다.

어휘 羨(うらや)ましい 부럽다 | 四捨五入(ししゃごにゅう) 사사오입, 반올림

06 정답 (C)

> 女 : 花子ったら、ピアノの発表会、出たくないって言うのよ。
> 男 : 人前で演奏したことないから、緊張してるんじゃないのか。
> 女 : それもあるかもしれないけど、課題曲が気に入らないみたい。
> 男 : 一度、先生に相談してみたら。

여 : 하나코 말이야, 피아노 발표회에 나가고 싶지 않대.
남 : 사람들 앞에서 연주한 적이 없어서 긴장되는 거 아냐?
여 : 그렇기도 하겠지만, 과제곡이 마음에 안 드는 것 같아.
남 : 선생님께 한번 상담해 보는 게 어때?

해석 여자는 앞으로 어떻게 합니까?
(A)모두 앞에서 한번 과제곡을 연주해 본다.
(B)긴장하고 있는 하나코를 진정시킨다.
(C)하나코의 피아노 선생님과 과제곡에 대해 이야기해 본다.
(D)피아노 발표회에 나갈지 말지는 하나코가 결정하게 한다.

해설 과제곡은 여자가 아닌 하나코가 연주하는 것이므로 (A)는 정답이 될 수 없으며, 하나코가 피아노 발표회를 거부하는 진짜 이유는 긴장하고 있어서라기보다 과제곡이 마음에 들지 않아서 이므로 (B)도 오답이다. 또, 하나코가 아니라 선생님과 상담해 보라는 남자의 말로 보아 (D)도 정답과는 거리가 멀다. 여자의 말만 들어서는 정답을 찾을 수 없는 문제로, 전체적인 대화의 흐름상 하나코가 과제곡을 마음에 들어 하지 않는데 대해 여자도 걱정하고 있으므로 남자의 의견대로 행동할 것임을 짐작할 수 있다. 정답은 (C)이다.

어휘 発表会(はっぴょうかい) 발표회 | 人前(ひとまえ) 사람들 앞 | 演奏(えんそう) 연주 | 緊張(きんちょう) 긴장 | 課題曲(かだいきょく) 과제곡 | 相談(そうだん)する 상담하다 ▶相談に乗(の)る 상담을 들어주다

07 정답 (D)

女：いよいよ明日、オーディションの結果が通知される日なの。
男：両親の反対を押し切って上京してきたんだから、なんとか通るといいよね。
女：でも、これに落ちたらきっぱり諦めることにしたから。
男：そうか、そういう覚悟でオーディションに臨んだんだね。

여：드디어 내일, 오디션 결과가 나오는 날이야.
남：부모님의 반대를 무릅쓰고 상경했으니 어떻게든 통과되면 좋을 텐데.
여：하지만 여기서 떨어지면 깨끗이 단념하기로 했으니까.
남：그렇구나, 그런 각오로 오디션에 임했구나.

해석 여자의 기분은 어떻습니까?
(A) 오디션에 붙어서 부모님을 기쁘게 하고 싶다.
(B) 오디션에 떨어지면 부모님을 볼 낯이 없다.
(C) 오디션에 떨어질 리가 없다.
(D) 오디션에 떨어져도 미련은 남기지 않겠다.

해설 부모님의 반대에도 불구하고 상경한 것이므로 (A)나 (B)는 정답이 될 수 없고, 오디션에 합격할 것이라는 자신감에 차 있지도 않으므로 (C)도 오답이다. 여자는 이번이 마지막이라는 각오로 오디션을 본 것이므로 (D)가 정답이다.

어휘 通知(つうち) 통지 | 押(お)し切(き)る (무리, 반대를) 무릅쓰고 강행하다 | 上京(じょうきょう) 상경 | きっぱり (태도를 확실히 하는 모양) 단호하게 | 諦(あきら)める 단념하다, 포기하다 | 覚悟(かくご) 각오 | 臨(のぞ)む 임하다 | 顔向(かおむ)け 얼굴을 대함 | 未練(みれん) 미련

08 정답 (B)

男：僕はこっちの青い方が似合うと思うけどな。
女：でも、私は今年流行の赤い方のデザインがいいと思うんだけど。
男：う～ん。流行を追うのもいいけど、自分に似合うものを選んだら。
女：とにかく、試着してみるわ。

남：난 이 파란 쪽이 어울릴 거라고 생각하는데.
여：그렇지만 난 올해 유행인 빨간색 디자인이 낫다고 생각하는데.
남：음. 유행을 쫓는 것도 좋지만 자신에게 어울리는 걸 고르는 게 어때?
여：아무튼 입어 볼게.

해석 여자의 옷에 대해 남자는 어떻게 생각합니까?
(A) 파란색보다 빨간색이 어울린다.
(B) 자기가 소화할 수 있는 색이 낫다.
(C) 다른 사람 말에 휩쓸리지 않고, 자신의 기호로 골라야 한다.
(D) 입어 보지 않고서는 모른다.

해설 남자는 여자에게 파란색이 더 잘 어울릴 거라고 했으므로 (A)는 정답이 될 수 없다. 또한, 여자의 취향에 대해서는 알 수 없으므로 (C)도 오답이며, (D)는 여자의 생각에 가깝다. 自分に似合うもの 즉, 여자가 잘 소화할 수 있는 색을 추천했으므로 정답은 (B)이다.

어휘 似合(にあ)う 어울리다 | 流行(りゅうこう) 유행 [동의어] 流行(はや)り | 試着(しちゃく) 옷을 사기 전에 입어 봄 ▶試着室(しちゃくしつ) 탈의실 | 着(き)こなす (옷을) 맵시 있게 입다, 어울리게 입다 | 好(この)み 취향, 기호

참고 ~こなす 동사 ます형에 붙어 복합동사를 만드는데, '~을 능숙하게 해내다, ~을 완전히 잘해내다'라는 뜻이다.

09 정답 (D)

男：カレンダー見たら、今年はうるう年なんだね。
女：小学校のとき、クラスにうるう年が誕生日の友達がいて、よくからかわれてたわ。
男：そう言えば、僕のクラスにもいたなあ。
女：6年生なのに、まだ3歳とか言ってね。皆でよく笑ってた。

남：달력을 보니까 올해는 윤년이구나.
여：초등학교 때, 반에 윤년이 생일인 친구가 있어서 자주 놀림 받았었어.
남：그러고 보니 우리 반에도 있었어.
여：6학년인데 아직 3살이라고 하면서 말이야. 다 같이 자주 웃었지.

해석 두 사람은 무슨 이야기를 하고 있습니까?
(A) 초등학교 때, 친구가 자주 따돌림당했다는 이야기
(B) 세 살 아이와 놀았던 초등학교 시절의 이야기
(C) 내년은 윤년이라는 이야기
(D) 2월 29일이 생일이었던 옛날 친구의 이야기

해설 うるう年라는 단어를 알았다면 쉽게 풀 수 있는 문제이지만, 자주 접할 수 있는 단어는 아니기 때문에 이번 기회에 꼭 외워 두자. 윤년은 4년에 한 번 2월 29일이 돌아오는 해를 뜻하기 때문에 일본 나이로 12살이 초등학교 6학년인 아이들에게는 진짜 생일이 딱 3번밖에 돌아오지 않았다는 말이 된다. 또, 일본은 생일을 기준으로 1살씩 더 먹기 때문에 농담으로 '2월 29일이 생일인 12살=만 3살'이라는 공식이 더욱 와닿는다. 따라서 정답은 (D)이다.

어휘 うるう年(どし) 윤년 | からかう 놀리다 | いじめる 괴롭히다, 따돌리다

10 정답 (B)

女：塩分の取りすぎは成人病だけでなく、太る原因にもなるそうよ。
男：味付けが濃いと、どうしてもご飯をたくさん食べてしまうからね。
女：そうそう。それで今日からこの減塩しょうゆに切り替えてみたの。
男：減塩しょうゆって色がちょっと薄いけど、普通のしょうゆと味はそんなに変わらないね。

여：염분의 과잉 섭취는 성인병뿐만 아니라 살찌는 원인이 되기도 한대.
남：짜면 아무래도 밥을 많이 먹으니까.
여：응, 맞아. 그래서 오늘부터 이 저염 간장으로 바꿔 봤어.
남：저염 간장이라는 게 색은 좀 옅지만 맛은 일반 간장과 그렇게 다르지 않네.

해석 여자는 왜 저염 간장으로 바꿨습니까?
(A) 너무 살이 쪄서 고민이므로
(B) 성인병이나 비만 예방이 된다고 생각했어서
(C) 남자가 자기 요리 맛에 불만을 가지고 있어서
(D) 일반 간장보다 싸고 맛있어서

해설 이야기의 흐름을 잘 기억하고 있어야 풀 수 있는 문제이다. 여자는 염분의 과잉 섭취가 成人病뿐만 아니라 太る原因이 된다는 이야기를 들었고, 그 때문에 저염 간장으로 바꾼 것이라고 했다. 즉, 여자는 덜 짜게 먹으면 성인병이나 비만을 예방할 수 있다고 생각한 것이므로 정답은 (B)이다.

어휘 塩分(えんぶん) 염분 | 成人病(せいじんびょう) 성인병 | 太(ふと)る 살찌다 [반의어] 痩(や)せる 여위다, 마르다 | 味付(あじつ)け 맛을 냄, 간을 맞춤 | 濃(こ)い (맛, 냄새, 색이) 진하다 [반의어] 薄(うす)い 연하다, 싱겁다 | 減塩(げんえん)しょうゆ 저염 간장 | 切(き)り替(か)える 바꾸다, 전환하다 | 悩(なや)む 고민하다 | 肥満(ひまん) 비만 | 予防(よぼう) 예방

시나공법 30 시나공 기출문제의 재구성 243쪽

| 01 (A) | 02 (A) | 03 (B) | 04 (D) | 05 (B) |
| 06 (B) | 07 (B) | 08 (D) | 09 (C) | 10 (B) |

🎧 Part3-30시나공

01 정답 (A)

男 : この茶色の靴と同じサイズで黒いのはありますか。
女 : 25.5センチですね。それと同じデザインの黒は26センチしか在庫がありません。
男 : そうですか。じゃあ、これをください。
女 : はい、かしこまりました。

남 : 이 갈색 구두와 같은 사이즈로 검은색 있나요?
여 : 255mm 말씀이죠? 그것과 같은 디자인인 검정은 260mm밖에 재고가 없습니다.
남 : 그래요? 그럼 이걸로 주세요.
여 : 네, 알겠습니다.

해석 남자는 어떤 구두를 삽니까?
(A) 갈색 255mm 구두
(B) 검정 255mm 구두
(C) 갈색 260mm 구두
(D) 검정 260mm 구두

해설 일본은 우리와 달리 신발 사이즈를 말할 때 센티미터(cm)로 말한다. 남자는 마지막에 지금 가리키고 있는 25.5센티미터의 갈색 구두를 달라고 했으므로 (A)가 정답이다. 같은 사이즈의 검정색 구두는 재고가 없었기 때문에 사지 못했다.

어휘 靴(くつ) 구두 | 在庫(ざいこ) 재고

02 정답 (A)

女 : もしもし、そちらの診療時間を教えてください。
男 : はい、月曜日から金曜日までは午前9時から午後6時まで、土曜日は午後1時までです。
女 : 昼休みは何時から何時までですか。
男 : 12時から2時までです。

여 : 여보세요? 거기 진료 시간이 어떻게 되나요?
남 : 네, 월요일부터 금요일까지는 오전 9시부터 오후 6시까지, 토요일은 오후 1시까지입니다.
여 : 점심시간은 몇 시부터 몇 시까지죠?
남 : 12시부터 2시까지입니다.

해석 이 병원의 올바른 진료 시간은 어느 것입니까?
(A) 평일 진료 시간은 오후 6시까지이다.
(B) 점심시간은 1시간이다.
(C) 토요일도 평소대로 진료한다.
(D) 토요일 진료는 오전만 한다.

해설 월요일부터 금요일은 평일에 해당하므로 정답은 (A)이다. 토요일 진료 시간은 평일과 다르게 오후 1시까지라고 했으므로 (C)와 (D)는 오답이며, 점심시간은 12시부터 2시까지 2시간이므로 (B)도 틀린 답이다.

어휘 診療(しんりょう) 진료 | 通常(つうじょう) 통상, (부사적으로) 보통, 평소 | ~のみ ~뿐, ~만

03 정답 (B)

男 : いらっしゃいませ。何名様ですか。
女 : 2人です。あのう、窓側の禁煙席、空いていますか。
男 : 申し訳ございませんが、只今禁煙席は満席でございます。
女 : じゃあ、空くまで待ちます。

남 : 어서 오세요. 몇 분이십니까?
여 : 두 명이요. 저, 창가 금연석은 비어 있나요?
남 : 죄송합니다만, 지금 금연석은 만석입니다.
여 : 그럼, 자리가 날 때까지 기다릴게요.

해석 여자는 어떻게 합니까?
(A) 창가의 비어 있는 금연석에 앉는다.
(B) 창가 금연석에 앉을 수 있을 때까지 기다린다.
(C) 창가 흡연석에 앉는다.
(D) 만석이었으므로 오늘은 그냥 돌아간다.

해설 (A) 창가 금연석은 만석이라 지금 비어 있는 자리는 없고, (C) 여자가 원하는 자리는 흡연석이 아니라 금연석이다. 또한, (D) 여자는 가게에서 기다리기로 했으므로 (B)가 정답이다.

어휘 窓側(まどがわ) 창가 [유의어] 窓際(まどぎわ) | 禁煙席(きんえんせき) 금연석 [반의어] 喫煙席(きつえんせき) 흡연석 | 満席(まんせき) 만석

참고 窓側의 유의어로 제시한 窓際에는 '창가'라는 뜻 이외에도 중년 샐러리맨들이 '출세 대상에서 제외되어 한직으로 쫓겨난 상태'라는 뜻도 있어, 窓際族(まどぎわぞく) '창가족', 窓際に追(お)い込(こ)まれる '좌천되다' 등의 쓰임도 있으니 기억해 두자.

04 정답 (D)

女 : 今日の検査ですが、まず採血をしてから胸の写真を撮ります。
男 : 胃の検査はその後ですか。
女 : いいえ、心電図を撮ってからになります。
男 : はい、わかりました。

여 : 오늘 검사는 채혈을 먼저 한 뒤 가슴 사진을 찍습니다.
남 : 위 검사는 그 다음에 하나요?
여 : 아뇨, 심전도를 측정하고 나서 합니다.
남 : 네, 알겠습니다.

해석 오늘 검사의 순서로 올바른 것은 어느 것입니까?
(A)엑스레이 촬영 → 채혈 → 심전도 → 위 검사
(B)채혈 → 심전도 → 엑스레이 촬영 → 위 검사
(C)심전도 → 채혈 → 위 검사 → 엑스레이 촬영
(D)채혈 → 엑스레이 촬영 → 심전도 → 위 검사

해설 먼저 채혈을 한 뒤 가슴 사진을 찍겠다고 했고, 위 검사 전에 심전도를 측정한다고 했으므로 정답은 (D)이다.

어휘 検査(けんさ) 검사 | 採血(さいけつ) 채혈 | 胸(むね) 가슴 | 胃(い) 위 | 心電図(しんでんず) 심전도 | レントゲン撮影(さつえい) 뢴트겐 촬영, 엑스레이 촬영

05 정답 (B)

男 : 先日こちらで購入した化粧品を使ったら、にきびがひどくなったんですけど。
女 : そうですか。皮膚科には行かれましたか。
男 : ええ。医者からも化粧品による皮膚トラブルじゃないかと言われました。
女 : 大変申し訳ございませんでした。全額返金させていただきますので、少々お待ちください。

남 : 전에 여기서 구입한 화장품을 썼더니, 여드름이 심해졌는데요.
여 : 그러십니까? 피부과에는 가 보셨어요?
남 : 네, 의사도 화장품으로 인한 피부 트러블이 아니냐고 했어요.
여 : 대단히 죄송합니다. 전액 환불해 드릴테니 잠시만 기다려 주세요.

해석 여자는 어떻게 합니까?
(A)여드름을 치료하러 병원에 간다.
(B)화장품 대금을 전부 돌려준다.
(C)다른 화장품과 교환해 준다.
(D)본사에 연락한다.

해설 여드름을 치료할 필요가 있는 것은 남자이며, 이미 피부과에는 다녀왔다고 했으므로 (A)는 오답이다. 자사의 화장품을 사용한 고객이 피부 트러블을 호소했을 때 업체는 (B)나 (C), 또는 (D)와 같은 행동을 할 수 있지만, 마지막에 전부 환불해 드린다고 했으므로 정답은 (B)이다. 여자가 처음에 말한 行かれる는 수동이 아니라 존경의 뜻이다.

어휘 購入(こうにゅう) 구입 | にきび 여드름 | 皮膚科(ひふか) 피부과 | 全額(ぜんがく) 전액 | 返金(へんきん) 환불 | 代金(だいきん) 대금 | 交換(こうかん) 교환

참고 返金은 '빌린 돈을 돌려주다'라는 사전적 뜻보다 '고객에게 상품을 제공하고 고객이 지불한 돈을 돌려주다'라는 뜻으로 사용되는 경우가 많기 때문에 의미상 払(はら)い戻(もど)し와 같은 뜻이다.

06 정답 (B)

男 : いらっしゃいませ。お引取りですね。
女 : はい、実は引換証をなくしてしまったんですが、大丈夫ですか。
男 : そうですか。お名前とお預けになった衣類をおっしゃってくだされればいいですよ。
女 : 山本です。緑のワンピースと黒のハーフコート、それにブラウス3枚です。

남 : 어서 오세요. 찾으러 오신 거죠?
여 : 네, 실은 교환증을 잃어버렸는데 괜찮나요?
남 : 그러세요? 이름과 맡기신 의류를 말씀해 주시면 괜찮아요.
여 : 야마모토입니다. 초록색 원피스랑 검은 반코트, 그리고 블라우스 세 장이요.

해석 여자는 무엇을 하러 어디에 왔습니까?
(A)세탁물을 맡기러 세탁소에 왔다.
(B)세탁물을 찾으러 세탁소에 왔다.
(C)잃어버린 의류를 찾으러 파출소에 왔다.
(D)주운 의류를 신고하러 파출소에 왔다.

해설 남자의 첫마디인 いらっしゃいませ는 파출소에서 들을 수 있는 인사가 아니므로 (C)와 (D)는 쉽게 정답에서 제거할 수 있다. 또한, お引取り・引換証・お預けになった衣類라는 힌트를 통해 여자는 이미 옷을 맡겨 놓은 상황이라는 것을 알 수 있으므로 정답은 (B)이다.

어휘 引取(ひきとり) 찾음, 인수 [유의어] 受取(うけと)り 찾음, 수령 | 引換証(ひきかえしょう) 교환증 | 衣類(いるい) 의류 | おっしゃる (言う의 높임말) 말씀하시다 | 捜(さが)す (없어진 것을) 찾다 | 交番(こうばん) 파출소

참고 引き取る는 받아 든 시점에서 자신의 소유나 관리에 들어오는 것, 受け取る는 소유의 문제를 떠나 단순한 동작으로 남의 손에 있던 것을 받는 것을 뜻한다.

07 정답 (B)

男 : もしもし、フロントですが。
女 : あの、明日の朝食バイキング、今からでも申し込むことができますか。
男 : はい。朝、食堂の入口で食券をお求めになってくだされば、お召し上がりになれます。
女 : わかりました。時間は7時から9時まででしたよね。ありがとうございました。

남 : 네, 프런트입니다.
여 : 저, 내일 조식 뷔페, 지금이라도 신청 가능한가요?
남 : 네, 아침에 식당 입구에서 식권을 구입하시면 드실 수 있습니다.
여 : 알겠습니다. 시간은 7시부터 9시까지였죠? 고맙습니다.

해석 여자는 어떻게 합니까?
(A)지금부터 프런트에 식권을 사러 간다.
(B)내일 아침에 호텔 식당에서 식사한다.
(C)지금부터 식당에 식사하러 간다.
(D)내일 아침에 디너 뷔페 요리를 예약한다.

해설 식권은 프런트가 아니라 食堂の入口에서 판매하고 있다고 했고, 아침에 사면 된다고 했으므로 (A)는 오답이다. 또한, 내일 아침 식사에 대한 문의를 하고 있는 것이므로 (C)와 (D)

도 정답이 될 수 없다. 여자는 조식 뷔페를 신청할 목적으로 프런트에 전화를 한 것이며, 마지막에 시간까지 확인하고 있으므로 (B)가 정답이다.

어휘 朝食(ちょうしょく) 조식 | バイキング 뷔페 | 申(もう)し込(こ)む 신청하다 | 食堂(しょくどう) 식당 | 食券(しょっけん) 식권 | 求(もと)める 사다, 구입하다 | 召(め)し上(あ)がる (食べる, 飲む의 높임말) 드시다

08 정답 (D)

女: すいません、日本円をドルに両替したいんですが。
男: 恐れ入りますが、外国為替の窓口は2階ですので、そちらでお願い致します。
女: えっ、そうなんですか。20分もここで順番を待ってたのに。
男: 申し訳ございません。為替の窓口はお待ちにならずに済みますので。

여: 저기, 일본 엔을 달러로 환전하고 싶은데요.
남: 죄송합니다만, 외환 창구는 2층이므로 그쪽에서 부탁드립니다.
여: 어? 그런 거예요? 20분이나 여기서 순번을 기다렸는데.
남: 죄송합니다. 환전 창구는 기다리지 않으셔도 되니까요.

해석 여자는 어떻게 합니까?
(A) 고객 응대가 형편없으므로 다른 은행에 간다.
(B) 2층 창구에서 20분 순서를 기다린다.
(C) 달러를 일본 돈으로 환전한다.
(D) 다른 층에서 환전한다.

해설 은행 직원인 남자의 태도나 말투에서 불친절이 느껴지지 않았고, 여자의 실수로 벌어진 일이므로 (A)는 오답이다. 또한, 20분이나 기다렸다는 여자의 말에 2층 창구는 기다리지 않아도 된다고 했으므로 (B)도 정답이 될 수 없고, 여자는 달러→엔 환전이 아니라, 엔→달러 환전을 원하고 있으므로 (C)도 틀린 답이다. 자신이 가야 될 곳을 새로 안내 받았으므로 (D)가 정답이다.

어휘 ドル 달러 | 両替(りょうがえ) 환전 | 外国為替(がいこくかわせ) 외환 ▶為替(かわせ)レート 환율 | 窓口(まどぐち) 창구 | 順番(じゅんばん) 순번 | 済(す)む 끝나다, 해결되다
[동음이의어] 住む 살다・澄む 깨끗해지다 | 対応(たいおう)が悪(わる)い 태도나 대응이 나쁘다

09 정답 (C)

男: すみません、これに合う部品ってありますか。
女: こちらの製品はかなり型が古いので、今はもうないですね。
男: 全く同じものではなくても、代わりに対応できる部品はありませんか。
女: そうですね。最近の商品なら代替品があるんですが、この型に合うものはちょっと。

남: 저기, 여기에 맞는 부품 있어요?
여: 이 제품은 꽤 구형이라 지금은 이제 없네요.
남: 똑같은 게 아니라도 대신 대응 가능한 부품은 없나요?
여: 글쎄요. 요즘 상품이라면 대체품이 있지만, 이 모델에 맞는 건 좀….

해석 남자는 어떤 상품을 찾고 있습니까?
(A) 최근 구입한 제품의 부품
(B) 최근 구입한 제품의 대체품
(C) 옛날에 구입한 제품에도 대응할 수 있는 부품
(D) 옛날에 구입한 제품과 완전히 같은 부품

해설 남자가 가지고 온 제품은 型が古い라고 했기 때문에 (A)와 (B)는 오답이다. 게다가 남자는 全く同じものではなくても라면서 대체할 부품이라도 찾을 수 있기를 바라고 있으므로 (D)도 답이 아니다. 따라서 (C)가 정답이다.

어휘 製品(せいひん) 제품 | 型(かた) ~형, 타입 | 対応(たいおう) 대응함, 걸맞음 | 代替品(だいたいひん) 대체품

10 정답 (B)

男: すいません、入口のショーケースにあるトランペットが欲しいんですが。
女: あいにくあの商品は売約済みになっておりまして。
男: そうなんですか。売約済みの札はついてなかったですけど。
女: 申し訳ございません、つい先ほど注文の電話が入ったばかりで。

남: 저기, 입구 진열장에 있는 트럼펫을 사고 싶은데요.
여: 공교롭게도 그 상품은 판매 예약이 되어 있어서요.
남: 그래요? 예약 완료 표시는 안 붙어 있었는데요.
여: 죄송합니다. 방금 막 주문 전화가 들어와서요.

해석 대화 내용과 일치하는 것은 어느 것입니까?
(A) 남자는 트럼펫을 팔러 왔지만 사 주지 않았다.
(B) 남자는 트럼펫을 사러 왔지만 살 수 없었다.
(C) 여자는 깜빡하고 예약 완료 표시를 다는 걸 잊었다.
(D) 트럼펫은 방금 가게에 온 손님이 구입 예약을 했다.

해설 남자는 처음부터 트럼펫에 대한 구입 의사를 밝히고 있으므로 (A)는 오답이며, 예약 완료 표시는 여자가 깜빡했다기보다는 물건이 방금 막 팔렸기 때문에 붙일 겨를이 없었던 것뿐이므로 (C)도 내용과 다르다. 또한, 트럼펫은 전화로 판매된 것이기 때문에 (D)도 정답이 아니고, 이 때문에 남자는 원하는 물건을 살 수 없는 상황이 됐으므로 정답은 (B)이다.

어휘 ショーケース 상품 진열장 | 売約(ばいやく) 판매 예약 | ~済(ず)み (명사 뒤에 붙어) ~가 끝남, ~가 완료됨 | 札(ふだ) 표식, 꼬리표

시나공법 31 | 시나공 기출문제의 재구성   250쪽

| 01 (B) | 02 (A) | 03 (C) | 04 (C) | 05 (B) |
| 06 (D) | 07 (B) | 08 (D) | 09 (B) | 10 (C) |

🎧 Part3-31시나공

01 정답 (B)

女: 明日の会議が中止になった件、みんなに連絡した(?)。
男: ええ。でも大山さんは明日中国出張から戻ってくるので、メールだけ送っておきました。
女: 明日の午前中には帰国するはずだから、念のため電話を入れておいて。
男: はい、わかりました。

여 : 내일 회의가 중지된 건, 모두에게 연락했어?
남 : 네. 하지만 오야마 씨는 내일 중국 출장에서 돌아오므로 메일만 보내 놨습니다.
여 : 내일 오전 중엔 귀국할 테니, 만약을 위해 전화해 둬.
남 : 네, 알겠습니다.

해석 남자는 내일 어떻게 합니까?
(A) 모두에게 메일을 보낸다.
(B) 오야마 씨에게 전화한다.
(C) 대신 출장을 간다.
(D) 공항까지 오야마 씨를 마중 간다.

해설 중국 출장을 간 오야마 씨에게 제대로 연락을 취하기 위해서 메일 이외에 남자가 할 일을 찾으면 된다. 여자가 電話を入れておいて 라고 했고, 남자도 그에 응했으므로 정답은 (B)이다.

어휘 連絡(れんらく) 연락 | 念(ねん)のため 만약을 위하여

02 정답 (A)

女 : 部長、先日は本当に申し訳ございませんでした。
男 : まあ、新人にはよくありがちなミスだからね。
女 : これからは気をつけます。
男 : うん。これからもいろいろあると思うけど、気を引き締めて頑張ってくれよ。

여 : 부장님, 저번엔 정말 죄송했습니다.
남 : 뭐, 신입에겐 자주 있을 만한 실수니까.
여 : 앞으로는 조심하겠습니다.
남 : 응. 앞으로도 여러 가지 일이 있겠지만, 정신 바짝 차리고 열심히 해 줘.

해석 여자에 대해 올바른 것은 어느 것입니까?
(A) 입사하고 얼마 안 됐다.
(B) 경험이 풍부한 베테랑이다.
(C) 부장에게 호되게 혼났다.
(D) 여러 가지 실수를 반복했다.

해설 여자에게 新人には~라고 했으므로 정답은 (A)이다. (B)는 정답과 반대되는 내용이며, (C)는 대화의 분위기와 다르다. 또, 부장은 これからもいろいろあると思うけど~라고 여자를 격려했을 뿐이므로 (D)도 오답이다.

어휘 新人(しんじん) 신인, 신입 [동의어] 新米(しんまい) | ~がち (동사 ます형에 붙어) ~하기 쉬움, 잘 ~함 | 気(き)を引(ひ)き締(し)める 마음을 다잡다 | 豊富(ほうふ) 풍부함 | ベテラン 베테랑 | 繰(く)り返(かえ)す 반복하다, 되풀이하다

03 정답 (C)

女 : もしもし、さっきうっかりして机の上にファイルを置きっぱなしのまま来ちゃったんだけど、ちょっと見てくれる(?)。
男 : うん、待ってて。あ、あった。
女 : じゃ、悪いんだけど、午後2時までに事務所の鈴木さんまで届けてくれない(?)。
男 : わかった。

여 : 여보세요? 아까 깜빡하고 책상 위에 파일을 둔 채로 왔는데 좀 봐 줄래?
남 : 응, 기다려. 아, 있어.
여 : 그럼 미안한데, 오후 2시까지 사무실의 스즈키 씨에게 전해 주지 않을래?
남 : 알겠어.

해석 여자는 남자에게 무엇을 부탁했습니까?
(A) 책상 위 파일을 보는 것
(B) 자기에게 오후 2시까지 파일을 전달할 것
(C) 오후 2시까지 스즈키 씨에게 파일을 전달할 것
(D) 사무실에 가서 스즈키 씨의 파일을 받을 것

해설 여자는 남자에게 우선, 책상 위에 파일이 있는지 확인해 달라고 했지 파일 내용을 봐 달라고 한 것은 아니므로 (A)는 오답이다. 그리고 책상 위 파일은 鈴木さんまで届けてくれ라고 부탁을 한 것이므로 (C)가 정답이다.

04 정답 (C)

女 : 岡田さん、昨日とうとう辞表を出したんだって。
男 : もしかして、この間の顧客トラブルの一件で(?)。
女 : そうらしいわ。いろんなお客様がいる中で、いちいち腹を立てていたらきりがないのに。
男 : まあ、本人の資質の問題でもあるだろうね。

여 : 오카다 씨, 어제 결국 사표를 냈대.
남 : 혹시 요전 고객 트러블 그 일로?
여 : 그런 거 같아. 여러 부류의 손님이 있는데 일일이 화를 내면 끝이 없건만.
남 : 뭐, 본인의 자질 문제기도 하겠지.

해석 남자는 오카다 씨에 대해 어떻게 생각합니까?
(A) 손님과 트러블을 일으키다니 당치도 않다.
(B) 손님에게 화를 내는 건 언어도단이다.
(C) 접객업에는 맞지 않다.
(D) 사표를 내는 건 좀 더 기다리는 게 좋겠다.

해설 남자는 마지막에 本人の資質の問題でもある라고 했다. 이는 고객과의 트러블이 발생했을 때 岡田さん의 대처 능력에 문제가 있다고 판단한 것이므로 정답은 (C)이다.

어휘 とうとう 마침내, 결국 | 辞表(じひょう) 사표 | 顧客(こきゃく) 고객 | 一件(いっけん) 그 건, 그 일 | 腹(はら)を立(た)てる 화를 내다 | きりがない 끝이 없다 | 資質(ししつ) 자질 | とんでもない 터무니없다, 당치도 않다 [유의어] 以(もっ)ての外(ほか) 당치도 않음 | 言語道断(ごんごどうだん) 언어도단 | 接客業(せっきゃくぎょう) 접객업 | 向(む)く 적합하다, 맞다, 어울리다

05 정답 (B)

男 : あの日の会議以来、吉田さんと部長、なんだかぎくしゃくしてるね。
女 : お互いの主張をぶつけ合うのもいいけど、歩み寄る姿勢も必要なんじゃない(?)。
男 : でも、あの部長にあれだけ主張できるって、さすが吉田さんだね。
女 : とにかく最終決定は社長の判断に任せるしかないでしょうね。

남 : 그날 회의 이후 요시다 씨랑 부장님, 어쩐지 껄끄럽지?
여 : 서로 주장을 내세우는 것도 좋지만 양보하는 자세도 필요하지 않아?
남 : 하지만 그 부장님을 상대로 그만큼 주장을 펼칠 수 있다니 역시 요시다 씨야.
여 : 어쨌든 최종 결정은 사장님 판단에 맡길 수 밖에 없겠지.

해석 지난번 회의에서 어떤 일이 있었습니까?
(A) 요시다 씨와 부장의 의견이 일치했다.
(B) 요시다 씨와 부장의 이야기는 계속 평행선을 달리고 있었다.
(C) 요시다 씨는 결국 부장의 의견에 따랐다.
(D) 사장이 최종 결정을 내렸다.

해설 요시다와 부장의 사이가 껄끄러워진 이유는, 회의 때 계속 お互いの主張をぶつけ合う에 끝까지 歩み寄る姿勢가 없었기 때문이다. 또, 이렇게 대립되는 두 사람의 주장은 결국 타협점을 찾지 못해 사장의 판단에 맡겨진 것이므로 (B)가 정답이다. 만일 (D)를 정답으로 골랐다면 시제를 다시 확인하자.

어휘 ぎくしゃく 언동이 어색하고 부자연스러움 | 主張(しゅちょう) 주장 | ぶつける 부딪히다, (감정 등을) 다 말하다, 발산하다, 터트리다 | 歩(あゆ)み寄(よ)る (의견이나 주장을) 양보하다, 타협하다 [동의어] 折(お)れ合(あ)う | 姿勢(しせい) 자세 | とにかく 아무튼, 어쨌든 | 最終決定(さいしゅうけってい) 최종 결정 | 判断(はんだん) 판단 | 任(まか)せる 맡기다 [유의어] 委(ゆだ)ねる 맡기다, 위임하다 | 合意(ごうい)する (자동사로) 합의되다, 의견이 일치하다 | 平行線(へいこうせん)をたどる 평행선을 달리다 | ▶辿(たど)る 사태가 어떤 방향으로 점점 진행되어 가다 | 従(したが)う 따르다 | 下(くだ)す (판단, 평가를) 내리다

06 정답 (D)

女 : 部長、出張の準備、いかがいたしましょうか。
男 : 札幌までの航空券、往復でとっといて。副社長と常務はもちろんビジネスクラスね。
女 : はい、では3人分手配します。明後日のご出発でしたよね。お帰りはどうされますか。
男 : お2人は26日午後の便がいいそうなんだけど、僕のはとりあえずオープンにしておいて。

여 : 부장님, 출장 준비 어떻게 할까요?
남 : 삿포로까지 항공권은 왕복으로 끊어 둬. 부사장님과 상무님은 당연히 비즈니스석으로 하고.
여 : 네, 그럼 세 명분 준비하겠습니다. 모레 출발이시죠? 돌아오는 건 어떻게 하시겠어요?
남 : 두 분은 26일 오후 항공편이 괜찮다고 하던데, 내 것은 일단 오픈으로 해 둬.

해석 대화 내용과 일치하는 것은 어느 것입니까?
(A) 여자는 지금부터 출발 항공권만 세 명분을 준비한다.
(B) 출장을 가는 사람은 사장, 상무, 부장 세 명이다.
(C) 부장만 비즈니스석, 임원은 일등석으로 출장을 간다.
(D) 부장은 돌아오는 일정이 아직 분명히 정해지지 않았다.

해설 (A)여자가 준비해야 하는 항공권은 세 장의 왕복 항공권이며, (B)사장은 출장을 가지 않고, (C)비즈니스석은 부장이 아니라 부사장과 상무가 이용할 것이다. 마지막에 남자는 자신의 항공권만 오픈 티켓으로 부탁했으므로 (D)가 정답이다.

어휘 航空券(こうくうけん) 항공권 | 往復(おうふく) 왕복 [반의어] 片道(かたみち) 편도 | 副社長(ふくしゃちょう) 부사장 | 常務(じょうむ) 상무 | 手配(てはい) 준비 | 役員(やくいん) 임원, 간부 | 日程(にってい) 일정

07 정답 (B)

男 : もしもし、田村だけど、杉山さんに大至急連絡取ってくれる(?)。
女 : 何かあったんですか。
男 : 納品日が今日の商品の種類と数量が食い違っているんだよ。
女 : わかりました。では、田村さんの方にお電話するように連絡します。

남 : 여보세요? 다무라인데 스기야마 씨한테 급히 연락해 줄래?
여 : 무슨 일 있으셨어요?
남 : 납품일이 오늘인 상품의 종류와 수량이 안 맞아.
여 : 알겠습니다. 그럼 다무라 씨께 전화 드리라고 연락하겠습니다.

해석 다무라 씨는 여자에게 무엇을 부탁했습니까?
(A) 상품을 주문대로 준비할 것
(B) 자신에게 연락하도록 스기야마 씨에게 전할 것
(C) 오늘까지 상품을 납품할 것
(D) 스기야마 씨에게 사정을 자세히 설명할 것

해설 문제와 보기의 田村さん과 杉山さん이 누구인지를 먼저 파악해야 하는 문제로, 대화에 등장하는 남자가 田村さん, 남자가 연락 받길 원하는 대상이 杉山さん이다. 납품해야 하는 상품에 문제가 생긴 일로 남자는 급히 杉山와 이야기를 나눠야 하는 상황이므로 정답은 (B)이다.

어휘 大至急(だいしきゅう) 급히, 서둘러 [동의어] 大急(おおいそ)ぎで | 納品日(のうひんび) 납품일 | 食(く)い違(ちが)う 어긋나다, 일치하지 않다 | 事情(じじょう) 사정

08 정답 (D)

女 : タバコの値上がりが決定しましたね。
男 : 1本につき3.5円の増税が10月から実施されますからね。
女 : ほとんどの銘柄は400円台の価格になるようですよ。
男 : かなり大きな値上げ幅ですから、愛煙家の人には辛いでしょう。

여 : 담뱃값 인상이 결정됐군요.
남 : 한 개비에 3.5엔 증세가 10월부터 실시되니까요.
여 : 대부분의 담배 브랜드는 400엔대 가격이 될 것 같아요.
남 : 꽤 큰 인상 폭이니 애연가들은 괴롭겠죠.

해석 담뱃값 인상에 대해 올바른 것은 어느 것입니까?
(A) 한 개비당 3엔에서 5엔 인상된다.
(B) 모든 브랜드가 400엔대 가격이 된다.
(C) 대다수 브랜드에서 400엔 이상의 인상이 이루어진다.
(D) 10월부터 실시되는 세금 인상에 따른 인상이다.

해설 담배 한 개비에 3~5엔 가격이 인상되는 것이 아니라 3.5엔의 세금 인상이 이루어지는 것이므로 (A)는 오답이다. 또, (B)는 すべてが 아니라 ほとんどが 되어야 하며, 담배 한

갑에 400엔이 넘게 오르는 것이 아니므로 (C)도 정답이 될 수 없다. 담뱃값 인상 소식에 대해, 10월부터 실시되는 증세 때문이라고 했으므로 (D)가 정답이다.

어휘 値上(ねあ)がり 값이 오름(=가격 인상) ▶値上(ねあ)げ 값을 올림(=가격 인상) | 〜につき (앞에 숫자가 붙어) 〜당 | 増税(ぞうぜい) 증세 | 実施(じっし) 실시 | 銘柄(めいがら) (상품의) 상표, 브랜드, (주식) 종목 | 価格(かかく) 가격 | 愛煙家(あいえんか) 애연가 | 税金(ぜいきん) 세금 | 引(ひ)き上(あ)げ 끌어올림, (가격) 인상 | 〜に伴(ともな)う 〜에 따른

09 정답 (B)

男: 徹底した顧客管理の成果があったのか、去年より売り上げが2倍に伸びたんだって。
女: 商品さえ売れればいいという考えだけでは生き残れませんからね。
男: 顧客とのきめ細かなコミュニケーションが大事ってことだね。
女: お客様一人一人に合ったサービスの充実が成功の秘訣なんでしょうね。

남: 철저한 고객 관리의 성과가 있었던 건지 작년보다 매출이 두 배 신장했대.
여: 상품만 팔리면 된다는 생각만으론 살아남을 수 없으니까요.
남: 고객과의 빈틈없는 커뮤니케이션이 중요하다는 거군.
여: 고객 한 사람 한 사람에 맞는 서비스의 충실함이 성공의 비결이겠죠.

해석 남자는 매출 신장 이유를 어떻게 생각하고 있습니까?
(A) 고객 관리 매뉴얼대로 일관되게 대응해서
(B) 고객이 요구하는 내용을 정확히 파악해 성실하게 대응해서
(C) 상품이 팔리도록 대대적으로 광고를 해서
(D) 서비스용 경품을 많이 배포해서

해설 남자의 이야기를 종합해 보면, 올해 매출 신장의 원동력은 고객과의 커뮤니케이션을 통한 철저한 고객 관리 덕택이라는 것이고, 이는 고객의 요구 사항 파악과 대응이 적절했다는 말이므로 (B)가 정답이다.

어휘 徹底(てってい) 철저함 | 顧客管理(こきゃくかんり) 고객관리 | 成果(せいか) 성과 | 売(う)り上(あ)げ 매상, 매출 | きめ細(こま)か 빈틈없음, 치밀함, 세밀함 ▶원래 きめ(木目)는 나뭇결, 살결 등 어떤 표면의 결을 뜻하고, 결이 치밀하고 촘촘하면 감촉이 좋으므로 きめ細かに는 '부드럽다, 곱다'라는 뜻도 있다. | 充実(じゅうじつ) 충실함 | 秘訣(ひけつ) 비결 | 一貫(いっかん)する (자동사로) 일관되다 | 把握(はあく) 파악 | 小(こ)まめ 성실하고 바지런함 | 大々的(だいだいてき) 대대적으로 | 広告(こうこく) 광고 | 景品(けいひん) 경품 | 配布(はいふ) 배포

10 정답 (C)

女: 参議院選挙の投票日も近いですね。
男: 下馬評では与野党とも勢力が拮抗しています。
女: 与党には去年のような勢いはもう無いですからね。
男: 内閣不支持率も50%を超えているし、ちょっと苦戦するかもしれませんね。

여: 참의원 선거 투표일도 머지않았네요.
남: 하마평에서는 여야당 세력이 모두 팽팽해요.
여: 여당엔 과거와 같은 기세는 이제 없으니까요.
남: 내각 비지지율도 50%를 넘었고, 좀 고전할지도 모르겠네요.

해석 선거 전의 예상으로는 어떤 상황입니까?
(A) 여당이 다소 우세
(B) 야당이 다소 우세
(C) 여당과 야당 모두 비슷한 세력
(D) 야당이 압도적으로 우세

해설 답을 찾는 결정적인 힌트는 남자의 与野党とも勢力が拮抗しています라는 말이다. (B)는 남자의 개인적인 짐작일 뿐, 선거 전의 전체적인 예상과는 거리가 있으며, 50%라는 숫자를 통해서도 지지율의 차이는 그리 크지 않다는 것을 알 수 있다. 따라서 정답은 (C)이다.

어휘 参議院(さんぎいん) 참의원 반의어 衆議院(しゅうぎいん) 중의원 ▶일본의 국회는 중의원과 참의원으로 구성된 양원제이다. | 選挙(せんきょ) 선거 | 投票日(とうひょうび) 투표일 | 下馬評(げばひょう) 하마평 | 与野党(よやとう) 여야당 | 勢力(せいりょく) 세력 | 拮抗(きっこう) 세력이 서로 동등한 상대끼리 경쟁하여 우열이 없음 | 内閣(ないかく) 내각 | 不支持率(ふしじりつ) 비지지율 | 苦戦(くせん) 고전 | やや 다소, 약간 | 優勢(ゆうせい) 우세 | 圧倒的(あっとうてき) 압도적임

참고 下馬評은 주인이 말에서 내려 일을 보는 동안 무료해진 마부들이 주로 관직에 있던 상전들을 평가했다는 것에서 유래한 말로, 관직에 임명될 후보자에 대해 항간에 떠도는 평가나 소문을 뜻하는 고사성어이다.

둘째마당	미리 보는 실전 예상문제			252쪽
01 (D)	02 (C)	03 (B)	04 (A)	05 (B)
06 (D)	07 (C)	08 (B)	09 (C)	10 (B)

🎧 Part3-31 예상문제

01 정답 (D)

女: こちらのランチセットは食後にコーヒーが出ますが。
男: そうですか。
女: アイスとホット、どちらになさいますか。
男: じゃ、ホットで。あ、砂糖とミルクはいいです。

여: 이 런치 세트는 식후에 커피가 나갑니다만.
남: 그래요?
여: 아이스커피와 핫커피 중 어느 쪽으로 하시겠습니까?
남: 그럼 뜨거운 걸로 하죠. 아, 설탕과 밀크는 됐습니다.

해석 남자는 어떤 커피를 주문했습니까?
(A) 차가운 커피
(B) 설탕이 들어간 따뜻한 커피
(C) 밀크가 들어간 아이스커피
(D) 따뜻한 블랙커피

해설 アイス와 ホット 두 가지 중에서 남자는 뜨거운 쪽을 선택했고, 설탕과 밀크는 사양했으므로 블랙커피를 주문한 것과 마찬가지이다. 따라서 (D)가 정답이다.

어휘 砂糖(さとう) 설탕

02 정답 (C)

男 : この絵、ずいぶんといろいろな生き物が描かれているな。
女 : 子犬が2匹に馬が3頭、孔雀が4羽。それにライオンと虎も1頭ずついるわ。
男 : ほんとだ。それに空にはかもめも3羽飛んでる。
女 : タイトルは「動物の楽園」だって。おもしろい絵ね。

남 : 이 그림, 무척 다양한 동물이 그려져 있는데.
여 : 강아지가 두 마리에 말이 세 마리. 공작이 네 마리. 게다가 사자랑 호랑이도 한 마리씩 있어.
남 : 정말이네. 게다가 하늘엔 갈매기도 세 마리 날고 있어.
여 : 타이틀이 '동물의 낙원'이래. 재미있는 그림이야.

해석 대화에 나온 동물의 수는 전부 몇입니까?
(A) 10 (B) 12
(C) 14 (D) 16

해설 단순한 계산 문제라고 쉽게 생각할 수도 있지만, 동물을 세는 다양한 조수사가 등장했고 듣고 푸는 문제라 힌트가 순식간에 지나가기 때문에 방심하면 안 된다. 스크립트를 보면 2+3+4+1+1+3=(C)14라는 것을 금방 알 수 있지만, にひき+さんとう+よんわ+いっとうずつ+さんば를 듣고 14란 숫자를 찾아내기는 쉽지 않다.

어휘 絵(え) 그림 | 孔雀(くじゃく) 공작 | 虎(とら) 호랑이 | かもめ 갈매기 ▶ 鴨(かも) 오리 | 楽園(らくえん) 낙원

참고 동물을 세는 조수사에 대해 잠시 설명하자면, 비교적 큰 동물은 頭(とう), 비교적 작은 동물은 匹(ひき), 새는 羽(わ)로 세는데, 특이하게 읽는 조수사 羽는 꼭 기억하자. 何羽(なんば), 3羽(さんば), 6羽(ろっぱ), 10羽(じっぱ)로 읽는다.

03 정답 (D)

女 : 今日から御社を担当させていただきます坂口と申します。宜しくお願い致します。
男 : いつも大変お世話になっております。総務部の山口です。
女 : こちらこそ、いつもお世話になりっぱなしで。本当にありがとうございます。
男 : 前任者の方がよくやってくださったので、坂口さんにも期待してますよ。

여 : 오늘부터 귀사를 담당하게 된 사카구치라고 합니다. 잘 부탁합니다.
남 : 항상 신세 많이 지고 있습니다. 총무부 야마구치입니다.
여 : 저희야말로 늘 신세만 지고 있죠. 정말 고맙습니다.
남 : 전임자 분께서 잘해 주셔서 사카구치 씨께도 기대하고 있어요.

해석 여자는 무엇을 하러 왔습니까?
(A) 약속 없이 영업하러 왔다.
(B) 전 담당자의 실수를 사과하러 왔다.
(C) 새로운 프레젠테이션을 하러 왔다.
(D) 담당자 신임 인사를 하러 왔다.

해설 서로 자기소개와 의례적인 인사를 나누는 것으로 보아 두 사람은 업무상 처음 만난 것이며, 여자의 첫 대사와 남자의 마지막 대사를 통해 여자는 신임 담당자라는 것을 알 수 있다. 따라서 정답은 (D)이다.

어휘 御社(おんしゃ) 귀사 [동의어] 貴社(きしゃ) | 総務部(そうむぶ) 총무부 | 前任者(ぜんにんしゃ) 전임자 | 飛(と)び込(こ)み (예약이나 소개 없이) 느닷없이 가는 것 | 不始末(ふしまつ) (뒤처리가) 허술함, 부주의함, (남에게 폐가 되는) 실수 | 謝(あやま)る 사과하다 [동음이의어] 誤る 실수하다, 틀리다 | 新任(しんにん) 신임 | 挨拶(あいさつ) 인사

04 정답 (A)

男 : これ、プレゼントなので、リボンをかけてもらえますか。
女 : はい、こちらも贈り物ですか。
男 : いいえ、家で使います。
女 : では、こちらは袋の方にお入れいたします。

남 : 이거 선물이라서 그런데, 리본을 달아 주시겠어요?
여 : 네, 이쪽도 선물인가요?
남 : 아뇨, 집에서 쓸 겁니다.
여 : 그럼, 이쪽은 봉투에 넣어 드리겠습니다.

해석 남자가 산 물건에 대해 올바른 것은 어느 것입니까?
(A) 선물과 자기가 쓸 것을 샀다.
(B) 산 물건 전부에 리본을 단다.
(C) 선물만 봉투에 넣는다.
(D) 선물과 자택용 둘 다 포장한다.

해설 하나는 선물용이라 리본을 달고, 하나는 자기가 쓴다고 했으므로 정답은 (A)이다. (B)리본은 선물용에만 달고, (C)자기가 쓸 물건이 봉투에 들어갈 것이며, (D)포장에 대해선 언급하지 않았으므로 모두 오답이다.

어휘 包装(ほうそう) 포장

05 정답 (B)

女 : 一応、こちらを持ちまして工場見学のコースは終了となります。
男 : 麦焼酎の製造過程がよくわかって面白かったです。ありがとうございました。
女 : お出口右側の部屋は試飲コーナーとなっておりますので、ぜひお立ち寄りください。
男 : そうしたいのは山々ですが、時間もないし、車があるもので。

여 : 일단, 이걸로 공장 견학 코스는 종료입니다.
남 : 보리 소주의 제조 과정을 잘 알 수 있어서 재미있었습니다. 고맙습니다.
여 : 출구 오른쪽 방은 시음 코너이니 꼭 들러 주세요.
남 : 그러고 싶은 마음은 굴뚝 같지만, 시간도 없고 차가 있어서요.

해석 남자는 어떻게 합니까?
(A) 시간이 없으므로 조금만 시음하고 돌아간다.
(B) 시음하지 않고 그냥 돌아간다.
(C) 시음하고 나서 산에서 휴식하고 돌아간다.
(D) 시음 코너에서 선물만 사서 돌아간다.

해설 남자가 견학했던 공장은 麦焼酎를 제조하는 양조장이었고, 시음 코너에 들러 보기를 권하는 여자에게 남자는 時間もないし、車がある라고 했다. 차가 있으면 술을 삼가는 것이 상식이므로 정답은 (B)이다.

어휘 　工場(こうじょう) 공장 | 見学(けんがく) 견학 | 終了(しゅうりょう) 종료 | 麦焼酎(むぎじょうちゅう) 보리 소주 | 製造(せいぞう) 제조 | 過程(かてい) 과정 ▶일반적으로 일이 진행되어 가는 경로는 過程을 쓰고, 교과 과정, 정규 과정, 박사 과정과 같은 단어에는 課程을 쓴다. | 試飲(しいん) 시음 | 立(た)ち寄(よ)る 들르다 | 休憩(きゅうけい) 휴식 | お土産(みやげ) 선물

06 정답 (D)

男 : 先方の部長、もうカンカンだったって。
女 : それはそうよ。2時間も待たされたんだから。
男 : 遅れるなら遅れるって、連絡ぐらいするもんだよね。
女 : あ～あ、これで我が社の社運をかけた新製品の売り込みも夢に終わったってわけね。

남 : 저쪽 부장님, 그야말로 노발대발이었대.
여 : 그렇겠지. 두 시간이나 기다렸으니까.
남 : 늦으면 늦는다고 연락 정도는 해야지.
여 : 아아, 이걸로 우리 회사의 사운을 건 신제품의 판로 확장도 꿈으로 끝났다는 거네.

해석 　두 사람은 무엇에 대해 이야기하고 있습니까?
　　(A)회사의 신제품이 잘 팔리게 된 일
　　(B)거래처 부장이 신상품을 구입해 준 일
　　(C)거래 회사 부장이 신제품을 마음에 들어해 준 일
　　(D)자사 직원이 신상품의 판로 확장에 실패한 일

해설 　연락도 없이 약속에 늦어 先方の部長을 기다리게 했고, 그 결과로 新製品の売込みも夢に終わった가 된 상황이므로 앞으로의 거래는 실패라고 보면 된다. 따라서 (D)가 정답이다.

어휘 　先方(せんぽう) 상대방 | かんかん (불같이 화를 내는 모양) 노발대발 | 社運(しゃうん) 사운 | 新製品(しんせいひん) 신제품 | 売(う)り込(こ)み 판매함, 판로를 확장함

07 정답 (C)

女 : 今年度の上半期の決算報告書はたしか来週までだったわよね。
男 : うん。第1営業部は昨日提出したって言ってたな。
女 : うちも早く提出して一段落したら一杯飲みに行こう。
男 : それじゃ、もう一踏ん張りするか。

여 : 금년도 상반기 결산 보고서는 분명 다음 주까지였지?
남 : 응. 제1영업부는 어제 제출했다고 하더라고.
여 : 우리도 빨리 제출해서 일단락되면 한잔하러 가자.
남 : 그럼, 조금 더 힘내 볼까?

해석 　두 사람의 상황과 일치하는 것은 어느 것입니까?
　　(A)두 사람 다 결산 보고서를 제출해서 안심하고 있다.
　　(B)두 사람은 오늘 일찍 퇴근해서 술을 마시러 간다.
　　(C)이 두 사람의 부서에서는 아직 결산 보고서가 완성되지 않았다.
　　(D)이 두 사람의 부서는 제1영업부이다.

해설 　여자의 말에 정답이 숨어 있다. 一段落したら라는 가정 표현을 썼기 때문에 두 사람은 아직 결산 보고서를 제출하지 않은 상태이므로 정답은 (C)이다. (A)이미 제출했거나 (B)빨리 퇴근한다는 말은 상황과 일치하지 않고, (D)결산 보고서를 제출한 제1영업부에 대해서는 ~って言ってたら는 전문 표현을 썼기 때문에 다른 부서라는 것을 알 수 있다.

어휘 　上半期(かみはんき) 상반기 [반의어] 下半期(しもはんき) 하반기 | 決算報告書(けっさんほうこくしょ) 결산 보고서 | 一段落(いちだんらく)する 일단락되다 ▶ひとだんらくで 읽지 않는다. | 一(ひと)踏(ふ)ん張(ば)りする 앞으로 조금만 더 힘내다 | 退社(たいしゃ) 퇴근 ▶退職(たいしょく) 퇴사

08 정답 (B)

男 : 今度の選挙、どの候補者もあまりぱっとしないね。
女 : そうね。それでも投票しないっていうわけにもいかないしね。
男 : 僕は投票には行くけど、白紙投票しようと思ってるよ。
女 : 適当に選ぶよりは、その方がいいのかもね。

남 : 이번 선거, 어떤 후보자건 그다지 신통치 않네.
여 : 그러게. 그렇다고 투표하지 않을 수도 없고 말이야.
남 : 난 투표하러는 가도 무효표를 행사하려고.
여 : 적당히 뽑는 것보다는 그 편이 나을지도 몰라.

해석 　남자는 선거에 대해 어떻게 생각합니까?
　　(A)투표하고 싶은 후보자가 없으므로 투표하러 가지 않을 셈이다.
　　(B)투표하러는 가지만, 아무도 뽑지 않을 생각이다.
　　(C)투표하러는 가지만, 후보자는 적당히 뽑을 생각이다.
　　(D)누구에게 투표할지는 선거관리위원회에 일임할 생각이다.

해설 　남자는 마음에 드는 후보자가 없는 상태이긴 하지만, 投票には行くけど라고 했으므로 (A)는 오답이다. 또, 뽑을 사람이 없어서 무효표를 행사한다고 했으므로 (C)적당히 뽑는 것도, (D)선거관리위원회에 일임할 것도 아니므로 정답은 (B)이다.

어휘 　候補者(こうほしゃ) 후보자 | ぱっと (뒤에 부정어가 쓰여) 눈에 띄거나 두드러진 모양 | 投票(とうひょう) 투표 | 白紙投票(はくしとうひょう) 백지투표, 투표하지 않고 백지로 냄, 무효표를 행사함 | 選挙管理委員会(せんきょかんりいいんかい) 선거관리위원회 | 一任(いちにん) 일임함

09 정답 (C)

女 : うちの会社も、顔触れがずいぶん変わったわよね。
男 : ああ、管理職は親銀行からの出向が増えたし、事務職はほとんど派遣社員だしね。
女 : 私の同期もそうだし、取引先に外部出向してそのまま転籍っていう人が多くて、寂しいわ。
男 : もうプロパー社員なんて、生産現場以外では数えるほどになったよね。

여 : 우리 회사도 직원이 꽤 바뀌었지?
남 : 응, 관리직은 은행 본사에서의 파견이 늘었고, 사무직은 거의 계약직 사원이고 말이야.
여 : 내 동기도 그렇고 거래처에 외부 파견돼서 그대로 이적된 사람이 많아서 쓸쓸해.
남 : 이제 기존에 있던 직원은 생산 현장 이외에선 손에 꼽을 정도가 됐지.

해석 　두 사람의 회사는 어떤 상황입니까?
　　(A)곧 대폭적인 인사이동이 있어 허둥지둥 바쁜 상태이다.
　　(B)관리직에 우수한 인재가 없어 곤란해하고 있다.
　　(C)졸업하고 바로 입사해서 그대로 근무하고 있는 직원이 적어졌다.
　　(D)회사에 적응하지 못해서 그만두는 직원이 많다.

해설 남자의 마지막 말인 プロパー社員은 数えるほど라는 부분에서 정답이 (C)라는 것을 알 수 있지만, プロパー社員이라는 말을 몰라도 여자와 남자의 말을 종합해 보면, 생산 현장 이외에 관리직과 사무직에서 많은 직원이 이동되었다는 상황을 알 수 있다. プロパー社員은 줄여서 プロパー라고도 하는데, '입사 이래로 계속 그 회사에서만 일하고 있는 직원'을 뜻하며, 出向社員, 派遣社員과는 반대되는 개념이다.

어휘 顔触(かおぶ)れ (얼굴을 자주 접하는) 멤버 | 親銀行(おやぎんこう) 은행 본사 ▶ 親会社(おやがいしゃ) 모회사 ↔ 子会社(こがいしゃ) 자회사 | 出向(しゅっこう) (다른 근무지로) 파견됨 | 派遣社員(はけんしゃいん) 파견직 사원, 계약직 직원 | 同期(どうき) (입학, 입사) 동기 [동음이의어] 動機 (행동이나 결심의) 동기 | 転籍(てんせき) 이적 | 生産現場(せいさんげんば) 생산 현장 | 数(かぞ)えるほど (열 손가락으로도 다) 헤아릴 수 있을 정도, 손가락에 꼽을 정도 | 人事異動(じんじいどう) 인사이동 | ばたばた 허둥지둥 분주한 모양 | 優秀(ゆうしゅう) 우수 | 新卒(しんそつ) 그 해에 학교를 졸업함, 그 해 졸업자 | なじむ 친숙해지다, 익숙해지다

10 정답 (B)

女: 日本は今、空前のペットブームなんだってね。
男: そう、保険業法の改正を機に、ペット保険に加入する飼い主が増えてるんだ。
女: 医療関係とか、保険の内容もいろいろあると聞いたわ。
男: ガンや白内障、腎不全などでも治療費が払われるそうだから、まさに人間並みだよね。

여: 일본은 지금, 전례 없는 반려동물 붐이라며?
남: 맞아, 보험업법 개정을 계기로 반려동물 보험에 가입하는 주인이 늘고 있어.
여: 의료 관계나 보험 내용도 다양하다고 들었어.
남: 암이나 백내장, 신부전 등에도 치료비가 지급된다니까 그야말로 인간 수준이지.

해석 대화 내용과 일치하지 않는 것은 어느 것입니까?
(A) 일본에서는 반려동물 붐이 일고 있다.
(B) 건강보험법 개정으로 반려동물 보험 가입자가 증가했다.
(C) 반려동물 보험 내용은 다양하다.
(D) 새로운 반려동물 보험엔 인간 수준으로 적용되는 것도 있다.

해설 일본은 지금 空前のペットブーム라고 했고, 保険の内容もいろいろある라고 했으므로 (A)와 (C)는 내용과 일치한다. 또, 인간에게 보험이 적용되는 암, 백내장, 신부전과 같은 병에도 치료비가 지급된다고 했으므로 (D)도 일치하는 보기이다. 하지만, 반려동물 보험 가입자가 증가한 계기는 건강보험법 개정이 아니라 보험업법 개정이라고 했으므로 정답은 (B)이다.

어휘 空前(くうぜん) 전례 없는 [동의어] 未曾有(みぞう) 전례 없는, 미증유의 | 改正(かいせい) 개정 | ~を機(き)に ~을 계기로 | 飼(か)い主(ぬし) (동물의) 주인 | ガン 암 | 白内障(はくないしょう) 백내장 | 腎不全(じんふぜん) 신부전 | まさに 바로, 그야말로 | ~並(な)み (명사에 붙어) ~와 같은 정도, ~와 동등함 | 適用(てきよう) 적용됨

Part 4

시나공법 32 시나공 기출문제의 재구성 259쪽

01 (A) 02 (C) 03 (B) 04 (D)
05 (D) 06 (B) 07 (C) 08 (C)

🎧 Part4-32시나공

01-04

[1]私は中学の時は歴史が大嫌いでしたが、高校2年の時、世界史の先生が担任になり、その時から楽しく歴史の勉強ができるようになりました。[2]担任の田中先生の授業は、教科書の説明だけでなく、グループごとに歴史上の事件や人物について調べ、発表させるという授業方式でした。そのおかげで、どうしてその事件が起こったのか、またその人物がどういう考えを持って行動したのかまで理解することができました。[3]そして私は歴史や人間の古い営みにも興味を持ち、大学では考古学を専攻するまでになりました。[4]私のように、進路にまで影響を与えられる場合があることを考えると、やはり勉強のやり方というのは大事だと実感します。

저는 중학교 때 역사가 정말 싫었습니다만, 고등학교 2학년 때 세계사 선생님이 담임이 되어 그때부터 즐겁게 역사 공부를 할 수 있게 됐습니다. 담임인 다나카 선생님의 수업은 교과서 설명뿐만 아니라, 그룹별로 역사상의 사건이나 인물에 대해서 조사하고 발표시키는 수업 방식이었습니다. 그 덕분에 왜 그런 사건이 일어났는지, 또한 그 인물이 어떤 생각을 가지고 행동했는지 까지 이해할 수 있었습니다. 그리고 저는 역사와 인간의 오랜 삶에도 흥미를 갖게 되어서 대학에서 고고학을 전공하기에 이르렀습니다. 저처럼 진로에까지 영향을 줄 수 있는 경우가 있다는 것을 감안하면, 역시 공부 방법이라는 것은 중요하다고 실감합니다.

어휘 歴史(れきし) 역사 | 世界史(せかいし) 세계사 | 担任(たんにん) 담임 | 教科書(きょうかしょ) 교과서 | ~ごとに ~마다 | 事件(じけん) 사건 | 人物(じんぶつ) 인물 | 調(しら)べる 조사하다, 연구하다 | 発表(はっぴょう) 발표 | 授業(じゅぎょう) 수업 | 方式(ほうしき) 방식 | 起(お)こる 일어나다, 발생하다 | 行動(こうどう) 행동 | 営(いとな)み 작업, 행위 | 興味(きょうみ) 흥미, 관심 | 考古学(こうこがく) 고고학 | 専攻(せんこう) 전공 | 進路(しんろ) 진로 | 影響(えいきょう)を与(あた)える 영향을 주다, 끼치다 | 実感(じっかん) 실감

01 정답 (A)
해석 이 사람이 좋아하게 된 것은 무엇입니까?
(A)역사 공부
(B)담임 선생님
(C)역사적 인물
(D)다나카 선생님의 수업
해설 '좋아하게 된 것'에 대한 질문이다. 이 사람은 원래 역사를 싫어했지만, 고등학교 2학년 때의 담임 선생님 덕분에 楽しく歴史の勉強ができるようになりました라고 했다. 따라서 정답은 (A)이다. 오답인 (B)와 (D)를 답으로 착각할 수 있지만, 이는 역사 공부가 좋아진 계기에 해당하는 보기이다.

02 정답 (C)
해석 다나카 선생님의 수업 방식은 어떤 것입니까?
(A)쉽게 설명하거나 학생의 의견을 듣는다.
(B)그룹별로 교과서에 내용을 철저하게 정리하게 한다.
(C)학생 스스로 적극적인 태도로 수업에 참가할 수 있게 한다.
(D)역사적 사건이나 인물에 대해 리포트를 쓰게 한다.
해설 본문 중간 쯤에 田中先生の授業は、教科書の説明だけでなく、グループごとに歴史上の事件や人物について調べ、発表させるという授業方式でした라는 부분이 있다. 이것은 일방적으로 듣기만 하는 수업이 아니라, 학생들을 적극적으로 수업에 참가시킨다는 뜻이므로 정답은 (C)가 된다.
어휘 ~やすい (동사 ます형에 붙어) ~하기 쉽다 | 生徒(せいと) (중고등) 학생 | 意見(いけん) 의견 | 内容(ないよう) 내용 | 徹底的(てっていてき)に 철저하게 | まとめる 정리하다 | 自(みずか)ら 스스로 | 積極的(せっきょくてき) 적극적 | 態度(たいど) 태도 | 参加(さんか) 참가

03 정답 (B)
해석 이 사람의 역사와의 관계에 대해 올바른 것은 어느 것입니까?
(A)전에는 싫어하는 과목이었지만, 중학교 때부터 좋아졌다.
(B)역사에 대한 흥미를 계기로 대학에서는 고고학을 배웠다.
(C)다나카 선생님을 만난 뒤로 역사만 공부했다.
(D)인간의 오랜 삶에 흥미를 느껴서 나중에 고고학자가 되었다.
해설 (A)역사를 좋아하게 된 것은 고등학교 2학년 때부터이고, (C)다나카 선생님 덕분에 역사를 즐겁게 공부하게 된 것이지 역사만 공부한 것은 아니며, (D)본문에서는 大学では考古学を専攻するまでになりました라며 대학 전공에 대해서만 언급하고 있을 뿐, 이 사람이 현재 고고학자가 되었는지 여부는 판단할 수 없다. 따라서 정답은 (B)이다.
어휘 関(かか)わり 관계, 관련성 | 科目(かもく) 과목 | ~をきっかけに ~을 계기로 | 出会(であ)う (우연히) 만나다, 조우하다 | 以来(いらい) 이후

04 정답 (D)
해석 본문의 제목으로 가장 어울리는 것은 어느 것입니까?
(A)다나카 선생님의 추억
(B)공부의 소중함
(C)역사 공부의 즐거움
(D)학습 방법의 중요성
해설 본문의 타이틀을 묻는 문제는 결국 화자가 이야기하고자 하는 주제를 파악하라는 뜻이다. 본문 마지막에 勉強のやり方というのは大事だと実感します라는 표현이 있으므로 정답은 (D)이다.
어휘 最(もっと)も 가장 | ふさわしい 어울리다 | 思(おも)い出(で) 추억 | 貴(とうと)い 귀중하다, 소중하다, 고귀하다 | 学習(がくしゅう) 학습

05-08

⁵私は子供の頃からプラモデルのようなものではなく、道に落ちている石を拾って顔を描いたり、木の枝やどんぐりで動物を作るようなことが大好きでした。それで夏休みの工作の宿題が楽しみでした。⁶工作の材料は身近なところに溢れています。海岸にはきれいな貝殻やガラスの破片も落ちています。普通の人にはがらくたに見えるものでも、私にとっては宝物です。最近、自然に落ちているものを使って作った作品を少しずつネットで販売しています。⁷⁻⁸「自然の温かみが感じられる作品だ」と評判も上々で、これからもこの世に一つしかない私だけの作品を生み出したいと思っています。

저는 어릴 때부터 프라모델 같은 것이 아니라, 길에 떨어져 있는 돌을 주워 얼굴을 그리거나 나뭇가지나 도토리로 동물을 만드는 것을 무척 좋아했습니다. 그래서 여름 방학의 공작 숙제가 즐거움이었습니다. 공작 재료는 가까운 곳에 넘칩니다. 해안에는 예쁜 조개 껍데기나 유리 파편도 떨어져 있습니다. 평범한 사람에게는 가치가 없는 물건으로 보이는 것이어도, 저에게는 보물입니다. 최근에 자연에 떨어져 있는 물건을 사용하여 만든 작품을 조금씩 인터넷에 판매하고 있습니다. "자연의 따뜻함이 느껴지는 작품이다."라며 평판도 더없이 좋아, 앞으로도 이 세상에 하나밖에 없는 저만의 작품을 만들어 내고 싶습니다.

어휘 拾(ひろ)う 줍다 | 描(えが)く 그리다 | 枝(えだ) 가지 | どんぐり 도토리 | 工作(こうさく) 공작 ▶図工(ずこう) (초등학교의) 미술, 공작 | 材料(ざいりょう) 재료 | 身近(みぢか) 가까움 | 溢(あふ)れる 넘치다 | 海岸(かいがん) 해안 | 貝殻(かいがら) 조개 | 破片(はへん) 파편 | がらくた 가치가 없는 물건, 쓸모없는 물건, 잡동사니 | 宝物(たからもの) 보물 ▶宝(たから)くじ 복권 | 販売(はんばい) 판매 | 自然(しぜん) 자연 | 温(あたた)かみ 따뜻함 | 評判(ひょうばん) 평판 | 上々(じょうじょう) 더없이 좋음, 가장 좋음 | この世(よ) 이 세상 | 作品(さくひん) 작품 | 生(う)み出(だ)す 새로 만들어 내다, 생산해 내다

05 정답 (D)
해석 이 사람의 어릴 적 모습에 대해 알맞은 것은 어느 것입니까?
(A)프라모델을 만드는 것을 무척 좋아했다.
(B)여름 방학의 공작 숙제를 싫어했다.
(C)주워 온 돌로 동물을 만들거나 했다.
(D)나무 열매나 나뭇가지로 무언가를 만드는 것이 특기였다.
해설 (A)프라모델에 대해선 ではなく라며 부정형을 썼고, (B)여름 방학의 공작 숙제는 楽しみ이었으며, (C)주워 온 돌로는 顔を描いたり라고 했다. 나뭇가지나 도토리로 동물을 만드는 것을 좋아했다고 했고, 여름 방학 공작 숙제가 즐거울 정도면 어느 정도 자신이 있었다는 말이므로 정답은 (D)이다.
어휘 様子(ようす) 모양, 상태 | 苦手(にがて) 다루기 어려움 거북함, 서투름 | 得意(とくい) 자신 있음, 숙달되어 있음

06	정답 (B)

해석 작품을 만들기 위한 재료는 어떻게 마련합니까?
(A)인터넷 판매를 이용하고 있다.
(B)자연에 떨어져 있는 물건을 이용하고 있다.
(C)지인에게서 나눠 받고 있다.
(D)바다 근처에 있는 가게에서 구입하고 있다.

해설 공작 재료는 가까운 곳에 넘쳐나고, 해안의 조개 껍데기나 유리 파편도 재료가 될 수 있다고 했다. 또한, 자연에 떨어져 있는 것으로 작품을 만들었다고 말했으므로 정답은 (B)이다.

어휘 手(て)に入(い)れる 손에 넣다, 입수하다 | 知(し)り合(あ)い 지인, 아는 사람 | 分(わ)ける 나누다

07	정답 (C)

해석 이 사람이 만든 작품은 어떻게 평가되고 있습니까?
(A)가게에서 판매되고 있는 것과 큰 차이는 없다.
(B)정확하게 만들어져 있어 사용하기 쉽다.
(C)소재의 특징이 (잘) 살려져 있어서 온기가 느껴진다.
(D)잡동사니 같아 작품으로서 가치는 없다.

해설 温かみ와 ぬくもり가 같은 의미인지를 알고 있어야 풀 수 있는 어휘 문제이다. 정답은 (C)로, (A)와 (B)는 언급되지 않았고, 評判も上々라고 했기 때문에 (D)도 정답이 아니다.

어휘 素材(そざい) 소재 | 特徴(とくちょう) 특징 | 生(い)かす 살리다 | ぬくもり 온기, 따뜻함 | 価値(かち) 가치

참고 형용사를 명사형으로 만드는 접미어로는 ~さ와 ~み 두 가지가 있다. 약간의 뉘앙스 차이가 있는데, 대상의 성질, 상태, 정도 등을 수치화할 수 있는 객관적인 성질이 있는 것은 접미어 ~さ를 쓰는 데 비해, 주관적이고 감각적인 것에는 접미어 ~み가 붙는 경향이 있다.

08	정답 (C)

해석 이 사람이 앞으로 해보고 싶다고 생각한 것은 무엇입니까?
(A)대량 생산하여 인터넷 판매를 확대하고 싶다.
(B)지인에게만 무료로 작품을 나눠 주고 싶다.
(C)세상에 둘도 없는 독자적인 작품을 만들고 싶다.
(D)가게를 내어 직접 판매하고 싶다.

해설 지문 마지막에 앞으로도 이 세상에 하나밖에 없는 자신만의 작품을 만들고 싶다고 했으므로 정답은 (C)이다. この世가 世の中로, 一つしかない 二つとない로, 私だけ는 独自라는 표현으로 제시되었다.

어휘 大量生産(たいりょうせいさん) 대량 생산 | 拡大(かくだい) 확대 | 世(よ)の中(なか) 세상 | 独自(どくじ) 독자적임 | 店頭販売(てんとうはんばい) 가게 안에서 직접 판매하는 것, 또는 그런 행위 ▶店頭(てんとう) 가게 앞

시나공법 33 시나공 기출문제의 재구성 263쪽

01 (C)	02 (B)	03 (C)
04 (C)	05 (C)	06 (D)

🎧 Part4-33시나공

01-03

³この粉薬は1日3回食後に、1包ずつ飲んでください。¹また、白いカプセルは痛み止めなので、痛みがひどいときに1錠飲んでください。粉薬の中にも痛み止めが入ってますから、どうしても我慢できない時だけ、追加で飲んでください。カプセルの痛み止めは服用後、痛みがおさまらなくても必ず4時間は空けてから、再度服用してください。²それから、こちらの湿布は患部に貼ってください。1日に2回貼り替えてください。もし痒みが出た場合には、貼るのをいったん中止して担当医師にご相談ください。薬は3日分出ます。全部飲み終わっても症状の改善が見られなければ、木曜日に再度受診してください。

이 가루약은 하루에 세 번 식후에 한 봉지씩 드세요. 또한, 흰 캡슐은 진통제이므로 통증이 심할 때에 한 알 드세요. 가루약 안에도 진통제가 들어 있으므로, 도저히 참을 수 없을 때만 추가로 드세요. 캡슐 진통제는 복용 후에 통증이 가라앉지 않더라도 반드시 4시간은 간격을 둔 뒤에 재차 복용해 주세요. 그리고 이 파스는 환부에 붙여 주세요. 하루에 두 번 새로 붙이세요. 만약 가려울 때는 붙이는 것을 일단 중지하고 담당 의사에게 상담하세요. 약은 3일분 나갑니다. 다 드시고도 증상 개선이 보이지 않는다면, 목요일에 다시 진찰 받으세요.

어휘 粉薬(こなぐすり) 가루약 | 食後(しょくご) 식후 [반의어] 食前(しょくぜん) 식전 | 1包(いっぽう) 한 포, 한 봉지 | カプセル 캡슐 | 痛(いた)み止(ど)め 진통제 | 1錠(いちじょう) 한 알 | 我慢(がまん) 참음, 견딤 | 服用(ふくよう) 복용 | おさまる (아픔이나 고통이) 사라지다, 가라앉다 | 空(あ)ける (시간적인) 간격을 두다 | 再度(さいど) 재차, 두 번 | 湿布(しっぷ) 파스 | 患部(かんぶ) 환부 | 貼(は)り替(か)える (낡은 것을 떼고) 새것으로 바꿔 붙이다 | 痒(かゆ)み 가려움 | いったん 일단, 우선, 잠시 | 担当医師(たんとういし) 담당 의사 | 相談(そうだん) 상담, 상의 | 症状(しょうじょう) 증상 | 改善(かいぜん) 개선 | 受診(じゅしん) 진찰 받음

01	정답 (C)

해석 진통제에 대해 올바른 것은 어느 것입니까?
(A)흰 가루약으로 하루 한 번 먹는다.
(B)캡슐 그대로 가루약과 함께 먹는다.
(C)극심한 진통을 느꼈을 때 먹는다.
(D)반드시 4시간마다 먹는다.

해설 두 번째 문장부터 등장하는 진통제에 대한 설명을 살펴보면, (A)白いカプセル라고 했고, (B)痛みがひどいときに 먹으라고 했다. 또한, (D)진통제는 4시간마다 반드시 먹어야 하는 것이 아니라 4시간 간격을 두고 먹으라는 뜻이므로 (A), (B), (D)는 모두 오답이다. 진통제는 どうしても我慢できない 때만 복용하라고 했으므로 정답은 (C)이다.

02	정답 (B)

해석 이 환자는 앞으로 어떻게 합니까?
(A)환부에 물약을 발라 증상을 살핀다.
(B)앞으로 3일간 약을 먹는다.
(C)가려움증이 생기면 파스를 교환한다.
(D)매주 목요일에 통원한다.

해설 항목별로 살펴보자. (A)환부에 바르는 약은 처방되지 않았으며, (C)가려움증이 생기면 파스를 붙이지 말고 담당 의사와 상의하라고 했다. 또한, (D)증상 개선이 없으면 목요일에 다시 오라고 했지, 통원 치료를 하라고는 하지 않았다. 薬は3日分出ます라고 했으므로 정답은 (B)이다.

어휘 液状(えきじょう) 액상 | 塗(ぬ)る 바르다, 칠하다 | 交換(こうかん) 교환 | 通院(つういん) 통원

03 정답 (C)
해설 이 환자는 몇 종류의 약을 받았습니까?
(A) 한 종류　　　　(B) 두 종류
(C) 세 종류　　　　(D) 네 종류
해설 환자가 받은 약은 粉薬, 하얀 캡슐의 痛み止め, 湿布로, 모두 3가지이다. 따라서 정답은 (C)이다.

04-06
宅急便の利用法について簡単に説明します。次の点に留意してください。⁴宅急便のサービスは年中無休です。お電話1本で荷物を指定の場所まで取りにいきます。また、最寄りのコンビニ、または各営業所まで直接持っていきますと、荷物1個につき100円減額してくれます。⁵壊れやすいものを送る場合には予め破損防止のため、新聞紙で包むなど、梱包に注意してください。⁶また、荷物のサイズは縦、横、高さの合計で測りますが、160センチ以内で25キロまでです。規格以上のサイズや重さの荷物は別途料金がかかります。

택배 이용법에 대해 간단히 설명하겠습니다. 다음 사항에 유의해 주세요. 택배 서비스는 연중무휴입니다. 전화 한 통이면 짐을 지정하신 장소까지 가지러 갑니다. 또한, 가장 가까운 편의점, 또는 각 영업소까지 직접 가져가면 짐 한 개당 100엔을 할인해 드립니다. 깨지기 쉬운 물건을 보내는 경우에는 미리 파손 방지를 위해 신문지로 싸는 등 포장에 주의해 주세요. 또한, 짐 사이즈는 세로, 가로, 높이의 합계로 측정합니다만, 160㎝ 이내 25kg까지입니다. 규격 이상의 사이즈나 무게가 나가는 짐은 별도 요금이 듭니다.

어휘 宅急便(たっきゅうびん) 택배 | 留意(りゅうい) 유의 | 年中無休(ねんじゅうむきゅう) 연중무휴 | 荷物(にもつ) 짐 | 指定(してい) 지정 | 最寄(もよ)り 가장 가까움, 근처 | 営業所(えいぎょうしょ) 영업소 | ～につき (숫자를 수반하여) ～당 | 減額(げんがく) 감액 [반의어] 増額(ぞうがく) 증액 | 壊(こわ)れる 깨지다, 부서지다 | 予(あらかじ)め 미리, 사전에 | 破損防止(はそんぼうし) 파손 방지 | 包(つつ)む 싸다, 두르다 | 梱包(こんぽう) 짐을 포장함, 꾸림 | 縦(たて) 세로 | 横(よこ) 가로 | 高(たか)さ 높이 ▶広(ひろ)さ 넓이, 重(おも)さ 무게 | 測(はか)る (무게, 길이) 재다, 달다, 측정하다 | 規格(きかく) 규격 | 別途料金(べっとりょうきん) 별도 요금

04 정답 (C)
해석 택배 서비스에 대해 올바른 것은 어느 것입니까?
(A) 연말연시는 영업하지 않는다.
(B) 정기적으로 짐을 가지러 온다.
(C) 짐을 직접 가지고 가면 할인해 준다.
(D) 편의점에서는 택배는 취급하지 않는다.

해설 각 항목을 살펴보자. (A)본문에서 택배 서비스는 年中無休라고 했으므로 연말연시에도 영업을 한다는 뜻이고, (B)전화 한 통이면 取りにいきます라고는 했지만 정기적으로 오는지 여부는 알 수 없다. 또한, (D)最寄りのコンビニ나 営業所에서 택배 서비스를 받을 수 있다는 말은 편의점에서도 택배를 취급한다는 뜻이므로 (A), (B), (D)는 모두 정답이 될 수 없다. 편의점과 영업소로 직접 짐을 가져가면 荷物1個につき100円減額라고 했으므로 정답은 (C)이다.

어휘 年末年始(ねんまつねんし) 연말연시 | 定期的(ていきてき) 정기적 | 集配(しゅうはい) 집배, 우편이나 화물을 모으거나 배달함 | 割引(わりびき) 할인 | 取(と)り扱(あつか)う 다루다, 취급하다

05 정답 (C)
해석 깨지기 쉬운 물건을 보내고 싶은 사람은 어떻게 하면 됩니까?
(A) 직영점까지 직접 가지고 간다.
(B) 개별로 소정의 금액을 지불한다.
(C) 포장에 신경 써서 발송한다.
(D) 특수한 포장을 한다.

해설 깨지기 쉬운 물건을 보낼 때에는 파손 방지를 위해 梱包에 주의해주세요라고 했다. (A)와 (B)는 壊れやすいもの와는 상관없는 내용이며, 신문지로 싸는 것이 (D)특수한 포장은 아니다. 注意する가 気をつける라는 말로 바뀌어 나왔기 때문에 梱包라는 단어를 몰랐더라도 비교적 정답을 찾기 쉬운 문제로, 정답은 (C)이다.

어휘 直営店(ちょくえいてん) 직영점 | 個別(こべつ) 개별 | 所定(しょてい) 소정 | 特殊(とくしゅ) 특수 | 発送(はっそう) 발송 | 包装(ほうそう) 포장 | 施(ほどこ)す 어떤 수단을 취하다, 행하다

06 정답 (D)
해석 택배로 보내는 짐에 대해 내용과 일치하는 것은 어느 것입니까?
(A) 짐 크기는 세로, 가로의 길이로 측정한다.
(B) 깨지기 쉬운 물건은 택배로 보낼 수 없다.
(C) 짐은 60㎝ 이내, 20kg까지이다.
(D) 규격 외의 짐에는 추가 요금이 가산된다.

해설 (A)짐 크기는 縦、横、高さの合計で測ります라고 했고, (B)壊れやすい物와 割れ物는 같은 뜻이므로 택배로 보낼 수 있다. 또, (C)짐 사이즈는 160센티 이내로 25키로까지라고 했으므로 모두 오답이다. 規格以上のサイズや重さの荷物は別途料金がかかります라고 했고, 規格外=規格以上のサイズ, 追加料金=別途料金이므로 정답은 (D)이다.

어휘 追加(ついか) 추가 | 加算(かさん) 가산

시나공 34	시나공 기출문제의 재구성		267쪽
01 (D)	02 (B)	03 (C)	
04 (B)	05 (C)	06 (C)	

🎧 Part4-34시나공

01-03

「道の駅」をご存知ですか。¹「なぜ道に駅があるの(?)」と、疑問に思われるかもしれませんが、これは、国道など一般道路沿いにある、ドライバーのための休憩施設です。今から20年ぐらい前までは、24時間利用できる一般道路での休憩施設がまだ整備されていませんでした。²しかし、観光地や運転ルートの多様化に伴い、そういった24時間体制の施設が求められるようになったのです。そこで、国の支援を受け、今では全国に約1千箇所以上が存在するようになりました。³「道の駅」は地域振興という目的も兼ねているため、地域の特色を打ち出して、地元の特産品を販売したり、中には施設内で温泉を運営しているところもあります。

'길 위의 역'을 알고 계십니까? "왜 길에 역이 있어?"라고 의문스럽게 여길지도 모릅니다만, 이것은 국도 등 일반 도롯가에 있는 운전자를 위한 휴게 시설입니다. 지금으로부터 20년 정도 전까지는 24시간 이용할 수 있는 일반 도로 휴게 시설이 아직 정비되어 있지 않았습니다. 하지만 관광지나 운전 루트의 다양화에 따라, 그러한 24시간 체제의 시설이 필요하게 된 것입니다. 그래서 정부의 지원을 받아 지금은 전국에 약 1000곳 이상 존재하게 되었습니다. '길 위의 역'은 지역 진흥이라는 목적도 겸하고 있기 때문에, 지역의 특색을 내세워 지역 특산품을 판매하거나 그중에는 시설 내에서 온천을 운영하고 있는 곳도 있습니다.

어휘 ご存知(ぞんじ)だ (知っているの 높임말) 알고 계시다 | 疑問(ぎもん) 의문 | 国道(こくどう) 국도 | 一般道路(いっぱんどうろ) 일반 도로 | ~沿(ぞ)い (명사 뒤에 붙어) ~을 따라, ~에 연하여 | 休憩施設(きゅうけいしせつ) 휴게 시설 | 整備(せいび) 정비 | 観光地(かんこうち) 관광지 | 運転(うんてん)ルート 운전 경로, 운전 루트 | 多様化(たようか) 다양화 | ~に伴(ともな)い ~(함)에 따라 | 体制(たいせい) 체제 | 求(もと)める 바라다, 요구하다 | 支援(しえん) 지원 | 地域振興(ちいきしんこう) 지역 진흥 | 目的(もくてき) 목적 | 兼(か)ねる 겸하다 | 特色(とくしょく) 특색 | 打(う)ち出(だ)す 명확히 내세우다 | 地元(じもと) 그 지역, 그 지방, 그 고장 | 特産品(とくさんひん) 특산품 | 施設(しせつ) 시설 | 温泉(おんせん) 온천 | 運営(うんえい) 운영

01 정답 (D)
해석 '길 위의 역'이란 어떤 것입니까?
(A) 철도역의 새로운 명칭
(B) 역 근처에 있는 간이 휴게소
(C) 열차를 개조한 레스토랑
(D) 일반 도로에 설치된 휴게 시설

해설 본문 앞부분에서 一般道路沿いにある、ドライバーのための休憩施設라고 했으므로 정답은 (D)이다.

어휘 鉄道駅(てつどうえき) 철도역 | 名称(めいしょう) 명칭 | 列車(れっしゃ) 열차 | 改造(かいぞう) 개조 | 設(もう)ける 설치하다, 만들다

02 정답 (B)
해석 '길 위의 역'이 정비되게 된 이유는 무엇입니까?
(A) 관광지 등이 정부의 지원을 요구했기 때문에
(B) 언제라도 이용 가능한 휴게 시설이 필요해졌기 때문에
(C) 도로에 차가 늘어, 새로운 시설 확보가 요구되었기 때문에
(D) 정부에 의해 의무화되었기 때문에

해설 20년 전만 해도 정비되어 있지 않았던 일반 도로의 휴게 시설은 観光地や運転ルートの多様化와 맞물려 24時間体制の施設が求められるようになった라고 본문 중간에 나왔다. 道の駅가 休憩施設이고, 24時間体制와 いつでも利用できる는 같은 뜻이므로 정답은 (B)이다.

어휘 増(ふ)える 늘다, 증가하다 | 確保(かくほ) 확보 | 義務付(ぎむづ)ける 의무 지우다, 의무화되다

03 정답 (C)
해석 '길 위의 역'의 목적은 어떤 것입니까?
(A) 지역 진흥을 위해 다양한 지역 특산품을 파는 것
(B) 온천 등의 시설을 운영하여 정부의 적자를 메우는 것
(C) 휴식 및 지역 진흥을 위한 시설로서 기능하는 것
(D) 단순한 휴게 시설을 넘어 상업 시설로서 발전하는 것

해설 지문의 후반부에 「道の駅」は地域振興という目的이라고 했다고 해서 (A)를 답으로 골랐다면 다시 생각해 보자. ~も兼ねている라고 했으므로 地域振興가 전부가 아니다. 앞부분에 이미 '길 위의 역'을 ドライバーのための休憩施設라고 정의를 내렸으므로 정답은 이 내용이 들어간 (C)가 된다.

어휘 赤字(あかじ) 적자 | 埋(う)める 메우다, 묻다 | 機能(きのう) 기능 | 単(たん)なる 단순한 | 超(こ)える 기준을 넘다 | 商業(しょうぎょう) 상업 | 発展(はってん) 발전

04-06

⁴昔、ビニールハウスなどがなかった時代は、その年の天候により収穫高が異なり、農家にとっては自然との闘いの日々でした。⁵ところが、今はビニールハウスなどの発達により、安定した環境で農作物を栽培することができるようになりました。水やりや温度調節などはオートメーション化され、農作物を育てるのにも以前より天候に左右されにくくなりました。そのおかげで季節を問わず色々な野菜や果物が食べられるようになりました。⁶しかし、その季節でなくても一年中、農作物がお店に並べられているので、季節感が薄れたような気がします。旬の味というものが段々となくなってしまったのは、なんとなく寂しいものです。

옛날, 비닐하우스 등이 없었던 시대에는 그 해의 기후에 따라 수확고가 달라서, 농가는 자연과의 싸움의 나날이었습니다. 하지만 지금은 비닐하우스 등의 발달에 따라 안정된 환경에서 농작물을 재배할 수 있게 되었습니다. 물 주기나 온도 조절 등은 자동화되어 농작물을 키우는 데도 이전보다 기후에 덜 좌우되게 되었습니다. 그 덕분에 계절을 불문하고 여러 가지 채소나 과일을 먹을 수 있게 되었습니다. 하지만 그 계절이 아니어도 1년 내내 농작물이 가게에 진열되어 있기 때문에, 계절감이 옅어진 듯한 기분이 듭니다. 제철의 맛이라는 게 차츰 사라지게 된 것은 어쩐지 섭섭한 노릇입니다.

어휘 昔(むかし) 옛날 | 天候(てんこう) 날씨 | 収穫高(しゅうかくだか) 수확고 | 異(こと)なる 다르다 | 農家(のうか) 농가

| 自然(しぜん) 자연 | 闘(たたか)い 투쟁, 싸움 | 日々(ひび) 매일, 그날그날 | 発達(はったつ) 발달 | 安定(あんてい)する (자동사로) 안정되다 | 環境(かんきょう) 환경 | 農作物(のうさくぶつ) 농작물 [유의어] 作物(さくもつ) 작물 | 栽培(さいばい) 재배 | 水(みず)やり 물 주기 | 温度調節(おんどちょうせつ) 온도 조절 | オートメーション化(か) 오토메이션화, 자동화 | 育(そだ)てる 기르다, 키우다 | 左右(さゆう) 좌우함, 좌우지함 | 季節(きせつ) 계절 | ~を問(と)わず ~을 불문하고 | 野菜(やさい) 채소 | 果物(くだもの) 과일 | 薄(うす)れる 엷어지다 | 旬(しゅん)の味(あじ) 제철의 맛

04 정답 (B)
해석 농작물 재배에 대해 올바른 것은 어느 것입니까?
(A)옛날부터 비닐하우스를 이용했다.
(B)옛날에는 날씨에 따라 수확고가 제각각이었다.
(C)시설은 발전했지만, 재배 방법은 옛날과 다르지 않다.
(D)자동화가 진행되어 예전보다 편해졌다.

해설 옛날에는 その年の天候により収穫高が異なり라고 했으므로 (B)가 본문의 내용과 일치한다. 비닐하우스가 없었던 때가 있었다고 했으므로 (A)는 오답이고, 농작물의 재배 방법도 자동화되는 등의 변화가 있었으므로 (C)도 정답이 될 수 없다. 또, 본문에서는 자동화로 인해 날씨에 덜 좌우된다고만 언급했으므로 예전보다 편해졌는지는 알 수 없는 부분이기에 (D)도 틀린 답이다.

어휘 まちまち 가지각색임, 제각각임 | 仕方(しかた) 수단, 방법

05 정답 (C)
해석 농작물 재배가 날씨에 덜 좌우되게 된 이유는 무엇입니까?
(A)노지 재배의 발전
(B)자연에 내맡기는 유기농 재배
(C)비닐하우스 등의 시설 발전
(D)동해에 강한 거듭된 품종 개량

해설 본문의 두 번째와 세 번째 문장에 정답이 숨어 있다. 두 문장을 종합해 보면, 비닐하우스 등의 발전은 농산물 재배 환경의 안정화를 가져다주었고, 이러한 시설 재배 덕분에 날씨에도 덜 좌우되게 되었다는 말이다. 따라서 정답은 (C)이다. (A)의 露地栽培는 하우스 재배, 시설 재배와 반대되는 뜻이므로 정답이 될 수 없다.

어휘 露地栽培(ろじさいばい) 노지 재배 | 有機栽培(ゆうきさいばい) 유기농 재배 | 凍害(とうがい) 동해, 추위에 의한 농작물 피해 | 品種改良(ひんしゅかいりょう) 품종 개량 | 積(つ)み重(かさ)ね 거듭함, 쌓아 올림

06 정답 (C)
해석 농작물에 대해 이 사람은 어떻게 느끼고 있습니까?
(A)계절에 관계없이 언제라도 살 수 있게 되어 편리하다.
(B)1년 내내 먹고 싶은 채소나 과일이 풍부해서 기쁘다.
(C)그 계절만의 제철의 맛이 적어진 것은 섭섭하다.
(D)농가의 사람들이 정성 들여 만든 채소의 맛은 각별하다.

해설 화자의 생각이나 의견은 대개 본문 마지막 부분에 나온다. 여기서도 화자는 후반부에서 旬の味というものが段々となくなってしまったのは、なんとなく寂しい라며 안타까워하고 있다. 따라서 정답은 (C)이다.

어휘 豊富(ほうふ) 풍부함 | 丹精(たんせい) 정성을 들임 | 格別(かくべつ) 각별함

첫째마당 미리 보는 실전 예상문제 269쪽

| 01 (B) | 02 (C) | 03 (D) | 04 (C) | 05 (B) |
| 06 (D) | 07 (A) | 08 (B) | 09 (A) | 10 (B) |

🎧 Part4-34예상문제

01-03

私は今年、大学を卒業して就職しました。私の会社は韓国や中国にも支社がある貿易会社です。それで、時々海外からもメールが来たり、電話が来たりします。¹中国からの国際電話や来客があれば、私が対応します。²私は大学のとき、中国語を専攻しました。³学生時代には、ほとんど毎週作文の宿題が出て憂鬱でしたが、今思うと、作文の宿題をするときほど、辞書を引いたことはありませんでした。そのおかげであの時にたくさんの単語を覚えたような気がします。まだまだ実力は足りませんが、これからも続けて勉強していこうと思っています。

저는 올해 대학을 졸업하고 취직했습니다. 저희 회사는 한국이나 중국에도 지사가 있는 무역 회사입니다. 그래서 때로는 해외에서도 메일이나 전화가 옵니다. 중국에서 오는 국제 전화나 방문객이 있으면 제가 응대합니다. 저는 대학 때, 중국어를 전공했습니다. 학생 때는 거의 매주 작문 숙제가 나와 우울했습니다만, 지금 생각하면 작문 숙제를 할 때만큼 사전을 찾은 적이 없었습니다. 덕분에 그때 많은 단어를 외운 것 같습니다. 아직 실력은 모자라지만, 앞으로도 계속 공부해 나가려 합니다.

어휘 就職(しゅうしょく) 취직 | 支社(ししゃ) 지사 | 貿易会社(ぼうえきがいしゃ) 무역 회사 | 国際電話(こくさいでんわ) 국제 전화 | 来客(らいきゃく) 방문객, 내방객 | 対応(たいおう) (상황에 따라) 대처함, 대응함 | 専攻(せんこう) 전공 | 憂鬱(ゆううつ) 우울 | 辞書(じしょ)を引(ひ)く 사전을 찾다 ▶辞書を探(さが)す는 사전 자체가 있는 위치를 찾는다는 뜻이다.

01 정답 (B)
해석 이 사람의 어학 실력에 대해 올바른 것은 어느 것입니까?
(A)중국어도 한국어도 할 수 있다.
(B)중국어는 원어민과 대화가 가능하다.
(C)중국어 사전을 찾으면서 문서를 읽을 수 있다.
(D)중국어도 한국어도 작문할 수 있다.

해설 中国からの国際電話や来客があれば、私が対応します라는 문장을 들었다면 바로 답을 찾을 수 있다. 만일 이 부분을 놓치더라도 私가 대학 시절 중국어를 전공했다는 사실로도 답을 유추할 수 있다. 따라서 정답은 (B)이다.

어휘 語学力(ごがくりょく) 어학 실력

02 정답 (C)
해석 이 사람은 대학 때 무엇을 전공했습니까?
(A)무역학   (B)한국어
(C)중국어   (D)국제 경영학

해설 본문 내용에 中国語を専攻しました라는 부분이 있었으므로 정답은 (C)이다. 쉬운 문제이지만, (A)나 (B)는 私가 아니라 私の会社와 관련된 것이므로 성급하게 풀지 않도록 주의하자.

03 정답 (D)
해석 이 사람에 대해 일치하는 것은 어느 것입니까?
(A)한국 지사에서 일하고 있다.
(B)중국 지사에서 일하고 있다.
(C)중국어 실력에 꽤 자신감을 갖고 있다.
(D)대학 시절 작문 숙제로 고생했다.

해설 이 사람이 다니는 회사가 한국이나 중국에 지사를 가지고 있기는 하지만, 단순히 무역 회사에서 일한다고만 했으므로 (A)와 (B)는 오답이다. 또, 중국인과의 업무를 담당은 하고 있지만, 그래서 중국어에 자신 있어 한다기보다 まだまだ実力は足りませんが라고 했으므로 (C)도 정답이 될 수 없다. 대학 시절 作文の宿題로 인해 憂鬱라는 부분을 들었다면 바로 정답이 (D)라는 것을 알 수 있다.

어휘 実力(じつりょく) 실력 | 自信(じしん) 자신 | 苦労(くろう) 고생, 애씀

04-07

⁴私は元々片付けが苦手ですが、先日テレビで整理整頓の仕方を紹介する番組を見て、私もそれを真似してみることにしました。⁵まず、物の置き場所を決め、使った後はすぐに戻すのが基本です。文房具など細かいものは引き出しや箱で仕切った場所に入れます。また、プリント類は種類別に保管します。さらに大事なことは、「掃除の日」を決めて大掃除をすることです。⁶一度きれいにすると、その整然さを維持しようとする心理が働き、すぐ汚くなる事がなくなるそうです。⁷この方法で、部屋が以前よりきれいになったことはもちろんですが、何よりも物をどこに置いたかわからなくなったり、見つからずにいらいらする事が少なくなりました。

저는 원래 정리 정돈이 서툴렀습니다. 저번에 TV에서 정리 정돈 방법을 소개하는 프로그램을 보고 저도 그것을 흉내 내 보기로 했습니다. 먼저 물건을 둘 장소를 정해, 사용한 뒤에는 곧바로 되돌려 놓는 것이 기본입니다. 문구 등의 자잘한 물건들은 서랍이나 상자로 칸막이한 장소에 넣습니다. 또한, 프린트 종류는 종류별로 보관합니다. 더욱 중요한 것은 '청소의 날'을 정해 대청소를 하는 것입니다. 한번 깔끔하게 하면 그 정연함을 유지하려는 심리가 작용하여, 금세 더러워지는 일이 없어진다고 합니다. 이 방법으로 방이 전보다 깨끗해진 것은 물론입니다만, 무엇보다도 물건을 어디에 두었는지 알 수 없게 되거나, 발견되지 않아 짜증 나는 일이 적어졌습니다.

어휘 元々(もともと) 원래 | 片付(かたづ)け 치움, 정리 정돈 | 整理整頓(せいりせいとん) 정리 정돈 | 仕方(しかた) 방법 | 紹介(しょうかい) 소개 | 番組(ばんぐみ) 방송 프로그램 | 真似(まね)する 흉내 내다, 따라 하다 | 基本(きほん) 기본 | 文房具(ぶんぼうぐ) 문구, 학용품 | 仕切(しき)る 칸막이하다, 구분하다 | 種類別(しゅるいべつ) 종류별 | 保管(ほかん) 보관 | 整然(せいぜん) 정연 | 維持(いじ) 유지 | 心理(しんり)が働(はたら)く 심리가 작용하다 | いらいらする 안절부절못하다, 짜증 나다 ▶いら(苛)는 '가시'라는 뜻으로, 가시가 신경을 자극하여 거슬린다는 의미에서 파생된 단어이다. [유의어] 苛立(いらだ)たしい

04 정답 (C)
해석 이 사람이 방을 정리하게 된 계기는 무엇입니까?
(A)책상 위가 너무 더러워서
(B)물건 둘 장소가 많이 생겨서
(C)TV에서 정리 정돈 방법을 배워서
(D)가족이 다 함께 청소의 날을 정해서

해설 원래는 정리 정돈이 서툴렀지만, 테레비で整理整頓の仕方を紹介する番組を見て라고 했으므로 정답은 (C)이다.

05 정답 (B)
해석 TV 프로그램에서 소개된 정리 정돈의 기본은 무엇입니까?
(A)칸막이한 장소에 수납하는 것
(B)사용 후 곧바로 원래 장소에 간수하는 것
(C)청소 당번을 정해 두는 것
(D)종류별로 보관하는 것

해설 먼저, 物の置き場所を決め、使った後はすぐに戻すのが基本이라고 했으므로 정답은 (B)이다. 戻す라는 동사를 しまう로 바꾼 전형적인 유사 표현 문제이다. (A)칸막이한 장소에 수납하는 것은 자잘한 문구류이고, (D)종류별로 보관하는 것은 프린트 종류이다. 또한, (C)掃除の日를 정해서 대청소를 하는 것은 さらに大事なこと라고는 했지만, 이것은 청소 당번을 정하는 것과는 무관하다.

어휘 収納(しゅうのう) 수납 | しまう (적당한 장소에) 넣다, 간수하다, 정리하다 | 掃除当番(そうじとうばん) 청소 당번

06 정답 (D)
해석 깔끔하게 정리 정돈하면 어떠한 심리가 작용합니까?
(A)방을 더럽혀서는 안 된다는 강박 관념
(B)방이 너무 깨끗해서 불안한 기분
(C)물건의 위치가 바뀌어 안절부절못하는 기분
(D)말끔히 정돈된 상태를 유지하려는 기분

해설 문제를 미리 읽어 두었다면 본문 중간의 その整然さを維持しようとする心理が働く라는 부분을 듣고 바로 정답 (D)를 찾을 수 있었을 것이다. 維持를 대신하여 保つ가 쓰였다.

어휘 汚(よご)す 더럽히다 | 強迫観念(きょうはくかんねん) 강박 관념 | 落(お)ち着(つ)く (마음이) 진정되다, 침착해지다 | 位置(いち) 위치 | 保(たも)つ 유지하다, 지키다

07 정답 (A)
해석 이 사람에 대해 일치하는 것은 어느 것입니까?
(A)지금까지 물건을 분실하거나 찾는 일이 많았다.
(B)정리 정돈을 잘해서 항상 방이 정리되어 있다.
(C)유익하다고 생각하는 것이라도 실행할 수 없는 성격이다.
(D)방송을 따라 방 청소를 해 봤지만 실패로 끝났다.

해설 전체적인 흐름만으로도 답을 찾을 수 있는 문제이다. 핵심이 되는 부분을 떠올려 보자. (B)화자는 원래 정리 정돈을 잘 못해서 (C)TV를 통해 알게 된 정리 정돈 방법을 실행에 옮겼고, (D)이 방법을 통해 방이 이전보다 깨끗해졌다고 했으므로 (B), (C), (D)는 모두 오답이다. 정답은 (A)로, 본문 마지막의 物をどこに置いたかわからなくなったり、見つからずにいらいらする事が少なくなりました를 통해 알 수 있다.

어휘 紛失(ふんしつ) 분실 | 捜(さが)す (잃은 것을) 찾다 | 有意義(ゆういぎ) 의의가 있음, 유익함, 뜻있음 | 失敗(しっぱい) 실패

08-10

⁸病気や怪我などで献血を必要としている患者さんのため、日本赤十字では16歳から69歳までの健康な方に献血の協力をお願いしています。⁹ただし、65歳以上の献血については、60歳から64歳の間に献血経験がある方に限ります。また、服薬中、妊娠中、授乳中、発熱のある方、そして１年以内に予防接種を受けた方は献血できません。健康な方であれば、献血による身体への影響はほとんどありません。しかし、健康状態のよくない時に献血をすると健康を損なう場合もあります。¹⁰献血をする時は、その日の体調をよく見てから無理をせずに行うようにしましょう。

병이나 부상 등으로 헌혈을 필요로 하는 환자들을 위해 일본적십자에서는 16세에서 69세까지의 건강한 분께 헌혈 협조를 부탁드리고 있습니다. 단, 65세 이상의 헌혈에 대해서는 60세부터 64세 사이에 헌혈 경험이 있는 분에 한합니다. 또한, 약물 복용 중, 임신 중, 수유 중, 발열이 있는 분, 그리고 1년 이내에 예방 접종을 한 분은 헌혈할 수 없습니다. 건강한 분이라면 헌혈에 따른 신체 영향은 거의 없습니다. 하지만 건강 상태가 좋지 않을 때 헌혈하면 건강을 해치는 경우도 있습니다. 헌혈을 할 때는 그날의 컨디션을 잘 살핀 후 무리하지 말고 하도록 합시다.

어휘 献血(けんけつ) 헌혈 | 患者(かんじゃ) 환자 | 日本赤十字(にっぽんせきじゅうじ) 일본적십자 | 協力(きょうりょく) 협력 | 服薬(ふくやく) (약의) 복용, 복약 | 妊娠(にんしん) 임신 | 授乳(じゅにゅう) 수유 | 発熱(はつねつ) 발열 | 予防接種(よぼうせっしゅ)を受(う)ける 예방 접종을 하다 | 健康(けんこう)を損(そこ)なう 건강을 해치다

08 정답 (B)
해석 헌혈할 수 있는 연령은 몇 살부터 몇 살까지입니까?
(A) 15세부터 68세까지
(B) 16세부터 69세까지
(C) 60세부터 64세까지
(D) 16세부터 65세까지
해설 헌혈 대상자로 16歳から69歳までの健康な方를 꼽았으므로 정답은 (B)이다. 65세 이상에 대해 추가적인 조건이 붙어 있지만, 결국 69세까지 가능하다는 이야기이므로 (D)는 정답이 될 수 없다.

09 정답 (A)
해석 헌혈할 수 있는 사람은 어떤 사람입니까?
(A) 65세 이상인 경우, 과거 4년 동안 헌혈 경험이 있는 사람
(B) 약으로 병을 치료하고 있는 사람
(C) 수유 중이고 발열이 없는 사람
(D) 1년 안에 예방 접종을 한 사람
해설 65세 이상의 헌혈 대상자는 60歳から64歳の間に献血経験がある方라는 조건이 붙었고, (A)가 이와 일치하므로 정답이다. (B)의 服薬中, (C)의 授乳中인 사람과 (D)도 헌혈에서 제외되는 대상이므로 정답이 될 수 없다.

10 정답 (B)
해설 본문의 내용과 일치하는 것은 어느 것입니까?
(A) 임신해도 초기가 아니라면 헌혈할 수 있다.
(B) 그날의 컨디션을 생각하지 않고 헌혈하는 것은 건강에 좋지 않다.
(C) 건강한 사람이라면 헌혈에 따른 신체 영향은 전혀 없다.
(D) 헌혈은 항시 헌혈 버스에서 접수한다.
해설 본문 순서대로 대조해 보자. (A) 妊娠中인 사람은 시기에 관계없이 아예 헌혈을 할 수 없으며, (C) 건강한 사람은 헌혈로 영향을 받는 정도가 ほとんどありません이지 まったくない가 아니므로 모두 오답이다. 그리고 (D)는 언급된 적이 없다. 마지막에 その日の体調をよくみてから 헌혈을 해 달라는 말이 있었으므로 정답은 (B)이다.
어휘 初期(しょき) 초기 | 常時(じょうじ) 항시, 항상

시나공 35 | 시나공 기출문제의 재구성   274쪽

01 (D) 02 (A) 03 (C) 04 (A)
05 (B) 06 (A) 07 (A)

🎧 Part4-35시나공

01-04

¹本日は激しい雨の中、東京百貨店にご来館くださいまして、誠にありがとうございます。ご来館のお客様に、お連れ様のお呼び出しを申し上げます。²茶色のカーディガン、水玉のソックス、白いズボンをお召しの、5歳くらいの坊やを、1階お客様カウンターにてお預かりしております。³お心当たりのあるお客様は、近くの従業員までお知らせくださるか、恐れ入りますが、1階の正面玄関横にございますお客様カウンターまでお越しください。繰り返しご案内いたします。ご来館のお客様に、お連れ様のお呼び出しを申し上げます。

오늘은 폭우 속에서도 도쿄백화점을 방문해 주셔서 진심으로 감사드립니다. 방문하신 고객님의 일행을 찾습니다. 갈색 카디건, 물방울 양말, 흰 바지를 입은 5살 정도의 남자아이를 1층 고객 카운터에서 보호하고 있습니다. 짐작 가시는 고객님께서는 가까운 종업원에게 알려 주시거나, 죄송스럽지만 1층 정면 현관 옆에 있는 고객 카운터까지 와 주십시오. 다시 한번 안내 말씀드립니다. 방문하신 고객님의 일행을 찾습니다.

어휘 百貨店(ひゃっかてん) 백화점 [동의어] デパート | 来館(らいかん) (주로 도서관, 박물관, 미술관, 백화점 등에) 내관함 | 連(つ)れ 일행, 동행 | 呼(よ)び出(だ)し 호출, 불러냄 | 茶色(ちゃいろ) 갈색 | カーディガン 카디건 | 水玉(みずたま) 물방울 (무늬) | ソックス (짧은) 양말 [유의어] 靴下(くつした) 양말 | 召(め)す 食べる・飲む・着る・はく・乗る의 높임말) 드시다, 입으시다, 신으시다, 타시다 | 坊(ぼう)や 남자아이 | 預(あず)かる (남의 것을) 맡다 | 心当(こころあ)たり 짐작 가는 데, 짚이는 데 | 従業員(じゅうぎょういん) 종업원 | 恐(おそ)れ入(い)る 죄송하다, 황송하다 | 正面玄関(しょうめんげんかん) 정면 현관 | 繰(く)り返(かえ)す 반복하다

01 정답 (D)
해석 어디에서의 방송입니까?
(A) 버스 터미널   (B) 영화관
(C) 공항   (D) 백화점
해설 百貨店과 デパート는 같은 뜻이므로 정답은 (D)이다.

02 정답 (A)
해석 보호하고 있는 아이의 특징은 무엇입니까?
(A)물방울 양말, 흰 바지를 입은 남자아이
(B)갈색 스웨터를 입은 5살 정도의 여자아이
(C)하늘색 양말을 신은 5살 정도의 남자아이
(D)물방울 양말, 흰 치마를 입은 여자아이
해설 茶色のカーディガン、水玉のソックス、白いズボン 복장의 5歳くらいの坊や라고 했다. 여기서 ソックス는 靴下, 坊や는 男の子이므로 정답은 (A)이다.
어휘 特徴(とくちょう) 특징

03 정답 (C)
해석 '고객 카운터'는 어디에 있습니까?
(A)1층 로비 옆
(B)2층 엘리베이터 홀 옆
(C)1층 입구 옆
(D)2층 휴게실 옆
해설 1階正面玄関横にございますお客様カウンター 라고 했다. 正面玄関은 정면 현관 즉, 정면의 출입구를 뜻하는 말이므로 (C)가 정답이다.
어휘 休憩室(きゅうけいしつ) 휴게실

04 정답 (A)
해석 누구에게 하는 방송입니까?
(A)미아가 된 아이의 인솔자
(B)미아를 찾고 있는 관내 종업원
(C)자신의 아이를 데리러 내관한 손님
(D)보호자를 찾고 있는 미아 아동
해설 전체를 듣고 판단해야 하는 문제로, 보호하고 있는 아이의 특징에 대해 설명하면서 お連れ様를 찾고 있다. 따라서 정답은 (A)이다.
어휘 迷子(まいご) 미아 | 引率者(いんそつしゃ) 인솔자 | 館内(かんない) 관내 | 引(ひ)き取(と)る 인수하다, 돌보다 | 保護者(ほごしゃ) 보호자

05-07

ご乗車のお客様にご案内申し上げます。⁵この列車は8時24分発の東北(とうほく)新幹線・はやて73号八戸(はちのへ)行き、並びに秋田(あきた)新幹線・こまち45号秋田行きです。⁶最後尾1号車から10号車までが八戸行き、11号車から先頭の16号車までが秋田行きとなっており、途中盛岡(もりおか)駅にて車両の切り離しを行います。⁷車両編成上、10号車と11号車の間は行き来することができませんので、ご注意ください。お座席は、1号車、2号車及び16号車が自由席、それ以外の車両が指定席ですが、9号車と11号車はグリーン車となっております。また、全車両、禁煙で運行しておりますので、おタバコの方は座席、デッキを問わずご遠慮ください。

승객 여러분께 안내 말씀드립니다. 이 열차는 8시 24분발 도호쿠 신칸센 하야테 73호 하치노헤 행 및 아키타 신칸센 고마치 45호 아키타 행입니다. 맨 끝 1호 차부터 10호 차까지가 하치노헤 행, 11호 차에서 선두 16호 차까지가 아키타 행이며, 도중에 모리오카 역에서 차량 분리를 합니다. 차량 편성상, 10호 차와 11호 차 사이는 왕래할 수 없으므로 주의 바랍니다. 좌석은 1호 차, 2호 차 및 16호 차가 자유석, 그 외의 차량은 지정석입니다만, 9호 차와 11호 차는 특실 칸입니다. 또한, 전 차량 금연으로 운행하고 있으므로, 담배는 좌석, 객차 사이를 불문하고 삼가 주십시오.

어휘 乗車(じょうしゃ) 승차 | 新幹線(しんかんせん) (일본의 고속 열차) 신칸센 | ~行(ゆ)き ~행 | 並(なら)びに 및 [동의어] 及(およ)び | 最後尾(さいこうび) 맨 끝 ▶さいごび로 읽지 않도록 하자. | 先頭(せんとう) 선두 [동음이의어] 銭湯 공중 목욕탕 | 切(き)り離(はな)し 분리함, 떼어 놓음 | 編成(へんせい) 편성 | 行(ゆ)き来(き) 왕래, 오감 | 自由席(じゆうせき) 자유석 | 指定席(していせき) 지정석 | グリーン車(しゃ) 그린차, 특실 칸 | 禁煙(きんえん) 금연 [반의어] 喫煙(きつえん) 흡연 | 運行(うんこう) 운행 | デッキ 차량 사이의 승강구 발판 | ~を問(と)わず ~을 불문하고 | 遠慮(えんりょ) 조심함, 삼감, 사양함

05 정답 (B)
해석 이 열차의 최종 목적지는 어디입니까?
(A)도쿄와 아키타
(B)하치노헤와 아키타
(C)하치노헤와 모리오카
(D)아키타와 모리오카
해설 두 번째 문장의 この列車는 라는 부분에서 八戸行き 및 秋田行き라고 했으므로 정답은 (B)가 된다. 東京란 말은 안내 방송 어디에서도 등장하지 않았으며, 盛岡는 최종 목적지가 아니라 경유지이다.
어휘 最終目的地(さいしゅうもくてきち) 최종 목적지

06 정답 (A)
해석 이 열차의 운행 방법으로 올바른 것은 어느 것입니까?
(A)도중 역에서 분리되어 각각 다른 목적지로 향한다.
(B)아키타 신칸센 뒤에 도호쿠 신칸센이 출발한다.
(C)도호쿠 신칸센 뒤에 아키타 신칸센이 출발한다.
(D)도중 역에서 진행 방향이 반대가 된다.
해설 일본에는 같은 방향으로 향하다가 도중에 분리되어 다른 목적지로 가는 신칸센이나 전철이 많이 있다. 이 신칸센의 경우도, 1호 차부터 10호 차까지가 하치노헤로 가는 도호쿠 신칸센, 11호부터 16호까지가 아키타로 가는 아키타 신칸센이며, 도중에 모리오카 역에서 차량을 분리한다는 안내 방송이 있었다. 따라서 본문 내용과 일치하는 것은 (A)이다.
어휘 分離(ぶんり) 분리 | 逆向(ぎゃくむ)き 역방향

07 정답 (A)
해석 이 열차에 대해 일치하는 것은 어느 것입니까?
(A)10호 차와 11호 차에서는 상호간 이동은 할 수 없다.
(B)모두 자유석이므로 승차권 이외에는 필요 없다.
(C)열차는 자유석과 특실칸 2종류로 구성되어 있다.
(D)차량 안은 금연이지만 객차 사이에서 흡연은 가능하다.

해설 　차량 편성상 **10号車と11号車の間は行き来することができません**이라고 했으므로 (A)가 이 내용과 일치한다. 열차는 **自由席**을 비롯해서 **指定席**와 그린車가 있다고 했으므로 (B)와 (C)는 정답이 될 수 없고, 금연에 대해서는 **デッキを問わず**라고 했으므로 (D) 또한 오답이다.

어휘 　相互間(そうごかん) 상호간 | 構成(こうせい) 구성

시나공법 36 | 시나공 기출문제의 재구성　　278쪽

01 (B)　02 (C)　03 (A)
04 (A)　05 (C)　06 (A)

🎧 Part4-36시나공

01-03

忘年会のシーズン、カラオケがストレスの方、音痴を治してみませんか。従来の一般的なボイストレーニングやリズム感覚を学ぶシステムとは異なり、楽譜が読めなくても確実に音痴が治せます。[1]このスクールには指導期間が2日、4日、6日型の短期集中クラスと定額制の期間無制限クラスがあります。[2]短期集中クラスは少人数制のグループレッスンです。また定額制クラスは音痴が治るまで専属トレーナーが責任を持ち、マンツーマンで指導します。指導期間が長引いても追加費用は一切かかりません。[3]両クラスともに年齢、職業、音痴度に合わせて指導プログラムをトレーナーが作成し、指導します。ぜひお気軽にお問い合わせください。

송년회 시즌에 노래방이 스트레스이신 분, 음치를 고쳐 보지 않으시겠습니까? 기존의 일반적인 보이스 트레이닝이나 리듬 감각을 배우는 시스템과는 달리, 악보를 읽지 못해도 확실하게 음치를 교정할 수 있습니다. 이 스쿨에는 지도 기간이 2일, 4일, 6일형 단기 집중 클래스와 정액제 기간 무제한 클래스가 있습니다. 단기 집중 클래스는 소수 인원제 그룹 레슨을 합니다. 또한, 정액제 클래스는 음치가 교정될 때까지 전속 트레이너가 책임을 지고 맨투맨으로 지도합니다. 지도 기간이 길어져도 추가 비용은 일체 들지 않습니다. 두 클래스 모두 연령, 직업, 음치 정도에 맞춰 지도 프로그램을 트레이너가 작성하고 지도합니다. 언제든 부담 없이 문의해 주십시오.

어휘 　忘年会(ぼうねんかい) 송년회 | 音痴(おんち) 음치 ▶方向音痴(ほうこうおんち) 방향치 | 従来(じゅうらい) 종래, 기존, 지금까지 | 楽譜(がくふ) 악보 | 確実(かくじつ) 확실 | 定額制(ていがくせい) 정액제 | 無制限(むせいげん) 무제한 | 少人数(しょうにんずう) 적은 인원, 소수 인원 | 専属(せんぞく)トレーナー 전속 트레이너 | 責任(せきにん)を持(も)つ 책임을 지다 | マンツーマン 맨투맨 | 長引(ながび)く 장기화되다, 길어지다 | 一切(いっさい) 일체, 전혀 ▶一斉(いっせい) 일제히 | 年齢(ねんれい) 연령 | 職業(しょくぎょう) 직업 | 問(と)い合(あ)わせる 문의하다

01 정답 (B)

해석 　단기 집중 클래스 지도 기간은 어떤 타입이 있습니까?
(A) 1일, 3일, 5일　(B) 2일, 4일, 6일
(C) 2일, 5일, 7일　(D) 3일, 6일, 8일

해설 　단기 집중 클래스는 지도 기간이 2日、4日、6日型가 있다고 했으므로 정답은 (B)이다. 숫자 읽기가 완벽하지 않으면 틀리기 쉬운 문제이다. 특히, 4日(よっか)와 8日(ようか)는 들었을 때 헷갈리기 쉬운 수사이므로 정확히 구분하자.

02 정답 (C)

해석 　이 스쿨의 클래스에 대해 올바른 것은 어느 것입니까?
(A) 단기 집중 클래스는 예약해야 한다.
(B) 단기 집중 클래스는 추가 비용이 들지 않는다.
(C) 정액제 클래스는 일대일로 지도를 받을 수 있다.
(D) 정액제 클래스는 음치가 교정되지 않으면 환불 받을 수 있다.

해설 　(A)와 (D)는 언급된 적이 없고, (B)추가 비용이 들지 않는 것은 정액제 클래스이다. 정액제 클래스는 **マンツーマン**이라고 했는데, 이는 **一対一**와 같은 뜻이므로 정답은 (C)이다.

어휘 　一対一(いちたいいち) 일대일 | 返金(へんきん) 환불

03 정답 (C)

해석 　보이스 트레이너가 지도 프로그램에서 고려하지 않는 점은 무엇입니까?
(A) 연령　　　　　　(B) 직업
(C) 성별　　　　　　(D) 음치도

해설 　단기 집중 클래스, 정액제 클래스 할 것 없이 모두 연령, 직업, 음치 정도에 맞게 지도 프로그램을 짠다고 했으므로 정답은 (C)이다. 쉬운 문제이지만 순식간에 지나가기 때문에 미리 문제를 읽고 집중해서 풀어야 한다.

어휘 　考慮(こうりょ) 고려 | 性別(せいべつ) 성별

04-06

本日は今話題のロボット掃除機のご紹介です。[4]面倒な床掃除をもっとお手軽に!ボタン一つでお部屋の隅々まできれいにしてくれる便利なアイテムです。複数のセンサーが搭載され、髪の毛や小さなホコリも見逃しません。特にペットを飼っているご家庭では、ペットの抜け毛も気になりますよね。[5]家事や子育てに忙しい主婦の方、また、膝や腰が痛くて床掃除が大変だという高齢者の方にもぜひお使いいただきたい商品です。[6]さて、気になるお値段ですが、本日は新春初売り特別価格、1台5万5千円でご奉仕いたします。さらに2台お買い上げのお客様は1万円引きでお求めいただけます。ぜひ、このチャンスをお見逃しなく!

오늘은 요즘 화제의 로봇청소기를 소개하겠습니다. 귀찮은 바닥 청소를 더욱 손쉽게! 버튼 하나로 방 구석구석까지 깨끗하게 만들어 주는 편리한 아이템입니다. 복수의 센서가 탑재되어 머리카락이나 작은 먼지도 놓치지 않습니다. 특히, 반려동물을 키우고 있는 가정에서는 동물 털도 신경 쓰이죠. 집안일이나 육아로 바쁜 주부님, 또는 무릎이나 허리가 아파 바닥 청소가 고되다는 어르신들께서도 꼭 사용해 주셨으면 하는 상품입니다. 그럼, 중요한 가격입니다만, 오늘은 새봄맞이 특별 가격, 1대 5만 5천 엔에 모시겠습니다. 더욱이 2대를 구매하시는 고객님께서는 1만 엔 할인된 가격으로 구입하실 수 있습니다. 부디 이 기회를 놓치지 마세요!

어휘 話題(わだい) 화제 | 紹介(しょうかい) 소개 | 面倒(めんどう) 번거로움, 귀찮음 | 床(ゆか) 바닥 | 手軽(てがる) 손쉬움 | 隅々(すみずみ) 구석구석 | 複数(ふくすう) 복수 | 搭載(とうさい) 탑재 | 髪(かみ)の毛(け) 머리카락 | ホコリ 먼지 | 見逃(みのが)す 놓치다, 못 보다 | 飼(か)う (동물 등을) 키우다 | 抜(ぬ)け毛(げ) 빠진 털 | 家事(かじ) 집안일, 가사
동음이의어 火事 화재 | 子育(こそだ)て 육아 | 膝(ひざ) 무릎 ▶肘(ひじ) 팔꿈치 | 腰(こし) 허리 | 高齢者(こうれいしゃ) 고령자, 노인층 | 新春(しんしゅん) 새봄 | 初売(はつう)り (해가 바뀐 뒤의) 첫 마수걸이, 첫 판매 | 奉仕(ほうし) 봉사, 서비스, 특별히 싸게 팖

04 정답 (A)
해석 어떤 청소기가 소개되고 있습니까?
(A)간단한 조작으로 바닥 청소가 가능한 청소기
(B)동물 털을 청소하기 위한 청소기
(C)고령자의 건강 관리를 해 주는 청소기
(D)방구석까지 물걸레질 할 수 있는 청소기
해설 광고문은 대개 처음 부분에 광고 대상의 특징이 나열된다. 소개된 청소기는 ①로봇 청소기이고, ②床掃除를 ③ボタン一つ로 해 주며, ④複数のセンサー가 있어서 ⑤髪の毛, ホコリ, ペットの抜け毛도 깨끗이 청소해 주는 제품이라고 정리할 수 있다. 정답은 ②와 ③에 대해 언급한 (A)이다.
어휘 操作(そうさ) 조작 | 健康管理(けんこうかんり) 건강 관리 | 水拭(みずぶ)き 물걸레질

05 정답 (C)
해석 이 청소기는 어떤 사람에게 추천입니까?
(A)혼자 사는 남성
(B)청소를 싫어하는 주부
(C)가정주부나 고령자
(D)반려동물을 키우지 않는 사람
해설 집안일이나 육아로 바쁜 主婦, 그리고 무릎이나 허리가 아파 바닥 청소가 힘든 高齢者가 특히 사용해 주셨으면 한다고 했다. 따라서 정답은 (C)이다.
어휘 一人(ひとり)暮(ぐ)らし 독신 생활, 자취, 혼자 삶

06 정답 (A)
해석 이 상품은 어째서 싸게 구입 가능합니까?
(A)신년 캠페인이라서
(B)연말 대청소 시기라서
(C)경로의 날 캠페인이라서
(D)어머니의 날 선물 기획이라서
해설 어휘력을 묻는 문제로, 新春이나 初売り를 모르면 바로 정답을 고르기 어렵다. 일본에는 첫 판매를 무척 길한 것으로 여기는 문화가 있어서, 새해부터 새 학기가 시작되는 시즌에 걸쳐 할인 행사를 많이 한다. 이러한 문화가 반영된 단어가 初売り인데, 여기서는 이 단어뿐 아니라 新春도 힌트가 되며, (B), (C), (D)는 지문 속에 등장한 掃除, 高齢者, 主婦를 이용한 함정일 뿐이다. 따라서 정답은 (A)이다.
어휘 新年(しんねん) 신년 | 敬老(けいろう) 경로 | 企画(きかく) 기획

시나공법 **37** 시나공 기출문제의 재구성 282쪽

01 (C) 02 (C) 03 (C) 04 (A)
05 (C) 06 (A) 07 (C)

🎧 Part4-37시나공

01-04

¹20日午前10時ごろ、上越市(じょうえつし)の北陸道下り線のトンネル内で、大型トラックが渋滞で止まっていた前のトラックに追突し、計5台が絡む玉突き事故となり、4人が怪我をしました。²この事故の影響で糸魚川(いといがわ)~上越インター間の下り線が4時間にわたって通行止となりました。³県警高速隊によりますと、追突されたトラックを運転していた男性が左足を打って入院したほか、さらに前に停車していたワゴン車に乗っていた3人も軽い怪我を負ったということです。⁴警察では、大型トラックを運転していた男性が、前をよく見ていなかったのが原因と見ており、自動車運転過失致傷容疑で調べています。

20일 오전 10시쯤, 조에쓰 시 호쿠리쿠 고속도로 하행선 터널 안에서, 대형 트럭이 정체로 멈춰 있던 앞 트럭과 추돌, 총 5대가 얽히는 연쇄 추돌 사고로 이어져 4명이 다쳤습니다. 이 사고의 영향으로 이토이가와~조에쓰 인터체인지 사이의 하행선이 4시간에 걸쳐 통행이 금지되었습니다. 현(県) 고속도로 교통경찰대에 따르면, 추돌을 당한 트럭을 운전했던 남자가 왼쪽 다리를 부딪쳐 입원한 것 외에, 그 앞에 정차된 승합차에 타고 있던 3명도 가벼운 부상을 입었다고 합니다. 경찰에서는 대형 트럭을 운전한 남성이 앞을 잘 보지 않았던 것을 원인으로 보고, 자동차 운전 과실 치상 혐의로 조사하고 있습니다.

어휘 下(くだ)り線(せん) 하행선 반의어 上(のぼ)り線(せん) 상행선 | 大型(おおがた)トラック 대형 트럭 | 渋滞(じゅうたい) 정체 | 追突(ついとつ) 추돌, 뒤에서 들이받음 | 絡(から)む 얽히다, 밀접한 관계를 가지다, 시비를 걸다 | 玉突(たまつ)き事故(じこ) 연쇄 추돌 사고 ▶玉突き追突 (자동차의) 연쇄 추돌 | ~にわたる (어떤 범위에) ~에 걸치다 | 通行止(つうこうど)め 통행금지 | 県警(けんけい) 현 경찰 | 高速隊(こうそくたい) 고속도로 교통경찰대 | 停車(ていしゃ) 정차 ▶駐車(ちゅうしゃ) 주차 | ワゴン車(しゃ) 왜건차, 뒤쪽에 짐을 싣는 공간이 있는 승용차나 승합차 | 過失致傷(かしつちしょう) 과실 치상 ▶過失致死(かしつちし) 과실 치사 | 容疑(ようぎ) 용의, 혐의

01 정답 (C)
해석 이 사고는 언제 일어났습니까?
(A)2일 오전 9시
(B)2일 오후 10시
(C)20일 오전 10시
(D)20일 오후 9시
해설 시간이나 날짜 등과 같이 숫자와 관련된 문제는 꼼꼼히 들어야 한다. 본문 첫머리에 20日午前10時ごろ라고 바로 정답을 말했지만, 20日(はつか)와 2日(ふつか)가 발음이 비슷하게 들리므로 주의해야 하는 문제이다. 또한, 午前(ごぜん)과 午後(ごご)도 혼동하기 쉬워서 정답을 듣고도 실수하는 경우가 있으니 주의하자. 정답은 (C)이다.

02 **정답 (C)**
해석 이 사고에 의한 영향은 어떤 것이었습니까?
(A)상하행선 모두 통행금지 되었다.
(B)하행선이 전면 통행금지 되었다.
(C)하행선 일부 구간이 통행금지 되었다.
(D)하행선 터널 안이 통행금지 되었다.
해설 JPT 청해는 미리 문제와 보기를 읽어 두어야 쉽게 풀 수 있다. 이 문제의 경우도 보기가 모두 通行止めとなった로 끝나므로 어디가 통행금지 구간인지만 파악하면 된다. 본문에서는 糸魚川~上越インター間の下り線이라고 했으므로 정답은 (C)이다.
어휘 上下線(じょうげせん) 상하행선 | 全面(ぜんめん) 전면 | 区間(くかん) 구간

03 **정답 (C)**
해석 이 사고의 내용과 일치하는 것은 어느 것입니까?
(A)이 연쇄 추돌 사고에 말린 것은 모두 4대였다.
(B)대형 트럭을 운전한 남자는 사망했다.
(C)승합차에 타고 있던 3명은 경상을 입었다.
(D)트럭 운전사가 왼쪽 다리를 부상당해 의식 불명이 되었다.
해설 (A)計5台が絡む玉突き事故となり라고 설명한 부분이 있었고, (B)사고를 낸 대형 트럭 운전사는 경찰 조사를 받고 있는 중이고, 본문 중간에 모두 4人が怪我라고 했으므로 피의자는 사망은커녕 부상조차 입지 않았다. 또한, (D)사고를 당한 트럭 운전사는 왼쪽 다리를 다치기는 했지만, 의식 불명인지 알 수 없다. ワゴン車に乗っていた3人も軽い怪我라고 했으므로 정답은 (C)이다.
어휘 巻(ま)き込(こ)む 말려들게 하다, 끌어들이다 | 死亡(しぼう) 사망 | 軽傷(けいしょう) 경상 | 負傷(ふしょう) 부상 | 意識不明(いしきふめい) 의식 불명

04 **정답 (A)**
해석 이 사고의 원인은 무엇이라고 합니까?
(A)대형 트럭 운전사가 전방을 잘 보지 않았던 것
(B)터널 안의 짙은 안개 때문에 앞이 잘 보이지 않았던 것
(C)터널 안이 정체되어 운전사가 졸음운전을 했던 것
(D)인터체인지 부근에서 통행금지가 있었던 것
해설 본문에 언급된 어휘나 표현을 보기에도 사용해서 정확한 듣기 능력을 가늠하는 문제이다. 특히 (B)는 사고의 원인이었던 前をよく見ていなかった라는 부분을 교묘히 前がよく見えなかった라는 보기로 고쳐 제시해 놓았기 때문에, 濃い霧를 이해하지 못했다면 실수할 수 있는 함정이므로 주의하자. 경찰에서 밝힌 유력한 사고의 원인은 대형 트럭을 운전한 남자가 앞을 잘 보지 않았던 것이므로 정답은 (A)이다.
어휘 前方(ぜんぽう) 전방 | 濃(こ)い霧(きり) 짙은 안개 | 居眠(いねむ)り運転(うんてん) 졸음운전 | 付近(ふきん) 부근

05-07

[5]コンビニ「エブリデイ24」は、宮城県産の米「ひとめぼれ」を使用した「特製肉巻きおにぎり」を、[6]3月1日から神奈川県内の全159店舗で販売すると発表しました。この商品は、3月24日までの期間限定販売となっています。今回、「エブリデイ24」では、実験的に神奈川県で発売し、売れ行きを見て全国展開を図るものと見られています。[7]商品の特徴は、お隣山形県の米沢牛を醤油ベースの甘辛いタレにつけこんで焼き上げ、おにぎりに巻いたところにあります。また、おにぎりに使われるご飯も「ひとめぼれ」を和風ダシで炊き上げたものになっており、あっさりとした風味が牛肉によく合う仕上がりになっています。

편의점 '에브리데이24'는 미야기현산 쌀 '히토메보레'를 사용한 '특제 고기말이 주먹밥'을 3월 1일부터 가나가와 현내 총 159개 점포에서 판매한다고 발표했습니다. 이 상품은 3월 24일까지 기간 한정으로 판매됩니다. 이번에 '에브리데이24'에서는 실험적으로 가나가와 현에서 발매하여, 판매 상황을 보고 전국 전개를 도모할 것으로 보입니다. 상품의 특징은, 이웃 야마가타 현의 요네자와 소고기를 달고 짭짤한 간장 소스에 재운 후 구워 내어 주먹밥에 감싼 데에 있습니다. 또한, 주먹밥에 사용되는 밥도 '히토메보레'를 일본풍 맛국물로 지은 것이어서, 깔끔한 풍미가 쇠고기와 잘 어울리게 완성되었습니다.

어휘 特製(とくせい) 특제 | 肉巻(にくま)き 고기를 만 음식 | おにぎり 주먹밥 | 店舗(てんぽ) 점포 | 期間限定(きかんげんてい) 기간 한정 | 実験的(じっけんてき)に 실험적으로 | 発売(はつばい) 발매, 출시 | 売(う)れ行(ゆ)き 팔리는 모양, 상황 | 全国展開(ぜんこくてんかい) 전국 전개 | 図(はか)る 도모하다 | 隣(となり) 이웃, 옆 | 米沢牛(よねざわぎゅう) 요네자와 소고기 ▶米沢는 일본 야마가타 현에 있는 시의 명칭으로, 일본에서도 유명한 와규 중 하나인 米沢牛로 유명하다. | 醤油(しょうゆ) 간장 | ベース 베이스, 기본 | 甘辛(あまから)い 달고 짭짤하다 | タレ 소스 | つけこむ 담그다, 절이다 | 焼(や)き上(あ)げる 잘 굽다, 구워 내다 | 和風(わふう) 일본풍 | ダシ (가다랑어 포나 다시마, 멸치 등으로 우려낸) 국물, 다시 | 炊(た)き上(あ)げる (밥을) 짓다 | あっさりとした 산뜻한, 담박한, 개운한 | 風味(ふうみ) 풍미 | 仕上(しあ)がり 완성, 마무리

05 **정답 (C)**
해석 이번에 판매되는 상품명은 무엇입니까?
(A)에브리데이24
(B)히토메보레
(C)특제 고기말이 주먹밥
(D)요네자와 소고기
해설 (A)에브리데이24는 이번 상품을 출시하는 편의점 기업의 이름이고, (B)히토메보레와 (D)요네자와 소고기는 상품 재료인 쌀과 소고기의 이름이다. 따라서 정답은 (C)이다.

06 **정답 (A)**
해석 이 상품은 처음에 어디서 어떻게 판매됩니까?
(A)가나가와 현 내에서 기간 한정으로 판매된다.
(B)미야기 현 내에서 기간 한정으로 판매된다.
(C)미야기 현과 야마가타 현에서 동시에 판매된다.
(D)전국에서 일제히 한정 판매된다.

해설 다양한 지명이 나와서 헷갈리는 문제이지만, 본문 앞부분에서 神奈川県内の全159店舗で販売する라고 했고, 3月24日までの期間限定販売라고 설명했으므로 정답은 (A)가 된다. 宮城県과 山形県은 각각 재료가 되는 쌀과 소고기 산지에 해당하고, 전국 판매는 売れ行きを見て라고 했으므로 (B), (C), (D)는 모두 오답이다.
어휘 一斉(いっせい)に 일제히

07 정답 (C)
해석 이 상품의 특징으로 올바른 것은 어느 것입니까?
(A)고기는 소금 간을 기본으로 한다.
(B)갓 구운 돼지고기를 주먹밥에 감싸 먹는다.
(C)밥은 일본풍 맛국물로 지은 것을 사용한다.
(D)채소가 듬뿍 들어 깔끔한 맛이 난다.
해설 주먹밥의 고기는 (A)소금이 아니라 醬油ベースの甘辛いタレ가 사용되고, (B)豚肉가 아니라 米沢牛 즉, 소고기를 쓰며, (D)채소의 사용 여부는 언급되지 않았다. 밥은 和風ダシ로 지었다고 했으므로 정답은 (C)이다.
어휘 塩味(しおあじ) 소금 맛, 짠맛 | ~たて (동사 ます형에 붙어) 갓 ~함 | たっぷり 듬뿍, 많음

둘째마당 | 미리 보는 실전 예상문제   284쪽

| 01 (B) | 02 (C) | 03 (C) | 04 (C) | 05 (B) |
| 06 (A) | 07 (D) | 08 (B) | 09 (A) | 10 (C) |

🎧 Part4-37예상문제

01-04

¹アメリカ、ニューヨーク市の警察本部は、今年も「サンタクロース強盗」に十分な警戒を行う方針です。²「サンタクロース強盗」とは、サンタクロースの格好をした男が市内のコンビニなどに入り、お金を奪って逃げるもので、被害が相次いでいます。³「サンタクロース強盗」は、客の入りが良くない店に入り、「メリークリスマス」と手を挙げて、まず店員に挨拶をします。そして、店員がこれに答えようとする瞬間、拳銃で店員を脅し、現金を要求するのです。⁴これによる死者や怪我人の被害は今まで出ていませんが、市民の間からは「せっかくのクリスマスに許せません。早く捕まって欲しいです。」といった声が高まっています。

미국 뉴욕시 경찰본부는 올해도 '산타클로스 강도'를 충분히 경계할 방침입니다. '산타클로스 강도'란 산타클로스 복장을 한 남자가 시내의 편의점 등에 들어가 돈을 빼앗아 달아나는 것으로, 피해가 잇따르고 있습니다. '산타클로스 강도'는 손님이 적은 가게에 들어가 '메리 크리스마스'라며 손을 들어 우선 점원에게 인사를 합니다. 그리고 점원이 이에 답하려고 하는 순간, 권총으로 점원을 위협하여 현금을 요구하는 것입니다. 이로 인한 사망자나 부상자 피해는 지금까지 없었습니다만, 시민 사이에서는 "모처럼의 크리스마스에 용서할 수 없습니다. 어서 체포되었으면 하네요."라는 목소리가 높아지고 있습니다.

어휘 強盗(ごうとう) 강도 | 警戒(けいかい) 경계 | 格好(かっこう)をする 모습을 하다, 차림을 하다 | 奪(うば)う 빼앗다 | 逃(に)げる 도망치다 | 相次(あいつ)ぐ 잇따르다 | 挨拶(あ

いさつ) 인사 | 瞬間(しゅんかん) 순간 | 拳銃(けんじゅう) 권총 | 脅(おど)す 위협하다, 협박하다 | 死者(ししゃ) 사망자 | 怪我人(けがにん) 부상자 | 捕(つか)まる (범인 등이) 붙잡히다, 체포되다 ▶捕(と)らえる 붙잡다 | 高(たか)まる 높아지다, 고양되다

참고 脅す는 おどす로, 脅かす는 おびやかす 또는 おどかす로 읽는다. 送り仮名에 주의하자. 그리고 おびやかす와 おどかす는 문맥에 따라 다르게 읽어야 하므로 두 단어의 차이점도 알아 두자.

おびやかす	(안정된 상태를) 위협하다 世界平和を<u>おびやかす</u>。
おどかす	1. (말이나 동작으로) 위협하다 試験が難しいと<u>おどかす</u>。 2. 놀라게 하다 後ろから「わっ」と言って<u>おどかす</u>。

01 정답 (B)
해석 어느 도시의 이야기입니까?
(A)샌프란시스코   (B)뉴욕
(C)상파울로   (D)뉴잉글랜드
해설 쉬운 문제지만 본문 시작 부분에서만 딱 한 번 말해 주며, 게다가 보기가 전부 가타카나라서 한눈에 답을 찾기가 힘들 수도 있다. 실전에서 당황하지 않도록 평소부터 가타카나에도 익숙해지도록 노력하자. アメリカ、ニューヨーク라고 했으므로 정답은 (B)이다.

02 정답 (C)
해석 경찰이 경계하고 있는 것은 무엇입니까?
(A)산타클로스가 강도 피해를 당하는 것
(B)산타클로스 의상을 입은 살인범이 거리에 나타나는 것
(C)산타클로스 복장을 한 강도가 나타나는 것
(D)산타클로스 복장을 한 빈집털이가 출몰하는 것
해설 '산타클로스 강도'는 サンタクロースの格好をした男로, お金を奪って逃げるもの라고 했으므로 정답은 (C)이다.
어휘 遭(あ)う (나쁜 일을) 만나다, 겪다, 당하다 | 殺人犯(さつじんはん) 살인범 | 出没(しゅつぼつ) 출몰
참고 범죄 관련 단어도 정리해 보자.
- 泥棒(どろぼう) 도둑
- 空(あ)き巣(す), 空(あ)き巣(す)狙(ねら)い 빈집털이
- 車上(しゃじょう)荒(あ)らし (주차된) 자동차 털이
- すり 소매치기
- ひったくり 날치기
- 万引(まんび)き (손님을 가장한) 절도
- 食(く)い逃(に)げ (음식점 등에서) 음식값을 내지 않고 도망감, 또는 그런 사람
- オレオレ詐欺(さぎ) (보이스 피싱의 일종) 나야 나 사기
- 迷惑(めいわく)メール 스팸문자

03 정답 (C)
해석 범인의 수법은 어떤 것입니까?
(A)'메리 크리스마스'라고 하면서 야구 방망이로 때린다.
(B)'메리 크리스마스'라고 하면서 올린 손으로 때린다.
(C)'메리 크리스마스'라고 말한 후 권총으로 위협한다.
(D)돈을 빼앗은 후 '메리 크리스마스'라고 하면서 달아난다.

해설 '산타클로스 강도'는 '메리 크리스마스'라면서 ①먼저 점원에게 인사하고, ②그리고 권총으로 점원을 위협하여 현금을 요구한다고 했다. まず와 そして 부분을 잘 들었다면 오답을 피할 수 있는 문제이다. 따라서 정답은 (C)이다.

어휘 犯人(はんにん) 범인 | 手口(てぐち) 수법 | 殴(なぐ)る 때리다, 치다

04 정답 (C)

해설 본문의 내용과 일치하는 것은 어느 것입니까?
(A)범인은 편의점을 즐겨 노린다.
(B)이 사건은 3년 연속으로 발생하고 있다.
(C)아직 살인이나 상해 사건으로까지 발전하지 않았다.
(D)무능한 경찰에 대한 분노의 목소리도 일고 있다.

해설 (A)범행 대상은 客の入りが良くない店로 편의점은 단순한 예로 든 것이고, (B)被害が相次いでいます라고는 했지만 몇 년 연속 발생했는지는 알 수 없으며, (D)분노의 목소리는 산타클로스 강도에 대한 것이지 경찰에 대한 것이 아니다. 정답은 (C)이다.

어휘 狙(ねら)う 노리다 | 傷害(しょうがい) 상해 | 無能(むのう) 무능 [반의어] 有能(ゆうのう) 유능 | 怒(いか)り 분노, 노여움

05–07

毎度ご利用いただき、ありがとうございます。⁵ただいま、全館冬物大バーゲンを開催中でございます。⁶子供服、婦人服、カジュアル、紳士服、マタニティーなど、20%から最高60%引きの商品を各種ご用意いたしております。ただし、化粧品、たばこ、お酒は対象外とさせていただきます。⁷なお、6階特設催場におきましては、本日午後3時から2時間限定で、セール価格よりも、さらに10%引きになる特別タイムサービスも実施いたします。どうぞこのチャンスをお見逃しなさいませんよう、皆様お誘い合わせの上、ご来場くださいませ。

항상 이용해 주셔서 감사합니다. 현재 전관 겨울 상품 대바겐 세일을 개최 중입니다. 아동복, 부인복, 캐주얼, 신사복, 임부복 등 20%에서 최고 60% 할인 상품을 품목 별로 준비하였습니다. 단, 화장품과 담배, 술은 제외 품목입니다. 또한, 6층 특설 행사장에서는 오늘 오후 3시부터 2시간 한정으로 세일 가격보다도 10% 더 할인되는 특별 타임 서비스도 실시합니다. 아무쪼록 이 기회를 놓치시지 않도록 동행들과 함께 방문해 주십시오.

어휘 全館(ぜんかん) 전관 | 冬物(ふゆもの) 겨울 상품 (주로 겨울용 의류) [반의어] 夏物(なつもの) 여름 상품 (주로 여름용 의류) | 開催(かいさい) 개최 | 婦人服(ふじんふく) 부인복 | 紳士服(しんしふく) 신사복 | マタニティー 임부복 | ~引(び)き ~할인 | 各種(かくしゅ) 각종, 여러 종류 | ただし 조건, 예외를 덧붙이며) 단, 다만 | 対象外(たいしょうがい) 대상 외 | なお 또한, 덧붙여 | 特設催事場(とくせつさいじじょう) 특설 행사장 | ~におきましては ~에서는 ▶~においては보다 격식 있는 말로, ~では와 같은 뜻이다. | 限定(げんてい) 한정 | 価格(かかく) 가격 | 特別(とくべつ)タイムサービス 특별 타임 서비스 | 実施(じっし) 실시 | 見逃(みのが)す (기회를) 놓치다 | 誘(さそ)い合(あ)わせる 권유하여 함께 행동하다, 미리 상의하여 행동을 같이하다 | 来場(らいじょう) (어떤 장소에) 옴, 방문함

05 정답 (B)

해석 겨울 상품 바겐세일은 어디에서 하고 있습니까?
(A)지하 1층 식료품 매장
(B)백화점 전체 매장
(C)6층 안내 데스크
(D)옥상 주차장

해설 비교적 쉬운 문제이지만, 全館이라는 단어를 못 들었거나 特設催事場가 뭔지 몰랐다면 (C)를 답으로 고르는 실수를 할 수도 있다. 이럴 때는 당황하지 말고 나머지에 집중하자. 아무리 들어도 식료품 매장이나 안내 데스크, 주차장과 같은 단어는 나오지 않으므로 정답은 (B)이다.

어휘 食料品(しょくりょうひん) 식료품 | 屋上(おくじょう) 옥상

06 정답 (A)

해석 바겐세일 대상 상품으로 올바른 것은 어느 것입니까?
(A)아동복, 신사복, 임부복
(B)위스키, 부인복, 캐주얼
(C)화장품, 캐주얼, 임부복
(D)담배, 식료품, 부인복

해설 세일하는 품목인 아동복, 부인복, 캐주얼, 신사복, 임부복을 기억하기보다는 세일 대상이 아닌 화장품, 담배, 술을 지우는 것이 빠르게 정답을 찾는 데 도움이 된다. 정답은 (A)이다.

07 정답 (D)

해석 특별 타임 서비스에 대해 일치하는 것은 어느 것입니까?
(A)오후 2시부터 시작된다.
(B)오후 3시부터 6시까지이다.
(C)5층 특설 행사장에서 실시된다.
(D)세일 가격보다도 10% 더 저렴해진다.

해설 정작 중요한 特別タイムサービス라는 단어는 문제를 풀 수 있는 힌트가 다 지나가고 나서 나오므로 눈치코치로 메모하거나 기억하는 습관이 필요하다. 본문 중간쯤의 なお 이후로 화제가 전환되는데, 6階, 午後3時から2時間限定, さらに10%引き라는 부분을 재빨리 캐치했다면 정답을 찾기 쉽다. 10%와 1割(いちわり)는 같은 뜻이므로 정답은 (D)이다.

08–10

バレンタインデーについてのアンケート結果が、この程まとまりました。⁸これは、全国の10代から40代の独身女性計730人を対象に、電話で「バレンタインデーは必要か」という質問をしたもので、その結果「必要ない」と答えた女性が全体の約58%に上ることがわかりました。⁹「必要ない」と答えた理由の中でもっとも多かったのが「面倒くさい」で、ついで「お金がもったいない」、「チョコレート業界に乗せられている気がして嫌だ」、「チョコレートをあげたい人がいない」という順になっています。¹⁰また、バレンタインデーが「必要だ」と答えた人の割合は50%を割り込む結果になっています。

> 발렌타인데이에 대한 설문 조사 결과가 최근 집계되었습니다. 이는 전국 10대에서 40대 미혼 여성 합계 730명을 대상으로 '발렌타인데이는 필요한가?'라는 전화 질문을 한 것으로, 그 결과 '필요 없다'라고 응답한 여성이 전체의 약 58%에 이르는 것으로 나타났습니다. '필요 없다'라고 응답한 이유 중 가장 많았던 것이 '귀찮다'로, 뒤이어 '돈이 아깝다', '초콜릿 업계의 상술에 놀아나는 기분이 들어서 불쾌하다', '초콜릿을 주고 싶은 사람이 없다' 순으로 나타납니다. 또한, 발렌타인데이가 '필요하다'고 응답한 사람의 비율은 50%를 밑도는 결과를 기록했습니다.

어휘 この程(ほど) 최근, 요즈음 | まとまる 정리되다, 완성되다, 해결되다 | 独身(どくしん) 독신, 미혼 | 面倒(めんどう)くさい 귀찮다 | ついで 뒤이어, 계속하여 | もったいない 아깝다 | 業界(ぎょうかい) 업계 | 乗(の)せる 계략을 쓰다, 속여 넘기다 ▶まんまと乗せられる 감쪽같이 속다 | 嫌(いや)だ 싫다, 불쾌하다 | 順(じゅん) 순서, 차례 | 割合(わりあい) 비율 | 割(わ)り込(こ)む (수치가) 밑돌다

08 정답 (B)
해석 이 설문 조사는 누구를 대상으로 실시됐습니까?
(A)전국의 여고생
(B)아직 결혼하지 않은 여성
(C)10대부터 40대 전업주부
(D)50세 미만의 미망인
해설 설문 조사는 全国の10代から40代の独身女性計730人을 대상으로 이루어졌다고 했다. 独身女性는 まだ結婚していない女性와 같은 뜻이므로 정답은 (B)이다.
어휘 女子高生(じょしこうせい) 여고생 | 専業主婦(せんぎょうしゅふ) 전업주부 | 未亡人(みぼうじん) 미망인

09 정답 (A)
해석 발렌타인데이는 '필요 없다'라고 응답한 이유에 <u>없었던 것</u>은 어느 것입니까?
(A)그날이 아니어도 고백은 할 수 있다.
(B)초콜릿을 주고 싶은 사람이 없다.
(C)업계의 영업 전략이라서 불쾌하다.
(D)귀찮다.
해설 '필요 없다'라는 이유 중 가장 많았던 것은 (D)'귀찮아서'이고, 이어서 '돈이 아까워서', (C)'초콜릿 업계의 상술에 놀아난 듯 한 기분이 들어서', (B)'초콜릿을 주고 싶은 사람이 없어서'라고 했다. 따라서 설문 조사에 없었던 보기는 (A)이다.
어휘 告白(こくはく) 고백 | 営業戦略(えいぎょうせんりゃく) 영업 전략

10 정답 (C)
해석 설문 조사 결과로 바른 것은 어느 것입니까?
(A)'필요 없다'라고 응답한 사람은 초콜릿을 사지 않는다.
(B)'필요 없다'라고 응답한 사람은 점점 감소하고 있다.
(C)'필요하다'라고 응답한 사람은 절반을 밑돌았다.
(D)'필요하다'라고 응답한 사람은 직장의 인간관계를 중시한다.
해설 '필요하다'라고 응답한 사람의 비율은 50%を割り込む라고 했고, 切る는 割る, 割り込む와 같은 뜻인 '(수치를) 밑돌다'라는 뜻이므로 정답은 (C)이다.

시나공 JPT

실전 모의고사
정답&해설

실전 모의고사 제1회 🎧 Test1(전체)

Part 1
01 (B) 02 (D) 03 (C) 04 (C) 05 (B) 06 (C) 07 (C) 08 (C) 09 (C) 10 (A)
11 (D) 12 (B) 13 (B) 14 (B) 15 (B) 16 (A) 17 (C) 18 (D) 19 (C) 20 (C)

Part 2
21 (B) 22 (C) 23 (A) 24 (B) 25 (C) 26 (C) 27 (C) 28 (B) 29 (B) 30 (C)
31 (C) 32 (A) 33 (D) 34 (D) 35 (D) 36 (A) 37 (B) 38 (C) 39 (B) 40 (A)
41 (D) 42 (C) 43 (A) 44 (C) 45 (B) 46 (B) 47 (C) 48 (A) 49 (A) 50 (C)

Part 3
51 (A) 52 (C) 53 (C) 54 (D) 55 (C) 56 (C) 57 (C) 58 (D) 59 (A) 60 (A)
61 (B) 62 (A) 63 (B) 64 (C) 65 (D) 66 (C) 67 (C) 68 (B) 69 (C) 70 (D)
71 (A) 72 (C) 73 (D) 74 (C) 75 (B) 76 (D) 77 (C) 78 (B) 79 (C) 80 (D)

Part 4
81 (B) 82 (B) 83 (D) 84 (C) 85 (C) 86 (B) 87 (D) 88 (C) 89 (B) 90 (C)
91 (B) 92 (D) 93 (C) 94 (B) 95 (C) 96 (B) 97 (C) 98 (B) 99 (B) 100 (D)

실전 모의고사 제2회 🎧 Test2(전체)

Part 1
01 (C) 02 (A) 03 (B) 04 (A) 05 (C) 06 (D) 07 (A) 08 (B) 09 (B) 10 (B)
11 (A) 12 (C) 13 (B) 14 (C) 15 (A) 16 (C) 17 (B) 18 (B) 19 (B) 20 (C)

Part 2
21 (B) 22 (D) 23 (C) 24 (C) 25 (B) 26 (A) 27 (A) 28 (B) 29 (B) 30 (D)
31 (B) 32 (C) 33 (D) 34 (C) 35 (A) 36 (B) 37 (A) 38 (B) 39 (D) 40 (A)
41 (D) 42 (A) 43 (C) 44 (B) 45 (D) 46 (D) 47 (B) 48 (C) 49 (C) 50 (A)

Part 3
51 (C) 52 (B) 53 (B) 54 (B) 55 (D) 56 (C) 57 (B) 58 (A) 59 (B) 60 (B)
61 (B) 62 (D) 63 (A) 64 (B) 65 (C) 66 (C) 67 (C) 68 (C) 69 (B) 70 (A)
71 (C) 72 (D) 73 (A) 74 (C) 75 (C) 76 (C) 77 (B) 78 (A) 79 (C) 80 (D)

Part 4
81 (C) 82 (C) 83 (B) 84 (C) 85 (A) 86 (B) 87 (B) 88 (D) 89 (C) 90 (C)
91 (C) 92 (A) 93 (B) 94 (C) 95 (D) 96 (C) 97 (A) 98 (B) 99 (C) 100 (B)

실전 모의고사 제1회

1 | Part 1 290쪽

01 (B)　02 (D)　03 (C)　04 (C)　05 (B)
06 (C)　07 (C)　08 (C)　09 (C)　10 (A)
11 (D)　12 (B)　13 (B)　14 (B)　15 (B)
16 (A)　17 (C)　18 (D)　19 (C)　20 (C)

🎧 Test1-1

01 정답 (B)

(A) 髭を生やした顔です。
(B) 眉はありません。
(C) 髪は短いです。
(D) サングラスをかけています。

(A) 수염을 기른 얼굴입니다.
(B) 눈썹은 없습니다.
(C) 머리는 짧습니다.
(D) 선글라스를 꼈습니다.

해설　얼굴 석상의 특징을 찾아내면 된다. 머리가 길고 수염과 눈썹이 없으므로 정답은 (B)이다.
어휘　髭(ひげ) 수염｜生(は)やす 기르다｜眉(まゆ) 눈썹

02 정답 (D)

(A) 目玉焼きを焼いているところです。
(B) 皿に卵を入れて溶いているところです。
(C) ゆで卵の殻をむいたところです。
(D) 生卵を割ったところです。

(A) 달걀 프라이를 부치고 있는 중입니다.
(B) 접시에 달걀을 넣어 푸는 중입니다.
(C) 삶은 달걀 껍질을 막 벗긴 순간입니다.
(D) 날달걀을 깬 순간입니다.

해설　사진 속의 달걀은 조리되지 않은 상태이고 막 깨진 모습이므로 정답은 (D)이다.
어휘　目玉焼(めだまや)き 달걀 프라이｜卵(たまご) 달걀, 계란｜溶(と)く (액체 등을) 풀다, 개다｜ゆで卵(たまご) 삶은 달걀｜殻(から) 껍데기｜生卵(なまたまご) 날달걀

03 정답 (C)

(A) 有名人の手形を集めた博物館です。
(B) 和紙に墨で捺した手形があります。
(C) 左側にサインが書いてあります。
(D) 手を握って手形を取ったものです。

(A) 유명 인사의 손도장을 모은 박물관입니다.
(B) 일본지에 먹으로 찍은 손도장이 있습니다.
(C) 왼쪽에 사인이 적혀 있습니다.
(D) 손을 잡고 손도장을 뜬 것입니다.

해설　(A)잔디밭 위에 한 개의 손도장만 보이고, (B)사진 속의 손도장은 주조물이며, (D)손을 펼친 모양이므로 모두 오답이다. 정답은 손도장이 아니라 사인의 위치에 주목한 (C)이다. 手形(てがた)에는 '손도장' 이외에 '어음'이라는 뜻도 있다.

어휘　博物館(はくぶつかん) 박물관｜和紙(わし) 일본 전통 종이｜墨(すみ) 먹｜捺(お)す (도장을) 찍다, 누르다｜握(にぎ)る 쥐다

04 정답 (C)

(A) ハンカチで涙を拭いています。
(B) タオルで額の汗を拭っています。
(C) ティッシュで鼻をかんでいます。
(D) 腕に数珠をかけて祈っています。

(A) 손수건으로 눈물을 닦고 있습니다.
(B) 수건으로 이마의 땀을 훔치고 있습니다.
(C) 티슈로 코를 풀고 있습니다.
(D) 팔에 염주를 걸고 기도하고 있습니다.

해설　사람의 동작에 대한 부분을 잘 들었다면 쉽게 풀 수 있는 문제이다. (A)涙(なみだ)を拭(ふ)く는 '눈물을 닦다, 눈물을 훔치다', (B)額(ひたい)の汗(あせ)を拭(ぬぐ)う는 '이마의 땀을 닦다, 이마의 땀을 훔치다'로, 拭(ぬぐ)う는 拭(ふ)く로 바꿔 쓸 수 있다. (C)鼻(はな)をかむ가 '코를 풀다'라는 표현인데, (D)마치 기도하고 있는 듯한 손 모양이지만 손에 들고 있는 것은 염주가 아니라 티슈이므로 정답은 (C)이다.

어휘　ハンカチ 손수건｜数珠(じゅず) 염주｜祈(いの)る 기도하다, 기원하다

05 정답 (B)

(A) 一つの箱に魚が1匹ずつ入っています。
(B) いろんな種類の魚を並べて販売しています。
(C) 魚を焼いて売っているところです。
(D) 包丁で魚を3枚におろしているところです。

(A) 상자 하나에 생선이 한 마리씩 들어 있습니다.
(B) 여러 가지 종류의 생선을 늘어놓고 판매하고 있습니다.
(C) 생선을 구워 파는 중입니다.
(D) 칼로 생선 살을 발라내는 중입니다.

해설　(A)생선은 한 마리씩 상자에 담겨 있지도 않고, (C)생선을 구워 파는 장면으로도, (D)생선을 손질하는 장면으로도 보이지 않는다. 생선이 진열된 모양으로 보아 정답은 (B)이다. (D)의 魚を3枚におろす는 생선을 '두 장의 살과 뼈 부분 한 장으로 발라내다'라는 뜻이다.

06 정답 (C)

(A) 花瓶の花に顔を近づけています。
(B) 器に入っている餌を食べようとしています。
(C) 植木鉢の植物のにおいを嗅いでいます。
(D) ボールを転がして遊んでいます。

(A) 꽃병의 꽃에 얼굴을 가까이 대고 있습니다.
(B) 그릇에 담겨 있는 먹이를 먹으려고 합니다.
(C) 화분의 식물 냄새를 맡고 있습니다.
(D) 공을 굴리며 놀고 있습니다.

해설 고양이의 동작과 함께 사물 어휘도 정확히 들어야 한다. 자칫 顔を近づけています만 듣고 花瓶の花가 오답 어휘인데도 (A)를 고를 수 있기 때문이다. 사진에 대한 가장 적절한 보기는 화분의 냄새를 맡고 있다고 묘사한 (C)이다.

어휘 餌(えさ) 먹이 | 植木鉢(うえきばち) 화분 | 嗅(か)ぐ (냄새 등을) 맡다

07 정답 (C)

(A) たくさんの人が丸い風船を膨らませています。
(B) みんな一斉に風船を飛ばしているところです。
(C) 大勢の観客は風船を手にしています。
(D) スタンドの人たちはペンライトを握っています。

(A) 많은 사람이 동그란 풍선을 불고 있습니다.
(B) 모두 일제히 풍선을 날리는 중입니다.
(C) 많은 관객이 풍선을 들고 있습니다.
(D) 스탠드의 사람들은 야광봉을 쥐고 있습니다.

해설 사진 바로 앞쪽은 물론이고, 건너편 스탠드까지 많은 사람들이 긴 풍선을 들고 경기를 관람하고 있으므로 (C)가 정답이다. (A)의 風船を膨らませる는 '풍선을 부풀게 하다' 즉, '풍선을 불다'라는 뜻이다.

어휘 風船(ふうせん) 풍선 | 膨(ふく)らます 부풀리다, 부풀게 하다 | 一斉(いっせい)に 일제히 | 観客(かんきゃく) 관객 | 手(て)にする 손에 쥐다, 손에 넣다

08 정답 (C)

(A) 山の中の広大な湖です。
(B) 遊歩道のある渓流です。
(C) 放流されていないダムが見えます。
(D) 滑り台のある大きな屋外プールです。

(A) 산속의 광대한 호수입니다.
(B) 산책로가 있는 계류입니다.
(C) 방류 중이 아닌 댐이 보입니다.
(D) 미끄럼틀이 있는 커다란 야외 풀장입니다.

해설 산 아래 보이는 것은 댐이고, 물줄기나 물보라가 없는 걸로 보아 방류 중이 아니다. 따라서 정답은 (C)이다. 산속의 자연 호수가 아니므로 (A)는 정답이 될 수 없고, 산책로나 미끄럼틀은 보이지 않으므로 (B)와 (D)도 오답이다.

어휘 広大(こうだい) 광대함 | 湖(みずうみ) 호수 | 遊歩道(ゆうほどう) 산책로 | 渓流(けいりゅう) 계류, 산골짜기의 시냇물 | 放流(ほうりゅう) 방류 | 滑(すべ)り台(だい) 미끄럼틀 | 屋外(おくがい)プール 실외 수영장, 야외 풀장

09 정답 (C)

(A) 花壇に咲いている花を摘もうとしています。
(B) 桜の木の枝を折ろうとしています。
(C) 腕を伸ばして木の葉っぱを取ろうとしています。
(D) 頭についた落ち葉を払い落とそうとしています。

(A) 화단에 피어 있는 꽃을 꺾으려고 합니다.
(B) 벚나무 가지를 꺾으려고 합니다.
(C) 팔을 뻗어 나뭇잎을 따려고 합니다.
(D) 머리에 붙은 낙엽을 털어 내려고 합니다.

해설 사람이 등장하는 사진은 중심 인물뿐만 아니라 주변 상황에도 집중해야 한다. 여자아이의 머리 위로 단풍나무는 보이지만 꽃은 찾아볼 수 없으므로 (A)와 (B)는 오답이며, 낙엽을 털어내고 있지도 않으므로 (D)도 정답이 될 수 없다. (A)花(はな)を摘(つ)む '꽃을 꺾다', (B)枝(えだ)を折(お)る '가지를 꺾다', (C)葉(は)っぱを取(と)る '잎을 따다', (D)落(お)ち葉(ば)を払(はら)い落(お)とす '낙엽을 털어내다'는 문장으로 외워 두자.

어휘 花壇(かだん) 화단 | 桜(さくら) 벚꽃

10 정답 (A)

(A) 県境が示された車道です。
(B) 手前の方にはトンネルの入口があります。
(C) ここを通過するときは料金を払わなければなりません。
(D) 進行方向を表した道路標識です。

(A) 현 경계가 표시된 차도입니다.
(B) 앞쪽에는 터널 입구가 있습니다.
(C) 이곳을 통과할 때는 요금을 내야 합니다.
(D) 진행 방향을 나타내는 도로 표지입니다.

해설 안내, 표식, 표지를 보고 어떤 의미인지를 파악해야 하는 문제이다. 가운데 선을 경계로 위쪽으로는 福岡県(ふくおかけん), 아래 쪽으로는 山口県(やまぐちけん)이라고 적혀 있으므로 현의 경계가 도로 바닥에 표시되어 있는 것이다. 따라서 정답은 (A)이다.

어휘 県境(けんざかい) 현과 현의 경계 | 車道(しゃどう) 차도 [반의어] 歩道(ほどう) 보도, 인도 | 通過(つうか) 통과 | 進行方向(しんこうほうこう) 진행 방향 | 道路標識(どうろひょうしき) 도로 표지

11 정답 (D)

(A) 一度引く度に300円かかります。
(B) 外国語に翻訳されたものには別途料金がかかります。
(C) 紙幣と硬貨、両方投入する事が出来ます。
(D) 日本語以外の言語で書かれたものを選ぶ事ができます。

(A) 한 번 뽑을 때마다 300엔 듭니다.
(B) 외국어로 번역된 것에는 별도 요금이 듭니다.
(C) 지폐와 동전, 양쪽 다 투입할 수 있습니다.
(D) 일본어 이외의 언어로 적힌 것을 선택할 수 있습니다.

해설 おみくじ(신사나 절에서 길흉을 점치는 제비)라고 적힌 자판기의 특징을 잘 파악해야 하는 문제이다. 자판기 양쪽에 おみくじ30円이라고만 적혀 있으므로 300엔이 든다는 (A)나 별도 요금이 든다는 (B)는 오답이며, 자판기 상단 가운데에 동전 투입구만 보이므로 (C)도 정답이 될 수 없다. 이 자판기는 일본어 이외에도 영어, 한국어, 중국어를 선택할 수 있는 버튼이 있으므로 정답은 (D)이다.

어휘 ~度(たび)に ~마다 | 翻訳(ほんやく) 번역 | 別途料金(べっとりょうきん) 별도 요금 | 紙幣(しへい) 지폐 | 硬貨(こうか) 동전 | 投入(とうにゅう) 투입

12 정답 (B)

(A) たくさんの鳥が水を飲んでいます。
(B) 何羽もの鳥が餌をついばんでいます。
(C) 巣立ちの準備をしているひな鳥がはばたいています。
(D) 親鳥がひなに餌を与えているところです。

(A) 많은 새가 물을 마시고 있습니다.
(B) 몇 마리나 되는 새가 모이를 쪼고 있습니다.
(C) 둥지를 떠날 준비를 하고 있는 새끼 새가 날갯짓을 하고 있습니다.
(D) 어미 새가 새끼 새에게 먹이를 주는 중입니다.

해설 참새 몇 마리가 모이를 쪼는 모습이 보이므로 정답은 (B)이다. '참새'는 雀(すずめ)라고 하는데 단골 어휘이므로 꼭 기억해 두자.

어휘 何羽(なんば) (새) 몇 마리 ▶조수사 羽는 보통 わ로 읽지만, 何羽와 3羽는 ば로 읽는다. | ついばむ 쪼아 먹다 | 巣立(すだ)ち 새가 자라서 보금자리를 떠남 | ひな鳥(どり) 새끼 새, 어린 새 [반의어] 親鳥(おやどり) 어미 새 | はばたく 날갯짓하다, 하늘을 날다

13 정답 (B)

(A) 葉が生い茂った木の隣に犬がいます。
(B) 落ち葉一面の地面の上に犬が座っています。
(C) 満開の桜の木の下で犬が遊んでいます。
(D) 首輪をつけた犬が杭につながれています。

(A) 잎이 무성한 나무 옆에 개가 있습니다.
(B) 낙엽으로 온통 뒤덮인 땅 위에 개가 앉아 있습니다.
(C) 활짝 핀 벚꽃나무 아래에서 개가 놀고 있습니다.
(D) 목줄을 찬 개가 말뚝에 묶여 있습니다.

해설 개의 상태나 동작과 함께 풍경에도 주의해야 한다. 나무는 가지가 두드러진 상태이므로 (A)와 (C)는 정답이 아니고, 말뚝은 보이지 않으므로 (D)도 오답이다. 따라서 정답은 (B)이다.

어휘 生(お)い茂(しげ)る (초목이) 무성하다, 우거지다 | 落(お)ち葉(ば) 낙엽 | 一面(いちめん) (부사로) 온통, 전체 | 地面(じめん) 지면 | 満開(まんかい) 만개함, 활짝 핌 | 首輪(くびわ) 목걸이, 목줄 | 杭(くい) 말뚝 | つながる 이어지다, 연결되다

14 정답 (B)

(A) 大きな山車をみんなで引っ張っています。
(B) 大勢の人がおみこしを担いでいます。
(C) たくさんの人が肩車をして歩いています。
(D) 小さな子供と大人が神社にお参りしています。

(A) 큰 축제용 수레를 함께 끌어당기고 있습니다.
(B) 많은 사람들이 가마를 메고 있습니다.
(C) 많은 사람들이 목말을 태워 걷고 있습니다.
(D) 어린이와 어른이 신사에 참배하고 있습니다.

해설 익숙하지 않은 어휘가 많이 등장했지만, 여러 사람이 등장하는 사진이므로 공통적인 동작을 설명하는 동사에 집중해서 듣자. 많은 사람이 어깨에 가마를 짊어지고 있는 사진이므로 동사 担ぐ로 동작을 묘사한 (B)가 정답이다. 山車나 おみこし를 몰랐더라도 동사에 집중하면 충분히 정답을 찾을 수 있는 문제이다.

어휘 山車(だし) 축제용 수레 | 引(ひ)っ張(ば)る 끌다, 끌어당기다 | おみこし (신령들이 타는) 가마 | 担(かつ)ぐ 메다, 짊어지다 | 肩車(かたぐるま) 목말

15 정답 (B)

(A) 膝の間にチェロを挟んでいる銅像です。
(B) 弦楽器を抱えて座っている像です。
(C) 大観衆の前でコンサートを開いています。
(D) 立ってバイオリンを弾いている像です。

(A) 무릎 사이에 첼로를 끼고 있는 동상입니다.
(B) 현악기를 안고 앉아 있는 조각상입니다.
(C) 많은 관중 앞에서 콘서트를 열고 있습니다.
(D) 서서 바이올린을 켜고 있는 조각상입니다.

해설 기타를 들고 앉은 자세로 연주하는 포즈를 취하고 있는 조각상 사진이다. 기타는 현악기이므로 정답은 (B)이다.

어휘 チェロ 첼로 | 挟(はさ)む 사이에 두다, 끼다 | 銅像(どうぞう) 동상 [유의어] 像(ぞう) (사람이나 신의 모양을 본뜬) 상, 조각 | 弦楽器(げんがっき) 현악기 | 抱(かか)える 안다, 감싸쥐다 | 大観衆(だいかんしゅう) 많은 관중 | バイオリンを弾(ひ)く 바이올린을 켜다

16 정답 (A)

(A) 願い事を書いたものがいくつもさげてあります。
(B) 壁には合格祈願のお守りで一杯です。
(C) たくさんのおみくじが木の枝に結んであります。
(D) 病気の回復を願って、千羽鶴を折っています。

(A) 소원을 적은 물건이 많이 매달려 있습니다.
(B) 벽에는 합격 기원 부적으로 가득합니다.
(C) 많은 오미쿠지가 나뭇가지에 묶여 있습니다.
(D) 병의 회복을 기원하여 천 마리의 종이학을 접고 있습니다.

해설 사진 속에 걸려 있는 작은 나무판은 일본의 신사 등에서 흔하게 볼 수 있는 絵馬(えま)라는 것으로, 주로 소원을 적어 한쪽 벽면에 걸어 놓는다. 絵馬의 명칭을 몰랐더라도, 祈願이라는 단어와 소원을 적은 글귀를 통해 정답이 (A)라는 것을 알 수 있다.

어휘 願(ねが)い事(ごと) (신불에게 비는) 소원 | さげる 드리우다, 매달다 | 合格祈願(ごうかくきがん) 합격 기원 | お守(まも)り 부적 | おみくじ 길흉을 점치는 제비 | 回復(かいふく) 회복 | 千羽鶴(せんばづる) 많은 수의 종이학을 실로 꿰어 단 것

17 정답 (C)

(A) 切手を買う事ができる自動販売機です。
(B) 投函口は一つしかありません。
(C) 新年の挨拶の葉書は左側に入れます。
(D) 右側に小包を入れるようになっています。

(A) 우표를 살 수 있는 자동판매기입니다.
(B) 우체통 입구는 하나밖에 없습니다.
(C) 신년 인사 엽서는 왼쪽에 넣습니다.
(D) 오른쪽에 소포를 넣게 되어 있습니다.

해설 왼쪽에는 **年賀状(ねんがじょう)** '연하장', 오른쪽에는 **普通郵便(ふつうゆうびん)** '보통우편'이라고 써 있으므로 사진 속의 물건은 우체통임을 쉽게 알 수 있다. 따라서 (A)는 오답이며, 오른쪽과 왼쪽의 사용 구분이 뚜렷하므로 (B)도 정답이 될 수 없다. 또한, 오른쪽에 넣을 수 있는 것은 보통우편이므로 (D)도 틀린 보기이다. 연하장은 신년 인사 차원에서 보내는 것이므로 정답은 (C)이다.

어휘 自動販売機(じどうはんばいき) 자동판매기 | 投函口(とうかんぐち) 우편물을 넣는 곳, 투입구 | 小包(こづつみ) 소포

18 정답 (D)

(A) 掛け軸と生け花が飾ってある床の間です。
(B) 先祖をまつる仏壇が置いてあります。
(C) 住職がお寺の祭壇の前でお経をあげています。
(D) ふすまには何も描かれていません。

(A) 족자와 꽃꽂이가 장식된 도코노마입니다.
(B) 조상을 모신 불단이 놓여 있습니다.
(C) 주지스님이 절 제단 앞에서 불경을 올리고 있습니다.
(D) 미닫이문에는 아무것도 그려져 있지 않습니다.

해설 사진 속 사람 뒤로 보이는 곳이 바로 床(とこ)の間(ま)이다. 床の間은 객실에 해당하는 다다미방의 한쪽 벽의 바닥을 한 단 높여, 벽에는 족자를 걸고 높인 단의 한가운데에는 도자기나 꽃 등을 장식해 두는 곳인데, 사진에서 꽃꽂이는 보이지 않으므로 (A)는 정답이 아니다. 허를 찌르는 보기인 (D)가 정답인데, 오른쪽에 보이는 미닫이문이 ふすま이고 아무것도 그려져 있지 않다.

어휘 掛(か)け軸(じく) 족자 | 生(い)け花(ばな) 꽃꽂이 | 先祖(せんぞ) 선조, 조상 | まつる (신이나 조상을) 제사 지내다, 모시다 | 仏壇(ぶつだん) 불단 | 住職(じゅうしょく) 주지스님 | 祭壇(さいだん) 제단 | お経(きょう)をあげる 불경을 드리다, 올리다 | ふすま 미닫이문

19 정답 (C)

(A) 大きな仏像に線香が立てられています。
(B) ぬいぐるみは目を開けています。
(C) 1本の風車が地蔵の前に飾られています。
(D) 記念碑の前に供え物がたくさん置かれています。

(A) 커다란 불상에 향이 세워져 있습니다.
(B) 봉제 인형은 눈을 뜨고 있습니다.
(C) 바람개비 하나가 지장보살 앞에 장식되어 있습니다.
(D) 기념비 앞에 많은 공물이 놓여 있습니다.

해설 사진 속 옷을 입은 돌로 된 작은 인형인 '지장보살'을 **地蔵(じぞう)**라고 하며, '바람개비'는 **風車(かざぐるま)**라고 한다. 地蔵 앞에 風車가 있으므로 정답은 (C)이다. 어휘력이 중요한 문제이므로 만약 틀렸다면 오답 어휘를 꼼꼼히 체크하자.

어휘 仏像(ぶつぞう) 불상 | 線香(せんこう) 향 | ぬいぐるみ 봉제 인형 | 記念碑(きねんひ) 기념비 | 供(そな)え物(もの) (신불에게 올리는) 공물, 제물

20 정답 (C)

(A) 橋の下の大きな望遠鏡で向こう岸が見られます。
(B) 長い鉄橋の下を遊覧船が通っています。
(C) 対岸に向かって昔の武器が展示されています。
(D) 大砲の上にまたがって記念撮影をしています。

(A) 다리 밑에 큰 망원경으로 강 건너편을 볼 수 있습니다.
(B) 긴 철교 아래를 유람선이 지나고 있습니다.
(C) 강 건너편을 향해 옛날 무기가 전시되어 있습니다.
(D) 대포 위에 걸터앉아 기념 촬영을 하고 있습니다.

해설 (A)망원경이 아니라 대포이며, (B)철교 밑이나 (D)대포 위에는 아무것도 없다. 옛날 대포가 강가에 놓인 모습이므로 정답은 (C)이다.

어휘 望遠鏡(ぼうえんきょう) 망원경 | 向(む)こう岸(ぎし) 건너편 물가 [통의어] 対岸(たいがん) | 鉄橋(てっきょう) 철교 | 遊覧船(ゆうらんせん) 유람선 | 武器(ぶき) 무기 | 展示(てんじ) 전시 | 大砲(たいほう) 대포 | またがる 올라타다, 걸터앉다 | 記念撮影(きねんさつえい) 기념 촬영

1 | Part 2   301쪽

21 (B)	22 (C)	23 (A)	24 (B)	25 (C)
26 (C)	27 (C)	28 (B)	29 (B)	30 (C)
31 (C)	32 (A)	33 (D)	34 (D)	35 (D)
36 (A)	37 (B)	38 (D)	39 (B)	40 (A)
41 (D)	42 (C)	43 (A)	44 (C)	45 (B)
46 (B)	47 (C)	48 (B)	49 (A)	50 (C)

🎧 Test1-2

21 정답 (B)

木村さんの隣にいる人は誰ですか。
(A) 眼鏡をかけています。
(B) 木村さんの妹さんです。
(C) ペットの犬です。
(D) 木村さんの前にいます。

기무라 씨 옆에 있는 사람은 누구인가요?
(A) 안경을 쓰고 있습니다.
(B) 기무라 씨 여동생입니다.
(C) 반려견입니다.
(D) 기무라 씨 앞에 있습니다.

해설 誰로 물었으므로 (B)가 정답이다. (A)는 대상의 특징에 대해 말하고 있고, (C)는 사람이 아니며, (D)는 위치에 대한 대답이므로 모두 오답이다.

22 정답 (C)

昨夜、何時頃寝ましたか。
(A) いつも早めに寝ます。
(B) ぐっすり眠りました。
(C) 午前1時頃です。
(D) 6時に起きました。

어젯밤에 몇 시쯤 잤나요?
(A) 항상 일찍 잡니다.
(B) 푹 잤습니다.
(C) 오전 1시쯤입니다.
(D) 6시에 일어났습니다.

해설 何時로 물었으므로 시간이나 때로 대답해야 한다. 이 조건에 맞는 보기는 (C)와 (D)인데, (D)에서는 동사 寝る가 아닌 起きる를 써서 일어난 시간에 대해 대답한 것이므로 정답은 (C)이다.

23 정답 (A)

入学願書はどこに提出すればいいんですか。
(A) 1階の受付に出してください。
(B) 明日までに出してください。
(C) 切手を貼って出してください。
(D) 証明写真を貼ってください。

입학 원서는 어디에 제출하면 되나요?
(A) 1층 접수처에 내세요.
(B) 내일까지 내세요.
(C) 우표를 붙여서 내세요.
(D) 증명사진을 붙이세요.

해설 どこ로 물었으므로 입학 원서의 제출 장소에 대한 답을 해야 한다. (B)는 いつまでに에 대한 답이고, (C)와 (D)는 제출 시 필요한 것에 대한 대답이다. 따라서 정답은 (A)이다.

어휘 入学願書(にゅうがくがんしょ) 입학 원서 | 提出(ていしゅつ) 제출 | 貼(は)る 붙이다 | 証明写真(しょうめいしゃしん) 증명사진

24 정답 (B)

いらっしゃいませ。ご注文をどうぞ。
(A) いくらですか。
(B) ハンバーガー一つとサイダーください。
(C) 3人ですが。
(D) 禁煙席でお願いします。

어서 오세요. 주문하시겠습니까?
(A) 얼마입니까?
(B) 햄버거 하나랑 사이다 주세요.
(C) 세 명인데요.
(D) 금연석으로 부탁합니다.

해설 ご注文をどうぞ라고 했으므로 (B)와 같이 주문을 하는 대답을 해야 한다. 이렇게 바로 메뉴를 말하거나 とりあえず~ 로와 같은 표현도 적절하므로 참고하자.

어휘 禁煙席(きんえんせき) 금연석

25 정답 (C)

会社から家までどのくらいかかりますか。
(A) バスで行きます。
(B) 歩いて行きます。
(C) 地下鉄とバスで約1時間かかります。
(D) 毎朝8時に家を出ます。

회사에서 집까지 얼마나 걸리나요?
(A) 버스로 갑니다.
(B) 걸어서 갑니다.
(C) 지하철과 버스로 약 1시간 걸립니다.
(D) 매일 아침 8시에 집을 나섭니다.

해설 ~から~までどのくらいかかりますか라고 물었으므로 소요 시간으로 답하는 것이 가장 알맞다. (A)와 (B)는 이동 수단이나 이동 방법, (D)는 평소의 출발 시각에 대한 답이므로 (C)가 정답이다.

26 정답 (C)

夏休みはどこかへ行きますか。
(A) 夏休みはどこも人でいっぱいですよ。
(B) 暑くてたまらないですね。
(C) お盆には田舎へ帰るつもりです。
(D) 家族と一緒に行きます。

여름 방학엔 어딘가 가요?
(A) 여름 방학은 어디든 사람으로 넘쳐요.
(B) 더워서 견딜 수 없네요.
(C) 추석에는 고향집에 갈 생각입니다.
(D) 가족과 함께 갑니다.

해설 여름 방학 때의 예정에 대해 묻고 있고, お盆(ぼん)은 여름 방학 중인 양력 8월 15일의 우리나라 추석에 해당하는 일본의 명절이므로 정답은 (C)이다.

27 정답 (C)

果物の中で何が一番好きですか。
(A) トマトが好きです。
(B) りんごよりみかんの方が好きです。
(C) 果物なら何でも好きです。
(D) 野菜はあまり好きじゃありません。

과일 중에서 무엇을 가장 좋아하나요?
(A) 토마토를 좋아합니다.
(B) 사과보다 귤을 더 좋아합니다.
(C) 과일이라면 무엇이든 좋아합니다.
(D) 채소는 별로 좋아하지 않습니다.

해설 가장 좋아하는 과일을 물었는데 채소를 언급한 (A)와 (D)는 오답이다. 또한, (B)는 どっち와 같은 선택 사항에 대한 대답이므로 정답은 (C)이다.

28 정답 (B)

その電子辞書はどこで買いましたか。
(A) 先月買いました。
(B) 友達から譲ってもらいました。
(C) 2万円でした。
(D) 使いやすくていいですよ。

그 전자사전은 어디서 샀나요?
(A) 지난달에 샀습니다.
(B) 친구한테서 받았습니다.
(C) 2만 엔이었습니다.
(D) 사용하기 쉬워서 좋아요.

해설 (A)는 언제에 대한 대답, (C)는 얼마에 대한 대답, (D)는 어떠냐에 대한 대답이고, 어디로 물었다고 해서 꼭 구입처를 밝혀야 할 필요는 없으니 정답은 (B)이다.

어휘 電子辞書(でんしじしょ) 전자사전 | 譲(ゆず)る 양보하다, 양도하다

29 **정답** (B)

どんな携帯が欲しいですか。
(A) 色にはあまりこだわりません。
(B) 小さくて軽いものがいいですね。
(C) これはちょっと大きすぎて不便です。
(D) 個性的なデザインが目に付きますね。

어떤 휴대전화를 갖고 싶나요?
(A) 색깔에는 별로 구애받지 않습니다.
(B) 작고 가벼운 것이 좋죠.
(C) 이건 좀 너무 커서 불편합니다.
(D) 개성적인 디자인이 눈에 띠네요.

해설 どんな라고 물었으므로 원하는 휴대전화의 특징이 언급된 대답이 가장 적절하다. 따라서 정답은 (B)이다.

어휘 携帯(けいたい) 휴대전화 | こだわる 고집하다, 구애되다 | 不便(ふべん) 불편함 | 個性的(こせいてき) 개성적 | 目(め)に付(つ)く 눈에 띠다

30 **정답** (C)

そのカバンはいくらでしたか。
(A) 母に買ってもらいました。
(B) インターネットで買いました。
(C) よく覚えていません。
(D) 入学祝いにあげました。

그 가방은 얼마였나요?
(A) 어머니께서 사 주셨습니다.
(B) 인터넷에서 샀습니다.
(C) 기억이 잘 안 납니다.
(D) 입학 축하 선물로 줬습니다.

해설 (A)는 誰, (B)는 어디에 대한 답이며, (D)는 선물한 이유를 알 수 있는 보기이다. 가방이 얼마였는지 잘 모를 수도 있기 때문에 정답은 (C)이다.

31 **정답** (C)

机の上に何がありますか。
(A) 三つあります。
(B) きれいに並べてあります。
(C) 本とプリントがあります。
(D) 学生がいます。

책상 위에 무엇이 있나요?
(A) 3개 있습니다.
(B) 깔끔하게 진열되어 있습니다.
(C) 책과 프린트물이 있습니다.
(D) 학생이 있습니다.

해설 何가로 물었으므로 (A)와 (B)는 오답이며, 책상 위에 있는 사물에 대해 질문한 것이므로 います로 대답한 (D)도 정답이 될 수 없다. 따라서 정답은 (C)이다.

32 **정답** (A)

急に肌寒くなりましたね。
(A) 暦の上ではもう冬ですからね。
(B) 昨日は立春でしたからね。
(C) 残暑が厳しいですよね。
(D) 夕立が降りそうですね。

갑자기 쌀쌀해졌네요.
(A) 달력상으로는 이미 겨울이니까요.
(B) 어제는 입춘이었으니까요.
(C) 늦더위가 기승이네요.
(D) 소나기가 내릴 것 같네요.

해설 갑자기 추워졌다고 했으므로 늦가을이나 초겨울이라고 대답한 보기를 찾아야 한다. 따라서 (A)가 정답이다. (B)는 2월 초, (C)는 늦여름, (D)는 한여름에 할 수 있는 대답이다.

어휘 肌寒(はだざむ)い 쌀쌀하다, 춥다 | 暦(こよみ) 달력 | 立春(りっしゅん) 입춘 | 残暑(ざんしょ) 늦더위 | 夕立(ゆうだち) 소나기

33 **정답** (D)

あのう、サイズが合わないので、交換して欲しいんですが。
(A) 返品はいたしかねますが。
(B) 同じサイズでよろしいですか。
(C) お1人様1点限りでございます。
(D) レシートはお持ちですか。

저, 사이즈가 맞지 않아서 교환해 주셨으면 하는데요.
(A) 반품은 할 수 없습니다만.
(B) 같은 사이즈면 됩니까?
(C) 한 분당 하나까지만입니다.
(D) 영수증은 가지고 계십니까?

해설 사이즈 교환을 원하고 있으므로 (A)返品, (B)同じサイズ는 오답 어휘며, (C)는 사이즈 교환을 원하는 손님에게 하는 말로는 알맞지 않다. 따라서 정답은 (D)이다.

어휘 交換(こうかん) 교환 | 返品(へんぴん) 반품 | ～かねる (동사 ます형에 붙어) ~하기 어렵다, ~할 수 없다 | ～限(かぎ)り (제한하는 뜻으로) ~만, ~까지

34 정답 (D)

今日も残業するんですか。
(A) そろそろ一服しませんか。
(B) 有給休暇を消化していないので。
(C) はい、今日は早退なんです。
(D) ええ、今夜は徹夜になりそうです。

오늘도 야근하는 거예요?
(A) 슬슬 한숨 돌리지 않을래요?
(B) 유급 휴가를 안 써서요.
(C) 네, 오늘은 조퇴해요.
(D) 네, 오늘은 철야할 듯해요.

해설 의문사가 없는 질문이므로 はい나 いいえ로 대답하는 것이 일반적이다. (C)와 (D)가 이에 해당하지만, (C)는 야근이 아니라 조퇴에 대한 대답이므로 정답은 (D)가 된다.

어휘 一服(いっぷく) (차를 마시거나 담배를 피우며) 잠시 쉼 | 有給休暇(ゆうきゅうきゅうか) 유급 휴가 | 消化(しょうか) 소화, 완전히 이해해서 자기 것으로 만듦, 남김없이 처리함 | 早退(そうたい) 조퇴 | 徹夜(てつや) 철야

35 정답 (D)

どこでお昼ご飯を食べますか。
(A) 30分前に食べました。
(B) 母が作ってくれました。
(C) 会社の仲間と食べます。
(D) たいてい学食で食べます。

어디서 점심을 먹나요?
(A) 30분 전에 먹었습니다.
(B) 어머니께서 만들어 주셨습니다.
(C) 회사 동료랑 먹습니다.
(D) 대개 학생 식당에서 먹습니다.

해설 どこで~食べますか로 물었으므로 평소 어디서 먹는지에 대한 대답을 해야 한다. 의문사뿐만 아니라 동사의 시제에도 주의하자. 정답은 (D)이다.

어휘 仲間(なかま) 동료 | 学食(がくしょく) 학생 식당

36 정답 (A)

フランス語とドイツ語とどちらの方が難しいですか。
(A) 両方とも難しいです。
(B) カタカナの方が難しいです。
(C) 聞き取りよりも会話の方が難しいです。
(D) 中国語はできません。

프랑스어와 독일어 중 어느 쪽이 더 어렵나요?
(A) 양쪽 다 어렵습니다.
(B) 가타카나 쪽이 어렵습니다.
(C) 청해보다도 회화 쪽이 어렵습니다.
(D) 중국어는 할 줄 모릅니다.

해설 フランス語와 ドイツ語라는 범위를 제시한 것이므로 (B)의 カタカナ, (C)의 会話, (D)의 中国語라는 대답은 모두 어울리지 않는다. 양쪽 다 어렵다고 대답한 (A)가 정답이다.

37 정답 (B)

昨夜から頭痛がひどいんです。
(A) お腹が痛いんですか。
(B) 病院には行きましたか。
(C) それはひどすぎますね。
(D) ええ、ニュースで見ましたよ。

어젯밤부터 두통이 심해요.
(A) 배가 아픕니까?
(B) 병원에는 갔습니까?
(C) 그건 너무 심하네요.
(D) 네, 뉴스에서 봤어요.

해설 頭痛(ずつう)는 '두통'이란 뜻이므로 배가 아프냐고 되물은 (A)는 정답이 아니고, (C)와 (D)는 ひどい에 '심하다, 지독하다'는 뜻 외에도 '잔인하다, 참혹하다'는 뜻이 있다는 데서 연상되는 보기일 뿐 자연스러운 대답이 아니므로 오답이다. 따라서 정답은 (B)이다.

38 정답 (D)

期末試験、どうだった(?)。
(A) やっぱり入学試験だけあって、難しかったよ。
(B) カンニングは不正行為なんだよ。
(C) 今から頑張ったら大丈夫かな。
(D) 山が当たって、ばっちりだったよ。

기말고사 어땠어?
(A) 역시 입학시험인 만큼 어려웠어.
(B) 커닝은 부정행위야.
(C) 지금부터 열심히 하면 괜찮을까?
(D) 예상이 맞아떨어져서 잘 봤어.

해설 시험이 어땠냐는 질문에 대해서는 난이도나 시험 결과에 대한 예상이 대답으로 올 수 있다. 이에 해당하는 보기는 (A)와 (D)인데, (A)는 기말고사가 아닌 입학시험에 대한 대답이므로 정답은 (D)이다.

어휘 ~だけあって ~인 만큼 | 不正行為(ふせいこうい) 부정행위 | 山(やま)が当(あ)たる (우연이나 요행에 대한) 예상이 맞다 [반의어] 山が外(はず)れる 예상이 빗나가다 | ばっちり 완벽하고 확실한 모양

39 정답 (B)

あと５分しかないけど、10時の列車に間に合うかしら。
(A) まだ15分もあるんだから、大丈夫だよ。
(B) 無理だね。仕方ないから１本遅らせよう。
(C) やっぱり余裕をもって出てきてよかったね。
(D) 台風の影響でダイヤが乱れているんだって。

앞으로 5분밖에 안 남았는데, 10시 열차에 맞춰 갈 수 있을까?
(A) 아직 15분이나 있으니 괜찮아.
(B) 무리야. 어쩔 수 없으니 다음 걸 타자.
(C) 역시 여유 있게 나오길 잘했어.
(D) 태풍의 영향으로 운행 시각표가 엉켰대.

해설 출발 5분밖에 남지 않은 촉박한 상황에서 여유를 부리고 있는 (A)와 (C)는 오답이고, (D)는 동문서답이다. 가장 자연스러운 대답은 (B)로, 여기서 １本遅らせよう는 '한 대 늦춰서 (다음 열차를) 타자'는 뜻이다.

어휘 　列車(れっしゃ) 열차 | 間(ま)に合(あ)う (시간에 늦지 않게) 행동하다, 가다 | ~本(ほん) (버스, 열차 등의 교통수단을 세는 단위) ~대 | 遅(おく)らせる 늦추다, 지연시키다 | 余裕(よゆう) 여유 | ダイヤが乱(みだ)れる (열차 등의) 운행 시각이 엉키다

40 정답 (A)

どうなることやら心配だったけど、無事に終わって何よりね。
(A) 僕も肩の荷がおりてほっとしたよ。
(B) 思ったよりぱっとしなかったね。
(C) しょんぼりしてたから、予想はしてたけどね。
(D) そんなにがっくりしないでよ。

어떻게 될지 걱정했었는데, 무사히 끝나서 다행이야.
(A) 나도 어깨의 짐을 덜어 한시름 놨어.
(B) 생각보다 별로였지?
(C) 풀이 죽어 있어서 예상은 했었지만 말이야.
(D) 그렇게 상심하지 마.

해설 　의태어에 약하면 헷갈리기 쉬운 문제이므로 꼼꼼히 확인하자. (A)ほっとする는 '긴장이 풀려 마음이 놓이다, 안심하다', (B)ぱっとする는 ぱっとしない、ぱっと来ない의 형태로 '눈에 띄거나 두드러지지 않아 딱 느낌이 오지 않다, 신통치 않다, 별로이다', (C)しょんぼりする는 '힘없이 풀이 죽어 있다, 기운이 없어 보이다, 외롭고 쓸쓸해 보이다', (D)がっくりする는 '실망이나 낙담 또는 피로로 인해 갑자기 풀이 죽다, 우울하다'라는 뜻이다. 상대방의 안도에 동의한 (A)가 정답이다.

어휘 　無事(ぶじ)に 무사히 | 肩(かた)の荷(に)がおりる (책임, 의무 등에서) 벗어나다, 어깨의 짐을 덜다

41 정답 (D)

前評判が高かっただけあって、既に売り切れらしいね。
(A) だから、在庫の処理に困っているのか。
(B) 新発売でそんなに値段が高かったの(?)。
(C) さすがロングセラーの商品だけあるね。
(D) 独自の販売戦略が功を奏したんだね。

사전 평판이 높았던 만큼 벌써 품절됐대.
(A) 그래서 재고 처리에 고심하고 있는 건가?
(B) 신제품이라 그렇게 가격이 비쌌던 거야?
(C) 역시 오래도록 잘 팔리는 상품일 만해.
(D) 독자적인 판매 전략이 성공한 거네.

해설 　在庫の処理는 売り切れ와는 상반되는 개념이므로 (A)는 정답이 아니고, 前評判が高かった와 値段が高かった는 관계없는 이야기이므로 (B)도 오답이다. 또한, 판매 전부터 평이 좋았다고 한 걸로 보아, 이제 막 출시된 상품에 대한 이야기라는 점에서 (C)의 ロングセラー와는 거리가 먼 이야기이므로 정답은 (D)이다.

어휘 　前評判(まえひょうばん) 어떤 일이 시작되기 전의 평판, 소문 | 既(すで)に 이미, 벌써 | 売(う)り切(き)れ 매진, 품절 | 在庫(ざいこ) 재고 | 処理(しょり) 처리 | 新発売(しんはつばい) (제품을) 새로 출시함, 신제품 | ロングセラー (인기가 있어) 오래 잘 팔리는 상품, 롱 셀러 | さすが~だけ(のことは)ある 역시 ~일 만하다 | 独自(どくじ) 독자적 | 販売戦略(はんばいせんりゃく) 판매 전략 | 功(こう)を奏(そう)する 성공하다, 성취하다

42 정답 (C)

あの会社、今年も去年に引き続き、新卒を採らないことになったんだって。
(A) 面接の結果がよほど悪かったんだね。
(B) 社長の右腕だったあの上司が左遷されたからね。
(C) 増え続ける赤字から経営難が深刻化している証拠だね。
(D) それでリストラの社員が大幅に増加したそうだよ。

그 회사, 올해도 작년에 이어 금년도 졸업생을 채용하지 않게 됐대.
(A) 면접 결과가 어지간히 안 좋았구나.
(B) 사장의 오른팔이었던 그 상사가 좌천됐으니까.
(C) 늘어만 가는 적자 때문에 경영난이 심각화되고 있다는 증거지.
(D) 그래서 정리해고 직원이 대폭 증가했대.

해설 　어떤 회사가 신입 사원을 뽑지 않는다는 이야기이지 자신을 채용하지 않는다는 이야기가 아니므로 (A)는 정답이 아니고, 新卒を採らない라는 상황을 알려 주는데 (B)와 (D) 같은 대답도 적절하지 않다. 今年も去年に引き続き라고 했으므로 정답은 (C)이다.

어휘 　引(ひ)き続(つづ)き 연달아, 계속해서 | 新卒(しんそつ) 그 해의 졸업자 | 採(と)る 채용하다 | よほど 상당히, 어지간히 | 右腕(みぎうで) 오른팔, 가장 믿는 부하 | 左遷(させん) 좌천 | 証拠(しょうこ) 증거 | リストラ 구조조정, 정리해고

43 정답 (A)

3年ぶりに母校を訪れたけど、田中先生は相変わらずだったわ。
(A) いつも張り切っている先生だったよね。
(B) 確か、去年退職なさったんだよね。
(C) 卒業式以来だから、懐かしい顔触れだったでしょう。
(D) まだ母校の校歌を覚えているなんて、さすがだね。

3년 만에 모교를 방문했는데, 다나카 선생님께서는 여전하시더라.
(A) 항상 의욕이 넘치는 선생님이셨지.
(B) 분명 작년에 퇴임하셨지?
(C) 졸업식 이후 처음이라 반가운 얼굴들이었지?
(D) 아직 모교의 교가를 기억하고 있다니 대단해.

해설 　(B)오랜만에 모교를 방문해서 선생님을 만났다고 했으므로 다나카 선생님은 아직 재직 중이고, (C)여기서 顔触れ는 동창회에서나 쓸 수 있는 이야기이다. 또한, (D)교가에 대한 말은 없었으므로 이야기를 듣고 선생님을 떠올린 (A)가 정답이다.

어휘 　母校(ぼこう) 모교 | 張(は)り切(き)る 의욕으로 충만해져 있다, 의욕이 넘치다 | 退職(たいしょく) 퇴직 | 懐(なつ)かしい 그립다, 정겹다 | 顔触(かおぶ)れ (얼굴을 자주 대하는) 멤버 | 校歌(こうか) 교가

44 정답 (C)

昨夜も熱帯夜で全然眠れませんでした。
(A) 私はクーラーを消して寝ました。
(B) セミの声がうるさくてたまらなかったですよ。
(C) こう続くと、寝不足になってしまいますよね。
(D) 異常気象で大寒波が来るそうですよ。

어젯밤도 열대야로 전혀 못 잤어요.
(A) 저는 에어컨을 끄고 잤습니다.
(B) 매미 소리가 시끄러워서 견딜 수 없었어요.
(C) 이렇게 계속되면 수면 부족이 되고 말 거예요.
(D) 이상 기후로 큰 한파가 온대요.

해설 열대야는 광범위하게 발생하는 현상이므로 (A)는 어색한 대답이며, 밤에 들리는 매미 울음소리는 열대야 때문이 아니라 가로등과 같은 불빛이 그 원인이므로 (B)도 오답이다. 또한, (D)는 계절적으로 반대되는 보기이므로 정답은 (C)이다.

어휘 熱帯夜(ねったいや) 열대야 | セミ 매미 | たまる 참다, 견디다 | 寝不足(ねぶそく) 잠이 모자람, 수면 부족 | 異常気象(いじょうきしょう) 이상 기후 | 大寒波(だいかんぱ) 큰 한파

45 정답 (B)

公共の場での携帯電話の使用は自粛するべきですね。
(A) 個人の自由だから、あまり干渉しない方がいいですよ。
(B) お互いにマナーを守るのは最低のモラルなんですけどね。
(C) いくら注意してもしすぎることはないですね。
(D) 運転中の使用は危険きわまりないですよね。

공공장소에서의 휴대전화 사용은 자숙해야 해요.
(A) 개인의 자유니까 별로 간섭하지 않는 편이 좋아요.
(B) 서로 매너를 지키는 것은 최소한의 도덕인데 말이죠.
(C) 아무리 조심해도 지나치지 않죠.
(D) 운전 중의 사용은 위험하기 짝이 없죠.

해설 공공장소에서의 휴대전화 에티켓에 대한 이야기이므로 이와 같은 맥락의 보기를 골라야 한다. 오답 중에서 (C)가 가장 까다로운데, ~しても~すぎることはない는 '~하면 ~할수록 좋다, ~해도 지나치지 않다'는 뜻의 문법 표현이며, 注意する는 남에게 주의를 준다는 뜻이 아니라 자신이 조심한다는 뜻이므로 오답이다. 정답은 기본 매너에 대해 지적한 (B)이다.

어휘 公共(こうきょう)の場(ば) 공공장소 | 自粛(じしゅく) 자숙 | 干渉(かんしょう) 간섭 | マナー 매너 | モラル 도덕 | ~きわまりない ~하기 짝이 없다

46 정답 (B)

来月はいよいよ市議会議員の選挙がありますね。
(A) 町のあちこちに候補者のポスターを貼りましょう。
(B) 不正のないきれいな選挙運動を展開して欲しいですね。
(C) もう当選が確定したんですか。
(D) 昨年より一段と投票率が下がったそうですよ。

다음 달은 드디어 시의회 의원 선거가 있죠.
(A) 마을 여기저기에 후보자 포스터를 붙입시다.
(B) 부정이 없는 깨끗한 선거운동을 전개해 주었으면 좋겠어요.
(C) 벌써 당선이 확정된 겁니까?
(D) 작년보다 한층 더 투표율이 내려갔다고 하네요.

해설 자칫 (A)를 정답으로 고를 수 있지만, ~ましょう로 끝났기 때문에 정답이 아니다. 또한, 선거는 다음 달이라고 했는데 (C)와 (D)는 이미 끝난 선거에 대한 이야기이므로 오답이다. 따라서 정답은 (B)이다.

어휘 いよいよ 마침내, 드디어 | 市議会議員(しぎかいぎいん) 시의회 의원 | 候補者(こうほしゃ) 후보자 | 不正(ふせい) 올바르지 않은 행동이나 행위, 부정부패, 부정행위 ▶否定(ひてい) 인정하지 않거나 반대함, 부정함 | 展開(てんかい) 전개 | 当選(とうせん) 당선 | 確定(かくてい) 확정 | 一段(いちだん)と 한층, 더욱 | 投票率(とうひょうりつ) 투표율

47 정답 (C)

芸能人の覚醒剤事件があとを絶ちませんね。
(A) 人気を維持するには仕方がないことですね。
(B) 芸能人のプライバシー問題ですからね。
(C) テレビで見るイメージと私生活とのギャップに驚きましたね。
(D) 流行に敏感な若者たちですからね。

연예인의 각성제 사건이 끊이지 않네요.
(A) 인기를 유지하려면 어쩔 수 없는 일이죠.
(B) 연예인의 프라이버시 문제니까요.
(C) TV에서 보여지는 이미지와 사생활 간의 차이에 놀랐어요.
(D) 유행에 민감한 젊은이들이니까요.

해설 覚醒剤를 제대로 들었어야만 풀 수 있는 문제이다. (A)인기를 위해서 각성제를 사용한다는 것은 언어도단이며, (B)공인으로서 책임이 무거운 사안이므로 프라이버시 문제라는 답도 어색하다. (D)도 연예인과 결부될 수 있는 답변이지만 각성제와 유행은 아무 관련이 없으므로 정답은 (C)이다.

어휘 芸能人(げいのうじん) 연예인 | 覚醒剤(かくせいざい) 각성제 | あとを絶(た)つ (어떤 일이) 그만 일어나다, 끊이다 | 維持(いじ) 유지 | プライバシー 프라이버시, 사생활 [동의어] 私生活(せいかつ) | ギャップ 갭, 차이 | 敏感(びんかん) 민감 | 若者(わかもの) 젊은이

48 정답 (A)

最近は、個人消費も冷え込む一方だし、デパートや小売店の売上高も落ち込んでいるそうよ。
(A) それがますます経済の悪化に拍車をかけているんだね。
(B) だから消費者の財布の紐が緩んで、どんどん浪費しているんだね。
(C) それにコンビニの売り上げは右肩上がりの伸びを見せているそうだよ。
(D) そんなプレッシャーに負けていられないよね。

요즘은 개인 소비도 자꾸 위축되고, 백화점이나 소매점의 매출도 침체 상태래.
(A) 그게 더욱 경제 악화에 박차를 가하는 거지.
(B) 그래서 소비자가 지갑을 열고 자꾸 낭비하는 거군.
(C) 게다가 편의점 매출은 지속적인 신장세를 보이고 있다고 해.
(D) 그런 압박에 질 순 없지.

해설 약간의 경제 상식이 필요한 문제로, '경기 침체→소비 심리 위축→소비 시장 불황→경기 침체'라는 순환 구조를 알고 있어야 (A)와 같은 정답을 찾을 수 있다. (B)는 이러한 흐름과는 정반대의 내용이며, (C)와 (D)는 전혀 관계가 없거나 엉뚱한 대답이므로 모두 오답이다. 冷(ひ)え込(こ)む는 보통 '추위가 매서워지다, 추위가 뼛속까지 스며들다'라는 뜻으로 쓰이지만, 여기서는 '(경기 등이) 위축되다'라는 뜻으로 쓰였다. 또, 落(お)ち込(こ)む는 보통 '움푹 들어가다, 빠지다, 풀이 죽다'라는 뜻으로 쓰지만, 여기서는 '(실적 등이) 뚝 떨어지다, 저조하다'로 쓰였으므로 이러한 시사 어휘로서의 쓰임도 함께 기억해 두자.

어휘 小売店(こうりてん) 소매점 | 売上高(うりあげだか) 매출, 매상 | 拍車(はくしゃ)をかける 박차를 가하다 | 財布(さいふ)の紐(ひも)が緩(ゆる)む 지갑의 끈이 느슨해지다, 필요 이상으로 돈을 쓰다 [유의어] 浪費(ろうひ)する 낭비하다 | 右肩(みぎかた)上(あ)がり (그래프의 꺾은 선이나 막대가 오른쪽으로 갈수록 올라가는 모양에서) 지속적인 상승, 오름세 | 伸(の)び 신장, 증가 | プレッシャー 압력, 압박 | ~ていられない ~하고 있을 수는 없다

49 정답 (A)

今月もまた赤字だわ。セールの時、買いすぎちゃった。
(A) カードの使いすぎで金銭感覚が鈍くなっているんじゃない(?)。
(B) 株の値段が上がって、一儲けできたおかげだね。
(C) 財布に多額の現金を入れておくのはよくないね。
(D) 友達にも借金を断られてしまったの(?)。

이번 달도 또 적자야. 세일 때 너무 많이 샀어.
(A) 카드를 너무 많이 써서 금전 감각이 무뎌진 거 아냐?
(B) 주가가 올라 한밑천 잡은 덕이지.
(C) 지갑에 고액의 현금을 넣어 두는 것은 좋지 않아.
(D) 친구한테서도 돈을 못 빌렸어?

해설 이번 달도 또 적자인 이유를 꼽은 (A)가 가장 알맞은 대답이다. また赤字가 포인트이므로 (B)는 상반되는 내용이고, (C)와 (D)는 동문서답이므로 모두 오답이다.

어휘 金銭感覚(きんせんかんかく) 금전 감각 | 鈍(にぶ)い 무디다, 둔하다 | 株(かぶ) 주식, 주가 | 一儲(ひともう)け 목돈을 벌어들임, 한밑천 잡음 | 多額(たがく) 고액, 액수가 많음 | 借金(しゃっきん) 돈을 빌림, 빚 | 断(ことわ)る 거절하다

50 정답 (C)

よりよい結婚相手を見つけるための情報サイトが急増しているんだって。
(A) やっぱりコンパは居酒屋でするにかぎるよ。
(B) 突然仲人を頼まれても大変ですからね。
(C) 情報化の波がそんなところにまで押し寄せているんですね。
(D) お見合い結婚を望む人が増えているんですね。

더 좋은 결혼 상대를 찾기 위한 정보 사이트가 급증하고 있대.
(A) 역시 친목회는 술집에서 하는 게 그만이지.
(B) 갑자기 중매인 역할을 부탁 받아도 난처하니까요.
(C) 정보화 물결이 그런 곳까지 밀려와 있는 거군요.
(D) 중매결혼을 원하는 사람이 증가하고 있는 거군요.

해설 결혼 정보 사이트의 급증과 コンパ 장소, 仲人은 관계없는 이야기이므로 (A)와 (B)는 오답이고, 결혼 정보 사이트를 통해 결혼 상대를 만나는 사람이 많아지게 되면 お見合い結婚과는 거리가 멀어지므로 (D)도 알맞은 대답이 아니다. 情報サイト가 急増에 초점을 맞춰 대답한 (C)가 정답이다.

어휘 急増(きゅうぞう) 급증 | コンパ (술자리가 포함된) 모임, 친목회 | 居酒屋(いざかや) 술집 | ~にかぎる ~가 제일이다, 그만이다 | 仲人(なこうど) 중매인 | 波(なみ) 파도, 물결 | 押(お)し寄(よ)せる 밀려오다, 몰려오다 | お見合(みあ)い結婚(けっこん) 중매결혼, 맞선을 통한 결혼

참고 仲人는 사전적인 의미로 중매인이라는 뜻이지만, 예로부터 일본의 仲人는 중매에서부터 결혼이 마무리될 때까지 많은 일을 하는 중요한 사람이었다. 최근 연애결혼이 일반적인 추세가 되면서 전통적인 仲人는 많이 줄어들었지만, 신랑 신부를 잘 아는 지인이나 손윗사람이 결혼식 당일의 仲人 역할을 부탁 받아, 신랑 신부를 소개하는 스피치 등을 하기도 한다.

---

1 Part 3 302쪽

51 (A)	52 (C)	53 (C)	54 (D)	55 (C)
56 (C)	57 (C)	58 (D)	59 (A)	60 (A)
61 (B)	62 (A)	63 (B)	64 (C)	65 (D)
66 (C)	67 (C)	68 (D)	69 (D)	70 (D)
71 (A)	72 (C)	73 (D)	74 (C)	75 (B)
76 (D)	77 (C)	78 (D)	79 (C)	80 (D)

🎧 Test1-3

51 정답 (A)

女 : あの、何か書くものを貸してもらえませんか。
男 : シャーペンとボールペンがありますけど。
女 : じゃあ、ボールペンを貸してください。
男 : はい、どうぞ。

여 : 저, 뭔가 필기구를 빌려주실 수 없을까요?
남 : 샤프와 볼펜이 있는데요.
여 : 그럼 볼펜을 빌려주세요.
남 : 네, 여기요.

해석 여자는 남자에게 무엇을 빌렸습니까?
(A) 볼펜
(B) 연필
(C) 샤프
(D) 샤프와 볼펜
해설 남자가 가지고 있는 필기구는 샤프와 볼펜이었는데, 여자는 볼펜을 빌려 달라고 했으므로 정답은 (A)이다.

52 정답 (C)

女：早く、急いで。特急が来るわ。
男：そんなに速く走ったら息が切れちゃうよ。
女：何言ってんの。これ逃したら、次まで２時間も待つのよ。さあ、早く。
男：それにしてもここ、改札からホームまでがやけに長いなあ。

여：빨리, 서둘러. 특급열차가 와.
남：그렇게 빨리 뛰면 숨차잖아.
여：뭐라는 거야. 이거 놓치면 다음 열차까지 2시간이나 기다려야 해. 어서 빨리.
남：그건 그렇다 쳐도 여기, 개찰구에서 플랫폼까지가 너무 길어.

해석 두 사람은 어디에 있습니까?
(A) 마라톤 대회의 골인 지점
(B) 영화관
(C) 철도역
(D) 슈퍼 특별 세일 코너
해설 特急, 改札, ホ-ム라는 힌트를 통해 두 사람이 대화하는 곳은 (C)라는 것을 알 수 있다. 특히 特急(とっきゅう)는 特別急行列車(とくべつきゅうこうれっしゃ) '특별 급행열차'의 준말이므로 이 문제의 가장 핵심이 되는 힌트이다.
어휘 息(いき)が切(き)れる 숨차다, 헐떡이다 | やけに (정도가 심한 모양) 무척, 몹시 | 鉄道(てつどう) 철도 | 特売(とくばい) 특별히 싸게 팖, 특별 세일

53 정답 (C)

女：割引クーポンの有効期限、明日までだわ。
男：じゃあ、今日一緒に行こうか。
女：残念だけど、今日は残業があるから、明日ね。
男：わかった。

여：할인 쿠폰 유효 기간이 내일까지야.
남：그럼, 오늘 같이 갈까?
여：아쉽지만, 오늘은 야근이 있으니까 내일 가자.
남：알았어.

해석 두 사람은 언제 가게에 갑니까?
(A) 오늘 간다.
(B) 오늘 야근이 끝나고 나서 간다.
(C) 내일 간다.
(D) 내일 야근이 끝나고 나서 간다.
해설 여자는 오늘 야근이 있어서 갈 수 없고, 마지막에 明日ね라고 했으므로 정답은 (C)이다. 내일 야근이 있는지 없는지는 알 수 없으므로 (D)는 정답이 아니다.
어휘 割引(わりびき) 할인 | 有効期限(ゆうこうきげん) 유효 기간

54 정답 (D)

女：あの、これ出産祝いなんですが。
男：はい。では、のしをお付けいたしますか。
女：お願いします。名前は自分で書きますので。
男：かしこまりました。

여：저, 이거 출산 선물인데요.
남：네, 그럼 노시를 달아 드릴까요?
여：부탁합니다. 이름은 제가 적을게요.
남：알겠습니다.

해석 선물에 대해 올바른 것은 어느 것입니까?
(A) 리본을 단다.
(B) 노시에 이름을 적어서 받는다.
(C) 노시는 달지 않는다.
(D) 보내는 사람의 이름은 직접 기입한다.
해설 선물에 대한 힌트를 찾아보면, 出産祝い(출산 선물), のしをつける(노시를 달다), 名前は自分で書く(이름은 직접 쓴다)이다. 따라서 정답은 (D)이다.
어휘 出産(しゅっさん) 출산 | のし 노시, 색종이를 가늘고 길게 접어 축하 선물에 곁들이는 장식 ▶최근에는 프린트물을 이용하기도 한다. | 贈(おく)り物(もの) 선물 | 贈(おく)り主(ぬし) (선물을) 보내는 사람

55 정답 (C)

女：すみません、ここにしみがついてしまって。
男：ああ、本当ですね。
女：きれいに落ちますか。
男：ええ、大丈夫ですよ。あさってまでに仕上げておきます。

여：저기, 여기에 얼룩이 져서요.
남：아, 정말이네요.
여：깨끗이 빠질까요?
남：네, 걱정 마세요. 모레까지 끝내 놓겠습니다.

해석 여자는 어디에 있습니까?
(A) 화장품 매장
(B) 에스테틱 살롱 (피부관리실)
(C) 세탁소
(D) 옷 수선점
해설 きれいに落ちますか라는 말은 얼룩을 빼 달라는 뜻이다. 이러한 대화의 흐름으로 보아, 두 사람이 대화를 나누는 장소는 세탁소이므로 정답은 (C)이다.
어휘 しみ 얼룩 | 仕上(しあ)げる (일을) 끝내다, 완성하다 | 洋服(ようふく) (서양식) 옷, 의복
참고 洋服는 어디까지나 일본의 전통 의상을 일컫는 和服(わふく)와 반대되는 뜻이므로, 신사복을 의미하는 우리말의 '양복'과 혼동하지 말자.

56 정답 (C)

女: 吉田さんって、兄弟が多いんでしたよね。
男: はい、私以外みんな結婚して甥や姪が全部で8人います。
女: じゃあ、親戚が集まると賑やかでしょうね。
男: でも、お正月とかはお年玉で大変です。

여: 요시다 씨는 형제가 많았죠?
남: 네, 저 말고는 다들 결혼해서 조카들이 전부 8명이에요.
여: 그럼, 친척이 모이면 북적거리겠네요.
남: 그렇지만 설날엔 세뱃돈으로 휘청거려요.

해석 남자에 대해 올바른 것은 어느 것입니까?
(A) 형제가 9명이다.
(B) 형제가 8명이다.
(C) 설날엔 돈이 들어 부담이 된다.
(D) 남자 이외에는 모두 미혼이다.

해설 남자의 형제 관계에 대해서는 두 사람의 대화만으로 알 수 없기 때문에 (A)와 (B)는 오답이고, 私以外みんな結婚して라고 했으므로 (D)도 내용과 반대되는 보기이다. お正月とかはお年玉で大変이라고 했으므로 정답은 (C)이다.

어휘 甥(おい) (남자) 조카 | 姪(めい) (여자) 조카딸 | 親戚(しんせき) 친척 | 賑(にぎ)やか 떠들썩함, 번화함 | お正月(しょうがつ) 설날 | お年玉(としだま) 세뱃돈 | 独身(どくしん) 독신, 미혼

57 정답 (C)

女: もしもし。部屋の中にある浴衣は自由に着ていいんでしょうか。
男: はい、もしサイズが合わない場合はフロントまでお知らせください。
女: そうですか。これを着たまま食堂や1階のロビーにも行けますか。
男: いいえ、ロビー以外の場所なら結構です。廊下やエレベーター、食堂、大浴場等ではかまいません。

여: 여보세요. 방 안에 있는 유카타는 자유롭게 입어도 되나요?
남: 네, 만약 사이즈가 맞지 않을 경우엔 프런트에 알려 주세요.
여: 그래요? 이걸 입은 채로 식당이나 1층 로비에도 갈 수 있나요?
남: 아뇨, 로비 이외의 장소라면 괜찮습니다. 복도나 엘리베이터, 식당, 대중탕 등에서는 상관없습니다.

해석 유카타를 입은 채 갈 수 없는 곳은 어디입니까?
(A) 로비와 식당
(B) 로비와 복도와 엘리베이터
(C) 로비
(D) 로비 이외의 장소

해설 ロビー以外の場所なら結構라는 말은 로비 이외의 장소는 괜찮다는 뜻이므로 정답은 (C)이다.

어휘 食堂(しょくどう) 식당 | 廊下(ろうか) 복도 | 大浴場(だいよくじょう) 대중탕

58 정답 (D)

女: ええと、チーズバーガーセットとミニサラダを一つお願いします。
男: お客様、恐れ入りますが、チーズバーガーは5、6分ほどお時間よろしいですか。
女: じゃあ、セットのコーラとポテトは先にお願いします。あ、ミニサラダはやっぱりやめます。
男: はい、それではご注文を確認させていただきます。

여: 음, 치즈버거 세트랑 미니 샐러드를 하나 주세요.
남: 손님 죄송하지만, 치즈버거는 5, 6분 정도 시간 괜찮으세요?
여: 그럼, 세트의 콜라와 포테이토는 먼저 주세요. 아, 미니 샐러드는 그냥 취소할게요.
남: 네, 그럼 주문을 확인하겠습니다.

해석 여자는 주문한 품목을 어떤 순서로 받습니까?
(A) 미니 샐러드 → 콜라와 포테이토 → 치즈버거
(B) 콜라와 포테이토 → 미니 샐러드 → 치즈버거
(C) 치즈버거와 콜라와 포테이토 → 미니 샐러드
(D) 콜라와 포테이토 → 치즈버거

해설 チーズバーガーセット와 ミニサラダ를 주문했지만 햄버거는 시간이 좀 걸린다고 했으므로 가장 마지막에 받을 수 있다. 또, 주문 중간에 ミニサラダ를 취소했으므로 ミニサラダ가 없는 보기를 골라야 한다. 따라서 정답은 (D)이다.

어휘 品(しな) 물건, 물품, 상품 | 順序(じゅんじょ) 순서

59 정답 (A)

男: この女優、子役からデビューしてたあの子じゃない(?)。
女: あら、ほんとだ。今はもう大人の女性って感じね。
男: 今度一般人と結婚して、芸能界からは引退するんだって。
女: 華やかな世界を去っていわゆる普通の生活に適応できるのかな。

남: 이 여배우, 아역부터 데뷔한 개 아냐?
여: 어, 정말. 지금은 이제 성숙한 여성이라는 느낌이네.
남: 이번에 일반인과 결혼해서 연예계에서는 은퇴한대.
여: 화려한 세계를 떠나 소위 말하는 평범한 생활에 적응할 수 있을까?

해석 두 사람은 무엇에 대해 이야기하고 있습니까?
(A) 어느 여배우가 연예인을 그만둔다는 것
(B) 연예계에서 살아가는 게 힘겹다는 것
(C) 연예인 간의 결혼에는 실패가 많다는 것
(D) 화려한 연예계보다 일반인의 생활이 마음 편한 것

해설 대화의 주제를 찾아야 하는 문제이다. 두 사람은 아역부터 연예계 활동을 했다는 女優에 대해 이야기하고 있고, 앞으로 芸能界からは引退する라고 했기 때문에 정답은 (A)이다. (B)는 일반적인 연예인에 대한 이야기이긴 하지만 대화와는 무관하고, (C)는 一般人と結婚이라고 했으므로 오답이다. 또, 대화 속에서 여자는 普通の生活に適応できるのかな라며 약간의 걱정을 하고 있을 뿐이므로 (D)도 정답이 될 수 없다.

어휘 女優(じょゆう) 여배우 | 子役(こやく) 아역 | 一般人(いっぱんじん) 일반인 | 芸能界(げいのうかい) 연예계 | 引退(いんたい) 은퇴 | 華(はな)やか 화려함 | 去(さ)る 떠나다 | い

わゆる 소위, 이른바 | 適応(てきおう) 적응 | ～同士(どうし) (명사에 붙어) ～끼리, ～사이 | 気楽(きらく) 속 편함

어휘 山頂(さんちょう) 산 정상, 산꼭대기 | 弱虫(よわむし) 겁쟁이 | どうも 아무래도, 어쩐지, 도무지 | 虫(むし)に刺(さ)される 벌레에 물리다

60 정답 (A)

女：今日はずいぶんおしゃれね。何かあるの(?)。
男：面接用の写真を撮りに行くんだ。
女：普段はジーパンにＴシャツなのに、見違えたわ。
男：馬子にも衣装っていうやつか。

여 : 오늘은 굉장히 멋을 냈네. 무슨 일 있어?
남 : 면접용 사진을 찍으러 가.
여 : 평소 땐 청바지에 티셔츠더니, 몰라봤어.
남 : 옷이 날개라는 말이지?

해석 남자는 오늘 어떤 차림을 하고 있습니까?
(A) 양복 차림이 멋지게 어울린다.
(B) 면접을 위해 평상시와 다른 머리 모양을 하고 있다.
(C) 티셔츠와 청바지가 잘 어울린다.
(D) 축제용 의상을 입고 있다.

해설 면접용 사진은 깔끔한 양복 차림으로 찍는 것이 상식이므로 정답은 (A)이다. (B)는 면접용 사진이 아니라 면접이라고 했기 때문에, (C)는 평소 모습, (D)는 馬子にも衣装라는 속담을 모를 때 고를 수 있는 함정이다.

어휘 おしゃれ 멋을 부림 | 見違(みちが)える 몰라보다 | 馬子(まご)にも衣装(いしょう) 옷이 날개 | 決(き)まる (決まっての 형태로) 형태나 복장이 멋지게 어울리다, 그럴듯하다 | 髪型(かみがた) 머리 모양 | 似合(にあ)う 어울리다 | 祭(まつ)り 축제

참고 見違える와 헷갈리기 쉬운 표현으로 見間違(みまちが)える가 있는데, 이것은 어떤 사람이나 사물을 '잘못 보다, 착각하다'라는 뜻이므로 구분해서 외워 두자.

61 정답 (B)

女：山頂までケーブルカーで行く(?)、それともリフトで行く(?)。
男：お願いだから、ケーブルカーで行こうよ。リフトは昔から苦手で。
女：わかった。怖いんでしょ(?)。男のくせに弱虫ね。
男：そうじゃなくて、降りるときのタイミングがどうも難しくてね。

여 : 산 정상까지 케이블카로 갈래? 아니면 리프트로 갈래?
남 : 부탁이니까 케이블카로 가자. 리프트는 옛날부터 좀 그래서.
여 : 알았다. 무서운 거지? 남자면서 겁쟁이네.
남 : 그게 아니라 내릴 때 타이밍이 도무지 어려워서.

해석 남자는 왜 케이블카로 가려 합니까?
(A) 리프트에 탈 때의 타이밍이 어려워서
(B) 리프트에서 잘 내릴 수 없어서
(C) 리프트로 가면 벌레에 물려서
(D) 리프트를 탄 적이 없어서

해설 여자의 말만 듣고 리프트가 무서우니까라는 보기를 찾았다면 큰 오산이다. 남자는 여자의 말에 그렇지 않다라고 하면서 부정하고 있고, 그 뒤에 진짜 이유를 말하고 있기 때문이다. 降りるときのタイミングが難しい가 진짜 이유이므로 같은 뜻인 (B)가 정답이다.

62 정답 (A)

女：見て。このホテルのケーキバイキング、1500円で食べ放題だって。
男：コーヒーか紅茶がつくのか。このホテルにしては思い切った料金だな。
女：単品だと飲み物は500円、ケーキはどれも400円だから…。
男：君の食欲だったら十分元がとれるね。

여 : 이것 봐, 이 호텔 케이크 뷔페, 1500엔으로 맘껏 먹을 수 있대.
남 : 커피나 홍차도 주는구나. 이 호텔치고는 과감한 요금이네.
여 : 따로 주문하면 음료는 500엔, 케이크는 뭐든 400엔이니까…
남 : 네 식욕이라면 충분히 본전을 뽑을 수 있겠군.

해석 케이크를 몇 개나 먹어야 이득입니까?
(A) 세 개   (B) 네 개
(C) 다섯 개   (D) 여섯 개

해설 보기가 모두 숫자이므로 두 사람의 대화는 반드시 메모하면서 들어야 한다. 1500엔짜리 호텔 뷔페이고, 여기에 500엔 상당의 음료가 따라오므로 케이크는 1000엔 이상을 먹어야 이득이다. 케이크 하나에 400엔이라고 했으므로 세 개 이상 먹어야 한다. 따라서 정답은 (A)이다.

어휘 食(た)べ放題(ほうだい) 먹고 싶은 만큼 먹을 수 있음, 뷔페 | 思(おも)い切(き)った 대담한, 과감한 | 単品(たんぴん) 단품, 상품 하나 | 食欲(しょくよく) 식욕 | 元(もと)がとれる 본전을 찾다 | お得(とく) 이득임, 값이 쌈

63 정답 (B)

女：高橋さんの英語のスピーチ、素晴らしかったわね。
男：本当。どうやってあんなにマスターしたんだろう。
女：実はね、高橋さんの妹の彼がアメリカ人なんだって。
男：へえ、そんな事情があったのか。

여 : 다카하시 씨의 영어 스피치, 훌륭했지.
남 : 정말. 어떻게 그렇게 마스터한 걸까?
여 : 실은, 다카하시 씨 여동생의 남자친구가 미국인이래.
남 : 오, 그런 사정이 있었구나.

해석 다카하시 씨의 스피치가 훌륭했던 이유는 무엇이라고 했습니까?
(A) 다카하시 씨의 애인이 미국인이어서
(B) 여동생의 애인한테 배워서
(C) 미국에 유학한 적이 있어서
(D) 영어 학원에 다녀서

해설 여자의 말에서 정답을 찾을 수 있다. 高橋さんの妹の彼がアメリカ人이라고 했고, 彼(かれ)는 彼氏(かれし), 恋人(こいびと)와 같은 뜻이므로 정답은 (B)이다. '여자친구'는 彼女(かのじょ)라고 하는데, '전 남자친구'는 元(もと)カレ, '전 여자친구'는 元(もと)カノ라고 한다.

어휘 素晴(すば)らしい 훌륭하다, 멋지다 | 事情(じじょう) 사정

64 정답 (C)

女: ねえ、オレンジジュースと牛乳、切れちゃったんだけど。
男: えっ、僕に買いに行けってこと(?)。
女: さっき床屋に行くって言ってたじゃない。ついでに頼むわ。
男: わかったよ。帰りにスーパーに寄って来るよ。

여: 있지, 오렌지 주스랑 우유가 떨어졌어.
남: 응? 나더러 사러 가라는 말이야?
여: 아까 이발소에 간다고 했잖아. 가는 김에 부탁할게.
남: 알았어. 오는 길에 슈퍼에 들렀다 올게.

해석 남자는 어떻게 합니까?
(A) 목욕탕에 갔다가 오는 길에 주스와 소고기를 산다.
(B) 목욕탕에 갔다가 우유를 마시고 돌아온다.
(C) 이발하러 갔다가 오는 길에 주스와 우유를 산다.
(D) 이발하러 갔다가 오는 길에 오렌지와 소고기를 산다.

해설 床屋는 散髪을 하는 곳이므로 (A)와 (B)는 제외된다. 또한, 여자가 부탁한 것은 オレンジジュース와 牛乳이므로 정답은 (C)이다.

어휘 床屋(とこや) 이발소 | ついでに 하는 김에 | 銭湯(せんとう) 대중탕 [동음이의어] 先頭 선두 | 散髪(さんぱつ) 이발

65 정답 (D)

男: 来月からゴミを出す日が変わるんだって。
女: 知ってるわ。燃えるゴミが月水、燃えないゴミは金曜日になるのよね。
男: 今までは燃えないゴミが火金だったのに。
女: 私としては燃えるゴミの日がもう1日あれば有り難いんだけどな。

남: 다음 달부터 쓰레기를 버리는 날이 바뀐대.
여: 알고 있어. 타는 쓰레기가 월, 수, 타지 않는 쓰레기는 금요일이 되는 거지.
남: 지금까지는 타지 않는 쓰레기가 화, 금이었는데.
여: 난 타는 쓰레기 버리는 날이 하루 더 있었으면 고맙겠는데 말이지.

해석 쓰레기를 버리는 날에 대해 올바른 것은 어느 것입니까?
(A) 예전에는 타는 쓰레기를 버리는 날이 화, 금이었다.
(B) 타지 않는 쓰레기를 버리는 날은 예전과 같다.
(C) 타는 쓰레기를 버리는 날은 월요일만으로 변경되었다.
(D) 타는 쓰레기를 버릴 수 있는 날은 주 2회이다.

해설 약간의 메모가 필요한 문제이다. (A) 예전의 타는 쓰레기 버리는 날에 대해서는 알 수 없고, (B) 타지 않는 쓰레기는 화/금→금으로 하루가 줄었으며, (C) 타는 쓰레기는 월/수 이틀이다. 따라서 정답은 (D)이다.

참고 일본의 쓰레기 분리 배출은 지자체마다 세부 규정이 다르지만, 크게 燃えるゴミ(가연성 쓰레기), 燃えないゴミ(불연성 쓰레기), 資源(しげん)ゴミ(재활용품), 粗大(そだい)ゴミ(대형 쓰레기)로 나뉜다.

66 정답 (C)

女: 来月の4日まで貸し出しはできません。
男: どうしてですか。
女: 返却日を守らないと、遅れた日数だけ貸し出しが禁止になるんです。
男: そうだったんですか。今度から気をつけます。

여: 다음 달 4일까지 대출이 안 됩니다.
남: 어째서요?
여: 반납일을 지키지 않으면, 늦은 일수 만큼 대출이 금지돼요.
남: 그랬나요? 앞으로 조심하겠습니다.

해석 책 대출에 대해서 올바른 것은 어느 것입니까?
(A) 매월 4일은 대출이 불가능하다.
(B) 남자는 다음 달 8일까지는 책을 반납해야 한다.
(C) 반납일을 지키지 않으면 책 대출은 일시적으로 정지된다.
(D) 반납이 늦어진 일수의 2배가 대출 금지 기간이 된다.

해설 (A) 도서관 자체의 대출 불가능한 날에 대한 내용은 없고, (B) 남자는 아예 책을 빌릴 수조차 없는 상황이며, (D) 遅れた日数だけ 대출 금지라고 했으므로 정답은 (C)이다.

어휘 貸(か)し出(だ)し 대출, 대여 | 返却(へんきゃく) 반납 | 日数(にっすう) 일수 | 禁止(きんし) 금지

참고 貸し出し는 도서관과 같은 특정 장소의 물건을 유료 또는 무료로 빌려주는 것인데 비해, レンタル는 비디오나 DVD와 같은 물건을 비교적 단기간에 일정 요금을 내고 빌리는 것을 말한다. 또한, 返却는 '비디오나 책의 반납', 返済(へんさい)는 '돈의 상환', 返品(へんぴん)은 '물건의 반품'을 뜻하므로 헷갈리지 않도록 주의하자.

67 정답 (C)

女: この携帯、あまり薄すぎてかえって使いづらいわ。
男: そう(?)。今、流行っている最新型じゃない。
女: それはそうだけど、やっぱり実際に使ってみないと、よくわからないものね。
男: 実はそれ、僕も買おうと思ってたけど、再考の余地がありそうだな。

여: 이 휴대전화, 너무 얇아서 오히려 쓰기 불편해.
남: 그래? 지금 유행하고 있는 최신형이잖아.
여: 그건 그렇지만, 역시 실제로 써 보지 않으면 잘 모르는 법이지.
남: 실은 그거, 나도 사려고 했었는데 재고의 여지가 있을 것 같군.

해석 대화 내용과 일치하는 것은 어느 것입니까?
(A) 남자는 최신 휴대전화를 가지고 있다.
(B) 여자는 유행하는 휴대전화를 구입해서 사용감이 좋아 만족하고 있다.
(C) 남자는 여자가 산 물건을 구입하려고 생각했었다.
(D) 남자는 여자가 가지고 있는 휴대전화와 같은 것을 샀다.

해설 (A) 최신 휴대전화를 가지고 있는 건 여자이며, (B) かえって 使いづらい라고 했으므로 만족하고 있는 것은 아니다. 또한, (D) 남자는 買おうと思ってた라고 했으므로 아직 사지 않은 상태이다. 따라서 정답은 (C)이다.

어휘 薄(うす)い 얇다 | かえって 오히려, 도리어 | 流行(はや)る 유행하다 | 最新型(さいしんがた) 최신형 | 再考(さいこ

う) 재고 | 余地(よち) 여지 | 購入(こうにゅう) 구입 | 使(つか)い勝手(がって) 사용하기 편리한 정도

68 정답 (D)

女: 部長、今日の夕方ちょっとお時間よろしいですか。実はご相談がありまして。
男: うん。5時半からだったらいいけど。6時から接待が入ってるから、手短にね。
女: そうですか。それでしたら、明日の5時半ではいかがでしょうか。
男: 何か深刻そうだね。じゃ明日の夕方はあけておくよ。

여: 부장님, 오늘 저녁에 잠시 시간 괜찮으세요? 실은 상담할 게 있어서요.
남: 응. 5시 반부터라면 괜찮은데. 6시부터 접대가 있으니까 짧게 해 줘.
여: 그러세요? 그럼 내일 5시 반은 어떠세요?
남: 왠지 심각할 것 같은데. 그럼 내일 저녁은 비워 둘게.

해석 여자는 어떻게 합니까?
(A) 오늘 6시에 부장에게 짧게 상담한다.
(B) 내일 5시 반에 부장이 손금을 봐 준다.
(C) 오늘 6시에 부장과 함께 접대 자리에 참석한다.
(D) 내일 5시 반에 부장에게 좀 복잡한 내용의 상담을 한다.

해설 상황이 여의치 않아 明日の5時半ではいかがでしょうか라고 다시 물었으므로 (A)와 (C)는 오답이다. 또, 여자가 부장에게 부탁하고 있는 것은 손금 보기가 아니라 상담이므로 (B)도 틀린 답이다. 짧은 내용의 상담이라면 오늘도 가능했지만 굳이 내일로 미룬 것으로 보아, 深刻하거나 込み入った相談일 것으로 예상되므로 정답은 (D)이다.

어휘 接待(せったい) 접대 | 手短(てみじか) (이야기나 문장이) 짤막하고 간략함 | 手相(てそう) 손금 | 込(こ)み入(い)る (사정 등이) 복잡하게 뒤얽히다

69 정답 (C)

女: このパソコン、分割払いOKって書いてありますが、12回払いでもいいですか。
男: はい、結構ですが、商品の価格に対して5%の分割手数料をいただくことになります。
女: ちょっと高いですね。でも一括払いは無理だし、12回払いでお願いします。
男: かしこまりました。では、こちらの10万円の商品でよろしいですね。

여: 이 컴퓨터, 할부 OK라고 적혀 있는데, 12개월 할부도 되나요?
남: 네, 되긴 합니다만, 상품의 가격에 대해 5%의 할부 수수료를 내셔야 합니다.
여: 좀 비싸네요. 그렇지만 일시불은 무리니까 12개월 할부로 부탁합니다.
남: 알겠습니다. 그럼, 이 10만엔짜리 상품으로 하시는 거죠?

해석 여자가 지불할 총액은 얼마입니까?
(A) 10만엔   (B) 10만 5백엔
(C) 10만 5천엔   (D) 11만엔

해설 숫자 문제는 반드시 메모가 필요하니 보기가 전부 숫자일 경우 꼭 메모하면서 듣자. 여자는 12回払いでお願いします라고 했고, 컴퓨터 가격은 10만엔, 할부는 상품 가격에 5%의 수수료가 붙는다고 했으므로 정답은 10만엔+수수료 5000엔인 (C)가 된다.

어휘 分割払(ぶんかつばら)い 분할 지불, 할부 [반의어] 一括払(いっかつばら)い 일시불 | 手数料(てすうりょう) 수수료 | 総額(そうがく) 총액, 전액

70 정답 (D)

男: この頃疲れが抜けなくて。何かいい方法、ないですか。
女: 香りでリラックスする方法があるらしいわよ。
男: 香りといっても色々ありますよね。
女: 症状に合わせてどんな香りが効果的か、まず調べてみたら。

남: 요즘 피로가 풀리지 않아요. 뭔가 좋은 방법 없을까요?
여: 향으로 릴렉스하는 방법이 있다던데.
남: 향이래도 여러 종류가 있잖아요.
여: 증상에 맞춰 어떤 향이 효과적인지 먼저 조사해 보는 게 어때?

해석 대화의 내용과 일치하는 것은 어느 것입니까?
(A) 릴렉스할 수 있는 향은 하나밖에 없다.
(B) 여자가 남자에게 어떤 향이 좋을지 골라 준다.
(C) 여자는 향에 대해 자세히 알고 있다.
(D) 그 사람의 상태에 따라 향을 고르는 기준이 다르다.

해설 香りといっても色々라고 했으므로 (A)는 오답이며, まず調べてみたら라는 여자의 말로 보아 (B)와 (C)도 정답이 될 수 없다. 따라서 정답은 (D)이다.

어휘 香(かお)り 향, 향기 | 症状(しょうじょう) 증상 | 効果的(こうかてき) 효과적 | 状態(じょうたい) 상태

71 정답 (A)

男: おっ、一郎から手紙か。どれどれ「拝啓、父上様」だって。ははあ。
女: ずいぶんとばか丁寧な手紙ね。どうしちゃったのかしら。
男: どうせ仕送りが底をついて、助けてくれっていう手紙に決まってるさ。
女: 昔から甘え上手な子だったから、きっとそうね。

남: 어? 이치로가 보낸 편지인가? 어디 보자, '친애하는 아바마마께'래. 내 참.
여: 지나치게 격식을 갖춘 편지네. 무슨 일이지?
남: 보나마나 생활비가 바닥나서 도와 달라는 편지임에 틀림없어.
여: 옛날부터 어리광쟁이였으니 분명 그럴 거야.

해석 두 사람은 편지 내용이 어떨 것이라고 생각합니까?
(A) 돈을 부쳐 달라는 내용
(B) 역까지 배웅해 달라는 내용
(C) 이사를 도와주러 와 달라는 내용
(D) 고장의 유명한 과자를 보내 달라는 내용

해설 아들의 편지에 적힌 첫 글귀를 보고 남자는 どうせ~っていう手紙に決まってる라고 했고, 여자도 きっとそうね라며

동의하고 있다. 또한, 仕送り는 お金을 의미하고, 助けて
くれる 送って欲しい와 같은 뜻이므로 정답은 (A)이다.

어휘 拝啓(はいけい) '인사 드리고 아뢴다'는 뜻의 편지 머리말
| ばか丁寧(ていねい) (바보스러울 만큼) 지나치게 공손함
| 仕送(しおく)り (생활비나 학비의) 송금 | 底(そこ)をつく
바닥나다 | 見送(みおく)る 배웅하다 | 名産(めいさん) 명산,
그 지역의 유명한 상품

72 정답 (C)

女 : このソース、賞味期限が 1月 31日までって書いてあ
   るわ。
男 : 今日が 1月 17日だから、あと 2週間しかないじゃな
   い。早く使い切らないと。
女 : でも、「栓を開けたら 2週間以内にお召し上がりくだ
   さい」とも書いてあるわ。
男 : これって去年から使ってるよね。じゃあ、もうだめ
   ってことじゃない。

여 : 이 소스, 유통기한이 1월 31일까지라고 적혀 있어.
남 : 오늘이 1월 17일이니 앞으로 2주 밖에 안 남았잖아? 빨리
다 써야겠네.
여 : 그렇지만 '개봉 후 2주 이내에 드세요'라고도 적혀 있어.
남 : 이거 작년부터 쓴 거지? 그럼 이제 안 되겠네.

해석 남자는 왜 '이제 안 된다'고 했습니까?
(A) 2주로는 소스를 다 쓸 수 없어서
(B) 소스 병에 적혀 있는 유통 기한 날짜를 지나서
(C) 개봉 후 2주 이상 지나서
(D) 뚜껑을 안 닫고 2주가 지나서

해설 유통 기한까지 아직 2주나 남았지만, 栓을 開けたら 2週間
以内にお召し上がりください라는 지시 사항이 있었고, 작
년부터 썼다고 했으므로 이미 유통 기한이 지난 것이다. 따라
서 (C)가 정답이다.

어휘 賞味期限(しょうみきげん) 유통 기한 | ~切(き)る (동사 ます형에 붙어) 완전히 ~하다, 다 ~하다 | 栓(せん) 마개, 뚜껑

73 정답 (D)

男 : いま天気予報やってたみたいだけど、東京の予報見
   た(?)。
女 : うん。晴れのち曇り、午後はところによりにわか雨
   か雷雨だって。
男 : やっぱり傘が要るかな。夕方からは出張で仙台に行
   かなきゃならないし。
女 : 仙台はまだ梅雨明けしてないから、傘は手放せない
   んじゃない(?)。

남 : 막 일기 예보 했던 것 같은데, 도쿄 예보 봤어?
여 : 응. 맑은 뒤 흐린다고 했고, 오후엔 곳에 따라 소나기나 천
둥을 동반한 비래.
남 : 역시 우산이 필요한가? 저녁부터는 출장으로 센다이에 가
야 하기도 하고.
여 : 센다이는 아직 장마가 안 끝났으니 우산은 꼭 가져가야 되
지 않아?

해석 대화의 내용과 일치하는 것은 어느 것입니까?
(A) 센다이는 이미 장마가 끝났으므로 우산은 필요 없다.
(B) 일기 예보에 의하면 센다이에서는 오후부터 비가 온다.
(C) 여자는 남자에게 우산을 건넨다.
(D) 남자는 일기 예보를 못 보고 놓쳤다.

해설 남자가 天気予報やってたみたいだけど라고 한 이유는 일기
예보를 못 봤기 때문이므로 정답은 (D)이다. 仙台はまだ梅
雨明けしてない라고 했으므로 (A)는 오답이고, 센다이의 일
기 예보에 대해선 두 사람의 대화로는 알 수 없는 부분이므로
(B)도 정답이 될 수 없으며, (C)도 대화에 없는 내용이므로
오답이다.

어휘 にわか雨(あめ) 소나기 | 雷雨(らいう) 뇌우 | 梅雨明(つゆあ)け 장마가 끝남 | 手放(てばな)す 손에서 놓다, 손을 떼다 | 見逃(みのが)す 못 보다, 기회를 놓치다, 간과하다, 눈감아 주다

74 정답 (C)

女 : 木村さん、先週の日曜日、無事初出産なさったそう
   よ。
男 : それはよかったね。ところで、男の子、女の子、ど
   っちだったの(?)。
女 : 医者には最後まで聞かなかったらしいけど、希望通
   りの一姫二太郎だったって。
男 : じゃ、ご主人も大喜びだろうね。

여 : 기무라 씨, 지난주 일요일에 무사히 첫 출산하셨대.
남 : 그거 다행이군. 그런데, 남자아이와 여자아이 중 어느 쪽이
었어?
여 : 의사한테는 끝까지 안 물어봤다던데, 소원대로 첫딸이었대.
남 : 그럼, 남편분도 무척 기뻐했겠네.

해석 기무라 씨의 출산에 대해 올바른 것은 어느 것입니까?
(A) 기무라 씨는 난산이었다.
(B) 기무라 씨는 임신 중에 태아의 성별을 알고 있었다.
(C) 기무라 씨는 여자아이를 출산했다.
(D) 기무라 씨는 남자아이를 원했다.

해설 무사히 출산했다고 했고, 끝까지 태아의 성별을 의사에게 묻
지 않았다고 했으므로 (A)와 (B)는 오답이다. 정답을 찾기 위
해선 初出産과 一姫二太郎를 정확히 들었어야 하는데, 희
망했던 대로 첫 출산이 이루어졌다고 했으므로 정답은 (C)이
다. 만약 두 번째 출산이었다면 (D)가 정답이 된다.

어휘 初出産(はつしゅっさん) 첫 출산 | 希望(きぼう) 희망 | ~通(どお)り (명사에 붙어) ~대로 | 一姫二太郎(いちひめにたろう) 첫아이는 딸, 둘째아이는 아들이 좋음 | 大喜(おおよろこ)び 무척 기뻐함 | 難産(なんざん) 난산 〔반의어〕 安産(あんざん) 순산 | 妊娠(にんしん) 임신 | 胎児(たいじ) 태아

75 정답 (B)

女 : あら、もうみかんを売ってるのね。
男 : まだ時期的には早すぎるよね。
女 : 最近は季節を問わず何でも食べられるから、季節感
   がなくなって寂しいわ。
男 : そう、旬の味っていう感覚が薄くなってきたような
   気がするね。

여 : 어머, 벌써 귤을 팔고 있네.
남 : 아직 시기적으로는 많이 빠르지?
여 : 요즘엔 계절을 불문하고 뭐든 먹을 수 있으니 계절감이 없어져서 아쉬워.
남 : 맞아. 제철 음식이라는 감각이 희박해진 듯한 느낌이 들어.

해석 여자의 기분으로 맞는 것은 어느 것입니까?
(A) 겨우 귤이 판매되는 계절이 되어 기쁘다.
(B) 지금은 음식으로 계절감을 느낄 수 없어져 뭔가 아쉽다.
(C) 예나 지금이나 항상 먹고 싶은 것을 먹을 수 있어 기쁘다.
(D) 그 계절 특유의 맛을 찾아내는 것은 간단하다.

해설 여자는 귤을 보고 기뻐한 것이 아니라 벌써 귤이 나왔다는 사실에만 반응한 것이므로 (A)는 오답이며, 계절과 상관없이 먹을 수 있게 된 것은 最近부터이고, 寂しい라고 했으므로 (C)도 정답이 아니다. 여자의 기분과 일치하는 보기는 계절감에 대해 언급한 (B)이다.

어휘 みかん 귤 | ~を問(と)わず ~을 불문하고 | 旬(しゅん) (채소, 과일, 해산물 등이) 한창때 맛이 가장 좋은 시기, 제철 | 薄(うす)い 희박하다, 얇다 | 味(あじ)わう 맛보다, 체험하다, 감상하다 | 物足(ものた)りない 어딘지 아쉽다, 허전하다 | 年中(ねんじゅう) 1년 내내, 항상 | ~ならではの ~만의, ~특유의

76 정답 (D)

女 : ねえ、コーヒーでも飲みに行かない(?)。
男 : うん、それなら駅前のハンバーガー屋はどう(?)。カフェラテが1杯100円だって。
女 : ブレンドコーヒーなら最近珍しくないけど、カフェラテでその値段なら魅力的ね。
男 : 最近はカフェとして客を取り込もうというハンバーガーチェーンが増えているみたいだよ。

여 : 있지, 커피 마시러 가지 않을래?
남 : 응, 그럼 역 앞 햄버거 가게는 어때? 카페라떼가 한 잔에 100엔이래.
여 : 블랜딩 커피라면 요즘 드문 건 아닌데, 카페라떼가 그 가격이라면 매력적이네.
남 : 요즘엔 카페로서 손님을 흡수하려는 햄버거 체인점이 늘고 있는 것 같아.

해석 요즘 햄버거 체인점에 대해 올바른 것은 어느 것입니까?
(A) 햄버거 가게에서 카페로 리뉴얼하는 체인점이 늘어났다.
(B) 블랜딩 커피 대신 카페라떼를 파는 체인점이 늘어났다.
(C) 커피를 100엔 균일가로 파는 체인점이 많아졌다.
(D) 커피를 마시러 오는 손님을 늘리려는 체인점이 많아졌다.

해설 남자의 마지막 말에 힌트가 숨어 있다. 특히 カフェとして客を取り込もうという라는 부분을 이해해야 하는데, 이것은 コーヒーを飲みにくる客を増やそうとしている와 같은 뜻이므로 정답은 (D)이다.

어휘 珍(めずら)しい 드물다, 희귀하다 | 魅力的(みりょくてき) 매력적 | 取(と)り込(こ)む 거두어들이다, 제 것으로 흡수하다 | チェーン 체인 | 改装(かいそう) 개장, 외관이나 시설을 새로 단장함 | 均一(きんいつ) 균일

77 정답 (C)

女 : 支店長、ご栄転おめでとうございます。やっと本社に帰れますね。
男 : 支店なら一国一城の主でいられるけど、本社じゃ役員とか偉い人ばっかりいるからね。
女 : でも、ご家族とも一緒に暮らせるようにもなるわけですし。
男 : 単身赴任の方が気楽だよ。妻に気兼ねしなくて毎晩飲み歩けるからね。

여 : 지점장님, 본사 발령 축하드립니다. 겨우 본사로 돌아갈 수 있겠네요.
남 : 지점이라면 호랑이 없는 굴에 왕이지만, 본사엔 간부라든지 높으신 분만 있으니 말이지.
여 : 그렇지만 가족 분들과도 함께 살 수 있게 되잖아요.
남 : 단신 부임 쪽이 마음이 편해. 아내 눈치 안 보고 매일 밤 술 마시러 다닐 수 있으니까.

해석 남자의 기분으로 올바른 것은 어느 것입니까?
(A) 쑥스러워하면서도 본사 근무를 내심 기뻐하고 있다.
(B) 가족 곁으로 돌아갈 수 있어 기뻐하고 있다.
(C) 본사 근무를 별로 기뻐하지 않는다.
(D) 출세 코스에서 제외되어, 앞날에 불안을 느끼고 있다.

해설 남자는 本社じゃ役員とか偉い人ばっかりいる라고 했고, 결정적으로 単身赴任の方が気楽라고 말한 것으로 보아, 당연히 기쁠 것이라고 생각한 여자의 말과 반대의 기분이다. 이것은 본사 근무가 별로 기쁘지 않다는 뜻이므로 정답은 (C)가 된다. 一国一城(いっこくいちじょう)の主(あるじ)는 직역하면 '한 나라 한 성의 어엿한 주인'이라는 뜻으로, 다른 곳으로부터 간섭받지 않는 명실상부한 하나의 영역을 구축한 사람을 뜻하는 말이다.

어휘 栄転(えいてん) (지금보다 나은 위치나 회사로의) 승진, 전임 | 役員(やくいん) (회사의) 간부, 임원 | 偉(えら)い 훌륭하다, 지위나 신분이 높다 ▶お偉いさん이라고 하면 '높으신 분'이라며 비아냥거리는 뉘앙스이다. | 単身赴任(たんしんふにん) 단신 부임, 혈혈단신으로 가족을 떠나 타지에 부임함 | 気楽(きらく) 마음이 편함, 홀가분함 | 気兼(きが)ね 마음 씀, 어렵게 여김 | 飲(の)み歩(ある)く 여기저기 옮겨 다니며 술을 마심 | 照(て)れる 쑥스러워하다 | 内心(ないしん) 내심 | もと (영향이 미치는 범위) 곁, 슬하 | 出世(しゅっせ)コース 출세 코스

78 정답 (C)

女 : 今度の台風、あなたの田舎の方に上陸したって聞いたけど、大丈夫だった(?)。
男 : 暴風域に入って、浸水とか崖崩れとかはあったけど、幸い死者は出なかったって。
女 : よかったわね。昔と違って、今は行政側の避難誘導や防災体制もしっかりしているからね。
男 : 台風の被害で5千人も死者が出た時代もあったなんて、信じられないよね。

여 : 이번 태풍, 너네 고향에 상륙했다고 들었는데 괜찮았어?
남 : 폭풍권에 들어서 침수나 사태는 있었지만, 다행히 사망자는 나오지 않았대.
여 : 다행이네. 옛날과 달리 지금은 정부 측의 피난 유도나 방재 체제도 빈틈없으니까.
남 : 태풍 피해로 5천명이나 사망자가 나왔던 시절도 있었다니 믿기지 않지.

해석 대화의 내용과 일치하는 것은 어느 것입니까?
(A) 최근 5천명의 사망자를 낸 큰 태풍 피해가 있었다.
(B) 남자의 고향에서 수해는 일어나지 않았다.
(C) 남자의 고향에는 별반 큰 피해가 없었다.
(D) 여자는 태풍 상륙에 대해 별로 관심이 없었다.

해설 (A)時代もあった라고 했으므로 사망자가 5천명이나 나온 것은 옛날 이야기이며, (B)浸水가 있었다는 말은 水害가 있었다는 말이다. 또한, (D)여자는 처음부터 大丈夫だった(?)라며 남자의 고향에 대해 걱정하고 있었다. 남자는 대화 중반에 幸い死者は出なかった라고 알려 주었으므로 정답은 (C)이다.

어휘 上陸(じょうりく) 상륙 | 暴風域(ぼうふういき) 폭풍권, 폭풍지역 | 浸水(しんすい) 침수 | 崖崩(がけくず)れ 벼랑이 무너짐 | 幸(さいわ)い (부사) 다행히 | 死者(ししゃ) 사망자 | 行政(ぎょうせい) 행정 | 避難誘導(ひなんゆうどう) 피난 유도 | 防災体制(ぼうさいたいせい) 방재 체제 | 水害(すいがい) 수해 | 故郷(こきょう) 고향

79 정답 (C)

女 : アメリカの大統領がノーベル平和賞受賞なんて、驚きだわ。
男 : 大統領になってまだ１年も経ってないのに、具体的に何をしたっていうんだろうね。
女 : 受賞が納得できる人もいるにはいたけど、平和賞ってだいたい選考基準が曖昧なのよ。
男 : 政治家の受賞には昔から首を傾げることも多いね。

여 : 미국 대통령이 노벨 평화상 수상이라니 놀라운데.
남 : 대통령이 된 지 1년도 안 지났는데 구체적으로 뭘 했다는 건가 싶어.
여 : 수상을 납득할 수 있다는 사람도 있긴 있었지만, 평화상은 애당초 선발 기준이 애매하고.
남 : 정치가의 수상은 옛날부터 의아한 점도 많지.

해석 대화의 내용과 일치하는 것은 어느 것입니까?
(A) 여자는 미국 대통령의 노벨 평화상 수상을 기뻐하고 있다.
(B) 여자는 노벨 평화상의 폐지를 원하고 있다.
(C) 남자는 정치가의 노벨 평화상 수상에 대해 의문시하고 있다.
(D) 남자는 최근 어깨 결림이 심해서 곤혹스러워 하고 있다.

해설 미국 대통령의 노벨 평화상 수상에 대해 여자는 驚きだわ라고 했고, 노벨 평화상 폐지에 대한 이야기는 없으므로 (A)와 (B)는 오답이다. 여기에 남자가 정치가의 노벨 평화상 수상에 대해 首を傾げることも多い라고 했으므로 정답은 (C)이다. 首を傾げる와 疑問視する가 같은 뜻이라는 것을 알아야 정확히 정답을 찾을 수 있는 문제이며, (D)는 이에 대한 함정일 뿐이다.

어휘 大統領(だいとうりょう) 대통령 | ノーベル平和賞(へいわしょう) 노벨 평화상 | 受賞(じゅしょう) 수상 (상을 받음) | 반의어 授賞(じゅしょう) 수상 (상을 줌) | 具体的(ぐたいてき)に 구체적으로 | 納得(なっとく) 납득 | 選考基準(せんこうきじゅん) 선발 기준, 전형 기준 | 曖昧(あいまい) 애매함 | 政治家(せいじか) 정치가 | 首(くび)を傾(かし)げる 고개를 갸웃거리다, 의아하게 생각하다 | 廃止(はいし) 폐지 | 疑問視(ぎもんし)する 의문시하다, 의문스럽게 여기다 | 肩(かた)こり 어깨 결림

80 정답 (D)

女 : 係長、いよいよ４月は我が部署にも新人が配属になりますね。
男 : まあ、そうは言っても丸々３ヶ月は研修で顔を見ることもないけどね。
女 : そうですね。でも、３年ぶりに新人が来るので、私としてはとても嬉しいです。
男 : 研修も大事だけど、それより経験が物を言う仕事だから、宜しく指導してあげてよ。

여 : 계장님, 드디어 4월에는 우리 부서에도 신입이 배치되네요.
남 : 뭐, 그렇게 말해도 꼬박 3개월은 연수로 마주치는 일도 없겠지만 말이야.
여 : 그렇네요. 하지만 3년 만에 신입 사원이 들어오니 저로서는 무척 기뻐요.
남 : 연수도 중요하지만, 그것보다 경험이 실력 행사를 하는 일이니 잘 지도해 줘.

해석 대화의 내용과 일치하는 것은 어느 것입니까?
(A) 여자는 3년 전에 이 부서에 신입으로 배치되었다.
(B) 이 부서에서는 4월부터 신입 사원이 영업을 담당하게 된다.
(C) 여자는 신입 사원 연수 기간의 교육을 맡게 되었다.
(D) 남자는 연수보다 실제 경험으로 일을 배우는 게 중요하다고 생각한다.

해설 (A)3年ぶりの신입 사원이라고 해서 꼭 여자가 3년 전에 들어왔다고는 볼 수는 없으며, (B)4월부터 두 사람의 부서에 신입이 들어오긴 하겠지만 무슨 일을 담당할지는 아직 알 수 없다. 또한, 남자의 宜しく指導してあげてよ라는 마지막 말 때문에 (C)를 정답으로 착각할 수 있지만, 研修期間の教育が끝난 다음의 이야기이므로 오답이다. 経験が物を言う仕事라고 했으므로 정답은 (D)이다.

어휘 係長(かかりちょう) 계장 | 部署(ぶしょ) 부서 | 配属(はいぞく) (회사 부서로) 배치 | 丸々(まるまる) 완전히, 전부 | 研修(けんしゅう) 연수 | 物(もの)を言(い)う 영향력을 행사하다 | 指導(しどう) 지도

1 | Part 4

307쪽

81 (B)	82 (B)	83 (D)	84 (C)	85 (C)
86 (B)	87 (D)	88 (D)	89 (B)	90 (C)
91 (B)	92 (D)	93 (C)	94 (B)	95 (C)
96 (B)	97 (C)	98 (B)	99 (B)	100 (D)

🎧 Test1-4

81-84

最近、残業続きのストレスで、木村さんは体を壊してしまいました。病院での検査の結果、高血圧である事がわかりました。⁸¹木村さんはこの春で入社して3年目になり、そろそろ仕事にも慣れてきた矢先でした。⁸²初めのうちは薬を飲みながら何とか頑張っていましたが、先週の月曜日の朝、出勤しようとしたところ、突然玄関で倒れてしまいました。これくらい大丈夫と高をくくっていたのが、結局入院に至りました。⁸³来週、精密検査をしてその結果によっては手術を受けなければならない可能性もあります。⁸⁴今回のことで、日頃の健康管理がどれほど大切なことなのか、木村さんは痛切に感じています。

최근, 계속된 야근 스트레스로 기무라 씨는 건강을 해치고 말았습니다. 병원 검사 결과, 고혈압이란 것을 알았습니다. 기무라 씨는 올봄으로 입사한 지 3년째가 되어, 이제 슬슬 일에도 익숙해지려는 때였습니다. 처음에는 약을 먹으면서 어떻게든 버텼습니다만, 지난 월요일 아침, 출근하려다가 갑자기 현관에서 쓰러지고 말았습니다. 이 정도는 괜찮다고 대수롭지 않게 여겼던 것이 결국 입원에 이르렀습니다. 다음 주에 정밀 검사를 해서 그 결과에 따라서는 수술을 받아야 할 가능성도 있습니다. 이번 일로 평소의 건강 관리가 얼마나 중요한지, 기무라 씨는 절실하게 느끼고 있습니다.

어휘 体(からだ)を壊(こわ)す 건강을 해치다, 병에 걸리다 | 高血圧(こうけつあつ) 고혈압 | ~た矢先(やさき) 막 ~하려고 할 때 [동의어] ~たとたん(に) | 高(たか)をくくる 대수롭지 않게 여기다, 경시하다 | 至(いた)る 이르다 | 精密検査(せいみつけんさ) 정밀 검사 | 手術(しゅじゅつ)を受(う)ける 수술을 받다 | 日頃(ひごろ) 평소 | 健康管理(けんこうかんり) 건강 관리 | 痛切(つうせつ) 통감함, 절실하게 느낌

81 정답 (B)
해석 기무라 씨는 언제 회사에 들어왔습니까?
(A) 1년 전   (B) 2년 전
(C) 3년 전   (D) 4년 전
해설 この春で入社して3年目라고 했고, ~目(め)는 '~째'라는 뜻이므로 정답은 (B)이다.

82 정답 (B)
해석 기무라 씨는 언제 쓰러졌습니까?
(A) 야근하고 있었을 때   (B) 지난주 월요일 아침
(C) 올해 초   (D) 귀가하는 도중
해설 先週の月曜日の朝、出勤しようとしたところ라고 했으므로 정답은 (B)이다.
어휘 帰宅(きたく) 귀가

83 정답 (D)
해석 기무라 씨의 몸 상태에 대해 올바른 것은 어느 것입니까?
(A) 입원하여 카운셀링을 받을 필요가 있다.
(B) 약을 먹고 통원하면서 치료를 받게 되었다.
(C) 이번 주에 수술을 받기로 되어 있다.
(D) 정밀 검사 결과에 따라 수술이 결정된다.
해설 지문과 관련이 없는 내용은 망설이지 말고 오답으로 지우자. (A)입원은 했지만 카운셀링의 필요성을 언급한 말은 어디에도 없으며, (B)현재 통원 치료가 아닌 입원 치료를 하고 있는 상황이다. 또한, (C)수술은 확정된 것이 아니고 정밀 검사 결과에 따라 결정된다고 했으므로 정답은 (D)이다.
어휘 通院(つういん) 통원 | ~次第(しだい) ~에 따라 결정됨, ~ 나름임

84 정답 (C)
해석 기무라 씨는 자신의 건강 상태에 대해 어떻게 생각합니까?
(A) 과로와 스트레스를 준 회사의 책임이다.
(B) 약만 먹고 있으면 일에 지장은 없다.
(C) 무리하지 말고 건강에 좀 더 신경 써야 했다.
(D) 수술을 받으면 회복하여 복귀할 수 있다.
해설 마지막 문장을 통해 자신의 안일함을 반성하고 있다는 것을 알 수 있으므로 정답은 (C)이다. (B)는 쓰러지기 전의 기무라 씨의 생각에 해당하며, (A)와 (D)는 지문의 내용과 관계없는 내용이므로 모두 오답이다.
어휘 過労(かろう) 과로 | 支障(ししょう) 지장 [동의어] 差(さ)し障(さわ)り | 配慮(はいりょ) 배려, 신경 씀 | 復帰(ふっき) 복귀

85-87

⁸⁵関東テレビネットワーク・KTNの番組が、この秋大幅に改編されることが明らかになりました。⁸⁶朝の情報番組を終了し、代わって、経済ニュースを中心とした「おはよう！ビジネス」を新たにスタートさせるほか、夜の時間帯では最近一桁台の視聴率が続いている月曜9時のドラマ枠を、若手映画監督を司会者とする著名人へのインタビュー番組に切り替える等、長年KTNを支えてきた番組にも容赦のないテコ入れが行われる見込みです。⁸⁷かつては民間放送の雄と言われたものの、最近では視聴率の低迷と業績不振にあえぐKTNにとって、今回の大幅な番組改編はまさに正念場と言えそうです。

간토TV 네트워크 KTN의 프로그램이 올가을 대폭 개편될 것으로 보입니다. 아침 정보 프로그램을 종료하고, 대신 경제 뉴스 중심의 '오하요! 비즈니스'를 신설하는 이외에, 밤 시간대에서는 최근 한 자릿수의 시청률이 계속되고 있는 월요일 9시 드라마 시간대를 젊은 영화 감독을 사회자로 내세운 저명인사 인터뷰 프로그램으로 전환하는 등 KTN의 오랜 기반 프로그램에도 가차 없는 보완 조치가 있을 전망입니다. 예전에는 민간 방송의 맹주로 여겨졌지만, 최근 들어 시청률 침체와 실적 부진으로 허덕이는 KTN에 있어, 이번 프로그램 전면 개편은 그야말로 중요한 고비라고 할 수 있겠습니다.

어휘 番組(ばんぐみ) 방송 프로그램 | 改編(かいへん) 개편 | 明(あき)らかになる 분명하게 드러나다, 밝혀지다 | 新(あら)たに 새롭게 | ~桁(けた) (숫자의) ~자릿수 | 視聴率(しちょうりつ) 시청률 | 枠(わく) 제한 범위, 테두리, 틀 | 若手

(わかて) 젊은 사람 | 映画監督(えいがかんとく) 영화 감독 | 司会者(しかいしゃ) 사회자 유의어 進行役(しんこうやく) 진행 역할, 진행 담당, MC | 著名人(ちょめいじん) 저명인사, 유명 인사 | 切(き)り替(か)える 바꾸다, 전환하다 | 長年(ながねん) 여러 해, 다년간 | 支(ささ)える 받치다, 버티다, 지탱하다, 유지하다 | 容赦(ようしゃ)のない 가차 없는, 사정없는 | テコ入(い)れ (취약점 등을 보완하는) 지원 조치 | 見込(みこ)み 예상, 전망 ▶見晴(みは)らし 조망, 전망 | 雄(ゆう) 영웅, 실력자 | ~ものの ~하긴 했으나 | 低迷(ていめい) 좋지 못한 상태에서 헤어나지 못함 | 業績不振(ぎょうせきふしん) (업무의) 성적 부진, 실적 부진 | あえぐ 헐떡이다, 숨차다, 허덕이다 | 正念場(しょうねんば) 중요한 국면

85 **정답 (C)**
해석 KTN의 정식 명칭은 무엇입니까?
(A) 규슈TV 네크워크
(B) 간사이TV 네트워크
(C) 간토TV 네크워크
(D) 북일본TV 네크워크
해설 처음에 関東テレビネットワーク・KTN라고 명시했으므로 정답은 (C)이다.
어휘 正式名称(せいしきめいしょう) 정식 명칭

86 **정답 (B)**
해석 월요일의 드라마 프로그램 대신에 어떤 프로그램이 시작됩니까?
(A) 경제 뉴스 프로그램
(B) 저명인사에 대한 인터뷰 프로그램
(C) 거물급 여자 탤런트의 버라이어티 프로그램
(D) 전 프로야구 선수를 MC로 내세운 스포츠 프로그램
해설 (A)는 아침 정보 프로그램 대신 편성되는 프로그램이고, (C)와 (D)는 언급되지 않았다. 월요일 9시 시간대는 著名人へのインタビュー番組に切り替える라고 했으므로 정답은 (B)이다.
어휘 大物(おおもの) 거물

87 **정답 (D)**
해석 KTN에 대해 본문의 내용과 일치하는 것은 어느 것입니까?
(A) 개편에 따라 전체적으로 버라이어티 프로그램이 증가한다.
(B) 이번 프로그램 개편은 방송국 소속 아나운서 중심의 프로그램 구성이다.
(C) 오랜 인기 프로그램도 이번 개편으로 방송 시간이 변경된다.
(D) 옛날에는 민간 방송의 리더격인 존재였다.
해설 정보 방송이 경제 뉴스로, 드라마가 저명인사 인터뷰 프로그램으로 바뀐다는 것은 (A)와는 거리가 멀다. 또한, 언급된 프로그램의 사회자에 젊은 영화 감독도 있으므로 (B)도 내용과 상반되며, 방송 시간 변경에 대한 이야기는 없으므로 (C)도 오답이다. 지문 끝부분에 かつては民間放送の雄と言われたら고 했으므로 (D)가 정답이다.
어휘 局(きょく)アナ 해당 방송국 소속 아나운서(アナウンサー) | 構成(こうせい) 구성

88-90

今日はまったく、散々な一日でした。通勤の時には、人身事故の影響で電車はストップ。やっとの思いで会社に出勤したら、今度は部長から小言を言われました。[88]「接待費を使っている割には営業成績が伸びない」だなんて。[89]新規開拓の担当なのだから、もう少し長い目で見てほしいのに…。[90]席についたら、いきなり取引先からクレームの電話がありました。他の部署のミスで起こったトラブルなのに、とんだとばっちりでした。おまけに、そのせいで遅くまで残業する羽目になりました。帰りには土砂降りに遭い、新調したばかりのスーツがびしょびしょになってしまいました。

오늘은 정말 엉망인 날이었습니다. 출근 시간에는 인명 사고의 영향으로 전철이 멈추었고, 겨우 회사에 출근했더니 이번에는 부장님께 잔소리를 들었습니다. "쓰는 접대비에 비해 영업 성적이 오르지 않는군."이라니. 신규 개척 담당이니 좀 더 장기적으로 봐줬으면 하건만…. 자리에 앉으니 갑자기 거래처에서 클레임 전화가 왔습니다. 다른 부서의 실수로 일어난 트러블인데 뜻밖의 불똥이었습니다. 게다가 그 때문에 늦게까지 야근할 처지에 놓이게 되었습니다. 퇴근길에는 폭우가 쏟아져서 새로 맞춘 양복이 흠뻑 젖어 버렸습니다.

어휘 散々(さんざん) 아주 나쁜 모양, 엉망인 모양 | 通勤(つうきん) 통근 | 人身事故(じんしんじこ) (주로 전철에서의) 인명 사고, 투신 사고, 추락 사고 | やっとの思(おも)いで 가까스로, 겨우 | 小言(こごと)を言(い)う 잔소리를 하다 | 接待費(せったいひ) 접대비 | 新規開拓(しんきかいたく) 신규 개척 | 長(なが)い目(め)で見(み)る 긴 안목으로 보다 | とんだ 뜻하지 않은, 엉뚱한 | とばっちり 다른 사람으로 인해 입는 피해 | おまけに 게다가, 그 위에 | 羽目(はめ)になる (곤란한) 처지가 됨 ▶羽目を外(はず)す 들뜬 나머지 도를 넘다 | 土砂降(どしゃぶ)り 억수같이 내리는 비 | 新調(しんちょう) (옷 등을) 새로 맞춤

88 **정답 (C)**
해설 이 사람은 왜 부장에게 잔소리를 들었습니까?
(A) 회사에 지각해서
(B) 일을 땡땡이쳐서
(C) 실적이 오르지 않아서
(D) 일처리가 늦어 야근이 많아서
해설 쓰는 접대비에 비해 営業成績が伸びない라고 했으므로 정답은 (C)이다.
어휘 さぼる 땡땡이치다, 게으름을 피우다

89 **정답 (B)**
해설 이 사람은 평소에 어떤 일을 하고 있습니까?
(A) 고객의 불만을 듣는 일
(B) 새로운 고객을 찾아내는 일
(C) 다른 부서의 서포트를 하는 일
(D) 다른 부서와의 트러블을 해결하는 일
해설 接待費, 営業成績라는 단어를 통해 화자는 영업 업무를 한다는 사실을 알 수 있지만, 더 정확히는 新規開拓の担当라고 했으므로 정답은 (B)이다.
어휘 苦情(くじょう) 불만, 클레임

[90] 정답 (C)
해석 이 사람이 야근한 이유는 무엇입니까?
(A) 영업 실적을 늘리려고
(B) 자신의 실수로 고객에게 폐를 끼쳐서
(C) 거래처의 불만을 처리하기 위해
(D) 비가 와서 접대에 늦었기 때문에
해설 거래처로부터 전화가 왔고 다른 부서의 실수였지만 그 탓으로 야근할 처지가 되었다고 했다. 따라서 정답은 (C)이다.

91-93

美人の基準とはその時代や文化によって異なるものですが、やはり時代は変わっても美を追求する気持ちには変わりはないようです。 [91]近年は、美人の条件として目が大きく、鼻筋が通り、西洋的な顔が好まれるようになってきました。しかし、平安時代には、きめ細かい色白の肌で、小太りでしもぶくれの顔が美人の条件でした。[92]また、南洋の国、ミクロネシアでは美人の条件は太っていることだそうです。[93]このように、美人の基準とは、時代の流れや文化の差によって異なるもので、本当の魅力とは、視覚的に目に映る美ではなく、心の眼で感じ取る美しさと言えるのではないでしょうか。

미인의 기준이란 그 시대나 문화에 따라 다른 것이지만, 역시 시대는 변해도 미를 추구하는 마음에는 변함이 없는 것 같습니다. 최근에는 미인의 조건으로 눈이 크고, 콧날이 서 있으며, 서양적인 얼굴을 선호하게 되었습니다. 하지만 헤이안 시대에는 하얗고 고운 피부에 약간 통통하고 아랫볼이 볼록한 얼굴이 미인의 조건이었습니다. 또, 남태평양의 나라 미크로네시아에서는 미인의 조건은 뚱뚱한 것이라고 합니다. 이렇게 미인의 기준이란 시대의 흐름이나 문화 차이에 따라 다른 것으로, 진정한 매력이란 시각적으로 눈에 비치는 아름다움이 아니라 마음의 눈으로 감지하는 아름다움이라고 할 수 있지 않을까요?

어휘 異(こと)なる 다르다 | 追求(ついきゅう) 추구 | 近年(きんねん) 근년, 최근 몇 년 | 鼻筋(はなすじ)が通(とお)る 콧날이 오똑하다, 곧다 | 西洋的(せいようてき) 서양적 ▶東洋的(とうようてき) 동양적 | 好(この)む 좋아하다, 선호하다 | 平安時代(へいあんじだい) 헤이안 시대, 8~12세기까지의 막부 체제 이전의 귀족 시대 | きめ細(こま)かい 표면이 반드럽다, 보드랍다 | 色白(いろじろ)の肌(はだ) 흰 살결, 흰 피부 | 小太(こぶと)り 약간 통통함 | しもぶくれ 아랫볼이 볼록함, 볼록한 얼굴 | 南洋(なんよう) 남태평양 부근의 섬 | 感(かん)じ取(と)る 감지하다, 알아차리다

[91] 정답 (B)
해석 요즘에는 어떤 얼굴의 사람을 선호하게 됐습니까?
(A) 쌍꺼풀이 있는 사람
(B) 코가 곧게 정돈된 사람
(C) 모델같이 마른 사람
(D) 서양에서 태어난 사람
해설 近年은로 시작되는 문장에서, 눈이 크고, 콧대가 오똑하며, 서양적인 얼굴이 요즘 미인의 조건이라고 했다. (A)와 (C)는 언급된 적이 없으며, 서양적인 얼굴은 출신지와 상관없으므로 (D)도 정답이 될 수 없다. 鼻筋が通る와 鼻がまっすぐ整っている는 같은 의미이므로 정답은 (B)이다.
어휘 二重(ふたえ) 쌍꺼풀

[92] 정답 (D)
해석 미인의 조건으로 내용과 일치하는 것은 어느 것입니까?
(A) 요즘엔 동양적인 이목구비가 미인이라는 소리를 듣는다.
(B) 헤이안 시대에는 살결이 희고, 마른 여자가 미인이었다.
(C) 미인의 기준이란 시대를 불문하고 변함이 없는 것 같다.
(D) 뚱뚱한 여자가 미인의 조건이 되는 나라도 있다.
해설 요즘 미인의 기준은 西洋的な顔라고 했으므로 반대로 말한 (A)는 오답이다. 또, (B)헤이안 시대에는 마른 사람이 아니라 小太り인 사람이 미인이었고, (C)미인의 기준이란 時代の流れや文化の差によって異なるもの라고 했다. 미크로네시아에서는 미인의 조건은 太っていること라고 했으므로 정답은 (D)이다.
어휘 目鼻立(めはなだ)ち 얼굴 생김새, 이목구비

[93] 정답 (C)
해석 이 내용에 어울리는 제목은 무엇입니까?
(A) 세계의 미인을 찾아서
(B) 시대별 미인의 조건
(C) 아름다움을 꿰뚫어 보는 마음의 눈
(D) 미용 성형의 위험성
해설 미괄식 구성으로, 시공간에 따라 달라지는 미인의 조건을 열거한 뒤에 진정한 매력은 心の眼で感じ取る美しさ에 있다고 했으므로 이것이 주제이다. 따라서 정답은 (C)이다.
어휘 見抜(みぬ)く 꿰뚫어 보다, 간파하다 | 美容整形(びようせいけい) 미용 성형

94-96

日本女性の8人に1人は、「痩せすぎ」だという調査結果が発表されました。[94]特に20代女性の平均摂取カロリーは1628kcalで、食糧難だった時代よりも下回っています。なぜこんなにも痩せているのでしょうか。[95]その理由として、長時間労働や孤食が挙げられています。仕事が忙しすぎてつい食事が疎かになり、コンビニのおにぎりだけ、というような食習慣が増えているようです。また、もともと中年男性をターゲットにしたメタボ予防商品が、過度なダイエットを促進させたとも言われています。[96]女性の痩せすぎは、不妊や低体重児の出産の原因となるおそれがあるので、何よりも健康を第一に考える必要があると思います。

일본 여성의 8명 중 1명은 '너무 말랐다'는 조사 결과가 발표되었습니다. 특히 20대 여성의 평균 섭취 칼로리는 1628kcal로, 식량난이었던 시대보다도 밑돌고 있습니다. 왜 이렇게나 말랐을까요? 그 이유로 장시간 노동이나 혼밥을 들 수 있습니다. 일이 너무 바빠서 식사를 그만 소홀히 하게 되어, 편의점 삼각김밥만으로 끼니를 해결하는 식습관이 증가하고 있는 듯합니다. 또한, 원래 중년 남성을 타깃으로 한 복부 비만 예방 상품이 과도한 다이어트를 촉진시켰다고도 여겨지고 있습니다. 여성의 저체중은 불임이나 저체중아 출산의 원인이 될 염려가 있기 때문에 무엇보다 건강을 제일로 생각할 필요가 있다고 생각합니다.

어휘 平均(へいきん) 평균 | 摂取(せっしゅ) 섭취 | 食糧難(しょくりょうなん) 식량난 | 下回(したまわ)る (수치 등이) 밑돌다 [반의어] 上回(うわまわ)る 윗돌다 | 労働(ろうどう) 노동 | 孤食(こしょく) 혼자서 식사를 함, 혼밥 | つい 자신도 모르게, 그만, 무심결에, 어느덧 | 疎(おろそ)か 소홀히 함

| 食習慣(しょくしゅうかん) 식습관 | メタボ 내장지방형 비만, 복부 비만 | 過度(かど) 과도 | 促進(そくしん) 촉진 | 不妊(ふにん) 불임 | 低体重児(ていたいじゅうじ) 저체중아 | 出産(しゅっさん) 출산 | おそれ 우려

94 정답 (B)

해석 어떤 조사 결과가 발표되었습니까?
(A)전후 일본 여성의 취직률
(B)일본 여성의 칼로리 섭취율
(C)일본 여성의 내장비만 상품 구입률
(D)일하는 일본 여성의 출산율

해설 일본 여성의 8명 중 1명은 痩せすぎ라는 조사 결과가 발표되었다고 했고, 痩せすぎ의 근거는 平均摂取カロリー이므로 정답은 (B)이다.

95 정답 (C)

해석 현대 일본 여성의 저체중 원인은 무엇이라고 합니까?
(A)필요 이상으로 과도한 다이어트를 하고 있어서
(B)점심으로 매일 편의점 삼각김밥밖에 먹지 않아서
(C)바빠서 규칙적으로 식사를 하지 못해서
(D)내장지방 상품을 대량으로 구입하여 섭취하고 있어서

해설 현대 일본 여성들이 (A)필요 이상으로 다이어트를 하고 있는지도, (B)매일 편의점 삼각김밥을 먹고 있는지도, (D)다이어트 보조제를 얼마나 구입하는지도 지문을 통해서는 알 수 없다. 仕事が忙しすぎてつい食事が疎かになり라고 했으므로 정답은 (C)이다.

어휘 多忙(たぼう) 바쁨, 다망 | 多量(たりょう) 다량, 대량

96 정답 (B)

해석 여성의 저체중으로 인해 건강이 입는 피해에 해당하는 것은 어느 것입니까?
(A)무척 피로를 잘 느껴 식욕도 없어진다.
(B)아이가 잘 생기지 않거나 작은 아이가 태어나 버린다.
(C)아무리 열심히 다이어트를 해도 살이 잘 안 빠지는 몸이 된다.
(D)오히려 외견이 나빠져서 남성에게 인기가 없어진다.

해설 不妊や低体重児の出産の原因となる라고 했으므로 정답은 (B)이다. 나머지 (A), (C), (D)의 내용은 나오지 않는다.

어휘 食欲(しょくよく) 식욕

97-100

競争が激しいファーストフード業界ですが、最大手である「バーガージャパン」の独り勝ちが終わりそうもない様相です。⁹⁷同社の強みは売上高の40%を占めるドライブスルーにあります。日本で最初にこのシステムを導入し、約20年かけて全国約800店舗まで拡大しました。⁹⁸ドライブスルーのメリットは、店内で食べる時間のない忙しい客の来店を促せることや、悪天候でも車から降りる必要がなく、こうした利点からリピーターになりやすいことです。⁹⁹広報部によると、同社では今後5年間でさらに150のドライブスルータイプの店をオープンさせる予定とのことで、¹⁰⁰同社の快進撃はまだまだ続きそうです。

경쟁이 치열한 패스트푸드 업계입니다만, 최대 기업인 '버거 재팬'의 독주가 끝날 것 같지 않은 양상입니다. 이 회사의 강점은 매출액 40%를 차지하는 드라이브 스루에 있습니다. 일본 최초로 이 시스템을 도입하여, 약 20년에 걸쳐 전국 약 800점포까지 확대했습니다. 드라이브 스루의 이점은, 매장에서 먹을 시간이 없는 바쁜 고객의 방문을 촉진할 수 있다는 것과 악천후라도 차에서 내릴 필요가 없어, 이러한 이점에서 단골이 되기 쉽다는 것입니다. 홍보부에 따르면 이 회사는 앞으로 5년 동안 새로 150개의 드라이브 스루 점포를 오픈시킬 예정이어서 '버거 재팬'의 쾌속 질주는 계속 이어질 것 같습니다.

어휘 競争(きょうそう) 경쟁 | 最大手(さいおおて) 가장 규모가 큼 | 独(ひと)り勝(が)ち 많은 경쟁자 중 한 사람만이 승리함 | 様相(ようそう) 양상 | 売上高(うりあげだか) 매출액 | 占(し)める 차지하다, 점유하다 | 導入(どうにゅう) 도입 | 店舗(てんぽ) 점포 | 拡大(かくだい) 확대 | メリット 메리트, 이점, 장점 | 促(うなが)す 촉구하다, 재촉하다 | 悪天候(あくてんこう) 악천후 | 利点(りてん) 이점 | リピーター 리피터, 같은 장소나 상품을 여러 번 이용하는 사람 | 広報部(こうほうぶ) 홍보부 | さらに 더욱더, 거듭, 새로이 | 快進撃(かいしんげき) 기분이 좋아질 정도로 기세 좋게 진격함, 앞으로 나아감, 승승장구, 파죽지세

97 정답 (C)

해석 '버거 재팬'의 강점은 무엇입니까?
(A)독자적인 저가 전략
(B)외국계 기업의 투자
(C)드라이브 스루 점포의 매출이 높은 것
(D)일본에서 최초로 도입한 시스템 개혁

해설 먼저 '버거 재팬'을 소개한 후, 同社の強みは売上高の40%を占めるドライブスルーにあります라고 했으므로 정답은 (C)가 된다. 일본에서 최초로 드라이브 스루 시스템을 도입했지만 개혁에 대한 내용은 나오지 않으므로 (D)는 정답이 아니다.

어휘 独自(どくじ) 독자적임 | 低価格(ていかかく) 낮은 가격, 저가 | 戦略(せんりゃく) 전략 | 外資系企業(がいしけいきぎょう) 외국계 기업 | 改革(かいかく) 개혁

98 정답 (B)

해석 드라이브 스루의 장점으로 들지 않았던 것은 무엇입니까?
(A)시간 없는 바쁜 손님을 기대할 수 있는 것
(B)어린아이를 데리고 있는 손님도 내점하기 쉬운 것
(C)비가 오는 날에 차에서 내릴 필요가 없는 것
(D)한번 편리함을 알면 단골이 되기 쉬운 것

해설 挙げられていないものに対する문제이기 때문에 지문 중간의 ドライブスルーのメリットは부터 놓치지 않고 잘 들어야 한다. 먼저 店内で食べる時間のない忙しい客の来店を促せることは (A)와 일치하고, 悪天候でも車から降りる必要がなくは (C)와 일치하며, こうした利点からリピーターになりやすいは (D)와 일치한다. 언급되지 않은 (B)가 정답이다.

어휘 ~連(づ)れ ~동반, 동행 | 常連(じょうれん) 단골

99 정답 (B)
해석 '버거 재팬'의 앞으로의 드라이브 스루 출점 계획은 어떻게 됩니까?
(A) 5년간 50개 점포 오픈
(B) 5년간 150개 점포 오픈
(C) 15년간 50개 점포 오픈
(D) 15년간 150개 점포 오픈
해설 마지막에 今後5年間でさらに150のドライブスルータイプの店をオープンさせる予定라고 했으므로 정답은 (B)이다.

100 정답 (D)
해석 '버거 재팬'에 대해 올바른 것은 어느 것입니까?
(A) 경쟁이 치열해서 독주 시대는 끝났다.
(B) 점포의 약 40%가 드라이브 스루 타입이다.
(C) 질 높은 서비스 제공을 목표로 하고 있다.
(D) 이 회사의 호조세는 앞으로도 당분간 계속될 것으로 예상된다.
해설 (A) 独り勝ちが終わりそうもない様相라고 했고, (B) 40%는 버거 재팬의 매상 중 드라이브 스루 타입의 가게가 차지하는 비율이며, (C)는 지문 내용에 나오지 않는다. 지문 마지막에 同社の快進撃はまだまだ続きそうです라고 했으므로 (D)가 정답이다.
어휘 提供(ていきょう) 제공 | 好調(こうちょう) 호조, 순조로움

실전 모의고사 제2회

2 | Part 1
312쪽

01 (C)	02 (A)	03 (B)	04 (A)	05 (C)
06 (D)	07 (A)	08 (B)	09 (A)	10 (B)
11 (A)	12 (C)	13 (A)	14 (C)	15 (A)
16 (C)	17 (C)	18 (A)	19 (C)	20 (C)

🎧 Test2-1

01 정답 (C)
(A) 手袋をはめようとしています。
(B) 靴下を脱いだところです。
(C) 靴下を履いています。
(D) 足の指に包帯を巻きつけています。

(A) 장갑을 끼려고 합니다.
(B) 양말을 막 벗었습니다.
(C) 양말을 신고 있습니다.
(D) 발가락에 붕대를 감고 있습니다.

해설 양말을 신고 있는 장면이므로 정답은 (C)이다. (A) 手袋(てぶくろ)をはめる '장갑을 끼다', (B) 靴下(くつした)を脱(ぬ)ぐ '양말을 벗다', (C) 靴下を履(は)く '양말을 신다', (D) 包帯(ほうたい)を巻(ま)きつける '붕대를 감다'는 문장으로 외워 두자.

02 정답 (A)
(A) 駅の改札口です。
(B) 空港の搭乗口です。
(C) 高速バスの乗り場です。
(D) 遊園地の入口です。

(A) 역 개찰구입니다.
(B) 공항 탑승구입니다.
(C) 고속버스 승차장입니다.
(D) 유원지 입구입니다.

해설 사람의 동작에 먼저 눈이 가는 사진이지만, 사진 위쪽에 京王線(けいおうせん)이라고 적혀 있고, 왼쪽과 오른쪽 아래에 개찰구도 보이므로 역 안이라는 것을 알 수 있다. 따라서 정답은 (A)이다.
어휘 改札口(かいさつぐち) 개찰구 | 搭乗口(とうじょうぐち) 탑승구 | 乗(の)り場(ば) 타는 곳 | 遊園地(ゆうえんち) 유원지

03 정답 (B)
(A) みんなマスクをしています。
(B) みんな向かい合って食事をしています。
(C) みんなお盆の上に食器を載せて食べています。
(D) みんなご飯を食べ終わったところです。

(A) 모두 마스크를 끼고 있습니다.
(B) 모두 마주 보고 식사를 하고 있습니다.
(C) 모두 쟁반 위에 식기를 올려서 먹고 있습니다.
(D) 모두 막 밥을 다 먹었습니다.

해설 모두 마스크를 끼고 있는 것은 아니고, 쟁반도 보이지 않으므로 (A)와 (C)는 오답이며, 아직 그릇 속에 음식물이 남아 있는 것으로 보아 (D)도 정답이 될 수 없다. 아이들은 모두 마주 보고 식사를 하고 있으므로 정답은 (B)이다.
어휘 向(む)かい合(あ)う 마주 보다, 마주하다 | お盆(ぼん) 쟁반

04 정답 (A)
(A) 髪をブラシでとかしています。
(B) 髪をゴムで束ねています。
(C) ドライヤーで髪を乾かしています。
(D) はさみで髪を切っています。

(A) 머리카락을 빗으로 빗고 있습니다.
(B) 머리카락을 고무줄로 묶고 있습니다.
(C) 드라이기로 머리를 말리고 있습니다.
(D) 가위로 머리를 자르고 있습니다.

해설 (A) 髪(かみ)をとかす '머리를 빗다', (B) 髪を束(たば)ねる '머리를 묶다', (C) 髪を乾(かわ)かす '머리를 말리다', (D) 髪を切(き)る는 '머리를 자르다'라는 뜻이다. 사진 속의 인물은 머리를 빗고 있으므로 (A)가 정답이다.

05 정답 (C)

(A) 足を伸ばして座っています。
(B) 立て膝をして座っています。
(C) 膝を抱えて座っています。
(D) 胡坐をかいて座っています。

(A) 다리를 뻗고 앉아 있습니다.
(B) 한쪽 무릎을 세우고 앉아 있습니다.
(C) 무릎을 감싸고 앉아 있습니다.
(D) 책상다리를 하고 앉아 있습니다.

해설 사람의 앉은 자세에 대한 문제로, (A)足を伸(の)ばす는 '다리를 뻗다', (B)立(た)て膝(ひざ)をする는 '한쪽 무릎을 세우다', (C)膝を抱(かか)える는 '무릎을 감싸다', (D)胡坐(あぐら)をかく는 '책상다리를 하다'라는 뜻이다. 따라서 정답은 (C)이다.

06 정답 (D)

(A) 花が咲くところです。
(B) つぼみが膨らんでいます。
(C) 土が乾き、枯れています。
(D) 芽が出たところです。

(A) 꽃이 막 피려는 참입니다.
(B) 꽃봉오리가 부풀어 있습니다.
(C) 땅이 말라서 시들었습니다.
(D) 싹이 나온 순간입니다.

해설 꽃이나 꽃봉오리가 아닌 싹이 나온 모습이므로 (D)가 정답이다. (A)花が咲(さ)く '꽃이 피다', (B)つぼみが膨(ふく)らむ '꽃봉오리가 부풀다', (C)土(つち)が乾(かわ)く '땅이 건조되다, 땅이 마르다', (D)芽(め)が出る '싹이 나다'는 통으로 외워 두자.

어휘 枯(か)れる (초목이) 마르다, 시들다

07 정답 (A)

(A) 手すりにつかまって窓の外を眺めています。
(B) ライオンに触ろうと手を伸ばしています。
(C) ライオンに餌を与えようとしています。
(D) 女の人が子供たちにインタビューをしています。

(A) 손잡이를 잡고 창밖을 바라보고 있습니다.
(B) 사자를 만지려고 손을 뻗고 있습니다.
(C) 사자에게 먹이를 주려고 합니다.
(D) 여자가 어린이들에게 인터뷰를 하고 있습니다.

해설 유리로 된 사자 우리 앞에서 의자에 앉아 안전봉을 잡고 사자를 쳐다보고 있는 어린이들과 이를 카메라에 담고 있는 한 여성이 보이는 사진이다. 아이들을 가장 잘 묘사한 (A)가 정답이다.

08 정답 (B)

(A) お盆の上の瓶の大きさは全部同じです。
(B) かごの中の瓶は一つだけふたが開いています。
(C) テーブルの上に大きさ別に瓶が並べてあります。
(D) 瓶のふたは全部閉まっています。

(A) 쟁반 위의 병 크기는 전부 같습니다.
(B) 바구니 안의 병은 하나만 뚜껑이 열려 있습니다.
(C) 테이블 위에 크기별로 병이 나열되어 있습니다.
(D) 병의 뚜껑은 전부 닫혀 있습니다.

해설 유리병은 바구니 속에 들어 있고, 그중 하나만 뚜껑이 열려 있으므로 (B)가 정답이다.

09 정답 (B)

(A) 食べ物の前にはそれぞれ取り皿が置かれています。
(B) 一部の食べ物にはラップがかけてあります。
(C) 一人前ずつお皿に取り分けられています。
(D) 同じ形のグラスが並べてあります。

(A) 음식 앞에는 각각 앞접시가 놓여 있습니다.
(B) 일부 음식에는 랩이 씌워져 있습니다.
(C) 1인분씩 접시에 나누어져 있습니다.
(D) 같은 형태의 유리컵이 진열되어 있습니다.

해설 테이블 위에는 뷔페 음식이 준비되어 있고, 일부 그릇에 랩이 씌워져 있는 것이 보이므로 정답은 (B)이다. (A)음식 앞에 놓인 그릇은 덜어 먹기 위한 取(と)り皿(ざら)가 아니라 집게나 스푼을 놓는 접시이고, (C)뷔페 음식이므로 1인분씩이 아니라 한꺼번에 담겨 있으며, (D)유리컵은 보이지 않는다.

어휘 ラップ 랩 | 取(と)り分(わ)ける 나누어 담다

10 정답 (B)

(A) 二つの時計は同じ時刻を示しています。
(B) 左の時計は現在時刻を示しています。
(C) 右の時計は7時10分を指しています。
(D) 外国の時間を示す時計です。

(A) 두 개의 시계는 같은 시각을 나타내고 있습니다.
(B) 왼쪽 시계는 현재 시각을 나타내고 있습니다.
(C) 오른쪽 시계는 7시 10분을 가리키고 있습니다.
(D) 외국 시간을 나타내는 시계입니다.

해설 왼쪽 시계는 ただいまの時間(현재 시간)을 나타내고 있고, 오른쪽 시계는 仕上(しあ)がりの時間(완성 시간)을 나타내고 있으므로 정답은 (B)이다. 두 시계의 바늘은 각각 다른 위치에 있으므로 (A)는 오답이며, 7시 10분을 가리키고 있는 시계는 왼쪽이므로 (C)도 정답이 될 수 없다.

어휘 時刻(じこく) 시각

11 정답 (A)

(A) 画面を見ながら運転をするゲームです。
(B) 自動車学校で運転のシミュレーションをしています。
(C) 背もたれのない椅子に座って運転をしています。
(D) 片手でハンドルを握って画面を見ています。

(A) 화면을 보면서 운전하는 게임입니다.
(B) 자동차 학원에서 운전 시뮬레이션을 하고 있습니다.
(C) 등받이가 없는 의자에 앉아서 운전을 하고 있습니다.
(D) 한 손으로 핸들을 잡고 화면을 보고 있습니다.

해설 한눈에 게임센터 사진이라는 것을 알 수 있으므로 (B)는 정답에서 쉽게 제외할 수 있다. 또한, 의자에는 등받이가 있으므로 (C)는 오답이며, 두 손으로 핸들을 잡고 있기 때문에 (D)도 정답이 아니다. 사진을 올바르게 묘사한 (A)가 정답이다.

어휘 画面(がめん) 화면 | 自動車学校(じどうしゃがっこう) 자동차 학원 | 背(せ)もたれ 등받이

12 정답 (C)

(A) 車間距離を十分にとって走行しています。
(B) 電話ボックスの前に人が並んでいます。
(C) 電線の陰が道路に映っています。
(D) 電信柱は1本もありません。

(A) 차간 거리를 충분히 두고 주행하고 있습니다.
(B) 전화 부스 앞에 사람이 줄 서 있습니다.
(C) 전선 그림자가 도로에 비치고 있습니다.
(D) 전봇대는 하나도 없습니다.

해설 도로가 정체되는 듯 차간 거리는 거의 없는 상태이므로 (A)는 정답이 될 수 없다. 또한, 전화 부스 앞에 사람은 없고, 전봇대도 보이므로 (B)와 (D)도 오답이다. 늘어선 차 옆으로 전선 그림자가 길게 보이기 때문에 정답은 (C)이다.

어휘 車間距離(しゃかんきょり) 차간 거리 | 走行(そうこう) 주행 | 陰(かげ) 그림자 | 電信柱(でんしんばしら) 전봇대

13 정답 (B)

(A) 手帳の間に名刺が挟まっています。
(B) 文庫本にしおりが挟まれています。
(C) 雑誌のページが折られています。
(D) 新聞を小さく畳んで読んでいます。

(A) 수첩 사이에 명함이 꽂혀 있습니다.
(B) 문고본에 책갈피가 꽂혀 있습니다.
(C) 잡지의 페이지가 접혀 있습니다.
(D) 신문을 작게 접어서 읽고 있습니다.

해설 어휘력을 묻는 문제로, 사진 속 책은 文庫本(ぶんこぼん) '문고본'으로, 일반 책보다 작고 가볍게 만들어진 책을 말하고, '책갈피'는 しおり라고 한다. 책 사이에 책갈피가 꽂혀 있는 사진이므로 정답은 (B)이다.

어휘 手帳(てちょう) 수첩 | 名刺(めいし) 명함 | 挟(はさ)まる(사이에) 끼이다

14 정답 (C)

(A) 花壇の真ん中に湯飲みが置いてあります。
(B) 大きなバケツには取っ手があります。
(C) 広場にやかんの形をしたオブジェがあります。
(D) ふたが開いている鍋の見本があります。

(A) 화단 중앙에 찻잔이 놓여 있습니다.
(B) 큰 양동이에는 손잡이가 있습니다.
(C) 광장에 주전자 모양을 한 조형물이 있습니다.
(D) 뚜껑이 열려 있는 냄비 견본이 있습니다.

해설 사진 속에 있는 것은 주전자 모양의 대형 조형물이므로 정답은 (C)이다.

어휘 湯飲(ゆの)み 찻잔 | バケツ 양동이 | 取(と)っ手(て) 손잡이 | 広場(ひろば) 광장 | やかん 주전자 | オブジェ 오브제, 미술 조형물 | 鍋(なべ) 냄비 | 見本(みほん) 견본

15 정답 (A)

(A) お店の広告ののぼりがたくさん出ています。
(B) 絵が書かれた看板が駐車場のところにあります。
(C) 駐車場の入口で着ぐるみを着た人が呼び込みをしています。
(D) 特価を知らせる大きなチラシが貼ってあります。

(A) 가게 광고 깃발이 많이 나와 있습니다.
(B) 그림이 그려진 간판이 주차장 쪽에 있습니다.
(C) 주차장 입구에서 인형탈을 입은 사람이 호객 행위를 하고 있습니다.
(D) 특가를 알리는 큰 전단지가 붙어 있습니다.

해설 사진 속의 깃발은 장대로 고정된 のぼり이며, 음식점의 광고를 목적으로 하고 있다. 따라서 정답은 (A)이다. 사진 속에 간판은 존재하지 않으며, 호객 행위를 하는 인형탈을 입은 사람이나 커다란 전단지도 보이지 않으므로 (B), (C), (D)는 모두 오답이다.

어휘 広告(こうこく) 광고 | のぼり 장대를 끼워서 세우는 깃발 | 着(き)ぐるみ 인형탈 | 呼(よ)び込(こ)み 호객 행위 | 特価(とっか) 특가 | チラシ 전단지

16 정답 (C)

(A) 公園の入場料が書いてあります。
(B) 利用時間にかかわらず、同一料金です。
(C) 日曜祝日は昼間と夜間の料金に差がありません。
(D) どの時間帯も1時間100円で利用できます。

(A) 공원 입장료가 적혀 있습니다.
(B) 이용 시간에 관계없이 동일 요금입니다.
(C) 일요일과 공휴일은 주야 요금에 차이가 없습니다.
(D) 어느 시간대든 1시간 100엔으로 이용 가능합니다.

해설 P는 공원이 아닌 주차장을 의미하므로 (A)는 정답이 아니다. 간판의 가운데 큰 숫자들로 보아 시간별로 요금이 차등 적용되므로 (B)와 (D)도 오답이다. 정답은 (C)로, 日=日曜, 祝=祝日는 주야 요금에 차이 없이 終日 60분에 100엔이다.

어휘 入場料(にゅうじょうりょう) 입장료 | ~にかかわらず ~에 관계없이 | 同一料金(どういつりょうきん) 동일 요금

17 정답 (B)

(A) いろいろな大きさのうちわが売られています。
(B) 扇子が広げられた状態で所狭しと並んでいます。
(C) 商品は縦横一列にきれいに並べられています。
(D) 閉じられた扇子と広げた扇子が交互に置かれています。

(A) 여러 가지 크기의 부채가 판매되고 있습니다.
(B) 부채가 펼쳐진 상태로 비좁은 듯 진열되어 있습니다.
(C) 상품은 가로세로 일렬로 깔끔하게 진열되어 있습니다.
(D) 접힌 부채와 펼쳐진 부채가 번갈아 놓여 있습니다.

해설 사진 속의 부채는 扇子(せんす) 또는 扇(おうぎ)라고 하는 '쥘부채'이다. うちわ도 '부채'라는 뜻이지만, 접을 수 없는 '동그란 부채'를 일컫는 단어이므로 (A)는 오답이다. 또한, 부채는 진열장 가득 진열되어 있고 모두 펼쳐져 있기 때문에 (C)나 (D)도 정답이 될 수 없다. 따라서 비좁게 진열된 모습을 묘사한 (B)가 정답이다.

어휘 所狭(ところせま)しと (부사적으로) 비좁은 모양 | 縦横(たてよこ) 가로세로 | 交互(こうご)に 번갈아

18 정답 (B)

(A) ブロック塀で囲まれた住宅です。
(B) 落下防止用のフェンスが設置されています。
(C) 観光用にきれいに整備された遊歩道です。
(D) 自転車専用道路がまっすぐに伸びています。

(A) 시멘트 블록 담으로 둘러싸인 주택입니다.
(B) 낙하 방지용 철망이 설치되어 있습니다.
(C) 관광용으로 깨끗이 정비된 산책길입니다.
(D) 자전거 전용 도로가 쭉 뻗어 있습니다.

해설 (A)시멘트 블록 담으로 둘러싸인 주택도, (C)관광용으로 정비된 산책로도, (D)자전거 전용 도로도 보이지 않지만, 길 왼쪽에 낙하 방지용 철망이 설치되어 있으므로 정답은 (B)이다.

어휘 ブロック塀(べい) 시멘트 블록 담 | 囲(かこ)む 둘러싸다 | 落下(らっか) 낙하 | 防止(ぼうし) 방지 | フェンス 담장, 울타리, 철망 | 設置(せっち) 설치 | 整備(せいび) 정비 | 遊歩道(ゆうほどう) 산책로

19 정답 (B)

(A) 顕微鏡で拡大して見ています。
(B) 虫眼鏡を使って見ています。
(C) 老眼鏡をかけて見ています。
(D) 鏡に映して見ています。

(A) 현미경으로 확대해서 보고 있습니다.
(B) 돋보기를 사용해서 보고 있습니다.
(C) 돋보기 안경을 쓰고 보고 있습니다.
(D) 거울에 비추어 보고 있습니다.

해설 사진 속의 여자가 무엇을 들고 있는지를 파악해야 한다. '돋보기'라는 뜻의 虫眼鏡(むしめがね)가 나온 (B)가 정답이다.

어휘 顕微鏡(けんびきょう) 현미경 | 老眼鏡(ろうがんきょう) 돋보기 안경 | 鏡(かがみ) 거울

20 정답 (C)

(A) 今後の発掘作業の予定が書いてあります。
(B) 発掘作業の様子が1枚の大きな紙にまとまっています。
(C) 日を追って作業の進捗状況を写真入りで報告しています。
(D) 発掘作業に参加する人たちを募集しています。

(A) 향후의 발굴 작업 예정이 적혀 있습니다.
(B) 발굴 작업 모습이 한 장의 큰 종이에 정리되어 있습니다.
(C) 날짜 순으로 작업의 진척 상황을 사진을 곁들여 보고하고 있습니다.
(D) 발굴 작업에 참가할 사람들을 모집하고 있습니다.

해설 恐竜(きょうりゅう)化石(かせき)発掘(はっくつ)関連(かんれん)掲示板(けいじばん) '공룡 화석 발굴 관련 게시판'이라는 글 아래에 기간별로 사진이 들어간 자료가 붙어 있다. 사진 자료가 있는 걸로 보아 앞으로의 예정이 아니라 이미 일어난 일에 대한 것이므로 (A)는 오답이고, 한 장의 큰 종이가 아니라 여러 장의 종이로 나뉘져 있으므로 (B)도 사진과 일치하지 않는다. 또한, (D)는 확인 할 수 없는 내용이므로 정답은 (C)이다.

어휘 発掘作業(はっくつさぎょう) 발굴 작업 | 日(ひ)を追(お)って 날짜 순으로, 나날이 | 進捗(しんちょく) 진척 | 募集(ぼしゅう) 모집

2 Part 2   323쪽

21 (B)	22 (D)	23 (C)	24 (C)	25 (B)
26 (A)	27 (A)	28 (B)	29 (B)	30 (D)
31 (B)	32 (C)	33 (D)	34 (C)	35 (A)
36 (B)	37 (A)	38 (B)	39 (D)	40 (A)
41 (D)	42 (A)	43 (B)	44 (D)	45 (D)
46 (D)	47 (B)	48 (B)	49 (D)	50 (A)

🎧 Test2-2

21 정답 (B)

猫はどこにいますか。
(A) 散歩に行きます。
(B) こたつの中にいます。
(C) 机の上にあります。
(D) 2匹います。

고양이는 어디에 있습니까?
(A) 산책을 갑니다.
(B) 고타쓰 안에 있습니다.
(C) 책상 위에 있습니다.
(D) 두 마리 있습니다.

해설 どこ로 물었으니 (B), (C)와 같이 위치를 나타내는 보기를 찾아야 하지만, あります는 물건에 대한 대답이므로 정답은 (B)이다.

참고 こたつ는 좌식 테이블 아래쪽에 온열기가 달려 있고 그 위를 이불이나 천으로 씌운 일본의 전통적 난방 장치이다.

22 정답 (D)

これは誰の傘ですか。
(A) その黒いのです。
(B) 日本製です。
(C) 木村さんですか。
(D) わかりません。

이것은 누구의 우산입니까?
(A) 그 검은 것입니다.
(B) 일본제입니다.
(C) 기무라 씨입니까?
(D) 모릅니다.

해설 우산 소유자를 묻는 문제로, 誰の만 잘 들었다면 간단한 문제이다. 이에 대한 대답은 소유주의 이름이 들어간 ~さんのです 등의 형태가 가장 일반적이고, (D)의 わかりません과 같은 대답도 가능하다. 따라서 정답은 (D)이다.

어휘 日本製(にほんせい) 일본제

23 정답 (C)

日本語のテストはいつですか。
(A) とても難しいです。
(B) 確かに先週はいました。
(C) 来週の水曜日です。
(D) 402号室です。

일본어 테스트는 언제입니까?
(A) 굉장히 어렵습니다.
(B) 확실히 지난주에는 있었습니다.
(C) 다음 주 수요일입니다.
(D) 402호실입니다.

해설 언제로 물었으니 정답이 (C)란 사실은 의심의 여지가 없다. (A)는 정도를 묻는 말에 대한 답이고, (B)는 いました 때문에 정답이 될 수 없으며, (D)는 どこ에 대한 대답이므로 오답이다.

24 정답 (C)

お茶でも入れましょうか。
(A) すいません、車で来たので。
(B) すいません、甘いものは苦手で。
(C) すいません、お願いします。
(D) すいません、もう一杯いいですか。

차라도 끓일까요?
(A) 죄송합니다, 차로 와서요.
(B) 죄송합니다, 단 건 안 좋아해서요.
(C) 죄송합니다, 부탁할게요.
(D) 저기, 한 잔 더 마실 수 있나요?

해설 (A)는 술을 권했을 때 돌아올 수 있는 대답이고, 차는 일반적으로 녹차를 의미하기 때문에 (B)도 틀린 답이다. 게다가 아직 차는 나오지도 않은 상태이므로 (D)도 적절하지 않다. 따라서 정답은 (C)이다.

25 정답 (B)

ご両親はお元気ですか。
(A) はい、子供はいつも元気です。
(B) はい、おかげさまで。
(C) はい、ちょうどいい具合です。
(D) はい、まだ入院しています。

부모님께서는 건강하십니까?
(A) 네, 아이는 늘 건강합니다.
(B) 네, 덕분에요.
(C) 네, 딱 좋은 상태예요.
(D) 네, 아직 입원해 계십니다.

해설 상대방 부모님의 안부를 묻는 질문이므로 가장 보편적인 대답은 (B)이다. (A)는 대상이 전혀 다르고, (D)는 はい라는 대답이 왔기 때문에 틀린 답이다. 여기서 주의해야 할 것은 (C)인데, いい具合는 '어떤 일이나 사물의 상태나 상황이 좋다'는 뜻이지 몸 상태를 표현할 수 있는 말이 아니다. 具合를 써서 몸 상태를 이야기하고 싶을 때는 体の具合が〜라고 써야 한다.

26 정답 (A)

何か冷たいものでもいかがですか。
(A) はい、いただきます。
(B) どちらでもかまいません。
(C) ご遠慮なさらないでください。
(D) おそまつさまでした。

뭐 시원한 거라도 드실래요?
(A) 네, 주세요.
(B) 어느 쪽이든 상관없습니다.
(C) 사양하지 마세요.
(D) 변변치 못했습니다.

해설 (B)는 선택 사항이 없었고, (C)는 권하는 쪽에서 할 수 있는 말이므로 오답이다. 그리고 (D)는 상대방에게 제공한 것이 변변치 못해서 송구스럽다는 인사말로, ごちそうさまでした의 대답으로 알맞다. 따라서 정답은 (A)이다.

27 정답 (A)

今日はそろそろこの辺で失礼します。
(A) まだいいじゃないですか。
(B) 本当に失礼ですね。
(C) それはよかったですね。
(D) どうぞおかまいなく。

오늘은 슬슬 이쯤에서 실례하겠습니다.
(A) 아직 괜찮잖아요.
(B) 정말 실례군요.
(C) 그거 잘됐군요.
(D) 부디 신경 쓰지 마세요.

해설 この辺で失礼します에 대한 답변으로는 상황에 따라 약간의 차이는 있을 수 있지만, 여기서는 상대방을 붙잡는 (A)가 가장 알맞다. (B)는 失礼에 함정이 숨어 있는데, 첫문장의 失礼는 먼저 자리를 뜨는 것에 대한 사과 표현이나 양해 표현인 반면, (B)에서는 '무례하다, 예의가 없다'는 전혀 다른 뜻으로 쓰였다. 상대방이 돌아가려는데 '잘됐다'고 하는 (C)는 상황과 어울리지 않는 대답이고, (D)는 '저는 개의치 말라'는 어조가 담겨 있으므로 상대방의 호의에 대한 미안함에서 나올 수 있는 대답이다.

28 정답 (B)

失礼ですが、お勤め先はどちらですか。
(A) 駅の近くです。
(B) やまと銀行です。
(C) 勤続10年です。
(D) 学部長を務めております。

실례지만, 직장은 어디십니까?
(A) 역 근처입니다.
(B) 야마토 은행입니다.
(C) 근속 10년입니다.
(D) 학부장을 담당하고 있습니다.

해설 どちら는 どこ의 높임말이긴 하지만, 직장이 어떻게 되느냐고 물었지 직장의 위치를 물은 것이 아니기 때문에 (A)는 정답이 아니고, (C)는 何年ぐらいお勤めですか와 같은 질문의 대답으로 적절하다. つとめる에는 여러 쓰임이 있는데, 勤める '근무하다', 務める '담당하다', 努める '노력하다' 정도는 알아 두자. 한자를 보면 뜻은 금방 파악할 수 있지만, 청해에서는 전체 문맥과 조사로 판단해야 한다. 勤める와 努める는 조사 に를 쓰지만, 務める는 조사 を를 쓴다. 여기서 (D)는 ~を 務める였으므로 담당 직무에 대해 대답한 것이다. 따라서 정답은 (B)이다.

어휘 勤(つと)め先(さき) 근무하는 곳, 직장 | 勤続(きんぞく) 근속

29 정답 (B)

最寄りの駅までどう行ったらいいですか。
(A) 次の駅で降りてください。
(B) ここからならタクシーが早いですよ。
(C) 週末はバスがなかなか来ませんね。
(D) 乗り換えなくても行けますよ。

가장 가까운 역까지 어떻게 가면 됩니까?
(A) 다음 역에서 내리세요.
(B) 여기서라면 택시가 빨라요.
(C) 주말에는 버스가 좀처럼 안 오네요.
(D) 환승하지 않아도 갈 수 있어요.

해설 最寄(もよ)りの는 '가장 가까운, 근처'라는 뜻으로, 一番近い와 같은 뜻이다. 가장 가까운 역까지 어떻게 가는지 묻는 질문이므로, 대답은 수단이나 방법을 제시한 (B)가 가장 알맞다. (A)와 (D)는 이미 교통수단에 타고 있는 상황이라고 짐작할 수 있으므로 정답과는 거리가 멀고, (C)는 어떠냐는 질문에는 어울리지 않는 대답이다.

30 정답 (D)

最新のデジカメはいくらくらいしますか。
(A) 中古品は安いです。
(B) 使い方は簡単です。
(C) バッテリーは5、6時間は持ちますよ。
(D) メーカーや機能によってまちまちです。

최신 디지털카메라는 얼마 정도 합니까?
(A) 중고품은 쌉니다.
(B) 사용법은 간단합니다.
(C) 배터리는 5, 6시간은 가요.
(D) 제조 회사나 기능에 따라 가지각색입니다.

해설 (A)는 질문의 주어와 거리가 먼 이야기이고, 얼마로 가격대를 묻고 있는 질문인데 (B)는 사용법에 대해서, (C)는 배터리의 지속 시간에 대해 대답하고 있으므로 오답이다. 정확한 가격대를 제시하지는 않았지만 가장 자연스러운 대답은 (D)이다.

어휘 最新(さいしん) 최신 | 中古品(ちゅうこひん) 중고품 | メーカー 제조 회사, 제조 업체 | まちまち 가지각색

31 정답 (B)

すみません、道が込んでいたもので。どのくらい待ちましたか。
(A) ちょっと重かったですが大丈夫ですよ。
(B) 私もたった今来たばかりです。
(C) すでに30分経過した模様です。
(D) 会議が予定よりだいぶ長引いたので。

죄송합니다, 길이 막혀서요. 얼마나 기다렸나요?
(A) 조금 무거웠습니다만, 괜찮아요.
(B) 저도 지금 막 왔습니다.
(C) 벌써 30분 경과한 모양입니다.
(D) 회의가 예정보다 꽤 길어져서요.

해설 (A)는 遅い와 重い가 발음상 비슷하다는 데서 착안한 함정이고, (C)는 자신의 상황에 대한 이야기가 아니므로 오답이며, (D)는 기다린 쪽의 대답으로는 적절하지 않다. 따라서 정답은 (B)이다.

어휘 ~たばかり 막 ~하다 ▶화자가 느끼기에 '막'이란 뜻이므로 범위의 제한이 없다. | すでに 이미, 벌써 | 経過(けいか) 경과 | 模様(もよう) 상황, 형편, 모양 | 長引(ながび)く 오래 걸리다, 지연되다, 길어지다

32 정답 (C)

どうして連絡もせず、突然実家に帰ったの(?)。
(A) 電話は毎日のようにしているよ。
(B) 風のたよりで聞いたからね。
(C) ちょっとびっくりさせようと思って。
(D) あっという間に時間が過ぎちゃったよ。

왜 연락도 없이 갑자기 집에 간 거야?
(A) 전화는 매일같이 하고 있어.
(B) 풍문으로 들었거든.
(C) 깜짝 놀라게 해 주려고.
(D) 눈 깜짝할 사이에 시간이 지나 버렸어.

해설 どうして로 물었으므로 집에 간 이유에 대해 대답한 (C)가 정답이다. ~からね로 대답한 (B)를 정답으로 착각할 수도 있지만, 집안 소식을 풍문으로 듣는다는 것은 어색하다.

어휘 実家(じっか) 고향 집, 본가 | 風(かぜ)のたより 소문, 풍문 | あっという間(ま)に 눈 깜짝할 사이에

33 정답 (D)

土曜日、映画でも見に行かない(?)。
(A) ごめん、英語は嫌いなんだよ。
(B) 動物園より水族館の方がいいんじゃない(?)。
(C) そうだね、今度の週末くらいが見ごろみたいし。
(D) ごめん、日曜日ならいいけど、土曜日はちょっと。

토요일에 영화라도 보러 가지 않을래?
(A) 미안, 영어는 싫어.
(B) 동물원보다 수족관이 낫지 않아?
(C) 그래, 이번 주말 정도가 적당한 시기인 것 같으니까.
(D) 미안, 일요일이라면 괜찮은데 토요일은 좀.

해설 (A)는 映画(えいが)와 英語(えいご)의 발음이 유사한 점을 이용한 함정이고, (B)는 질문에서 동물원 얘기는 하지 않았기 때문에 오답이며, (C)는 見ごろ라는 단어를 알아야만 피해 갈 수 있는 오답이다. 見ごろ는 '꽃을 보기에 적당한 시기'라는 뜻이므로 영화를 보러 가는 것과는 아무런 관계가 없다. 상대방의 권유에 대해 거절하는 것도 자연스러운 대답이므로 정답은 (D)이다.

어휘 動物園(どうぶつえん) 동물원 | 水族館(すいぞくかん) 수족관

34 정답 (C)

ピアノの発表会、来週だよね。練習はたくさんやってる(?)。
(A) 毎日みんなと大きな声で歌えるから嬉しいよ。
(B) バンドのメンバーがなかなか集まらなくて大変なんだよ。
(C) 昨日料理してたら指を切っちゃって、どうしよう。
(D) 先生と相談しながら決めることにするよ。

피아노 발표회가 다음 주지? 연습은 많이 하고 있어?
(A) 매일 모두와 큰 목소리로 노래할 수 있어서 기뻐.
(B) 밴드 멤버가 좀처럼 모이지 않아서 큰일이야.
(C) 어제 요리하다가 손을 베서 말이지, 어떡하지.
(D) 선생님과 상의하면서 결정하도록 할게.

해설 합창 대회나 밴드에 대한 이야기를 하는 것이 아니므로 (A)와 (B)는 오답이다. 또, 현재 연습량에 대해 물어보고 있는 것이므로 앞으로 상의해서 결정하겠다는 (D)도 정답과는 거리가 멀다. 연습을 못해 걱정하고 있는 (C)가 정답이다.

어휘 発表会(はっぴょうかい) 발표회 | 練習(れんしゅう) 연습 | 指(ゆび)を切(き)る 손가락을 베다

35 정답 (A)

当分、冷たいものは控えてください。
(A) はい、じゃあ、牛乳も温めて飲むことにします。
(B) はい、お酒を飲みすぎないようにします。
(C) はい、シャワーだけならいいですね。
(D) はい、いつも冷蔵庫に入っています。

당분간 차가운 건 자제해 주세요.
(A) 네, 그럼 우유도 데워서 마실게요.
(B) 네, 과음하지 않도록 할게요.
(C) 네, 샤워만이라면 괜찮은 거군요.
(D) 네, 항상 냉장고에 들어 있어요.

해설 차가운 음식물을 삼가라는 뜻이 내포되어 있으므로 보통 차게 보관하는 우유를 데워서 마시겠다는 (A)가 가장 알맞은 답이다. 음주에 대한 권고 사항은 말하지 않았고, 샤워나 목욕에 대한 내용이 아니므로 (B)와 (C)는 오답이고, (D)는 상반되는 대답이다.

어휘 控(ひか)える 삼가다, 줄이다, 자제하다 | 牛乳(ぎゅうにゅう) 우유 | 温(あたた)める 데우다 | 冷蔵庫(れいぞうこ) 냉장고

36 정답 (B)

つまらないものですが、どうぞ。
(A) 本当に粗品ですね。
(B) いつもすみません。
(C) 今度からは面白いのにしてくださいよ。
(D) 人によって見方が違うんじゃないですか。

보잘것없는 물건입니다만 받으세요.
(A) 정말 변변치 못한 물건이네요.
(B) 항상 죄송하네요.
(C) 다음부터는 재미있는 것으로 해 주세요.
(D) 사람에 따라 보는 관점이 다르잖아요?

해설 남에게 어떤 선물을 할 때 으레 つまらないものですが로 운을 떼는데, 粗品는 겸양어 つまらないもの와 같은 의미이므로 받는 쪽에서 (A)와 같이 대답하면 큰 실례이다. (C)는 つまらない가 '재미없다'는 뜻도 있다는 데서 착안한 함정이며, (D)는 물건을 내밀고 있는 상대에게는 어색하다. 여기서는 선물에 대한 송구스러움을 표시하고 있는 (B)가 정답이다.

어휘 粗品(そしな) 변변치 못한 물건 | 見方(みかた) 견해, 관점

37 정답 (A)

小林さんって、本当にワインにお詳しいんですね。
(A) いやあ。趣味でほんの少しかじっただけだよ。
(B) ワインはフランスのものに限るね。
(C) ビールよりワインの方がおいしいですよ。
(D) 保存の仕方によって味が変わってしまいますからね。

고바야시 씨는 정말 와인에 정통하시네요.
(A) 아냐, 취미로 조금 알 뿐이야.
(B) 와인은 프랑스산이 그만이지.
(C) 맥주보다 와인이 맛있어요.
(D) 보존 방법에 따라 맛이 달라지니까요.

해설 상대방의 칭찬에 대해 '어떤 일을 조금 해보다, 조금 알다'라는 뜻의 동사 かじる를 써서 겸손하게 표현한 (A)가 정답이다. 나머지 보기는 모두 와인에 대한 이야기일 뿐, 알맞은 대답은 아니다.

어휘 詳(くわ)しい 잘 알고 있다, 정통하다 | ほんの少(すこ)し 아주 조금 | ～に限(かぎ)る 더할 나위 없다, 제일이다, 그만이다 | 保存(ほぞん) 보존 | 仕方(しかた) 방법

38 정답 (B)

そんなにいつまでもくよくよしない方がいいよ。
(A) わかった。明日までにするよ。
(B) それもそうだね。もう忘れるよ。
(C) だめだよ。急がないと。
(D) うん。それにしてもしつこいな。

그렇게 언제까지나 끙끙대며 고민하지 않는 편이 좋아.
(A) 알았어. 내일까지 할게.
(B) 맞는 말이야. 이제 잊을게.
(C) 안 돼. 서둘러야 해.
(D) 응. 근데 끈질기네.

해설 くよくよ는 '사소한 일을 계속 고민하는 모양'을 나타내는 말이다. 정확한 뜻을 모르면 이 문제와 같이 답을 고르기 힘든 경우도 있으므로 가능한 의태어도 많이 익혀 두자. 정답은 (B)이다.

어휘 しつこい 집요하다, 끈질기다

39 정답 (D)

もうすぐ梅雨明けしそうですね。
(A) ええ、だんだん空が明るくなってきましたね。
(B) ええ、もう少し力を入れたら開きますよ、きっと。
(C) ええ、これからはセーターが必要な季節ですね。
(D) ええ、梅雨前線がかなり北上してますからね。

곧 장마가 끝날 것 같네요.
(A) 네, 점점 하늘이 밝아져 오네요.
(B) 네, 좀 더 힘을 주면 분명 열릴 겁니다.
(C) 네, 이제부터는 스웨터가 필요한 계절이네요.
(D) 네, 장마전선이 상당히 북상했으니까요.

해설 핵심어가 '장마'라는 점에서 날씨나 계절과 관련된 이야기가 이어질 것이라고 짐작할 수 있다. (A)는 明ける와 明るい의 발음 차이, (B)는 明ける와 開ける가 같은 발음임을 이용한 함정이다. 또한, 장마가 끝나면 무더위가 찾아오기 마련인데, 스웨터를 언급한 (C)는 계절과 어울리지 않는다. 따라서 정답은 (D)이다.

어휘 梅雨明(つゆあ)け 장마가 끝남 | 梅雨前線(ばいうぜんせん) 장마전선 | 北上(ほくじょう) 북상

참고 [명사+明(あ)け]는 '어떤 기간이나 시기가 끝나다'는 뜻으로, '어떤 지속되던 상태가 끝나다'는 뜻의 [명사+上(あ)がり]와 비슷하게 쓰이므로 함께 기억해 두자.

40 정답 (A)

おかげさまで、こちらの生活にもだいぶ慣れました。
(A) 住めば都、と言いますからね。
(B) ローマは一日にしてならず、と言いますからね。
(C) 旅の恥は掻き捨て、と言いますからね。
(D) 袖ふり合うも他生の縁、と言いますからね。

덕분에 이쪽 생활에도 꽤 적응했습니다.
(A) 정들면 고향이라고 하니까요.
(B) 로마는 하루아침에 이루어진 것이 아니라고 하니까요.
(C) 여행지에서는 부끄러운 짓도 막 한다고 하니까요.
(D) 옷깃만 스쳐도 인연이라고 하니까요.

해설 (A)住(す)めば都(みやこ)는 '살면 정이 들고 익숙해지면 거기가 고향'이라는 뜻의 속담이고, (B)ローマは一日(いちにち)にしてならず는 '큰일을 위해서는 긴 시간과 노력이 필요하다'는 뜻이다. 또한, (C)旅(たび)の恥(はじ)は掻(か)き捨(す)て는 '여행지에선 아는 사람도 없고 오래 머물지도 않을 것이므로 어떠한 부끄러운 일이 있어도 그때뿐'이라는 뜻이고, (D)袖(そで)ふり合(あ)うも他生(たしょう)の縁(えん)은 '옷깃만 스쳐도 전생에서 이어진 인연'이라는 뜻이다. 새로운 환경에서의 생활에도 상당히 익숙해졌다고 했으므로 정답은 (A)이다.

41 정답 (D)

この商品、値段はこれでぎりぎりですか。
(A) 申し訳ございません。この商品は現品限りとなっておりまして。
(B) わかりました。在庫があるか確認してまいります。
(C) 申し訳ございません。当店ではカードのご利用はできません。
(D) わかりました。もう少しだけ勉強させていただきます。

이 상품, 가격은 이걸로 최대한(싸게 한 것)인가요?
(A) 죄송합니다. 이 상품은 진열 상품이 마지막입니다.
(B) 알겠습니다. 재고가 있는지 확인하고 오겠습니다.
(C) 죄송합니다. 저희 가게에서는 카드를 사용하실 수 없습니다.
(D) 알겠습니다. 조금 더 에누리해 드리죠.

해설 가격을 조금 더 깎으려고 꺼낸 말이므로 (A)와 (B)처럼 재고 상황에 대한 대답은 어울리지 않는다. 또한, 카드로 내겠다고 말한 적이 없으므로 (C)도 오답이다. 정답은 (D)로, '공부'가 아니라 '에누리'의 뜻으로 쓰인 勉強를 알아듣지 못했다면 까다로운 문제이다.

어휘 ぎりぎり (시간이나 정도가) 빠듯함 | 現品(げんぴん)限(かぎ)り 현재 밖에 나와 있는 물건이 다임, 새 상품이 없음 | 在庫(ざいこ) 재고 | 勉強(べんきょう)する (가격을) 깎다, 에누리하다 통의어 値引(ねび)きする・負(ま)ける

42 정답 (A)

国内に続いてメジャーリーグも開幕しましたね。
(A) 日本人選手が出場する試合は目が離せませんね。
(B) はい、来月からロードショーが公開される予定です。
(C) 明日からの楽しみがなくなって本当に残念です。
(D) 釣り好きの人たちには待ちに待った季節ですね。

국내에 연이어 메이저 리그도 개막했군요.
(A) 일본인 선수가 출장하는 시합은 눈을 뗄 수가 없죠.
(B) 네, 다음 달부터 로드 쇼가 개봉될 예정입니다.
(C) 내일부터 즐거움이 사라지니 정말 아쉬워요.
(D) 낚시광에게는 기다리고 기다리던 계절이군요.

해설 이제 막 메이저 리그가 개막된 것이므로 (C)는 시기상 반대는 보기이고, 야구에 관한 이야기를 하고 있는데, (B)의 영화나 (D)의 낚시에 관한 이야기는 전혀 엉뚱한 대답이다. 따라서 (A)가 정답이다.

어휘 開幕(かいまく) 개막 | 出場(しゅつじょう) 출장 | ロードショー 로드 쇼 ▶일반 관객에게 개봉되기 전에 독점적으로 특정 영화관에서 먼저 상영하는 것 | 公開(こうかい) (영화의) 개봉 | 釣(つ)り好(ず)き 낚시를 좋아함, 낚시광

43 정답 (B)

昨日帰国のはずだったのに、なぜ滞在が長引いたんですか。
(A) 出国手続きがスムーズに済んだからです。
(B) パスポートを紛失してしまって、再発給を申請したんです。
(C) ホームステイ先のご家族にはお世話になりました。
(D) 日本円をドルに両替しなければならないので。

어제 귀국 예정이었을 텐데, 왜 체류가 길어졌나요?
(A) 출국 수속이 원활하게 끝났기 때문입니다.
(B) 여권을 분실해 버려서 재발급을 신청했어요.
(C) 홈스테이를 했던 곳의 가족께는 신세 많이 졌습니다.
(D) 일본 엔을 달러로 환전하지 않으면 안 돼서요.

해설 한자어가 많아 정확히 들리지 않더라도 なぜ와 같은 질문의 핵심이 되는 단어는 꼭 기억해 두자. (A)는 ~から로 끝나 언뜻 이유를 설명하는 듯하지만, 귀국이 늦어진 이유가 출국 수속이 원활했기 때문이라는 것은 말이 안 된다. 하지만 여권 분실 때문이라면 충분히 있을 법한 이야기이므로 (B)가 정답이다.

어휘 帰国(きこく) 귀국 | 滞在(たいざい) 체류, 체재 | 出国(しゅっこく)手続(てつづ)き 출국 수속 | 紛失(ふんしつ) 분실 | 再発給(さいはっきゅう) 재발급 | 申請(しんせい) 신청 | 両替(りょうがえ) 환전

44 정답 (B)

山田さんの息子さん、勉強頑張っているそうですね。
(A) ああ、大学受験を控えて、一触即発の状態だよ。
(B) ああ、弁護士目指して、一心不乱に勉強しているよ。
(C) うん、やっぱり結果は一目瞭然だったよ。
(D) うん、一獲千金を狙って昨日も徹夜だったよ。

야마다 씨의 아들, 공부 열심히 한다면서요?
(A) 어, 대학 수능을 앞두고 일촉즉발 상태야.
(B) 어, 변호사를 목표로 일심불란으로 공부하고 있어.
(C) 응, 역시 결과는 일목요연했어.
(D) 응, 일확천금을 노리고 어제도 밤샘이었지.

해설 한자 一로 시작하는 사자성어를 바르게 듣고 적절한 쓰임을 찾아낼 수 있는지 묻는 문제이다. '어떤 계기만 있어도 구체적인 대립이나 큰 사건이 생길 만한 상황'은 아니므로, (A)一触即発(いっしょくそくはつ)는 답으로 어울리지 않는다. 또한, (C)一目瞭然(いちもくりょうぜん)은 '한눈에 들어오게 정리 된 모양'을 이야기하는데, 공부 결과와는 관계가 없다. (D)一獲千金(いっかくせんきん)은 '큰돈을 노린다'는 뜻으로, 공부를 해서 한꺼번에 돈을 벌 수는 없으므로 이 또한 정답이 아니다. '한 가지 일에만 골몰하다'라는 뜻의 一心不乱(いっしんふらん)을 쓴 (B)가 정답이다.

어휘 控(ひか)える (시간적, 공간적으로) 앞두다 | 状態(じょうたい) 상태 | 弁護士(べんごし) 변호사 | 目指(めざ)す 노리다, 목표로 하다 | 狙(ねら)う 노리다 | 徹夜(てつや) 철야

45 정답 (D)

政府の一時的な緊急経済対策だけでは根本的な問題解決にはならないですね。
(A) そんなものは、火事場の馬鹿力ですね。
(B) そんなものは、水に流してほしいですね。
(C) そんなものは、身から出たさびですね。
(D) そんなものは、焼け石に水ですね。

정부의 일시적인 긴급 경제 대책만으로는 근본적인 문제 해결이 되지 않죠.
(A) 그런 건 위급할 때의 괴력이죠.
(B) 그런 건 없었던 일로 여겨 줬으면 좋겠네요.
(C) 그런 건 자업자득이죠.
(D) 그런 건 언 발에 오줌 누기죠.

해설 일시적인 정부 정책에 대한 비판을 하고 있으므로, 임시변통에 대해 부정적인 입장을 보이고 있는 (D)가 정답이다. (A)火事場(かじば)の馬鹿力(ばかぢから)는 '어떤 위급한 상황이 닥치면 인간은 평소 없던 힘도 나온다', (B)水(みず)に流(なが)す는 '과거의 일을 없던 것으로 여겨 앞으로 문제 삼지 않는다'는 뜻이므로 정답과는 거리가 멀다. (C)身(み)から出(で)たさび는 '칼 자체에서 나온 녹이 칼 전체를 삭게 한다' 뜻의 속담이다.

어휘 根本的(こんぽんてき) 근본적 [동의어] 抜本的(ばっぽんてき)

46 정답 (D)

今年の春闘も大詰めを迎えましたね。
(A) はい、ようやく暖かくなってきましたからね。
(B) そうですか、今日は優勝チームが決まるんですね。
(C) そろそろ年賀状を書こうと思っているところです。
(D) なんとかストだけは避けて欲しいものですが。

올해 춘계 투쟁도 막바지에 이르렀군요.
(A) 네, 겨우 따뜻해졌으니까요.
(B) 그래요? 오늘은 우승팀이 결정되는군요.
(C) 슬슬 연하장을 쓰려는 참이에요.
(D) 어떻게든 파업만은 피했으면 합니다만.

해설 春闘는 임금 인상을 위해 '노동자 측에서 매년 봄에 벌이는 전국 규모의 투쟁'을 일컫는 말로, 이 단어를 모르면 정답을 고르기 어려웠을 것이다. (A)는 봄이라는 주제에 적절한 보기이고, (B)는 春闘의 한자 闘에 '싸우다, 겨루다'라는 뜻이 있다는 데서 착안한 함정이긴 하지만, 막상 우승과는 관계가 없으므로 정답이 될 수 없다. (C)는 今年も大詰めを迎えましたね(올해도 막바지에 접어들었군요)라는 지문이었다면 가능한 대답이지만 시기상 春闘와는 일치하지 않는다. 결국 파업을 걱정하고 있는 (D)가 정답이다.

어휘 春闘(しゅんとう) 춘계 투쟁 | 大詰(おおづ)めを迎(むか)える 막바지에 접어들다 | 年賀状(ねんがじょう) 연하장 | スト 파업 ▶ストライキ의 준말 | 避(さ)ける 피하다

47 정답 (B)

大阪府の知事が新党を旗揚げしましたね。
(A) 脱サラするにはちょうどいいタイミングですよね。
(B) いよいよ中央政界に進出する意向なんでしょうかね。
(C) 大阪の交通マナーは最低ですからね。
(D) ジャンジャン横丁の串揚げは本当においしいですからね。

오사카부 지사가 신당을 창당했군요.
(A) 월급쟁이를 그만두고 독립하기엔 딱 좋은 타이밍이죠.
(B) 드디어 중앙 정계에 진출할 생각일까요?
(C) 오사카의 교통 매너는 최악이니까요.
(D) 잔잔 골목의 꼬치 튀김은 정말 맛있으니까요.

해설 요점은 '신당을 창당했다'는 말이다. 따라서 (C)와 (D)는 오사카라는 지역의 이야기일 뿐이므로 정답이 될 수 없고, (A)는 정치인이 아니라 샐러리맨에 대한 이야기이므로 오답이다. 따라서 지역 정치가가 새로운 당을 세운 이유에 대해 말한 (B)가 정답이다.

어휘 知事(ちじ) 지사 | 新党(しんとう) 신당 | 旗揚(はたあ)げ 새로 시작함 | 脱(だつ)サラ 샐러리맨을 그만두고 독립해서 장사나 일을 하는 것 | 政界(せいかい) 정계 | 意向(いこう) 의향, 뜻 | 横丁(よこちょう) 골목 | 串揚(くしあ)げ 꼬치 튀김

참고 旗揚げ는 새로 군사를 일으킬 때 항시 깃발을 내걸었다는 데서 비롯된 말로, 요즘은 새로운 일이나 단체를 시작할 때 비유적으로 사용한다.

48 정답 (B)

長年の製法にこだわった商品ですから、大量生産は無理なんですよ。
(A) 機械化した方が、もっと効率が上がるんですよね。
(B) 利益の追求よりも、昔ながらの伝統をしっかりと守っているんですね。
(C) 最新の技術を駆使して、スピード化を図っているんですね。
(D) 大量生産の方が、消費者の満足度が上がると思いますが。

오랜 제작법을 고집하고 있는 상품이라서 대량 생산은 무립니다.
(A) 기계화하는 편이 더 효율이 오르죠.
(B) 이익 추구보다도 옛 전통을 착실히 지키고 있는 거군요.
(C) 최신 기술을 구사하여 신속화를 도모하고 있는 거군요.
(D) 대량 생산하는 편이 소비자 만족도를 상승시킬 것이라고 생각합니다만.

해설 오래된 제작법을 고집하고 있다고 했으므로 (C)는 오답이고, (A)와 (D)는 대량 생산을 부추기는 이야기이므로 정답이 될 수 없다. 따라서 (B)가 정답이다.

어휘 長年(ながねん) 오랜 세월 | 製法(せいほう) 제조 방법 | こだわる 집착하다, 고집하다 | 効率(こうりつ)が上(あ)がる 효율이 오르다 | 利益(りえき) 이익 | 追求(ついきゅう) 추구 | ~ながら (명사나 동사 ます형에 붙어) ~그대로 | 駆使(くし) 구사 | 消費者(しょうひしゃ) 소비자

49 정답 (D)

この高校、かなりのスパルタ教育で生徒を育てているみたいよ。
(A) 本当に人生、一寸先は闇だよね。
(B) 雉も鳴かずば撃たれまい、という言葉もあるし、悪くないんじゃない(?)。
(C) やっぱり出る杭は打たれる運命だね。仕方ないね。
(D) 鉄は熱いうちに打て、っていうのが校長の指導理念だからね。

이 고등학교, 굉장한 스파르타 교육으로 학생들을 육성하고 있나 봐.
(A) 정말이지 인생이란 한 치 앞도 내다볼 수 없어.
(B) 잠자코 있으면 밉지나 않다는 말도 있으니 나쁘지 않잖아?
(C) 역시 모난 돌은 정 맞는 운명이구나. 어쩔 수 없지.
(D) 쇠는 뜨거울 때 두들기라는 게 교장의 지도 이념이니까.

해설 속담에 대해 학습을 게을리 했다면 정답을 고르기 까다로운 문제이다. (A)一寸先(いっすんさき)は闇(やみ)는 '앞으로의 일은 모른다'는 뜻이고, (B)雉(きじ)も鳴(な)かずば撃(う)たれまい는 직역하면 '꿩도 울지만 않으면 총 맞지 않는다' 즉, 쓸데없는 말을 해서 스스로 화를 부르는 경우에 쓰는 말이다. (C)出(で)る杭(くい)は打(う)たれる는 '뛰어난 자는 남으로부터 미움을 잘 산다'는 뜻, (D)鉄(てつ)は熱(あつ)いうちに打(う)て는 '쇠는 뜨거울 때 두드려라' 즉, 시기를 놓치지 말자는 뜻이다. 따라서 정답은 (D)이다.

어휘 生徒(せいと) (주로 중고등) 학생 ▶'학생'이라는 단어에 대해서는 초등학생은 児童(じどう), 대학생은 学生(がくせい)로 구분해서 사용하는 경우가 많다. | 育(そだ)てる 키우다, 육성하다 | 指導理念(しどうりねん) 지도 이념

50 정답 (A)

外国人労働者の数が年々増えているそうですね。
(A) それにともなって不法滞在者も増加する一方だから、国も頭が痛いそうだよ。
(B) 海外で就職を望む若者が増加しているということですね。
(C) 国内での需要が足りないために、そのような現象が見られるんですね。
(D) 先進国で外国人犯罪が増加するのは、今では常識になりましたね。

외국인 노동자 수가 매년 늘고 있다고 해요.
(A) 그에 따라 불법 체류자도 계속 증가하기만 해서 정부도 골머리를 앓는대.
(B) 해외 취업을 희망하는 젊은이들이 증가하고 있다는 거군요.
(C) 국내 수요가 부족하기 때문에 그러한 현상이 나타나는 거군요.
(D) 선진국에서 외국인 범죄가 증가하는 건 지금은 상식이 됐죠.

해설 국내로 들어와 살고 있는 외국인 노동자에 대한 이야기이므로, (B)의 내국인에 대한 이야기와는 무관하다. 또, (C)는 국내 수요가 아니라 국내 노동자가 부족하다고 했다면 가능한 대답이고, 외국인 노동자 수의 증가와 외국인 범죄의 증가는 반드시 비례하는 것이 아니므로 (D)도 정답이 될 수 없다. 따라서 정답은 (A)이다.

어휘 労働者(ろうどうしゃ) 노동자 | 年々(ねんねん) 매년 | ~にともなって ~(함)에 따라 | 不法滞在者(ふほうたいざいしゃ) 불법 체류자 | ~一方(いっぽう) (오로지) ~만 함, ~뿐임 | 望(のぞ)む 원하다 [동음이의어] 臨む 임하다 | 需要(じゅよう) 수요 | 現象(げんしょう) 현상 | 先進国(せんしんこく) 선진국 | 犯罪(はんざい) 범죄 | 常識(じょうしき) 상식

2 Part 3

51 (C)	52 (B)	53 (B)	54 (B)	55 (D)
56 (C)	57 (B)	58 (A)	59 (B)	60 (B)
61 (B)	62 (D)	63 (A)	64 (B)	65 (C)
66 (C)	67 (C)	68 (C)	69 (B)	70 (A)
71 (C)	72 (D)	73 (A)	74 (B)	75 (C)
76 (C)	77 (B)	78 (C)	79 (C)	80 (D)

🎧 Test2-3

51 정답 (C)

女: 営業部の杉村さん、いらっしゃいますか。
男: 杉村は只今会議中ですが、あと10分ほどで終わると思います。
女: そうですか。では、こちらで待たせていただいてもよろしいですか。
男: どうぞ、こちらの応接室でお待ちください。

여: 영업부의 스기무라 씨 계십니까?
남: 스기무라는 현재 회의 중입니다만, 앞으로 10분 정도면 끝날 겁니다.
여: 그래요? 그럼 여기서 기다려도 되나요?
남: 이쪽 응접실에서 기다려 주세요.

해석 여자는 어디서 스기무라 씨를 기다립니까?
(A) 여기서 기다린다.
(B) 회의실에서 기다린다.
(C) 응접실에서 기다린다.
(D) 기다리지 않고 다시 찾아온다.

해설 여자가 말한 こちら는 지금 서 있는 (A)의 ここ가 아니라 방문한 회사라는 뜻이며, 마지막에 남자가 응접실로 안내했기 때문에 정답은 (C)이다.

어휘 応接室(おうせつしつ) 응접실 [유의어] 応接間(おうせつま) (개인의) 집안 응접실 | 出直(でなお)す 돌아갔다가 다시 오다

52 정답 (B)

女: お食事は何時頃に準備いたしましょうか。
男: 先に温泉に入りたいので、7時半くらいにお願いできますか。
女: かしこまりました。
男: それから、ご飯の時、ビール2本と熱燗1本、追加でお願いします。

여: 식사는 몇 시쯤 준비할까요?
남: 먼저 온천에 들어가고 싶으니 7시 반쯤 부탁해도 되나요?
여: 알겠습니다.
남: 그리고 식사 때, 맥주 두 병과 아쓰칸 한 병 추가로 부탁합니다.

해석 남자는 무엇을 추가 주문했습니까?
(A) 식사와 맥주 한 병
(B) 맥주 두 병과 일본주 한 병
(C) 병맥주 두 병과 캔맥주 하나
(D) 식사와 맥주 두 병, 일본주 한 병

해설 旅館(りょかん)에서의 직원과 손님의 대화로 짐작할 수 있다. 남자는 온천 다음 코스로 식사와 술을 부탁하긴 했지만, 추가로 주문한 것은 맥주 두 병과 아쓰칸 한 병이다. 따라서 (D)가 아니라 (B)가 정답이다. 문제를 정확히 읽고 판단하자.

어휘 熱燗(あつかん) 데운 술, 아쓰칸 ▶우리나라의 청주에 해당하는 일본의 전통술을 사람의 체온보다 높게 데워 마시는 술을 말한다. | 追加(ついか) 추가 | 日本酒(にほんしゅ) 일본주, 청주

53 정답 (B)

女: あのう、すみません。郵便局はどこですか。
男: ここをまっすぐ行って、二つ目の交差点を右に曲がるとコンビニの隣にありますよ。
女: ここから歩いてどのくらいかかりますか。
男: そうですね。5、6分で着きますよ。

여: 저, 실례합니다. 우체국은 어딘가요?
남: 여길 쭉 가서, 두 번째 사거리에서 오른쪽으로 돌면 편의점 옆에 있어요.
여: 여기서 걸어서 얼마나 걸리나요?
남: 글쎄요. 5, 6분이면 도착해요.

해석 우체국은 어디에 있습니까?
(A) 첫 번째 사거리 모퉁이
(B) 여기서 도보로 10분 이내인 곳
(C) 두 번째 모퉁이를 오른쪽으로 꺾은 곳
(D) 편의점 앞

해설 길 안내 문제는 머릿속이나 시험지의 빈 공간에 위치 관계를 그리면서 듣는 것이 좋다. 두 번째 교차로에서 오른쪽으로 돌라고 했으므로 (A)는 오답이며, 편의점 옆이라고 했으므로 (C)와 (D)도 정답이 아니다. 걸어서 5, 6분 거리는 徒歩で10分以内와 같은 뜻이므로 정답은 (B)이다.

어휘 郵便局(ゆうびんきょく) 우체국 | 徒歩(とほ) 도보

54 정답 (B)

女: ここの入場料っていくらだったっけ。
男: 大人は3千2百円、子供は2千5百円じゃなかった(?)。
女: 何か割引料金があるって聞いたけどね。
男: えっと、午後5時過ぎだと、同一料金で2千円だって。ほら、あそこに書いてあるよ。

여: 여기 입장료 얼마였지?
남: 어른은 3200엔, 어린이는 2500엔 아니었어?
여: 무슨 할인 요금이 있다고 들었는데.
남: 음, 오후 5시 이후면 동일 요금으로 2000엔이래. 봐, 저기 적혀 있어.

해석 저녁 5시 이후의 입장료는 얼마가 됩니까?
(A) 어른은 3200엔, 어린이는 2500엔
(B) 어른도 어린이도 2000엔
(C) 어른만 2000엔
(D) 어린이만 2000엔

해설 午後5時過ぎ=同一料金이라고 했으므로 요금은 모두 2000엔이 적용된다. 따라서 (B)가 정답이다. 5시 이전의 입장료를 물어보았다면, 정답은 (A)가 되므로 무엇을 묻는지 질문은 미리 읽어 두자.

어휘 入場料(にゅうじょうりょう) 입장료 | 割引料金(わりびきりょうきん) 할인 요금 | 以降(いこう) 이후 [통의어] 以後(いご)

55 정답 (D)

男: この映画、12時20分の回はもう全部売り切れですか。
女: いえ、まだ若干残っていますが、最前列しか空いておりません。
男: 疲れそうだなあ。わかりました。その次の回にしてもらえますか。
女: はい、15時10分の回ですね。こちらですと、まだ十分お席に余裕がございます。

남: 이 영화, 12시 20분 회차는 벌써 전부 매진인가요?
여: 아뇨, 아직 약간 남아 있습니다만, 맨 앞줄밖에 비어 있지 않네요.
남: (보다가) 지칠 것 같군요. 알겠습니다. 그럼 그 다음 회차로 해 주시겠어요?
여: 네, 15시 10분 회차 말씀이시죠? 이건 아직 충분히 여유 좌석이 있습니다.

해석 남자는 어떻게 합니까?
 (A) 피곤하므로 기다리지 않고 바로 영화를 본다.
 (B) 어떻게 할지 잠시 생각한다.
 (C) 다른 영화관으로 간다.
 (D) 15시 10분 영화를 기다린 후 본다.

해설 疲れそうだなあ는 지금 피곤한 게 아니라 맨 앞에서 영화를 본다면 지칠 것 같다는 뜻이므로 (A)는 정답이 아니다. 결과적으로 남자는 여기서 다음 영화를 보기로 결정한 것이므로 (B)와 (C) 또한 오답이므로, 기다렸다가 본다는 (D)가 정답이다.

어휘 売(う)り切(き)れ 매진 | 若干(じゃっかん) 약간 | 最前列(さいぜんれつ) 맨 앞, 맨 앞줄 | 余裕(よゆう) 여유 | 観(み)る 관람하다, 감상하다

56 정답 (C)

男: 暑いね。あそこの喫茶店にでも入ろうか。
女: いいわね。じゃ、私はアイスコーヒーにしようっと。
男: 僕はいつもはホットだけど、今日はトマトジュースにしよう。
女: いくら暑くても冷たいものは飲まないって言う人が、今日は珍しいわね。

남: 덥네. 저기 커피숍에라도 들어갈까?
여: 그거 좋지. 그럼 난 아이스커피로 해야지.
남: 난 평소엔 뜨거운 커피지만 오늘은 토마토 주스로 할래.
여: 아무리 더워도 차가운 건 안 마시겠다고 하는 사람이 오늘은 별일이네.

해석 남자에 대해 일치하는 것은 어느 것입니까?
 (A) 평소엔 아이스커피를 마시지만, 오늘은 뜨거운 커피를 마신다.
 (B) 평소엔 뜨거운 커피를 마시지만, 오늘은 아이스커피를 마신다.
 (C) 평소엔 뜨거운 커피를 마시지만, 오늘은 주스를 마신다.
 (D) 더운 날이라도 음료는 가능한 마시지 않으려고 한다.

해설 대화에서 남자가 말한 ホット는 ホットコーヒー를 뜻한다. 두 사람의 말을 종합해 보면, 남자는 항상 뜨거운 커피를 마시지만 오늘만은 특별히 차가운 토마토 주스를 마실 것이라는 말이다. 아이스커피는 여자가 선택한 음료이므로 (B)는 정답이 아니고, 남자는 평소 차가운 음료를 피하는 것이지 음료 자체를 마시지 않는 것이 아니므로 (D)도 오답이다. 따라서 정답은 (C)이다.

어휘 喫茶店(きっさてん) 커피숍 | 珍(めずら)しい 드물다, 희귀하다

57 정답 (B)

女: ゆうべは、ちゃんと帰れたの(?)。
男: それが、終電を危うく逃すとこだったんだ。
女: あなたの家までタクシーじゃ、料金が大変よね。
男: 駅の階段を必死にダッシュして、間一髪セーフだったよ。

여: 어젯밤엔 잘 들어갔어?
남: 그게 막차를 하마터면 놓칠 뻔했어.
여: 너네 집까지 택시로는 요금이 엄청나지.
남: 역 계단을 필사적으로 뛰어서 간발의 차로 타는 데 성공했어.

해석 남자는 어젯밤 어떻게 했습니까?
 (A) 자기 집까지 필사적으로 달려 귀가했다.
 (B) 막차를 타고 귀가했다.
 (C) 겨우 택시를 잡아서 집까지 갔다.
 (D) 택시 요금이 없어서 역 계단에서 잤다.

해설 이야기의 흐름 중 남자의 終電を危うく逃すとこだった만 들었어도 정답을 고를 수 있는 문제이다. 막차를 놓친 것이 아니라 어쨌든 전철을 탔다는 말이므로 정답은 (B)이다. 필사적으로 달린 것은 역 계단이었기 때문에 (A)는 오답이다.

어휘 終電(しゅうでん) (그날의) 마지막 전철, 막차 | 危(あや)うく 하마터면, 자칫하면 | ダッシュ (전력을 다해) 돌진함, 달려감 | 間一髪(かんいっぱつ) 간발의 차

58 정답 (A)

男: どうしたの(?)。目が真っ赤じゃない。
女: うん。実はちょっとおしゃれしようとして、カラーコンタクトをつけたんだけど合わなかったみたい。
男: まったく。ファッションもいいけど、まずは体のことが一番じゃない。
女: ほんとにそうね。今度からはちゃんと考えるわ。

남: 어떻게 된 거야? 눈이 새빨갛잖아.
여: 응. 실은 멋 좀 내려고 컬러 렌즈를 꼈는데 안 맞았던 모양이야.
남: 내 참. 패션도 좋지만 먼저 몸이 우선 아니야?
여: 정말 그래. 다음부터는 잘 생각할게.

해석 대화의 내용과 일치하는 것은 어느 것입니까?
 (A) 여자는 눈이 충혈돼 있다.
 (B) 여자는 새 컬러 렌즈를 사려고 한다.
 (C) 남자는 여자에게는 컬러 렌즈가 어울리지 않는다고 생각한다.
 (D) 남자는 여자가 멋부리는 게 마음에 들지 않는다.

해설 目が真っ赤=目が充血している이므로 정답은 (A)이다. 컬러 렌즈는 이미 사서 꼈으므로 (B)는 오답이며, 여자가 컬러 렌즈를 낀 모습을 보고 나누는 대화가 아니므로 (C)와 (D)도 정답과는 거리가 멀다.

어휘 　真(ま)っ赤(か) 새빨감 ▶真(ま)っ青(さお) 새파람 | 充血(じゅうけつ) 충혈 | 似合(にあ)う 어울리다

59 정답 (B)

男：あれ、ここから降りるみたいですよ。
女：到着ゲートに直接繋がってないみたいですね。
男：いまどきタラップか。珍しいですね。
女：私は初めてです。何だかちょっと緊張します。

남 : 어? 여기서 내리는 것 같아요.
여 : 도착 게이트로 바로 이어진 게 아닌 것 같네요.
남 : 요즘 세상에 트랩이라니 신기하네요.
여 : 전 처음이에요. 어쩐지 좀 긴장돼요.

해석 　두 사람은 지금 어디에 있습니까?
　　　(A) 로컬 철도의 차량 안
　　　(B) 여객기 안
　　　(C) 헬리콥터 안
　　　(D) 침대열차의 차량 안
해설 　タラップ(트랩)는 배나 비행기를 타고 내릴 때 사용하는 계단이나 사다리를 말하므로 답을 찾는 결정적인 힌트지만, 到着ゲート도 정답이 (B)임을 알려 준다. (A)나 (D)와 같은 기차나 (C)의 헬리콥터는 특별한 장치 없이도 타고 내릴 수 있으므로 오답이다.
어휘 　到着(とうちゃく) 도착 | 繋(つな)がる 연결되다, 이어지다 | いまどき 요즘, 오늘날, 요즘 세상 | 鉄道(てつどう) 철도 | 旅客機(りょかくき) 여객기 | 寝台車(しんだいしゃ) (야간열차의) 침대차

60 정답 (B)

女：このお鍋、すごいのよ。
男：えっ、何が(？)。見た目は普通の鍋と同じじゃない。
女：ううん、それがね。ほとんど水を入れなくても、野菜なんか短時間で火が通るのよ。
男：へえ。それなら栄養分も逃げないし、時間の節約にもなって一石二鳥だね。

여 : 이 냄비, 굉장해.
남 : 응? 뭐가? 외관은 보통 냄비랑 같잖아.
여 : 아니, 그게. 물을 거의 넣지 않아도 채소 같은 게 단시간에 익어.
남 : 오, 그거라면 영양분도 빠져나가지 않고 시간 절약도 돼서 일석이조네.

해석 　두 사람은 무엇에 대해 이야기하고 있습니까?
　　　(A) 최신식 전기밥솥
　　　(B) 편리한 조리 기구
　　　(C) 새로운 전골 요리 방법
　　　(D) 채소의 능숙한 조리법
해설 　냄비의 장점에 대해 이야기하고 있으므로 (B)가 정답이다. (A) 전기밥솥, (C) 전골 요리, (D) 채소 조리법에 대한 이야기는 아니므로 모두 오답이다.
어휘 　鍋(なべ) 냄비 | 見(み)た目(め) 겉모습, 외관 | 火(ひ)が通(とお)る (불길이 고르게 미쳐 음식물이) 익다 | 栄養分(えいようぶん) 영양분 | 節約(せつやく) 절약 | 一石二鳥(いっせきにちょう) 일석이조 | 電気炊飯器(でんきすいはんき) 전기밥솥 | 調理器具(ちょうりきぐ) 조리 기구

61 정답 (B)

男：最近何か凝っているものとか、ありますか。
女：少し前までは手芸とケーキ作りだったんですが、このところはフラダンスですね。
男：へえ、なかなか多趣味なんですね。
女：いえ、下手の横好きですよ。最近はネイルアートも習い始めました。

남 : 최근, 뭔가 심취해 있는 일 있으세요?
여 : 얼마 전까지는 수예나 케이크 만들기였지만, 요즘은 훌라댄스예요.
남 : 와, 꽤 취미가 많으시네요.
여 : 아뇨, 서툴지만 좋아해요. 최근엔 네일아트도 배우기 시작했어요.

해석 　여자의 요즘에 대해 올바른 것은 어느 것입니까?
　　　(A) 뭘 해도 능숙하게 못해서 스스로도 곤혹스러워 하고 있다.
　　　(B) 새로운 것도 배우고 있다.
　　　(C) 수예와 케이크 만들기는 어깨가 뻐근해져서 그만두었다.
　　　(D) 네일아트를 시작하려고 한다.
해설 　~に凝(こ)るに는 '① 어떤 일에 열중하다, 빠지다 ② 세세한 부분까지 공을 들이다 ③ (肩が凝る의 형태로) 근육이 뭉쳐 뻐근해지다, 부담스럽게 느끼다'라는 뜻이 있다. 남자의 질문은 ①번의 의미이기 때문에 수예나 케이크 만들기를 ③번 뜻과 결부시킨 (C)는 정답으로 맞지 않다. 또, 下手(へた)の横好(よこず)きは 남자의 칭찬에 대한 겸손한 대답이지 뭐든 못한다는 뜻이 아니므로 (A)도 오답이며, 네일아트는 이미 습い始めました라고 했으므로 (D)도 정답이 아니다. 최근 시작한 네일아트=新しい習い事이므로 정답은 (B)이다.
어휘 　手芸(しゅげい) 수예 | 多趣味(たしゅみ) 취미가 많음 | 習(なら)い事(ごと)をする 배우다

62 정답 (D)

女：あれ、髪さっぱりしたわね。
男：うん、昼休みに近くの千円カットの店で散髪してきたんだ。たったの10分で終わったよ。
女：千円カットの店って、相変わらず急成長しているみたいね。女性用の店も出てきたし。
男：シャンプーも髭剃りもしないけど、時間とお金を節約できるのは魅力だからね。

여 : 어? 머리 깔끔해졌네.
남 : 응, 점심시간에 근처 천엔 커트숍에서 이발하고 왔어. 단 10분 만에 끝났지.
여 : 천엔 커트숍, 여전히 급성장하고 있는 모양이네. 여성용 가게도 나왔고.
남 : 샴푸도 면도도 해 주지 않지만, 시간과 돈을 절약할 수 있는 건 매력적이니까.

해석 　천엔 커트숍에 대해 올바른 것은 어느 것입니까?
　　　(A) 남성 전용 가게밖에 없다.
　　　(B) 요즘엔 과당 경쟁이 심해져 요금이 싸졌다.
　　　(C) 샴푸나 면도까지 해 주는데도 요금이 1000엔이라 무척 싸다.
　　　(D) 현재 아주 성공한 비즈니스 모델이다.

해설 이미 여성용 가게가 나왔다고 했고, 샴푸나 면도는 해 주지 않는다고 했으므로 (A)와 (C)는 오답이다. 相変わらず急成長しているみたいだ라고 했으므로 정답은 (D)이다.

어휘 散髪(さんぱつ)する 이발하다 | 急成長(きゅうせいちょう) 급성장 | 髭剃(ひげそ)り 면도 | 魅力(みりょく) 매력 | 過当競争(かとうきょうそう) 과당 경쟁, 손해를 보면서까지 하는 지나친 경쟁 | 割安(わりやす) (품질, 양, 서비스에 비해) 값이 쌈

63 정답 (A)

男:最近、転職したって聞いたけど。
女:そうなの。前の会社は残業続きで、限界だったのよ。
男:でも、このご時勢にすぐ次の仕事が見つかるなんて、さすがだな。
女:やっぱり、若い頃に資格をたくさん取っておいたのが物を言ったみたい。

남:요 근래 이직했다며?
여:응. 저번 회사는 야근의 연속이라 한계가 왔어.
남:그렇지만 요즘 같은 시국에 바로 다음 일을 구하다니 대단해.
여:역시, 젊었을 때 자격증을 많이 따 놓은 게 도움이 된 것 같아.

해석 여자는 요즘 어떻게 지내고 있습니까?
(A)새로운 일을 구해서 일하고 있다.
(B)회사에 지나치게 불평을 늘어놓아 잘렸다.
(C)젊었을 때의 실적을 인정 받아 승진했다.
(D)새로운 일자리를 위해 자격증을 따려 한다.

해설 예전 회사에서는 야근에 대한 불만은 있었지만, 여자 限界였을 뿐이지 그렇다고 잘린 것은 아니므로 (B)는 오답이다. 또한, 일을 그만둔 사람이 최근에 승진했다는 것은 어폐가 있으므로 (C)도 정답이 될 수 없으며, 이미 취득한 자격증으로 직장을 옮겼다는 말이므로 (D)도 오답이다. 따라서 정답은 (A)이다.

어휘 転職(てんしょく) 이직 | 限界(げんかい) 한계 | 時勢(じせい) 시류, 시국 | 資格(しかく)を取(と)る 자격증을 취득하다 | 物(もの)を言(い)う 영향력을 행사하다, 효과를 보다 | 不平(ふへい) 불평 [유의어] 文句(もんく) 불평, 불만 | 辞(や)める (일을) 그만두다 | 昇進(しょうしん) 승진

64 정답 (B)

男:いつも朝、早いですね。
女:ええ、もう習慣になりましたから。
男:何か早起きの秘訣でもあるんですか。
女:いいえ、ただの慣れですね。新米の頃は寝坊してよく大目玉食らってたくらいですから。

남:항상 아침에 일찍 오시네요.
여:네, 이제 습관이 됐으니까요.
남:아침에 일찍 일어나는 무슨 비결이라도 있어요?
여:아뇨, 그냥 익숙해진 거죠. 신입 때는 늦잠을 자서 자주 혼났을 정도니까요.

해석 여자에 대해 올바른 것은 어느 것입니까?
(A)이전부터 일찍 잘 일어났다.
(B)회사에 막 들어왔을 무렵에는 자주 지각을 해서 혼났다.
(C)오늘 아침 특별히 일찍 출근했다.
(D)남자에게 일찍 일어나는 비법을 가르쳐 주었다.

해설 여자는 항상 아침 일찍 출근한다고 했으므로 (C)는 오답이며, 남자가 그 비결에 대해 물었지만 그냥 습관이라고 했으므로 (D)도 정답이 아니다. 또한, 신입 때는 늦잠을 자서 자주 혼났다고 했으므로 (A)도 정답에서 제외된다. 정답은 (B)로, 大目玉を食らう라는 관용 표현을 안다면 쉽게 풀 수 있는 문제이지만 모를 때는 이야기의 흐름으로 추측하도록 하자.

어휘 早起(はやお)き 일찍 일어남 [반의어] 寝坊(ねぼう) 늦잠 | 秘訣(ひけつ) 비결 | 新米(しんまい) 신참, 신입, 신출내기 | 大目玉(おおめだま)を食(く)らう 크게 혼쭐나다 | 特別(とくべつ) 특별함 | コツ 요령, 비결

65 정답 (C)

女:この度は、お取引先の会社をご紹介くださり、ありがとうございました。
男:いいえ、お宅の会社にはいつもお世話になっていますから。
女:部長の顔を潰さないよう、精一杯頑張った見積もりを出させていただきます。
男:あそこの社長には顔が利きから、私からもよろしく言っておきますよ。

여:이번에 거래 회사를 소개해 주셔서 감사했습니다.
남:아뇨, 그쪽 회사엔 항상 신세 지고 있으니까요.
여:부장님 얼굴에 먹칠하지 않도록 성심 성의껏 견적서를 제출하겠습니다.
남:그 회사 사장님과는 안면이 있으니 저도 잘 부탁한다고 말해 둘게요.

해석 여자는 앞으로 어떻게 합니까?
(A)남자의 회사에 견적서를 낸다.
(B)남자의 회사 사장에게 인사하러 간다.
(C)남자의 회사 거래처에 견적서를 낸다.
(D)여자의 회사 거래처에 견적서를 낸다.

해설 精一杯頑張った見積もりを出させていただきます라고 했으므로 여자는 곧 남자가 소개해 준 회사에 견적서를 제출할 것이다. 따라서 (C)가 정답이다. (D)는 아직 거래가 성사되기는커녕 견적서도 제출하지 않는 단계이기 때문에 정답이 될 수 없다.

어휘 取引先(とりひきさき) 거래처 | 紹介(しょうかい) 소개 | お宅(たく) 상대가 속한 회사, 근무처의 높임말 | 顔(かお)を潰(つぶ)す 얼굴에 먹칠을 하다, 체면을 손상시키다 | 精一杯(せいいっぱい) 있는 힘을 다해, 힘껏 | 見積(みつ)もり 견적, 견적서 | 顔(かお)が利(き)く 얼굴이 통하다, 안면이 있어 말발이 서다 | 挨拶(あいさつ) 인사

66 정답 (C)

女:明日もゴルフなの(?)。まったく、いいご身分ね。
男:仕方ないだろう、大事なお得意さんの接待なんだから。
女:わかったわ。じゃ、晩ご飯はいいわよね。
男:そんなに遅くはならないと思うけど、どっちにしろ一杯やって帰るからいいよ。

여 : 내일도 골프야? 정말이지 늘어진 팔자구나.
남 : 어쩔 수 없잖아, 중요한 거래처 접대니까.
여 : 알았어. 그럼, 저녁은 안 먹어도 되지?
남 : 그렇게 늦진 않을 거라고 생각하지만, 어쨌든 술 한잔하고 들어올 테니까 됐어.

해석 남자는 내일 어떻게 합니까?
(A) 소중한 친구와 골프를 치고 나서 술을 마신다.
(B) 회사의 중역과 회의를 겸한 식사를 한다.
(C) 거래처 사람들과 골프를 치고 접대한다.
(D) 골프를 친 뒤에 밤에는 집에서 식사를 한다.

해설 남자의 내일 일정은 골프→술자리이고, 저녁은 집에서 먹지 않을 생각이므로 (B)와 (D)는 오답이다. 또한, 골프의 목적은 お得意さんの接待라고 했으므로 (A)는 그 대상이 다르다. 여기서 お得意(とくい)さん이란 단골 손님이나 단골 고객, 특히 거래가 활발한 取引先를 뜻하는 말이므로 (C)가 정답이다.

어휘 身分(みぶん) 처지, 신세, 팔자 ▶ 身分証明書(みぶんしょうめいしょ) 신분증명서 | 接待(せったい) 접대 | 晩(ばん)ご飯(はん) 저녁밥, 저녁 식사 | 役員(やくいん) (회사나 단체의) 중역, 임원 | 兼(か)ねる 겸하다

67 정답 (C)

女 : 来週の旅行、行けなくなるかもしれないわ。仕事が忙しくて目が回りそうなのよ。
男 : ああ、そう(?)。でもあのホテルは3日前までに取り消さないとキャンセル料とられるよ。
女 : 押さえるの大変だったのにごめんね。とにかく、それまでにははっきりさせるわ。
男 : 姉さんが行けないんだったら、代わりに俺が行こうかな。

여 : 다음 주 여행, 못 가게 될지도 몰라. 일이 엄청 바쁘거든.
남 : 아, 그래? 그렇지만 그 호텔은 3일 전까지 취소하지 않으면 취소 요금이 부과돼.
여 : 예약하는 거 힘들었을 텐데 미안해. 어쨌든 그때까지 분명히 해 둘게.
남 : 누나가 못 가면 대신 내가 갈까.

해석 남자에 대해 일치하는 것은 어느 것입니까?
(A) 좀처럼 호텔 예약을 할 수 없어 고생하고 있다.
(B) 일이 바빠서 여행을 갈 수 없을 것 같다.
(C) 여자를 위해 호텔을 예약했다.
(D) 여자와 여행을 떠날 예정이었지만 혼자 가기로 했다.

해설 취소 요금 발생에 대해 걱정하고 있는 걸로 보아, 호텔 예약은 이미 끝난 상태이므로 (A)는 정답이 될 수 없고, 바쁜 건 여자 쪽이므로 (B)도 오답이다. 남자의 마지막 대사가 없었다면 (D)도 정답이 될 수 있지만, 대신 갈까 고민하는 걸로 보아 여행은 여자 혼자 가기로 예정되어 있었다. 여자는 押さえるの大変だったのにごめんね라며 남자에게 미안해하고 있는데, 여기서 押(お)さえる는 예약이 필요한 숙소나 티켓 등을 '확보하다'라는 뜻으로 쓰였으므로 정답은 (C)이다.

어휘 目(め)が回(まわ)る (현기증이나 바빠서) 눈이 핑핑 돌다 | 取(と)り消(け)す 취소하다 ▶ 打(う)ち消(け)す 부정하다

68 정답 (C)

女 : 来月は友達2人から結婚式に呼ばれているの。ご祝儀だけでも大変だわ。
男 : どっちかを断るわけにはいかないの(?)。
女 : それが、1人は中学のときの友人で、もう1人は大学のサークルの仲間だから。
男 : まあ、仕方がないんじゃない(?)。君だって、来年はお嫁に行くんだろ。

여 : 다음 달은 친구 두 명한테서 결혼식 초대를 받았어. 축의금만으로도 큰일이야.
남 : 어느 한쪽을 거절할 수는 없어?
여 : 그게 한 명은 중학교 때 친구이고, 또 한 명은 대학 동아리 동료라서.
남 : 뭐, 어쩔 수 없지 않아? 너도 내년엔 시집가잖아.

해석 여자에 대해 일치하는 것은 어느 것입니까?
(A) 다음 달에 소꿉친구와 결혼한다.
(B) 친구 결혼식에 참석할지 말지 고민하고 있다.
(C) 결혼식이 겹쳐서 금전적으로 부담을 느끼고 있다.
(D) 결혼식 스피치를 부탁받아 곤란해하고 있다.

해설 (A) 여자의 결혼 상대는 두 사람의 대화만으로는 알 수 없고, (B) 친구 결혼식에는 모두 참석할 예정이며, (D) 대화 중 결혼식 스피치에 대한 내용은 없었으므로 모두 오답이다. 다음 달에는 가야 할 결혼식이 두 개나 있어 ご祝儀だけでも大変 = 金銭的に負担인 상황이므로 정답은 (C)이다.

어휘 祝儀(しゅうぎ) 축의금 | 仲間(なかま) 동료 | 嫁(よめ)に行(い)く 시집가다 | 幼(おさな)なじみ 소꿉친구 | 悩(なや)む 고민하다 | 金銭的(きんせんてき) 금전적

69 정답 (B)

女 : ねえ、10段重ねのハンバーガーが発売されたって知ってる(?)。
男 : ああ、ハンバーガーも最近はアメリカ並みに大型化する傾向があるみたいだね。
女 : テイクアウトもできるみたいし、一つ買って2人で分けて食べない(?)。
男 : じゃあ、ものは試しに食べてみようか。それにしてもカロリーが気になるなあ。

여 : 있지, 10단짜리 햄버거가 출시됐다던데 알고 있어?
남 : 어, 햄버거도 요즘은 미국처럼 대형화되는 경향이 있는 것 같아.
여 : 포장해 갈 수도 있는 것 같던데, 하나 사서 둘이서 나눠 먹지 않을래?
남 : 그럼, 시험 삼아 먹어 볼까? 그건 그렇고 칼로리가 신경 쓰이네.

해석 햄버거에 대해 일치하는 것은 어느 것입니까?
(A) 이 상품은 10월까지 한정 발매된다.
(B) 요즘은 사이즈가 큰 햄버거가 늘고 있다.
(C) 이 햄버거는 포장해 갈 수 없는 상품이다.
(D) 이 햄버거는 건강을 생각해서 칼로리는 낮게 만들어졌다.

해설 (A) 10段重ね의 햄버거가 출시되었다고 했을 뿐, 10월까지라는 기한과는 관계없고, (C) テイクアウトできる라고 했으므로 持ち帰り도 가능하며, (D) 이 햄버거의 칼로리는 두 사

람의 대화만으로는 정확히 알 수 없는 부분이므로 모두 오답이다. 따라서 정답은 (B)이다.

어휘 ~並(な)み ~와 같은 수준임, ~와 동등함 | 大型化(おおがたか) 대형화 | 傾向(けいこう) 경향 | 分(わ)ける 나누다 | ものは試(ため)し 무슨 일이든 실제로 해보아야 알 수 있음 | 控(ひか)え目(め) 삼감, 줄임, 적게 함

70 정답 (A)

女 : 第八生命の田中と申しますが、小林部長はいらっしゃいますか。
男 : 小林はただいま会議中ですが、どのようなご用件でしょうか。
女 : 先日、小林部長からご依頼いただいた、終身保険のプランをお持ちしたんですが。
男 : それなら直接渡してもらった方がいいですね。もうすぐ終わるので、こちらでお待ちください。

여 : 다이하치생명의 다나카라고 합니다만, 고바야시 부장님 계십니까?
남 : 부장님은 현재 회의 중이신데, 무슨 용건이십니까?
여 : 저번에 고바야시 부장님께 의뢰 받은 종신보험 상품을 가지고 왔습니다.
남 : 그거라면 직접 전하시는 게 좋겠군요. 곧 끝나니 이쪽에서 기다려 주세요.

해석 대화 내용과 일치하는 것은 어느 것입니까?
(A)여자는 고바야시 부장을 위해 작성한 자료를 가지고 왔다.
(B)여자는 약속도 없이 찾아와 영업을 하고 있다.
(C)남자는 여자로부터 서류를 받는다.
(D)고바야시 부장은 곧 외근한 곳에서 돌아올 예정이다.

해설 여자는 영업을 하러 온 것이 아니라 고객에게 의뢰 받은 상품을 전달하러 온 것이므로 (B)는 정답이 아니고, 남자의 마지막 말을 통해 서류는 여자가 직접 전달할 것이라는 것을 알 수 있으므로 (C)도 오답이다. 또한, 부장은 현재 회의실에 있으므로 (D)도 내용과 일치하지 않는다. 終身保険のプラン=作成した資料이므로 정답은 (A)이다.

어휘 依頼(いらい) 의뢰 | 終身保険(しゅうしんほけん)プラン 종신보험 상품 | 飛(と)び込(こ)み (예약, 약속 없이) 느닷없이 나타남 | セールス 세일즈, 영업

71 정답 (C)

男 : 湖に着いたら、レンタサイクル屋があるから自転車を借りよう。
女 : えっ、自転車(?)。朝から歩き通しで足がぱんぱんなのに。
男 : 大丈夫、電動自転車なら楽に走れるよ。変速機もついてるし。
女 : でも、自転車は自転車でしょ。スクーターじゃなきゃ嫌よ。

남 : 호수에 도착하면 자전거 대여소가 있으니 자전거를 빌리자.
여 : 응? 자전거? 아침부터 걷기만 해서 다리가 땡땡한데.
남 : 괜찮아. 전동 자전거라면 편하게 달릴 수 있어. 변속기도 달려 있고.
여 : 그렇지만 자전거는 자전거잖아. 스쿠터가 아니면 싫어.

해석 여자는 호수에서의 탈것에 대해 뭐라고 했습니까?
(A)자전거는 변속기가 달려 있지 않으면 싫다.
(B)전동 자전거라면 타도 된다.
(C)무엇이건 자전거는 싫다.
(D)다리를 단련시키기 위해 탈것은 이용하지 않고 걷고 싶다.

해설 여자는 다리가 아파서 어떤 자전거도 타고 싶지 않다고 했으므로 (C)가 정답이다. (A)와 (B)도 자전거이기 때문에 정답이 될 수 없고, 걷고 싶다는 (D)는 더더욱 여자의 생각과 다르므로 오답이다.

어휘 湖(みずうみ) 호수 | レンタサイクル屋(や) 자전거 대여소 | ~通(どお)し (동사 ます형에 붙어) 줄곧 ~하다 | ぱんぱん 터질 듯이 팽팽해진 모양 | 電動自転車(でんどうじてんしゃ) 전동 자전거 | 変速機(へんそくき) 변속기 | スクーター 스쿠터 | 鍛(きた)える 단련시키다

72 정답 (D)

女 : 最近は、どの路線も女性専用車両が増えましたね。
男 : 女性が安心して乗車できる車両だから、好評みたいですね。
女 : でもその分、男の人はちょっと不便じゃないですか。
男 : いや別に。最初は間違って乗って、白い目で見られたことはありましたけど。

여 : 요즘 어느 노선이나 여성 전용칸이 늘었군요.
남 : 여성이 안심하고 승차할 수 있는 차량이라서 호평인 듯하네요.
여 : 그렇지만 그만큼 남자는 좀 불편하지 않나요?
남 : 아뇨, 별로요. 처음에는 잘못 타서 싸늘한 시선을 받은 경우는 있었지만요.

해석 남자는 여성 전용칸에 대해 뭐라고 했습니까?
(A)최근엔 수가 증가하고 있다.
(B)쾌적한 승차감이다.
(C)처음엔 자주 치한이 나왔다.
(D)여성이 안심하고 탈 수 있어서 평판이 좋다.

해설 먼저 문제를 읽고 男の人에 표시를 해 두었다면 여자의 말인 (A)를 고르는 일은 없었을 것이다. 또한, (B)와 (C)에 대해선 두 사람 다 언급한 적이 없으므로 오답이다. 남자는 여성 전용칸에 대한 평가를 전해 주었고, 好評=평판이 좋이므로 (D)가 정답이다.

어휘 路線(ろせん) 노선 | 女性専用車両(じょせいせんようしゃりょう) (열차의) 여성 전용칸 | 好評(こうひょう) 호평 | 間違(まちが)う 틀리다, 실수하다 | 白(しろ)い目(め) 차가운 눈초리 | 快適(かいてき) 쾌적함 | 乗(の)り心地(ごこち) 승차감 | 痴漢(ちかん) 치한 | 評判(ひょうばん) 평판

73 정답 (A)

女 : この歌手、最近テレビで見なくなりましたね。
男 : 独立しようとして事務所の社長を激怒させてから、落ち目ですよね。
女 : 昔は飛ぶ鳥を落とす勢いだったのに。
男 : 芸能界の現実って厳しいですよね。

여 : 이 가수, 요즘 TV에서 안 보이네요.
남 : 독립한답시고 소속사 사장을 몹시 화나게 한 뒤, 내리막길에 들어섰죠.
여 : 옛날엔 나는 새도 떨어뜨릴 기세였는데.
남 : 연예계의 현실은 혹독하네요.

해석 가수에 대해 올바른 것은 어느 것입니까?
(A) 소속사와의 트러블로 일거리가 줄었다.
(B) 사무실 계단에서 떨어져 입원 중이다.
(C) 눈병에 걸려 연예 활동을 할 수 없게 되었다.
(D) 한가해서 매일 들새 관찰을 하고 있다.

해설 落ち目는 실제로 어디서 굴러떨어진 것이 아니라 '내리막길, 사양길'이란 뜻을 가진 단어이므로 (B)는 정답이 아니다. 또한, 見ない나 落ち目의 目만 듣고 (C)를 고르거나, 飛ぶ鳥を落とす勢い라는 속담의 포인트를 잘못 짚어 (D)를 답으로 고르지 말자. 〈Part 3〉은 어디까지나 이야기의 흐름을 잘 파악해야 하는 파트로, 어떤 가수가 TV에서 사라진 것은 事務所の社長を激怒させてから이므로 결국 (A)가 정답이다.

어휘 独立(どくりつ) 독립 | 激怒(げきど) 격노함 | 落(お)ち目(め) (기세 등이) 내리막길임, 사양길임 | 飛(と)ぶ鳥(とり)を落(お)とす勢(いきお)い 나는 새도 떨어뜨릴 만큼 대단한 기세 | 芸能界(げいのうかい) 연예계 | 所属(しょぞく) 소속 | 暇(ひま) 한가로움 | バードウォッチング 들새 관찰

74 정답 (C)

男 : 昨日、英会話のクラスに登録したんだけど、続けられるかな。
女 : 大丈夫よ。あそこはチケット制のスクールだし、残業や出張の多いサラリーマンに向いているから。
男 : でも、いつでも行ける、っていうのがかえって自分を甘やかしちゃうんだよな。
女 : う〜ん。それも一理あるかもね。

남 : 어제 영어 회화 학원에 등록했는데 계속 다닐 수 있을까?
여 : 괜찮아. 거긴 티켓제 학원이고, 야근이나 출장이 많은 샐러리맨들에게 딱이니까.
남 : 그렇지만 언제든지 갈 수 있다는 게 도리어 자신을 나태하게 만들어.
여 : 음, 그 말도 일리가 있긴 해.

해석 두 사람이 이야기하고 있는 영어 회화 학원은 어떤 곳입니까?
(A) 24시간 운영되고 있어 바쁜 사람에게 매우 알맞다.
(B) 선생님이 학생들을 오냐 오냐 하는 경향이 있어, 더욱 엄하게 해 달라는 의견도 있다.
(C) 수업을 받을 수 있는 기한이 정해져 있지 않아서 언제든지 가도 된다.
(D) 같은 계열의 학원이 전국에 있어서 출장지에서도 수업을 받을 수 있다.

해설 チケット制のスクール가 무엇인지 잘 몰랐더라도 いつでも行ける라는 남자의 말을 통해, 기간 한정 없이 횟수로 등록하는 학원이라는 것을 짐작할 수 있다. 따라서 (C)가 정답이다.

어휘 英会話(えいかいわ) 영어 회화 | 登録(とうろく) 등록 | 向(む)く 적합하다, 맞다, 어울리다 | かえって 오히려, 도리어 | 甘(あま)やかす 응석을 받아 주다, 마음대로 하게 내버려두다 | 運営(うんえい) 운영 | 系列(けいれつ) 계열

75 정답 (C)

女 : 今年も去年に引き続き、新入社員の採用人数が大幅に削られたんだって。
男 : それはそうと、管理職のリストラもだいぶ増えるらしいよ。
女 : 私もそろそろ見切りをつけて他のところを探そうかな。
男 : でも今の時代、終身雇用で安心して働ける職場なんて、そう簡単には見つからないよ。

여 : 올해도 작년에 이어 신입 사원 채용 인원이 대폭 삭감되었대.
남 : 그건 그렇고, 관리직의 정리해고도 크게 증가한대.
여 : 나도 슬슬 단념하고 다른 곳을 찾아볼까.
남 : 그렇지만 요즘 시대에 종신 고용으로 안심하고 일할 수 있는 직장 같은 건 그렇게 쉽게 구할 수 없어.

해석 두 사람의 회사는 어떤 상황입니까?
(A) 올해는 신입 사원 채용이 없다.
(B) 작년보다 올해가 경영 상태가 좋아졌다.
(C) 관리직의 정리해고가 증가할 것 같다.
(D) 종신 고용으로 안심하고 일할 수 있는 직장이 되었다.

해설 (A) 신입 사원 채용은 大幅に削られた라고 했을 뿐 아예 안 뽑는 것은 아니고, (B) 작년에 이어 올해도 회사의 채용 사정이 좋지 않다는 말은 곧 경영 상태도 나쁘다는 말이며, (D) 두 사람의 회사에서는 곧 管理職のリストラ도 증가할 예정이므로 終身雇用과는 거리가 먼 상황이다. 따라서 (C)가 정답이다.

어휘 採用(さいよう) 채용 | 大幅(おおはば)に 대폭 | 削(けず)る 깎다, 삭제하다, 삭감하다 | 管理職(かんりしょく) 관리직 | リストラ 정리해고, 구조조정 | 見切(みき)りをつける (가망이 없다고) 단념하다, 포기하다 [반의어] 見込(みこ)む 신임하다, 기대하다 | 終身雇用(しゅうしんこよう) 종신 고용

76 정답 (C)

女 : 中国経済が転換点を迎えていますね。
男 : そうですね。人民元の切り上げが実施されそうですからね。
女 : そうなれば中国の輸出競争力が低下することにもつながりますね。
男 : 中国に輸出している国内企業にも為替変動のメリットが出るでしょうね。

여 : 중국 경제가 전환점을 맞이하고 있군요.
남 : 네, 위안화 절상이 실시될 것 같으니까요.
여 : 그렇게 되면 중국 수출 경쟁력이 저하되게 되죠.
남 : 중국에 수출하고 있는 국내 기업에도 환율 변동의 이점이 생기게 되겠죠.

해석 두 사람은 무엇에 대해 이야기하고 있습니까?
(A) 중국 경제의 침체
(B) 중국으로의 기업 진출
(C) 중국 통화의 가치 변동
(D) 중국 정치 체제의 변화

해설 대화를 전부 이해하기 위해선 약간의 배경 지식이 필요한 문제이지만, 두 사람이 이야기하고 있는 주제는 人民元の切り上げ, 輸出競争力, 為替変動のメリット 등의 단어를 통해 쉽게 찾을 수 있다. 중국 화폐의 가치 상승에 따라 수출 상황이 어떻게 변할지에 대한 이야기이므로 정답은 (C)이다.

어휘 転換点(てんかんてん) 전환점 | 人民元(じんみんげん) 위안화 | 切(き)り上(あ)げ 올림, 절상 | 輸出競争力(ゆしゅつきょうそうりょく) 수출 경쟁력 | つながる 연결되다, 이어지다 | 為替変動(かわせへんどう) 환율 변동 | メリット 메리트, 이점, 장점 | 低迷(ていめい) 나쁜 상태에서 헤어나오지 못함, 침체 | 通貨(つうか) 통화 | 価値変動(かちへんどう) 가치 변동 | 政治体制(せいじたいせい) 정치 체제

77 정답 (B)

女 : 日本でも家畜の口蹄疫発生が問題になっていますね。
男 : 国内で感染が確認されたのは10年ぶりです。
女 : 発生地から半径10キロ以内の牛や豚は全部殺処分するそうです。
男 : これからは畜産農家の経営を政府が支援していく必要がありますね。

여 : 일본에서도 가축의 구제역 발생이 문제가 됐군요.
남 : 국내에서 감염이 확인된 건 10년 만입니다.
여 : 발생지에서 반경 10㎞ 이내의 소나 돼지는 전부 살처분한다고 해요.
남 : 지금부터는 축산 농가의 경영을 정부가 지원해 갈 필요가 있군요.

해석 무엇이 문제가 되었습니까?
(A)조류독감의 발생
(B)가축의 전염병 감염
(C)축산 농가를 경영하는 사람에 대한 전염병
(D)구제역 대책에 대한 정부의 늦장 대처

해설 口蹄疫라는 단어를 몰랐더라도 家畜, 感染, 牛や豚は全部殺処分する 등의 힌트가 주어지니 네 개의 보기 중 (A)는 쉽게 정답에서 제외할 수 있다. 또, 구제역은 사람이 아닌 소나 돼지로 감염 되는 전염병이므로 (C)는 정답이 될 수 없고, 앞으로의 정부 지원의 필요성에 대해서만 말하고 있으므로 (D)도 오답이다. 따라서 정답은 (B)이다.

어휘 家畜(かちく) 가축 | 口蹄疫(こうていえき) 구제역 | 感染(かんせん) 감염 | 発生地(はっせいち) 발생지 | 半径(はんけい) 반경 | 殺処分(さつしょぶん) 살처분 | 畜産農家(ちくさんのうか) 축산 농가 | 支援(しえん) 지원 | 鳥(とり)インフルエンザ 조류독감 | 伝染病(でんせんびょう) 전염병 | 取(と)り組(く)み 대처, 대응

78 정답 (C)

女 : 課長、先週お持ちしたお見積もり、いかがでございましたでしょうか。
男 : うーん、頑張っていることはわかるんだけど、他社さんとは少し水が開いちゃったね。
女 : 再度機会をいただければ、上司とも相談して最善をつくさせていただきますが。
男 : コンペは一発勝負っていうのが我が社の基本だからね。また次回頼むよ。

여 : 과장님, 지난주에 가져온 견적은 어떠셨습니까?
남 : 음, 열심히 한 건 알겠지만 타사에 좀 밀렸어.
여 : 다시 기회를 얻을 수 있다면, 상사와도 상의해서 최선을 다하겠습니다만.
남 : 경합은 한번에 승부를 내는 게 우리 회사의 기본이라서 말이야. 다음에 다시 부탁하지.

해석 대화의 내용과 일치하는 것은 어느 것입니까?
(A)상사는 부하가 작성한 견적서 조건에 불만이다.
(B)상사는 부하가 만든 프레젠테이션 자료에 불만이다.
(C)여자의 회사는 조건에서 라이벌 기업에 졌다.
(D)여자의 회사는 라이벌 기업에 졌지만, 조건의 재제시를 승낙 받았다.

해설 여자가 남자를 課長라고 불렀기 때문에 자칫 이 두 사람의 관계를 부하와 상사로 단정 짓고 듣기 쉽지만, 他社さんとは~라는 부분에서 여자는 이 회사의 직원이 아니라는 것을 재빨리 파악해야 한다. 또한, 재차 기회를 달라는 여자의 부탁에 대해, 남자는 コンペは一発勝負、次回頼むよ라는 말로 거절한 것이므로 정답은 (C)가 된다.

어휘 水(みず)を開(あ)ける 경쟁 상대를 앞서다 | 再度(さいど) 재차 | 最善(さいぜん)をつくす 최선을 다하다 | コンペ 경쟁, 경합 | 一発勝負(いっぱつしょうぶ) 한번에 승부를 냄 | 提示(ていじ) 제시

79 정답 (C)

女 : 今年の春は天候不順でしたよね。
男 : 4月の日照時間が観測史上最低だった都市もありましたし。
女 : 地域によっては大雪が降ったり、気温も全国的に低かったですよね。
男 : それに農産物に深刻な被害が出ているようですよ。

여 : 올봄은 날씨가 이상했죠?
남 : 4월 일조 시간이 관측 사상 최저였던 도시도 있었고요.
여 : 지역에 따라선 폭설이 내리거나 기온도 전국적으로 낮죠.
남 : 게다가 농산물에 심각한 피해가 발생하고 있는 모양이에요.

해석 올해 4월의 날씨는 어땠습니까?
(A)폭우가 전국적으로 계속됐다.
(B)전국 평균 기온이 사상 최저를 기록했다.
(C)해가 떠 있는 시간이 사상 최저였던 도시가 있었다.
(D)전국적으로 폭설이 내려 농산물에 피해가 있었다.

해설 대화 속의 올봄(4월)의 날씨는 '일조량 부족+폭설+저온 현상→농산물 피해'로 요약할 수 있으므로 (A)는 오답이다. 전국적으로 기온이 낮긴 했지만 사상 최저를 기록했다는 말은 없었고, 폭설은 전국 규모가 아니라 지역에 따라 다르게 내렸다고 했으므로 (B)와 (D)도 정답이 될 수 없다. 日照時間=太陽の出ている時間, 観測史上最低=過去最低이므로 정답은 (C)이다.

어휘 天候不順(てんこうふじゅん) 날씨가 불순함, 날씨가 이상함 | 日照時間(にっしょうじかん) 일조 시간 | 観測史上(かんそくしじょう) 관측 사상 | 最低(さいてい) 최저, 최하, 최악 | 農産物(のうさんぶつ) 농산물 | 深刻(しんこく) 심각함 | 被害(ひがい) 피해 | 平均気温(へいきんきおん) 평균 기온 | 記録(きろく) 기록 | 太陽(たいよう) 태양

80 정답 (D)

女 : 最近、若い世代の自殺が増加しているそうです。
男 : ええ、去年の20代、30代の自殺者は史上最悪でした。
女 : やっぱり失業や就職難で苦しんでいる人が多いことが大きな原因でしょうね。
男 : 国は雇用対策だけではなく、そういった人たちへの心のケアも考えるべきですね。

여 : 요즘 젊은 세대의 자살이 증가하고 있대요.
남 : 네, 작년 20대, 30대 자살자는 사상 최악이었어요.
여 : 역시 실업이나 취직난으로 괴로워하고 있는 사람이 많은 게 큰 원인이겠죠.
남 : 정부는 고용 대책뿐 아니라, 그런 사람들에 대한 심리 치료도 고려해야겠네요.

해석 남자는 어떤 생각을 가지고 있습니까?
(A)무슨 일이 있어도 자살은 하지 말아야 한다.
(B)정부는 실업 보험 제도의 확충뿐 아니라 고용도 증대시켜야 한다.
(C)실업자를 줄이는 것이 최우선적인 과제이다.
(D)일자리 창출과 함께 실업자 등에 대한 심리적인 지원도 필요하다.

해설 남자는 자살 자체에 대한 비판보다는 그 원인에 접근하려는 자세를 보이고 있으므로 (A)는 정답이 될 수 없다. 또, 20~30대 자살자를 방지하기 위한 정부의 노력에 대해 언급하긴 했지만, (B)실업 보험 제도나 (C)최우선 과제에 대한 부분은 남자의 생각과는 거리가 멀다. 남자는 雇用対策=働く場所の創出과 心のケア=심리적サポート가 정부의 역할이라고 생각하므로 정답은 (D)이다.

어휘 自殺(じさつ) 자살 | 失業(しつぎょう) 실업 | 就職難(しゅうしょくなん) 취직난 | 雇用対策(こようたいさく) 고용 대책 | 充実(じゅうじつ) 충실하게 함, 필요한 부분을 갖춤 | 優先的(ゆうせんてき) 우선적 | 課題(かだい) 과제 | 創出(そうしゅつ) 창출 | サポート 서포트, 지지, 지원

---

2 | Part 4   329쪽

81 (C)	82 (C)	83 (B)	84 (C)	85 (A)
86 (B)	87 (B)	88 (D)	89 (C)	90 (C)
91 (C)	92 (A)	93 (B)	94 (C)	95 (D)
96 (C)	97 (A)	98 (B)	99 (C)	100 (B)

🎧 Test2-4

81-83

先日、電車に乗ってシートに腰掛けているとき、若い男性2人組のうち1人から「ちょっと、すいません、そっちへ行ってもらえますか。」と言われました。私は知らない人に命令されたようで少し腹が立ちました。[81]ちょうど私の両隣が空いていて、私が座席を1人分移せば2人並んで座れるので、この男性はそのように言ったのでしょう。[82]でも、こういうときは「ちょっと移動してもらえますか。」とか「ちょっとつめてもらえますか。」と言うべきです。[83]その人の表情や話し方からすると、決して悪意はなくて、ただ正しい言い方を知らないだけだったようなのですが、それだけに悲しくなりました。

일전에 전철에 타서 자리에 앉아 있을 때, 함께 온 두 명의 젊은 남자 중 한 명으로부터 "저기, 죄송한데, 저리로 가 주실 수 있으세요?"라는 말을 들었습니다. 저는 모르는 사람에게 명령 받은 듯해서 약간 화가 났습니다. 마침 제 자리의 양옆이 비어 있어 제가 좌석을 한 자리 옮기면 두 명이 나란히 앉을 수 있어서 이 남성은 그렇게 말했을 것입니다. 그렇지만 이런 경우는 "조금 이동해 주실 수 있으세요?"라던가 "조금만 좁혀 앉아 주실 수 있으세요?"라고 말해야 합니다. 그 사람의 표정이나 말투에서 결코 악의는 없어서, 단지 올바른 표현을 모를 뿐이었던 것 같습니다만, 그런 만큼 씁쓸해졌습니다.

어휘 シートに腰掛(こしか)ける 좌석에 걸터앉다 | 命令(めいれい) 명령 | 腹(はら)が立(た)つ 화가 나다 | 両隣(りょうどなり) 좌우 양옆, 이웃 | 座席(ざせき) 좌석 | つめる (사이를) 좁히다 | 表情(ひょうじょう) 표정 | 話(はな)し方(かた) 말투, 말하는 모양새 유의어 言(い)い方(かた) 말투, 말씨, 표현・言葉使(ことばづか)い 말투, 말씨 | ~からすると ~로 보아 | 決(けっ)して 결코 | 悪意(あくい) 악의 동의어 悪気(わるぎ)

81 정답 (C)

해석 젊은 남자는 이 사람에게 왜 말을 걸었습니까?
(A)이 사람의 앉은 자세가 맘에 들지 않아서
(B)자리를 양보해 주었으면 해서
(C)두 사람이 나란히 앉고 싶어서
(D)두 사람 다 지쳐 있어서

해설 지문 중간에 私が座席を1人分移せば2人並んで座れるの라는 정황이 나오므로 정답은 (C)이다. 젊은 남성은 자리를 양보해 달라는 뜻이 아니라 한 자리 옮겨 달라는 말이었으므로 (B)는 오답이다.

어휘 譲(ゆず)る 양보하다

82 정답 (C)

해석 젊은 남자는 어떻게 말했어야 한다고 이 사람은 생각합니까?
(A)죄송한데, 자리를 양보해 주실 수 있으세요?
(B)죄송한데, 저리로 가 주실 수 있으세요?
(C)죄송한데, 조금 이동해 주실 수 있으세요?
(D)죄송한데, 부탁합니다.

해설 지문 내용이 그대로 보기에 나와 있기 때문에 쉽게 답을 찾을 수 있다. 화자는 ちょっと移動してもらえますか나 ちょっとつめてもらえますか가 올바른 말투라고 생각하고 있으므로 정답은 (C)가 된다. 젊은 남자의 말을 듣고 불쾌감을 느꼈으므로 (B)는 오답이다.

83	정답 (B)
해석 이 사람의 기분으로 본문의 내용과 일치하는 것은 어느 것입니까?
(A)사람은 명령으로는 움직이지 않는다고 생각한다.
(B)요즘 젊은이들의 말투를 슬퍼하고 있다.
(C)의사소통에 어려움을 겪는 젊은이가 많다고 생각한다.
(D)올바른 말투를 가르치는 사람이 주변에 없는 것은 안타깝다.

해설 (A)화자는 남자의 말투가 명령 같아서 조금 화가 났다고만 했고, (C)의사소통 문제를 꼬집은 것이 아니라 말투에 대한 지적이며, (D)올바른 표현을 알려 주는 주변 사람에 대해서는 언급한 적이 없다. 지문 마지막에 ただ正しい言い方を知らないだけの気がして、悲しくなりました라고 했으므로 정답은 (B)이다.

84-86

ご来場の皆様にご案内申し上げます。84-85第1回、「吉祥寺公会堂バロック音楽の夕べ」はまもなく開演となります。ロビーにいらっしゃいますお客様はお早めにホールにお入りください。なお、プログラムはホール入口の机の上にございますので、ご自由にお持ちください。ここで主催者側より会場の皆様にお願いいたします。86演奏中の客席への立ち入り、客席内での立ち歩き、私語および飲食、喫煙は固くお断り申し上げます。時計のアラーム音や携帯電話の呼び出し音も演奏、鑑賞の妨げになりますので、十分ご注意ください。あと10分ほどで開演いたします。それでは最後までごゆっくりと演奏をお楽しみください。

관객 여러분께 안내 말씀드리겠습니다. 제1회 '기치조지 공회당 바로크 음악의 밤'이 곧 시작됩니다. 로비에 계신 분들은 서둘러 공연장으로 입장해 주십시오. 또한, 프로그램은 공연장 입구의 책상 위에 있으므로 자유로이 가져가세요. 여기서 주최자 측으로부터 공연장에 계신 여러분께 부탁 말씀드립니다. 연주 중에 객석으로 들어가거나, 객석 안에서 돌아다니거나, 사담 및 음식 섭취, 흡연은 절대 삼가 주시기 바랍니다. 시계의 알람음이나 휴대전화의 벨소리도 연주, 감상에 방해되오니 충분히 주의해 주십시오. 앞으로 10분 정도 뒤에 시작하겠습니다. 그럼 마지막까지 편안히 연주를 즐겨 주십시오.

어휘 来場(らいじょう) (행사장에) 옴, 방문함 | 公会堂(こうかいどう) 공회당 | 夕(ゆう)べ 밤, 저녁 | まもなく 곧, 이윽고 | 開演(かいえん) (그날의 공연, 연설 등) 시작함, 개연함 | 早(はや)めに (조금) 일찍이, 일찍 | 主催者側(しゅさいしゃがわ) 주최자 측 | 会場(かいじょう) 회장, 행사장 | 客席(きゃくせき) 객석 | 立(た)ち入(い)り 들어감 | 立(た)ち歩(ある)き 돌아다니는 일, 서서 걷는 일 | 私語(しご) 사담, 잡담 ▶私語は慎(つつし)むように 잡담 금지 | および 및 | 飲食(いんしょく) 마시고 먹음 | 喫煙(きつえん) 흡연 | 呼(よ)び出(だ)し音(おん) (휴대전화의) 벨소리 [통의어] 着信音(ちゃくしんおん) | 鑑賞(かんしょう) 감상 | 妨(さまた)げ 방해, 장애, 지장

참고 일본어의 飲食는 우리 말의 '음식'과 뜻이 다르다. 우리말의 '음식'은 飲食物(いんしょくぶつ)에 해당되며, 단독으로 쓰일 때의 飲食는 동작성이 강한 명사로, 뜻도 '마시고 먹음'이므로 아예 飲食する라는 형태의 동사로 외워 두자.

84	정답 (C)
해석 이곳은 어디입니까?
(A)결혼식장   (B)영화관
(C)콘서트홀   (D)호텔 프런트

해설 행사명인 吉祥寺公会堂バロック音楽の夕べ에 답이 나와 있다. 이 부분을 놓쳤더라도, 중간중간 ロビー나 ホール, 演奏와 같은 어휘를 통해서도 정답이 (C)임을 쉽게 알 수 있다.

85	정답 (A)
해석 안내 방송의 내용과 일치하는 것은 어느 것입니까?
(A)이 행사는 이제 곧 시작된다.
(B)이 행사는 로비에서 실시된다.
(C)연주 중에 일단 밖으로 나가면 재입장은 불가능하다.
(D)프로그램은 공연장 입구 부근에서 담당자가 나눠 주고 있다.

해설 (B)행사는 로비가 아니라 홀에서 실시되고, (C)재입장에 대해선 언급되지 않았으며, (D)프로그램은 자유롭게 가져가면 된다. 처음에 まもなく開演となります라고 안내했고, 마지막에 다시 한번 あと10分ほどで開演이라고 했으므로 정답은 (A)이다.

어휘 催(もよお)し 행사 | 一旦(いったん) 일단 | 係員(かかりいん) 담당자

86	정답 (B)
해석 연주 중의 주의사항에 없었던 것은 어느 것입니까?
(A)객석으로의 입장   (B)촬영
(C)사담   (D)음식 섭취

해설 문제를 미리 읽고, 주최자 측의 お願い를 잘 들으면서 답을 하나하나 지워 나가면 쉽게 답을 찾을 수 있는 문제이다. 演奏中の(A)客席への立ち入り、客席内での立ち歩き、(C)私語および(D)飲食、喫煙을 금지한다고 했으므로 정답은 (B)이다.

어휘 注意事項(ちゅういじこう) 주의사항 | 撮影(さつえい) 촬영

87-90

去年の年末、父が軽い脳梗塞で入院しました。87病院のベッドに横たわっている父の姿は、いつも元気だった父とはまるで別人のようでした。88浴室で倒れてしまったので右足を骨折してしまい、しばらくリハビリをすることになりました。89父本人は今回の事がかなりショックだったようで、最初はリハビリにあまり乗り気ではありませんでした。89-90そこで私は、本屋である本を買って父に渡しました。数日後、父が「俺も頑張ってみるよ。まだまだこれからだもんな。」と意欲的な態度に変わりました。私が贈った本は、病と最後まで闘いぬいた人の話でした。私はそんな父の姿を見てほっとすることができました。

> 작년 연말, 아빠가 가벼운 뇌경색으로 입원했습니다. 병원 침대에 누워 있는 아빠의 모습은 항상 건강했던 아빠와는 전혀 다른 사람인 것 같습니다. 욕실에서 쓰러졌기 때문에 오른쪽 다리가 골절되어 얼마 동안 재활 치료를 하게 되었습니다. 아빠 본인은 이번 일이 꽤 쇼크였던 모양이라 처음엔 재활 치료에 별로 의욕적이지 않았습니다. 그래서 저는 서점에서 어떤 책을 사서 아빠에게 건넸습니다. 며칠 뒤, 아빠가 "나도 힘내 볼게. 이제부터 시작인 거지."라며 의욕적인 태도로 바뀌었습니다. 제가 아빠에게 선물한 책은 병과 끝까지 싸워낸 사람의 이야기였습니다. 저는 그런 아빠의 모습을 보며 안심할 수 있었습니다.

어휘 脳梗塞(のうこうそく) 뇌경색 | 横(よこ)たわる 눕다, 가로놓이다 | まるで 마치, 꼭, 흡사, (뒤에 부정어가 나와) 전혀 | 別人(べつじん) 다른 사람 | 浴室(よくしつ) 욕실 | 骨折(こっせつ) 골절 | リハビリ 재활 치료 | 乗(の)り気(き) 마음이 내킴 | 意欲的(いよくてき) 의욕적 | 態度(たいど) 태도 | 病(やまい) 병 | 闘(たたか)う 싸우다, 악전고투하다 | ~ぬく (동사 ます형에 붙어) 끝까지 ~해내다 | ほっとする 안심하다, 한숨 덜다

87 정답 (B)
해석 이 사람은 쓰러진 아빠의 모습을 보고 어떻게 생각했습니까?
(A) 생각보다 건강한 아빠의 모습에 안심했다.
(B) 평소의 아빠 모습과는 전혀 달라 안타까웠다.
(C) 얼른 건강한 모습으로 회복해서 놀아 주길 바란다.
(D) 나중에 아빠가 의사의 말을 들어서 안도했다.

해설 병원에 누워 있는 아빠의 모습은 いつも元気だった父とはまるで別人のようだ라고 했으므로 정답은 (B)가 된다. (A)는 이와 반대되는 내용이므로 정답이 될 수 없고, (C)나 (D)도 지문의 내용과는 거리가 멀기 때문에 오답이다.

어휘 不憫(ふびん) 가엾음, 안타까움, 측은함 | 安堵(あんど) 안도

88 정답 (D)
해석 이 사람의 아빠에 대해 올바른 것은 어느 것입니까?
(A) 평소부터 병에 걸리기 일쑤였다.
(B) 운동은 별로 좋아하지 않는다.
(C) 이번에 쓰러진 일은 별로 신경 쓰지 않는다.
(D) 쓰러졌을 때, 다리뼈가 부러졌다.

해설 右足を骨折라고 했고 骨折＝骨(ほね)を折(お)る이므로 정답은 (D)가 된다.

참고 骨を折る는 '애쓰다, 수고하다'란 관용 표현으로도 잘 쓰이므로 같이 외워 두자. 無駄骨(むだぼね)を折る는 '헛수고하다'란 뜻이다.

89 정답 (C)
해석 재활 치료에 대한 아빠의 태도로 올바른 것은 어느 것입니까?
(A) 처음부터 적극적인 태도로 임한다.
(B) 전혀 의욕이 없어서 의사를 곤란하게 했다.
(C) 처음에는 의욕적이지 않았지만, 나중에는 적극적으로 변했다.
(D) 자식에게 격려 받았지만, 체력 부족으로 재활 치료를 포기했다.

해설 처음에는 재활 치료에 적극적이지 않았으므로 (A)는 오답이다. 또한, 의사는 이야기 속에 등장하지 않았고, 체력 부족으로 재활 치료를 포기한 사실은 더욱 없었으므로 (B)와 (D)도 정답이 될 수 없다. 마지막에 책을 읽은 뒤 意欲的な態度에 변하였다고 했으므로 (C)가 정답이다.

어휘 取(と)り組(く)む (앞에 접속사 に、と가 쓰여) (어떤 일에) 애쓰다, 힘쓰다, 노력하다 | 励(はげ)ます 북돋다, 격려하다 | 諦(あきら)める 포기하다

90 정답 (C)
해석 이 사람이 선물한 책은 어떤 책이었습니까?
(A) 뇌경색과 재활 치료에 관한 책
(B) 암을 극복한 사람이 쓴 책
(C) 아빠의 마음을 긍정적으로 만들어 준 책
(D) 진정한 건강의 고마움을 알 수 있는 책

해설 마지막에 책에 대해, 病と最後まで闘いぬいた人の話라고는 했지만, 病가 암인지도 본인이 쓴 수기인지도 이 문장만으로는 알 수 없으므로 (B)는 정답이 될 수 없다. 재활 치료에 의욕을 보인 것은 책을 읽은 뒤이므로 정답은 (C)이다.

어휘 癌(がん) 암 | 克服(こくふく) 극복 | 前向(まえむ)き 긍정적임

91-93

> [91] パーティー用ゲームの定番商品として知られる「黒ひげ危機一髪」が、今年で発売から40周年を迎えるそうです。[92] この商品は、樽に開けられたいくつかの小さな穴に、ゲームの参加者が順番にナイフを突き刺していき、ある穴にナイフが入ると、樽から顔だけ出している海賊の人形が、外に飛び出してくる仕掛けになっています。このゲームは発売当初、誰が海賊を樽から外へ飛び出させるかを争うルールでした。[93] ところが、あるテレビのバラエティー番組で「海賊を飛び出させた人が負け」というルールでゲームをしたところ、これが全国的に定着して、ついにはメーカーも認める正式なルールになりました。

파티용 게임의 단골 상품으로 알려진 '검은 수염 위기일발(한국명: 해적 룰렛)'이 올해로 발매 40주년을 맞이한다고 합니다. 이 상품은 나무통에 뚫린 몇 개의 작은 구멍에 게임 참가자가 순서대로 칼을 꽂아 가, 어떤 구멍에 칼이 들어가면 통에서 얼굴만 내밀고 있는 해적 인형이 밖으로 튀어나오는 장치로 되어 있습니다. 이 게임은 발매 당초, 누가 해적을 술통에서 밖으로 튀어나오게 할지를 겨루는 룰이었습니다. 하지만 어느 TV 버라이어티 프로그램에서 '해적을 튀어나오게 한 사람이 지는 것'이라는 룰로 게임을 했더니, 이것이 전국적으로 정착되어 결국에는 업체도 인정하는 정식 룰이 되었습니다.

어휘 定番商品(ていばんしょうひん) (유행에 좌우되지 않고 일정한 수요가 확보되어 있는) 기본형 상품, 항상 있는 상품 | 危機一髪(ききいっぱつ) 위기일발 | 樽(たる) 원형의 나무로 된 술통 | 順番(じゅんばん)に 순서대로 | 突(つ)き刺(さ)す (깊이) 찔러넣다, 꽂다 | 海賊(かいぞく) 해적 | 飛(と)び出(だ)す 튀어나오다 | 仕掛(しか)け (궁리된) 장치, 조작 | 当初(とうしょ) 당초 | 争(あらそ)う 다투다, 우열을 겨루다, 경쟁하다 [동의어] 競(きそ)う | 定着(ていちゃく) 정착 | ついに 결국에, 마침내 | 認(みと)める 인정하다 | 正式(せいしき) 정식

91 정답 (C)
해석 이 상품은 언제 발매되었습니까?
(A) 20년 전	(B) 30년 전
(C) 40년 전	(D) 50년 전
해설 지문 첫부분에 정확히 発売から40週年이라고 했으므로 정답은 (C)이다.

92 정답 (A)
해석 이 상품의 설명으로 올바른 것은 어느 것입니까?
(A) 나무통에 뚫린 작은 구멍에 칼을 꽂고 논다.
(B) 해적 인형은 나무통 속에 완전히 숨어 있다.
(C) 해적의 목만 튀어나오는 장치로 되어 있다.
(D) 어떤 구멍에 칼을 꽂으면 나무통이 깨져 해적 인형이 나온다.
해설 (B)해적 인형은 완전히 숨어 있는 게 아니라 樽から顔だけ出している라고 했고, (C)목만 튀어나오는 게 아니라 海賊の人形 자체가 튀어나온다고 했다. 또한, (D)해적 인형은 나무통을 깨고 나오는 것이 아니므로 오답이다. 따라서 정답은 (A)이다.

93 정답 (B)
해석 현재 이 상품의 정식 룰은 무엇입니까?
(A) 해적이 튀어나오면 이긴다.
(B) 해적이 튀어나오면 진다.
(C) 해적이 튀어나오는 횟수를 겨룬다.
(D) 승패는 노는 사람에게 정하게 한다.
해설 발매 당초의 룰은 (A)였지만, 어떤 TV 프로그램의 영향으로 海賊を飛び出させた人が負け인 룰로 바뀌었다고 했으므로 정답은 (B)이다.

94-96
皆さんは、「ランプの宿」というのをご存じですか。⁹⁴青森県青荷(あおに)渓谷の渓流沿いにある、昭和4年に創業された温泉宿のことです。本館と3棟の離れが散在するこの温泉は、普通の宿には当然あるべきテレビや冷蔵庫、電気製品は一切ありません。⁹⁵夕方になると客室にランプが配られ、その灯りだけで夜を過ごします。このような昔ながらのひなびた宿は、日常生活から離れ、豊かな自然を満喫したい人にお薦めです。我々の日常は夜が更けても、光が満ち溢れています。⁹⁶そんな都会の夜とは違い、ぼんやりとしたランプの灯りのもとで本来の夜の静けさや暗闇が味わえるのは、この宿ならではの楽しみです。

여러분은 '램프의 여관'이라는 것을 아십니까? 아오모리 현 아오니 계곡 가에 위치한, 쇼와 4년에 창업된 온천 여관을 뜻합니다. 본관과 3개동의 별채가 산재한 이 온천은, 일반 숙소에는 당연히 있어야 할 TV나 냉장고, 전자 제품은 전혀 없습니다. 저녁이 되면 객실에 램프가 배부되어, 그 불빛만으로 밤을 보냅니다. 이러한 예스럽고 시골스러운 숙소는 일상생활에서 벗어나 풍요로운 자연을 만끽하고 싶은 사람에게 추천합니다. 우리네 일상은 밤이 깊어도 빛이 넘쳐흐르고 있습니다. 그러한 도시의 밤과는 달리, 희미한 램프 불빛 아래에서 밤 본연의 고요함이나 어둠을 맛볼 수 있는 것도 이 여관만의 즐거움입니다.

어휘 宿(やど) 숙소, 여관 | 渓谷(けいこく) 계곡 | 渓流(けいりゅう) 계류, 산골짜기의 시냇물 | 〜沿(ぞ)い (길, 물줄기 등) 〜을 따라, 〜에 연하여 | 創業(そうぎょう) 창업 | 温泉宿(おんせんやど) 온천 여관 | 〜棟(とう) (건물을 세는 단위) 〜동, 〜채 | 離(はな)れ 별채, 별당 | 散在(さんざい) 산재 | 灯(あか)り 불빛, 등불 | ひなびた 시골티가 나다, 촌스럽다 ▶주로 ひなびた의 형태로 형용사처럼 쓰인다. | 豊(ゆた)か 풍부함, 풍성함 | 満喫(まんきつ) 만끽 | 夜(よ)が更(ふ)ける 밤이 깊어지다 | 満(み)ち溢(あふ)れる 가득 차서 넘치다 | 都会(とかい) 도시 | ぼんやり(と)した 희미한, 어렴풋한 | もと 밑, 아래 | 静(しず)けさ 조용함, 고요함, 정적 | 暗闇(くらやみ) 어둠 | 味(あじ)わう 맛보다, 경험하다 | 〜ならではの 〜뿐만의, 〜특유의

94 정답 (C)
해석 이 온천은 아오모리 현의 어디에 있습니까?
(A) 외딴섬	(B) 시가지
(C) 계곡 근처	(D) 아오니 산 근처
해설 지문 첫부분에 青荷渓谷の渓流沿いにある라며 '램프의 여관'을 소개했다. 따라서 정답은 (C)이다.
어휘 離島(りとう) 외딴섬, 낙도 | 市街地(しがいち) 시가지

95 정답 (D)
해석 이 온천에 대해 올바른 설명은 어느 것입니까?
(A) 최근 막 오픈한 온천 여관이다.
(B) 세 개의 건물로 구성되어 있는 온천 여관이다.
(C) 방마다 최신 설비가 갖춰져 있다.
(D) 저녁이 되면 램프 불빛만을 의지해서 지낸다.
해설 쇼와 4년은 1929년이므로 (A)는 오답이며, 이곳은 본관+3개동의 별채=총 4개 건물로 구성되어 있으므로 (B)도 틀린 설명이다. 또한, 방마다 최신 설비는커녕 昔ながらのひなびた温泉이라고 했으므로 (C)도 정답이 될 수 없다. 夕方になると客室にランプが配られ、その灯りだけで夜を過ごします라고 했으므로 정답은 (D)이다.

96 정답 (C)
해석 이 사람이 주장하는 이 온천 여관의 좋은 점은 무엇입니까?
(A) 최신 호텔에 뒤지지 않는 고급스러움을 맛볼 수 있는 것
(B) 에너지 절약을 콘셉트로 한 절약형 온천이라는 것
(C) 도시 생활에서는 맛볼 수 없는 자연의 정적한 밤을 체험할 수 있는 것
(D) 긴 역사를 느낄 수 있는 예스러운 온천이라는 것
해설 (A)이 여관은 오히려 昔ながらのひなびた 분위기이며, (B)省エネ를 콘셉트로 한 온천이 아니라 自然を満喫할 수 있는 데 초점이 맞춰진 여관이라 할 수 있다. 또한, (D)昭和4年に創業되어 오래된 것은 사실이지만, 긴 역사를 장점으로 꼽은 적은 없으므로 정답은 (C)이다. 화자가 주장하는 이 온천의 장점은 지문 끝부분에 나온다.
어휘 負(ま)けず劣(おと)らず 서로 우열을 가릴 수 없음 | 省(しょう)エネ 에너지 절약 | 節約型(せつやくがた) 절약형 | 静寂(せいじゃく) 정적 | 体験(たいけん) 체험, 경험

97-100

食品が保存状態でいつまで持つか、という期限を表示することは法律で決められています。よく知られているのは「賞味期限」で、もう一つ「消費期限」という言葉があります。⁹⁷「消費期限」とは、製造日からおおよそ5日以内に品質が急速に落ちる食品、⁹⁸例えばお弁当やサンドイッチなどに使われます。品質の低下が著しい食品には、時刻まで求められるものもあります。⁹⁹これに対して「賞味期限」は牛乳やインスタントラーメンなど、比較的品質が落ちにくい食品に使われます。「消費期限」の場合は期限内に必ず食べなければならないですが、¹⁰⁰「賞味期限」は食品を美味しく食べるための目安です。

식품이 보존 상태로 언제까지 지속되는가라는 기한을 표시하는 것은 법률로 정해져 있습니다. 잘 알려진 것은 '유통 기한'으로, 또 하나 '소비 기한'이라는 말이 있습니다. '소비 기한'이란 제조일로부터 대략 5일 이내에 품질이 급속하게 떨어지는 식품, 예를 들어 도시락이나 샌드위치 등에 사용됩니다. 품질 저하가 현저한 식품에는 시각까지 요구되는 것도 있습니다. 이에 대해 '유통 기한'은 우유, 인스턴트 라면 등 비교적 품질이 잘 떨어지지 않는 식품에 사용됩니다. '소비 기한'의 경우는 기한 안에 반드시 먹어야 합니다만, '유통 기한'은 식품을 맛있게 먹기 위한 대략적인 기준입니다.

어휘 保存(ほぞん) 보존 | 持(も)つ (자동사로) 어떤 상태가 오래가다, 지속하다, 견디다 | 表示(ひょうじ) 표시 | 法律(ほうりつ) 법률 | 賞味期限(しょうみきげん) 유통 기한 ▶賞味期限が切れる 유통 기한이 지나다 | 消費期限(しょうひきげん) 소비 기한 | 製造日(せいぞうび) 제조일 | おおよそ 대략 | 著(いちじる)しい 현저하다 | 時刻(じこく) 시각, 시간 | 比較的(ひかくてき) 비교적 | ~にくい (동사 ます형에 붙어) ~하기 어렵다, 좀처럼 ~할 수 없다 | 目安(めやす) 표준, 기준

97 정답 (A)
해석 '소비 기한'이 표시되는 것은 어떤 식품입니까?
(A) 제조일로부터 대략 5일 이내에 품질이 저하되는 식품
(B) 제조일로부터 대략 7일 이내에 품질이 저하되는 식품
(C) 제조일로부터 대략 5일 이상 지나도 품질이 잘 저하되지 않는 식품
(D) 제조일로부터 대략 7일 이상 지나도 품질이 잘 저하되지 않는 식품
해설 문제를 미리 읽고「消費期限」とは~부터 집중해서 들었다면 어렵지 않은 문제이다. 소비 기한은 제조일로부터 대략 5일 이내에 품질이 떨어지는 식품에 사용된다고 했으므로 정답은 (A)이다. 品質が落ちる=品質が劣化する이다.
어휘 劣化(れっか)する (자동사로) 품질, 성능 등이 나빠지다, 저하되다

98 정답 (B)
해석 다음 중 '소비 기한'이 표시되어 있는 식품은 어느 것입니까?
(A) 소시지 (B) 샌드위치
(C) 인스턴트 라면 (D) 우유
해설 소비 기한을 표시하는 식품의 예로는 도시락, 샌드위치를 들었으므로 (B)가 정답이다. (C)와 (D)는 유통 기한을 표시하는 식품이다.

99 정답 (C)
해석 '유통 기한'과 '소비 기한'의 차이는 무엇입니까?
(A) 법률로 정해져 있는 식품인지 아닌지의 차이
(B) 기한을 명확히 표시하는지 아닌지의 차이
(C) 비교적 장기간 보존할 수 있는지 없는지의 차이
(D) 가공식품인지 아닌지의 차이
해설 유통 기한은 소비 기한에 비해 比較的品質가 落ちにくい食品에 쓰인다고 했으므로 정답은 (C)이다.
어휘 明確(めいかく)に 명확히 | 加工食品(かこうしょくひん) 가공식품

100 정답 (B)
해석 '유통 기한'에 대해 올바른 것은 어느 것입니까?
(A) 일반적으로는 잘 알려지지 않았다.
(B) 기한을 지났다고 해서 먹지 못하게 되는 것은 아니다.
(C) 날짜뿐만 아니라 시각까지 반드시 표시한다.
(D) 기한까지 반드시 먹지 않으면 안 된다.
해설 よく知られているのは「賞味期限」이라고 했으므로 (A)는 정답이 될 수 없고, (C)와 (D)는 소비 기한에 대한 이야기이다. 食品を美味しく食べるための目安라고 했으므로 정답은 (B)이다.

JPT 실전 모의고사

ANSWER SHEET

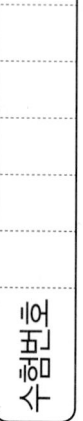

JPT 탄탄한 기본기 + JPT 실전 트레이닝
두 마리 토끼를 동시에 잡는다!

1 **JPT 핵심! 시나공법만 알면 된다!**
실제 JPT 시험의 최신 경향을 철저히 분석하여, 포인트만 뽑아 시나공법 37개로 정리했습니다. 상위 1% JPT 전문가들의 노하우를 이 책 한 권에 모두 담았습니다.

2 **철저한 실전 대비, 660문제로 해결!**
'시나공 기출문제의 재구성' 360문제, '미리 보는 실전 예상문제' 100문제, 실제 시험처럼 풀 수 있는 '실전 모의고사' 2회분 200문제를 수록하였습니다.

3 **똑 소리 나는 정답&해설**
〈정답&해설〉에 문제 풀이 비법을 상세하게 담아, 혼자 공부해도 어렵지 않습니다. 정답은 물론 오답의 이유까지 확인할 수 있습니다.

시나공 JPT 청해
Crack the Exam! JPT Listening

가격 17,000원

ISBN 979-11-5924-150-5